Long Story Short

복음, 그 길고도 짧은 이야기

추천사

세상에는 가정 예배를 위한 책이 무척 많습니다. 하지만 대부분의 책들이 매우 중요한 두 가지 핵심 영역에서 부족한 것 같습니다. 바로 신학적 풍부함과 그리스도 중심적 내용입니다. 이 책은 독자들과 성경 이야기, 그리고 그 안에 나타난 예수님을 연결해 줄 것입니다. 이 책은 이해하기 쉽고, 사용하기에 편하도록 쓰였습니다. 따라서 학교, 가정, 그리고 다양한 지역 모임에서 사용하기에 효과적일 것입니다."
– 에릭 M. 메이슨, Epiphany Fellowship 교회 담임 목사

"마티 마쵸스키 목사님은 수많은 바쁜 아빠들에게 꼭 필요한 가정 예배 책을 만들었습니다 — 쉽게 사용할 수 있는 가정용 예배 가이드입니다. 이 책은 매일 성경 이야기, 생각할 것들, 그리고 아이들과 나눌 수 있는 질문을 제공합니다. 이 책은 쉽고 단순하지만 결코 가볍거나 얕은 수준이 아닙니다. 교리적으로 건강하고, 그리스도 중심적이고, 복음의 은혜와 소망으로 가득합니다. 무엇이 더 필요한가요? 기다리지 마세요! 오늘 바로, 이 책으로 시작하세요!"
– 테드 트립, 목사, 대중 강연가, 『마음을 다루면 자녀의 미래가 달라진다』의 저자

"나와 아내 루엘라는 우리 자녀들을 위한 성경 중심적이고 복음으로 이끄는 가정 예배 책을 찾는 데 많은 시간과 노력을 들였습니다. 그렇지만 유감스럽게도 실패했습니다. 그런 종류의 책을 구할 수 없었습니다. 그래서 지금 진심으로 최선을 다해 이 책을 추천합니다. 이 책을 통해 자녀들은 성경의 각 장에 기록된 하나님의 구원 이야기뿐만 아니라 그 이야기의 주연 배우인 구원자 예수 그리스도를 만날 것입니다. 자녀들은 지속적으로 그분의 은혜가 얼마나 간절히 필요한지 깨닫게 될 것입니다. 가정 예배 책에서 무엇을 더 얻어야 할까요?"
– 폴 데이빗 트립, Paul Tripp Ministries 대표, 목사, 대학원 교수, 11권의 베스트셀러 작가

"정말 좋은 생각입니다… 한 걸음씩, 그리고 매우 창의적으로 우리 자녀들을 성경으로 인도하는 가정 예배 책. 이렇게 놀라운 생각을 하다니, 감사해요, 마티 목사님. 모든 그리스도인 가정은 반드시 구입해야 하는 책입니다."
– 로버트 윌게머스, 강연가, 9권의 베스트셀러 작가

"이 책에서 마티 목사님은 나와 아내가 자녀들을 제자 삼는 데 도움이 될 만한 좋은 도구를 찾으려고 고민했을 때 우리에게 필요하던 모든 것을 제시합니다. 우리는 그 시기를 그런대로 헤쳐 왔지만, 그 당시 이 책을 만났더라면 무척이나 큰 도움을 받았을 겁니다. 이 책을 사용할 부모들이 부럽습니다. 이 책은 간단하고 대화식이며 무엇보다도 성경에 매우 충실합니다. 이 책은 요즘 많은 아이들을 위한 성경 이야기 책에 흔하게 스며들어 있는 도덕주의의 위험을 경계합니다. 마티 목사님은 이 책을 읽는 모든 이에게 예수님을 만나야만 하고, 이 책에서 다루는 각각의 이야기에서 복음의 은혜를 누려야 한다고 강조합니다. 나는 이 책을 도대체 어떻게 추천해야 충분할지 잘 모르겠습니다."
- 티모시 S. 레인, CCEF 총책임자, 『관계가 주는 기쁨』의 공동 저자

"이 책은 가정 예배에 필요한 훌륭한 개념과 복음 중심적인 내용을 실용적으로 담고 있습니다. 이 책은 부모님이 자녀들에게 지속적으로 생명의 말씀을 가르치고 우리의 유일한 생명이신 분을 보여주는 데 도움이 될 것입니다. 나는 또한 할아버지 할머니들, 그리고 선생님들 — 아이들을 사랑하고 그들에게 성경에 담겨 있는 복음을 전하고 싶은 모든 분들에게 추천합니다."
- 수잔 헌트, 작가, 어머니, 할머니, 목사의 아내, Women's Ministries for the Presbyterian Church in America의 전(前) 대표

"마티 목사님은 바쁜 현대인들의 가정이 성경을 통해서 하나님과 더 깊은 만남을 갖도록 하는 것에 초점을 두고 있습니다. 그가 말하는 숨을 들이쉬고(성경을 기억하고 그 안에서 새로운 진리를 발견하는 것), 내쉬는(그것을 통해서 얘기하는) 단순한 방식은 지나치게 복잡한 삶의 방식에 쉽게 접근할 수 있는 용어들을 사용함으로써 경종을 울립니다. 우리 주변에서 깨지는 가정을 볼 때마다, 이 책이 가족 구성원 모두가 공유할 수 있는 이야기와 믿음의 언어를 통해서 더욱 화목해지고 결속력을 강화하는 데 도움이 될 것이라는 생각이 군건해집니다. 기억하고, 생각하고, 얘기하고, 기도하십시오. 자녀들은 이 책의 내용뿐만 아니라 일상 가운데서 나타나는 단순한 방식에서도 성인으로서 거룩한 선택을 내리는 데 유익을 얻을 것입니다."
- 필립 D. 슈로더, 교회 컨설턴트;

"부모로서 다양한 가정 예배 책을 자녀들과 함께 사용해 봤습니다. 이 책은 지금까지 만나본 책 중에 부모가 사용하기에 가장 좋은 책입니다. 자녀들이 성경을 배우기에 아주 간단하고, 성경적이고, 재밌고 그리고 복음 중심의 책입니다. 아이들은 이 책을 아주 좋아할 것입니다! 저 역시 이 책을 무척이나 좋아합니다! 마티 마쵸스키 목사님의 이 책은 부모들이 에베소서 6장 4절에서 말하는 성경적 의무를 완성하는 데 큰 도움이 될 것입니다."
- 케니스 마로스코, Redeeming Grace 교회 담임 목사

직장인으로서, 가정의 영적 제사장으로서 매일 아침을 일깨우며 가정 예배 교재로 활용한 귀한 책이다. 주간 5일씩 총 78주로 구성되는 구약 각각의 이야기가 어떻게 예수님과 연결되는지, 하나님은 어떤 분이신지 분명하게 나타나 있다. 가정 예배를 마치면 그 은혜에 대한 감사와 생활에서 적용하고 실천할 것까지 기도하게 된다. 매일 아침 15분 내외로 소요되는 간결한 내용이지만 구약성경의 이야기들이 재미있게 전개되고, 실생활과 유사한 상황묘사가 적절해 예배에 참여하는 아이들에게 흥미를 더해준다. 어느 가정에나 꼭 필요하겠지만 특히 초등학교 이하의 자녀를 둔, 바쁜 직장인 가장이 있는 가정에 강력히 추천하고 싶다.

– 강문희(직장인, 아빠)

2010년, 영문으로 된 이 책을 선물 받고 정말 기뻤습니다. 성경 전체를 관통하는 하나의 메시지 "복음"을 신학적 깊이를 유지하면서 쉽고 재미있고 간단하게 어린 자녀들과 매일 나눌 수 있도록 구성된 가정 예배서를 보니 보물을 발견한 기분이었습니다. 그때부터 영어가 가능한 분들에게 이 책을 선물하고, 기회가 있을 때마다 소개했습니다. 그리고 아름다운 소식을 전해 들었습니다. 인도하는 아버지뿐 아니라 온 가족이 성경을 배워가며 하나님을 더 알아가고, 사랑하고, 복음을 삶 속에 적용해 가며 예수님을 따르는 기쁨을 누리게 되었다는 이야기들입니다. 이제는 한국어로 번역되어 더 많은 가정이 이 은혜를 나누게 될 것을 생각하니 가슴이 뛰고 흥분됩니다.

–길미란(사모, 자녀양육 강사)

이 책으로 일주일에 5일, 하루 10여 분의 시간으로 아이들과 즐겁게 가정 예배를 드리는 경험을 했다. 성경 전체를 관통하면서 그 모든 이야기가 예수님에게 연결되는 사실을 새삼 깨달았고, 그것을 아내와 아이들과 나누면서 우리 가정 전체가 성경을 더욱 이해하게 된 것이 이 책을 통해 누린 큰 유익이다. 특히 우리 가정에 유익한 것은 매주 첫 시간에 진행되는 액티비티다. 네 명의 아이들이 재미있는 놀이로 여기면서 그 주에 진행되는 스토리를 한결 쉽게 이해하도록 도와주는 요소이기 때문이다. 가정 예배를 드리고 싶지만 방법을 잘 모르거나 준비하기 어렵다고 생각하는 분에게, 바쁜 하루 중 10여 분으로 시작할 수 있는 이 책을 권하고 싶다.

– 김민수(직장인, 아빠)

** 본 도서의 글을 독자들이 읽으시기에 편하도록 글을 다듬고 매만지는 교정.교열 작업으로 섬겨주신 두 분의 어머니께 감사드리며 두 분의 추천글을 함께 나눕니다 **

내용을 다듬는 여러 날 동안 순간순간 작업을 멈추었습니다. 하나님이 우리에게 해주신 약속이 이토록 아름답고, 확실하고, 단순하고, 영속적이라는 사실이 새삼 감사해 두근거리는 가슴을 진정시켜야 했기 때문입니다. 작업을 마친 후 구약성경의 그 모든 이야기가 귀하신 아들 예수 그리스도를 십자가에 달리게 함으로써 우리 죄를 사하시고 구원하시려는 계획으로 연결된다는 이 아름다운 약속이 제 가슴에 돈을새김으로 남았습니다. 오랜 신앙생활 가운데 본질을 잊어버리고 예수님을 향한 첫사랑의 감정이 퇴색했다고 생각하는 모든 분에게 이 책을 추천합니다. '가정 예배서'라는 본연의 임무는 물론 가족 구성원, 교회 구성원 한 사람 한 사람에게 놀라운 감격과 은혜, 감사와 확신을 선물할 책이라고 자신합니다.
– 조신아

매일 매일 78주, 그 풍성하고 깊은 내용의 교정 작업에 참여하여 단 몇 주 만에 쭉 읽어보았습니다. 받은 은혜와 감동이 굉장히 강력했습니다. 작업 기간 동안에 마음에 근심과 낙심되는 일들이 있었는데 이 책을 통해 얼마나 큰 위로를 받았는지 모릅니다. 하나님이 어떤 분이신지, 예수님께로 연결되는 전능하신 그분의 신실하심과 그 놀라운 사랑을 확인하고 또 확인하며 '하나님을 믿는 믿음'으로 사는 경험을 했습니다. 홀로 능히 기이한 일을 행하셔서 우리를 향한 하나님의 뜻을 마침내 이루실 주님을 찬양합니다. 이제 이 귀한 복음을 나누며 가족과 함께 매일매일 차곡차곡 가정 제단을 쌓아갈 날들이 기대되며 가슴이 뜁니다. 이 책의 주인공이신 삼위일체 하나님을 찬양합니다.
– 목윤희

옮긴이의 글

2010년 홈스쿨링을 시작하면서 아내와 함께 가장 먼저 고민했던 것이 바로 가정 예배였습니다. 여러 종류의 가정 예배 도서도 찾아보고, 어린이용 성경을 읽어보기도 하고, 직접 예배를 준비해 보기도 했지만 뭔가 부족함을 느끼거나, 오래지않아 흐지부지 되어버리곤 했습니다. 그런 와중에 2011년 여름, 저희 교회 담임목사님 부부께서 이 책을 추천해 주셨습니다. 당시에는 아직 국내에 소개되지 않은 책이었습니다. 일주일에 5일을 할 수 있고, 무엇보다도 10분이면 충분하다는 문구가 아주 마음에 들었습니다. 책을 펼쳐서 살펴보니 더욱 만족스러웠습니다. 겉표지의 문구처럼 정말 짧았고, 구성이 아주 쉬웠기 때문입니다. 그래서인지 예배라는 이름 때문에 오는 적잖은 부담감이 해소되는 해방감을 느낄 수 있었습니다. 그냥 책에 쓰인 대로 따라하면 되었습니다.

이 책은 저희 아이들은 물론이고 아빠인 제게 새로운 깨달음과 큰 감격을 가져다주었습니다. 천지 창조, 출애굽과 열 가지 재앙, 레위기에 기록된 수많은 제사들, 아브라함과 이삭과 야곱, 그리고 요셉의 이야기, 여리고성, 기드온, 삼손과 드릴라, 다윗과 골리앗, 다니엘과 세 친구들, 예루살렘 성전의 복원... 구약성경에 기록된 수많은 영웅들과 사건들을 어린 시절에는 '와! 모세가 홍해를 갈랐대.' '아브라함이 이삭의 배를 가르기 직전에 하나님이 살리셨어!' '다윗이 골리앗을 이겼대!' 와 같이 인물이나 사건 중심으로만 배웠고, 그러다 보니 하나의 멋진 소설이나 드라마, 혹은 판타지정도로 이해했던 것 같습니다.

그런데 구약성경은 흥미진진한 옛날이야기 혹은 전쟁이야기가 아니라 하나님의 주권 아래에서 한 치의 오차도 없이 완성된 하나님의 계획을 기록한 것이고, 각각의 내용들은 확실하게 예수님을 가리키고 있다는 사실을 알게 되었습니다. 그리고 그 모든 사건들은 예수님이 이 땅에 구원자로 오시기 위해서 반드시 거쳐야만 했던 과정들이라는 사실을 배우게 되었습니다.

그 과정들 때문에 제가 구원받을 수 있었던 것입니다. 저를 향한 하나님의 구원의 손길이 너무나 명확했습니다. 밋밋하게 살던 제게 복음이 무엇인지를, 복음을 삶으로 살아내는 것이 어떤 의미인지를 깨닫게 해 주었습니다. 김이 서려 뿌연 유리창처럼 뭔지 모를 답답함과 침체를 겪고 있던 제게 구원의 감격을 다시 느끼게 해 주었고, 예수 그리스도의 복음에 진심으로 기쁨으로 반응하게 해 주었습니다.

온 가족이 함께 모여 매일 하나님을 예배하는 것이 우리의 삶을 어떻게 바꾸는지, 자녀들을 그리스도의 제자로 키우는데 얼마나 견고한 바탕이 되는지를 경험했고 배웠습니다. 10분이라는 짧은 시간의 가정 예배로 복음을 발견하고 그것에 대해서 함께 대화할 수 있었습니다. 온 가족이 하나님의 주권을, 예수님의 헌신을, 그리고 성령님의 도우심을 알아가고, 복음의 가치를 삶으로 살아내는 시작점이 되었던 것 같습니다.

이런 복을 저희 가정만이 아니라 같은 교회의 가정들과 나누고 싶었고, 교회 내에서만 공유할 마음으로 한 주씩 번역을 했습니다. 특별히 한 가정이 꾸준하게 가정 예배를 진행하여서 제가 번역을 중간에 멈출 핑계 거리를 차단해 주셨고(50%는 이 가정이 번역한 거나 다름없습니다.), 교회의 많은 형제자매님들이 격려와 관심을 보여주셔서 이렇게 놀라운 책을 우리말로 소개하게 되었습니다.

가정 예배에 대해서 고민하는 모든 그리스도인 가정에게, 특히 아빠들에게 이 책은 아주 훌륭한 도구가 될 것입니다. 아무리 바빠도, 도저히 어떻게 해야 할지 모르겠어도, 아이들이 아직 어려도, 혹은 자녀들의 연령차가 많아도 이 책을 사용한다면, 충분히 가정 예배를 드리실 수 있을 것입니다.

감히 이렇게 추천드릴 수 있는 가장 큰 이유는 저처럼 지극히 평범하고, 아니 오히려 보통 이하인 저 같은 사람이 가정예배를 통해 큰 은혜를 누렸기 때문입니다. 제가 누렸던 그 복을 이 책을 선택하시고, 가정 예배를 시작하는 모든 가정이 충분히 누리실 것이라 확신합니다. 지금 시작하세요!

2016.11월 옮긴이

가정을 하나님께로 이끄는 10분 예배

Long Story Short
복음, 그길고도 짧은 이야기

마티 마쵸스키 지음
HIS 옮김

Long Story Short
복음, 그 길고도 짧은 이야기

초판 1쇄 발행 2017년 01월 15일

지은이 마티 마쵸스키
옮긴이 HIS
펴낸이 박진하
교 정 목윤희 조신아
표지디자인 정윤선
펴낸곳 홈앤에듀
신고번호 제 379-251002011000011호
주 소 경기도 성남시 수정구 복정동 639-3 정주빌딩 B1
전 화 050-5504-5404
홈페이지 홈앤에듀 http://www.homenedu.com
패밀리 홈스쿨지원센터 http://homeschoolcenter.co.kr
     아임홈스쿨러 http://www.imh.kr
     아임홈스쿨러몰 http://www.imhmall.com
E-mail homenedu@naver.com
판권소유 홈앤에듀(가정과 다음세대의 회복을 위한 홈스쿨사역단체 홈스쿨지원센터의 출판 브랜드)

잘못 만들어진 책은 구입하신 서점에서 바꾸어 드립니다.

ISBN 978-89-967112-9-2 03230
값 25,000원

이 책을 아버지, 테드 마쵸스키에게 바칩니다.
그분의 겸손과 예수님을 향한 사랑은 저와 저의 자녀들에게
이루 말할 수 없이 훌륭한 본보기가 되었습니다.
어떤 사람도 제 삶에 이보다 더 큰 영향을 주지 못했습니다.

차 례

추천사

옮긴이의 글

서문(Foreword)

감사의 말(Acknowledgments)

부모들을 위한 서문(Introduction for Parents)

서문 Foreword

데이브 하비 Dave Harvey

오늘 이 책의 저자 마티 마쵸스키 목사님과 함께 저녁을 먹었는데, 마음이 아주 편안해지는 시간이었습니다. 아내 킴Kimm과 저는 아주 오래 전에 십대를 양육하는 것은 공동체적인 일이라는 사실을 알았습니다. 그것이 제가 마티 목사님을 만나게 된 이유입니다.

마티 목사님은 우리 가족을 사랑합니다. 우리 자녀들이 태어날 때부터 그들을 사랑해 주었습니다. 교회에서는 우리 자녀들을 담당하는 목사로서 그들을 사랑합니다. 또한 그는 제게는 상담자로서 제 아내와 아이들에게는 친구로서 사랑을 베풀었습니다. 이제는 이 특별한 일을 통해 우리 자녀들과 모든 아이들을 사랑합니다.

그런데 중요한 건, 그가 여러분의 가족도 사랑한다는 사실입니다. 여러분의 가족을 무척이나 소중히 여기기 때문에 그가 알고 있는 아주 특별한 보물을 알려주고 싶어 합니다. 마티 목사님은 부모들의 손에 성경을 쥐어주고 싶어 합니다. 그래서 자녀들을 훈련시키기를 바랍니다. 지금 도덕적 접근을 하는 흔한 성경 공부를 말하려는 것이 아닙니다. 성경의 곳곳에서 영광스러운 복음을 자녀들에게 보여줄 수 있다고 말하는 것입니다. 그렇게 하려면 특별한 은사가 필요합니다. 이 책의 일부분만 읽어도 알 수 있고, 여러분도 곧 알게 되겠지만 마티 목사님은 그런 은사를 가진 분입니다.

여러분과 자녀들이 이 책을 사용해야 할 이유는 다음과 같습니다.

이미 증명되었습니다. 다시 말하면, 마티 목사님은 단지 개인 묵상의 시간을 가진 후에 이 책을 쓴 것이 아닙니다. 수년 간 목회 현장과 성장하는 여러 교회에서 사용하면서 검증을 마친 책입니다. 수많은 수정과 교정을 거쳐 이렇게 출판되었습니다. 이 책은 다음 세대에게 아주 중요하고 가치 있는 선물임에 틀림없습니다.

건강하고 깊이가 있습니다. 마티 목사님은 아동 사역자이기 전에 목사입니다. 그가 자녀와 그들의 가정에서 겪는 문제들을 알고 있다는 의미입니다. 마티 목사님은 정통 교리를 이해하고 영적인 건강이 그것에서 흘러나온다는 사실을 알고 있습니다. 그래서 성경을 신중하게 해석하고, 분명하게 적용하려고 엄청난 노력을 기울였습니다. 확신하는데, 각 주의 내용이 딱딱하거나 연관성이 없거나 하지 않습니다. 모든 이야기가 성경의 이야기 흐름을 따라서 구원자에 이르고 있습니다.

쉽고 단순합니다. 생각해 보세요: 쉽고 간단하면서 공감되는 내용이 하루에 10분, 일주일에 다섯 번으로 이루어져 있습니다. 시간이 흐르면서, 그것들은 쌓입니다. 그리고 그 내용이 성경이기 때문에, 분명히 자녀들의 삶에 변화를 일으키는 촉매제가 될 것입니다.

이 책을 선택하는 여러분은 아주 현명합니다. 이제 자녀들과 함께 멋진 여행을 떠나 보세요. 마티 목사님이 우리에게 도구를 주셨습니다. 다음 세대를 제자화하는 데 그것을 사용해 봅시다!

감사의 말 Acknowledgments

이 책의 출간에 맞춰 격려의 말과 서문을 써 주신 데이브 하비Dave Harvey 목사님께 깊은 감사를 드립니다. 또한 제게 삶과 사역에서 복음대로 사는 것이 무엇인지를 가르쳐 주신 Covenant Fellowship 교회의 동료 목사님들과 수많은 격려로 저를 지지해 주신 교회 성도님들에게 감사를 드립니다.

오랜 시간 동안 편집과 제작하는 데 신실하게 도움을 주신 분들이 아니라면 이 책의 완성은 불가능했을 겁니다. 빌 패튼Bill Patton, 미셸 제인Michelle Janes, 새라제인 올랜도Sarajane Orlando, 그리고 자넬 펠드먼Janel Feldman은 모두 초기 편집 작업을 도와주셨고, 제 아내 로이스Lois와 제레드 멜링거Jared Mellinger는 이 책의 초안을 읽어 주었습니다. 또한 보이지 않는 곳에서 행정적으로 많은 도움을 주신 채러티 캠벨Charity Campbell에게도 감사의 말을 전하고 싶습니다.

수많은 가정과 교회를 위한 성경적 진리를 담은 이 책에 투자와 헌신을 해 주신 New Growth 출판사에 깊은 감사를 드립니다. 마지막으로, 심오한 성경적 진리를 쉽게 이해할 수 있도록 일주일 단위로 편집하는 데 도움을 준 제프 저크Jeff Gerke에게 고마움을 전합니다.

부모님들을 위한 서문 Introduction for Parents

몇 년 전, 장인어른께서 제 아내에게 가보家寶로 내려오는 사진첩을 주셨습니다. 디즈니 월드에서 찍고 비닐 페이지에 담아 보관해 온 스냅 사진을 말하는 것이 아닙니다. 100년이 넘은 사진들은 돋을새김으로 금박을 입힌 가죽 사진첩 두 개에 잘 보관되어 있었습니다. 심지어 이 대단한 책을 직접 본 적이 없는 손님들까지도 아내의 고조할아버지와 할머니, 이모들 그리고 삼촌들의 빛바랜 사진에 관한 역사를 듣고는 감탄하며 경의를 표했습니다. 어떤 가족의 가보는 아주 소장 가치가 높은 골동품 가구인 경우도 있는데, 그들은 절대로 그것을 팔 생각을 하지 않습니다. 잘 보관해서 다음 세대에게 물려줍니다.

이와 같이 모든 그리스도인 부모는 전수해야 할 또 하나의 보물을 가지고 있습니다. 다른 모든 것을 압도하는, 반드시 지키고 전수해야만 하는 중요한 보물입니다. 그것은 예수 그리스도의 복음입니다.

사도 바울은 에베소 교인들에게 선물로 받은 복음에 대해서 다음과 같이 말했습니다.

또 함께 일으키사 그리스도 예수 안에서 함께 하늘에 앉히시니 이는 그리스도 예수 안에서 우리에게 자비하심으로써 그 은혜의 지극히 풍성함을 오는 여러 세대에 나타내려 하심이라(엡 2:6~7)

"지극히 풍성함을"은 바울이 복음의 은혜를 어떻게 설명하는지 보여줍니다. 우리가 전수해야만 하는 것들 중에 이보다 더 위대한 것이 있을까요?

우리 가족에게 이어져 온 가보처럼, 우리는 복음을 당연한 것으로 여길 수는 없습니다. 그러나 반드시 그것을 오염이나 훼손되지 않게 지켜서 다음 세대에게 전수해야 합니다. 생각해 보세요: 하나님은 부모인 우리에게 가장 가치 있는 이 진리를 다음 세대에게 전하라는 특권과 함께 믿음을 주셨습니다. 오직 믿음과 그리스도의 속죄 그리고 주권적 은혜로만 구원을 받는다는 이 메시지는 그저 한 번쯤 고려해 볼 만한 것이 아닙니다.

인간 중심의 복음은 항상 우리가 성경에서 읽는 십자가 중심의 복음을 대체하려고 위협하고 있습니다. 만약 우리가 우리의 죄를 견디시고 완전한 의로움으로 하나님의 진노를 대신 받으신 예수님을 잃어버린다면, 더 이상 동일한 복음을 아는 것이 아닙니다. 만약 우리가 회개의 부르심을 없애고, 그것을 하나님의 친구가 된다는 식으로 바꾸면, 우리는 성경에서 말하는 선물로 받는 복음을 제대로 전수하는 것이 아닙니다.

그래서 부모인 우리는 진짜 다이몬드를 반짝거리기만 하는 유리 모조품으로 바꾸지 않고, 진짜인 상태 그대로 보관해서 물려주듯이 복음을 잘 보존하고 지켜서 자녀들에게 제대로 전수해야만 합니다. 우리는 그저 삶을 이루는 세속적인 지식을 전수하기를 원치 않습니다. 삶을 변화시키는 성경적 진리를 전수하고 싶어 합니다. 학교나 교회의 선생님들이 우리를 도울 수는 있지만, 하나님 말씀의 진리를 전수하는 일은 부모인 우리에게 주어진 특별한 책임입니다.

시작하기

이 책은 처음부터 끝까지 성경적 복음을 설명하고자 쓰였습니다. 이 소중한 보물을 자녀들에게 전달하는 데 도움이 되려는 의도를 가지고 있습니다. 그러나 우리가 살아가는 세상은 너무나 분주하고 산만한 것으로 가득합니다. 어떤 부모는 하루 동안에 해야 하고, 확인할 필요가 있는 것만으로도 이미 완전히 지쳐 버립니다. 자녀들에게 성경적 가치와 진리를 가르치고 싶은 마음이 아무리 많을지라도, 도저히 시간을 내는 것 자체가 쉽지 않은 경우도 많습니다. 하루 일정은 뒤죽박죽이 되고, 잡다한 집안일과 설거지, 빨래는 끝이 없고, 자동차 수리도 해야 하고 전화는 계속 오고... 그러다 보면 많은 사람이 아주 늦게 잠자리에 듭니다. 게다가 우리의 죄성은 가정 예배를 할 수 없는 수백 가지의 이유를 생각나게 합니다.

그것이 이 책을 통해서 도움을 얻었으면 하고 바라는 부분입니다. 성경은 아주 긴 이야기처럼 보입니다. 그러나 성경을 짧게 나누면 가르치는 게 꽤 쉬울 수 있습니다. 이 책의 목적은 매일 명확한 복음의 메시지를 자녀들에게 전달하고, 그것을 통해 자녀들이 각각의 성경 이야기에서 예수 그리스도의 복음을 발견하고 하나님의 구원을 확인하도록 하는 것입니다.

가정 예배에서 복음의 은혜를 매일 강조하는 것보다 더 중요한 것은 찾을 수 없습니다. 왜냐고요? 간단히 말해서 복음은 "모든 믿는 자에게 구원을 주시는 하나님의 능력"이기 때문입니다(롬 1:16). 지혜로운 이야기와 도덕적인 교훈들은 자녀들을 즐겁게 하고, 살아가는 데 도움이 될 수는 있습니다. 그러나 복음은 그들의 삶을 바꿀 것입니다. 복음은 아무리 나이가 많고 지혜로운 부모도 평생 배우고 성장할 만큼 충분히 깊이 있고, 이제 막 글을 깨우친 어린 자녀의 마음에도 변화를 일으키기에 충분히 간단하고 쉽습니다.

하루에 딱 10분!

하루에 10분만 확보한다면, 부모인 여러분은 이 책을 사용해서 이 세상에 존재하는 것 중 가장 가치 있는 선물을 자녀들에게 전해줄 수 있습니다. 대다수 사람이 생각하는 것과 다르게, 매일 가정 예배를 드리는 데는 그리 많은 시간이 필요하지 않습니다. 하나님은 우리 자녀들의 삶에서 우리가 생각하는 것보다 더 많은 열매를 맺기 위해서 짧고 간단하지만 지속적으로 이뤄지는 가족 예배를 사용하실 수 있습니다. 그리고 짧지만 매일 이뤄지는 가정 예배는 우리의 바쁜 일상에서 쉽게 다른 길로 빠지지 않게 합니다. 하나님은 우리가 매일 드리는 가정 예배에서 보고 듣는 복음의 메시지를 통해 일하십니다.

하나님 안에서 우리가 바라는 것은 자녀들이 의무감이 아니라 자발적으로 성경을 읽고, 하나님께 헌신하는 모습을 보는 것입니다. 하나님 말씀의 진리는 우리를 그리스도께 인도하고 우리가 믿음을 지키고 평생토록 성장하는 데 도움을 줍니다. 그리스도인 부모에게 하나님의 말씀을 온전한 믿음으로 공부하는 과정 속에서 우리 자녀들을 향한 성령님의 인도하심을 보는 것보다 더 큰 기쁨은 없을 것입니다. 어떤 세상의 보물도 감히 비교할 수 없습니다.

어린 아이였을 때 우리 마음에 새겨진 하나님의 말씀은 훗날 인생을 살아가면서 반복적으로 사용됩니다. 성령님은 말씀을 기억나게 해서 우리가 하나님과 동행하도록 도와주시고, 인생에서 만나는 다른 많은 사람을 격려할 수 있도록 해 주십시오.

각 가정은 일상생활 속에서 약간의 시간을 확보할 수 있습니다. 어떤 가정은 가정 예배를 위해서 하루를 시작하는 아침에 모입니다. 다른 가정은 저녁 식사 시간에 그렇게 합니다. 가정 예배를 위한 책과 성경을 저녁 식사가 차려진 식탁에 함께 두세요. 모든 가족이 식사를 마친 직후, 10분 동안 가정 예배를 드릴 수 있습니다. 이 책은 그 일을 가능하게 합니다. 여러분이 할 일은 그 날에 해당하는 성경을 읽는 것이 전부입니다. 짧은 내용을 읽으세요. 그러고 나서 자녀들에게 적혀 있는 질문을 하면 됩니다. 마지막으로 자녀 중 한 명에게 기도해 줄 것을 부탁하면 됩니다.

사용하기에 쉽고 단순합니다.

이 책은 창세기부터 요한계시록에 나타난 하나님의 구원 계획을 설명하기 위해 고안된 가정 예배를 위한 책입니다. 1권에서는 구약 성경을, 2권에서는 신약 성경을 다룹니다. 다 합치면 3년 동안 가정 예배를 드릴 수 있습니다. 구약 성경 각 내용을 통해서, 여러분의 가정은 다음의 질문에 대한 답을 배우게 될 것입니다. "이 성경 본문이 어떻게 예수님을 가리키는가?" 신약 성경 각 내용을 통해서는 "복음은 어디에 있는가?"라는 질문에 대한 답을 찾게 될 것입니다. 성경은 하나님의 구원 계획이 드러나는 이야기라서, 성경의 모든 말씀은 갈보리를 가리키거나 그곳으로 돌아가게 합니다.

각 주마다 재밌는 활동이나 놀이, 쉬운 질문으로 시작하면서 성경 말씀을 소개합니다. 1일부터 4일까지는 정해진 분량대로 그 주에 다루는 성경 말씀을 살펴봅니다. 3일째에는 그날 다루는 성경 말씀이 복음과 어떻게 연결되는지를 설명하면서 좀 더 특별한 관심을 갖게 합니다. 4일째에는 자녀들이 부모에게 물어볼 수 있는 질문을 실었습니다. 그리고 5일째에는 시편이나 예언서 중 하나에서 성경 말씀을 발췌해서 그 말씀들이 어떻게 예수님을 가리키는지 살펴볼 겁니다.

이 책은 자녀들의 연령에 따라서 다르게 사용할 수 있습니다. 이 책은 복음의 진리를 충분히 다루기 때문에, 어떤 연령대의 자녀가 있어도 각 가정마다 매우 효과적으로 복음을 가르칠 수 있습니다. 다음에 나오는 항목을 살펴보고, 여러분 가정에 맞게 적용하세요.

자녀가 미취학이라면

4~6세의 자녀는 가정 예배를 매일 함께 꾸준히 시작하기에 가장 좋은 시기입니다. 이 책은 이 연령대 자녀들에게 가장 효과적입니다. 다섯 살짜리 자녀가 책에 있는 질문에 답하지 못할 거라는 부모 자신의 생각에 속지 마세요. 이 연령대의 아이들은 그들이 표현하는 것보다 훨씬 더 많은 것을 이해하기도 합니다. 다음에 나오는 기술들을 참고하세요:

● 토론 질문을 건너뛰는 것을 부담스럽게 생각하지 마세요. 그냥 정답을 읽어 주어도 괜찮습니다. 매일의 예배와 관련한 질문에 대한 답은 완전한 문장으로 적혀 있습니다. 이렇게 드리는 가정 예배 시간을 자녀

들이 성경과 친숙해지는 첫 기회로 삼아 보세요. 만약 여러분의 자녀가 이 책을 네 살에 처음 시작한다면, 3년 후 일곱 살에 끝마칠 즈음에는 매일매일 쌓아온 엄청난 복음의 진리의 토대를 갖추게 되는 것입니다.

● 매주 첫 날에 있는 창의 활동을 건너뛸 수도 있습니다. 그 내용은 미뤄 두었다가 자녀들이 초등학교 입학할 나이가 되었을 때 다시 다룰 수 있습니다.

● 자녀들이 쉽게 이해하는 데 도움이 되거나 좀 더 다양한 대답을 유도하기 위해 질문을 바꿔서 다르게 물어보는 것도 시도해 보세요.

● 어떤 부모는 자녀들이 답을 말할 수 있도록 옆에서 이야기하며 도움을 줄 수도 있습니다. 이것이 어떻게 보면 정직하지 않은 것처럼 들리지만, 실제로는 자녀들이 예배에서 깨닫고 배우는 내용을 잘 기억하도록 도와주는 반복의 효과가 있습니다.

● 아주 어린 자녀를 위해서 부모인 여러분이 간단한 질문을 직접 만들 수도 있습니다. 예를 들면 "이집트에서 이스라엘 민족을 이끈 사람은 누구지?"와 같은 성경 인물에 관한 질문은 어린 자녀들에게 많은 도움이 됩니다.

자녀가 초등학생이라면

초등학생 시기는 가정 예배에 적극적인 참여를 요청하기 좋습니다. 어떤 아이는 처음에는 꺼려할지 모르지만, 곧 꾸준히 예배에 참석하는 모습을 보여줄 겁니다. 심지어 가장 까다롭고 다루기 어려운 아이도 하루에 10분은 충분히 가능합니다. 기억하세요. 우리 자녀들이 매일매일 복음의 진리에 노출되면 그것을 통해서 하나님은 그들의 삶을 변화시키십니다. 매주 첫 날에 있는 창의 활동은 자녀들의 흥미를 유발할 것입니다. 하루 전쯤 미리 읽어보고 활동에 필요한 것을 준비하면 더욱 도움이 될 겁니다.

모든 자녀가 성경책을 준비했는지를 확인하면서 예배를 시작하세요. 초등학생 자녀와 미취학 자녀가 함께 예배할 수 있습니다. 괜찮습니다. 미취학 자녀들이 어린이용 성경책을 제대로 펼치도록 도와주세요(내용상 정확하지는 않을 수 있으나 가능한 한 비슷한 곳을 펼치도록 하면 됩니다). 그 날 예배에 해당하는 성경 구절을 읽어주세요. 성경 구절이 짧다면, 글을 읽을 수 있는 첫째 아이에게 읽도록 시키세요. (명심하세요, 그저 책을 열심히 잘 읽는 것만이 자녀와 다른 이들에게 도움이 되는 것은 아닙니다. 자녀들이 읽기가 자유로워져서 능숙하게 읽을 수 있을 때까지 천천히 기다렸다가 성경을 읽도록 책임을 주는 것이 좋습니다.) 만약 미취학이나 유아기 자녀가 함께 있다면 특히, 유아기 자녀는 보행기나 유아의자에 태워 주세요. 그러나 예배를 그들 수준으로 낮추지는 마세요. 미취학이나 유아기의 자녀들은 하루 종일 큰 아이들의 일상을 보며 끊임없이 배웁니다. 그 아이들도 하나님에 대해서 동일한 방식으로 배웁니다.

성경 말씀과 요약 문장을 읽고 나서 질문으로 넘어가세요. 여기에 토론을 효과적으로 하기 위해 몇 가지 고려할 사항들이 있습니다:

● 자녀들에게 질문을 한 후에, 성경 말씀을 찾아보고 답을 찾기 위해서 어느 구절을 살펴봐야 하는지 말해 주세요.

● 자녀들이 비록 올바른 답변을 못해도 그 시도와 노력을 격려하고 칭찬해 주세요.

● 자녀들이 서로의 답변을 듣고 거기에 내용을 추가하는 것도 허용해 주세요. 때때로 정답 말하기를 꺼려하는 자녀는 다른 자녀들의 답변을 듣고 그 내용을 확장하면서 대답을 시작할 수 있습니다.

● 더 큰 자녀들에게 정답을 가르쳐 달라고 부탁하는 것을 걱정하거나 염려하지 마세요. 만약 여러분이 답변에 필요한 성경 구절을 찾으라고 얘기한 후에 자녀들이 답을 찾지 못하고 어려워한다면, 적절한 단서들을 알려주세요.

자녀들에게 기도를 부탁하면서 마무리하세요. 어린 아이들은 부모님의 기도를 따라 하게 시키세요. 자녀들이 성장하면서 자신들의 말로 기도할 수 있도록 도와주세요. 혹시 자녀들이 기도하지 않고 반응을 보이지 않아도 계속 도와서 기도할 수 있도록 이끌어 주세요. 그러면 곧 아이들은 도움 없이도 스스로 기도하게 될 겁니다.

자녀가 초등학교를 졸업했다면

이 책은 초등학교를 졸업한 자녀들과 아직은 어린 십대 자녀들에게도 큰 도움이 됩니다. 그 아이들은 질문에 적절한 답변을 하고 심지어는 예배를 직접 인도함으로써 동생들에게 매우 훌륭한 모범을 보일 것입니다.

만약 여러분의 십대 자녀가 가정 예배는 너무 쉽고 지루하다고 생각한다면, 이렇게 해 보세요. 먼저 이 책을 아무데나 펼치고 거기에 적혀 있는 질문을 던져 보세요. 우리 모두가 그랬듯이 그 자녀는 모든 사람은 반복해서 성경 말씀을 공부하고 기억할 필요가 있다는 것을 분명히 깨달을 것입니다.

다음에 나오는 몇 가지 사항은 큰 자녀들과 함께 시도해 보세요:

● 큰 자녀들에게 매주 첫 날에 나오는 창의 활동을 동생들과 함께 하라고 권유해 주세요.

● 큰 자녀들은 잠시 기다리게 하고, 동생들이 먼저 답을 얘기하도록 시키세요. 그리고 나서 큰 자녀들에게 동생들이 대답한 내용을 보완해서 말하도록 시키세요.

● 자녀끼리 짝을 지어주고 큰 자녀에게 동생들이 대답할 수 있도록 도와주게 해 보세요. 이것은 부정행위가

아닙니다. 이렇게 하면 복음을 반복해서 듣고 기억할 수 있습니다.

● 여러분의 자녀들이 훗날 어디서 살게 될지 생각해 보세요. 자녀들이 성경 말씀을 대할 때 그들의 개인적인 삶과 어떻게 연결시킬지 스스로 질문하는 경험을 하도록 도와주세요. "하나님은 오늘 말씀을 통해서 무엇을 가르치고 싶으신 걸까?"와 같은 질문은 어떤 성경 말씀을 대하든지 충분히 가능한 질문입니다.

● 일주일에 한 번은 십대 자녀가 예배를 인도하도록 해 주세요. 성경을 읽고, 그 날 예배와 관련된 질문들을 먼저 살펴서 충분한 답을 준비할 수 있게 도와주세요. 부모님이 그 자녀를 잘 이끌고 격려해 주면 가정 예배를 인도하는 것에 보다 큰 힘을 쏟을 것입니다.

명심하세요, 이 책에 담겨진 매일의 예배는 지속적이고 단순한 반복을 통해서 영향을 미치도록 구성했습니다. 만약 하루를 건너뛰었어도 괜찮습니다. 건너뛴 그 날부터 다시 시작하면 됩니다.

추수하기

언젠가 아내 로이스와 저는 장인어른께 물려받은 가족사진 앨범을 우리 자녀 중 한 명에게 다시 물려줄 것입니다. 그것과 함께 우리 가족의 유산 일부는 전수될 것입니다. 무엇보다도 우리가 가족 유산을 물려준 자녀의 삶이 복음으로 변화되었다면 그 날은 훨씬 더 아름답고 기쁠 것입니다. 우리가 자녀들을 구원할 수 없다는 사실을 알지만, 자녀들이 복음에 흠뻑 빠져서 지내게 할 수는 있습니다. 그리고 우리에게는, 하나님은 하실 수 있고 기꺼이 그들을 구원하실 것이라는 확신이 있습니다.

이 책에 담겨진 예배로 자녀들을 성실하게 인도할 때, 단순히 역사를 읽는 수준으로 대하지 마세요. 분명히 역사이지만 그보다 훨씬 많은 것을 담고 있습니다! 하나님의 역사가 우리 가족에게도 임할 것이라는 기대를 가지고 예배를 인도하세요. 기다리면서 하나님이 무슨 일을 하시는지를 지켜보세요! 여러분 가정에 임하시는 복음 선포를 통해서 성령님이 여러분 자녀들의 마음을 새롭게 하실 것이라는 소망에 믿음을 두세요. 그리고 오직 믿음으로, 오직 그리스도 안에서, 오직 은혜로만 자녀들을 인도하세요.

God Creates the World
하나님이 세상을 창조하시다

나뭇잎 하나를 따서 자녀들에게 보여 주세요. 그것이 무엇인지, 우리에게 무엇을 알려주는지 물어보세요. 잠시 동안 그것을 그리는 시간을 가지세요. 아빠나 엄마가 그 나뭇잎을 들고 다음과 같이 이야기하세요. "이 작은 나뭇잎 하나만으로도 하나님이 실제로 계신다는 사실을 충분히 확인할 수 있단다. 바울은 로마서에서 '모든 인간은 하나님이 창조하신 것들을 봄으로써 그분의 능력을 깨닫고 실제로 살아계신 분임을 알 수 있다.' 라고 말하고 있어. 모든 식물의 잎사귀는 햇빛과 물을 이용해서 식물에 필요한 영양분을 만드는 수백만 개의 세포들로 이루어져 있단다! 이번 주에 너희들은 하나님의 엄청나고 놀라운 창조에 대해서 배우게 될 거야."

DAY 1

♥ 상상하기

우리 가족이 만약 금붕어 한 마리를 키울 수 있다면, 금붕어가 살 수족관을 어떻게 꾸며주면 좋을까요? 바닥에는 어떤 색깔의 자갈을 깔아 주면 좋을까요? 해초를 놓아줄 수도 있고, 금붕어가 숨을 수 있도록 바위들도 놓아줄 수 있겠지요? 맞아요. 우리가 주인이니까 그 금붕어를 위해서 우리가 원하는 방식과 모습으로 수족관의 세상을 만들 수 있습니다.

하나님이 이 세상을 창조하셨을 때 우리를 위해 하신 일이 그런 거예요. 하나님은 산과 강, 나무와 다른 모든 것을 만들어 주셨습니다. 우리를 위해서 말이에요. 성경의 시작인 창세기는 우리가 지금 살아가고 있고, 특별히 우리를 위해서만 만들어진 이 세상을 하나님이 어떻게 만드셨는지 이야기해 줍니다.

📖 성경읽기 | 창세기 1장 1~2절

💬 깊이 생각하기

세상이 시작되기 전에 홀로 존재하던 분은 누구실까요? 그래요! 하나님이 이 세상이 창조되기 전부터 홀로 존재하셨습니다. 사실, 하나님은 항상 존재하고 계셨어요. 그 말은 하나님에게는 생일이 없다는 뜻이기도 합니다. 우리가 상상할 수 있는 최대한 옛날 옛적까지 시간을 되돌린다 하더라도 하나님은 여전히 거기 계시지요. 그분은 우리가 사는 이 세상을 창조하기로 결정하셨어요. 아주 오래 전 세상이 전혀 존재하지 않았을 때, 전능하신 하나님이 우리가 지금 보고 있는 이 모든 것을 아무 것도 없는 무(無)에서 창조하셨습니다.

하나님이 무(無)에서 지금 우리가 사는 이 땅을 창조하셨다는 게 과연 어떤 것일지 상상해 볼까요? 하나님은 정말 놀라우십니다. 오직 하나님 한 분만이 존재하셨고, 그 어떤 누구도 그분이 할 수 있는 것을 할 수 없으니까 말이에요.

🗣 이야기하기

하나님은 세상을 창조하시기 위해서 무엇을 사용하셨지요?
(하나님은 아무 것도 사용하시지 않았습니다. 하나님은 그분의 전능하심으로 무(無)에서 세상을 창조하셨습니다.)

우리는 무(無)에서 무엇을 창조할 수 있을까요?
(아니요. 오직 하나님만이 무(無)에서 창조하실 수 있습니다.)

만약 무(無)에서 무언가를 창조할 수 있다면, 여러분은 무엇을 만들고 싶은가요?
(부모님은 자녀들이 무엇을 만들 것인지 상상력을 발휘해서 생각할 수 있게 도와주세요. 그러고 나서 하나님도 지금 우리가 보고 있는 이 모든 것을 창조하시기 위해서 상상력을 동원하셨다고 설명해 주세요.)

세상을 창조하신 하나님에게 우리는 어떻게 감사드릴까요?
(하나님이 우리에게 주신 것에 깊은 관심을 가지고, 하나님이 지으신 모든 것을 찬양하며, 하나님의 명령에 순종함으로써 감사를 드릴 수 있습니다.)

🙏 기도하기

지금 우리가 살아가고 있는 이 아름다운 세상을 창조하신 주님을 찬양하세요.

DAY 2

♥ 기억하기

어제 이야기 중에서 기억나는 것이 있나요? 오늘은 어떤 이야기가 기다리고 있을까요?

✝ 성경읽기 | 창세기 3장 3~25절

💬 깊이 생각하기

우리는 이제 분명히 하나님이 하늘의 별과 우주의 행성들, 이 땅에 있는 모든 것과 물을 말씀만으로 창조하셨다는 것을 알게 되었어요. 하나님이 원해서서 그분의 목소리로 명령하신 모든 것들이 만들어지고 생명을 갖게 되었습니다! 하나님이 "빛이 있으라", 말씀하셨을 때, 갑자기 빛이 생겨났어요. 그것은 우리가 볼 수 있는 모든 것에 실제로 일어난 일이랍니다!!! 다른 그 누구도 단지 말하는 것만으로 무엇인가를 만들 수는 없어요. 만약 우리가 그렇게 할 수 있다고 생각한다면 멈추지 말고 계속 말해 보세요. 하지만 아무리 크게 소리를 질러도 우리가 하나님이 하신 것처럼 무엇인가를 만들 수 없다는 사실을 곧 알게 되겠지요?

🗨 이야기하기

오늘 이야기에서 하나님이 말씀으로써 창조하신 것이 몇 번이나 나오는지 세어 봅시다.
(부모님은 자녀들이 오늘 성경 본문에서 "하나님이 말씀하셨다" 라는 말이 몇 번 나오는지를 찾도록 도와주세요.)

하나님이 말씀으로 창조하신 것 중에서 가장 좋아하신 것은 무엇이지요?
(부모님은 자녀들이 성경 말씀을 다시 찾도록 도와주세요. 자녀들이 너무 어려서 읽을 수 없다면 하나님이 창조하신 내용을 알려주세요.)

하나님이 우리에게도 하나님과 동일한 창조 능력을 주셨다는 사실을 알고 있나요? 예를 들어서, 화가는 아름다운 그림을 그릴 수 있어요. 또 사람들은 하나님이 창조하신 것에서 집이나 자동차를 만들 수도 있지요. 하지만 우리의 방법은 하나님의 방식과는 차이가 있습니다. 여러분은 하나님이 이 세상 모든 것을 창조하신 방법과 우리가 물건을 만드는 방법의 차이점을 설명할 수 있나요?
(우리는 말하는 것으로 무언가를 만들 수 없고 – 우리는 손을 사용하거나 몸의 일부분을 사용합니다 – 우리가 만든 모든 것은 다른 어떤 것을 바탕으로 만들어야 합니다.)

🌿 기도하기

하나님이 말씀으로 세상을 창조하실 수 있음에 감사하세요.

DAY 2

♥ 기억하기

어제 이야기 중에서 기억나는 것이 있나요? 오늘은 어떤 이야기가 기다리고 있을까요?

⊕ 성경읽기 | 창세기 (3장) 3~25절

> ※ 26쪽의 성경읽기 창세기 3장을 창세기 1장으로 바로잡습니다.

● 깊이 생각하기

우리는 이제 분명히 하나님이 하늘의 별과 우주의 행성들, 이 땅에 있는 모든 것과 물을 말씀만으로 창조하셨다는 것을 알게 되었어요. 하나님이 원하셔서 그분의 목소리로 명령하신 모든 것들이 만들어지고 생명을 갖게 되었습니다! 하나님이 "빛이 있으라", 말씀하셨을 때, 갑자기 빛이 생겨났어요. 그것은 우리가 볼 수 있는 모든 것에 실제로 일어난 일이랍니다!!! 다른 그 누구도 단지 말하는 것만으로 무엇인가를 만들 수는 없어요. 만약 우리가 그렇게 할 수 있다고 생각한다면 멈추지 말고 계속 말해 보세요. 하지만 아무리 크게 소리를 질러도 우리가 하나님이 하신 것처럼 무엇인가를 만들 수 없다는 사실을 곧 알게 되겠지요?

《● 이야기하기

오늘 이야기에서 하나님이 말씀으로써 창조하신 것이 몇 번이나 나오는지 세어 봅시다.
(부모님은 자녀들이 오늘 성경 본문에서 "하나님이 말씀하셨다"라는 말이 몇 번 나오는지를 찾도록 도와주세요.)

하나님이 말씀으로 창조하신 것 중에서 가장 좋아하신 것은 무엇이지요?
(부모님은 자녀들이 성경 말씀을 다시 찾도록 도와주세요. 자녀들이 너무 어려서 읽을 수 없다면 하나님이 창조하신 내용을 알려주세요.)

하나님이 우리에게도 하나님과 동일한 창조 능력을 주셨다는 사실을 알고 있나요? 예를 들어서, 화가는 아름다운 그림을 그릴 수 있어요. 또 사람들은 하나님이 창조하신 것에서 집이나 자동차를 만들 수도 있지요. 하지만 우리의 방법은 하나님의 방식과는 차이가 있습니다. 여러분은 하나님이 이 세상 모든 것을 창조하신 방법과 우리가 물건을 만드는 방법의 차이점을 설명할 수 있나요?
(우리는 말하는 것으로 무언가를 만들 수 없고 — 우리는 손을 사용하거나 몸의 일부분을 사용합니다 — 우리가 만든 모든 것은 다른 어떤 것을 바탕으로 만들어야 합니다.)

✐ 기도하기

하나님이 말씀으로 세상을 창조하실 수 있음에 감사하세요.

DAY 3

♥ 예수님께 연결하기

오늘의 이야기가 예수님에 대한 것이며, 예수님을 가리킨다는 사실을 어떻게 알 수 있나요?

📖 성경읽기 | 골로새서 1장 15~17절

🌐 깊이 생각하기

비록 성경은 사람이 기록했지만, 하나님은 그들이 사용하는 단어마다 영감을 불어 넣으셨습니다. 그것은 하나님이 사람들이 성경을 기록하는 동안에 그들이 써야만 하는 내용을 알게 하시려고 성령을 통해서 일하셨음을 의미합니다. 그래서 사도 바울은 그가 태어나기도 전에 일어난 일임에도 불구하고, 세상을 창조하신 하나님에 대해 기록을 남길 수 있었습니다.

오늘 성경 본문에서, 바울은 하나님의 창조에 대해 우리가 이전에는 몰랐던 사실을 알려줍니다. 바울은 우리에게 하나님의 아들이신 예수님이 천지를 창조하신 분임을 알려주고 있어요. 지금 우리가 살고 있는 이 세상을 예수님이 창조하셨습니다. 예수님은 우리가 주변에서 보고 있는 모든 것을 창조하셨습니다. 바울은 예수님이 모든 것을 만드셨고, 또한 그분을 위해서 지으셨다고 기록했어요.

🗣 이야기하기

하나님은 놀라운 동물을 아주 많이 만드셨습니다. 여러분은 어떤 동물을 가장 좋아하나요?

만약 여러분이 창조를 책임지신 예수님 대신에 그 책임을 맡게 된다면, 지금과 다르게 하고 싶은 것이 있나요? 우리 집 바로 앞에 호수를 만드는 건 어떨까요? 우리 동네에 눈을 좀 더 자주 내리게 하고 싶진 않나요?
(부모님은 지금 이 순간 자녀들이 마음껏 상상하고 창의적으로 생각하도록 도와주세요. 그러고 난 후, 자녀들에게 알려주세요. 하나님이 우리를 그분의 형상대로 만드셨기 때문에 그분의 창의력 또한 우리에게 주셨다는 것을 기억하게 해 주세요.)

왜 달은 떨어지지 않을까요? 어떻게 별들은 하늘 위를 떠다닐 수 있을까요? 여기 힌트가 하나 있습니다. 하나님은 우리에게 17절에서 답을 주셨습니다. 성경은 모든 만물을 누가 하나로 결합하고 있다고 말하나요?
(17절은 우리에게 예수님이 모든 세상을 하나로 결합하고 계시다는 사실을 알려 줍니다.)

🌿 기도하기

예수님이 우리가 살아가는 이 세상을 창조하시고 그 모든 것을 그분 안에서 하나로 이어 주신 것을 감사하세요.

DAY 4

♥ 기억하기

이번 주 성경 이야기를 통해서 하나님은 우리에게 무엇을 가르치시나요?

✝ 성경읽기 | 창세기 1장 26~31절

🗨 깊이 생각하기

세상의 모든 식물, 동물, 해와 달, 그리고 수백만 개의 별들을 창조하신 후에 하나님은 그분께서 만드신 모든 것이 '보시기에 좋다'고 말씀하셨습니다. 그러나 하나님은 아직 창조를 마치신 것이 아니었어요. 하나님은 창조 가운데 최고의 것을 마지막까지 남겨 두셨습니다.

하나님의 창조 가운데 가장 특별한 것은 그분의 형상대로 인간을 만드신 것이에요. 그것은 인간이 어느 부분에서는 하나님이 하신 것처럼, 그분과 비슷하게 행동할 수 있다는 것을 의미합니다. 인간을 창조하신 후에, 하나님은 인간에게 그분께서 창조하신 모든 것들의 책임을 맡기셨습니다. 그리고 인간이 그것들을 다스리도록 하셨어요. 인간은 하나님의 형상대로 만들어졌기 때문에 다른 어떤 피조물도 할 수 없는 것들을 인간만은 할 수 있었습니다. 인간은 하나님과 이야기할 수 있었고, 하나님을 예배할 수 있었습니다. 그리고 하나님과 관계를 맺으며 살아갈 수 있었어요.

《● 이야기하기

자녀들은 부모님에게 남자와 여자가 동물들과 어떻게 다른지 구별하는 방법에 대해서 알려 달라고 질문하세요. 자녀들은 부모님의 설명 가운데서 더 추가하거나 부족한 부분이 있는지 찾아보세요.
(인간은 하나님의 형상대로 만들어졌고, 하나님과 이야기 나눌 수 있고, 하나님을 예배하며, 하나님과 관계 맺을 수 있는 유일한 피조물입니다. 인간은 또한 그림, 기계, 음악과 같은 것을 만들어낼 수 있습니다.)

인간을 창조하시기 전에, 하나님은 만드셨던 모든 것이 좋다고 말씀하셨습니다. 인간을 창조하신 후에 하나님은 무슨 말씀을 하셨습니까?
(자녀들이 정답 — 매우 좋다 — 을 생각해 내지 못하면 31절을 찾아보게 하세요.)

인간이 하나님처럼 될 수 없는 매우 중요한 한 가지는 무엇입니까?
(우리는 창조되었고, 하나님은 창조주입니다. 하나님은 영원히 존재하십니다. 그러나 인간은 시작점을 가지고 있습니다.)

🤲 기도하기

우리를 하나님의 형상대로 만드시고, 하나님에게 기도하고 예배할 수 있게 해 주신 것을 감사하세요.

DAY 5

♥ 발견하기

오늘 우리는 시편이나 예언서를 통해 예수님에 대해서 무엇을 배울 수 있는지를 살펴볼 거예요.

✝ 성경읽기 | 시편 1편

💬 깊이 생각하기

우선, 여러분은 시편 1편이 예수님을 가리킨다고는 생각하지 못했을 거예요. 그러나 때론 다른 관점에서 보는 것이 도움이 됩니다. 시편 1편은 항상 하나님을 위해서 살아가는 어떤 사람에 대한 이야기입니다. 시편에서 말하기를 이 사람은 밤낮으로 하나님의 말씀을 즐거워합니다. 우리 모두는 이런 식으로 살아가려고 노력하지만, 평생 동안 이렇게 살아갈 수 있는 유일한 사람은 오직 한 분뿐입니다. 그 사람은 예수님, 즉 우리가 사는 이 세상을 창조하신 분입니다. 아무리 하나님이 우리의 마음을 변화시키시고 우리가 하나님에게 순종하며 살려고 노력해도 우리는 늘 그렇게 할 수는 없습니다. 우리는 실패합니다. 그러나 예수님은 결코 실패하지 않으십니다.

🔊 이야기하기

시편 1편은 우리에게 우리가 밤낮으로 무엇을 해야 한다고 말하고 있습니까?
(우리는 하나님의 말씀을 기뻐해야 합니다.)

하나님의 말씀을 기뻐한다는 것은 무엇을 의미합니까?
(자녀들이 '기뻐한다'는 단어를 이해하는 데 도움을 주기 위해서 아이스크림을 '기뻐한다'는 말이 어떤 의미인지 물어보세요. 아이스크림을 기뻐하려면 우선 그것을 먹어야 하고, 그것의 맛을 즐겨야 하며, 그것과 관련한 다른 몇 가지 것들을 기대할 수 있습니다. 그것이 우리가 하나님의 말씀을 대하는 방식입니다. 우리는 하나님의 말씀을 읽어야 하고, 성경이 전하는 바를 즐겨야 하며, 더 많이 읽고 싶어서 견딜 수 없어야 합니다.)

글을 읽을 수 없는 아이들도 하나님의 말씀을 기뻐할 수 있습니까?
(그렇습니다. 부모님이 성경을 읽을 때 주의 깊게 듣는다면, 그들 또한 하나님의 말씀을 기뻐할 수 있습니다.)

🙏 기도하기

우리 가족이 하나님의 말씀을 기뻐할 수 있게 해 달라고 하나님에게 간구하세요.

God Creates Man
하나님이 인간을 창조하시다

자녀들에게 목에 손가락을 대고서 맥박이 뛰는 것을 느껴 보라고 하세요. 무엇이 느껴지는지 물어 보세요. 그러고 나서 그들에게 심장 박동은 누가 일으키는지 물어 보세요. 그리고 말해 주세요. "우리는 심장이 멈추지 않고 움직이도록 신경 쓸 필요가 없어. 심장은 스스로 살아 움직인단다. 하나님은 우리의 몸을 놀라운 유기체로 만드셨지. 그러나 우리는 단순한 유기체 그 이상이란다. 하나님은 우리를 그분의 형상대로 만드셨어. 우리는 사랑할 수 있고, 새로운 것을 만들 수 있고, 다른 사람을 위해서 희생할 수 있으며 글을 쓸 수도 있지. 그리고 이야기를 들려 줄 수도 있어. 동물은 절대 할 수 없는 것들을 말이야. 이번 주에 너희는 하나님이 인간을 얼마나 특별하게 만드셨는지를 더 많이 배우게 될 거야."

─────────────────────────── DAY 1

♥ 상상하기

만약 우리가 진흙으로 무엇인가를 만들고 나서 그것에 생명을 불어 넣으면 생명이 생겨날까요? 작은 강아지를 만든다고 상상해 봅시다. 작고 귀여운 두 눈과 입, 코를 만들어 주고요. 다리를 만들어 주고, 흔들 수 있는 예쁜 꼬리도 만들어 줍니다. 그러면 그 강아지는 새로 생긴 다리로 서겠지요. 이제 가장 중요한 부분입니다. 그 강아지의 코에 생명을 불어 넣는 거예요. 그렇게 하자마자 그 작고 귀여운 강아지가 팔짝팔짝 뛰고 짖기 시작합니다. 만약에 할 수 있다면 여러분은 무엇에 생명을 불어 넣고 싶은가요? 오늘 이야기에서, 우리는 하나님이 인간을 어떻게 만드셨는지를 분명하게 배울 것입니다. (선택활동; 자녀에게 자신만을 위한 애완동물을 만들 수 있는 찰흙 덩어리 하나를 주세요. 그러고 나서 자녀들이 그 찰흙에 생명을 불어 넣는 것이 불가능한 것임을 알도록 도와주세요.)

✝ 성경읽기 | 창세기 2장 4~14절

💬 깊이 생각하기

지난 주 우리는 창세기 1장에서 하나님이 인간을 어떻게 그분의 형상대로 만드셨는지를 읽었습니다. 오늘 2장에서는 그 이야기를 다시 한 번 들려주는데, 이번에는 하나님이 인간을 어떻게 창조하셨는지를 느린 속도로 아주 자세하고 생생하게 보여줄 것입니다.

우리는 또한 하나님이 인간이 살 수 있는 아름다운 장소를 만드셨다는 것을 배우는데, 그곳이 에덴동산입니다. 두 개의 매우 특별한 나무가 그곳에서 자라고 있었어요. 하나는 '생명나무' 이고, 다른 하나는 '선악을 알게 하는 나무' 였습니다. 선악을 알게 하는 나무를 꼭 기억해야 해요. 끔찍한 것이 그 나무로 인해서 일어날 것이니까요.

💬 이야기하기

여러분은 하나님이 사람을 어떻게 창조하셨는지를 다시 말할 수 있습니까?
(부모님은 자녀들 중 한 명이 그 이야기를 하도록 정해 주시고, 부모님과 나머지 자녀들은 그 이야기를 행동으로 묘사해 보세요.)

하나님의 창조 가운데 빠진 것이 있나요?
(여자가 빠졌습니다. 하나님은 아직 여자를 창조하지 않으셨어요.)

하나님이 직접 창조하신 사람의 이름을 알고 있나요?
(그 사람의 이름은 아담입니다. 우리는 내일 성경 이야기를 통해서 알게 될 거예요. 혹시 '아담' 이라는 이름이 하나님이 인간을 표현하는 말이라는 사실을 알고 있었나요? 그 둘은 같은 말입니다.)

🤲 기도하기

흙으로 인간을 너무나 놀랍게 창조하신 하나님을 찬양합니다.

DAY 2

♥ 기억하기

어제 이야기 중에서 기억나는 것이 있나요? 오늘은 어떤 이야기가 있을 것이라고 기대하나요?

📖 성경읽기 | 창세기 2장 15~23절

💬 깊이 생각하기

하나님은 아담을 아름다운 동산에 두셨고, 그곳을 과일 나무로 가득 채우셨습니다. 그리고 한 가지 규칙을 세우셨어요. 그것은 아담이 그 과일 나무들 중에서 한 가지만은 먹을 수 없게 하신 것입니다. 그 나무는 선악을 알게 하는 나무였어요. 하나님은 아담에게 그 나무의 열매를 먹으면 반드시 죽게 될 것이라고 경고하셨습니다. 아담은 항상 그 동산에서 혼자였어요. 그래서 하나님은 동물들을 보내셔서 그와 함께 지내도록 하셨습니다. 하나님이 동물들을 아담에게로 데려 오시면, 아담은 각각의 동물에게 이름을 지어 주었어요. 그러나 그 동물들 중 어떤 것도 대화를 나누거나 노래하거나 혹은 아담처럼 하나님을 예배할 수 없었습니다. 그는 여전히 홀로 있어 외로웠어요. 그 모든 동물 중에서 아담은 평생을 함께 할 동반자를 만날 수 없었습니다. 그 때가 하나님이 아주 특별한 일을 하셨던 순간입니다. 하나님은 아담을 잠들게 하셨고, 아담의 갈비뼈 하나를 취해서 여자를 만드셨습니다. 하나님은 여자를 만드셨고, 그 여자는 아담을 위한 완벽한 동반자가 되었습니다.

🗨 이야기하기

여러분은 어떻게 하나님이 남자를 만드셨는지 기억하고 있습니까? 그렇다면 하나님이 여자를 만드신 방법과 어떤 차이가 있습니까?
(아담은 흙으로 창조되었지만, 여자는 — 그 여자는 타락 이후에야 비로소 이브라고 했다 — 아담의 갈비뼈로 만들어졌습니다.)

여러분은 왜 여자가 다른 동물들보다 남자에게 더 좋은 동반자가 될 수 있다고 생각하나요?
(부모님은 이 순간 창의력을 발휘해야 합니다. 남자가 코끼리와 함께 춤을 추고, 말과 함께 아침식사를 하고, 토끼와 더불어서 식물을 재배하거나 혹은 정원의 나무를 다듬는 모습을 상상해 봅시다.)

하나님이 한 남자와 한 여자가 함께 가족으로 살아가도록 하신 것을 오늘날 무엇이라고 하나요?
(결혼입니다. 하나님이 아담에게 이브를 주셨습니다. 이것이 최초의 결혼입니다.)

🙏 기도하기

많은 창조 가운데 특별히 여자를 만들어 주신 것을 하나님에게 감사드리세요.

DAY 3

♥ 예수님께 연결하기

오늘의 이야기가 예수님에 대한 것이며, 예수님을 가리킨다는 사실을 어떻게 알 수 있나요?

✝ 성경읽기 | 고린도전서 15장 45~49절

💬 깊이 생각하기

아마도 우리는 예수님 또한 아담이라고 불린다는 사실을 몰랐을 것입니다. 그것은 예수님이 최초의 인간인 아담의 죄를 없애기 위해서 오셨기 때문입니다.

이것은 이해하기 쉽지 않습니다. 첫 번째 아담은 그리 잘 행하지 못했습니다. 하나님에게 불순종했고 죄를 지었습니다. 이것에 대해서 우리는 다음 주에 더욱 많이 배우게 될 것입니다.

예수님은 두 번째 아담으로서 이 땅에 오셨는데, 그 이유는 하나님에게 또 하나의 방법으로 순종을 드리기 위해서였습니다. 예수님이 하나님에게 순종하실 수 있다면, 그는 첫 인간인 아담이 이 땅에 들여 놓은 죄 또한 없애버릴 수 있을 것입니다. 그분은 두 번째 아담인 것입니다. 그리고 이 두 번째 아담은 위대한 일을 행했습니다. 예수님은 완벽한 인생을 사셨고, 결코 단 한 번도 하나님에게 불순종하시지 않았습니다.

💬 이야기하기

성경 때문에 우리는 아담이 흙으로 만들어졌다는 것을 기억합니다. 그렇다면 성경은 두 번째 아담인 예수님은 어디로부터 오셨다고 말씀하고 있습니까?
(예수님은 하늘에서 오셨습니다.)

하나님은 아담을 만드셨고, 하나님의 명령에 순종하게 하셨습니다. 하나님은 아담에게 어떤 명령을 하셨습니까?
(창 2:16~17에 힌트가 있습니다.)

예수님은 이 땅에 하나님의 일을 위해서 오셨습니다. 예수님은 어떤 일을 하셨습니까?
(예수님의 일은 모든 것에서 하나님에게 순종하는 것이었습니다. 예수님은 또한 인간의 모든 죄를 감당하시기 위해서 십자가에 달려 죽으셨습니다.)

🤲 기도하기

하나님이 예수님을 두 번째 아담으로 만드신 것을 감사드리세요. 그리고 예수님이 아담과 동일한 상황에 있었으나 올바른 선택을 하시고 하나님에게 순종하셨음에 감사드리세요.

DAY 4

♥ 기억하기

이번 주 성경 이야기를 통해서 하나님은 우리에게 무엇을 가르치십니까?

📖 성경읽기 | 창세기 2장 22~25절

💬 깊이 생각하기

하나님이 여자를 만드시고 아담에게 보내셨을 때, 아담은 매우 신났습니다. 마침내 그는 오랫동안 찾던 동반자를 발견한 것입니다. 아담이 그녀를 보자마자, 그녀는 그에게 완벽한 배우자라고 말할 수 있었습니다. 아담과 아담이 나중에 이브라고 이름을 지어준 그 여자는 최초의 결혼을 이루고 함께 지내게 되었습니다.

여러분은 하나님이 결혼을 만드신 분이고, 여자를 창조하셔서 그녀를 아담에게로 데리고 오셨을 때 최초로 결혼식을 행하셨다는 사실을 알고 있었나요? 한 남자와 한 여자가 결혼할 때마다 그들은 하나님이 에덴동산에서 행하셨던 모든 방식을 따르는 것입니다.

🗣 이야기하기

자녀들은 부모님이 결혼하던 날에 얼마나 신났고, 마음이 설레었는지를 물어보세요.
(부모님은 결혼식 당일에 복도를 따라 걸어갔을 때 혹은 당신의 신랑 또는 신부가 아름답게 결혼예복을 입고 있는 모습을 보았을 때 얼마나 흥분되고, 기대되며, 설레었는지를 자녀들에게 얘기해 주세요.)

우리는 한 남자와 한 여자가 함께 평생을 보내기로 약속하는 것을 무엇이라고 부릅니까?
(결혼이라고 합니다.)

왜 그 여자는 아담에게 완벽한 동반자였지요?
(그녀는 그와 대화를 나눌 수 있고, 그의 친구가 될 수 있고, 그가 동산에서 일하는 것을 도울 수 있으며, 그와 함께 하나님을 예배할 수 있었습니다.)

자녀들은 부모님에게 여러분의 완벽한 배우자가 어떤 사람이 되어야 할지를 물어보세요.
(모든 사람은 누군가와 결혼해야 하는데 그 배우자는 아담과 이브가 둘이서 함께 하나님을 예배했던 것처럼 하나님을 사랑하고, 그분과 함께 대화하는 사람이어야 합니다.)

🙏 기도하기

결혼을 만드신 하나님에게 감사드리세요. 하나님이 당신을 결혼하게 하신다면, 당신에게 하나님을 함께 예배할 수 있는 사람을 인도해 주시기를 기도하세요.

DAY 5

♥ 발견하기

오늘 우리는 시편이나 예언서를 통해 예수님에 대해서 무엇을 배울 수 있는지를 살펴볼 거예요.

✝ 성경읽기 | 이사야 9장 6절

💬 깊이 생각하기

이사야는 매우 특별한 한 아이에 대해서 말했습니다. 그 아이는 모든 세상을 책임질 아이가 될 것입니다. 그는 특별한 이름을 갖게 될 것입니다. 그 이름은 위대한 상담자, 전능자 하나님, 영원무궁하신 아버지, 그리고 평화의 왕입니다.
모든 출생한 아이들 중에서 오직 한 아이만이 이 이름, 즉 예수란 이름을 가집니다. 하나님은 예수님이 태어나시기 오래전 이사야에게 이것을 보도록 하셨습니다.

🔊 이야기하기

왜 예수님이 이 땅에 오셔야만 했는지, 그리고 아담 이야기와 어떻게 연결되는지 기억할 수 있나요?
(부모님은 자녀들에게 그 이유가 하나님에 대한 아담의 불순종과 관련되어 있다는 힌트를 주세요.)

예수님의 출생 이야기를 기억할 수 있나요?
(부모님은 자녀들이 그리스도의 출생에 대해서 얼마나 기억하는지 확인해 주세요.)

이사야는 우리에게 예수님을 설명하는 몇 가지 이름을 보여 주었습니다. 예수님이 행하셨던 일들을 기억해 보세요. 그리고 이사야가 설명했던 예수님의 이름에 당신이 생각하는 다른 이름을 추가해 보세요.
(부모님은 자녀들에게 예수님이 하셨던 일들을 기억나게 도와주세요. 그분은 치료자였고, 온 세상의 구원자이시며, 생명을 주셨고, 죄인들의 친구였습니다. 이 모든 것은 예수님을 설명하는 이름으로 사용할 수 있습니다.)

🙏 기도하기

죄로부터 우리를 구원하시려고 예수님을 보내시고, 그분의 죽으심과 의로움으로 우리를 하나님의 자녀가 되게 하심을 감사드리세요.

Adam and Eve Disobey God
아담과 이브가 하나님에게 불순종하다

자녀들에게 다음 질문에 해당하면 손을 들라고 얘기해 주세요. "지금까지 살아오면서 단 한 번이라도 불순종 해 본 적이 있는 사람?" 그리고 나서 어떻게 불순종을 배웠는지 다시 질문해 보세요.

이것은 상당히 놀라운 진실을 알려주는, 아주 흥미로운 질문입니다. 얘기해 주세요. "아이들은 불순종을 배울 필요가 없단다. 아이들은 불순종하는 방법을 자연스럽게 익히지. 아담과 이브가 하나님에게 불순종한 이후로, 모든 남자와 여자 그리고 아이는 죄인으로 태어난단다. 이번 주에 우리는 그 불순종이 에덴동산에서 시작되었 다는 것을 배울 거란다."

DAY **1**

♥ 상상하기

정원을 걷다가 나뭇가지를 돌돌 말고 있는 뱀 한 마리를 발견했다고 상상해 봅시다. 처음에는 두려워서 도망치 고 싶은 마음이 들겠지만, 또 한편으로는 호기심이 발동하고 좀 더 가까이 다가가서 보고 싶을지도 모릅니다. 뱀에게 더 가까이 다가갔을 때, 그 뱀이 말을 걸었다고 생각해 보세요. 이것이 오늘의 성경 이야기에서 일어난 일입니다.

✝ 성경읽기 | 창세기 3장 1~6절

💬 깊이 생각하기

하나님은 아담과 이브를 창조하신 후에 아름답고 놀라운 것들로 복을 주셨습니다. 그들을 온갖 과일 나무가 가득한 동산으로 인도하셨어요. 그들이 최초의 남편과 아내로서 하나님이 창조하신 모든 것을 함께 누리게 해 주셨습니다. 그리고 그 동산에서 함께 살아가게 하셨어요.

그 모든 것 가운데 단연 최고는 하나님 자신이 아담과 이브와 함께 그 동산에 거하셨다는 사실입니다. 그러나 아담과 이브는 하나님이 해서는 안 된다고 말씀하신 그 단 한 가지를 함으로써 하나님에게 죄를 지었어요. 그 것은 금지된 나무의 과일을 먹는 것이었습니다. 하나님을 향한 순종 대신에 그들은 불순종했고, 그들이 하고 싶은 것을 했습니다. 그것이 우리가 '죄' 라고 부르는 것입니다.

🗨 이야기하기

죄란 무엇인가요?
(죄는 하나님이 성경을 통해서 말씀하시는 것에 따르지 않고 우리가 하고 싶은 대로 행동하는 것입니다.)

모든 사람은 죄를 짓나요?
(아담과 이브가 시작했기 때문에 예수님만 제외하고 모든 사람은 죄를 짓습니다.)

우리가 어떤 식으로 죄를 짓는지 생각해 볼까요?
(자녀들이 스스로 자신이 죄를 지었던 경험을 생각하도록 도와주세요. 예를 들면 "나는 가끔 동생과 다퉈요." 또는 "나는 싫은 일을 할 때 화를 내거나 다른 사람을 무시해요." 핵심은 자녀들이 모든 사람은 다 하나님에게 불순종하고 죄를 짓는다는 사실을 알도록 도와주는 것입니다.)

🤲 기도하기

우리 가족 모두가 하나님의 말씀을 따르도록 도와달라고 간구하면서 서로를 위한 기도 시간을 가지세요.

DAY 2

♥ 기억하기

어제 이야기 중에서 무엇을 기억하고 있나요? 오늘은 어떤 이야기가 기다리고 있을까요?

✝ 성경읽기 | 창세기 3장 7~19절

💬 깊이 생각하기

하나님은 아담과 이브에게 그들이 금지된 과일을 먹는다면 반드시 죽게 될 것이라고 말씀하셨습니다. 그러나 그들은 불순종한 후에도 여전히 살아 있었습니다. 겉으로 보기엔 여전히 살아 있기에 아무 일도 일어나지 않은 것 같았지만, 그들 안에 있는 무언가는 죽었습니다. 하나님을 사랑하고 즐거워하는 대신에 아담과 이브는 하나님을 두려워했고, 그분 앞에서 스스로를 숨기게 되었습니다. 그들이 하나님과 누리던 관계는 불순종했기 때문에 깨져 버린 것입니다. 그것이 그들이 하나님에게서 달아나고 숨으려고 했던 이유입니다. 그리고 그들은 나이가 들었고, 오랜 세월이 흐른 뒤에 죽게 되었습니다.

💬 이야기하기

아담은 왜 두려워했나요?
(그는 하나님이 동산을 거니는 소리를 들었습니다. 그리고 자신이 하나님에게 불순종했음을 알았고, 그래서 숨었습니다.)

우리도 잘못을 숨기려고 했던 적이 있나요?
(부모님은 자녀들이 일상 속에서 했던 것들을 떠올리도록 도와주시거나 부모님의 삶에서 있었던 일을 나눠 주세요.)

죄는 왜 나쁜가요?
(죄는 하나님의 명령에 불순종하는 것입니다. 우리가 죄를 지을 때, 우리는 '하나님이 명령하시는 것을 하고 싶지 않아요' 라고 말하는 것입니다. 그것은 우리가 하나님과 적이 되게 합니다.)

🙏 기도하기

자신의 죄를 고백하고 그것들을 숨기지 않게 해 달라고 하나님에게 간구하세요.

DAY 3

♥ 예수님께 연결하기

오늘의 이야기가 예수님에 대한 것이며, 예수님을 가리킨다는 사실을 어떻게 알 수 있나요?

✝ 성경읽기 | 고린도전서 15장 20~22절

💬 깊이 생각하기

하나님은 아담과 이브의 죄에 놀라지 않으셨습니다. 그 일이 벌어지기 전부터 이미 그들이 죄를 지을 거라는 사실을 모두 알고 계셨습니다. 그리고 모든 것을 다시 올바르게 하실 놀라운 계획을 가지고 계셨습니다. 아버지이신 하나님은 외아들 예수님을 이 땅에 아기로 보내실 것이었습니다. 예수님은 성장해서 아담과 같은 사람이 될 것입니다. 그러나 하나님에게 불순종하지 않고, 예수님은 매일 매순간 하나님에게 순종하는 삶을 살게 될 것입니다. 완전한 그분의 삶 때문에 예수님은 우리의 징계를 대신 받으실 수 있었습니다. 그래서 우리는 용서받을 수 있고, 하나님과 더불어 화목하게 될 수 있습니다.

💬 이야기하기

바울은 죽음이 한 사람, 즉 아담을 통해서 들어왔다고 기록했습니다. 그렇다면 우리에게 생명을 주시고 하나님과 다시 화목하게 하신 분이 누구인지 생각할 수 있나요?
(예수님은 우리에게 생명과 화목을 가져다주셨습니다.)

무엇 때문에 예수님은 이 땅에 태어난 다른 사람들과 구별되나요?
(예수님은 그저 평범한 사람이 아닙니다. 그는 하나님이십니다. 그분은 사람이었기 때문에 십자가에서 우리의 징계를 대신 받으셨습니다. 그러나 그분은 또한 하나님이시기 때문에 죄가 없으시고, 무덤에서 다시 살아나셨습니다. 그리고 죽음을 이기고 승리하셨습니다.)

🙏 기도하기

십자가에서 우리의 징계를 대신 받기 위해 외아들 예수님을 이 땅에 한 사람으로 보내 주신 하나님에게 감사드리세요.

DAY 4

♥ 기억하기

이번 주 성경 이야기를 통해서 하나님은 우리에게 무엇을 가르치시나요?

✝ 성경읽기 | 창세기 3장 20~24절

💬 깊이 생각하기

하나님이 자격 없는 우리에게 선한 것을 주실 때, 그것을 은혜라고 합니다. 하나님이 그분의 징계를 미루고 계실 때, 그것을 자비라고 합니다. 하나님은 아담과 이브에게 자비와 은혜를 보여주셨습니다. 그들은 하나님이 말씀하신 유일한 규칙을 어기고 불순종했습니다. 그러나 하나님은 그들을 죽이는 대신에 동물들을 죽이고 그것들의 가죽을 옷감으로 사용해서 아담과 이브에게 주셨습니다.

하나님이 아담과 이브에게 옷을 만들어 주시기 위해서 동물들을 죽이셨을 때 그분은 예수님을 이 땅에 보내셔서 모든 죄를 덮으시고 우리를 용서받게 해 주실 그 날을 미리 보이신 것이었습니다.

🗣 이야기하기

은혜가 무엇인가요?

(하나님이 자격 없는 우리에게 선한 것을 주실 때, 그것을 은혜라고 합니다.)

자녀들은 부모님께 우리 가정에게 베푸신 하나님의 은혜는 무엇이 있는지, 어떤 식으로 그것을 보여주셨는지 물어보세요.

십자가에서 이뤄진 예수님의 죽음과 아담과 이브를 가죽으로 덮기 위한 동물들의 죽음은 어떤 점에서 비슷한가요?

(예수님의 죽음은 그분을 믿는 모든 사람의 죄를 덮습니다. 동물들은 예수님이 언젠가 하실 일을 나타낸 것입니다.)

🙏 기도하기

하나님의 놀라운 자비와 은혜에 감사드리세요.

DAY 5

🖤 발견하기

오늘 우리는 시편이나 예언서를 통해서 예수님에 대해서 무엇을 배울 수 있는지를 살펴볼 거예요.

📖 성경읽기 | 이사야 9장 7절

💬 깊이 생각하기

이번 주에 우리는 하나님이 동물의 가죽으로 아담과 이브를 덮어주신 것이 예수님이 십자가에서 죽으심으로 우리의 죄를 덮어주신 것을 나타낸다는 것을 배웠습니다. 오늘 말씀에서, 선지자 이사야는 아직 예수님이 출생하시기 한참 전이었지만 그분에 대해 기록하고 있습니다.

이사야는 의로움 때문에 다윗 왕의 왕좌에 영원히 앉을 한 왕에 대해 전하고 있습니다. 그는 예수님에 대해서 말하는 것입니다. ('의로움'은 예수님은 항상 옳고, 그분이 행하시는 모든 일이 선하다는 것을 말하는 중요한 단어입니다. 예수님은 결코 죄가 없으신 분입니다.) 다윗은 골리앗이라는 거인을 죽였고, 위대한 왕이 되었습니다. 그러나 여전히 그는 죄인이었습니다. 이사야는 죄가 전혀 없는 의로움으로 통치할 왕이 오실 날을 선포합니다. 많은 왕들이 다윗 이후로 그 왕좌에서 통치했습니다. 그러나 오직 한 분만이 죄가 없으셨고, 영원히 살아계십니다. 그 왕은 바로 예수님이십니다!

🗣 이야기하기

우리 자신이 완전히 의로운 왕이 되어서 통치할 수 있을까요?
(부모님은 자녀들이 모두 죄인이라는 것과 죄를 지었으므로 예수님이 아니었다면 영원히 자격 없는 사람이 되었을 거란 사실을 알게 도와주세요.)

오늘의 말씀이 다윗의 계보를 이은 왕들 중에서 예수님 말고 다른 왕에 대한 예언이 될 수 있나요?
(아니요. 예수님 이전에 다윗의 계보에서 나온 모든 왕은 죽었습니다. 그리고 그들 중 누구도 영원히 의로울 수 없습니다.)

🙏 기도하기

하나님 말씀에 매일 순종함으로써 위대하신 왕 예수님을 위해 살게 해 달라고 간구하세요.

Cain and Abel
가인과 아벨

만 원짜리 지폐 한 장을 지갑에서 꺼내세요(꼭 만 원이 아니어도 괜찮습니다). 자녀들에게 그 돈을 자녀 중 한 명에게만 아이스크림 사먹으라고 준다면 어떻게 생각할지 물어 보세요. 단, 당신은 모두가 아이스크림을 먹을 만큼 충분한 돈을 주지는 않았습니다(자녀가 한 명이라면 그 아이가 친구들과 함께 있는 것처럼 이야기해 주세요). 이제 질문합니다. "네가 아이스크림을 먹을 수 없다면 너는 어떤 마음이 들까?" 자녀들에게 당신이 생각하는 단어의 첫 글자인 '이'를 알려주세요. 자녀들이 '이기심'이란 말을 생각해 내는지를 살펴보세요. 그러고 나서 그것이 어떤 의미인지를 알려주세요. 그리고 얘기해 주세요. "이번 주 우리는 어떤 사람이 하나님의 은혜를 거절했을 때, 그리고 그 마음에 이기심을 가지고 살아갈 때 무슨 일이 일어나는지를 배울 거야."

DAY 1

♥ 상상하기

어떤 부모가 자녀 모두에게 각자의 방을 청소하라고 시켰다고 가정해 봅시다. 그중 한 자녀는 아주 열심히 온 시간을 들여서 청소를 합니다. 그런데 또 다른 한 자녀는 밖에 나가서 놀고 싶은 마음에 몇 가지만 대충 정리하고 제대로 방 청소를 하지 않았습니다. 얼마 후 부모가 확인하려고 방에 들어왔을 때, 청소를 열심히 한 자녀의 방을 보고선 만족하겠지만 다른 자녀의 방을 보고선 그렇지 않을 것입니다.

만약 부모가 방을 깨끗하게 청소한 자녀에게는 나가서 놀아도 된다고 허락한 반면에 그렇지 않은 자녀에게는 해야 할 것을 제대로 하지 않았으니까 집에 있어야만 한다고 말한다면 그 자녀는 어떤 생각을 할까요? 나가서 놀지 못한다는 사실에 화가 나진 않을까요? 그리고 기회가 있을 때 더 잘하지 않은 것을 후회하는 마음이 들지는 않을까요?

이것이 아담의 아들 중 한 명인 가인이 오늘 이야기에서 느낀 것입니다.

📖 성경읽기 | 창세기 4장 1~5절

💬 깊이 생각하기

가인과 아벨 둘 다 그들이 재배하고 기른 것의 일부를 감사와 예배로 하나님에게 드렸습니다. 하나님이 우리에게 주신 것의 일부를 하나님에게 돌려드릴 때, 그것을 봉헌이라고 합니다.

여러분은 아벨이 기른 가축 가운데 기름진 것을 가져왔다는 사실을 알고 있었나요? 그것은 그가 하나님에게 자신이 기른 가축 중에서 가장 기름진 것, 즉 최고의 것을 바쳤다는 것을 의미합니다. 그러나 가인이 재배한 곡물 가운데 최고의 것을 가져왔다고 기록되어 있진 않습니다. 또한 많은 제물을 바쳤다고 말하지도 않습니다. 성경에서는 단지 가인은 수확한 곡물 중에서 일부를 주님께 바쳤다고만 말합니다. 그래서 하나님이 그들의 제물을 보셨을 때 아벨의 것은 기쁘게 받으셨지만, 가인의 것은 받지 않으셨던 것입니다. 그것이 가인이 화가 난 이유입니다.

💬 이야기하기

아벨은 어떤 일을 했나요?

(아벨은 동물을 사육했습니다.)

가인은 어떤 일을 했나요?

(가인은 곡물을 재배하는 농부였습니다.)

그들은 왜 하나님에게 제물을 드렸나요?

(제물을 바침으로써 그들에게 필요한 모든 것을 공급해 주신 하나님에게 감사를 표현했습니다. 하나님은 가인이 심은 곡물을 키우셨고, 아벨의 가축들이 튼튼하게 자라게 하셨습니다.)

우리는 어떤가요? 우리는 주님께 제물을 드리나요?

(네. 교회에 헌금을 할 때, 우리에게 직업을 주셔서 돈을 벌게 하신 하나님에게 감사를 표현하는 것입니다.)

🙏 기도하기

하나님에게 항상 최고의 것을 드리게 도와달라고 기도하세요.

DAY 2

♥ 기억하기

어제 이야기 중에서 무엇을 기억하고 있나요? 오늘은 어떤 이야기가 있을 것이라고 생각하나요?

📖 성경읽기 | 창세기 4장 1~8절

💬 깊이 생각하기

하나님은 가인이 화가 났다는 것을 아셨습니다. 그리고 신중하라고 경고하셨습니다. 하나님은 죄가 가인의 문 앞에 도사리고 있다고 말씀하셨습니다. 그것은 가인이 스스로를 살펴보지 않는다면 결국에는 무언가 악한 일을 저지르게 될 것을 의미했습니다. 그러나 가인이 정직하고 올바르게 행동했다면, 하나님은 그를 기쁘게 받아들이셨을 것입니다. 가인은 하나님을 두려워하지 않았기 때문에 화를 냈고, 자신의 죄를 회개하지 않았습니다. 그 결과 가인은 아벨과 단 둘이 있을 때, 아벨을 죽였습니다.

여기에 우리를 향한 경고의 메시지가 있습니다 : 우리가 죄에서 돌아서지 않고 하나님에게 등을 돌린다면, 우리의 죄는 더 악화될 뿐이라는 사실입니다.

💬 이야기하기

가인은 어떻게 했어야 했나요?

(부모님은 자녀들이 이 질문에 대해서 생각할 수 있게 도와주세요. 가인은 동생을 향한 분노의 죄에서 회개하거나 돌이켜야 했고, 하나님에게 용서를 구했어야 했습니다.)

여러분이 화를 냈던 때를 기억할 수 있나요?아니면 선한 일에 대해서 계속 화를 내려고 했던 적이 있나요?

(부모님은 자녀들이 화를 내서 더 큰 문제를 일으켰던 기억을 떠올리게 도와주시면 됩니다.)

하나님은 우리가 죄를 지을 때 어떻게 경고하시나요?

(우리를 향한 하나님의 경고는 성경에 기록되어 있습니다. 예를 들어, 갈라디아서 6장 7~8절에서는 우리가 뿌린 대로 거둔다고 말씀하고 있습니다. 그것은 우리가 죄의 씨앗을 뿌린다면 나쁜 결과를 거두게 된다는 것을 의미합니다.)

🙏 기도하기

우리가 죄에서 즉시 돌아서고, 하나님의 말씀에 순종하게 해 달라고 하나님에게 도움을 구하세요.

DAY 3

♥ 예수님께 연결하기

오늘의 이야기가 예수님에 대한 것이며, 예수님을 가리킨다는 사실을 어떻게 알 수 있나요?

✝ 성경읽기 | 창세기 4장 9~12절

💬 깊이 생각하기

금지된 과일을 먹어서 시작된 아담의 죄는 그의 자녀들에게도 퍼져나갔습니다. 처음에 우리는 죄가 어떻게 하나님과 우리의 관계에 상처를 입히는지를 보았습니다. 그리고 이제 너무나 명확하게 죄가 어떻게 우리 주위 사람들에게까지 영향을 주는지 확인하게 됩니다.

형제들은 서로 사랑해야 합니다. 그러나 죄 때문에 가인은 아벨을 죽였습니다. 지금까지의 모든 역사 속에서 일관되게 이어지는 아담의 그 첫 번째 죄로부터 아담 이후의 모든 사람은 오직 한 사람만을 제외하고 죄인으로 태어나게 되었습니다. 어떠한 죄도 전혀 짓지 않은 그 사람은 아담의 아주 머나먼 후손입니다. 결코 죄를 짓지 않은 유일한 사람은 예수님입니다. 예수님은 항상 아버지이신 하나님에게 순종했습니다. 그리고 그분은 항상 주변의 모든 사람을 사랑했습니다.

《● 이야기하기

하나님은 어떻게 가인이 한 일을 아셨나요?

(하나님은 모든 것을 아십니다. 우리는 죄를 하나님에게 숨길 수 없습니다.)

하나님 모르게 죄를 지을 방법은 무엇인가요?

(하나님은 언제나 우리의 모든 죄를 아십니다. 즉, 하나님 모르게 죄를 지을 방법은 없습니다.)

예수님과 가인은 어떻게 다른가요?

(비록 예수님도 시험을 받으셨지만, 결코 죄를 짓지 않았습니다. 예수님은 또한 자신의 생명을 제물로 내어 주셨습니다.)

🙏 기도하기

모든 제물 중에 최고의 제물로 예수님의 생명을 내어 주신 것을 감사하세요.

DAY 4

♥ 기억하기

이번 주 성경 이야기를 통해서 하나님은 우리에게 무엇을 가르치시나요?

✝ 성경읽기 ⏐ 창세기 4장 13~16절

💬 깊이 생각하기

여러분은 가인이 잘못을 후회하거나 동생을 죽인 것에 대해 하나님에게 용서를 구하지 않았다는 사실을 알고 있었나요? 가인은 단지 자신의 안전만 염려했습니다. 그럼에도 하나님은 가인에게 친절을 베푸셨어요. 하나님은 가인의 이마에 특별한 표시를 남기셔서 모든 사람이 그에게 해를 가하지 못하게 하셨습니다. 비록 하나님은 가인이 행한 일의 대가로 즉시 죽일 수 있었지만 살아가게 하셨고, 가인이 죄에서 돌이켜서 하나님에게로 돌아올 시간을 주셨습니다. 하나님은 우리에게 회개할 시간을 자주 주십니다. 심지어 우리가 죄인일지라도 하나님은 우리를 살아가게 하셔서 죄에서 돌이키고, 예수님을 믿으며 용서를 받을 수 있도록 도와주십니다.

《● 이야기하기

우리가 읽은 성경 이야기를 되돌아보고 가인이 범한 죄의 목록을 만들어 봅시다.
(가인은 하나님에게 최고의 제물을 바치지 않았습니다. 동생을 시기했고, 점점 더 분노했습니다. 또한 하나님의 경고를 듣지 않았고, 동생을 죽였습니다. 무엇보다 자신의 죄를 돌이키지 않았고, 용서를 구하지도 않았습니다.)

자녀들은, 부모님에게 아빠와 엄마도 죄인인지 질문해 보세요.
(부모로서 우리 자신도 하나님 앞에서 죄인임을 인정하는 것은 매우 중요합니다. 때때로 하나님의 명령에 어떤 식으로 순종하지 않는지 설명해 주세요. 그리고 자녀들이 아빠와 엄마도 예수님이 반드시 필요한 죄인이라는 사실을 알게 해 주세요.)

우리는 어떤가요 — 하나님 앞에서 행한 우리의 죄 목록을 작성해 볼 수 있나요?
(부모님은 자녀들이 가인과 같은 죄인이라는 사실을 깨닫도록 도와주세요. 오늘 이야기에서 자신을 아벨처럼 여기지 않는 것은 쉽습니다. 그리고 우리 자신이 생각보다 훨씬 더 가인과 비슷하다는 점을 놓치는 것도 쉽습니다.)

하나님은 가인에게 어떤 벌을 내리실 수 있었을까요?
(가인은 동생에게 보인 행동의 결과로 하나님으로부터 죽음을 당할 수 있었습니다.)

🤲 기도하기

우리를 즉시 벌하지 않으셔서 우리가 예수님을 믿고, 하나님에게 우리의 죄에 용서를 구할 기회를 주신 것을 감사드리세요.

DAY 5

♥ 발견하기

오늘 우리는 시편이나 예언서를 통해서 예수님에 대해 무엇을 배울 수 있는지 살펴볼 거예요.

✝ 성경읽기 | 시편 2편 1~2절

💬 깊이 생각하기

여러분은 예수님이 오시기 수천 년 전에 살았던 다윗이, 예수님에 대해서 이야기하고 있는 이 시편을 기록했다는 사실을 알고 있었나요? 그가 예수님에 대해서 기록할 수 있었던 유일한 방법은 하나님이 그를 도와주시는 것이었습니다.

예수님의 제자인 베드로와 요한은 훗날 그들이 종교지도자들에게 말할 때(행 4:25~27) 이 시편을 인용했습니다. 다윗이 여호와의 기름부음을 받은 자로 설명한 분이 예수님이고, 그분에 반대해서 음모를 꾸민 유대인들이 예수님을 죽였다고 말했습니다.

《● 이야기하기

어떻게 다윗은 예수님이 태어나시기 훨씬 전에 예수님에 대한 이야기를 쓸 수 있었나요?
(하나님에게 영감을 받은 사람들이 성경을 기록했습니다. 따라서 다윗이 예수님에 대해서 기록을 남길 수 있도록 하신 분은 하나님입니다. 사도행전 4:28을 읽어 보면 심지어 예수님의 죽음조차도 하나님의 계획이심이 나타나 있습니다.)

누군가에 반대해서 음모를 꾸민다는 것은 그 사람을 향해 나쁜 것을 계획한다는 의미입니다. 종교지도자들은 예수님을 반대해서 어떤 음모를 꾸몄나요?
(종교지도자들은 예수님을 죽이려는 음모를 세웠습니다.)

다윗은 오늘 읽은 시편에서 누가 분노하고 화를 내며 예수님을 죽이려고 했는지 설명하고 있습니다. 어떤 면에서 그들의 죄가 가인이 그의 형제를 향해서 저지른 죄와 비슷한가요?

🤲 기도하기

우리가 주님을 사랑하고 다윗처럼 주님을 위해 살게 해 달라고 하나님에게 도움을 구하세요.

God Chooses Noah
하나님이 노아를 선택하시다

오늘 성경 이야기를 시작할 때 우산 하나를 가져와서 펼쳐 놓으세요. 자녀들이 무슨 말을 할지 기다려 보세요. 자녀들에게 잠시 후면 집 안에 비가 내릴 거고 그들이 흠뻑 젖게 될 거라고 말해 주세요. 그 말을 들은 자녀들은 웃기 시작할 겁니다. 자녀들의 웃음이 멈추면 노아의 이야기를 시작하세요. 그리고 노아 주변에 있던 사람들이 노아를 미친 사람으로 생각했다는 것을 설명해 주세요. "하나님은 노아에게 물이 전혀 없는 마른 땅 위에 배를 만들도록 명령하셨단다. 이번 주에 우리는 하나님이 어떻게 노아를 사용하셔서 그분의 백성들을 구원해 내셨는지를 배울 거야."

DAY 1

♥ 상상하기

만약 우리가 집을 비운 사이에 굶주리고 화난 곰이 들어와서 먹을 것을 찾으려고 온 집안을 엉망진창으로 만들어 놓는다면 어떨까요? 빵부스러기를 찾으려고 소파를 갈기갈기 찢고, 냉장고 문을 망가뜨린 채 열어 놓고, 그릇에 남아 있던 스파게티를 식당 안에서 질질 끌고 다니면서 먹고, 각종 소스를 여기저기에 쏟아 놓은 그 곰을 상상해 보세요. 곰은 배고픔이 사라질 때까지 집 안 구석구석 먹을 것을 찾아 휘젓고 다닐 것입니다. 그러면 곧 온 집 안에 곰발바닥 흔적이 남아 매우 지저분해지고, 쑥대밭이 되겠지요.

얼마 후 우리는 집에 돌아와 곰이 완전히 망가뜨린 집 안 광경을 보게 될 것입니다. 이것이 하나님이 만드신 이 세상에서 죄가 만들어낸 결과입니다.

✝ 성경읽기 | 창세기 6장 5~8절

💬 깊이 생각하기

비록 아담이 죄를 지었지만 그는 여전히 하나님을 알았고, 자녀들에게 하나님에게 제물을 바치도록 가르쳤습니다. 아벨과 가인이 어떻게 하나님에게 제물을 바쳤는지를 기억해 보세요. 아담과 이브는 또 다른 아들인 셋을 가졌습니다. 성경은 셋의 가족도 하나님에게 제물을 바쳤다는 것을 알려줍니다.

그러나 노아가 태어날 때쯤, 그 어떤 사람도 더 이상 하나님을 찾지 않았습니다. 각 사람의 마음과 생각이 악으로 가득했습니다. 그것은 매우 심각했어요. 모두들 하나님을 완전히 잊었습니다. 그래서 하나님은 노아와 그의 가족을 제외한 모두를 멸망시키기로 정하셨습니다.

🗨 이야기하기

하나님은 왜 창조하신 사람을 멸망시키기 원하셨나요?

(만약 하나님이 죄를 징계하지 않는다면 그런 하나님은 선한 하나님이 될 수 없습니다. 하나님은 우리를 인내하시고 돌아올 시간을 주십니다. 그러나 노아의 시대에 살던 사람들은 하나님을 잊었는데, 그것이 하나님이 그들을 멸망시키기로 정하신 이유입니다.)

하나님은 왜 노아를 구원하셨나요?

(노아는 하나님을 따르는 유일한 사람이었습니다. 노아는 완벽한 사람은 아니었습니다. 그 또한 죄인이었고, 하나님은 모든 사람을 멸망시키실 수 있었습니다. 그러나 구약 성경 전체를 통해서 한 가지 사실을 발견할 수 있습니다. 하나님은 언제나 적어도 한 가정을 구원하시는데, 그 이유는 구원 받은 그 가정의 후손으로 언젠가 예수님을 이 땅에 보내시기 위해서입니다.)

노아 시대 사람들의 죄와 오늘날 우리의 죄는 어떻게 비슷한가요?

(간단히 말해서 죄는 하나님에게 불순종하고, 하나님이 원하시는 것이 아닌 우리 자신이 원하는 대로 행동하는 것입니다. 우리의 죄와 노아 시대의 죄 모두 하나님을 대적하는 것이라는 점에서 동일합니다.)

🤲 기도하기

죄에 대해서 "아니요" 라고 말할 수 있는 은혜와 노아처럼 하나님의 말씀을 따를 수 있게 해 달라고 간구하세요.

DAY 2

♥ 기억하기

어제 이야기 중에서 무엇을 기억하고 있나요? 오늘은 어떤 이야기가 있을 것이라고 생각하나요?

📖 성경읽기 | 창세기 6장 9~22절

💬 깊이 생각하기

하나님은 노아를 부르셨고, 모든 사람을 멸망시킬 계획을 알려 주셨습니다. 그러고 나서 노아에게 매우 이상한 것을 하도록 명령하셨습니다(집 안에서 우산을 폈던 것을 기억해 보세요. 그것이 얼마나 이상한 행동이었나요?). 하나님은 노아에게 물이 전혀 없는 마른 땅위에서 배 한 척을 만들라고 말씀하셨습니다.

'방주' 라는 이 배는 축구 경기장보다 더 크고, 3층 높이의 빌딩보다도 더 높게 만들어졌습니다. 그것은 노아의 모든 식구와 모든 종류의 동물을 두 마리씩 싣고, 그들이 오랜 시간 동안 충분히 먹을 음식을 저장할 만큼 거대했습니다. 그 거대한 배는 한 가족이 만들기에는 매우 오랜 시간이 걸리는 것이었고, 일단 완성이 되었다 할지라도 그것을 이동해서 물 위에 띄우는 것은 거의 불가능했습니다. 비록 이것이 이해하기 어려운 명령이었지만 노아는 하나님을 믿었고, 하나님이 말씀하신 대로 모든 것을 행했습니다.

🗣 이야기하기

노아는 어떤 면에서 그 당시 사람들과 달랐나요?
(노아는 하나님의 명령에 순종했으나 주변의 다른 사람들은 그렇지 않았습니다.)

하나님은 노아가 하나님에게 순종한다면 어떻게 하겠다고 약속하셨나요?
(하나님은 노아와 그의 가족을 홍수에서 구해 주겠다고 약속하셨습니다.)

노아 주변의 사람들은 물이 없는 곳에서 거대한 배를 만들고 있는 노아를 보면서 어떤 생각을 했을까요?
(아마도 사람들은 노아가 미쳤다고 생각했을 것입니다.)

노아는 방주 만드는 법과 그것이 얼마나 클지를 어떻게 알 수 있었나요?
(하나님이 노아에게 모든 계획을 알려 주셨고, 방주가 얼마나 커야 할지를 말씀해 주셨습니다.)

🙏 기도하기

노아가 물이 없는 곳에서 배를 만들었으나 하나님의 계획을 믿도록 그에게 믿음을 주신 하나님에게 감사드리세요.

DAY 3

♥ 예수님께 연결하기

오늘의 이야기가 예수님에 대한 것이며, 예수님을 가리킨다는 사실을 어떻게 알 수 있나요?

✝ 성경읽기 | 베드로전서 3장 18~20절

💬 깊이 생각하기

오늘 구절을 기록한 예수님의 제자인 베드로는 우리에게 노아 시대의 매우 특별한 것에 대해서 말하고 있습니다. 그는 노아가 방주를 만들던 동안에 하나님은 계속 인내하며 기다리셨다고 말했습니다. 죄가 곳곳에 넘쳐났지만, 하나님은 배가 완성되고 노아와 그 가족이 배 안으로 안전하게 피신하자 비로소 홍수를 일으키셨습니다. 하나님은 계획이 있으셨습니다. 언젠가 예수님이 노아의 아주 먼 후손으로 태어나게 될 것입니다. 그래서 하나님이 방주로 노아를 구원하셨을 때 사실 그분은 노아 이후, 예수님을 믿는 모든 사람을 구원하신 것입니다. 그것이 하나님이 방주가 완성될 때까지 인내하며 기다리신 이유입니다.

《● 이야기하기

하나님은 온 세상의 사람들 중에서 몇 명의 사람을 방주로 구원하셨나요?
(하나님은 여덟 명의 사람을 구원하셨습니다.)

노아와 예수님은 어떤 관계인가요?
(예수님은 노아의 머나먼 후손입니다.)

왜 하나님은 곧바로 홍수를 일으켜서 세상의 모든 악한 것을 멸하지 않으셨나요?
(하나님은 먼 훗날 예수님이 태어날 수 있게 하시려고 노아를 구원하기 원하셨습니다.)

만약 우리가 노아 시대에 살았다면 하나님이 노아에게 방주를 만들라고 말씀하셨다는 사실을 믿었을까요?
(부모님은 자녀들도 다른 사람들처럼 노아를 비웃거나 믿지 않을 수 있었다는 점을 생각하게 도와주세요.)

🤲 기도하기

노아와 그의 가족을 구원하심으로 먼 훗날에 예수님이 노아의 후손으로 태어나게 하시고, 우리 모두를 구원하신 하나님에게 감사드리세요.

DAY 4

♥ 기억하기

이번 주 성경 이야기를 통해서 하나님은 우리에게 무엇을 가르치시나요?

✝ 성경읽기 | 창세기 7장 1~10절

💬 깊이 생각하기

노아가 방주를 완성했을 때 그는 600살이었습니다! 그것은 우리의 할아버지 할머니보다 훨씬 더 나이가 많다는 의미입니다. 방주가 완성되자 드디어 노아와 그의 가족이 그 안으로 들어가야 할 때가 온 것입니다.

하나님이 노아에게 7일 동안은 비가 오지 않을 것이라고 말씀해 주신 것은 아주 선한 것이었습니다. 만약에 앞으로 무슨 일이 벌어질지 모른 채 비가 오지도 않는데 그 안으로 들어가서 기다리는 것이 어땠을지 상상할 수 있나요? 하나님이 말씀하셨던 것처럼 7일째 되는 날에 비가 쏟아지기 시작했습니다.

🗣 이야기하기

하나님은 노아에게 하신 약속을 어떻게 지키셨나요?

(하나님이 말씀하신 대로 7일째 되는 날에 비가 내리기 시작했습니다.)

자녀들은, 부모님에게 하나님이 얼마나 신실한 분인지를 경험했던 때를 질문해 보세요.

(부모님은 자녀들에게 하나님이 어떻게 공급하시고 신실하셨는지를 이야기해 주세요.)

7일째 되는 날에 비가 내리기 시작했을 때 노아는 어떻게 느꼈을까요?

(부모님은 자녀들이 노아 입장에서 생각하고 느낄 수 있도록 도와주세요. 그들이 하나님의 신실함에 집중하게 해 주세요.)

🙏 기도하기

노아에게 하신 그 약속을 성취하신 하나님에게, 그리고 언제나 세우신 약속을 완성하시는 하나님에게 감사드리세요.

DAY 5

♥ 발견하기

오늘 우리는 시편이나 예언서를 통해서 예수님에 대해 무엇을 배울 수 있는지 살펴볼 거예요.

✝ 성경읽기 | 시편 2편 6~8절

💬 깊이 생각하기

지난 주 우리는 시편의 일부분을 읽었습니다. 그리고 우리는 그것이 예수님에 대해 말하고 있다는 것을 배웠습니다. 예수님의 세례에 대해서 들어본 적이 있나요? 하나님 아버지께서 하늘에서 아들 예수님을 무엇이라고 말씀하셨는지 기억하나요? 하나님은 "이는 내 사랑하는 아들이요 내 기뻐하는 자라" (마 3:17)고 말씀하셨습니다.

시편 2:7에서 하나님은 "너는 내 아들이라"고 말씀하셨는데, 위의 말씀과 매우 비슷하지 않나요? 예수님이 태어나시기 전에 하나님은 반복해서 우리에게 예수님에 대해서 말씀하시고 계십니다. 심지어 노아의 시대에도, 아들을 보내어 세상을 구원하시려는 하나님의 계획이 정하신 완벽한 때에 일어나도록 모든 준비를 끝마쳤던 것입니다.

◉ 이야기하기

예수님이 세례 받으실 때에 일어났던 것을 말할 수 있나요?
(자녀들이 어려워한다면 마태복음 3:13~17을 다시 한 번 살펴보고, 몇 가지 단서를 알려 주거나 그 구절들을 읽어 주세요.)

예수님은 하나님 아버지와 어떤 관계인가요?
(예수님은 하나님 아버지의 외아들입니다.)

오늘 시편에서 예수님을 설명하는 다른 표현은 무엇이 있나요? 다시 한 번 시편을 읽을 때 주의 깊게 들어보세요.
(본문 시편을 다시 한 번 읽으세요. 그리고 '왕' 이라는 단어를 강조해서 읽음으로써 자녀들에게 단서를 제공해 주세요.)

🤲 기도하기

예수님을 포기하셔서 우리의 구원자가 되게 해주신 하나님 아버지께 감사드리세요.

The Rainbow of God's Promise

하나님의 언약, 무지개

연필, 종이, 그리고 스톱워치(대부분의 휴대전화에 스톱워치 기능이 있습니다)를 준비합니다. 지금부터 무엇인가를 그릴 것이라고 설명하고 그림을 그리세요. 그리고 아이들이 얼마나 빨리 맞히나 살펴보세요(당신은 무지개를 그릴 겁니다).

그림 그리기를 시작할 때와 아이들이 무슨 그림인지 맞혔을 때 타이머를 작동시키게 하세요(가장 큰 아이에게 그 역할을 주세요). 자녀들은 쉽게 맞힐 겁니다. 무지개는 아주 어린 아이조차도 금세 알 수 있기 때문입니다. 아이들이 그것을 얼마나 빨리 맞히는지 확인하고 환호하며 놀라워해 주세요. 그리고 나서 아이들이 무지개가 무엇을 의미하는지를 설명해 줄 수 있는지 확인해 보세요.

"이번 주 너희는 하나님이 노아와 그의 가족을 어떻게 보호하셨는지, 그리고 하나님이 다시는 땅을 홍수로 심판하지 않겠다고 어떻게 약속하셨는지를 배우게 될 거야. 하나님은 이 언약을 무지개로 나타내셨단다."

DAY 1

♥ 상상하기

만약 이웃집 사람이 그의 앞마당에서 버스만 한 크기의 배를 만들기 시작한다면 우리는 어떻게 할까요? 처음엔 그가 무엇을 하는지 알지 못하겠지요. 그러나 어느 순간, 배 모양이 만들어지면 그가 마른 땅 위에서 엄청난 크기의 배를 만들고 있다는 걸 알게 될 겁니다. 그가 배를 다 만든 후에 앞마당에 그것을 두었다고 가정해 봅시다. 아마도 곧 달려가 "왜 그 배를 앞마당에 두셨나요?"라고 묻고 싶어질 것입니다. 그런데 그가 "곧 홍수가 있을 것이고 우리 마을은 호수가 될 것이기 때문입니다. 그때에 그 배를 타려고 합니다."라고 말한다면, 어떤 말을 할 수 있을까요? 금세 주위의 모든 사람이 비웃기 시작하겠죠? 그런데 정말로 그다음 주에 상수도관이 터져서 마을에 홍수가 난다면, 그리고 그 사람이 배를 타고 홍수가 난 마을을 떠다니는 것을 본다면 정말 놀랄 수밖에 없을 거예요. 이제 상상해 봅시다. 우리는 수천 년 전 과거 시대에 살고 있습니다. 그리고 이웃에 살고 있는 사람의 이름은 노아입니다. 그는 방주를 만들고 있습니다. 우리는 그가 완전히 미쳤다고 생각하지 않을까요?

✝ 성경읽기 | 창세기 7장 11~16절

💬 깊이 생각하기

노아가 방주를 만드는 데 오랜 시간이 걸렸습니다. 하나님이 이끌어 주신 동물들로 방주를 채우는 데는 더 오랜 시간이 걸렸고, 모든 사람이 먹을 양식을 채우는 데는 훨씬 더 오랜 시간이 걸렸습니다. 그러나 이 모든 것이 다 끝났을 때에도, 노아는 또 기다렸어요.

동물로 가득 찬 방주에서 그는 약간 실망스러운 마음이 들었을지도 모르겠어요. 왜냐하면 그 어디에도 물은 없었기 때문이죠. 그러나 노아는 첫 빗방울이 떨어지는 것을 보면서 안심했습니다. 하나님은 신실하셨고, 약속을 지키셨어요. 하늘에서 비가 내리기 시작했을 뿐만 아니라 땅이 갈라지고 또한 그 땅에서 물이 분수처럼 뿜어져 나오기 시작했습니다. 그것이 하나님이 땅을 물로 뒤덮으신 방법입니다. 노아가 하나님의 계획을 믿었기 때문에, 하나님은 노아와 그의 가족을 방주 안에서 안전하게 보호하셨습니다.

우리가 볼 수 없음에도 하나님이 하실 거라 신뢰하는 것을 믿음(faith)이라고 합니다. 노아는 하나님의 계획에 믿음을 가지고 있었어요. 그러나 한편으로 노아는 사람들이 계속해서 죄를 짓고, 하나님을 거부했기 때문에 슬픈 마음이 들었을 겁니다. 또한 끊임없이 쏟아지는 비는 그 사람들이 모두 죽게 될 것을 의미했지요 .

🗣 이야기하기

노아 주위의 사람들은 땅이 갈라지고 물이 분수처럼 쏟아질 때 무슨 생각을 했을까요?

(사람들은 이전에 그와 같은 것을 본 적이 없었기 때문에 매우 두려웠을 겁니다.)

볼 수 없음에도 하나님을 신뢰하는 사람들을 설명하는 데 사용했던 단어가 무엇이었는지 기억할 수 있나요?

(믿음. 히브리서 11:7을 읽고서 신약 성경에서 노아의 믿음을 어떻게 기록했는지 확인해 보세요.)

노아가 볼 수는 없었으나 믿었던 그것은 무엇인가요?

(노아는 마른 땅에서 방주를 만들었습니다. 하지만 그는 하나님이 땅위에 홍수를 일으키실 것을 믿었습니다.)

🙏 기도하기

노아가 주님을 믿을 수 있도록 해 주신 것에 감사드리세요. 우리에게도 그와 같은 믿음을 달라고 하나님에게 기도하세요.

DAY 2

♥ 기억하기

어제 이야기 중에서 무엇을 기억하고 있나요? 오늘은 어떤 이야기가 있을 것이라고 생각하나요?

✝ 성경읽기 | 창세기 7장 17절~8장 5절

💬 깊이 생각하기

40일 동안 밤낮으로 비가 내리는 것을 상상할 수 있나요? 그것은 거의 6주가량 폭우가 계속 쏟아지는 거예요. 아주 많은 비가 내렸는데, 노아가 살던 시대에 가장 높은 산이 덮일 정도의 양이었습니다. 비가 멈춘 후에도, 홍수로 생겨난 물은 약 1년 동안 온 땅을 뒤덮었지요. 그러나 하나님은 노아를 잊지 않으셨고, 그 넘치는 물은 서서히 사라졌습니다. 마침내, 수면이 낮아지면서 방주는 어느 산꼭대기에 자리 잡았습니다.

◀ 이야기하기

여러분이 방주 안에 있었다면, 비가 멈추고 홍수가 사라지기를 기다리는 동안에 동물들이 가득 찬 방주 안에서 무엇을 하고 있었을까요?
(부모님은 자녀들이 창의적인 생각을 할 수 있게 도와주세요.)

노아는 방주가 땅에 닿는 것을 느꼈을 때, 그리고 비가 멈춘 것을 알았을 때 어떤 느낌이었을까요?
(노아는 하나님이 그를 구원해 주신 것에 감사했을 것입니다.)

우리가 '하나님은 신실하십니다'고 말할 때, 그것은 그분께서 약속을 지키셨음을 의미합니다. 하나님은 노아에게 어떻게 신실하셨나요?
(하나님은 그분께서 하실 거라 말씀하신 모든 것을 그대로 하셨습니다. 노아와 맺은 모든 약속을 지키셨습니다.)

🙏 기도하기

노아와 맺으신 약속을 신실하게 성취하신 하나님을 찬양하세요.

DAY 3

♥ 예수님께 연결하기

오늘의 이야기가 예수님에 대한 것이며, 예수님을 가리킨다는 사실을 어떻게 알 수 있나요?

📖 성경읽기 | 창세기 8장 6절~9장 1절

💬 깊이 생각하기

우리는 오늘 말씀 곳곳에 예수님이 계시다는 것을 생각조차 못했을 수 있어요. 그러나 그분은 분명히 계십니다. 방주는 예수님이 하나님의 징계로부터 우리를 구원하신 방법의 모형이에요. 노아는 방주에 있을 때 홍수에서 안전했습니다. 그리고 우리는 예수님 안에 있을 때 하나님의 거룩한 진노로부터 안전합니다. 지금, 우리는 노아가 방주 안에서 살았던 것처럼 예수님 안에서 살지는 않습니다. 우리가 예수님 안에 거할 수 있는 방법은 그분을 믿고 예수님이 십자가 위에서 죽으신 것이 우리를 위해서였다는 사실을 믿는 것입니다. 노아가 방주를 떠났을 때, 하나님은 그와 그의 가족이 땅에서 풍성해지고 번성할 것이라고 말씀하셨어요. 그것은 하나님이 노아의 가족이 많고 많은 자손을 갖기를 원하셨다는 뜻이지요. 그리고 나서 그 자손들은 자라날 것이고 그들은 더 많은 자손을 가질 것입니다. 언젠가 노아의 아주 먼 후손들 중 한 명인 요셉이 그 첫 성탄절에 아기를 낳을 것인데, 그 이름을 예수라고 지을 것입니다. 여러분은 하나님이 노아를 구하신 것이 어느 날엔가 예수님이 우리를 구원하시기 위해서였다고 생각해 본 적 있나요? 이제 우리는 "하나님이 노아를 구하심으로 또한 우리도 구원하셨습니다." 라고 말할 수 있을 겁니다.

🗣 이야기하기

노아가 다시 땅 위를 걷게 되었을 때 어떤 느낌이 들었을까요?
(부모님은 자녀들이 그 자리에 있는 것처럼 느낄 수 있게 도와주세요.)

홍수 이후, 모든 것이 사라진 땅에서 노아는 무엇을 보았을까요?
(방주 안에 모였던 사람들과 동물들을 제외하고 어떤 사람도, 어떤 동물도 존재하지 않았습니다. 하나님은 말씀하신 대로 그 땅을 심판하셨습니다.)

노아는 하나님을 기쁘시게 해 드리려고 무엇을 했습니까?
(제단을 쌓았고, 그곳에서 하나님에게 제사를 드렸습니다. 하나님에게 드리는 모든 희생 제물은 하나님이 그분의 아들 예수님을 희생 제물로 삼으실 그 날을 가리키는 것임을 기억해야 합니다.)

🙏 기도하기

방주에서의 모든 시간이 흐른 뒤에, 노아는 흔히 볼 수 있는 너무나 당연한 것에도 하나님에게 감사했을 겁니다. 예를 들면 마른 땅, 햇빛, 그리고 새로운 식물들이 자라도록 돕는 모든 것들 말입니다. 일상적인 삶 가운데, 우리에게 늘 주어지는 것에 하나님에게 감사하는지 생각해 보고, 그런 일상적인 것들을 주신 하나님에게 감사드리세요.

DAY 4

♥ 기억하기

이번 주 성경 이야기를 통해서 하나님은 우리에게 무엇을 가르치시나요?

✝ 성경읽기 | 창세기 9장 8~17절

💬 깊이 생각하기

하나님이 우리에게 다시는 홍수로 세상을 심판하지 않겠다는 약속을 기억하게 하시려고 무지개를 주셨다는 사실이 놀랍지 않나요? 하나님은 그 약속을 언약(covenant)이라고 하십니다. 그것이 약속(promise)의 또 다른 단어입니다. 두 단어는 동일한 것을 의미해요.

나중에 무지개를 볼 때 우리는 주위 사람들에게 하나님이 무지개를 왜 만드셨는지 말해 줄 수 있을 거예요. 무지개는 그분의 약속을 나타내는 표시라는 사실을 말이에요. 무지개는 소나기가 내리고 나서 햇빛이 나기 시작할 때 먹구름 속에서 보입니다. 폭풍이 지나고 무지개를 보려면 몸을 돌려야 하고 그 태양 너머 하늘을 쳐다봐야만 합니다.

🗣 이야기하기

자녀들은 엄마와 아빠에게 무지개를 보았던 때의 이야기를 들려달라고 하세요.

하나님이 우리에게 무지개를 왜 주셨는지 기억하나요?
(무지개는 다시는 홍수로 이 세상을 멸망시키지 않겠다는 하나님의 약속입니다.)

홍수가 우리의 죄를 씻어냈나요?
(아니요, 홍수는 죄를 씻어낼 수 없습니다. 노아와 그의 가족은 여전히 구원자가 필요한 죄인들이었습니다. 그것이 예수님이 이 땅에 오셔서 십자가에 죽으셔야만 했던 이유입니다.)

🙏 기도하기

언약을 기억하도록 우리에게 아름다운 무지개를 주신 하나님에게 감사드리세요.

DAY 5

♥ 발견하기

오늘 우리는 시편이나 예언서를 통해서 예수님에 대해서 무엇을 배울 수 있는지를 살펴 볼 거예요.

✝ 성경읽기 | 시편 2편 10~12절

💬 깊이 생각하기

오늘 우리는 지난 2주 동안 읽어왔던 시편 2편을 마무리하는데, 그것은 예수님에 대한 이야기입니다. 오늘 읽은 시편의 구절에서 예수님은 이 땅의 모든 왕을 통치하시는 분으로 설명합니다. 이 땅의 왕들은 "그 아들(예수님)에게 입 맞추라" 는 경고의 소리를 듣습니다. 모든 왕이 예수님을 따르고, 경배해야 한다는 것을 의미하지요. 그렇게 하면 그들이 피난처, 또는 안식처를 찾을 것이라고 성경은 말합니다. 그러나 예수님을 경배하지 않고 그들의 길을 걷는다면 멸망(죽음)당할 것입니다. 노아의 이야기에서 우리는 하나님의 심판이 얼마나 강력할 수 있는지 알 수 있습니다. 그 당시 왕들을 포함해서 모든 사람은 하나님에게 불순종했습니다. 그래서 하나님은 그들 모두를 홍수로 멸망시키셨습니다. 오직 노아만 제외하고, 모두를!

🔊 이야기하기

예수님은 어떻게 이 땅의 모든 왕을 통치하시나요?
(예수님은 하나님이시고 모든 것을 아십니다. 그가 모든 것을 하나로 결합하시며, 심지어 땅의 모든 통치자조차도 그렇게 하시는 분임을 기억하세요. 골로새서 1:16을 다시 읽습니다.)

예수님이 우리에게 피난처, 또는 안식처를 제공해 주시는 방법은 무엇인가요?
(예수님은 우리의 죄 때문에 받아야 할 심판으로부터 우리를 구원해 주십니다.)

자신의 길로 가고 예수님을 경배하지 않는 왕들에게 무슨 일이 벌어질까요?
(그들은 멸망당하거나 죽음을 당할 겁니다.)

성경은 누구를 만왕의 왕이라고 하나요?
(디모데전서 6:15, 요한계시록 17:14에서 예수님을 만왕의 왕 그리고 만주의 주라고 합니다. 요한계시록 19:16에서 예수님의 옷에는 만왕의 왕 그리고 만주의 주라는 호칭이 적혀 있다고 기록되어 있습니다.)

🙏 기도하기

비록 우리는 왕이 될 수 없지만, 예수님을 따르고 경배하며 살게 해 달라고 하나님에게 간구하세요.

The Tower of Babel
바벨탑

부모님이 자녀들은 모르는 제2외국어를 할 줄 안다면, 그 외국어로 "이제 예배할 시간이다. 잊지 말고 각자 성경책을 가져와라"라고 자녀들에게 말하세요. 만약 제2외국어를 모른다면, 여기 독일어 한 문장이 있습니다. "Es ist zeit für Hingaben. Nicht vergessen, deine Bibeln zu holen.(에스 이스트 차이트 퓌어 힌가벤. 니히트 베어케센, 다이네 비벨른 쭈 홀른.)" 이 문장을 자녀들이 어떤 말을 할 때까지 몇 번 반복하세요. 그리고 나서 그들에게 내용을 번역해서 다시 말해 주세요. 그리고 이야기 해주세요. "이번 주 너희는 바벨탑에서 하나님이 사람들의 언어를 어떻게 혼란스럽게 하셨는지를 배우게 될 거야."

DAY **1**

♥ 상상하기

만약 우리의 모든 친척의 명단을 작성한다면 ― 모든 형제자매, 삼촌, 이모, 조카와 그들의 자녀까지 ― 그 목록의 길이는 얼마나 될까요? 그 목록에는 많은 사람의 이름이 기록될 겁니다. 그 모든 사람의 이름을 기억할 수 있나요?
오늘 성경 이야기에서 우리는 노아의 자손들과 아주 먼 후손들의 이름을 읽게 될 겁니다.

✝ 성경읽기 | 창세기 10장 1~10절

💬 깊이 생각하기

우리가 확실하게 알 수 있는 한 가지는 하나님은 노아와 그의 아들들에게 번성하고 온 땅에 자손들을 넘쳐나게 하라는 명령을 내리셨고, 그들이 순종했다는 것입니다.

오늘 성경 말씀은 노아의 후손들의 길고 긴 목록이에요.

노아라는 인물은 실제이고, 실제로 일어난 홍수 가운데 살아남았고, 실제로 자손들을 낳았다는 사실을 예수님이 믿었다는 것이 성경을 읽음으로써 분명해집니다. 왜냐하면 예수님이 그의 제자들에게 노아에 대해서 가르치셨기 때문이에요.(눅 17:26).

《● 이야기하기

하나님은 왜 성경에 노아 후손들의 이름 목록을 포함시키셨을까요?

(그 목록은 성경이 노아와 홍수 사건을 포함한 실제 사람들과 사건들에 대한 기록이라는 것을 보여줍니다.)

노아 아들들의 이름은 무엇인가요?

(셈, 함, 야벳)

함의 두 아들의 이름은 이집트와 가나안입니다. 그들의 이름을 성경의 다른 곳에도 나옵니다. 어디인가요?

(이집트와 가나안은 각각 완전한 나라가 되었습니다. 모세는 후에 하나님의 백성들을 이끌고서 이집트의 노예 생활에서 떠나 가나안 땅으로 향합니다.)

🙏 기도하기

우리 가족(할아버지, 할머니, 부모님, 형제자매들) 모두에게 하나님이 복을 더해 주시기를 간구하는 기도를 하세요.

DAY 2

♥ 기억하기

어제 이야기 중에서 무엇을 기억하고 있나요? 오늘은 어떤 이야기가 있을 것이라고 생각하나요?

✝ 성경읽기 | 창세기 11장 1~9절

💬 깊이 생각하기

오늘 이야기에서 탑을 건설하는 사람들이 하나님에 대해서 말한 내용이 없었다는 점을 주목해 보세요. 그들은 하나님을 전혀 고려하지 않았어요. 오직 그들 자신의 이름을 높이고 대단해지는 것에만 관심을 가졌습니다. 사람들은 하나님을 경배하고 그분의 이름을 찬양해야 합니다. 우리는 하나님을 잊을 때, 너무 쉽게 하나님이 아닌 자기 자신을 자랑하고 높이게 됩니다. 하나님을 기억하지 않는다면, 결국 우리 자신이나 혹은 우리가 하는 행위를 칭송하게 되지요.

오늘 이야기에서 사람들은 하늘에 다다르는 탑을 세우기를 원했고, 그것이 그들에게 매우 중요한 일이었습니다. 언제나 우리는 하나님보다 더 중요한 무엇인가를 만들어냅니다. 우리는 하나님을 반대하는 죄를 끊임없이 짓습니다. 그것이 하나님이 이 땅에 오셔서 사람의 언어를 복잡하게 만드신 이유입니다. 그래서 그들은 서로 이해할 수 없었고 하던 일을 멈추어야만 했습니다.

《● 이야기하기

오늘 이야기에 나온 탑의 이름을 기억하나요?
(그 탑은 바벨입니다[9절].)

오늘 이야기에서 무엇이 잘못 되었나요?
(사람들은 하나님에게 순종하는 것을 멈췄고, 자신들을 높이려는 생각을 했습니다. 즉 교만해졌습니다.)

하나님을 잊어버리고 내가 하고 싶은 것에만 모든 관심을 쏟았던 때가 있었나요?
(부모님은 자녀들이 스스로 자신의 모습을 생각하도록 도와주세요. 자녀들이 집착하는 어떤 것도 질문의 답이 될 수 있습니다. 예를 들면, 새로운 장난감, 게임, 아니면 운동 등.)

🤲 기도하기

나 자신이 아니라 하나님에게 영광을 돌리게 해 달라고 하나님에게 도움을 구하세요.

DAY 3

♥ 예수님께 연결하기

오늘의 이야기가 예수님에 대한 것이며, 예수님을 가리킨다는 사실을 어떻게 알 수 있나요?

✝ 성경읽기 | 요한계시록 7장 9~10절

💬 깊이 생각하기

이 이야기는 성경의 가장 마지막 부분인데 하나님이 사람들의 모든 언어를 다시 하나로 만드신 때로부터 시작합니다. 예수님은 바벨탑에서 흩어진 사람들을 하나로 다시 돌려놓으신 분입니다. 예수님이 하나로 모으신 사람들은 그들 자신의 영광을 위해서 탑을 세우는 대신에 함께 하나님을 찬양하고 그분께 영광을 돌려드릴 것입니다.

요한계시록은 우리에게 천국의 모든 사람은 한 언어로 하나님에게 경배를 올려드릴 것이라고 말합니다. 오늘날 사람들은 수백 개의 서로 다른 언어로 말하지요. 그러나 천국에서 우리는 모두 한 목소리로 함께 노래할 것입니다.

《● 이야기하기

오늘 성경 말씀에서 이야기하는 어린 양은 누구입니까?

(그 어린 양은 예수님입니다. 그분이 어린 양인 이유는 마치 하나님에게 제물로 어린 양을 바치는 것처럼 십자가에서 그분의 생명을 내어 주심으로 우리의 죗값을 치르셨기 때문입니다.)

바벨탑에서 하나님은 사람들을 흩으셨습니다. 오늘 이야기는 하나님이 그 사람들로 어떤 일을 하실 거라고 말하나요?

(하나님은 흩으신 그 사람들을 다시 하나로 모이게 하실 것입니다.)

예수님이 하나로 모이게 한 사람들은 천국에서 무엇을 하게 되나요?

(그들은 다 함께 하나님을 찬양할 것입니다.)

✋ 기도하기

하나님에게 찬양의 노래를 함께 부르세요.

DAY 4

♥ 기억하기

이번 주 성경 이야기를 통해서 하나님은 우리에게 무엇을 가르치시나요?

✝ 성경읽기 | 신명기 28장 63~68절, 30장 1~3절

● 깊이 생각하기

바벨탑 사건 이후, 하나님은 백성들에게 경고의 메시지로 그들을 흩으실 것이라고 말씀하셨어요. 하나님은 백성들이 하나님을 따르도록 하기 위해서 흩으신 그 백성들을 다시 하나로 모이게 할 것이고, 그들의 하나님이 되실 것이라고 약속하셨습니다.

◀● 이야기하기

자녀들은 부모님에게, 하나님에게 순종하는 것이 왜 중요하고 또 그렇게 할 때 어떤 복을 주시는지, 또는 불순종하는 것이 어떤 나쁜 결과들을 가져오는지에 대해서 알려달라고 질문하세요.
(부모님은 하나님에게 순종했을 때 누리는 복에 대해서 자녀들에게 전부 이야기해 줄 수 있습니다. 또는 순종하지 않아서 얻게 된 나쁜 결과들에도 충분히 이야기해 줄 수 있습니다.)

백성들이 순종하지 않는다면 하나님은 무엇을 하실 것이라고 말씀하셨나요?
(그들을 흩으실 것이라고 말씀하셨습니다.)

백성들이 순종한다면 하나님은 무엇을 하실 것이라고 말씀하셨나요?
(그들을 다시 하나로 모으실 것이라고 말씀하셨습니다.)

하나님의 백성들은 모두 어디에서 영원히 함께 모이게 되나요?
(우리는 모두 천국에서 영원히 하나가 될 것입니다.)

✋ 기도하기

하나님을 믿는 모든 백성을 하나로 다시 모으시겠다는 약속을 주신 하나님에게 감사드리세요.

DAY 5

♥ 발견하기

오늘 우리는 시편이나 예언서를 통해서 예수님에 대해서 무엇을 배울 수 있는지를 살펴볼 거에요.

✝ 성경읽기 | 이사야 1장 18절

💬 깊이 생각하기

멋진 하얀색 셔츠가 있는데, 그 셔츠에 지울 수 없는 얼룩이 생겼다면 정말 속이 상할 거에요. 성경은 우리의 삶을 흰 예복에 비유합니다. 그리고 죄를 그 흰 예복에 묻은 얼룩으로 비유하며 그것은 우리를 더럽게 만들 수 있다고 말합니다.

요한계시록 7장 14절에서 하나님이 말씀하시는 한 무리의 사람들은 그들에게 묻어 있는 얼룩이 어린 양의 피로써 깨끗해졌습니다. 그것은 그들의 죄가 예수님이 십자가에서 이루신 일로 인해 다 씻겼음을 의미합니다.

오늘 우리가 읽은 성경 구절에서, 선지자 이사야는 예수님이 우리 죄의 얼룩을 다 씻어 내시는 아주 먼 날을 바라보고 있습니다. 그는 주홍빛이 눈처럼 하얗게 되고, 진홍빛이 양털처럼 희어진다고 말합니다. 붉은 옷감 한 조각이 물에 씻긴 후 완전히 하얗게 되는 것을 상상해 보세요. 오직 하나님만이 그런 일이 일어나도록 하실 수 있습니다. 깊고 어두운 우리 죄의 얼룩을 제거하는 방법은 오직 한 가지입니다 : 예수님의 보혈만이 그것을 깨끗하게 씻어 냅니다.

💬 이야기하기

우리의 흰 예복에 어떤 얼룩이 묻어 있나요?
(우리의 예복에 묻어 있는 얼룩은 우리가 하나님에게 대적하며 행한 잘못, 즉 죄입니다.)

무엇이 우리 죄의 얼룩을 씻을 수 있나요?
(십자가에서 이루신 예수님의 죽음 — 그분의 보혈 — 이 우리의 죄를 제거해 주고 우리를 눈처럼 희게 만듭니다.)

🤲 기도하기

우리 죄 때문에 예수님을 보내셔서 우리를 대신해 죽게 하시고 그 죄의 얼룩을 없애 주신 하나님에게 감사드리세요.

Abram and God's Promise
아브람과 하나님의 언약

자녀들에게 다음과 같이 말하세요. "내가 너희들에게 우리 이사 갈까? 라고 말한다면 어떻겠니? 너희들은 어떤 느낌이니?" 자녀들은 어디로 이사 가는지 궁금해 할 수도 있습니다. 그러나 해줄 수 있는 대답은 "나도 모른단다." 뿐입니다. 아마도 자녀들은 궁금할 겁니다. 부모님의 그 말씀이 진심인지 아닌지. 자녀들에게 이사하는 것 중에서 가장 힘든 부분은 무엇일지 물어 보세요.

그리고 이어서, "만약에 내가 너희들에게 '하나님이 우리가 이사 갈 곳을 알려주실 거다. 그러나 나는 어디로 가는지 모른단다. 우리는 이사 준비를 시작할 거고, 이사 트럭에 모든 짐을 다 실을 거야. 내 생각에 그 후에 하나님이 가야 할 곳을 알려주실 거야.' 라고 말하면 어떨지 생각해 보렴." 이라고 말해 주세요.

"이번 주 너희들은 어떻게 아브람이 이와 같은 방법으로 자신이 살던 곳을 떠났는지, 그리고 그가 하나님을 어떻게 신뢰했는지를 배울 거야."

DAY 1

🖤 상상하기

지금 내 자신과 가족, 그리고 내가 어떻게 태어났는지에 대한 책을 쓰고 있다고 가정해 봅시다. 그 책을 어떻게 시작하면 좋을까요? 부모님이 어떻게 만나셨는지에 대한 이야기를 하면서 시작할 수도 있겠지요. 아마 조부모님에 대한 이야기도 나오겠지요. 그분들이 평생 어디에서 사셨고, 어떻게 결혼하게 되셨는지에 대해서 말할지도 모르고요.

오늘 우리는 성경에 기록된 가장 유명한 사람들 중의 한 명인 아브람에 대한 이야기의 시작 부분을 읽을 거예요. 그는 훗날 하나님이 아브라함이라는 새 이름을 지어준 인물이지요. 오늘 이야기를 자세히 들어 보세요; 그 이야기의 시작 부분인 오늘 이야기에 중요한 정보가 들어 있습니다.

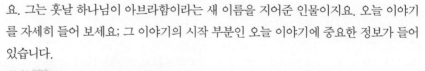

✝ 성경읽기 | 창세기 11장 27~32절

💬 깊이 생각하기

데라는 아브람의 아버지입니다. 그러나 데라의 족보를 전체적으로 살펴보면, 성경은 우리에게 그의 조상이 셈, 즉 노아의 아들 중 한 명이라는 사실을 알려주고 있어요.

만약 우리가 노아로부터 시작되는 모든 사람의 목록을 가지고 있다면, 사람들의 이름이 모두 다 그 족보에 있을 거예요. 당연히 우리 이름 또한 그 족보에 있겠지요. 그러나 하나님은 노아의 자손들과 먼 후손들의 이름을 전부 기록하지는 않으셨어요. 하나님은 예수님을 따른 사람들과 그분의 계획 가운데 중요한 역할을 하는 사람들의 이름만을 기록으로 남기셨습니다.

아브람과 사래가 하나님의 계획 속에서 특별한 역할을 했다는 것을 알고 있나요? 아직 잘 모르겠다면, 계속해서 잘 들어보세요. 앞으로 몇 주 동안에 걸쳐서 그것에 대해서 배울 거예요.

💭 이야기하기

아브람의 오래된 조상들은 누구인가요?

(노아와 노아 이전의 아담)

아브람의 아버지인 데라는 아브람과 롯 그리고 사래가 살게 하려고 어디로 데려 갔나요?

(그들은 가나안에서 살려고 가고 있었으나 도중에 하란에 정착했습니다.)

오늘 이야기는 사래가 불임이라는 사실을 우리에게 알려 줍니다. 그것은 무슨 의미인가요?

(자녀를 원할지라도 가질 수 없음을 의미합니다.)

🤲 기도하기

자녀가 없는 부부를 위해서 기도하세요. 그리고 하나님이 그들에게 복을 주셔서 자녀를 가지게 해 달라고 기도하세요.

DAY 2

♥ 기억하기

어제 이야기 중에서 무엇을 기억하고 있나요? 오늘은 어떤 이야기가 있을 것이라고 생각하나요?

✝ 성경읽기 | 창세기 12장 1~9절

💬 깊이 생각하기

하나님이 처음으로 말씀하셨을 때, 아브람은 어땠을지 상상해 보세요. 갑자기 "아브람아, 나는 하나님이다. 나는 네가 짐을 싸서 너의 가족과 집, 그리고 친척들을 남겨두고 떠나기를 원한다." 라는 목소리를 들었을 때, 아브람은 아마도 동물들을 돌보거나 집 주변에서 일을 하고 있었을 거예요.

그것은 분명히 시시콜콜한 이야기가 아니었지요. 게다가 하나님은 아브람에게 그가 매우 특별한 존재가 될 것이라는 약속까지 하셨어요. 하나님은 아브람으로부터 큰 민족을 이루실 것이라고 말씀하셨어요. 그것은 아브람이 하나님에게 순종하면, 하나님이 아브람의 아내에게 자손들을 줄 것이고, 그들의 자손들로부터 온 땅이 복을 받게 하는 나라를 세우시겠다는 의미였어요.

아브람과 사래는 자녀들을 원했습니다. 그러나 지금까지 그들은 자녀가 없었어요. 그렇지만 하나님의 말씀을 믿었고, 그 말씀에 순종해서 고향을 떠나 새로운 곳으로 향했습니다.

《● 이야기하기

하나님은 아브람에게 무엇을 약속해 주셨나요?

(아브람을 통해서 큰 민족을 이루시겠다고 약속하셨습니다. 그것은 하나님이 아브람에게 자손을 주신다는 의미였습니다.)

하나님은 아브람에게 무엇을 하도록 요구하셨나요?

(아브람에게 고향과 친척들을 떠나 하나님이 보여주시는 새로운 곳으로 가라고 말씀하셨습니다.)

하나님은 아브람 때문에 누가 복을 받게 될 거라고 말씀하셨나요?

(세상의 모든 나라가 아브람으로 인해서 복 받을 거라고 말씀하셨습니다.)

🙏 기도하기

아브람이 하나님에게 순종하고 그 말씀을 따를 수 있도록 믿음을 주신 것에 감사드리세요.

DAY 3

♥ 예수님께 연결하기

오늘의 이야기가 예수님에 대한 것이며, 예수님을 가리킨다는 사실을 어떻게 알 수 있나요?

📖 성경읽기 | 갈라디아서 3장 26~29절

💬 깊이 생각하기

하나님은 아브람에게 그를 통해서 열방이 복을 받게 될 것이라고 약속하셨어요. 그러나 아브람 자신이 열방을 복되게 할 사람은 아니었지요. 먼 훗날, 아브람의 후손들 가운데 한 사람이 그 복을 가져올 것입니다. 그 후손이 누구인지 예상할 수 있지요? 그래요. 그분은 예수님입니다. 예수님은 열방에게 복을 주시겠다고 아브람과 맺은 하나님의 약속을 성취하신 분이에요.

오늘 성경 말씀을 보면, 우리는 예수님을 믿는 모든 사람은 아브람의 후손 중 하나가 될 것이라는 사실을 배웁니다. 아브라함은 오늘 이야기의 후반부에서 하나님이 아브람에게 주신 새 이름이에요. 아브라함의 자손이라면 누구든지 하나님이 아브라함과 약속하신 복의 일부를 함께 소유하게 됩니다.

💬 이야기하기

하나님이 열방에게 약속하신 복은 아브람의 자손 중 누구를 통해서 오나요?
(예수님)

요즘 사람들은 어떻게 아브라함의 자손이 될 수 있고, 그 복을 함께 누릴 수 있나요?
(누군가가 예수님을 믿는다면, 그 사람은 아브람의 복을 함께 누리게 됩니다.)

오늘 성경 말씀은 하나님이 그리스인들과 유대인들처럼 서로 다른 나라 출신의 사람들에게 어떤 일을 하셨다고 말했나요?
(부모님은 자녀들이 '하나님은 우리를 모이게 하시고 하나 되게 하셨습니다.' 라는 답을 하지 못한다면 오늘 말씀을 다시 한 번 읽어 주시고, 단서가 될 수 있는 구절들을 강조해 주세요.)

🙏 기도하기

서로 다른 종류의 사람을 하나로 부르시고 하나님 안에서 가족이 되게 해 주신 것을 감사하세요.

DAY 4

♥ 기억하기

이번 주 성경 이야기를 통해서 하나님은 우리에게 무엇을 가르치시나요?

📖 성경읽기 | 창세기 12장 10~20절

💬 깊이 생각하기

아브람은 하나님을 믿었고, 가족을 떠나라는 부르심에 순종했습니다. 그러나 모든 것에서 주님을 신뢰하지는 못했어요. 이집트에 도착했을 때, 아브람은 이집트 사람들이 아내를 뺏기 위해 그를 죽일지도 모른다고 생각했어요. 그래서 그를 보호하시는 하나님을 신뢰하는 대신에 사래가 자신의 여동생이라고 말하고, 자신의 아내라는 사실을 감추기로 했습니다.

비록 아브람이 하나님을 신뢰하지 못했지만, 그것과는 상관없이 하나님은 그를 보호하셨어요. 이처럼 하나님은 언제나 신실하세요. 심지어 우리가 죄를 지었을 때조차도 하나님은 항상 그분의 약속을 지키십니다. 하나님의 계획은 아브람의 죄보다 더 컸습니다.

🗣 이야기하기

자녀들은 부모님에게 어려운 상황 속에서 하나님을 신뢰했어야만 했던 때에 대한 이야기를 들어보세요.
(부모님은 세금이나 공과금, 기타 돈을 지불해야 할 때 충분한 돈이 없었거나, 병이나 시련 등으로 하나님을 신뢰해야 했던 때를 생각해 볼 수 있습니다.)

아브람이 했던 잘못은 무엇인가요?
(아브람은 사래가 자신의 아내라는 사실을 말하지 않았습니다.)

하나님은 이집트 사람들에게서 아브람을 보호하기 위해서 무슨 일을 하셨나요?
(하나님은 이집트 사람들이 아브람을 보내줄 때까지 병들게 했습니다.)

이 이야기 때문에 우리는 하나님이 어떤 분이라는 사실을 배우게 되나요?
(하나님은 항상 맺으신 약속을 지키십니다. 하나님이 아브람에게 자녀를 가지게 될 거라고 말씀하셨고, 자녀를 가질 수 있도록 보호하셨습니다.)

🙏 기도하기

항상 약속을 지키시는 하나님에게 감사드리세요.

DAY 5

♥ 발견하기

오늘 우리는 시편이나 예언서를 통해서 예수님에 대해서 무엇을 배울 수 있는지를 살펴볼 거예요.

✝ 성경읽기 | 시편 4편

💬 깊이 생각하기

시편은 오래 전에 불렸던 노랫말들입니다. 시편 4편은 다윗이 기록했어요. 다윗은 많은 시편을 썼습니다. 그 시편들은 주로 예수님을 가리키거나 그분이 우리에게 베푸신 구원에 대해서 이야기합니다.

오늘 시편에서, 다윗은 하나님을 '내 의(righteousness)의 하나님' 이라고 했습니다. 비록 다윗 자신은 죄인이지만 하나님이 그의 죄를 씻어주실 것이라는 사실을 믿었다는 것을 의미합니다. 하나님은 우리의 죄를 용서해 주셨습니다. 그리고 아들 예수님을 보내심으로 우리의 의가 되셨습니다. 예수님은 죄 없는 삶을 사셨고, 우리가 받아야 할 죄의 징계를 대신 받으시고 죽으셨습니다. 예수님은 우리의 죄를 씻으셨습니다. 그리고 우리에게 그분의 완전히 의로운 삶을 주셨습니다.

《● 이야기하기

시편은 무엇인가요?

(시편은 글로 기록된 노래입니다. 그래서 우리는 그것을 성경에서 읽을 수 있습니다.)

많은 시편을 쓴 사람은 누구인가요?

(다윗이 많은 시편을 썼습니다.)

다윗이 '우리는 주님을 믿어야만 합니다.' 라고 했는데 그것은 무슨 의미인가요?

(다윗은 하나님이 그를 적들로부터 구원하실 거라고 믿었습니다. 그는 믿음을 자신의 능력이 아니라 하나님에게 두었습니다. 우리 또한 우리를 죄에서 구원하시는 하나님을 믿어야만 합니다. 우리는 우리의 죄를 처리할 방법이 없습니다. 우리는 믿음을 우리를 구원하시는 하나님에게 두어야만 합니다.)

🙏 기도하기

우리 믿음의 근거를 하나님에게 두게 해 달라고 간구하세요.

God Makes a Covenant with Abram
하나님이 아브람과 언약을 세우시다

종이 한 장에 별을 그려 보세요(괜찮다면 그것을 오려 보세요). 자녀들에게 보여 주고, 무엇인지 물어 보세요. 자녀들에게 하나님이 성경에서 별을 사용하셨던 중요한 방법들이 무엇인지 기억할 수 있는지 질문해 보세요. 하나님은 그분의 영광을 보여주기 위해서 별을 만드셨습니다. 하나님은 아브람에게 그가 하늘에 있는 별들만큼 많은 자녀를 가지게 될 것이라고 말씀하셨습니다. 그 수많은 별 중 하나는 아브람의 아주 먼 후손인 예수님을 나타냅니다. 별은 예수님의 탄생을 알려 주었습니다. 성경에서는 예수님을 별이라고 부릅니다(민 24:17, 계 22:16).

말해 주세요. "이번 주 너희들은 하나님이 아브람과 맺으신 하늘의 별만큼 많은 후손들을 가지게 될 거라는 언약에 대해서 배울 거야."

DAY 1

♥ 상상하기

지금은 한밤중이고 우리는 드넓은 풀밭 한 가운데에 누워 있다고 상상해 보세요. 누워서 밤하늘을 바라보면, 그곳은 별들로 가득할 거예요. 그 별들 중 어떤 것은 매우 밝은 빛을 내겠지요. 또 어떤 것은 반짝거리는 것처럼 보일 거고요. 그리고 가장 작은 별들 중에서 어떤 것은 너무 희미해서 정말로 거기에 있는지 확실하지 않을 수도 있고요.

어떤 사람이 그 별을 전부 셀 수 있는지 묻는다면 어떻게 대답할까요? 너무 많아서 셀 수 없을지도 몰라요. 그리고 어떤 것들은 셌고, 어떤 것들은 세지 않았는지를 기억하는 것 자체가 정말 어려운 일일 거예요.

오늘 이야기에서, 하나님이 아브람에게 명령하신 것이 그것입니다. 하늘의 수많은 별 세어보기!

✝ 성경읽기 | 창세기 15장 1~6절

💬 깊이 생각하기

하나님은 한 번 더 아브람에게 약속을 상기시켜 주셨어요. 아브람은 하나님의 말씀을 들었습니다. 그러나 한 가지 큰 문제를 발견했어요. 그에겐 아직까지 자녀가 없었습니다. 자녀가 없다면 하나님의 약속이 성취될 방법은 없는 거지요. 그때 하나님이 아브람에게 놀라운 말씀을 하셨습니다. 하나님은 아브람에게 아들을 주실 뿐만 아니라 아브람이 그 수를 셀 수 없을 만큼 아주 많은 자손을 주실 거라고요. 아브람은 하늘의 별만큼 많은 자녀를 가지게 될 것입니다.

하나님의 약속이 불가능해 보였음에도 불구하고, 아브람은 하나님을 믿었습니다. 하나님은 그런 아브람의 믿음을 의로 여기셨습니다. 그것은, 비록 아브람이 여전히 죄인이지만 하나님의 계획을 신뢰했기 때문에 어떠한 죄도 없는 것처럼 대해 주셨다는 것을 의미합니다. 하나님의 계획은 그분의 구원을 아브람의 머나먼 후손을 통해서 이 땅에 가져오는 것이었어요. 그 머나먼 후손은 예수님입니다. 하나님의 계획을 믿음으로써 아브람은 예수님을 믿는 것이었습니다.

🗣 이야기하기

왜 아브람은 하나님이 약속을 지키실 것이라는 사실을 이해하기 어려웠나요?
(아브람은 자녀가 없었습니다. 자녀가 없이는 큰 민족을 이룰 수가 없었습니다.)

의롭게 된다는 것은 무슨 의미인가요?
(의롭게 된다는 것은 죄를 짓지 않음을 의미합니다.)

무엇 때문에 하나님은 아브람을 의롭다 여기셨나요?
(아브람은 하나님의 계획을 믿었고, 신뢰했습니다.)

🙏 기도하기

아브람처럼 우리도 하나님의 계획을 믿게 해 달라고 기도하세요.

DAY 2

♥ 기억하기

어제 이야기 중에서 무엇을 기억하고 있나요? 오늘은 어떤 이야기가 있을 것이라고 생각하나요?

✝ 성경읽기 | 창세기 15장 7~21절

💬 깊이 생각하기

아브람이 살던 시대에 두 부류의 사람들이 계약을 맺거나 무엇인가를 함께 하려고 협상을 한다면, 그들은 언약이라는 특별한 약속을 맺음으로써 그 합의를 확정지었습니다. 그들이 맺은 언약을 위해서 동물을 죽이고, 그것을 두 조각으로 나누어서 각 사람이 그 조각들 사이를 걸어갑니다. 이렇게 함으로써 그들은 다음과 같이 말하는 것이었지요. "만약 내가 우리의 협상에서 내 몫을 어긴다면, 나는 이 동물이 죽음을 당한 것처럼 똑같이 될 것입니다." 그것은 이 언약을 매우 중요한 것으로 만들어 주었습니다.

하나님은 아브람과 맺으신 약속이 매우 진지하고 신중하다는 것을 보여주기 위해서, 그와 더불어 언약을 세우셨습니다. 아브람은 동물들을 죽였고, 여러 조각으로 갈랐어요. 그러나 하나님과 아브람이 모두 그 조각들 사이를 걷지는 않았습니다. 하나님은 아브람을 잠들게 하셨고, 그 동물들의 조각들 사이를 타는 불꽃의 모습으로 혼자서 지나가셨습니다. 하나님은 이 모든 약속을 홀로 지키신다는 것을 보여주시려고 이렇게 하셨습니다.

💬 이야기하기

언약이란 무엇인가요?

(언약은 특별한 약속으로, 한 사람이 또 다른 한 사람과 맺는 것입니다.)

하나님은 아브람과 맺은 언약에서 무엇을 약속하셨나요?

(하나님은 아브람과 함께 서 계신 그 땅을 아브람의 자손들에게 주겠다고 약속하셨습니다. 그것은 하나님이 아브람에게 자손을 주실 것임을 의미했습니다.)

왜 하나님은 아브람을 잠들게 하신 후 혼자서 그 동물 조각들 사이를 지나가셨나요?

(하나님은 약속을 반드시 성취하시는 분임을 보여주기 원하셨습니다. 훗날 비록 아브람의 자손들이 하나님을 떠났지만, 하나님은 약속을 계속해서 지키셨습니다.)

🤲 기도하기

우리가 하나님을 대적하고 죄를 범할 때에도 언약을 지키시는 하나님께 감사드리세요.

DAY 3

♥ 예수님께 연결하기

오늘의 이야기가 예수님에 대한 것이며, 예수님을 가리킨다는 사실을 어떻게 알 수 있나요?

✝ 성경읽기 | 로마서 4장 13~25절

💬 깊이 생각하기

사도 바울은 아브라함(아브라함은 하나님이 아브람에게 주신 새 이름입니다)의 믿음 이야기를 로마에 살고 있는 사람들을 가르치는 데 사용했습니다. 그는 아브라함의 시대까지 거슬러 올라가서, 하나님은 그분의 백성을 행위가 아니라 믿음 때문에 구원하신다는 사실을 알려주고 싶었습니다.

바울은 로마 사람들에게 아브라함의 이야기를 상기시켰고, 비록 아브라함이 믿고 따르기에 어려웠으나 어떻게 하나님의 약속을 신뢰했는지를 기억하도록 했습니다. 오늘날 우리도 그와 동일한 계획을 신뢰합니다. 아브라함의 죄를 씻는 하나님의 계획과 우리의 죄를 씻는 하나님의 계획은 똑같습니다. 하나님의 계획은 그분의 백성을 구원하시려고 아브라함의 머나먼 후손 중 한 사람을 사용하는 것이었습니다. 지금 우리는 그 머나먼 후손이 누구인지를 압니다. 예수님입니다. 그분은 아브라함의 모든 후손을 위한 놀라운 복이었습니다.

우리가 예수님이 십자가에서 이루신 일을 믿는다면, 하나님은 아브라함에게 하셨던 것처럼 예수님을 믿는 우리의 믿음을 의로 여겨주십니다.

《● 이야기하기

사도 바울은 로마 사람들에게 믿음을 가르치려고 무슨 이야기를 사용했나요?
(사도바울은 로마 사람들에게 믿음을 가르치려고 아브라함의 이야기를 사용했습니다.)

우리의 죄를 사하시고 우리를 의롭게 하시려고 십자가에 달려 죽으신 아브라함의 머나먼 후손의 이름은 무엇인가요?(예수님)

하나님이 우리에게 주실 수 있는 복들 가운데 죄 씻음이 왜 가장 큰 복인가요?
(우리가 하나님의 자녀가 될 수 있는 유일한 방법은 우리의 모든 죄가 사라지는 것입니다. 하나님이 우리의 죄를 용서하실 때 우리는 천국에 들어가고 거기서 하나님과 함께 거할 수 있습니다.)

🤲 기도하기

우리는 하나님의 계획과 어떻게 우리를 죄로부터 구원하기로 하셨는지를 압니다. 하나님의 계획을 신뢰하고 예수님이 십자가에서 이루신 일을 믿게 해 달라고 기도하세요.

DAY 4

♥ 기억하기

이번 주 성경 이야기를 통해서 하나님은 우리에게 무엇을 가르치시나요?

📖 성경읽기 | 창세기 15장 13~15절

💬 깊이 생각하기

아브라함과 맺으신 하나님의 약속에는 또 다른 중요한 성경 이야기가 숨겨져 있습니다. 하나님은 아브라함을 잠들게 하신 후에, 그의 먼 후손들이 어떻게 살게 될지와 타국에서 400년 동안 얼마나 큰 고통을 받을지를 말씀하셨습니다.

하나님은 왜 아브라함에게 그것을 미리 말씀하셨을까요? 여기 몇 가지 단서가 있습니다. 언젠가 아브라함의 자손들은 극심한 기근으로 음식을 구하려고 이집트로 가게 될 것입니다. 그리고 거기에서, 노예가 될 것입니다. 그때에 하나님은 그들을 노예 생활에서 이끌어내기 위해서 한 사람을 세우실 것입니다. 그 사람의 이름이 무엇일까요? (모세)

《● 이야기하기

자녀들은 부모님에게 모세 이야기를 다시 해 달라고 요청하세요.
(부모님은 혹시 그 이야기가 정확히 기억나지 않는다면, 출애굽기의 시작 부분에서 그 이야기를 읽어 주세요.)

하나님은 어떻게 모세가 태어나기도 전에 모세를 아셨을까요?
(하나님은 모든 것을 아십니다. 누가 태어날지와 그들에게 일어날 모든 일까지도 다 아십니다.)

하나님이 말씀하신대로 우리의 삶에서 어떤 일들이 이뤄질 때 우리의 믿음은 어떻게 더 굳건해지나요?
(우리가 하나님이 과거에 하신 약속을 성취하시는 것을 볼 때 하나님이 우리에게 주신 약속을 믿는 것은 더 쉽습니다.)

🤲 기도하기

우리의 미래를 다 아시고 돌보시는 하나님에게 감사드리세요.

DAY 5

♥ 발견하기

오늘 우리는 시편이나 예언서를 통해서 예수님에 대해서 무엇을 배울 수 있는지를 살펴볼 거예요.

✝ 성경읽기 | 시편 6편 1~4절

💬 깊이 생각하기

다윗은 시편 6장 4절에서 하나님에게 "주의 사랑으로 나를 구원하소서!"라고 외쳤습니다. 요한복음에서 우리는 하나님이 이 세상을 사랑하셔서 외아들 예수님을 보내셨음을 배웠습니다(요 3:16). 다윗이 그분의 변함없는 사랑으로 구원해 달라고 외쳤을 때, 그는 하나님에게 예수님을 보내달라고 구하는 것이었습니다. 왜냐하면 다윗이 구원받을 다른 방법은 전혀 없기 때문이었습니다.

🗣 이야기하기

하나님은 그분의 사랑을 우리에게 어떻게 보이셨나요?
(하나님은 우리의 죄 때문에 예수님을 십자가에서 죽게 하심으로 사랑을 보이셨습니다.)

우리는 어떤 위험으로부터 구원받을 필요가 있나요?
(우리의 죄에 대한 하나님의 징계로부터 구원받아야만 합니다. 예수님은 그분을 믿는 모든 사람의 죄를 지시고 징계를 받아 죽으셨습니다.)

우리는 이번 주 아브람이 하나님의 계획을 믿었다는 것을 배웠습니다. 우리는 하나님의 계획을 어떻게 믿을 수 있나요?(하나님이 우리의 죄를 사하시려고 예수님을 보내셨음을 믿습니다.)

🤲 기도하기

오늘 시편에서 다윗이 했던 기도를 하세요. "하나님, 저를 구원해 주세요."

God Gives Abram a New Name
하나님이 아브람에게 새 이름을 주시다

자녀들에게 하나님이 아브람에게 '아브라함' 이라는 새 이름을 주셨고, 그 의미는 '열국의 아비' 라고 얘기해 주세요. 하나님이 아브람에게 주신 새 이름은 그에게 많은 자녀라는 복을 주시려는 그분의 계획을 담고 있습니다.

자녀의 이름에 담긴 의미를 각 자녀에게 알려 주세요. 그리고 하나님이 자녀들을 어떻게 사용하고 계신지를 생각해 보고 그것에 근거해서 자녀들에게 새 이름을 만들어 주세요. 예를 들어, 새라(Sarah)를 서번타(Servanta)로 바꿔 보세요. 이유는 그녀는 섬기는 것을 잘하고 좋아하기 때문입니다. 또는 존(John)을 마인드풀(Mindful)로 바꿔 보세요. 왜냐하면 그의 마음이 항상 창조적인 생각으로 가득하기 때문입니다.

말해 주세요. "이번 주 너희들은 하나님이 아브람과 그의 아내 사래에게 주신 새 이름을 배우게 될 거야."

DAY 1

♥ 상상하기

어느 토요일 아침에 가족과 함께 아이스크림을 먹으러 나가기로 약속했다고 가정해 봅시다. 그 약속은 우리를 들뜨게 하겠지요. 아마도 가기 전부터 어떤 맛 아이스크림을 주문할지 고민할지도 몰라요. 그런데 약속한 토요일 아침이 다 지날 때까지 아무도 아이스크림을 먹으러 나가려 하지 않았습니다. 그러면 아마도 "괜찮아. 오늘은 아니지만, 다음 주 토요일에는 분명히 갈 거야." 라고 생각할 거예요.

그런데 한 주, 그리고 한 달이 다 지나도록 아이스크림 약속은 지켜지지 않았습니다. 그저 이따금씩 부모님은 그 약속을 잊지 않았다고 얘기해 주십니다. 그렇다면 여러분은 과연 얼마나 오랫동안 기다릴 마음이 있습니까?

1년? 2년? 20년은 어떤가요? 그러다가 마침내 대학을 졸업할 때 아이스크림 약속을 지키기로 한다면 어떨까요?

정말 터무니없는 소리 같지요. 그것이 아브람이 하나님이 하신 약속이 성취되기까지 아주 오랜 시간 동안 기다리면서 일어났던 일입니다.

✝ 성경읽기 | 창세기 16장

💬 깊이 생각하기

하나님이 아브람을 부르시고 그에게 자손들을 주시겠다고 약속한 후로 20년 이상이 지났습니다. 그러나 여전히 자녀가 없었습니다. 그 당시 사람들은 남편에게 아들을 낳아줄 수 없는 아내를 무시했습니다. 그래서 아직도 자녀를 갖지 못해서 실망하고 있던 사래는 그녀의 여종인 하갈을 아브람의 두 번째 아내가 되도록 했습니다.

하나님의 약속을 믿고 두 번째 아내를 거절했어야 했는데, 아브람은 하갈을 아내로 맞아들였습니다. 하갈은 아들을 낳았고, 이름을 이스마엘이라고 지었습니다. 하나님은 그분의 약속을 성취하시는 데 하갈의 도움이 필요하지 않았습니다. 비록 사래가 나이가 너무 많아서 자녀를 가질 수 없었지만, 하나님은 기적을 이루실 것이었습니다. 이스마엘은 기적 없이 평범하게 태어났습니다. 이것은 하나님의 계획이 아니었습니다(바울은 이것을 갈라디아서 4:22~23에서 설명합니다).

💭 이야기하기

왜 아브람은 두 번째 아내를 맞아들였나요?

(사래가 너무 나이가 많이 들어서 자녀를 가질 수 없다고 생각했기 때문에 하나님의 약속이 성취될 다른 방법을 찾을 수 없었습니다.)

이스마엘이 출생한 이후에 사래는 하갈을 향해서 어떤 마음을 가지게 되었나요? 그리고 그녀는 하갈을 어떻게 대우했나요?

(사래는 나쁜 마음을 가졌습니다. 자신은 자녀가 없었기 때문에 하갈을 질투했습니다. 사래는 하갈을 함부로 대했습니다. 그래서 하갈은 이스마엘을 데리고 도망쳤습니다.)

하갈이 도망친 후에 하나님은 그녀를 위로하려고 무엇을 하셨나요?

(하나님은 천사를 보내서 하갈을 위로하셨습니다. 그리고 돌아가도록 격려하셨습니다. 비록 이스마엘이 하나님이 주시기로 약속했던 아이는 아니지만 하나님은 복을 주셨고, 큰 민족을 이루게 하셨습니다.)

🙏 기도하기

무엇인가 잘못되었을 때조차도 주님을 신뢰하게 해 달라고 하나님에게 도움을 구하세요.

DAY 2

♥ 기억하기

어제 이야기 중에서 무엇을 기억하고 있나요? 오늘은 어떤 이야기가 있을 것이라고 생각하나요?

📖 성경읽기 | 창세기 17장 1~6절

💬 깊이 생각하기

하갈을 아내로 취한 아브람을 벌하지 않으시고, 하나님은 아브람에게 복을 주시고 또 그에게 큰 복을 주시겠다는 언약을 상기시키십니다. 하나님이 아브람과 언약을 맺으실 때 갈라 놓은 동물들 사이를 홀로 지나가셨다는 사실을 기억하세요. 하나님은 아브람이 실패할 것을 아셨습니다. 비록 아브람이 죄를 범했지만 하나님은 그 모든 언약을 홀로 지키셨습니다.

자, 여기서 하나님이 아브람에게 하신 약속이 훨씬 더 좋아지고 있음을 주목하세요. 아브람을 한 민족의 아비가 되게 하는 대신에 하나님은 아브람에게 열국의 아비가 될 것이고 아브람의 후손들 중에서 그 나라의 왕들이 세워질 것이라고 말씀하십니다. 이 더 거대해진 약속을 이루기 위해서, 하나님은 아브람의 이름을 아브라함으로 바꾸시는데 그 의미는 "열국의 아비" 또는 "만국의 아비" 입니다.

《● 이야기하기

왜 아브라함의 새 이름은 그를 둘러싼 많은 사람이 이해하기 어려웠습니까?
("아브라함" 은 "열국의 아비" 또는 "만국의 아비" 라는 의미이지만 아브라함은 그의 아내인 사래에게서 단 한 명의 아이도 얻지 못했습니다.)

하나님은 아브라함이 불순종할 것을 아셨습니다. 그런데도 왜 아브라함을 떠나지 않으셨나요?
(하나님의 언약은 아브라함이 약속을 지키는 것에 달려 있지 않았습니다. 그것은 하나님이 직접 약속을 성취하시는 것에 달려 있습니다. 비록 아브라함이 신실하지 못했지만, 하나님은 끝까지 신실하셨습니다.)

많은 왕들 중에서 아브라함의 후손들이 누구인지 생각해 볼 수 있나요?
(사울, 다윗 그리고 솔로몬과 같은 이스라엘의 모든 왕은 언젠가 아브라함의 계보에서 나올 왕들입니다. 또한 왕이신 예수님도 아브라함의 머나먼 후손입니다.)

🫘 기도하기

우리가 하나님을 대적하고 죄를 범할 때에도 그분의 약속을 지키시는 하나님에게 감사하세요.

DAY 3

♥ 예수님께 연결하기

오늘의 이야기가 예수님에 대한 것이며, 예수님을 가리킨다는 사실을 어떻게 알 수 있나요?

📖 성경읽기 | 창세기 17장 6~8절

💬 깊이 생각하기

하나님이 아브라함에게 하신 약속에는 한 단어가 들어 있는데, 그것은 예수님을 통해서 우리를 구원하시려는 하나님의 계획을 분명하게 알려줍니다. 오늘 말씀을 다시 한 번 읽어 보세요. 그리고 찾을 수 있는지 확인해 보세요. 그렇습니다. 우리에게 예수님을 알려주는 단어는 '영원한(everlasting)' 입니다. '영원한' 은 끝까지 지속될 무엇인가를 설명하기 위해서 사용된 단어입니다. 하나님은 아브라함에게 그의 영원한 하나님이 될 것임을 말씀하십니다.

그러나 어떻게 하나님은 아브라함의 영원한 하나님이 되셨나요? 아브라함은 죄인이었습니다. 하나님은 죄인과 더불어 천국에서 사실 수 없습니다. 그곳은 예수님이 오신 곳입니다. 언젠가, 예수님은 이 땅에 오셔서 아브라함의 죄 때문에 십자가에서 죽으실 것입니다. 아브라함이 하나님의 계획을 신뢰했을 때, 그는 예수님을 믿게 된 것입니다.

🗨 이야기하기

'영원한' 의 의미는 무엇입니까?
('영원한' 은 끝까지 지속되는 어떤 것을 설명할 때 사용하는 단어입니다.)

만약 영원한 롤리팝(막대사탕)을 가지고 있다면, 그것이 사라지기 전까지 얼마나 오랫동안 그것을 핥아 먹을 수 있을까요?
(그 롤리팝은 영원히 사라지지 않을 것입니다.)

우리가 예수님을 믿는다면, 얼마나 오랫동안 하나님과 함께 천국에 있을 수 있을까요?
(예수님을 믿는 모든 사람에게 주신 약속은 영원합니다. 그것은 하나님과 더불어 천국에서 영원히 살게 될 것을 의미합니다.)

🤲 기도하기

하나님의 약속들이 영원히 지속되는 것을 감사하세요.

DAY 4

♥ 기억하기

이번 주 성경 이야기를 통해서 하나님은 우리에게 무엇을 가르치시나요?

📖 성경읽기 | 창세기 17장 9~27절

(이 말씀이 할례를 이야기하고 있음을 주목하세요. 말씀을 읽기 전에 자녀들에게 할례가 무엇인지를 설명해 주는 것이 좋습니다. 자녀들이 너무 어리다면 좀 더 시간이 지난 후에 설명하는 것도 괜찮습니다.)

💬 깊이 생각하기

자녀를 주시겠다는 하나님의 약속을 처음 받았던 때에 아브라함은 75세였습니다. 아브라함이 95세였던 때에 하나님은 그에게 오늘 성경 말씀의 이야기를 하십니다. 20년이란 시간이 지났습니다. 하나님이 아브라함에게 약속을 다시 말씀하셨을 때, 그것이 아브라함이 웃은 이유입니다. 손자를 가질 만큼 나이가 많은 한 남자와 여자가 어린 아기를 갖게 된다고 생각해 보세요! 하나님은 또한 그분의 약속을 사래에게도 반복해서 말씀하셨고 그녀에게도 사라라는 새 이름을 주셨습니다.

🔊 이야기하기

자녀들은 부모님이 알고 있는 사람 중에서 아기를 가장 많은 나이에 출산했던 사람이 누구인지 말해 달라고 하세요. 그리고 그 사람이 얼마나 나이 들었는지 아브라함과 사래와 비교해 보세요.

사래의 새 이름은 무엇인가요?
(사라)

아브라함은 왜 웃었나요?
(그는 사래처럼 나이 많은 여자가 아기를 낳을 수 있다는 이야기가 웃긴 것이라고 생각했습니다.)

오늘 이야기 속 아브라함을 보면서 우리는 무엇을 배울 수 있나요?
(아들을 주시겠다는 하나님의 약속이 성취되기도 전에 아브라함은 하나님을 믿었고, 전적으로 순종할 만큼 신뢰했다는 사실을 배울 수 있습니다.)

아브라함은 우리에게 어떤 본보기가 되나요?
(아브라함은 굳건하고 인내하는 믿음을 가졌습니다. 우리는 종종 하나님의 약속이 성취될 것이라는 믿음을 끝까지 지키는 데 어려움을 겪습니다.)

🤲 기도하기

우리 가족 모두 아브라함처럼 굳건한 믿음을 갖게 해 달라고 기도하세요.

DAY 5

♥ 발견하기

오늘 우리는 시편이나 예언서를 통해서 예수님에 대해서 무엇을 배울 수 있는지를 살펴볼 거예요.

📖 성경읽기 | 시편 7편 6~11절

💬 깊이 생각하기

이 시편에서 다윗은 하나님에게 그의 적들에게 심판을 내려 달라고, 그의 방패가 되어 달라고, 그리고 그를 구원해 달라고 간구합니다. 다윗은 하나님에게 자신은 의롭다고 말합니다. 이는 하나님 보시기에 다윗이 선하다는 의미입니다. 그러나 다윗이 죄인이라면 어떻게 의롭거나 선하다고 여길 수 있겠습니까?

다윗이 의로울 수 있는 유일한 방법은 그의 죄가 사라졌을 때입니다. 그것이 예수님이 다윗을 위해서 이루신 것입니다. 비록 다윗은 결코 예수님을 알지 못했으나 하나님의 계획을 신뢰했습니다. 오늘날 우리는 하나님의 계획이 아들 예수님을 이 땅에 보내서 십자가에서 다윗이 받아야 할 징계를 지시고 죽게 되는 것이었음을 알고 있습니다. ─ 그리고 나서 다윗에게 특별한 선물을 주는 것이었습니다. 예수님이 다윗의 죄를 다 지셨을 때, 그분은 다윗에게 그분 자신의 의로움을 선물로 주신 것입니다.

다윗처럼, 우리 모두는 죄인입니다. 그리고 전혀 선하지 않습니다. 그것은 우리가 의롭지 않다는 것을 의미합니다. 그러나 다윗처럼, 우리를 구원하실 하나님의 계획을 믿을 수 있습니다. 오늘날 우리는 하나님의 계획이 예수님을 통해서 모든 죄인을 구원하는 것임을 압니다. 예수님은 우리의 죄를 씻으실 것이고, 우리에게 그분의 의로움을 선물로 주실 것입니다.

🗨 이야기하기

오늘 성경 말씀은 '의로움' 이라는 중요한 단어를 사용합니다. 그 단어의 의미는 무엇인가요?
(의로움은 하나님 앞에서 우리가 가진 선함입니다. 예를 들어서 하나님은 완전히 의로우십니다. 그래서 죄가 전혀 없으십니다. 반면에 우리는 죄인들입니다. 그리고 의롭지 않습니다. 사실, 우리는 악하거나 나쁩니다. 그것이 우리가 예수님의 의로움이 필요한 이유입니다.)

우리는 죄인인데 어떻게 하나님이 우리를 선하거나 옳다고 여기는 곳에 도달할 수 있을까요?
(하나님의 기준에서 의롭고 선하게 되는 유일한 방법은 죄 없는 삶을 사셨던 예수님을 믿음으로써 우리의 죄가 씻기고 하나님의 의로움을 선물로 받는 것입니다.)

예수님은 의로우심을 우리에게 보여 주시려고 어떤 일들을 행하셨나요?
(부모님은 예수님이 하신 일들 ─ 병자를 치유하고 하나님에게 예배하고 기도하신 것과 같은 ─ 을 자녀들이 생각하도록 도와주세요. 또한 자녀들의 거짓말이나 다툼, 불순종과 같은, 예수님이 결코 하시지 않은 것들을 생각하도록 도와줄 수도 있습니다.)

🤲 기도하기

예수님을 더 닮아가는 삶을 살게 도와달라고 하나님에게 간구하세요.

The Lord appears to Abraham
하나님이 아브라함에게 나타나시다

자녀들이 얼마나 아브라함의 이야기를 기억하는지 확인해 보세요. 그들에게 다음의 질문들을 해 보세요:

- 하나님이 바꾸시기 전 아브라함의 이름은 무엇이었나요?
- 하나님이 바꾸신 후 아브라함의 아내의 이름은 무엇이었나요?
- 하나님은 아브라함에게 무슨 약속을 하셨나요?
- 아브라함은 하나님의 말씀을 따라 어디를 떠났나요?

얘기해 주세요. "때때로 우리가 방금 배운 것들을 기억하는 것은 어렵단다. 하나님은 아브라함이 기억하도록 자주 이야기하셨어. 이번 주 우리는 하나님이 직접 아브라함을 찾아가셨고, 그와 함께 저녁 식사를 하셨다는 사실을 배울 거란다."

DAY 1

 상상하기

만약 대통령이 저녁 식사 시간에 우리 집 앞으로 걸어와서는 지금 너무 배가 고프니 먹을 것을 준비해 줄 수 있 겠냐고 요청한다면 우리는 어떻게 할까요? 어떤 저녁 식사로 대통령을 대접해야 할까요? 그처럼 중요한 사람 을 대접하려고 요리를 하려면 또 얼마나 긴장될까요?

그것이 오늘 우리가 읽을 이야기에서 아브라함에게 일어난 일과 어느 정도 비슷한 것입니다. 단지 저녁 식사에 방문한 사람이 대통령이 아닐 뿐이죠; 주님이셨습니다! 그럼 아브라함이 무엇을 했는지 이어서 읽어 봅시다.

✝ 성경읽기 | 창세기 18장 1~8절

💬 깊이 생각하기

하나님이 사람들에게 나타나실 때 그분은 종종 사람의 모양으로 오십니다. 오늘 이야기에서, 하나님은 두 명의 천사와 함께 오셨습니다(우리는 나중에 오늘 이야기에 나온 이들이 천사들이라는 것을 배울 거예요). 그 세 명의 방문자들이 어떻게 생겼는지를 우리에게 알려주지는 않습니다. 그러나 아브라함이 그들 중 한 명이 하나님 이었음을 알았다는 것은 분명합니다. 왜냐하면 그는 그분을 주님으로 불렀기 때문입니다. 아마도 아브라함은 그 방문자들이 갑자기 나타났다는 것을 알았을지도 모릅니다. 또는 그들이 보통 사람과 다르게 생겼을지도 모르고요.

💬 이야기하기

아브라함은 어떻게 그 세 명의 방문자 중 한 명이 하나님인 것을 알았을까요?
(아이들은 재밌는 추측을 할 수 있습니다. 그들은 어떤 빛을 냈을지도 모르고, 어쩌면 하나님이 아브라함의 마음을 열어 알게 하셨을 수도 있습니다.)

아브라함이 하나님에게 방문해 주실 것을 요청했나요, 아니면 하나님이 직접 오시기로 결정하셨나요?
(하나님이 아브라함에게 오시기로 직접 정하셨습니다. 성경에서 하나님은, 백성들이 요청하지 않을지라도 당신이 그들에게 무언가 특별한 것을 행하고 계시다는 사실을 알려주고 싶어 하세요.)

하나님은 왜 아브라함을 찾아 가셨을까요?
(자녀들에게 아브라함과 맺으신 하나님의 약속을 기억하는지를 질문해서 생각할 단서를 제공해 주세요. 우리는 내일 본문에서 하나님이 아브라함에게 아들을 주겠다고 하신 약속을 상기시키려 오셨음을 배우게 될 것입니다.)

🤲 기도하기

우리가 하나님을 찾고 구하지 않을 때조차 우리에게 다가와 주신 하나님에게 감사하세요.

DAY 2

♥ 기억하기

어제 이야기 중에서 무엇을 기억하고 있나요? 오늘은 어떤 이야기가 있을 것이라고 생각하나요?

📖 성경읽기 | 창세기 18장 9~15절

💬 깊이 생각하기

다시 한 번 하나님은 아브라함에게 아들을 주겠다고 하신 약속을 상기시키십니다. 이때에 하나님은 아브라함에게 그것이 언제 일어날지를 말씀하세요. 이것은 오랜 시간 동안 약속이 성취되기를 기다렸던 사람에게는 매우 기쁜 소식입니다. 아브라함은 곧 아빠가 될 거예요. 그러나 그의 아내인 사라는 완전히 확신하지 않았습니다. 그녀는 그저 웃었을 뿐이었어요.

그렇다고 해서 사라를 너무 비난해서는 안 됩니다. 지난 20년 동안 아브라함은 그녀에게 하나님이 자녀를 주실 것이라고 하신 약속에 대해서 말해 왔습니다. 그 일은 아직도 일어나지 않았고요. 비록 사라가 웃었고, 그 웃음에 대해서 거짓말을 했지만, 하나님은 징계하지 않으셨습니다. 하나님은 그녀가 아들을 갖게 될 것이라는 사실을 아셨을 뿐만 아니라 사라의 먼 후손 중 한 명인 예수님이 그녀의 죄를 사하시기 위해서 십자가에 달려 죽으실 것을 아셨습니다. 예수님 때문에, 사라는 용서받을 수 있습니다 — 비록 거짓말을 하고 하나님의 약속을 비웃었을지라도 말이죠.

🗨 이야기하기

하나님은 아브라함에게 그가 아기를 얼마나 더 기다려야 한다고 말씀하셨나요?
(1년)

사라는 왜 웃었나요?
(그녀는 이미 몸이 노쇠했고, 나이가 너무 많아서 자녀를 가질 수 없음을 알았습니다. 또한, 그와 동일한 약속을 너무 오랜 세월 동안 들어왔습니다.)

우리가 사라라면, 하나님의 약속을 어떻게 생각했을까요?
(자녀들이 자신을 사라라고 생각하도록 도와주세요. 우리가 사라라면, 우리는 하나님을 조롱하고, 그분은 틀렸다고 말함으로써 더 큰 죄를 지었을지 모릅니다.)

우리가 하나님을 믿고 기다려야 할 필요가 있는 약속은 어떤 것인가요?
(부모님은 자녀들이 하나님의 약속들을 생각하도록 도와주세요. 예를 들어서, 하나님은 자녀들이 부모님에게 순종한다면 부모님과 함께 좋은 삶을 살게 되고, 그들이 장수할 것이라고 약속하셨습니다[엡 6:2~3]. 또한 하나님은 우리에게 모든 것을 공급하실 것이라고 약속하셨습니다[마 6:33]. 그분은 모든 것이 합력해서 선을 이루게 하실 것입니다[롬 8:28].)

🤲 기도하기

하나님이 말씀하심으로 우리와 맺으신 약속을 믿게 해 달라고 도움을 구하세요.

DAY 3

♥ 예수님께 연결하기

오늘의 이야기가 예수님에 대한 것이며, 예수님을 가리킨다는 사실을 어떻게 알 수 있나요?

✝ 성경읽기 | 누가복음 1장 26~38절

💬 깊이 생각하기

하나님이 아브라함을 찾아가셨을 때 사라는 웃었고, "내가 이렇게 늙었는데 무슨 수로 아기를 가질 수 있을까?" 라고 말했어요. 하나님은 그녀의 질문에 말씀으로 답변해 주셨습니다. "여호와께 능하지 못한 일이 있겠느냐" (창 18:13~14).

하나님은 사라가 하나님이 말씀하신 모든 것을 행하실 수 있는 분이라는 것을 알기를 원하셨습니다. 그리고 1년 후에, 사라는 하나님이 말씀하신대로 아들을 가졌습니다.

오늘 성경 이야기에서, 우리는 아브라함의 먼 후손 가운데 마리아라는 이름을 가진 한 여인이 하나님으로부터 아기를 갖게 될 것이라는 말씀을 받았음을 보았습니다. 결혼도 하지 않은 그녀에게 아기를 가질 거라고 말씀하신 하나님에게 마리아가 질문을 하지요. 그때 천사가 어떻게 답해 주었는지에 주목해 보세요. 천사의 답변은 하나님이 사라에게 하신 것과 매우 비슷합니다. 그 천사는 "어떤 것도 하나님에게 불가능할 수 없다."라고 말했습니다.

💭 이야기하기

하나님은 어떻게 사라처럼 나이든 여인과 마리아처럼 아직 결혼하지 않은 여인이 자녀를 갖게 하실 수 있나요?
(하나님은 모든 능력을 가지고 계십니다. 그리고 성경이 우리에게 말씀하셨듯이, 하나님에게는 그 어떤 것도 어렵거나 불가능하지 않습니다.)

예수님은 사라의 아들과 어떻게 연결되나요?
(예수님은 사라와 아브라함의 먼 후손입니다.)

사라와 마리아는 어떤 면에서 비슷한가요?
(두 여인 모두 하나님이 기적을 행하지 않으셨다면 자녀를 가질 수 없었을 것입니다.)

🙏 기도하기

하나님이 기적들을 행하셔서 그분의 능력을 놀라운 방법으로 보여 주신 것에 감사하세요.

DAY 4

♥ 기억하기

이번 주 성경 이야기를 통해서 하나님은 우리에게 무엇을 가르치시나요?

📖 성경읽기 | 창세기 18장 16~33절

💬 깊이 생각하기

소돔 도시를 파괴할 것이라는 하나님의 계획을 듣게 된 아브라함은 거기에 살고 있는 선한 사람들이 죄인들 때문에 함께 멸망당할 수 있다는 사실이 걱정되었어요. 조카 롯이 그 도시 근처에 살고 있다는 사실을 알았기 때문에, 아마도 롯이 그 도시가 파괴될 때 죽을 수도 있을 거라는 생각에 염려가 되었을 것입니다. 하나님은 만약 소돔에서 열 명이라도 의롭거나 선한 사람을 찾을 수 있다면, 그 도시를 멸망시키지 않을 것이라고 약속하셨어요. 아브라함이 하나님과 나눈 대화는 기도가 어떤 역할을 하는지에 대한 좋은 예시입니다. 하나님은 우리가 그분께 기도하도록 이끌어주시고 우리의 기도를 들으신다고 약속하십니다. 그리고 심지어 하나님은 종종 그 기도를 그분의 놀라운 계획 속에서 이루어 주십니다.

🗣 이야기하기

자녀들은 부모님이 하나님에게 무엇인가를 구했던 기도가 응답되었던 때를 말씀해 달라고 하세요.
(부모님은 새로운 직장을 위해서, 혹은 아들과 딸을 위해서, 혹은 다른 기도 제목을 하나님에게 구해서 응답받았던 때를 떠올려 보세요.)

하나님은 왜 아브라함을 선택하셨다고 말씀하셨나요?
(자녀들이 잘 기억하지 못한다면 19절 말씀을 다시 한 번 읽어 주세요. 하나님은 아브라함이 자녀들을 훈련시키고 하나님에 대해서 가르치는 선한 일을 할 것이라는 점을 아셨기 때문에 그를 선택하셨습니다.)

아브라함이 하나님과 나눈 대화는 어떤 점에서 우리의 기도와 매우 비슷한가요?
(쉽게 말해 기도는 하나님과 이야기 나누는 것입니다. 하나님은 우리에게 필요한 모든 것을 그분께 구하라고 말씀하셨습니다[요 14:14].)

우리가 하나님에게 간구할 기도는 무엇인가요?
(자녀들이 하나님에게 간구할 것을 생각하도록 도와주세요. 자녀들이 다른 사람이 아닌 그들 자신을 위해서 간구하는지 살펴보고 그것들을 수정하는 데 초점을 맞추세요.)

🙏 기도하기

마지막 질문에 대한 답변을 가지고서 기도하세요.

DAY 5

♥ 발견하기

오늘 우리는 시편이나 예언서에서 예수님에 대해서 무엇을 배울 수 있는지를 살펴봅니다.

✝ 성경읽기 | 시편 8편

💬 깊이 생각하기

우리가 오늘 읽은 시편은 거의 수수께끼처럼 들립니다. 다윗은 하나님이 천국의 존재들보다 조금 더 낮게 만드신 어떤 분에 대해서 기록했습니다. 그것은 무슨 의미일까요? 그리고 그는 우리에게 하나님이 이 사람에게 영광과 존귀의 면류관을 씌우셨고, 모든 것을 그분의 발아래 두었다고 말합니다. 누가 그렇게 될 수 있습니까? 하나님은 우리에게 신약 성경 히브리서를 통해서 답을 알려 주셨습니다. 여기에 그 말씀이 있습니다.

오직 우리가 천사들보다 잠시 동안 못하게 하심을 입은 자 곧 죽음의 고난 받으심으로 말미암아 영광과 존귀로 관을 쓰신 예수를 보니 이를 행하심은 하나님의 은혜로 말미암아 모든 사람을 위하여 죽음을 맛보려 하심이라 (히브리서 2장 9절).

다윗은 이 땅에 내려오시고 아기 예수님으로 사람이 되신 하나님의 아들에 대해서 말하고 있습니다. 하나님은 예수님에게 영광의 면류관을 씌우셨는데 그 이유는 그분이 우리를 위해, 우리로 용서받게 하시려고 십자가에서 죽음을 당하셨기 때문입니다. 예수님이 태어나시기 오래 전에, 다윗은 이 땅으로 내려 오셔서 십자가에 달려 죽으실 그분을 노래했습니다.

《● 이야기하기

오늘 이 시편에서 우리가 하나님에 대해서 새롭게 배우게 된 것은 무엇인가요?
(자녀들이 다시 시편을 읽도록 해 주세요. 그리고 하나님에 대해서 배우게 된 것들을 말하도록 해 보세요. 자녀들이 너무 어려서 읽을 수 없다면, 부모님이 다시 읽어 주세요. 그리고 하나님에 대해서 배운 것을 듣게 될 때 손을 들라고 얘기해 주세요.)

누가 별들을 만드셨나요?
(우리는 골로새서에서 예수님이 모든 것을 만드셨다는 사실을 배웠습니다. 그것은 예수님이 그 별들을 만드신 분이라는 의미입니다.)

다윗은 우리에게 하나님의 이름은 '장엄한(majestic)' 이라고 말합니다. '장엄한(majestic)' 의 의미는 무엇인가요?
(아마도 자녀들이 '장엄한(majestic)' 을 이해하기에 도움이 되는 가장 비슷한 단어는 '경이로운, 훌륭한(wonderful)' 일 겁니다.)

✍ 기도하기

오늘의 시편은 제대로 이해한다면 찬양의 기도가 될 수 있습니다.

God Rescues Lot
하나님이 롯을 구하시다

촛불을 켜고 아이들에게 물어보세요, "불에 데지 않고 얼마나 가까이 불꽃에 갈 수 있을까?" 자녀들의 의견을 모아 보세요. 그리고 촛불까지의 거리를 점점 좁히면서 아이들에게 이야기하세요, "더 가까이 갈 수 있을 거라고 생각하지 않니?"

일단 일정 거리를 정했으면 자녀 중 한 명을 오게 해서 그 아이의 손가락을 붙잡고, 이제 불꽃을 보면서 불에 데지 않고 얼마나 가까이 손가락을 가져갈 수 있는지를 실험할 거라고 말해 주세요. 그 아이는 싫다고 말할 겁니다. 물론, 아이의 손이 불에 닿을 때까지 하지는 않을 겁니다. 자녀들에게 "불에 데지 않고 내가 얼마나 가까이 갈 수 있을까?" 라고 묻는 것조차도 얼마나 어리석은 것인지를 얘기해 주세요.

"이번 주 우리는 롯에 대해서 배울 건데, 그는 악한 도시인 소돔과 얼마나 가까운 거리에서 살 수 있는지 알고 싶어 했던 사람이었단다. — 그리고 그 결과는 그와 그 가족이 경험한 그대로였단다."

DAY **1**

♥ 상상하기

혹시 천사를 만난다면 어떨지 궁금해한 적이 있나요? 어떤 사람은 천사는 그저 동화책에나 나오는 상상의 인물이라 생각하겠지만, 성경은 우리에게 천사가 실제로 존재한다고 말합니다. 그들은 하나님의 메신저입니다. 그리고 그들은 종종 보통 사람들처럼 보입니다. 그들은 우리가 하는 것처럼 이야기하고 걷고, 먹기도 합니다. 성경은 심지어 우리의 일상에서 만나는 낯선 이들을 환영해야 한다고 말합니다. 왜냐하면 우리는 어떤 낯선 사람이 언제 천사가 될지 알 수 없기 때문입니다(히브리서 13:2절을 보세요)! 오늘 우리가 본 이야기에서, 하나님은 두 명의 천사를 아브라함의 조카인 롯을 구하기 위해서 보내셨습니다.

📖 성경읽기 | 창세기 19장 1~3, 12~14절

(이 성경 구절의 4~11절까지는 다소 명확하게 성 도착(sexual perversion)에 대해서 말합니다. 자녀들에게 이 내용이 반드시 필요한 것은 아닙니다. 이 구절들을 포함시키기 원한다면, English Standard Version(ESV)과 같은 성경 버전을 이용하라고 제안하는데, 여기서는 성관계를 "알기(knowing)"라고 완화해서 표현하고 있습니다.)

💬 깊이 생각하기

하나님은 두 명의 천사를 보내서서 소돔을 멸망시키실 것이라는 사실을 롯에게 알려주셨습니다. 롯은 그 천사들을 믿었고, 딸들과 약혼한 사위들에게 경고하기 위해 소돔에 갔습니다. 그러나 롯이 이야기했을 때, 그들은 믿지 않았습니다. 그가 농담을 한다고 생각했습니다.

우리는 그 이야기를 믿지 않은 두 사위를 정신 나갔다고 생각할 수 있습니다. 그러나 소돔 사람들은 하나님을 완전히 잊어버렸고, 삶을 그저 신나는 파티쯤으로 여기고 살았습니다. 거기다 그들이 기억하는 과거에는 그 성 안에 어떤 끔찍한 사건도 일어난 적이 없었습니다. 그러니 하나님이 그들의 도시를 멸망시키신다는 말을 왜 믿어야 했겠습니까?

🗨 이야기하기

소돔은 왜 살아가기에 나쁜 도시였나요?

(소돔은 악이 가득한 도시였습니다.)

하나님은 왜 소돔을 멸망시키시려 했나요?

(하나님은 선한 심판자이십니다. 선한 심판자들은 확실하게 악을 징계합니다. 소돔에서는 악한 일이 만연했습니다. 그것이 하나님이 소돔을 멸망시키려는 이유입니다.)

어떤 사람이 우리에게 와서 다음과 같이 말한다면 어떻게 하겠습니까? "서둘러서 지금 살고 있는 이 도시를 떠나시오. 하나님이 이 도시를 멸망시키려고 하십니다!"

(부모님은 자녀들이 롯의 말을 듣지 않았던 두 사위를 동정하는 마음을 갖게 도와주세요. 하나님이 우리를 도와주시지 않는다면, 우리 중 그 누구도 믿을 수 없을 것입니다.)

🙏 기도하기

롯을 구하기 위해서 천사들을 보내시고, 우리가 믿도록 도와주시는 하나님에게 감사드리세요.

DAY 2

♥ 기억하기

어제 이야기 중에서 무엇을 기억하고 있나요? 오늘은 어떤 이야기가 있을 것이라고 생각하나요?

📖 성경읽기 | 창세기 19장 15~16절

💬 깊이 생각하기

하나님이 어떤 사람을 구하기로 결심하셨을 때는, 그 어떤 것도 ―심지어 우리의 죄조차도― 그분을 막을 수 없습니다. 그것은 정말로 우리에게 좋은 소식입니다. 왜냐하면 우리는 하나님에게서 빈번하게 돌아서기 때문입니다. 그러나 그분은 우리의 마음을 붙잡고, 어떤 식으로건 우리를 구원할 방법을 가지고 계십니다. 하나님이 우리를 구원하시려고 손을 뻗치실 때, 마땅히 받아야 할 징계를 내리시기보다는, 우리가 그분의 자비하심을 고백하게 하십니다. 오늘 이야기에서 우리는 롯을 향한 하나님의 자비하심을 보게 됩니다. 롯은 천사들의 말을 들었어야만 했고, 밤이 되기 전에 떠났어야만 했습니다. 그러나 즉시 떠나지 않고, 아침이 올 때까지 기다렸습니다. 그런데도 하나님은 끝까지 그에게 자비를 베푸셨습니다. 그곳에서 롯이 죽도록 내버려두지 않으시고, 천사들이 그의 손을 잡고 안전한 곳으로 이끌도록 하셨습니다.

💬 이야기하기

자녀들은 천사 역할을, 부모님 중 한 명은 롯의 역할을 맡아 연극을 해볼 거예요. 천사가 된 아이들은 롯이 된 부모님에게 소돔을 떠나야만 한다고 설득하는 노력을 합니다. 자녀들이 천사들과 같은 결론에 도달해서(말을 듣지 않으니 강제로라도 롯을 구해내야겠다!) 롯이 된 부모님의 손을 붙잡고 강제로 멀리 떠나게 할 수밖에 없도록 그들의 설득에 반대하고 저항해 보세요. 그리고 나서 자녀들에게 롯이 멸망당하지 않도록 해 주신 하나님이 얼마나 친절하신 분이었는지를 얘기해 주세요.

하나님은 어떤 식으로 롯에게 자비를 보여 주셨나요?
(하나님은 롯이 소돔에 머물도록 내버려두지 않으셨습니다. 그가 떠나기를 거절했을 때, 천사들이 그와 그의 가족을 이끌고 떠나도록 했습니다.)

하나님이 구원하시기에 어려운 사람이 있나요?
(아니요. 하나님은 가장 끔찍한 죄인들의 마음도 바꾸시고 하나님에게로 이끄셔서 구원하실 수 있습니다. 그 어떤 사람도 죄로 인해서 닫힌 눈을 하나님이 열어주시고, 하나님이 얼마나 놀라우신 분인지를 알게 된다면 그분의 사랑에 저항할 수 없습니다.)

🫘 기도하기

하나님을 믿지 않는 사람들을 위해서 기도하는 시간을 가지세요. 하나님이 그들에게 다가가셔서 죄로부터 그들을 구원해 달라고 기도하세요.

DAY 3

♥ 예수님께 연결하기

오늘의 이야기가 예수님에 대한 것이며, 예수님을 가리킨다는 사실을 어떻게 알 수 있나요?

✝ 성경읽기 | 베드로후서 2장 6~9절

(이 본문을 좀 더 쉽게 이해하기 위해서 8절 말씀을 읽지 않고 넘겨도 괜찮습니다.)

💬 깊이 생각하기

하나님이 경고하시지 않았다면, 롯은 기어코 소돔에 머물렀을 겁니다. 그리고 그 도시의 나머지 사람들과 함께 멸망당했겠지요. 베드로는 롯의 이야기를 사용해서 하나님은 우리를 구원해 내는 분이심을 설명합니다. 하나님이 롯을 그 사악한 도시인 소돔에서 구원해 내실 수 있다면, 하나님은 우리 또한 구원해 내실 수 있습니다. 어쩌면 우리는 하나님의 구원이 필요하지 않다고 생각할지도 모릅니다. 그러나 우리 모두는 하나님의 심판으로부터 구원받아야 할 죄인입니다. 하나님은 그분의 자녀들을 위한 거대한 구원 계획을 세우셨습니다. 아버지이신 하나님은 그 아들을 십자가에서 죽게 하시려고 이 땅에 보내셨습니다. 그래서 우리는 죄인으로서 받아야 할 하나님의 심판으로부터 구원받게 되었습니다. 하나님은 천사들이 롯을 구원하게 하셨습니다. 그러나 우리 모두를 향한 그분의 가장 큰 구원 계획은 십자가에서 그 아들을 죽게 하신 것입니다.

《● 이야기하기

하나님은 왜 소돔을 심판하고 멸망시키셨나요?

(소돔은 죄로 가득 찬 사악한 도시였습니다.)

하나님은 왜 오늘날에도 사람들에게 심판을 내리시나요?

(우리 모두는 사악한 마음을 가지고 있으며, 모든 사람이 하나님 앞에서 죄를 범하고 있습니다.)

우리를 향한 하나님의 구원 계획은 무엇입니까?

(예수님이 우리를 대신해서 십자가에서 죽으셨습니다. 우리가 그분을 믿으면 구원받을 수 있습니다.)

🙏 기도하기

롯처럼, 우리 모두는 죄에서 구원받을 필요가 있습니다. 예수님을 통해서 우리를 구원해 달라고 하나님에게 기도하세요.

DAY 4

♥ 기억하기

이번 주 성경 이야기를 통해서 하나님은 우리에게 무엇을 가르치시나요?

📖 성경읽기 | 창세기 19장 16~29절

💬 깊이 생각하기

부모가 자녀에게 무엇인가를 하지 말라고 할 때, 자녀는 그 명령에 순종해야 합니다. 만약 뜨거운 냄비를 만지지 말라고 경고했는데 어떤 식으로건 그것을 만졌다면, 분명히 화상을 입겠지요. 우리가 죄에 대한 하나님의 경고를 듣지 않는다면, 분명 좋지 않은 일들이 발생합니다.

오늘 이야기에서, 롯의 아내는 하나님의 경고를 듣지 않았습니다. 하나님은 천사들을 통해서 그녀에게 뒤돌아보지 말라고 말씀하셨어요. 그러나 그녀는 듣지 않았습니다. 롯은 산으로 도망칠 시간이 충분하지 않다고 생각했습니다. 그래서 천사들에게 하나님이 그들을 근처의 작은 도시로 들어가게 하셔서 보호해 주실 수 있는지를 물어봤습니다. 하나님은 롯의 의견을 받아 주셔서 시간 여유를 주셨습니다. 그리고 롯과 그의 가족이 안전해질 때까지 소돔을 멸망시키는 것을 보류하셨습니다. 그들이 안전하게 도시에 도착하자 하나님은 소돔에 불을 비처럼 내리셨습니다.

롯과 그의 딸들은 주님을 믿었고, 뒤돌아보지 말라는 하나님의 명령에 순종했습니다. 그러나 롯의 아내는 불순종했고, 뒤돌아봤습니다. 그리고 그 즉시 소금 기둥이 되었습니다.

💬 이야기하기

자녀들은 부모님에게 하나님 말씀에 불순종한 적이 있는지, 그것 때문에 어떤 나쁜 결과가 발생했는지를 물어보세요. (부모님은, 하나님이 리더들에게 순종하라고 말씀하셨는데 그것에 불순종했고, 그 결과로 업무적으로 나쁜 결과를 낸 경험이나, 또는 화가 나서 말로 누군가에게 상처를 입혔던 경험 등을 나눌 수 있습니다.)

롯의 아내에게 무슨 일이 일어났나요?
(그녀는 불순종해서 뒤돌아봤고, 즉시 소금 기둥이 되었습니다.)

우리가 하나님에게 불순종하는 방법은 어떤 것인가요?
(부모님은 자녀들이 주로 죄를 짓는 영역에 대해서 생각하도록 도와주세요.)

하나님은 오늘날에도 죄 때문에 사람들을 징계하시나요?
(네. 하나님은 우리가 죄에서 돌이키고 예수님을 믿게 하시려고 경고하십니다. 그러나 그분의 경고들을 듣지 않는다면, 우리는 불길이 넘쳐나는 지옥으로 보내집니다.)

🙏 기도하기

최근 당신의 삶의 어떤 영역에서 하나님의 말씀에 불순종했는지 고백하세요. 그리고 하나님에게 용서를 구하세요. (이 순간은 부모님 자신의 약함을 나눌 수 있는 아주 고귀한 자리입니다. 그리고 나서 자녀들이 하나님에게 기도로 고백하고, 그분의 용서를 구할 수 있는 것들을 생각하도록 도와주세요.)

DAY 5

♥ 발견하기

오늘 우리는 시편이나 예언서를 통해서 예수님에 대해서 무엇을 배울 수 있는지를 살펴볼 거예요.

📖 성경읽기 | 이사야 42장 1~3절, 마태복음 12장 18~21절

💬 깊이 생각하기

선지자 이사야가 이 성경 말씀을 기록하고 오랜 시간이 지난 후에, 마태는 그의 복음서에서 이사야의 예언이 예수님에 대한 것이라고 말했습니다. 그는 이사야가 말했던 하나님의 공의를 열방들에게 가져다 줄 분이 예수님이라고 설명했습니다. 그것은 예수님은 하나님의 율법을 완전히 따르는 분이라는 것과 누구든지 죄를 지으면 거기에 상응하는 징계를 받는다는 것을 의미합니다.

예수님은 이것을 두 가지 방법으로 이루셨습니다. 첫 번째로, 예수님은 십자가에서 죽으셨고, 그분을 믿는 모든 사람을 위해서 대신 징계를 받으셨습니다. 그것은 믿는 자들을 돌보는 것입니다. 그것이 마태가 우리의 소망을 그분께 두어야 한다고 말한 이유입니다. 그리고 두 번째로, 예수님은 믿지 않는 나머지 사람들의 죄를 징계하시러 언젠가 다시 오실 것입니다. 만약 사람들이 예수님 믿기를 거부한다면, 그들은 하나님의 공의로 자신들의 죄에 대해서 스스로 징계를 받을 것입니다.

🗨 이야기하기

비록 우리 모두가 죄인이고 징계를 받아야 마땅함에도 불구하고, 우리의 소망을 어디에 둘 수 있나요?
(우리의 소망을 우리의 징계를 처리하시려고 십자가에 오르셔서 죽으신 예수님에게 둘 수 있습니다.)

어떤 판사가 죄를 심판할 때 그것을 설명하려고 사용하는 단어는 무엇인가요?
(부모님은 자녀들에게 단서를 주시고 시작하는 첫 글자를 알려 주세요. 그리고 우리는 이미 그것을 이야기했습니다. "공의(Justice)" 는 의미가 광범위하지만 배워야 할 중요한 단어입니다.)

하나님의 공의가 이 땅에 임할 때 누가 심판자가 되나요?
(예수님)

✍ 기도하기

우리가 알고 있는 사람들 중에 예수님을 믿지 않거나 그분께 순종하지 않는 사람을 위해서 기도하는 시간을 가지세요.

Isaac and Ishmael
이삭과 이스마엘

자녀들에게 약속을 한 가지 맺고 싶다고 얘기하세요. 금요일 저녁 식사 후에 자녀들과 함께 집에서 만든 아이스크림을 먹을 거라고. 이번 주 매일 가정 예배를 드리는 동안에 그 약속을 얘기해 주고 어떤 생각이 드는지 물어보세요. 그리고 금요일 저녁 식사 후에 아이스크림을 꺼내서 함께 먹으면서 드디어 약속이 이뤄졌는데 어떻게 느끼는지 물어보세요. 이삭의 출생으로 하나님이 아브라함과 맺으신 약속을 성취하셨다는 사실을 돌이켜 보면서 그 이야기를 마무리하세요.

말해 주세요. "이번 주 너희들은 하나님이 어떻게 아브라함에게 하신 약속을 성취하셨는지, 그리고 어떻게 그에게 아들을 주셨는지를 배우게 될 거야."

DAY **1**

💜 상상하기

옛날에 한 젊은 선원이 있었는데 그의 역할은 배의 가장 밑바닥을 살펴보는 일이었습니다. 어느 날 하루가 거의 끝나갈 무렵, 그는 발 아래쪽에서 물결이 치는 소리를 들었습니다. 그가 아래를 내려다봤을 때, 선체는 이미 바닷물로 가득했습니다. 그는 선장에게 그 상황을 보고하지 않고 물이 새는 곳부터 찾기 시작했습니다. 선장이 그 문제로 꾸짖을까봐 두려웠던 것입니다.

그는 계속 찾았고 시간은 흘렀습니다. 그러나 물이 새는 곳을 찾을 수가 없었습니다. 시간이 흐를수록 바닷물은 점점 차올라 이제 그의 무릎까지 덮었습니다. 그는 '이제 나는 정말로 선장님께 보고를 할 수가 없어!' 라고 생각했습니다. 바닷물이 차서 배가 느려지고, 점점 기울기 시작했을 때 선장은 아래쪽을 향해서 모든 상황이 괜찮은지를 점검하라고 소리쳤습니다. 그 젊은 선원은 거짓말을 했고, 모든 상황을 통제할 수 있다고 말했습니다. 그러나 정말 다행히도 선장이 직접 상황을 확인하려고 내려왔습니다. 선장은 바닷물이 가득한 배를 보자마자 소리쳤습니다. "펌프를 가동시켜라!" 그리고 아슬아슬한 찰나에 배를 구해냈습니다.

때때로 우리는 두려울 때, 거짓말을 합니다. 그것이 오늘 이야기에서 아브라함에게 일어난 일입니다.

✝ 성경읽기 | 창세기 20장

💬 깊이 생각하기

아브라함은 이집트 사람들이 아내인 사라를 빼앗기 위해서 자신을 죽일 수도 있을 거란 생각에 두려웠습니다. 그래서 또다시 아내에게 여동생이라고 말하도록 했습니다(첫 번째는 창세기 12:10~20에 나옵니다). 비록 사라가 실제로 이복 여동생이었지만, 아브라함이 사라를 아내가 아니라 여동생이라고 말한 것은 분명히 거짓말입니다.

아브라함은 아들을 주시겠다는 하나님의 약속을 믿으며 기다렸지만, 한편으로 두려웠습니다. 그리고 그를 보호하시는 하나님을 믿는 것을 끊임없이 갈등했습니다. 이제 우리는 아브라함의 이야기에서 도움을 얻게 됩니다. 우리에게 아브라함의 약함을 보여주시는 하나님이 얼마나 친절하십니까! 하나님은 우리의 모든 삶이 믿음과 의심으로 뒤섞여 있다는 것을 아십니다.

💬 이야기하기

아브라함은 왜 사라를 여동생이라고 거짓말했나요?
(그는 이집트 사람들이 자신을 죽이고 아내를 빼앗을까봐 두려웠습니다.)

하나님은 사라를 어떻게 보호하셨나요?
(하나님은 아비멜렉의 꿈에서 사라는 아브라함의 아내라는 사실을 알려 주시고, 그가 그녀를 건드리거나 아브라함을 죽여서는 안 된다고 경고하셨습니다.)

두려움 때문에 하나님을 신뢰하지 않았던 때가 있나요?
(부모님의 삶에서 경험한 것들을 자녀들에게 예시로 설명해 주세요. 그리고 나서 자녀들 스스로가 그들의 삶에서 비슷한 경험을 찾을 수 있는지 살펴보세요.)

🙏 기도하기

하나님을 신뢰하고 거짓말하지 않도록 도와달라고 간구하세요.

DAY 2

♥ 기억하기

어제 이야기 중에서 무엇을 기억하고 있나요? 오늘은 어떤 이야기가 있을 것이라고 생각하나요?

✝ 성경읽기 | 창세기 21장 1~7절

● 깊이 생각하기

마침내, 사라는 하나님이 약속하셨던 아들을 낳았습니다. 아브라함은 하나님에게 순종했고, 그 아기의 이름을 이삭이라고 지었습니다. 비록 그들이 아주 오랜 시간을 기다렸지만, 이삭은 기다릴 만한 가치가 있었습니다.

하나님은 우리 삶에서 일어나는 모든 것들이 하나님으로부터 왔음을 분명히 알도록 일하시는 것을 좋아하십니다. 그렇게 하심으로 하나님이 받으셔야 할 명예와 영광을 우리가 훔칠 수 없게 되지요. 오늘 이야기는 그것에 대한 아주 좋은 본보기입니다.

아브라함과 사라는 아들을 가진 것에 어떤 공로도 취할 수 없었습니다. 그들이 아들을 가질 계획을 세웠었다고도 말할 수가 없었습니다. 그들이 할 수 있던 전부는 하나님 없이 그렇게 늙은 나이에 아들을 가지게 된다는 것은 불가능한 것임을 알고 그저 웃는 것뿐이었지요. 그들은 할아버지, 할머니가 될 나이였는데 아주 작고 귀여운 아기의 엄마, 아빠가 된 것입니다. 그들은 하나님이 그 아기를 통해 세상을 어떻게 바꿔 가실지 전혀 알 수 없었지만, 예수님은 이삭의 후손으로 이 땅에 오셨습니다.

◖● 이야기하기

드디어 아브라함과 사라의 아들이 태어났을 때 아브라함은 몇 살이었나요? (그는 100살이었습니다.)

왜 하나님은 아브라함과 사라를 그렇게 오래 기다리게 하셨나요?
(하나님은 이삭이 하나님의 특별한 작품이라는 사실을 보이고 싶으셨습니다. 그래서 그분은 사라가 너무 나이 들어서 더 이상 자녀를 가질 수 없을 때까지 기다리셨습니다.)

하나님이 이삭의 먼 후손을 통해서 가져오실 특별한 복은 무엇인가요? (예수님은 이삭의 후손으로 태어나셨습니다.)

하나님은 아브라함에게 하신 약속을 지키셨습니다. 이 사실이 삶의 필요 때문에 하나님을 신뢰하려고 노력해야 할 때 우리에게 어떻게 격려가 될 수 있나요?
(무슨 일이 일어날지라도, 하나님은 우리와 맺어주신 약속을 반드시 지키실 것이라고 믿을 수 있습니다.)

✍ 기도하기

모든 약속을 성취하시는 하나님의 신실하심에 감사드리세요. 그리고 하나님을 신뢰하게 해 달라고 도움을 구하세요.

DAY 3

♥ 예수님께 연결하기

오늘의 이야기가 예수님에 대한 것이며, 예수님을 가리킨다는 사실을 어떻게 알 수 있나요?

✝ 성경읽기 | 고린도전서 1장 28~31절

💬 깊이 생각하기

하나님은 그분이 우리를 위해서 하신 일을 우리 모두가 자랑하기 원하십니다. 우리의 삶에 베푸신 하나님의 모든 은혜와 복을 우리 스스로 얻은 것처럼 행동하지 않고 하나님에게 영광과 찬송 드리기를 원하십니다. 그것이 아브라함이 나이가 아주 많아지고 나서야 비로소 아들을 주신 이유 가운데 하나입니다. 모든 사람이 그것은 아브라함이 아니라 하나님이 하신 일이라고 인정할 테니까요.

하나님은 오직 하나님만이 우리를 구원하실 수 있다는 사실을 우리가 알기 원하십니다 — 우리는 우리 자신을 구원할 수 없습니다. 아브라함과 사라는 나이가 너무 많아서 자녀를 가질 수 없었습니다. 그래서 이삭이 태어났을 때, 그의 출생으로 인한 모든 명예와 영광을 하나님에게로 돌렸습니다.

그것은 하나님이 우리를 구원하시는 방식입니다. 우리의 죄를 없애기 위해서 우리가 할 수 있는 것은 아무것도 없습니다. 우리는 오직 예수님을 의지해야 합니다. 하나님이 우리를 구원하실 때, 우리는 그 모든 영광이 하나님에게로만 향해야 한다는 사실을 알게 됩니다.

🗨 이야기하기

오늘 성경 본문에서 하나님이 천하고 멸시받는 것들을 선택하신다는 것은 무엇을 의미합니까?
(하나님은 그분의 강함을 보일 수 있는 약한 것들을 선택하는 것을 좋아하십니다.)

천하고 멸시받는 것들을 선택하시는 하나님은 어떤 면에서 아브라함과 사라의 이야기와 연결되나요?
(아브라함과 사라는 자녀를 갖는 것에 실패했기에 사람들은 그들을 업신여겼습니다. 그들은 너무 나이가 들어서 자녀를 가질 수 없었고, 그들의 자녀들은 하나님의 일하심을 보이는 분명한 증거가 되었습니다. 하나님은 홀로 영광을 받으실 것입니다.)

자랑은 무엇입니까? (무언가를 자랑할 때 우리는 교만해지고, 우리가 노력해서 얻은 것들에서 행복을 찾습니다.)

우리가 선하기 때문에 하나님이 우리를 구원하시나요? (아니요. 우리의 구원은 온전히 은혜로 주어집니다. 그것은 전혀 우리의 행위에 달려 있지 않습니다.)

✍ 기도하기

우리의 자랑이 하나님 안에서만, 그리고 그분이 하신 것들에만 있기를 기도하세요.

DAY 4

♥ 기억하기

이번 주 성경 이야기를 통해서 하나님은 우리에게 무엇을 가르치시나요?

📖 성경읽기 | 창세기 21장 8~21절

💬 깊이 생각하기

세상에 어떤 사람도 놀림 받는 것을 좋아하지는 않을 거예요. 오늘 이야기에서 이스마엘은 이삭을 놀려댔지요. 사라는 화가 났고, 아브라함에게 하갈과 그녀의 아들 이스마엘을 사막으로 내쫓으라고 요구했습니다. 사라는 이스마엘이 아브라함의 재산과 복을 나눠 갖게 하고 싶지 않았어요. 그래서 아브라함은 그들을 뜨거운 태양이 내리쬐는 곳으로 떠나게 했습니다.

그러나 하나님은 하갈과 이스마엘을 돌보셨습니다. 그들이 지치고 물이 없을 때, 하갈은 곧 죽을 거라고 생각했어요. 그러나 하나님은 다른 계획을 가지고 계셨고, 이미 이스마엘이 큰 민족을 이룰 것이라고 약속하셨어요. 하나님은 그들에게 어디에서 우물을 찾을 수 있는지 보여 주셨고, 이스마엘에게 그분의 약속을 반복해서 말씀해 주셨습니다.

💬 이야기하기

자녀들은 부모님에게 화가 나거나 질투한 적이 있는지 물어보세요.
(부모의 약함을 자녀들에게 고백하는 기회로 삼으세요. 우리의 죄들을 고백하면 자녀들은 부모 또한 죄인이라는 사실을 알게 됩니다. 이 고백은 자녀들이 예수님을 믿고 살아가도록 하는 데 도움이 됩니다.)

하나님은 이스마엘에게 하신 그분의 약속을 어떻게 지키셨나요?
(하나님은 하갈과 이스마엘이 죽도록 내버려두지 않으셨고, 그들에게 마실 물을 공급해 주셨습니다.)

오늘 이야기를 읽으면서 우리는 하나님에 대해서 어떤 것을 배웠나요?
(하나님은 항상 그분의 약속을 지키십니다.)

🙏 기도하기

이스마엘을 돌보시고 우리를 돌보시는 하나님께 감사하세요.

DAY 5

♥ 발견하기

오늘 우리는 시편이나 예언서를 통해서 예수님에 대해서 무엇을 배울 수 있는지를 살펴봅니다.

✝ 성경읽기 | 스가랴 6장 9~13절

💬 깊이 생각하기

오래된 전쟁 영화에서, 라디오로 무전을 하던 병사들은 도청하는 적들에게 작전이 노출되는 것을 방지하려고 암호를 사용합니다. 하지만 그 암호를 적군이 안다면, 그들이 무슨 이야기를 하는지 알 수 있겠지요.

우리가 오늘 읽은 성경 말씀은 암호로 적힌 메시지입니다. 우리는 주님의 성전을 건축할 "싹(the Branch)" 이라는 사람에 대해서 듣게 됩니다. 그는 제사장이 될 것이고 동시에 왕좌에 앉게 될 것입니다. "싹(Branch)" 은 메시아에게 부여된 암호입니다. 어떤 사람들은 스가랴가 아마도 선지자 예레미야(렘 33:15)로부터 예수님에 대한 암호를 가져왔을 거라고 생각합니다. 예수님은 다윗의 아버지인 이새에서 시작한 다윗의 계보에서부터 오신 것입니다.

비록 솔로몬 왕이 최초로 돌을 지은 하나님의 성전을 세웠으나, 예수님은 사람들을 구원하시고 그분의 거룩한 영, 성령님을 부어주셔서 더 위대한 성전을 세우십니다. 오늘날, 모든 그리스도인은 다함께 하나님의 성전을 이룹니다.

🔊 이야기하기

스가랴가 말하고 있는 싹은 누구인가요?(궁극적으로 예수님이 싹입니다.)

왜 스가랴는 예수님을 싹이라고 했나요?
(예수님은 다윗왕의 계보(family tree)에서 갈라져 나온 분이셨기 때문입니다.)

예수님은 어떤 성전을 건축하시나요?
(예수님이 세우시는 성전은 돌로 지어지지 않고, 하나님의 백성으로 만들어집니다. 하나님의 임재는 더 이상 건물에만 속하지 않습니다. 하나님은 교회인 백성들의 삶과 마음에 거하십니다.)

🤲 기도하기

십자가에 달려 죽으심으로 우리가 하나님의 새로운 성전의 일부가 되게 해 주신 예수님에게 감사드리세요.

Abraham Is Tested
아브라함이 시험 받다

자녀들에게 장난감 중에서 가장 좋아하는 것 두 가지를 고르라고 하세요. 그 장난감을 테이블 위에 놓고 그것들 중에서 정말로 갖고 싶은 것 딱 한 개를 선택하라고 하세요. 자녀들이 선택한 후, 이렇게 얘기하세요. "만약 하나님이 너희가 선택한 그 장난감이 더 이상은 너희 것이 아니고, 다시는 그것을 가지고 놀 수 없다고 말씀하신다면 뭐라고 얘기할 거니? 왜 그런 상황이 어려울까? 이번 주 너희들은 하나님이 아브라함에게 매우 소중하고 가치 있는 것을 포기하라고 부르셨음을 배울 거야."

DAY **1**

♥ 상상하기

만약 등교하는 첫 날에, 배운 적도 없는 새로운 과목을 테스트 한다면 어떨까요? 첫 번째 질문은 "사람의 심장 각 부분에 대한 명칭을 말해 보세요." 입니다. 답을 말할 수 있나요? 그리고 나서 두 번째로 오토바이 엔진을 재조립하는 가장 올바른 방법을 설명해 보라고 질문합니다. 어떻게 할까요?

도저히 대답할 수도, 이해할 수도 없어서 손을 들고 선생님께 다음과 같이 말했다고 가정해 봅시다. "선생님! 선생님께서 가르쳐 주시지 않으셨다면, 저희는 이 질문에 답을 할 수 없습니다." 그러자 선생님은 "자, 이제 시험을 통과했습니다."라고 말씀하시고 그 시험의 진짜 의미는 우리가 무엇인가를 배우는 데 선생님의 도움이 필요하다는 것을 아는지 모르는지를 보기 위한 것이었다고 설명해 주십니다.

오늘 이야기에서, 우리는 어떻게 하나님이 아브라함에게 그가 예상하지 않았던 시험을 주시는지 보게 될 겁니다.

✝ 성경읽기 | 창세기 22장 1~18절

💬 깊이 생각하기

아브라함과 사라는 하나님이 그들에게 아들을 주시기를 오랜 시간 기다렸습니다. 마침내 이삭이 태어났고, 나이가 너무 많아서 자녀를 가질 수 없던 그들에게 그것은 기적이었습니다. 그런데 오늘 우리가 읽은 이야기에서 하나님은 아브라함에게 이삭을 죽이라고 말씀하십니다.

1절에서 봤듯이, 하나님은 아브라함을 시험하셨습니다. 이제 아브라함은 설령 모든 것이 불가능해 보일지라도 하나님을 신뢰하는 것을 배웠습니다.

신약 성경을 미리 살펴보면, 히브리서의 저자는 우리에게 아브라함이 생각하고 있던 속마음을 알려줍니다. 아브라함이 하나님이 이삭을 죽음에서 살리실 수 있다는 것(히 11:19)을 믿었다고 말합니다. 아브라함은 그의 종들에게 번제가 끝난 후에 아들과 함께 돌아올 것이라고 얘기합니다. 그것은 하나님이 어떤 식으로든 자신의 아들을 살리실 거라고 아브라함이 확신했음을 우리에게 보여줍니다.

💬 이야기하기

만약에 내가 아브라함이고 하나님이 외아들을 죽여서 번제로 바치라고 요구하셨다면 어떻게 했을까요?

(자녀들이 이 상황을 이해하도록 도와주세요. 하나님은 아브라함에게 매우 어려운 일을 요구하셨습니다. 자녀들이 오늘 도입부에서 했던 이야기를 다시 기억하게 도와주세요. 아들을 포기하는 것은 장난감을 포기하는 것보다 훨씬 더 어려운 것입니다.)

무엇 때문에 아브라함은 하나님을 신뢰했나요?

(아브라함은 하나님이 그분의 약속들을 지키신다는 것을 배웠습니다. 그리고 전적으로 신뢰했습니다. 하나님은 우리에게 성경 이야기를 주셔서 하나님이 과거에 얼마나 신실하셨는지를 볼 수 있게 하셨습니다. 그것은 훗날 우리가 하나님을 어떻게 신뢰해야 하는지를 가르쳐 줄 겁니다.)

무엇 때문에 우리는 하나님을 신뢰하나요?

(성경은 우리에게 하나님은 항상 그분의 약속을 지키신다는 사실을 깨닫게 해 줍니다.)

🙏 기도하기

다른 어떤 것보다 하나님을 사랑하게 해 달라고 기도하세요. 그리고 하나님을 향한 우리의 사랑을 빼앗을 수 있는 모든 것을 기꺼이 포기할 수 있게 해 달라고 간구하세요.

DAY 2

♥ 기억하기

어제 이야기 중에서 무엇을 기억하고 있나요? 오늘은 어떤 이야기가 있을 것이라고 생각하나요?

✝ 성경읽기 | 창세기 22장 9~14절

💬 깊이 생각하기

오늘 이야기에서, 이삭은 강하고 건강한 소년이지만 그의 아버지 아브라함은 나이가 들어서 약하고 힘이 없습니다. 아마도 이삭이 아버지에게서 도망치는 것은 쉬웠을 것입니다. 그러나 이삭은 전혀 저항하거나 도망치려고 애쓰지 않았던 것 같습니다. 이삭은 아버지가 자신을 묶어서 제단 위에 놓고 번제를 드리려고 하는 것을 받아들였습니다.

하나님을 향한 믿음이 무척이나 충만한 아들, 그리고 아빠를 신뢰하고 존경해서 심지어 자신을 죽이려 하는 것을 알았는데도 아무런 저항도 하지 않는 그 아들을 상상해 보세요. 아버지가 제물로 바치려고 칼을 꺼냈고, 이삭을 죽이려고 할 때 "그만, 아빠. 지금 미쳤어요?" 라고 말하지도 않고, 전혀 입을 열지도 않았습니다. 이런 모습을 보인 또 다른 외아들이 성경에 있는데 누구인지 떠올릴 수 있나요?

그렇습니다. 예수님이 그렇게 하셨습니다. 이삭이 보여준 아버지에 대한 순종은 예수님이 아주 먼 훗날에 십자가에서 하나님 아버지께 순종했던 것을 나타내는 전조(前兆) ─ 그림 ─ 였습니다.

🗨 이야기하기

하나님은 이삭을 대신할 제물로 무엇을 제공해 주셨나요?
(덤불에 걸린 숫양 한 마리가 제물로서 이삭을 대신했습니다.)

이삭의 믿음에 대한 오늘 이야기에서 우리는 무엇을 배웠나요?
(이삭은 아버지께 순종했습니다. 하나님에 대한 이삭의 믿음은 그의 아버지만큼 굳건했습니다.)

이삭의 예는 우리가 부모님에게 어떻게 순종해야 한다고 보여주나요?
(이삭이 그렇게 어려운 상황에서도 순종할 수 있다면, 우리는 단순하고 쉬운 것에서 순종할 수 있어야만 합니다.)

🤲 기도하기

우리에게 맺으신 모든 약속을 성취하시는 하나님의 신실하심에 감사하세요. 그리고 우리가 하나님을 신뢰하게 해 달라고 간구하세요.

DAY 3

♥ 예수님께 연결하기

오늘의 이야기가 예수님에 대한 것이며, 예수님을 가리킨다는 사실을 어떻게 알 수 있나요?

✝ 성경읽기 | 요한일서 4장 9~10절

💬 깊이 생각하기

어제 이야기에서, 하나님이 아브라함에게 멈추라고 말씀하시고 이삭을 대신할 숫양을 주신 그 순간은 이삭이 죽음을 당하기 일보직전이었어요. 그것은 숫양이 이삭을 대신했음을 의미합니다. 오늘 우리가 읽은 성경 구절은 또 다른 대속물이 되신 예수님에 대해서 이야기합니다. 우리를 죽이는 대신에, 하나님은 그분의 외아들을 보내셔서 우리의 대속물이 되게 하셨습니다. 우리를 대신해서 죽게 하셨습니다. 예수님은 숫양과 같습니다. 이삭처럼, 그분은 저항하지 않으셨습니다. 예수님은 우리를 대신해서 십자가에서 죽으시는 것을 받아들이셨습니다. 오늘 성경 구절은 하나님이 그분의 아들을 우리의 "속죄"를 위해서 보내셨다고 말합니다. 이것은 예수님이 우리가 받아야 할 징계를 대신 받으시고 죽었다는 것을 의미합니다. 예수님이 채찍에 맞으시고 폭행당하시며 죽임에 놓이시던 그 순간, 하늘에서 그것을 멈추라는 목소리는 전혀 들리지 않았습니다.

《● 이야기하기

"대속" 이라는 단어는 무슨 의미인가요?
(어떤 사람이 누군가를 대신한다면, 그 사람은 누군가의 상황과 역할을 대신 감당하는 것입니다. 야구 경기에서, 어깨에 무리가 와서 투수 교체를 원할 때 감독은 첫 번째 투수를 대신할 다른 투수를 불러냅니다.)

덤불 속에 있던 숫양이 어떻게 예수님을 가리키나요?
(숫양은 아브라함이 그의 아들을 죽이지 않고서 희생 제물을 바칠 수 있도록 준비된 대속물이었습니다. 우리의 대속물이 되신 예수님은 하나님 아버지께서 우리를 징계하지 않으시도록 대신 죽으셨습니다.)

이삭은 어떻게 예수님을 가리키나요?
(아브라함과 사라의 외아들인 이삭은 아버지가 그를 죽이려고 할 때 저항하지 않았습니다. 마찬가지로 예수님은 우리가 용서받을 수 있도록 십자가에서 기꺼이 죽으셨습니다.)

🖐 기도하기

외아들 예수님을 우리의 대속을 위해서, 그리고 우리의 징계를 대신 받게 하시려고 보내주신 하나님에게 감사드리세요.

DAY 4

♥ 기억하기

이번 주 성경 이야기를 통해서 하나님은 우리에게 무엇을 가르치시나요?

📖 성경읽기 | 창세기 22장 15~19절

💬 깊이 생각하기

혹시 언젠가 바닷가에 가거나 모래 놀이 상자를 보게 된다면, 잠시 멈춰서 모래를 자세히 살펴보세요. 그리고 모래를 한 움큼 쥐어서 다른 손바닥 위에 뿌려 보세요. 그 작은 양의 모래 속에서 수백 개의 모래 알갱이를 볼 수 있을 겁니다. 그 수를 세는 것은 상당히 어려울 거예요. 그것이 어렵다면, 모래 놀이 상자에 있는 모래 알갱이 전부를 세려고 노력하는 것은 어떨지 상상해 보세요. 그러니 바닷가의 모래를 다 센다는 것은 과연 어떤 일일까요? 하나님은 아브라함에게 바닷가에 있는 모래알처럼 많은 후손을 주겠다고 약속하셨습니다. 그래서 그 누구도 그들의 수를 전부 다 셀 수 없을 만큼 많은 후손이 아브라함에게서 시작될 겁니다.

《● 이야기하기

자녀들은 부모님에게 할아버지 할머니는 후손이 몇 명이나 되는지 물어보세요. 부모님은 여러분의 자녀가 각각 세 명의 아이를 갖는다면, 몇 명의 후손을 가지게 될지 계산해 보세요.

하나님은 아브라함에게 몇 명의 후손을 주셨나요? 천 명? 백만 명? 10억 명?
(실제로 우리는 그 수를 알 수 없습니다. 그러나 우리는 하나님이 아브라함에게 우리가 셀 수 있는 것보다 많은 후손을 주셨다는 것을 분명히 압니다.)

아브라함은 하나님이 그에게 약속해 주셨던 아들을 기꺼이 포기하고자 했습니다. 하나님이 예수님을 보내 주신 것은 이것과 어떻게 비슷한가요?
(예수님은 하나님의 외아들입니다. 하나님은 아브라함이 이삭을 포기한 것처럼 기꺼이 그분의 외아들을 포기하셨습니다.)

하나님은 왜 아브라함이 이삭을 죽이는 것을 멈추게 하셨나요?
(이삭을 희생할 필요가 없었습니다. 왜냐하면 예수님이 나중에 이삭을 대신해서 죽으실 것이기 때문입니다. 마치 예수님이 우리를 위한 — 그리고 이삭을 위한 — 완벽한 대속물인 것처럼 그 숫양은 이삭을 대신했습니다. 예수님은 우리 대신에 죽으셨습니다. 그래서 우리는 영원한 생명을 가질 수 있습니다.)

🙏 기도하기

우리 가족 모두가 하나님의 약속 안에서 굳건한 믿음을 갖게 해달라고 간구하세요.

DAY 5

♥ 발견하기

오늘 우리는 시편이나 예언서를 통해서 예수님에 대해서 무엇을 배울 수 있는지를 살펴볼 거예요.

✝ 성경읽기 | 시편 5편 11절

● 깊이 생각하기

이 구절에서, 다윗은 우리에게 하나님을 피난처로 삼으라고 합니다. 피난처는 안전과 보호를 제공해 주는 장소입니다. 밖에 무서운 우뢰가 몰아칠 때, 사람들은 그것을 피하려고 안전한 피난처로 달려갑니다. 그러면 물에 젖거나 번개에 맞지 않습니다. 다윗은 위험에 처했을 때 우리는 하나님에게로 피할 수 있고, 안전을 위해서 그분께 달려갈 수 있다는 것을 말하고 있습니다. 우리가 아플 때 하나님에게 간구한다면, 그분을 피난처로 삼아 나아가는 것입니다. 오랜 시간 운전을 하기 전, 하나님의 보호하심을 구하는 기도를 할 때 우리는 그분께로 피하는 것입니다. 우리의 가장 큰 위험은 죄와 관련한 것입니다. 죄를 지은 모든 사람은 징계를 받아야만 하기 때문에, 우리 모두는 하나님의 심판을 받을 위험에 처해 있습니다. 그러나 우리는 하나님의 심판으로부터 피할 수 있는 피난처, 혹은 안식처를 가지고 있습니다. 우리가 예수님을 믿으면, 그분은 우리가 받아야 할 징계를 대신 처리해 주십니다. 숫양이 어떻게 이삭을 대신했는지를 기억하세요. 예수님은 우리의 대속물입니다. 다윗이 하나님이 우리의 피난처이기 때문에 즐거워할 수 있다고 말할 때, 그는 우리가 받아야 할 모든 징계를 스스로 다 짊어지신 예수님을 우리에게 보여준 것입니다. 우리의 죄에 대해서 생각할 때, 우리가 받아야 할 징계를 다 지시고 십자가에서 죽으신 것을 믿음으로써 우리의 피난처이신 예수님에게로 달려갈 수 있습니다.

◖● 이야기하기

피난처는 무엇인가요? (피난처는 우리가 위험할 때 안전과 보호를 제공해 주는 장소입니다.)

피난처로서 우리 집을 사용해 본 적은 언제인가요?
(부모님은 자녀들이 집은 추위, 벌레, 위에서 이미 말했던 폭풍 등에서 안전한 공간이 될 수 있음을 생각하도록 도와 주세요.)

왜 우리는 죄에 대한 하나님의 징계로부터 피난처가 필요한가요?
(우리는 모두 징계 받아야 할 죄인들입니다. 피난처가 없다면, 우리는 영원히 지옥에 머무는 징계를 받을 것입니다.)

우리의 죄에 대한 하나님의 징계로부터 누가 우리의 피난처가 되시나요?
(예수님은 아버지의 징계로부터 피할 우리의 피난처가 되십니다.)

✍ 기도하기

우리의 피난처가 되신 예수님에게 감사하세요.

God Provides a Wife for Isaac
하나님이 이삭에게 아내를 주시다

자녀들에게 "너희는 하나님이 우리 가족에게 신실하셨던 방법들을 기억할 수 있겠니?"라고 물어보세요. 그리고 자녀들에게 그것들을 기억할 수 있도록 도와주거나 하나님이 어떻게 우리 가족의 기도와 필요에 응답하셨는지를 간증해 주세요 — 지금 살고 있는 집이나 가지고 있는 다른 것들, 혹은 아팠는데 회복시켜 주신 것들을 나눌 수 있을 겁니다. 하나님이 과거에 우리의 삶에서 행하신 일을 기억함으로써 우리가 미래에도 하나님을 신뢰하게 된다는 사실을 자녀들에게 설명해 주세요. 그리고 말해 주세요. "이번 주 너희들은 아브라함이 하나님이 이전에 얼마나 신실하셨는지를 어떻게 기억했는지, 그리고 아들의 아내를 찾는 일에 어떤 믿음을 가졌는지에 대해서 배우게 될 거야."

DAY 1

♥ 상상하기

이제 막 고등학교를 졸업한 한 여자의 집 앞에 지금껏 한 번도 본 적 없는 낯선 남자가 찾아와 문을 두드리고 있다고 생각해 보세요. 그 사람은 다짜고짜 그녀에게 가족을 떠나서 여태껏 한 번도 본 적 없는 어떤 다른 남자와 결혼을 하기 위해 자기를 따라 떠나자고 합니다. 그 여자는 분명히 그를 미친 사람이라고 생각할 것 같네요. 그녀에게 그 문 앞에 누가 있었는지, 그 사람이 뭐라고 했는지를 물어본다면, 그녀는 아마도 자신이 쫓아버려야 할, 좀 이상한 사람이었다고 말할 것입니다.

믿거나 말거나, 그와 같은 일이 우리가 곧 읽을 이야기에서 일어났습니다. 한 남자가 리브가를 데리러 왔습니다. 그리고 그녀는 그를 따라서 전에는 한 번도 만나 적 없는 남자와 결혼하려고 떠났습니다.

✝ 성경읽기 | 창세기 24장 1~9절

💬 깊이 생각하기

아브라함이 가장 신뢰하는 종을 불렀을 때, 아마도 그 종은 아브라함이 무엇을 시키려고 하는지 궁금했을 겁니다. '주인께서 내게 좀 더 많은 소를 사오라고 할지 양떼를 팔라고 할지 궁금하다.' 라는 식의 여러 가지 추측을 했을지도 모르지요. 그러나 종은 아브라함의 다음과 같은 요구에 답변할 준비가 되어 있진 않았습니다. "내가 떠나온 고향 땅으로 가서 내 아들을 위한 아내를 선택해 와라."

그게 얼마나 힘든 일인가요! 도대체 어떻게 한낱 종이 누군지도 모르는 젊은 여인에게 한 번도 본 적 없는 남자와 결혼해야 하니 자기와 함께 가자고 설득하는 것이 가능하겠습니까? 비록 그 종은 아브라함의 계획이 가능할 것이라고 확신하진 못했지만, 아브라함은 하나님이 그를 도우실 것을 알았습니다.

🗨 이야기하기

우리가 그 종이라면 어떤 생각을 했을까요?

(부모님은 자녀들이 아브라함이 지시한 임무에 대해서 확신하지 못했던 그 종이 자기 자신이라고 생각하도록 도와주세요.)

아브라함은 하나님이 신실하시고 도우실 거라는 사실을 어떻게 알았나요?

(하나님은 아브라함과 사라에게 아들을 주시겠다는 약속을 지키셨습니다. 그래서 아브라함은 하나님을 믿었습니다. 하나님이 아브라함에게 바닷가의 모래알만큼 많은 자손을 주시겠다고 말씀하셨기 때문에, 아브라함은 하나님이 자신의 아들 이삭을 위해서 아내를 주실 것을 알았습니다. 그리고 하나님이 약속하신 자녀들을 가지게 될 것입니다.)

하나님은 우리에게 어떻게 신실하셨나요?

(부모님은 자녀들이 이 질문을 진지하게 생각하도록 도와주세요. 우리가 누리는 모든 선한 것은 하나님에게서 온 것입니다. 우리가 숨 쉬는 모든 호흡까지도[야고보서 1:17을 보세요].)

🤲 기도하기

우리 가족에게 신실하게 베푸신 하나님에게 감사드리세요.

DAY 2

♥ 기억하기

어제 이야기 중에서 무엇을 기억하고 있나요? 오늘은 어떤 이야기가 있을 것이라고 생각하나요?

📖 성경읽기 | 창세기 24장 10~14절

💬 깊이 생각하기

우리는 어제, 아브라함이 그의 종들 중에서 가장 나이 많고 제일 신뢰하는 종을 아들의 아내를 찾도록 보냈다는 것을 보았습니다. 오늘 이야기에서는 아브라함이 이 종을 신뢰했던 이유를 알게 됩니다. 그 종은 하나님을 신뢰했던 사람이었어요.

우리는 하나님에게 도움을 구하는 그 종의 기도에서 이 사실을 알 수 있습니다. 아마도 그 종은 하나님이 아브라함의 삶속에서 기적을 이루시는 것을 보면서 하나님을 신뢰하는 법을 배웠을 겁니다. 어쩌면 이 종은 아브라함이 아들 이삭을 희생 제물로 바치려고 떠났던 여정에 함께 했던 종들 가운데 한 명이었을 겁니다. 그 종은 이삭의 출생이 기적이라는 사실을 알았을 거예요. 왜냐하면 그는 아브라함과 사라가 얼마나 나이가 많은지를 알았기 때문입니다.

《● 이야기하기

그 종은 하나님을 신뢰했습니다. 우리는 무엇을 보고 그것을 알 수 있나요?
(그 종은 기도했고 하나님에게 도와 달라고 간구했습니다.)

그 종의 믿음을 통해서 우리는 삶에서 무엇을 배울 수 있나요?
(우리는 하나님에게 기도할 수 있습니다. 그리고 우리의 어려움에 대해서 하나님에게 도움을 구할 수 있습니다.)

그 종은 하나님을 따르는 것을 어떻게 배웠을까요? (그 종은 아브라함이 하나님을 따르는 것을 보면서 배웠습니다.)

하나님은 우리의 인생 가운데 하나님을 따르는 법을 가르치기 위해서 누구를 세워두셨나요?
(자녀들에게 정답을 알려 주는 것보다 스스로 더 생각하도록 이끌어 주세요.)

✋ 기도하기

우리에게 본받을 만한 경건한 대상들을 주신 하나님에게 감사드리세요.

DAY3

🖤 예수님께 연결하기

오늘의 이야기가 예수님에 대한 것이며, 예수님을 가리킨다는 사실을 어떻게 알 수 있나요?

📖 성경읽기 | 창세기 24장 15~28절

💬 깊이 생각하기

그 종은 매우 구체적으로 기도했습니다. 우물 곁에서 결혼하지 않은 여인에게 마실 물을 요구할 때, 그의 낙타에게도 물을 먹게 해 주는 여인을 데리고 갈 수 있게 해 달라고 하나님에게 간구했습니다. 기도를 끝마치기도 전에, 리브가가 물동이를 가지고 걸어왔습니다. 그 종은 기도한 대로 행동했습니다.

하나님은 그 종이 기도를 끝내기도 전에 이 상황을 계획하셨습니다. 리브가는 하나님의 보다 더 큰 계획의 일부에 불과했습니다. 그녀가 이삭과 결혼한 후에, 그들의 자녀들은 하나님의 약속을 이루어갈 것입니다. 그렇게 해서, 예수님은 아브라함의 집안에서 태어나게 될 것입니다. 결국에, 예수님은 아브라함의 계보로부터 주어진 약속의 복이 되셨습니다. 예수님을 통해서, 아브라함은 모든 민족에게 복이 되었습니다.

🗨 이야기하기

우리는 어떻게 리브가가 이삭을 위한 하나님의 선택이었음을 알 수 있나요?

(리브가는 그 종의 기도가 끝나기도 전에 우물로 왔습니다. 그리고 하나님의 인도하심대로 종이 기도한 그대로 했습니다. 그녀는 그 종에게 물을 주었을 뿐만 아니라 낙타에게도 마실 것을 주었습니다.)

이 이야기를 통해서 하나님에 대해서 무엇을 배울 수 있나요?

(하나님은 우리의 기도를 들으시고, 전지전능하시며 그분의 계획대로 모든 것을 이루실 수 있습니다.)

마태복음서 6장 8절을 자녀들에게 읽어 주세요. 그리고 오늘 이야기와 어떤 면에서 비슷한지 질문하세요.

(하나님은 그 종이 하나님에게 간구하기도 전에 그에게 필요한 것을 아셨습니다.)

🙏 기도하기

하나님에게 자녀들을 위한 경건한 배우자를 달라고 간구하세요.

DAY 4

🖤 기억하기

이번 주 성경 이야기를 통해서 하나님은 우리에게 무엇을 가르치시나요?

📖 성경읽기 | 창세기 24장 29~67절

💬 깊이 생각하기

리브가와 이삭의 이야기는 성경에 기록된 최고의 사랑 이야기 중 하나입니다. 하나님은 한 남자와 한 여자가 결혼 생활 가운데 조화롭게 하나 되는 법을 정확히 알고 계십니다. 이브는 아담에게 가장 완벽했습니다. 그리고 이제 우리는 리브가가 이삭에게 얼마나 완벽한지를 보게 될 거예요.

아브라함의 종이 리브가의 아버지와 형제들에게 어떻게 리브가를 찾았는지를 말했을 때, 그들은 하나님을 신뢰했고, 이삭의 아내가 되려고 떠나는 리브가에게 복을 빌어 주었습니다. 리브가는 하나님을 믿었고, 따라가기로 결정했습니다. 그때에 한 가지 의문점이 떠올랐어요. '이삭이 리브가를 사랑하겠는가?' 입니다. 이삭은 그녀를 보았고, 결혼했으며 그리고 사랑했습니다. 이 얼마나 아름다운 사랑이야기인가요!

🗣 이야기하기

자녀들은 부모님에게 무엇인가를 위해서 하나님을 믿어야만 했던 경험을 이야기해 달라고 요청하세요.
(부모님은 우리의 일상 가운데 하나님의 공급을 신뢰해야 했던 시기를 생각해 보세요. 또는 부모님 각자가 어떻게 하나님을 믿음으로써 구원을 받게 되었는지 간증해 주세요.)

하나님을 믿는다는 것은 어떤 의미인가요?
(하나님을 믿을 때 우리는 하나님의 말씀이 진리라는 것을 믿고, 우리의 삶을 하나님에게 드리는 것입니다.)

오늘 이야기에서 누가 하나님을 믿었나요?
(오늘 이야기에 나온 모든 사람이 하나님을 믿었습니다. 나오는 사람을 하나씩 하나씩 자세히 살펴보세요. 그리고 각 사람이 어떻게 하나님의 계획을 믿었는지 얘기해 보세요.)

🙏 기도하기

아빠와 엄마(부모인 우리)가 하나님을 믿고 구원을 얻게 해 주신 것을 감사하세요.

DAY 5

♥ 발견하기

오늘은 시편이나 예언서를 통해서 예수님에 대해서 무엇을 배울 수 있는지를 살펴볼 거예요.

✝ 성경읽기 | 스가랴 9장 9절

💬 깊이 생각하기

우리는 이스라엘을 구원할 한 왕이 말을 타거나 전차를 타고서 군대를 이끌고 도시로 당당하게 들어오는 것을 상상할 수 있습니다. 그러나 스가랴가 기록한 그 왕은 상상과는 많이 달라 보입니다. 그분은 당나귀를 타고서 도시로 들어오는 매우 겸손한 왕입니다! 당나귀를 타는 왕에 대해서 들어본 적이 있나요?
스가랴는 우리에게 이 왕은 의로우시며 구원을 가져다주실 분이라고 말하고 있습니다 - 그 왕은 모든 이들을 구원하실 겁니다. 오직 한 명의 왕만이 이 비유에 적합하십니다. 그리고 그분의 이름은 예수님입니다.

《● 이야기하기

마태복음서 21장 1~9절을 읽으세요. 그리고 자녀들에게 당나귀를 타고 있는 예수님의 모습이 스가랴의 예언과 어떻게 비슷한지 질문해 보세요.
(스가랴의 예언은 예수님이 예루살렘에 들어가시는 것을 정확하게 설명합니다.)

스가랴의 예언은 우리에게 그 왕을 크게 기뻐하라고 말합니다. 크게 기뻐하는 것(to rejoice)은 어떤 의미인가요?
(크게 기뻐하는 것은 찬양의 또 다른 표현입니다. 예수님이 당나귀를 타고 예루살렘 성으로 들어오실 때 사람들은 소리쳤습니다, "호산나" "찬송하리로다 주의 이름으로 오시는 이여" 그들은 스가랴가 그들이 해야 한다고 말한 것처럼 크게 기뻐했습니다.)

오늘 우리는 이 땅에 오신 예수님을 크게 기뻐해야 하나요?
(네, 우리를 구원하시려고 이 땅에 오신 주님을 크게 기뻐하고 찬양해야 합니다.)

🤲 기도하기

우리를 구원하시려고 이 땅에 오신 주님께 감사의 말로써 찬양하거나 가장 좋아하는 찬양의 노래를 부르세요. 시간 여유를 충분히 가지고 맘껏 찬양하세요.

Jacob and Esau
야곱과 에서

수프 한 캔을 테이블 위에 올려놓은 후, 자녀들에게 그 수프 한 캔의 가치가 얼마나 될지 물어보세요. 그리고 수프에 대한 모의 경매를 개최해 자녀들이 생각하는 가격을 받아 보세요. 그리고 나서 질문하세요, "만약 이것이 너희들이 가장 좋아하는 종류의 수프라면 얼마를 지불할 거니?" 마지막으로 그들에게 질문하세요, "만약 너희가 사막 한가운데 서 있고, 일주일 내내 먹지 못한 상황이라면, 얼마를 지불할 거니?" 말해 주세요, "이번 주 너희들은 가장 가치 있는 것을 팥죽 한 그릇을 먹으려고 팔아버린 한 젊은이에 대해서 배우게 될 거야."

DAY 1

💜 상상하기

어떤 사람이 결혼을 해서 첫 번째 아기를 가지게 되었다고 가정해 봅시다. 아마도 모든 사람이 그 아이가 남자아이인지, 여자아이인지 궁금해할 거예요. 그리고 아기의 성별을 알 수 있다면 아기의 방을 꾸미는 방법과 준비해야 할 옷의 종류와 색깔이 달라지겠지요.

그런데 어느 날 의사선생님이 진료를 보더니 다음과 같이 말했다면, 그 사람의 얼굴에 나타날 놀라움을 상상해 보세요. "뱃속 태아는 두 개의 서로 다른 심장박동이 있습니다. 아이가 한 명이 아니라 쌍둥이예요!" 그리고 나서 의사는 산모의 배를 청진기로 계속 진찰하면서 소리를 듣습니다. 그리고 말합니다. "남자아이 한 명과 여자아이 한 명을 임신 중입니다. 여자아이가 먼저 태어나고 아마도 의대를 졸업할 거예요. 조금 늦게 태어난 남자아이는 자라서 그의 누나를 돕는 간호사가 될 겁니다." 아마도 부모인 그 사람은 어떻게 의사가 청진기를 통해서 그 모든 것을 들을 수 있을지 궁금해할 겁니다.

오늘 우리가 읽는 성경 이야기를 잘 들어보세요. 왜냐하면 리브가가 위의 내용과 유사한 놀라운 소식을 하나님으로부터 들었기 때문입니다.

📖 성경읽기 | 창세기 25장 19~23절

💬 깊이 생각하기

리브가는 임신했습니다. 그리고 아기가 태중에서 움직이는 것을 느꼈어요. 잠시 후에는 그녀의 태에서 레슬링 시합이 열리는 것 같은 느낌을 받았지요. 무언가 잘못된 것은 아닌가 하고 걱정을 합니다. 그리고 하나님에게 기도합니다. 그러자 모든 것을 아시는 하나님이 리브가에게 그녀는 쌍둥이를 임신했다고 말씀해 주셨어요. 그 아기들은 남자아이들이고 먼저 태어나는 아기, 즉 형이 되는 아기가 동생을 섬기게 될 거라고 말씀하십니다. 하나님은 이 모든 것을 아기들이 태어나기 전에 리브가에게 말씀해 주셨어요.

💬 이야기하기

하나님은 어떻게 리브가가 쌍둥이를 임신했다는 것을 아시나요?
(하나님은 모든 것을 아십니다. 쌍둥이들도 그분 계획의 일부분입니다.)

하나님은 어떻게 누가 먼저 태어나고, 형이 동생을 섬기게 될 거라는 사실을 아시나요?
(다시 한 번 말하지만, 하나님은 어떤 일이 일어나기 전에 어떻게 될지를 다 아십니다.)

리브가가 하나님을 믿는다는 사실을 보여준 행동은 무엇이었나요?
(태중의 아기들이 서로 싸우는 것이 걱정되어서 하나님에게 기도했습니다.)

🙏 기도하기

하나님에게 드리는 각자의 기도 제목을 가족에게 나누는 시간을 가지세요.

DAY 2

♥ 기억하기

어제 이야기 중에서 무엇을 기억하고 있나요? 오늘은 어떤 이야기가 있을 것이라고 생각하나요?

📖 성경읽기 | 창세기 25장 24~28절

💬 깊이 생각하기

이야기는 점점 더 흥미로워집니다. 여기까지는 이제껏 우리가 알고 있던 것입니다. 어제 우리는 비록 그 당시에는 일반적이지 않지만, 리브가의 첫째 아들이 동생을 섬기게 될 것이라는 사실을 읽었습니다. 보통은 나이가 더 많은 아들이 섬김을 받는 자리를 얻습니다. 그러나 하나님은 사냥을 좋아했던 에서가 자신의 동생인, 집에서 조용히 있는 것을 즐기는 야곱을 섬기게 될 것이라고 말씀하셨습니다.

보통은 천막 주위에서 자신의 어머니와 함께 있던 야곱이, 힘도 더 세고 사냥을 좋아하던 큰 아들 에서를 섬길 것이라고 생각할 것입니다. 그러나 하나님은 언제나 우리가 생각하는 대로 일하시는 것은 아니에요. 리브가는 야곱을 더 아꼈고, 이삭은 에서를 더 사랑했습니다. 에서는 동물들을 사냥해서 아버지 이삭이 좋아하는 음식들을 만들어 드렸거든요.

💬 이야기하기

리브가가 더 아끼는 아들은 누구인가요? (야곱)

이삭이 더 아끼는 아들은 누구인가요? (에서)

일반적으로 그 두 아들 중 누가 지도자가 되어야만 하나요?
(자녀들이 각자의 의견을 말하도록 도와주세요.)

하나님은 왜 전통을 따르지 않으셨나요? 그리고 동생이 형을 섬기게 하지 않으셨나요?
(하나님은 약속을 성취하시고 행하시는 분은 오직 하나님뿐이라는 사실을 보이기 원하셨습니다.)

🙏 기도하기

우리 가족 각자가 하나님에게 감사하는 시간을 가지세요.

DAY 3

♥ 예수님께 연결하기

오늘의 이야기가 예수님에 대한 것이며, 예수님을 가리킨다는 사실을 어떻게 알 수 있나요?

🕮 성경읽기 | 로마서 9장 8~15절

💬 깊이 생각하기

도대체 왜 하나님이 리브가에게 첫째 아들이 동생을 섬기게 될 거라고 말씀해 주셨는지 궁금해 본 적이 있나요? 오늘 읽은 로마서에서 하나님은 그 답을 말씀해 주세요. 하나님은 그분이 모든 것을 다스리신다는 사실을 보이기를 원하셨어요. 더 강한 아들이 아닌 더 온순한 아들을 선택하심으로써, 하나님은 계획을 성취하시는 데 사람의 능력이나 힘이 필요하지 않으신다는 사실을 우리에게 보이셨습니다. 결국 하나님은 모든 사람이 몇 번째로 태어났거나 무엇을 했기 때문이 아니라 오직 하나님을 향한 믿음 때문에 구원 받는다는 사실을 깨닫기를 원하셨습니다.

하나님은 우리가 강하거나 더 먼저 태어났기 때문에 구원하시지 않습니다. 우리는 하나님의 계획을 신뢰하는 믿음 때문에 구원 받습니다. 그리고 심지어 우리의 믿음조차도 하나님이 주시는 선물입니다. 우리를 구원하시는 하나님의 계획 가운데 가장 중요한 것은 그분의 아들이신 예수님의 죽음, 즉 우리의 모든 죄를 없애기 위해서 죽으신 죽음이었습니다.

💬 이야기하기

야곱은 하나님이 야곱이 그의 형을 다스리는 사람으로 선택하시도록 무엇인가를 했나요?

(아니요, 하나님은 야곱이 선하건 악하건 무엇인가를 하기도 전에 그를 선택하셨습니다.)

하나님은 왜 약속을 이뤄 가시는데 야곱을 선택하셨나요?

(하나님은 야곱을 사랑하셔서 그를 선택하셨습니다. 그러나 그것은 야곱이 무엇인가를 했기 때문은 아닙니다.)

하나님은 왜 우리를 가족의 일부로 선택하셨을까요?

(하나님은 야곱을 선택하신 것처럼 우리를 선택하셨습니다. ― 우리가 무엇인가를 했기 때문이 아니라 그저 우리를 사랑하셨기 때문입니다.)

🤲 기도하기

죄로 가득한 사람들을 사랑해 주시고 그들을 구원해 주신 하나님에게 감사하세요.

DAY 4

♥ 기억하기

이번 주 성경 이야기를 통해서 하나님은 우리에게 무엇을 가르치시나요?

✚ 성경읽기 | 창세기 25장 29~34절

💬 깊이 생각하기

이삭과 리브가가 살던 시대에, 첫째 아들은 장자의 권리를 부여받았습니다. 그것은 아버지가 돌아가셨을 때, 첫째 아들이 그 가족의 모든 부를 가지는 것과 그 가족을 이끌던 아버지의 자리를 물려받는 것을 의미했습니다. 다른 모든 가족은 그를 섬기고 그에게 복종해야 했어요. 이삭의 가족에게는 에서가 첫째였고, 그는 장자권을 가지고 있었습니다. 그러나 하나님은 리브가에게 그녀의 큰아들은 작은아들을 섬기게 될 것이라고 말씀하셨습니다. 그것은 무엇인가 바뀌게 된다는 것을 의미했지요. 하나님은 에서의 어리석음을 사용하셔서 그가 가지고 있던 장자권을 팥죽 한 그릇의 대가로 야곱에게 넘기게 하셨습니다. 그때부터 에서는 남은 인생 동안, 동생인 야곱을 섬기게 되었습니다.

《● 이야기하기

자녀들은 부모님에게 계속 가지고 싶었던 무엇인가를 누군가에게 그냥 준 경험이 있는지 질문해 보세요.

에서의 결정은 왜 어리석었나요?
(팥죽 한 그릇은 큰 가치를 가진 것이 아닙니다. 그러나 장자권을 받은 아들은 그의 아버지가 소유한 모든 것을 받게 됩니다. 그것은 팥죽 한 그릇보다 훨씬 더 가치 있는 것이었습니다.)

어떤 사람이 내가 가진 무엇인가를 자신이 가진 것과 바꾸려고 애쓴다면, 그 사람은 내게 중요한 것들 중 무엇을 가지려고 하는 걸까요?
(부모님은 이 활동이 단지 아이들이 에서처럼 느껴보도록 하기 위한 재미있는 놀이라고 생각하시면 됩니다.)

어떻게 우리는 종종 에서처럼 되나요?
(하나님의 율법에 불순종할 때마다, 우리는 어리석은 결정을 하는 것입니다. 그리고 순종을 불순종으로 바꾸는 것입니다.)

🙏 기도하기

우리가 에서처럼 어리석은 실수를 하지 않게 해달라고 하나님께 간구하세요.

DAY 5

♥ 발견하기

오늘 우리는 시편이나 예언서를 통해서 예수님에 대해서 무엇을 배울 수 있는지를 살펴볼 거예요.

📖 성경읽기 | 시편 19편 7~14절

💬 깊이 생각하기

한 젊은이가 은행에서 빌린 돈으로 집을 샀다고 생각해 봅시다. 그런데 이 남자가 은행에 돈을 갚지 않은 거예요. 얼마 후, 은행은 경찰을 불렀고 그 사람은 그 집에서 쫓겨났습니다. 비록 그 사람이 빌린 돈을 갚겠다고 약속했지만, 은행은 그에게 그 집을 돌려주지 않았습니다. 그런데 젊은이의 아버지가 아들에게 문제가 생겼다는 소식을 듣고서 집과 관련된 빚을 다 갚아 주었습니다. 그리고 아들의 집을 은행으로부터 다시 샀습니다. 누군가 이와 같이 무엇인가를 다시 샀을 때, 그것을 '되찾은' 것입니다. 오늘 시편에서, 다윗은 하나님을 우리의 구세주로 설명합니다. 다윗은 하나님의 율법을 어겼고, 그 결과 징계를 받아야만 한다는 것을 알고 있습니다. 그것이 시편의 마지막에서 그가 하나님에게 구세주가 되어달라고 간구한 이유입니다. 하나님이 우리를 구원하실 방법은 오직 하나뿐입니다. 그것은 우리의 빚을 다 갚아버리는 것입니다. 예수님은 우리의 빚을 그분의 아버지이신 하나님에게 다 갚으시려고 우리가 지불해야 할 대가를 스스로 지시고 십자가에서 죽으셨습니다. 그것이 예수님이 우리를 구원하신 방법입니다.

💬 이야기하기

구세주는 무엇인가요?
(부모님은 자녀들이 이 중요한 단어를 기억하는 데 도움이 되도록 방금 읽은 예시를 사용하세요. 우리는 구세주라는 이 단어를 다시 보게 될 것입니다. 구세주는 우리의 빚을 대신 지불해 주시고 우리를 자유롭게 해주시는 분입니다.)

다윗은 누구를 자신의 "구세주"라고 했나요? (다윗은 하나님을 자신의 구세주라고 했습니다.)

하나님은 어떻게 우리의 구세주가 되시나요?
(예수님은 우리가 지은 죄 때문에 우리에게 주어진 대가를 지불하기 위해서 죽으셨습니다. 우리는 죄를 범한 죄인들이었습니다. 그러나 예수님은 우리를 자유롭게 하셨습니다.)

🙏 기도하기

우리의 구세주로 아들을 보내 주신 하나님 아버지께 감사드리세요.

Jacob's Lie
야곱의 거짓말

자녀들 중 한 명에게 아빠나 엄마의 옷을 입혀 보세요. 나머지 자녀들(또는 아빠나 엄마 중 한 명)이 알 수 있을 만한 옷을 고르세요. 그리고 향수, 시계, 반지, 넥타이, 귀걸이, 목걸이 등을 사용해서 그 변장을 완성해 보세요. 나머지 자녀들에게 그 아이가 누구로 변장했는지 맞춰보라고 하세요. 자녀들이 정확하게 맞춘다면, 무엇을 보고 알아낼 수 있었는지 말해달라고 하세요. 아마도 입고 있는 옷이나 향수의 향기, 목걸이나 넥타이 등으로 알았낸다고 말할 겁니다. 이렇게 얘기해 주세요, "이번 주 너희는 야곱이 어떻게 변장해서 형의 복을 빼앗았고, 어떻게 형 에서처럼 행동했는지를 배우게 될 거야."

DAY 1

♥ 상상하기

여러분이 나이가 많이 들어 이제 살아갈 시간이 얼마 남지 않았다고 가정해 봅시다. 이제 곧 노환으로 죽을 겁니다. 그리고 예수님과 함께 천국에 있겠지요. 죽기 전에 마지막 소원을 말할 수 있다면, 그것은 무엇인가요? 딱 한 번, 가장 가고 싶은 곳을 갈 수 있다면, 어디를 가고 싶은가요? 마지막 식사를 할 수 있다면, 어떤 음식을 먹고 싶은가요?

오늘 우리가 읽는 이야기에서 이삭은 나이가 많이 들었고, 그의 남은 날들 가운데 받고 싶은 마지막 소원을 에서에게 말하고 있습니다.

✝ 성경읽기 | 창세기 27장 1~4절

💬 깊이 생각하기

에서는 첫째 아들이고, 그의 아버지 이삭이 가장 사랑하는 아들입니다. 이제 이삭은 매우 늙어 눈이 멀었고 머지않아 죽게 될 것입니다. 그는 자신의 가장 사랑하는 아들, 에서를 불러서 옆에 두고 마지막 소원을 말합니다 : 그것은 야생 사슴이나 영양을 사냥해서 음식을 준비해 주는 것이었습니다. 이삭은 죽기 전에 그 아들에게 축복할 계획을 갖고 있었습니다.

야곱이 완전히 제외되었다는 사실에 주목하세요. 이삭은 야곱을 부를 수도 있었고, 그에게 그 음식을 준비시킬 수도 있었습니다. 그러나 그러지 않았습니다. 비록 하나님이 리브가에게 큰아들 에서가 야곱을 섬기게 될 것이라고 말씀하셨지만, 이삭은 큰아들에게 어떻게 해서든 복을 빌어줄 계획을 세우고 있었습니다.

📢 이야기하기

주변에서 어떤 종류의 야생 사냥감을 볼 수 있나요?
(다람쥐, 토끼 또는 사슴을 볼 수 있습니다.)

이삭은 왜 에서만 부르고, 야곱은 부르지 않았나요?
(에서는 이삭이 가장 사랑하는 아들입니다.)

야곱이 자신은 아버지한테 부름 받지 못했다는 것을 알았을 때 어떤 느낌이었을까요?
(자녀들이 이 부분까지 생각하도록 도와주세요. 그리고 부모인 여러분은 모든 자녀를 다 똑같이 사랑하며 이삭처럼 누군가를 편애하지 않는다고 얘기해 주세요.)

🙏 기도하기

하나님에게 우리가 가족 모두를 사랑하게 해 달라고 간구하세요.

DAY 2

♥ 기억하기

어제 이야기 중에서 무엇을 기억하고 있나요? 오늘은 어떤 이야기가 있을 것이라고 생각하나요?

✝ 성경읽기 | 창세기 27장 5~17절

💬 깊이 생각하기

혹시 누가 좋은 사람인지 확신하기 어려운 이야기를 읽거나 TV쇼를 본 적이 있습니까? 오늘 우리가 읽은 이야기가 그것과 같습니다. 우리는 이삭의 편을 들어야 하나요? 그는 첫째인 에서를 막내인 야곱보다 더 사랑했습니다. 그리고 야곱이 지도자가 될 것이라는 하나님의 말씀에도 불구하고 에서에게 축복하려고 합니다. 그것은 옳은 것 같지 않습니다. 그렇다고 야곱을 에서처럼 변장시켜 아버지에게 거짓말을 하도록 만든 엄마, 리브가의 편을 들어야 하나요? 두 가지 모두 잘못된 것 같습니다. 결국 우리는 모든 것을, 심지어 뜻하지 않게 일어난 죄악들까지도, 선하게 해결하시는 하나님을 보게 될 것입니다.

《● 이야기하기

이삭의 아내인 리브가는 하나님이 그분의 계획을 이루실 것을 믿었나요?
(아니요, 리브가는 남편을 속일 계획을 세웠습니다. 그것은 옳지 않은 것이었습니다.)

리브가가 거짓말을 하지 않고 하나님을 신뢰하는 방법이 있었을까요? 하나님은 어떻게 야곱이 복을 얻을 수 있게 일하셨을까요?
(자녀들이 창의성을 발휘하도록 도와주세요. 예를 들면, 하나님이 에서가 길을 잃도록 하셨으면 어떤 일이 일어났을지, 또는 에서가 도저히 사냥감을 찾을 수 없었다면 어땠을지? 등등. 그리고 리브가가 이삭에게 형이 동생을 섬기게 될 것이라는 하나님의 말씀을 기억나게 해 줄 수도 있었을 겁니다.)

죄를 짓는 것이 좋은 결과를 만들어낼 수 있다면 그것이 허용되는 때는 언제인가요?
(이것은 아주 교묘한 질문입니다. 죄를 짓는 것은 결코 허용해서는 안 됩니다.)

진실을 말하는 것이 왜 그렇게 중요한가요?
(가장 간단한 답은 하나님이 우리에게 그렇게 하라고 말씀하셨기 때문입니다. 우리는 하나님의 형상으로 만들어졌습니다. 그래서 우리는 최선을 다해서 거룩해야 합니다. 왜냐하면 하나님이 거룩하시기 때문입니다[벧전 1:15]. 하나님은 거룩하시고, 신실하시며, 진실하시며 결코 거짓말하지 않으십니다[히 1:8]. 우리는 항상 하나님을 닮기 위해서 이렇게 행동하도록 열심히 노력해야 합니다.)

✎ 기도하기

우리가 하나님을 믿고 항상 진실을 말하게 해 달라고 간구하세요.

DAY 3

🖤 예수님께 연결하기

오늘의 이야기가 예수님에 대한 것이며, 예수님을 가리킨다는 사실을 어떻게 알 수 있나요?

📖 성경읽기 | 사도행전 3장 12~15절

💬 깊이 생각하기

오늘 우리가 읽은 성경 이야기는 야곱의 시대 이후로 엄청나게 긴 시간이 흘러, 예수님이 죽음에서 부활하시고 천국으로 올라가신 이후에 일어난 일입니다. 베드로는 백성들에게 복음 이야기(예수님에 대한 이야기)를 하고 있었습니다. 그 이야기 가운데 그는 하나님을 지칭하는 흥미로운 이름을 언급했습니다. 그는 그분을 "아브라함과 이삭과 야곱의 하나님" 이라고 불렀습니다.

베드로가 하나님을 아브라함과 이삭과 에서의 하나님이라고 부르지 않았다는 사실을 알고 있었나요? 이번 주 우리가 나누고 있는 이야기를 기억한다면, 하나님은 아브라함과 맺으신 언약을 완성하시기 위해서 에서가 아닌 야곱을 선택하셨다는 사실을 알게 될 것입니다. 그 언약에서 하나님은 아브라함의 자녀들이 열방의 복이 될 것이라고 말씀하셨습니다. 그 약속은 이삭에게, 그리고 야곱에게 이어졌어요.

그리고 야곱의 먼 후손들 중 한 명 즉, 예수님이 하나님이 약속하셨던 열방의 복이 되었던 것입니다. 우리가 예수님을 믿을 때 우리는 하나님의 자녀들 중의 하나로써 아브라함의 가족으로 입양됩니다.

💭 이야기하기

베드로는 왜 하나님을 "아브라함과 이삭과 야곱의 하나님" 이라고 불렀나요?
(아브라함, 이삭, 그리고 야곱은 하나님의 약속을 받은 첫 번째 세 사람이기 때문입니다.)

에서의 이름은 왜 베드로의 목록에 들어있지 않나요?
(하나님은 약속을 받을 사람으로 에서가 아닌 야곱을 선택하셨습니다.)

예수님을 믿을 때 우리는 누구의 가족이 되나요?
(우리가 예수님을 믿을 때 아브라함의 가족이 되고 또한 하나님의 자녀가 됩니다.)

🤲 기도하기

아브라함과 그의 아들 이삭, 그리고 그의 손자 야곱과 예수님을 믿는 모든 사람에게 언약을 세우신 하나님께 감사하세요.

DAY 4

♥ 기억하기

이번 주 성경 이야기를 통해서 하나님은 우리에게 무엇을 가르치시나요?

📖 성경읽기 ┃ 창세기 27장 18~40절

● 깊이 생각하기

때때로 우리는 성경의 이야기를 너무 빨리 읽습니다. 그리고 그 이야기에 나오는 사람들에 대해 생각하는 시간을 갖지 않습니다. 우리가 그들이라면 어떻게 했을까요? 예를 들어서, 에서가 된다면 어떻게 했을지 생각해 봅시다. 비록 에서가 장자권을 잃었지만, 그의 아버지는 어떤 식으로건 그를 축복해 주기를 원했습니다. 그것은 격려가 되는 일임에 분명합니다. 에서는 아마도 당장에 들판으로 뛰어 나가서 아버지를 위해 사냥감들을 잡으면서 흥분했을 겁니다. 한 번도 그가 무슨 생각을 하고 있었을까 궁금한 적이 없었나요? 아마도 그는 혼자서 생각했을 겁니다, 빨리 사냥감들을 잡아서 그것으로 아버지를 위한 요리를 준비할 거야, 그리고 아버지의 축복을 받게 될 거야. 그렇게 하면 나는 계속해서 내 동생을 다스릴 수 있어. 에서는 자신이 밖에 나가 있는 동안에 야곱이 변장해서 아버지를 속였다는 사실에 분명히 매우 화가 났을 겁니다. 에서는 이전에 야곱이 팥죽 한 그릇으로 자신을 어떻게 속였는지 결코 잊지 않았어요. 그러나 야곱은 또 에서를 속였습니다.

◀● 이야기하기

자녀들은 부모님에게 어떤 사람에게 속았던 때가 있는지 그리고 속았을 때 기분이 어땠는지 질문해 보세요.
(부모님은 이전 일들을 돌이켜 보세요; 누군가 바가지요금을 씌운 적은 없나요? 자녀들에게 기분이 어땠는지 얘기해 주세요. 야곱에게 속임을 당하고, 받아야 할 축복을 빼앗긴 에서의 마음이 어땠을지 자녀들이 느껴보도록 도와주세요.)

비록 야곱이 거짓말을 하는 죄를 지었으나 하나님은 야곱을 위한 그분의 계획을 어떻게 완성하셨나요?
(하나님은 항상 야곱이 그 약속을 성취하게 할 마음을 가지고 계셨습니다. 그리고 심지어 그 계획과 목적을 성취하시려고 에서, 야곱, 리브가 그리고 이삭의 죄가 되는 결정들을 사용하셨습니다.)

이삭이 그의 아들 야곱을 축복할 때 "너를 저주하는 자는 저주를 받고 너를 축복하는 자는 복을 받기를 원하노라." 라고 말했습니다. 혹시 이 말을 누가 먼저 했는지 기억하나요?
(하나님은 이것과 동일한 복을 창세기 12장 3절에서 아브라함에게 하셨습니다. 부모님은 자녀들과 함께 이 구절을 찾아보세요.)

🌱 기도하기

우리의 죄조차도 그분의 계획을 망칠 수 없게 하신 하나님에게 감사하세요.

DAY 5

♥ 발견하기

오늘 우리는 시편이나 예언서를 통해서 예수님에 대해서 무엇을 배울 수 있는지를 살펴볼 거예요.

📖 성경읽기 | 예레미야 23장 5~6절

💬 깊이 생각하기

우리는 이미 "싹(Branch)" 이라는 암호를 스가랴가 그의 예언에서 예수님을 나타내는 데 사용했다는 것을 배웠습니다. 오늘의 성경 말씀에서는 또 다른 선지자가 예수님에 대해서 동일한 암호를 사용하고 있음을 읽었습니다. 예레미야는 이스라엘 백성들에게 "한 의로운 가지(a righteous Branch)" 가 왕이 되는 날이 다가오고 있음을 전했습니다. '의로운' 이란 말은 그분이 죄가 없음을 의미합니다. 그분을 "여호와 우리의 공의" 라고 부를 것입니다. "여호와 그분의 공의" 라고 부르지 않음을 주목하세요 ; 그것은 이 왕을 "여호와 우리의 공의" 라고 부르게 됨을 말합니다. 어떤 식으로든 이 왕은 우리의 죄를 씻어 주실 것이고, 우리를 그분처럼 의롭게 (또는 죄 없게) 하실 것입니다. 그것은 우리가 예수님에 대해서 알고 있는 것과 정확하게 일치합니다. 예수님은 하나님의 백성들이 죄로 인해서 받아야만 할 징계를 대신 받으시려고 십자가에 오르셔서 죽으셨습니다. 그리고 완벽한 삶을 사셨기에 그분을 믿는 모든 사람에게 선물로 의로운 삶을 주실 수 있습니다.

💬 이야기하기

의롭게 된다는 것은 무슨 의미인가요?
(만약 어떤 사람이 의롭다면 그는 죄가 없습니다. 그가 죄를 전혀 짓지 않았거나 ― 스스로 의로움을 가지신 예수님처럼 ― 아니면 그의 죄가 다 사라졌고, 예수님으로부터 주어지는 의로움의 선물과 교환되었거나 둘 중 하나입니다. 우리가 예수님을 믿는다면, 우리의 죄를 그분의 완벽하고 의로운 삶과 바꿔주실 것입니다.)

예레미야가 말하는 의로운 가지는 누구인가요? (예레미야는 예수님에 대해서 말하고 있습니다.)

예수님은 우리의 공의가 되기 위해서 무엇을 하셨나요?
(예수님은 완전한 삶을 사셨고 결코 단 한 번도 죄를 짓지 않으셨으며, 죄로 인해서 우리가 받아야 할 징계를 대신 받으시려고 십자가에 오르셔서 죽으셨습니다.)

🫘 기도하기

결코 단 한 번도 죄를 짓지 않으시고 우리 대신에 십자가에서 죽으셔서 그분의 완전한 의를 우리에게 선물로 주신 예수님을 찬양하세요.

Jacob's Dream
야곱의 꿈

마른 흙이나 모래 한 줌을 정원이나 식물의 화분에서 가져오세요. 그 마른 흙을 손으로 쥐고서 있는 힘을 다해 짜보세요. 그리고 자녀들 앞에 흰 종이를 놓고 그 위에 그것들을 뿌리세요.

그 종이 위에 있는 작은 알갱이의 수를 세어 볼 지원자를 찾으세요. (자녀들이 셀 수 있는 것보다 많은 알갱이가 있어야만 합니다.) 곧 자녀들은 종이 위에 있는 미세한 알갱이들을 세어 보는 것이 얼마나 어려운지를 알게 될 겁니다. 이제 자녀들에게 그들이 해야 할 일은 단 한 장의 종이 위에 있는 모래나 흙 알갱이들을 세는 것만이 아니라 온 세상의 모든 먼지를 세야만 하는 것인데 어떨지 상상해 보라고 얘기해 주세요.

이어서 말해 주세요. "이번 주 너희는 하나님이 아브라함과 맺으셨던 약속을 반복적으로 야곱에게도 말씀하셨을 때, 아브라함의 후손들은 어떤 사람이 셀 수 있는 것보다 더 많아질 거라고 말씀하셨다는 것을 배우게 될 거야."

DAY **1**

♥ 상상하기

잠시 자신의 형으로 변장하고 아버지의 축복을 가로챈 야곱을 당신 자신이라고 생각해 보세요. 어머니는 아주 급하게 목과 양팔을 덮고 있는 염소 가죽을 벗겨 내는 것을 도와줍니다. 그것을 거의 다 벗을 때쯤, 아버지의 방에서 큰 고통과 분노가 가득한 절규소리가 들립니다. 그것이 형 에서의 소리이며 그가 매우 화가 나 있다는 것을 금세 알 수 있습니다.

어떤 물건을 훔쳤다면 다시 돌려주면 되지만, 아버지에게서 축복을 가로챈 것은 되돌릴 수 없기에 분명히 곤란한 상황에 처했습니다. 이제 당신은 무엇을 해야 할까요? 엄마는 형 에서가 동생인 당신을 죽이려할 것이라고 말씀하십니다. 이런 사건이 우리 집에서 발생한다면, 당신은 어디로 숨겠습니까?

오늘 우리는 야곱이 형의 분노에서 도망치려고 무엇을 했는지 보게 될 것입니다.

✝ 성경읽기 | 창세기 27장 41절~28장 9절

💬 깊이 생각하기

야곱은 이제 조심해야 합니다! 야곱은 그가 예상하는 것보다 훨씬 더 큰 위험에 빠졌습니다. 에서는 그를 죽이려고 합니다! 결국 엄마인 리브가는 아들을 먼 곳으로 도망치게 할 계획을 세웁니다. 그녀는 야곱의 아내를 찾는다는 핑계로 야곱을 도시 밖으로 보내려고 했습니다. 그렇게 하려면 이삭의 허락이 필요했고 이삭은 허락해 주었습니다. 결국 야곱이 외삼촌 라반의 딸들 중에서 아내를 찾도록 보내게 됩니다.

그때에 야곱은 정말 놀라운 일을 경험합니다. 이삭은 야곱이 여행을 떠나기 전에 아버지로서 축복을 빌어 줍니다. 처음에는 속아서 야곱을 축복했으나 이번에는 그렇지 않았습니다. 이삭은 의도적으로 야곱을 축복했습니다. 그리고 하나님이 아브라함에게 주신 그 언약을 그대로 전해 주었습니다. 야곱은 변장하지도 않았습니다. 이제 이삭은 하나님의 약속이 작은아들인 야곱에게로 이어지기를 원하신다는 사실을 분명히 알게 된 것입니다. 그리고 에서가 야곱에게 어떤 해를 가하기 전에, 야곱은 아내를 찾는 여행을 떠나게 되었습니다.

🗣 이야기하기

리브가는 왜 야곱을 에서에게서 도망치게 하려고 했나요?
(에서는 야곱이 자신의 축복을 가로챘기에 죽이려고 했습니다.)

이삭은 왜 야곱에게 자신을 속인 벌을 주는 대신에 축복을 빌어주었나요?
(이삭은 하나님이 진정으로 그의 작은아들 야곱을 통해서 그 언약을 계속 이어나가실 것임을 깨달았습니다.)

에서의 분노는 어떤 죄로 자라갔나요?
(분노 때문에 에서는 그의 동생을 죽이려고 했습니다.)

죄에서 돌이키지 않아서 분노나 다른 죄가 더 큰 죄로 자라가는 것을 경험한 적이 있나요?
(부모님은 자녀들이 서로 다투고, 상처 입히고 존중하지 않으며, 돌보지 않았던 경험이 있는지 생각해 보도록 도와주세요.)

✍ 기도하기

죄로부터 돌이켜서 더 큰 죄가 되지 않게 해 달라고 하나님에게 간구하세요.

DAY 2

♥ 기억하기

어제 이야기 중에서 무엇을 기억하고 있나요? 오늘은 어떤 이야기가 있을 것이라고 생각하나요?

📖 성경읽기 | 창세기 28장 10~17절

💬 깊이 생각하기

야곱이 살던 때에 어두워진 후에 바깥을 걷는다는 것은 무서운 일일 거예요. 야생 동물들이 울부짖고, 사자가 언제 달려들지도 모르지요. 에서처럼 실력 있는 사냥꾼은 활과 화살로 스스로를 보호할 수 있지만, 야곱은 그의 형과 같은 사냥꾼이 아니었어요. 바위를 베개 삼아 잠을 청하려고 애쓰는 그를 상상해 보세요.

야곱은 곧 잠들었고 하나님은 그에게 놀라운 꿈을 보여 주십니다 — 천국으로 올라가는 사다리의 환상이었어요. 야곱이 잠에서 깼을 때, 그는 사자를 본 것보다 훨씬 더 두려운 마음이 들었습니다. 하나님이 그를 직접 찾아오신 것이었습니다! 그러나 하나님은 거짓말한 야곱을 벌하시려는 것이 아니었습니다. 하나님은 야곱의 할아버지인 아브라함과 처음 맺었던 그 언약을 야곱에게도 주시려고 찾아오신 것이었습니다.

🗣 이야기하기

야곱은 왜 두려웠나요?

(야곱은 하나님이 그를 찾아오셨기 때문에 두려웠습니다. 야곱이 아버지께 거짓말을 하고 형 에서를 속였다는 사실을 기억하세요. 만약 하나님이 야곱의 죄를 징계하려고 오신 것이었다면 무슨 일이 벌어졌을까요?)

우리는 하나님을 두려워해야 하나요?

(모든 사람은 하나님 앞에서 죄인이기 때문에 그분을 두려워해야 합니다. 그러나 예수님이 우리의 죄를 다 제거하셨다는 사실을 믿는다면, 하나님을 두려워할 필요가 없습니다.)

하나님은 왜 야곱의 죄를 징계하지 않으셨나요?

(하나님은 우리가 저지른 모든 악에 대해서 즉시 징계하지 않으십니다. 하나님은 야곱에게 인내심을 베푸셨습니다. 비록 그가 하나님에게 죄를 지었지만, 하나님은 야곱의 먼 후손으로 예수님을 이 땅에 보내실 계획을 가지고 계셨습니다. 마찬가지로 하나님은 우리가 죄를 지을 때마다 즉시 징계하시지는 않습니다. 하나님은 우리를 인내해주셔서 예수님을 알아가도록 해 주십니다. 그래서 우리의 죄가 용서받도록 기다려 주십니다.)

하나님은 야곱의 꿈에서 무엇을 보이셨나요?

(하나님은 야곱에게 천국으로 올라가는 계단을 보이셨습니다. 그 계단은 하나님이 이 땅의 모든 사람이 천국에 들어갈 수 있도록 길을 열어주신다는 것을 보여주었습니다.)

🙏 기도하기

야곱에게 하셨던 것처럼 우리를 인내해 주시는 하나님에게 감사드리세요.

DAY 3

♥ 예수님께 연결하기

오늘의 이야기가 예수님에 대한 것이며, 예수님을 가리킨다는 사실을 어떻게 알 수 있나요?

📖 성경읽기 | 요한복음 1장 43~51절

💬 깊이 생각하기

예수님은 제자들을 가르치면서 이 땅에 계실 동안에, 그분이 태어나기 아주 오래전 이야기가 그분의 삶과 어떤 관련이 있는지를 자주 말씀해 주셨습니다.

오늘의 이야기에서는 예수님이 제자들을 부르기 시작하십니다. 비록 나다나엘은 예수님을 아주 짧은 시간 동안만 알았지만, 하나님이 그의 눈을 열어주셔서 예수님이 누구인지를 알게 하셨습니다. 나다나엘은 예수님을 "하나님의 아들", "이스라엘의 왕" 이라고 불렀습니다. 예수님은 그에 대한 대답으로 매우 흥미로운 말씀을 하십니다. 예수님은 그분의 삶을 이번 주 우리가 읽고 있는 성경 이야기인 야곱의 꿈과 관련지어 말씀하셨습니다.

야곱은 땅에서 시작해서 천국에 이르는 사다리를 천사들이 오르락내리락 하는 꿈을 꿨습니다. 오늘의 말씀에서 예수님은 자신이 그 사다리라고 말씀하십니다. 예수님은 천사들이 인자이신 그분 위로 올라가고 내려갈 것이라고 말씀하십니다. 그리고 그것은 예수님 자신을 지칭하는 이름입니다.

예수님이 하신 말씀에서, 그분은 우리가 죄로 물든 이 땅에서 천국으로 올라갈 수 있는 유일한 길이라는 사실을 배웁니다. 그곳에서 우리는 용서받고 그분과 더불어 영원히 살게 됩니다.

💬 이야기하기

누가 '인자' 인가요?('인자' 는 예수님이 스스로에게 사용하신 이름입니다.)

이 세상과 천국을 잇는 사다리를 처음 본 사람은 누구인가요?
(야곱이 형 에서에게게서 도망친 후에 꿈에서 처음 봤습니다.)

예수님은 야곱의 꿈에서 어떻게 그 사다리가 될 수 있나요?
(예수님이 십자가에서 죽으실 때 그분은 사람들이 천국에 이르는 길을 만드신 것입니다. 어떤 의미로 보면 예수님은 사람들이 천국에 다다를 수 있는 길(그 사다리)을 제공해 주신 것입니다. 예수님 없이 우리는 천국에 갈 수 없습니다.)

🙏 기도하기

천국에 이르는 사다리가 되어 주신 예수님께 감사하세요.

DAY 4

♥ 기억하기

이번 주 성경 이야기를 통해서 하나님은 우리에게 무엇을 가르치시나요?

☩ 성경읽기 | 창세기 28장 18~22절

💬 깊이 생각하기

사다리 꿈 이후에 야곱은 하나님을 경배하고 싶었습니다. 그가 알고 있는 하나님을 경배하는 방법은 기둥을 세우는 것뿐이었습니다. 그런데 그것은 가나안 사람들이 그들의 거짓 신들을 숭배하는 방법이었습니다. 야곱은 베개로 사용했던 돌을 가져다가 기둥을 세웠습니다. 그렇게 함으로써 그가 다시 그곳을 지나게 될 때 하나님이 하셨던 것을 기억할 수 있을 겁니다. 훗날 하나님은 그에게 돌아와서 제단을 세우라고 말씀하실 겁니다. 왜냐하면 그렇게 하는 것이 하나님이 예배 받기 원하시는 방식이기 때문입니다(창 35:1).

《● 이야기하기

자녀들은 하나님이 부모님의 삶에서 행하신, 기억하고 싶은 특별한 일들이 있는지 물어보세요.
(부모님은 하나님이 복을 주셨던 때를 기억해 보세요. 처음 예수님을 믿었던 날, 결혼식 또는 어떤 다른 중요한 날이나 사건이 될 수도 있습니다. 그런 것들을 기억할 특별한 사진이나 성경에 기록된 날짜 등이 있다면 자녀들과 함께 나눠 주세요.)

야곱이 기둥을 세운 그 장소에 붙인 이름은 무엇인가요?
(그는 그 장소를 벧엘이라고 불렀습니다.)

야곱은 하나님에게 어떤 약속을 했나요?
(야곱은 하나님이 자신에게 필요한 것 ― 음식, 옷 그리고 안전 ― 을 주신다면 여호와께서 그의 하나님이 되실 것이라고 말했습니다.)

✋ 기도하기

"하나님은 선하시니 나의 하나님이 되어 주세요." 라고 간구하세요.

DAY 5

♥ 발견하기

오늘 우리는 시편이나 예언서를 통해서 예수님에 대해서 무엇을 배울 수 있는지를 살펴볼 거예요.

✝ 성경읽기 | 이사야 11장 1절

● 깊이 생각하기

어떤 나무를 잘랐을 때, 가끔은 그 그루터기가 다시 자라납니다. 싹과 같은 작은 나뭇가지들이 그루터기에서 솟아날 수도 있습니다. 그것들을 베어 내지 않는다면, 그 싹들은 큰 나무로 자랄 것입니다. 그 그루터기가 사과 나무의 것이라면, 그 싹은 자라서 사과나무가 될 것이고 사과 열매를 맺을 것입니다. 이 성경 구절에서, 선지자 이사야는 다윗왕의 아버지 이새를 묘사하는 데 그루터기의 이미지를 사용합니다. 그루터기에서 돋아난 싹은 그의 자손들 중 하나인 것입니다. 이사야는 그 싹이 자라서 나뭇가지가 되고 과실을 맺을 것이라고 말하고 있습니다. 우리의 암호인 "싹(Branch)"을 기억하나요? 그것은 예수님을 가리킵니다. 우리는 예수님이 다윗의 아버지인 이새의 후손임을 알고 있습니다. 예수님은 사과나 복숭아를 맺으려고 자라지 않으셨습니다. 과실을 맺는다는 것은 쉽게 말해 선행을 의미합니다. 예수님은 성장하셨고 사람들을 위해서 온갖 놀라운 일을 하셨습니다. 예를 들면 병자들을 치유하셨고, 죽은 사람들을 살리셨으며, 우리가 천국에 갈 수 있도록 십자가에서 죽으셨습니다.

《● 이야기하기

이사야는 과실을 맺는 사람을 어떤 의미로 사용했나요?
(과실을 맺는 것은 우리가 갑자기 자라기 시작해서 귀에서 포도를 주렁주렁 열매 맺는 것을 의미하는 것이 아닙니다. 그것은 우리가 선한 행실을 하고 하나님에게 복종하는 것을 의미합니다.)

부모님의 삶 속에서 어떤 선한 열매를 보나요?
(부모님은 자녀들이 의견을 말할 때 아빠나 엄마를 존중하는 태도를 가지게 도와주세요. 자녀들이 부모님을 존경하는 말을 한다면, 그들에게 고마움을 표현하세요.)

우리는 어떻게 선한 열매와 악한 열매를 구별할 수 있나요?
(성경은 우리에게 선한 열매가 무엇인지를 알려 줍니다. 부모님은 갈라디아서 5:22을 펴고 바울이 성령의 열매로서 언급한 것들을 사용해서 설명해 주세요.)

🤲 기도하기

우리의 삶에서 예수님처럼 선한 열매를 맺게 해 달라고 하나님에게 도움을 구하세요.

Jacob and Rachel
야곱과 라헬

가족이 함께 나가서 자녀들이 가장 좋아하는 아이스크림 한 통을 사세요. 주말을 시작하기 전에, 자녀들에게 아이스크림을 보여 주세요. 이 특별한 아이스크림을 자녀들이 어떻게 묘사할 수 있는지 물어보면서 그들의 입맛을 돋우세요. 먹고 싶은지도 물어보세요. 그리고 나서 이 아이스크림을 먹으려면 7년 동안 일해야 한다고 말해 주세요. 물론 그 기간 동안 자녀들을 기다리면서 아이스크림을 얼려 둘 것입니다.

자녀들의 첫 반응 후에, 그 시간을 7일로 줄이겠다고 얘기하세요. 그리고 나서 7시간으로. (저녁에 가정 예배를 한다면, 그 시간을 7분으로 줄일 수도 있습니다. 가정 예배가 끝나고 나서 아이스크림을 온 가족이 함께 드세요.) 이 상황을 시작으로 야곱이 라헬에게 청혼하려고 어떻게 7년 동안 노동을 제공했는지에 대해서 얘기해 주세요.

DAY 1

♥ 상상하기

슈퍼맨처럼 하루 종일 초인적인 힘을 갖게 된다면 무엇을 하고 싶은가요? 자동차를 머리 위로, 그것도 한 손으로 들어보는 건 어떨까요? 하지만 정말 그런 힘이 있다면 그 힘 때문에 매우 신중해져야만 할 거예요. 만약 침실 문을 내려친다면 경첩들이 부서져서 너덜너덜해지고, 문이 산산조각이 날 수 있으니까요. 단단히 잠긴 병뚜껑을 열려고 하다가 병이 아예 으스러질지도 모르고요.

오늘 우리가 읽는 이야기에서, 야곱이 보통 여러 남자들이 힘을 합쳐야만 옮길 수 있는 거대한 돌을 엄청난 힘으로 혼자서 옮기는 것을 보면 라헬을 볼 때 야곱의 마음이 얼마나 들떴는지를 알게 될 겁니다.

✝ 성경읽기 | 창세기 29장 1~14절

💬 깊이 생각하기

성경의 이야기를 읽고서 외삼촌 라반의 집을 찾아 떠난 야곱의 여행이 고작해야 이틀 정도 걸렸다고 생각할 수도 있지만 지도를 살펴보면 우리는 그가 하루도 쉬지 않고 총 800km 정도를 걸었다는 사실을 알게 됩니다! 하루도 쉬지 않고서 매일 40km를 걷는다면, 거기에 도달하는 데 3주 정도가 소요될 겁니다. 따라서 야곱이 도착했을 때쯤, 그는 매우 지쳤을 거예요. 그러나 외삼촌 라반의 아름다운 딸 라헬을 보자마자 그는 긴 여행으로 인한 피곤함을 다 잊었고 우물을 덮고 있던 거대한 돌을 혼자서 옮겼습니다!

기억하세요, 야곱은 조용하게 엄마 곁에 있으면서 요리하는 것을 돕던 아들이었습니다. 힘이 넘치는 사냥꾼인 에서라면 그 돌을 넉넉히 움직였겠지요. 그러나 야곱은 그런 인물이 아니었습니다. 그런데 야곱이 그 돌을 옮겼습니다. 그러고 나서 라헬에게 입맞춤을 하고 그녀에게 자신의 여행 이야기를 했습니다. 그녀는 너무나 놀라 양떼를 우물가에 내버려둔 채 온 힘을 다해 집으로 달려갔습니다.

🗨 이야기하기

야곱은 거대한 돌을 옮길 힘을 어디서 얻었나요?

(우리는 하나님이 그에게 그 돌을 옮길 특별한 힘을 주셨다는 이야기를 듣지 못했습니다. 그러나 우리가 하는 모든 것은 하나님의 은혜로 가능합니다.)

이 이야기는 아브라함이 이삭의 아내를 찾으려고 그의 종을 보냈던 이야기와 어떤 면에서 비슷한가요?

(두 이야기 모두 우물가에서 시작합니다. 그리고 우물가로 오는 첫 번째 여자가 그 남자가 찾던 신붓감이었습니다.)

이 이야기에서 하나님은 어떻게 일하시나요?

(부모님은 눈에 보이는 장면 뒤에서 하나님이 일하시는 다른 방법들을 자녀들이 발견하도록 도와주세요. 예를 들면, 하나님은 야곱이 하란을 찾도록 도우셨습니다. 야곱이 만났던 목자들은 라헬이 라반의 딸이라는 것을 알았습니다. 하나님은 야곱이 거대한 돌을 옮기도록 도우셨습니다. 등등)

🙏 기도하기

우리의 삶에서 선을 이루시려고 매우 세밀하게 일하시는 하나님에게 감사드리세요.

DAY 2

♥ 기억하기

어제 이야기 중에서 무엇을 기억하고 있나요? 오늘은 어떤 이야기가 있을 것이라고 생각하나요?

📖 성경읽기 | 창세기 29장 15~20절

💬 깊이 생각하기

새 자전거를 사고 싶은데 돈이 충분하지 않다면, 자전거 대리점 주인과 거래를 할 수도 있을 겁니다. 예를 들어, 그 대리점의 유리창을 닦거나 운영이 끝날 시간에 쇼핑 카트를 다 정리하거나, 혹은 주변 쓰레기를 치우기로 제안을 하는 겁니다. 게다가 이런 일을 일 년 동안 계속 하겠다고 한다면, 대리점 주인은 일한 대가로 자전거를 줄지도 모릅니다.

오늘 이야기에서 야곱은 라헬과 결혼하고 싶었지만 가진 돈이 전혀 없었습니다. 야곱이 살던 시대에, 만약 누군가와 결혼을 하고 싶다면 상대방의 아버지에게 허락을 받을 만한 선물을 해야 했습니다. 야곱은 돈이 전혀 없었기 때문에, 라헬과 결혼하기 위해서 외삼촌 라반에게 7년 동안 노동력을 제공했습니다.

《● 이야기하기

야곱은 라헬에게 어떤 감정을 가지고 있었나요?

(야곱은 라헬을 사랑했습니다. 왜냐하면 그녀는 너무나 아름다웠기 때문입니다.)

야곱은 얼마 동안 라헬을 위해서 일하기로 했나요?

(야곱은 라헬을 너무나 사랑했습니다. 그래서 7년 동안 일하는 것에 동의했습니다.)

야곱은 왜 라헬을 위해서 일해야 했나요?

(야곱은 돈이 전혀 없었습니다. 왜냐하면 자신의 죄 때문에 집을 너무 급하게 떠나왔기 때문입니다. 그리고 야곱의 아버지는 야곱이 한 거짓말 때문에 매우 불행했습니다. 야곱은 아브라함이 이삭의 아내를 찾기 위해서 그의 종을 보낼 때 가지고 가게 했던 여러 종류의 선물과 돈 없이 집을 떠났습니다.)

🤲 기도하기

외아들이신 예수님을 보내시기까지 우리를 매우 사랑하시는 하나님에게 감사하세요.

DAY 3

♥ 예수님께 연결하기

오늘의 이야기가 예수님에 대한 것이며, 예수님을 가리킨다는 사실을 어떻게 알 수 있나요?

✝ 성경읽기 | 창세기 29장 21~35절

💬 깊이 생각하기

야곱이 어떻게 에서처럼 옷을 입었는지, 아버지에게 어떻게 거짓말을 했는지, 그리고 형이 받아야 할 축복을 어떻게 가로챘는지 기억해 보세요. 오늘 이야기에서 야곱은 속는 다는 것이 어떤 것인지를 깨닫습니다.
외삼촌 라반은 야곱에게 라헬을 주겠다고 한 약속을 지키지 않고, 큰딸인 레아에게 신부의 옷을 입힙니다. 야곱은 레아와 결혼을 하고 난 후에야 신부가 바뀌었다는 사실을 알았습니다. 야곱은 그 진실을 알고서 외삼촌 라반에게 항의했습니다. 그러자 라반은 곧바로 야곱에게 7년을 더 일하면 라헬을 신부로 주겠다고 제안합니다. 야곱은 그 제안을 받아들이고 라헬을 두 번째 아내로 맞아들이기 위해서 다시 일하기 시작합니다. 하나님은 레아가 사랑받지 못하는 것을 아시고 그녀에게 복을 내리셔서 네 명의 아들을 주셨습니다. 그것이 우리가 오늘 이야기에서 예수님과 관련지을 수 있는 부분입니다. 레아의 아들 중 유다란 이름의 아들이 자라서 훗날 예수님의 머나먼 선조가 됩니다. 그의 자손들이 유다 지파입니다.

💬 이야기하기

오늘 이야기는 어떤 면에서 야곱이 에서의 축복을 가로챈 것과 비슷한가요?
(야곱과 엄마 리브가는 하나님이 그분의 계획을 성취하기 위해서 일하실 것을 믿지 못했습니다. 그리고 야곱의 엄마는 그를 형처럼 변장시켜서 복을 가로채게 했습니다. 오늘 이야기에서 레아는 라헬처럼 결혼식 예복을 입었고 신부가 되어야 할 라헬의 자리를 빼앗았습니다.)

라반이 그의 딸들을 뒤바꾼 것은 어떤 잘못인가요?
(라반은 야곱에게 라헬을 주겠다고 약속했습니다. 그러나 라헬 대신에 다른 딸을 줌으로써 야곱을 속였습니다. 거짓말은 하나님 앞에서 죄입니다.)

하나님은 라반의 죄를 어떻게 선으로 바꾸셨나요?
(하나님은 레아에게 남편을 주셨습니다. 그리고 이 사건을 통해서 야곱에게 형을 속인 것이 어떤 것이었는지를 가르치셨습니다. 그러나 가장 중요한 것은 예수님이 머나먼 미래에 레아의 아들 중 한 명인 유다의 자손으로 태어나게 됩니다.)

🙏 기도하기

우리의 죄가 아무리 클지라도 하나님의 계획을 막을 수 없음에 감사하세요.

DAY 4

♥ 기억하기

이번 주 성경 이야기를 통해서 하나님은 우리에게 무엇을 가르치시나요?

✝ 성경읽기 | 누가복음 3장 23~38절

(자녀들에게 이제 많은 이름들을 읽을 텐데 집중하라고 얘기하세요. 그리고 각 이름을 들을 때 아는 이름이 있으면 손을 들게 하세요. 유다, 야곱, 이삭 그리고 아브라함의 이름을 읽을 땐 천천히 읽어 주세요.)

💬 깊이 생각하기

어제 우리는 레아에게 유다라는 아들이 있었고, 그가 그의 이름을 딴 유다지파의 선조가 되는 사람이었으며, 언젠가 예수님이 그 지파에서 태어나게 될 것이라는 사실을 배웠습니다. 오늘 우리는 예수님의 출생을 미리 보게 됩니다. 오늘 성경 본문에서 누가는 예수님의 족보를 기록하고 있습니다. 주목할 것은 그것이 예수님부터 시작된다는 점입니다. 그리고 아담까지 거슬러 올라가는데, 유다의 이름은 중간에 있습니다.

《● 이야기하기

자녀들은 부모님에게 한 나무의 가지가 뻗어나가는 것처럼 우리 가족의 증조부모님부터 시작되는 가계도를 가르쳐 달라고 하세요.

야곱의 아들 중 누구의 이름이 예수님의 가계도에 기록되어 있나요?
(부모님은 자녀들이 유다라는 이름을 말하는지 확인하고, 필요하다면 33~34절을 다시 읽을 수 있습니다.)

이 족보에서 우리가 알고 있는 다른 이름은 무엇인가요?
(자녀들이 아는 이름을 찾도록 도와주세요. 자녀들이 그 이름을 말할 수 있는지 확인해 보세요.)

하나님은 왜 우리에게 이 족보를 주셨을까요?
(하나님은 우리가 예수님이 아담의 먼 후손이라는 사실을 알기를 원하셨습니다. 족보에 기록된 다른 사람들처럼. 왜냐하면 오직 사람만이 사람의 죄에 대한 대가를 치르기 위해서 죽을 수 있기 때문입니다.)

✍ 기도하기

우리 가족의 족보에 이름이 올라 있는 각 사람을 위해서 기도하세요. 그 사람들이 온 마음으로 예수님을 사랑하게 해 달라고 간구하세요.

DAY 5

♥ 발견하기

오늘 우리는 시편이나 예언서를 통해서 예수님에 대해서 무엇을 배울 수 있는지를 살펴볼 거예요.

✝ 성경읽기 | 미가 5장 2절

💬 깊이 생각하기

예수님이 태어나시기 약 700년 전에 선지자 미가는 매우 특별한 통치자가 유다 백성들과 그들의 땅으로 올 것이라고 예언했습니다. 미가는 이 통치자는 "아득한 먼 옛날, 태초에" 있을 거라고 말했습니다. 그것은 그분은 아주, 아주 나이 든 사람이라는 것을 의미했습니다. 그러나 이스라엘에는 결코 그와 같은 통치자가 없었습니다. 미가의 예언에 부합하는 사람은 오직 한 사람뿐입니다 : 하나님의 아들이신 예수님입니다.

하나님의 아들은 항상 존재하셨습니다. 심지어 세상이 만들어지기 전에도, 또한 정말로 태초에도 살아계셨습니다. 우리는 성경이 예수님에 대해서 말하는 이 부분을 압니다. 왜냐하면 마태가 우리에게 이것을 말하기 때문입니다(마 2:1~6).

🗣 이야기하기

오늘부터 700년 동안 무슨 일이 일어날 것 같나요?

(부모님은 자녀들이 아주 먼 미래에 무슨 일이 벌어질지 상상하도록 도와주세요.)

미가는 어떻게 예수님이 유다 지파에서 태어나게 될 것을 700년 전에 알 수 있었을까요?

(하나님이 선지자들을 통해서 말씀하셨습니다. 하나님은 선지자들에게 말씀하셨고 그들은 백성들에게 그분의 말씀을 반복해서 전했습니다.)

미가는 우리에게 그가 말하는 특별한 통치자가 베들레헴에서 나올 것이라고 합니다. 어떻게 그것이 예수님과 연결되나요? (예수님은 베들레헴에서 태어나셨습니다.)

야곱의 자녀들에 대한 이야기와 미가의 예언은 어떻게 서로 연결되나요?

(레아의 자녀 중 한 명이 유다인데, 그는 유다 지파의 선조가 되었습니다. 그는 미가의 예언에 나오는 유다와 동일한 인물입니다.)

🙏 기도하기

우리를 죄로부터 구원하시려고 외아들 예수님을 유다의 자손으로 보내신 하나님께 감사드리세요.

Jacob Flees from Laban
야곱이 라반에게서 도망치다

조심스럽고 비밀스럽게 자녀들을 한 명씩 식탁 밑으로 부르세요. 그들에게 조용하라고, 다른 사람들이 보지 못하게 조심하라고 얘기하세요. (미리 식탁 의자를 밀어 놓으세요.) 그럼에도 불구하고 자녀들이 속닥이는 소리를 듣는다면, 즉시 다음과 같이 말해서 아이들이 조용히 하도록 도와주세요. "다른 사람이 너희들의 이야기를 들을 수도 있단다. 그러니 조용히 해라."

일단 다 모이면, 자녀들에게 집 안 구석구석을 몰래 살금살금 기어 다니면 어떨지 물어보세요. 그리고 나서 이번 주 외삼촌 라반에게서 야곱이 어떻게 몰래 도망쳤는지를 배우게 될 거라고 설명해 주세요.

DAY **1**

♥ 상상하기

어린 두 소년이 어떤 남자의 연못에서 낚시를 해도 되는지를 물어봤습니다. 그 남자는 이기적이고 여태껏 그 누구에게도 자신의 연못에서 낚시하는 것을 허락해 준 적이 없지만, 소년들을 내려다보고선 '이 아이들은 단 한 마리만 잡아도 운이 좋은 거야, 그냥 낚시하도록 허락해도 되겠네.' 라고 생각했습니다. 그래서 허락해 주었습니다.

"우리가 잡은 물고기를 다 가져갈 수 있을까요?" 한 소년이 용감하게 물어봤습니다. 그 남자는 대답했습니다. "그래, 너희들이 잡은 물고기는 다 가져갈 수 있다." 집으로 돌아오면서, 그 남자는 혼자서 웃었습니다. "이제 어떤 사람도 내가 이기적이라고 말할 수 없을 거야."

사실 그 소년들은 어린 아기였을 때부터 낚시를 해 왔기 때문에 능숙하게 연못에다 낚싯줄을 던졌습니다. 그리고 그 남자의 자랑거리인 물고기들을 한 마리씩 모두 잡아 조용히 사라졌습니다. 얼마 후에 남자가 연못으로 돌아왔을 때 무슨 말을 했을까요?

오늘 우리가 읽을 이야기가 낚시에 대한 것은 아니지만, 이 이야기는 이기적인 한 남자에 대해서 말하고 있습니다. 오늘 이야기에서 무슨 일이 벌어졌는지 살펴봅시다.

✝ 성경읽기 | 창세기 30장 25~31장 9절

💬 깊이 생각하기

야곱은 라반의 양 떼와 염소 떼를 레아와 라헬과 결혼하기 위해 14년 동안이나 계속해서 돌봤습니다. 그는 이 제 자신의 빚을 다 갚았기 때문에 고향으로 돌아가고 싶었습니다. 라반이 그에게 계속 그곳에 머물도록 요구 했을 때, 야곱은 만약 라반이 점이 있거나 줄무늬가 있는 동물들을 다 주겠다고 약속한다면 남겠다고 말했습니다. 라반은 그 조건에 동의하긴 했지만 교묘하게 점과 줄무늬가 있는 동물들을 따로 나누어 다른 곳으로 멀리 보내 버렸습니다. 그래서 야곱은 그것들을 얻을 수 없었습니다.

그러나 곧 양과 염소 떼들은 새끼를 가졌고, 그 새끼들은 모두 반점을 가지고 태어났습니다. 그래서 야곱은 그 것들을 전부 갖게 되었습니다. 라반이 규칙을 바꾸고 "이제부터 너는 오직 줄무늬가 있는 양과 염소들만 가질 수 있다."고 말했을 때, 하나님은 그것들 전부 줄무늬를 가지고 태어나게 하셨습니다. 라반이 또다시 규칙을 바 꾸고 "이제 너는 오직 등에 흰 점이 있는 것들만 가져야 한다."고 말했을 때, 하나님은 모든 새끼가 흰 점을 가 지고 태어나게 하셨습니다. 라반이 욕심을 내서 야곱을 속이려고 할 때마다, 하나님은 야곱에게 복을 주셔서 그의 양떼와 염소 떼가 더 많아지도록 하셨습니다.

💬 이야기하기

라반은 어떻게 야곱을 속이려고 했나요?
(그는 야곱이 가질 수 있는 양과 염소들의 종류를 열 번이나 바꿨습니다.)

하나님은 어떻게 야곱에게 복을 주셨나요?
(비록 라반이 규칙을 바꿨으나, 하나님은 태어나는 동물들의 종류를 바꾸셨습니다. 라반이 야곱에게 반점이 있는 것 들만 가질 수 있다고 말하면, 모든 양과 염소들이 반점을 가지고 태어났습니다. 라반이 줄무늬를 말하면, 동물은 모 두 줄무늬를 가지고 태어났습니다.)

하나님이 내리신 복 때문에 야곱은 어떤 어려움에 빠졌나요?
(라반의 아들들은 야곱이 자신들 아버지의 동물들을 가져서 부자가 되었다고 불평했습니다. 라반은 아마도 연못으 로 돌아왔을 때 모든 물고기가 사라진 것을 알았던 그 남자와 비슷한 느낌을 가졌을 겁니다.)

🙏 기도하기

모든 것을 다스리시는, 심지어 새끼 양과 염소들의 종류까지도 통치하시는 하나님을 찬양하세요.

DAY 2

♥ 기억하기

어제 이야기 중에서 무엇을 기억하고 있나요? 오늘은 어떤 이야기가 있을 것이라고 생각하나요?

📖 성경읽기 | 창세기 31장 10~21절

💬 깊이 생각하기

벧엘로 돌아가서, 처음 야곱이 천국으로 올라가는 사다리 꿈을 꾸었을 때, 그는 하나님에게 약속했습니다. 하나님이 그에게 먹을 것과 입을 것, 그리고 안전하게 고향으로 돌아가게 해 주신다면 하나님을 따르겠다고 했지요. 그 이후로 하나님은 야곱에게 대가족을 이루게 하셨고, 많은 가축을 주셔서 복을 누리게 하셨습니다. 그리고 야곱을 부자가 되게 하셨습니다. 이제 하나님이 야곱을 안전하게 고향으로 보내실 때가 되었습니다.

하나님은 라반이 양털을 깎느라 멀리 나가 있는 동안 야곱에게 나타나셨고, 이제 떠날 때라고 말씀하셨습니다. 야곱은 라반이 집에 없기 때문에 어떤 문제나 방해 없이 쉽게 떠날 수 있다는 것을 알았습니다.

《● 이야기하기

하나님은 왜 라반이 멀리 있는 동안에 야곱에게 떠나라고 말씀하셨을까요?
(라반은 야곱이 떠나는 것을 원치 않았습니다. 그리고 그의 아들들은 야곱을 막으려고 했습니다. 왜냐하면 야곱이 그들의 아버지를 속이고 있다고 생각했기 때문입니다.)

야곱이 라반에게 왔을 때 그가 가진 것은 옷가지 몇 벌뿐이었습니다. 지금 그는 무엇을 가지고 있나요?
(17~18절을 보세요. 자녀들에게 야곱이 현재 가지고 있는 것들이 무엇인지 기억할 수 있는 단서들을 몇 개 주세요. 야곱이 떠날 때 하나님이 어떻게 복을 주셨는지 찾도록 도와주세요.)

하나님은 음식과 옷들, 그리고 고향으로 안전하게 돌아가게 해 달라는 야곱의 기도에 응답하셨나요?
(네, 하나님은 야곱에게 이 모든 것을 주셨습니다.)

집으로 돌아와서 야곱이 자신의 재산 전부를 가지고 떠난 것을 알게 된 라반은 어떻게 했나요?
(우리는 Day 4에서 라반이 너무 화가 나서 야곱을 쫓아갔다는 것을 알게 됩니다.)

✋ 기도하기

야곱의 기도에 응답하신 하나님에게 감사하세요.

DAY 3

♥ 예수님께 연결하기

오늘의 이야기가 예수님에 대한 것이며, 예수님을 가리킨다는 사실을 어떻게 알 수 있나요?

📖 성경읽기 | 마태복음 2장 13~16절

(이것은 아기 예수님에 대한 이야기입니다.)

💬 깊이 생각하기

어제 우리는 하나님이 야곱의 꿈에 나타나셔서 라반에게서 도망치라고 말씀하신 것을 읽었습니다. 오늘 이야기에서 하나님은 또 다른 사람, 즉 요셉에게 나타나셔서 사악한 왕 헤롯을 피해 이집트를 떠나라고 경고하십니다. 헤롯은 요셉과 마리아의 아들 아기 예수를 죽이고자 했습니다. 하나님은 항상 그분의 아들 예수님을 죄인들에게서 보호하실 계획을 가지고 계셨습니다. 그리고 그 어떤 것도, 라반이나 헤롯이나 다른 그 누구도 그분의 계획을 가로막는 것을 허락하지 않으실 것입니다.

🗨 이야기하기

요셉의 꿈 이야기는 어떤 면에서 야곱의 꿈과 비슷한가요?
(하나님은 그 둘 모두에게 현재 있는 곳을 떠나라고 말씀하셨습니다.)

예수님은 야곱과 어떤 관련이 있나요? (예수님은 야곱의 먼 후손입니다.)

하나님은 헤롯이 무슨 일을 할지 어떻게 아셨나요?
(하나님은 모든 것을 아십니다. 심지어 사람들이 미래에 하려는 것까지도. 어떤 것도 하나님에게 숨길 수 없습니다.)

이 이야기를 통해 우리는 어떻게 예수님을 떠올리나요?
(하나님은 야곱을 안전하게 지키셨습니다. 마찬가지로 예수님을 안전하게 지키셔서 우리 모두가 구원받을 수 있게 하셨습니다.)

🙏 기도하기

예수님을 우리의 구원자가 되게 하시려고 보호하신 하나님에게 감사하세요.

DAY 4

♥ 기억하기

이번 주 성경 이야기를 통해서 하나님은 우리에게 무엇을 가르치시나요?

✟ 성경읽기 | 창세기 31장 22~55절

(35절은 여성의 생리 주기에 대해서 분명하게 기록한 것이라는 사실을 알려주세요.)

💬 깊이 생각하기

라반은 야곱이 자신이 없을 때 떠난 것에 화가 많이 났습니다. 그래서 사람들을 이끌고 야곱을 쫓아갔습니다. 그가 야곱을 따라 잡는 데 7일 정도가 걸렸습니다. 이 순간은 하나님이 라반에게 경고하시기에 아주 좋은 때였습니다. 왜냐하면 라반은 야곱이 가진 모든 것이 여전히 자신의 것이라고 생각했기 때문입니다. 라반의 분노는 폭력을 일으킬 수도 있었습니다.

하나님이 라반에게 나타나셔서 경고했다는 소식을 야곱이 들었을 때, 야곱은 하나님이 자신의 편임을 알았습니다. 하나님은 안전하게 고향으로 보내달라는 야곱의 기도에 응답하셨습니다.

《● 이야기하기

자녀들은 부모님에게 안 좋은 상황에서 하나님이 보호하신 때를 기억하는지 질문해 보세요.
(부모님은 하나님이 어떤 어려움이나 위기에서 피하게 해주신 경험을 자녀들에게 이야기해 주면 좋습니다.)

하나님은 어떻게 야곱을 보호하셨나요?
(하나님은 라반의 꿈에 나타나셔서 야곱에 대해서 나쁜 말을 하지 못하게 경고하셨습니다.)

하나님은 어떻게 우리를 매일 보호하시나요?
(부모님은 자녀들이 하나님이 보호하시는 여러 상황이나 방법을 생각하도록 도와주세요.)

🤲 기도하기

구체적인 방법으로 매일 우리를 위험으로부터 보호하시는 하나님에게 감사드리세요.

DAY 5

♥ 발견하기

오늘 우리는 시편이나 예언서를 통해서 예수님에 대해서 무엇을 배울 수 있는지를 살펴볼 거예요.

✝ 성경읽기 | 시편 3편

💬 깊이 생각하기

다윗이 쓴 시편들 가운데 일부는 그의 인생에서 일어난 일에 대한 것입니다. 시편 3편은 아들 압살롬이 다윗을 죽이려고 할 때 기록되었습니다. 다윗은 도망쳐야만 했습니다. 우리는 다윗이 쓴 시편에서 그가 하나님은 자신을 보호하는 방패요 구원하시는 분이라고 말하는 것을 알 수 있습니다. 다윗이 하나님을 어떻게 불렀는지를 아는 것은 도움이 됩니다. 왜냐하면 우리도 다윗이 했던 것처럼 다윗의 기도를 사용해서 하나님을 부를 수 있기 때문입니다. 하나님은 우리에게 이 시편들을 주셔서 하나님에 대해서 배울 수 있도록 하셨습니다.

예를 들어, 이 시편에서 하나님은 구원하시는 하나님이심을 배웁니다. 지금 우리는 누군가 우리를 죽이려는 위험에 처하지는 않았습니다. 그러나 우리 모두는 죄라는 또 다른 적을 가지고 있습니다. 죄는 항상 우리를 파괴하려고 노립니다. 다윗을 압살롬에게서 구하신 하나님은 우리를 우리의 죄에서도 구하실 수 있습니다. 그래서 다윗이 "구원은 하나님에게 속해 있습니다." 라고 말했을 때, 압살롬에게서 그를 구하신 하나님에 대해서 말한 것입니다. 그는 또한 우리에게도 하나님이 누구신지를 알려 주고 있습니다. 하나님은 구원하시는 하나님이십니다.

🗣 이야기하기

'하나님은 구원하시는 하나님입니다' 라는 이 시를 읽을 때, 무엇이 기억나요?
(우리를 죄로부터 구원하시려고 십자가에서 죽으신 예수님이 기억납니다.)

"여호와여 일어나소서! 나의 하나님이여 나를 구원하소서!" 라는 다윗의 기도는 왜 우리가 기도하는 데 도움이 되나요? (다윗이 압살롬에게서 구원받을 필요가 있었던 것처럼 우리는 죄에서 구원받을 필요가 있습니다.)

누가 하나님에게 구원받을 필요가 있나요? (우리 모두는 구원받을 필요가 있습니다.)

🤲 기도하기

다윗의 기도로 기도하세요. 그리고 하나님에게 우리 가족 모두를 구원해 달라고 기도하세요.

Jacob's Wrestling Match
야곱의 씨름

자녀들과 팔씨름을 한번 해 보세요(아마도 태클을 거는 10대 아들의 도전은 피하고 싶을 수도 있겠지요). 자녀들이 이기지 못하게 하려면 아이들 개개인에게 적절한 힘을 쓰는 것이 필요해요. 자녀들이 이기려고 힘을 쓰며 노력할 수 있도록 시합이 금방 끝나지 않게 시간을 끌어 보세요. 그리고 자녀들이 지칠 때쯤, 힘을 내서 제압하세요. 그러면 모든 시합을 승리할 겁니다. 그리고 이번 주에는 야곱이 하나님과 어떻게 씨름했는지 배울 거라고 설명해 주세요.

DAY 1

♥ 상상하기

여러분이 단단히 무장을 한 채 성으로 돌아오는 한 기사라고 상상해 보세요. 그런데 한 가지 문제가 있어요. 그건 성으로 돌아가는 길에는 용 한 마리가 살고 있고, 그 용을 피할 길은 없다는 사실입니다. 성으로 들어가려면 반드시 용과 정면으로 맞서야만 해요. 설상가상으로, 성을 떠나서 그 길을 지나올 때 용의 보물까지 훔쳤던 거예요. 그래서 그 용은 매우 화가 나 있는 상태였습니다.

그렇다면 주위의 다른 성을 찾아가서 가장 용맹한 두 명의 기사를 찾아 그 길을 함께 지나가 줄 수 있겠냐고 부탁하는 게 나을까요? 용맹한 세 명의 기사가 함께 지나간다면, 어쩌면 그 용은 싸움을 하기보다는 빨리 통과시켜 주는 게 낫겠다고 생각할지 모르니까요.

오늘 우리가 읽는 이야기에서 야곱은 그를 추격하는 라반의 문제는 해결했지만 그를 기다리는 또 다른 한 마리의 용이 있다는 사실을 알게 되지요. 형 에서입니다. 이제 누가 그를 도우려고 오는지 살펴봅시다.

✝ 성경읽기 | 창세기 32장 1~2절

💬 깊이 생각하기

에서가 있는 곳과 그리 멀지 않은 곳에서, 야곱은 천사들을 만나 기뻐했습니다. 15년 전, 그가 마지막으로 들었던 소식은 에서가 그를 죽이고 싶어 했다는 것이었습니다. 야곱은 점점 고향이 가까워지자 형과 어떤 거래를 해야 하겠다는 생각을 했습니다. 하나님이 야곱에게 라반으로부터 떠나라고 말씀하셨을 때, 하나님은 야곱과 함께 가시겠다고 약속하셨어요(창 31:3). 그래서 야곱은 천사들을 보고 하나님이 그와 함께 그곳에 계신다는 사실을 알 수 있었지요.

🌙 이야기하기

야곱이 천사들을 봤을 때 무슨 말을 했나요?
(야곱은 "이는 하나님의 군대" 라 하고 그 땅 이름을 "마하나임" 이라 했습니다.)

야곱에게 하신 약속을 지키시는 하나님의 신실하심은 어떻게 우리를 위로하고 격려하나요?
(하나님은 결코 변하지 않으십니다. 그분은 야곱에게 신실하셨습니다. 우리에게도 그러실 것입니다. 우리는 그분의 약속을 믿을 수 있습니다.)

우리가 두려워하고 하나님의 신실하심을 잊게 하는 것은 무엇인가요?
(부모님은 먼저 자신들의 연약함을 고백하세요. 그러고 나서 자녀들이 생각해 보도록 도와주세요.)

🤲 기도하기

두려운 마음이 생길 때마다 하나님을 신뢰하게 도와달라고 기도하세요.

DAY 2

♥ 기억하기

어제 이야기 중에서 무엇을 기억하고 있나요? 오늘은 어떤 이야기가 있을 것이라고 생각하나요?

✝ 성경읽기 | 창세기 32장 3~21절

💬 깊이 생각하기

야곱은 에서가 400명의 사람을 거느리고 오고 있다는 소식을 들었을 때, 그가 군대를 동원해서 자신을 죽이러 오는 것이라고 생각했습니다. 아내와 자녀 들을 데리고 있는 야곱은 400명의 사람들에 맞서서 싸울 방법이 없었습니다. 그러나 그는 하나님은 하실 수 있다는 것을 알았습니다.

형과의 싸움에서 승리할 방법이 전혀 없었기에 그는 세 가지 일을 했습니다. 첫째, 하나님에게 기도하고 도움을 구했습니다. 둘째, 형의 마음을 달래기 위해 동물들을 앞서 보내 선물로 바치려고 준비했습니다. 마지막으로, 일행을 두 무리로 나누었습니다. 만약 에서가 한 쪽을 공격하면, 나머지 일행들은 피할 수 있도록 했습니다.

💬 이야기하기

야곱은 자신의 상황을 해결하려고 무엇을 했나요?
(야곱은 하나님에게 도움을 간구했습니다.)

오늘 우리가 어려움에 처한다면 무엇을 해야 하나요?
(우리도 야곱처럼 하나님에게 도움을 구할 수 있습니다.)

오늘 이야기에서 어떤 일이 벌어졌는지 기억하나요?
(자녀들이 오늘 이야기에서 무슨 일이 벌어졌는지 기억한다면 스스로 생각하도록 도와주세요. 만약 확실하지 않다면, 내용을 떠올려 보도록 도와주세요.)

🙏 기도하기

어려움에 처했을 때 하나님을 찾는 것을 기억하게 해 달라고 기도하세요.

DAY 3

♥ 예수님께 연결하기

오늘의 이야기가 예수님에 대한 것이며, 예수님을 가리킨다는 사실을 어떻게 알 수 있나요?

✝ 성경읽기 | 창세기 32장 22~32절

💬 깊이 생각하기

한밤중에 갑자기 나타난 낯선 사람과 밤새 씨름을 하면서 야곱은 무슨 생각을 했을까요? 이 사람은 강도이거나 아니면 에서가 보낸 사람 중 한 명이라고 생각했을 수 있겠지요. 그들은 밤새도록 씨름을 했습니다. 야곱은 항복하지 않았어요. 그리고 드디어 동틀 무렵, 그 사람은 야곱의 엉덩이뼈를 쳐서 다치게 했습니다. 그때서야 야곱은 자신이 하나님과 씨름했다는 사실을 깨달았습니다.

고통스러웠음에도 불구하고 야곱은 하나님을 붙들었고, 복을 주시기 전까지는 보내주려 하지 않았습니다. 그래서 하나님은 야곱에게 복을 주셨고, '이스라엘'이란 매우 특별한 이름을 주셨습니다. 그때부터 하나님의 백성들을 이스라엘 민족이라고 부릅니다.

예수님이 십자가에 오르시기 전 예루살렘으로 들어가실 때, 군중들은 종려나무 가지를 흔들며 소리쳤습니다. "찬송하리로다 … 이스라엘의 왕이시여." (요 12:13)

🗣 이야기하기

야곱은 자신과 씨름을 하고 있는 사람이 평범한 사람이 아님을 깨닫고 끝까지 붙들었습니다. 그 사람은 무엇을 했나요? (그 사람은 야곱의 엉덩이뼈를 다치게 했습니다.)

야곱은 누구와 씨름을 했나요?
(야곱은 사람의 몸으로 내려오신 하나님과 씨름을 했습니다. 그것이 야곱이 하나님과 대면했다고 말한 이유입니다.)

하나님이 사람이 되시고 이 땅을 거니셨던 때가 언제였는지 생각할 수 있나요?
(예수님은 십자가에서 죽으시려고 이 땅에 오신 하나님의 아들, 하나님이십니다.)

🤲 기도하기

야곱에게 직접 찾아오신 하나님에게 감사하세요. 우리 또한 하나님을 알도록 예수님을 보내주신 것에 대해서도 감사하세요.

DAY 4

♥ 기억하기

이번 주 성경 이야기를 통해서 하나님은 우리에게 무엇을 가르치시나요?

📖 성경읽기 | 창세기 33장 1~11절

💬 깊이 생각하기

야곱은 에서가 사람들을 이끌고서 오는 것을 보았을 때, 가족보다 앞서 가서 일곱 번 절을 했습니다. 그리고 에서가 마음을 누그러뜨리기를 기대했습니다. 에서가 뛰어와서 환영하고 입맞춤을 해 주었을 때 야곱은 얼마나 놀랐을까요! 15년 전에 에서는 정말 야곱을 죽이고 싶어 했습니다. 그러나 이제는 야곱을 따뜻하게 환영합니다. 정말 놀라운 변화지요. 그래서 야곱은 하나님에게 찬양을 드렸습니다. "하나님이 내게 은혜를 베푸셨다."

💬 이야기하기

자녀들은 부모님에게 누군가 부모님의 잘못을 용서해준 적이 있었는지 물어보세요.
(부부가 서로를 용서했던 경험을 나눌 아주 좋은 순간입니다. 용서가 얼마나 놀라운 것인지에 대해서 자녀들과 대화하세요. 그리고 나서 그것을 복음으로 설명해 주세요. 즉, 예수님이 우리의 죄를 용서해 주셨음을 정확하게 얘기해 주세요.)

처음 이 이야기를 들었을 때 무슨 일이 일어날 것이라고 생각했나요? 혹시 에서와 야곱의 만남에서 전쟁이 벌어질 것이라고 생각했나요?
(부모님은 자녀들이 어떤 생각을 했는지 솔직히 나누도록 도와주세요.)

야곱은 형 에서가 엄청나게 화가 나 있는 게 아니라는 것을 알았을 때 어떤 생각을 했을까요?
(야곱은 행복했고 안도감을 느꼈습니다.)

하나님은 야곱에게 신실하신가요(그분은 약속을 잘 지키시나요)?
(네, 하나님은 야곱을 보호하시겠다는 약속을 지키셨습니다.)

🙏 기도하기

야곱을 보호하신 하나님의 신실하심을 감사하세요.

DAY 5

♥ 발견하기

오늘 우리는 시편이나 예언서를 통해서 예수님에 대해서 무엇을 배울 수 있는지를 살펴볼 거예요.

✝ 성경읽기 | 스가랴 10장 3~6절

💬 깊이 생각하기

석조 건물을 세울 때 가장 먼저 놓는 돌을 모퉁잇돌이라고 합니다. 건축에 사용되는 나머지 모든 돌은 그 위에 차례로 세워집니다. 오늘 이 예언(하나님이 말씀하신)에서 스가랴는 하나님이 유다 족속을 돌보시는 때를 말하고 있습니다. 하나님은 유다 족속에서 모퉁잇돌을 세우실 것입니다.

사도 바울은 우리에게 이 모퉁잇돌은 예수님을 나타내는 또 하나의 암호라고 말해 줍니다. 하나님의 가족은 사도와 선지자 들이 놓은 기초 위에 세워지고, 예수 그리스도는 모퉁잇돌이 된다고 말합니다(에베소서 2:20~21을 보세요). 그것은 예수님이 교회의 가장 중요한 부분임을 의미하는 것입니다.

《● 이야기하기

유다는 누구인가요?
(유다는 야곱의 아들들 중 한 명으로, 레아가 낳았습니다.)

유다 족속에서 오게 될 모퉁잇돌을 말할 때, 스가랴는 누구에 대해서 말하는 것이었나요?
(그가 말하는 분은 예수님인데, 그분은 교회의 가장 중요한 부분입니다.)

예수님이 모퉁잇돌이 되신다면, 하나님의 교회를 이루는 나머지 돌들은 누구인가요?
(베드로전서 2:4~5을 자녀들에게 읽어 주세요. 우리가 하나님의 교회를 이루는 그 돌들입니다.)

🤲 기도하기

교회의 모퉁잇돌이 되신 예수님을 보내주신 하나님에게 감사드리세요.

Joseph's Dream
요셉의 꿈

종이 한 장과 다양한 색깔의 크레파스, 매직펜 또는 연필을 가져오세요. 자녀들에게 이제부터 그림을 그릴 텐데 무엇을 그리는지 맞혀 보라고 하세요. 그리고 요셉이 입고 있던 화려한 색깔의 예복을 그려 주세요. 아이들이 한 명씩 손을 들 때, 무엇이라고 생각하는지 귓속말로 말하라고 시키세요. 그리고 이번 주에 배울 내용이 야곱의 아들인 요셉의 일생에 대한 것이라는 걸 생각했는지 확인해 보세요.

DAY 1

♥ 상상하기

어린 아이들은 종종 가장 좋아하는 담요나 장난감을 어디든지 가지고 다니려고 하지요. 심지어 그런 것에 특별한 이름을 붙이는 아이도 있어요. 예를 들면, 담요(blanket)를 '블랭키' 라는 이름으로 부르지요. 어른들도 그런 담요나 인형을 가지고 있던 어린 시절을 떠올릴 수 있을 거예요. 그런데 어떤 아이가 그 특별한 담요나 장난감을 잃어버렸다면 매우 화가 나고 불안할 거예요. 왜냐하면 그것이 없으면 안전하다는 느낌을 갖지 못하기 때문이에요.

아마도 어른이 그런 종류의 물건을 가지고 다니는 것은 별로 본 적이 없을 거예요. 어른이 될수록 그런 물건들이 별 도움이 되지 않는다는 것을 깨닫게 되니까요. 우리는 우리의 도움이 되시는 하나님을 의지해야 합니다. 그런 물건들 없이 살아가는 법을 배워야만 하고요. 때때로 부모님은 자녀들이 그런 물건에 더 이상 집착하지 않도록 도와줘야 합니다. "네가 생각하기에 이제는 블랭키를 그만 가지고 다녀도 되지 않겠니?"

오늘 우리가 읽는 이야기에서 야곱은 하나님을 믿었고, 백성들의 '블랭키' 를 내려놓도록 도와줍니다. 오늘 이야기에서 그 백성들이 안전을 위해서 의지했던 것들이 무엇이었는지를 찾아보세요.

📖 성경읽기 | 창세기 35장 1~7절

💬 깊이 생각하기

처음 벧엘에서 하나님을 만났을 때 야곱은 돌로 제단을 쌓고 그 위에서 잠들었습니다. 오늘 이야기에서 하나님은 야곱에게 벧엘에 그분을 위한 제단을 쌓으라고 명령하십니다. 제단은 하나님에게 제물을 바칠 때 사용하는 돌무더기입니다. 어떤 동물이 하나님의 제단 위에서 희생 제물로 바쳐질 때마다, 하나님은 언젠가 그분의 외아들 예수님이 어떻게 희생 제물로 바쳐져서 자신의 백성들의 죄를 위해 죽게 될지를 기억하십니다.

제단을 세우기 전, 야곱은 모든 사람에게 우상들을 가져와 한 곳에 모아 두라고 말했습니다. 하나님이 처음 야곱에게 말씀하셨을 때, 만약 하나님이 자신을 보호하시고 고향으로 안전하게 돌아가게 해 주신다면 하나님을 주님으로 섬기겠다고 약속했습니다. 이제 야곱은 자신의 약속을 충실하게 지킵니다. 모든 우상을 버리라고 명령함으로써 그는 가족에게 다음과 같이 말하는 것입니다. "우리는 더 이상 이런 우상을 섬기지 않을 것이다. 우리는 하나님만을 섬기고 믿을 것이다."

🗨 이야기하기

야곱과 함께한 사람들에게 '블랭키' 는 무엇인가요?
(그들은 어떤 아이가 블랭키를 가지고 다니는 것처럼 많은 우상을 가지고 다녔습니다. 그러나 우상들은 그 누구도 도울 힘이 없습니다.)

우리는 어떤가요? ― 우리의 안전을 지키기 위해서 누구를 신뢰해야 하나요?
(우리는 야곱처럼 하나님을 믿어야만 합니다. 어린 아이들이 블랭키를 붙잡고자 하는 것은 잘못된 것이 아닙니다. 그러나 어른이 될수록 하나님에게 우리의 믿음을 두어야만 합니다.)

야곱이 가족에게 그들의 우상을 모두 버리고 참되신 하나님을 믿도록 명령한 이유는 무엇인가요?
(자녀들이 어리다면 3절을 다시 읽어 주세요. 그러고 나서 이 질문을 해 주세요. 야곱은 하나님이 자신이 어려움에 처했을 때 응답해 주셨고, 그가 가는 곳이라면 어디든지 동행해 주셨다고 말했습니다.)

🙏 기도하기

우리 가족 한 사람 한 사람이 예수님을 믿게 해 달라고 하나님에게 간구하세요.

DAY 2

♥ 기억하기

어제 이야기 중에서 무엇을 기억하고 있나요? 오늘은 어떤 이야기가 있을 것이라고 생각하나요?

✝ 성경읽기 | 창세기 37장 1~4절

💬 깊이 생각하기

때때로 우리는 부모님이 하셨던 것과 똑같은 실수를 반복합니다. 오늘 이야기에서 야곱이 그랬습니다. 야곱이 어렸을 적에 아버지 이삭은 에서를 더 사랑했습니다. 우리는 야곱이 그런 어린 시절을 지나며 마음에 새긴 교훈이 있을 거라고 생각할 수도 있지만, 사실은 그렇지 않았습니다.

야곱은 그의 다른 아들들보다 요셉을 더 사랑했습니다. 그리고 요셉에게 특별한 옷을 주기까지 했습니다. 나머지 형들은 그런 야곱을 시기했지요. 심지어 분노했는데 그 이유는 아버지께서 그들에게는 특별한 옷을 주지 않았기 때문입니다. 게다가 요셉은 형들의 행동을 아버지께 말씀 드렸기 때문에 형들은 그를 고자질쟁이라고 생각했습니다.

🗨 이야기하기

우리가 요셉의 형들 중 한 명이었다면 어떻게 느꼈을까요?

(자녀들이 요셉 형들의 감정이 어땠을지 생각해 보고, 자신들이 요셉의 형들이 된 것처럼 생각하게 도와주세요.)

우리 마음에서도 똑같이 시기심이 나타날 수 있을까요?

(네. 성경은 갈라디아서 5:19~21에서 시기심을 조심하라고 경고합니다. 그리고 시기심이 심각한 죄이지만 얼마나 흔한 것인지를 보여줍니다.)

누군가를 시기했던 때를 기억할 수 있나요?

(시기심과 질투로 자녀들이 고민하고 있는 부분을 나누도록 해 주세요. 아마도 형제자매가 생일에 받았던 선물을 갖고 싶어 했던 때가 있었을 것입니다.)

🙏 기도하기

우리 주변 사람들을 시기하지 않게 해 달라고 하나님에게 도움을 구하세요.

DAY 3

♥ 예수님께 연결하기

오늘의 이야기가 예수님에 대한 것이며, 예수님을 가리킨다는 사실을 어떻게 알 수 있나요?

✝ 성경읽기 | 창세기 35장 9~12절

💬 깊이 생각하기

야곱이 벧엘에서 하나님에게 제단을 쌓은 후, 하나님은 야곱에게 하나님과 씨름했을 때 주셨던 새 이름을 기억 나게 하셨어요. 하나님은 그가 야곱이라는 이름을 사용하지 않고, 이스라엘이라는 이름을 사용하기를 원하셨습니다.

그때부터 모든 하나님의 백성은 그들에게 가족의 의미로 주어진 이스라엘이라는 이름을 사용했습니다. 그들을 가리켜 이스라엘 백성이라고 했습니다. 그들의 통치자를 이스라엘의 왕이라고 불렀습니다. 그리고 이스라엘 의 가장 위대한 왕은 예수님입니다. 이스라엘이라는 이름은 항상 이스라엘의 왕이신 예수님을 지칭합니다.

💬 이야기하기

하나님이 야곱에게 말씀하셨을 때 어떤 약속을 하셨나요?
(하나님은 아브라함과 이삭에게 약속했던 그 땅을 야곱에게 주시겠다고 약속하셨습니다. 또한 야곱을 위대한 나라 가 되게 하고, 왕들이 그로부터 나오게 할 것을 약속하셨습니다.)

하나님이 야곱에게 이스라엘이라는 새로운 이름을 주셨을 때, 생육하고 번성하라고 말씀하셨습니다. 그것이 무슨 의미인지 기억하나요? 그리고 하나님은 그 명령을 또 누구에게 주셨나요?
(많은 자손을 갖는 것을 의미합니다. 하나님은 그 명령을 아담에게 처음 하셨고, 홍수 후에 노아에게도 하셨습니다.)

오늘 이야기를 통해서 하나님에 대해서 배운 것은 무엇인가요?
(우리는 다시 한 번 하나님은 신실하게 약속을 지키시는 분임을 배웠습니다.)

🤚 기도하기

하나님에게 드릴 기도의 목록을 정리하는 시간을 잠시 가지세요. 그 목록을 정리하는 동안에, 신실하신 하나님을 온 가족이 찬양하세요.

DAY 4

♥ 기억하기

이번 주 성경 이야기를 통해서 하나님은 우리에게 무엇을 가르치시나요?

✝ 성경읽기 | 창세기 37장 5~10절

💬 깊이 생각하기

만약 형이나 누나는 빼고 나만 혼자 초콜릿이 가득 들어있는 가방을 선물로 받고, 심지어 그 가방 안에 있는 초콜릿을 혼자서 다 먹는 꿈을 꿨다면 여러분은 어떻게 할 건가요? 그 꿈을 형이나 누나한테 얘기한다면 그들은 어떤 느낌이 들까요? 아마도 그리 기분이 좋지는 않을 거예요. 차라리 그 꿈을 혼자서 간직하는 것이 더 나을지도 몰라요. 오늘 이야기에서 하나님은 요셉에게 두 가지 꿈을 주셨어요. 첫 번째는 곡식 단에 대한 것이고, 두 번째는 별들에 관한 것이었습니다. 두 꿈에서 요셉은 가족에게 둘러싸여 중심에 있었고, 형들은 그에게 절하고 있었습니다. 그런데 요셉은 그 꿈을 혼자서 간직하지 않고, 아무렇지도 않게 가족에게 알렸어요. 그래서 오히려 형들에게 시기와 질투하는 마음을 갖게 했고, 그를 더 미워하게 만들었습니다. 심지어 형들은 그를 꾸짖고 지적했습니다.

🗣 이야기하기

자녀들은 부모님께 어떤 사람을 시기하고 질투한 적이 있는지 질문하세요.
(부모님은 자신이 어떻게 자라왔는지 그리고 가족 중에 그런 경쟁상대가 있었는지 생각해 보세요.)

요셉의 꿈에 대해서 형들은 어떤 생각을 했나요?
(그의 꿈을 좋아하지 않았고, 모두 화가 많이 나고 질투심이 생겼습니다.)

누가 요셉에게 그런 꿈을 주었나요? (하나님이 요셉에게 그 꿈을 주셨습니다.)

요셉의 아버지는 왜 그 꿈을 마음에 새겨 두었나요? (왜 그것들에 대해서 더 깊이 생각했나요)?
(이스라엘(야곱)이 젊었을 때에 하나님이 그에게 말씀하셨습니다. 아마도 그는 하나님이 아들에게 무슨 말씀을 하셨을지 궁금했을 겁니다.)

오늘 이야기 이후에 요셉에게 나쁜 일이 벌어진다는 것을 배울 겁니다. 그 힘든 시간 동안 그 꿈 때문에 요셉은 어떤 도움을 받았나요?
(요셉은 그 꿈을 기억했습니다. 그리고 하나님이 그를 돕는다는 사실 때문에 힘을 얻었습니다.)

🙏 기도하기

하나님에게 나의 형제나 자매, 그리고 친구들을 사랑하도록 도와달라고, 사랑과 존중으로 대할 수 있게 해 달라고 간구하세요.

DAY 5

♥ 발견하기

오늘 우리는 시편이나 예언서를 통해서 예수님에 대해서 무엇을 배울 수 있는지를 살펴봅니다.

📖 성경읽기 | 창세기 49장 1~2절, 8~10절

💬 깊이 생각하기

야곱이 늙어서 죽음이 가까워오자 그는 아들들을 한자리에 불렀습니다. 그들이 나이가 들면서 어떤 일이 일어날지를 말해주기 위해서였지요. 우리는 이미 예수님이 언젠가 유다 지파에서 출생하실 것이라는 사실을 들었지요. 이제 야곱이 유다에게 하는 말을 들어 봅시다.

야곱은 유다에게 홀(왕이 손에 들고 있는 것)이 유다를 떠나지 않을 것이라고 말합니다. 그것은 유다의 후손들에게서 항상 왕이 배출된다는 것을 의미합니다. 성경은 또한 서로 다른 모든 민족이 그에게 순복하게 될 것이라고 말합니다. 그는 모든 나라의 통치자가 될 것입니다. 예수님은 야곱이 하늘의 보좌에 앉아서 세상을 통치하실 분으로 언급한 왕입니다. 예수님은 그분의 보좌에서 영원히 통치하실 것입니다.

💬 이야기하기

야곱이 말한 온 세상을 통치하는 왕은 누구인가요?
(예수님이 유다 지파 출신의 그 왕이십니다.)

야곱은 어떻게 그의 아들들의 미래에 일어날 일을 알 수 있었나요?
(하나님이 야곱에게 전할 말들을 주셨습니다.)

야곱은 유다가 어떤 동물과 같이 될 거라고 얘기했나요? (사자의 새끼)

(요한계시록 5:5을 읽으세요.) 야곱이 유다에게 해준 말과 어떤 것이 일치하나요?
(요한계시록 5:5은 예수님을 '유다 지파의 사자' 라고 합니다.)

🤲 기도하기

예수님을 보내서서 우리를 구원할 하나님의 계획을 이루시고, 영원한 우리의 왕이 되게 해 주신 것을 감사드리세요.

Joseph Is Attacked by His Brothers
요셉이 형들의 공격을 받다

성경을 읽기 전에, 낡거나 오래되어 입지 못하는 셔츠 중 한 장을 아이들 몰래, 다음과 같이 준비하세요: 여러 조각으로 찢으세요. 케첩이나 붉은 빛이 나는 음식으로 문질러서 더럽혀 주세요. 그리고 마를 때까지 한 쪽에 두세요. 그런 후 자녀들을 한자리로 불러 모아 이렇게 물어보세요. "얘들아, 참! 예전에 아빠가(혹은 엄마가) 상어에게 공격을 받았던 거 알고 있지? 아빠가 그 얘기 해주지 않았니?" 하고요. 상어가 덮쳐서 셔츠를 갈기갈기 찢었을 때 어떻게 그 위기를 탈출하려고 물속에서 헤엄쳤는지 얘기해 주세요. 자녀들을 잠시 기다리게 하고 찢어 놓은 셔츠를 가져 오세요. 그것이 증거라고 보여주면서 자녀들이 상어 모험담을 진짜로 믿는지 물어보세요. 끝에는 꼭, 상어 이야기는 지어낸 것이라고 말해주세요. 아이들에게 보여준 찢어진 셔츠가 그 이야기를 진짜라고 믿는 데 효과적이었는지도 물어보세요. 이것은 이번 주에 우리가 배우게 될 교훈에 도움이 되는 예시가 되어야만 해요. 특히 요셉의 형들이 아버지를 속이는 부분에서 더욱 그렇습니다.

DAY 1

♥ 상상하기

우리 각자를 경찰청 형사라고 상상해 봅시다. 어느 날 한 남자의 시체가 발견되었다는 신고 전화를 받습니다. 우리는 죽은 남자의 아파트로 가서 조사를 합니다. 그 집에 도착했을 때, 남자가 계단 아래에 쓰러져 있는 것을 발견합니다. "불쌍한 사람, 자기 옷에 걸려 넘어져 저기로 굴러 떨어졌고, 테이블에 머리를 부딪쳤군." 함께 간 동료 경찰관 중 한 명이 테이블에 묻어 있는 작은 혈흔을 가리키면서 말합니다. 그러나 우리는 확신할 수가 없습니다. '왜 테이블이 계단 아래에 있었던 걸까? 창가 근처 카펫 위에서 테이블이 놓여 있던 흔적을 발견했을 때, 최근에 테이블이 옮겨졌다는 사실을 알아냅니다. 좀 더 자세히 살펴보고 나서 테이블에 남겨진 붉은 흔적이 혈액이 아니라는 사실도 찾아냅니다 — 그것은 케첩입니다!

그 사건과 관련된 보고서를 쓰면서, 함께 수사했던 동료 경찰관이 묻습니다. "이걸 사고였다고 보고해야 하나?" 그러면 우리는 대답합니다. "아니요! 이것은 사고가 아닙니다. 이 사건은 살인 사건이라고요. 냉장고에 있는 케첩 병에 분명히 살인자의 지문이 남아 있을 겁니다." 그리고 확신하건대, 병에 남아 있는 지문 덕분에 범행을 사고처럼 꾸미려고 했던 살인자가 누군지를 알게 됩니다. 오늘 이야기에서 요셉의 형들은 요셉을 죽일 계획을 세웠습니다. 그러고 나서 어떤 사람도 그들이 그런 짓을 했다는 사실을 모르게 하려고 감쪽같이 숨길 방법을 강구합니다.

✝ 성경읽기 | 창세기 37장 12~20절

💬 깊이 생각하기

이스라엘(하나님이 야곱에게 주신 이름이라는 것을 기억하세요.)은 아들 요셉을 불렀습니다. 그리고 요셉에게 그의 형들이 할 일을 하고 있는지 확인해 보라고 심부름을 보냈습니다. 형들은 요셉이 저 멀리서 오고 있다는 것을 알았습니다. 자신들이 무엇을 하고 있는지 항상 확인하려고 오는 어린 동생이 짜증났습니다. 그리고 아버지께서 요셉만을 편애하는 것이 화가 났습니다. 그들은 요셉의 꿈을 끝내버리기 위해서 그를 죽일 계획을 세웠습니다.

우리는 조심해야 합니다. 우리의 자랑 때문에 다른 사람들이 죄를 지을 수도 있습니다.

《● 이야기하기

형들은 처음에는 단지 요셉을 시기할 뿐이었습니다. 그런데 그들의 죄는 어떤 식으로 변했나요?
(시기심에서 시작했으나 점점 동생을 죽이고자 하는 증오심으로 확대되었습니다.)

죄에서 바로 돌아서지 않는다면, 죄는 얼마나 더 커지고 악화될 수 있을까요?
(네. 예를 들어 처음엔 그냥 화가 나지만 시간이 지나면서 누군가를 때리거나 물건을 집어 던지는 모습으로 변할 수 있습니다.)

단순히 화내는 것에서 시작해서 보다 심각한 어떤 행동으로 발전했던 경험이 있나요?
(부모님은 자녀들이 요셉의 형들과 같은 마음을 느껴보도록 도와주세요. 그리고 그들이 죄에서 돌아서지 않아서 어떤 결과가 나왔는지 생각해 보게 도와주세요. 만약 자녀들이 다른 누군가를 때렸다면, 그것이 아주 작은 죄에서 시작했다는 것을 확신할 수 있습니다.)

🫲 기도하기

우리가 작은 죄에서 돌이켜서 더 큰 죄를 짓지 않도록 하나님에게 도움을 구하세요.

DAY 2

♥ 기억하기

어제 이야기 중에서 무엇을 기억하고 있나요? 오늘은 어떤 이야기가 있을 것이라고 생각하나요?

📖 성경읽기 | 창세기 37장 21~30절

💬 깊이 생각하기

요셉이 멀리서 오고 있을 때, 형들 중 한 명인 르우벤이 나머지 다른 형제들이 요셉을 죽이는 어리석은 짓을 하지 않도록 타일렀습니다. 그는 형제들에게 요셉을 죽이지 말고 그냥 구덩이에 던져 넣으라고 했지요. 르우벤은 나중에 몰래 돌아와서 요셉을 구출해 낼 생각이었습니다. 형제들은 르우벤의 말을 들었고, 어린 동생을 구덩이에 던져 넣었습니다. 그때에 르우벤은 잠시 자리를 떠나 있었습니다. 성경에서는 왜 그가 자리를 떠났는지를 말하지 않지만 어쩌면 요셉을 구덩이에서 끌어낼 막대기나 끈을 구하러 갔을 수도 있습니다.

나머지 형제들은 점심을 먹으려고 앉아 있었고 요셉을 어떻게 할지 의논했습니다. 유다가 나머지 형제들에게 요셉을 죽이는 대신에 물건을 팔러 여러 곳으로 다니는 상인들에게 노예로 팔자는 제안을 했습니다. 얼마 후 르우벤이 돌아와서 요셉이 사라진 것을 알았을 때, 너무나 슬퍼서 옷을 찢었습니다. 그의 구출 계획은 실패했습니다.

💭 이야기하기

우리가 요셉이라면 어떻게 했을까요?
(자녀들이 오늘 이야기를 자신이 처한 상황으로 이해하도록 도와주세요. 어떤 것도 잘못된 답은 없습니다.)

하나님은 요셉을 어떻게 보호하셨나요?
(형들 모두가 요셉을 죽이려고 하지는 않았습니다. 그들 중 몇은 요셉에게 해를 가하지 않도록 나머지 형제들을 설득할 수 있었습니다.)

하나님은 왜 요셉을 이집트에 노예로 팔려가게 하셨나요?
(하나님이 요셉을 이집트에서 어떻게 사용하시는지는 아직 읽지 않았습니다. 자녀들이 그 내용을 아직 모른다면 앞으로 무슨 일이 벌어지는지 말하는 것을 잠시만 미뤄두세요. 때때로 하나님은 선한 것을 위해서 악한 것을 사용하시기도 한다는 사실만 말해 주세요.)

🤲 기도하기

화난 형들에게서 요셉을 보호하신 하나님에게 감사하세요.

DAY 3

♥ 예수님께 연결하기

오늘의 이야기가 예수님에 대한 것이며, 예수님을 가리킨다는 사실을 어떻게 알 수 있나요?

✝ 성경읽기 | 마태복음 27장 1~10절

💬 깊이 생각하기

오늘은 요셉의 이야기를 잠시 쉬고 예수님에 대한 이야기를 읽을 것인데, 그분도 배신을 당하셨어요.
요셉의 삶과 예수님의 삶이 어떤 면에서 비슷한지 알고 있나요? 요셉은 형들에게 붙들려서 구덩이에 던져졌습니다. 예수님은 그분의 백성들에게 체포되었고 죽음으로 내몰리셨습니다. 요셉은 이스라엘의 아들들, 즉 그의 형제들에게 은 이십 개에 배신당했습니다. 마태는 예수님 또한 은 삼십 개에 이스라엘의 아들들 중 한 명인, 그분의 제자 유다에게 배신당했다고 말합니다.
비록 이 이야기들이 처음엔 너무나 슬프지만, 하나님은 요셉과 예수님 모두를 그분의 백성을 구원하시는 데 사용하셨습니다. 예수님은 우리 죄 때문에 십자가에서 죽으심으로 우리를 구원하셨습니다. 다음 주에는 하나님이 요셉을 사용하셔서 어떻게 이스라엘을 구원하시는지를 보게 될 겁니다.

《● 이야기하기

예수님과 요셉은 어떤 면에서 비슷한가요?
(가까운 사람들한테 배신당했습니다.)

유다는 그가 받은 은 삼십 개 때문에 행복했나요?
(아니요. 돈은 결코 진정한 행복을 가져다주지 못합니다. 유다는 결국 자살했습니다.)

하나님은 우리의 선함을 위해서 유다가 행한 악한 일들을 어떻게 사용하셨나요?
(결국 예수님은 십자가에 오르셔서 죽임을 당하셨습니다. 그것은 매우 악한 것 같았습니다. 그러나 예수님은 우리의 죄 때문에 우리가 받아야 할 죄의 대가를 십자가에서 다 치루셨습니다. 그래서 우리는 천국에 갈 수 있습니다. 그것이 하나님이 예수님의 죽음을 사용하셔서 우리에게 선을 행하신 방법입니다.)

🙏 기도하기

세상의 다른 어떤 것보다, 어떤 사람보다 더 예수님을 사랑하게 해 달라고 하나님에게 간구하세요.

DAY 4

♥ 기억하기

이번 주 성경 이야기를 통해서 하나님은 우리에게 무엇을 가르치시나요?

✝ 성경읽기 ┃ 창세기 37장 31~36절

💬 깊이 생각하기

우리가 어떤 죄를 덮어 버릴 때 그것 때문에 다른 사람이 죄를 지을 수 있다는 사실을 생각해 본 적 있나요?
엄마가 분명히 쿠키를 먹지 말라고 말씀하셨는데도 쿠키를 먹었다고 해 봅시다. 그리고 나서 다른 방으로 도망칩니다. 그 상황에서 첫 번째 죄는 엄마 말씀에 불순종한 것입니다. 두 번째 죄는 그 행동을 숨긴 것입니다. 만약 엄마가 "방에서 뭐하고 있니?" 라고 물으신다면, 다시 한 번 거짓말하는 죄를 짓게 될 상황에 처하는 겁니다. 엄마 몰래 먹느라 급하게 쿠키를 먹었겠지요. 그러면 엄마가 부르셔서 부엌으로 돌아왔을 때 엄마는 입 주변에 쿠키 가루가 묻어 있는 것을 금세 알아차리시겠지요. 우리는 얼마나 여러 번 엄마의 질문에 거짓말을 하게 될까요?
요셉의 형들은 동생에게 한 일을 감추려고 계속해서 거짓말을 해야 했습니다.

《● 이야기하기

자녀들은 부모님에게 죄를 감추려고 거짓말을 한 경험이 있는지 물어 보세요.
(부모님은 자녀들이 부모 또한 죄인임을 아는 것이 중요하다는 사실을 기억해 주세요. 어린 시절 기억이 잘 나지 않는다면, 이제껏 살아오면서 잘못을 감추기 위해서 거짓말을 했던 기억이 적어도 한두 번은 있을 겁니다. 그것을 나눠 주세요.)

죄는 왜 또 다른 죄를 일으키나요? (일단 죄를 지으면, 그 죄를 감추려고 계속해서 죄를 짓게 됩니다.)

요셉의 형들은 자신들의 죄를 감추려고 어떤 거짓말을 했나요?
(그들은 요셉의 옷을 찢고, 그들의 양들 가운데 한 마리를 죽였으며, 요셉이 야생 동물의 공격을 받아 죽었다는 거짓 이야기를 지어냈습니다.)

우리는 어떤가요? 우리가 했던 잘못을 감추려고 거짓말을 해 본 적이 있나요?
(부모님은 이 부분에서 자녀들이 요셉의 형들과 같은 입장에서 생각하도록 도와주세요.)

🤲 기도하기

죄를 짓지 않도록 하나님에게 도움을 요청하세요. 만약 죄를 지었다면, 그 죄를 감추려고 또 다른 죄를 짓지 않게 해 달라고 간절히 기도하세요.

DAY 5

♥ 발견하기

오늘 우리는 시편이나 예언서를 통해서 예수님에 대해서 무엇을 배울 수 있는지를 살펴볼 거예요.

✝ 성경읽기 | 민수기 24장 15~17절

💬 깊이 생각하기

선지자 발람이 하나님의 말씀과 지극히 높으신 그분의 지혜를 들었습니다. 그러고 나서 이스라엘에서 한 왕이 나온다는 오늘 성경에 기록된 예언을 했습니다. 발람이 하나님의 적을 무찌르는 자로 예언하는 왕은 다윗 왕입니다. 그러나 이 예언과 정복하는 왕의 모습은 예수님을 나타내는 복선입니다. 예수님은 죽음 그 자체를 이기시고 최후 승리를 이루실 때까지 모든 적을 발 아래에 두실 것입니다(고린도전서 15:22~26을 보세요).

💬 이야기하기

발람의 예언에서 말하는 왕은 누구인가요?

(거인 골리앗을 죽인 다윗 왕입니다.)

어떻게 이 예언은 우리에게 예수님을 기억나게 하나요?

(예수님 또한 이스라엘에서 나오는 왕이십니다. 예수님은 죄와 사망의 적들을 물리치셨습니다.)

발람은 한 별에 대해서도 말합니다.(요한계시록 22:16을 읽으세요.) 계시록의 저자는 그 별이 누구라고 말하나요?

(예수님은 광명한 새벽별이신데 다윗의 계통에서 나오신 분입니다.)

🤲 기도하기

광명한 새벽별, 예수님을 보내주신 하나님을 찬양하세요.

Joseph Interprets the Dreams
요셉이 꿈을 해석하다

자녀들이 꾸었던 꿈에 대해서 말할 기회를 주세요. 또한 부모님도 기억나는 꿈의 일부를 함께 나눠주세요. 어쩌면 보물을 찾는 꿈을 꾸다가 너무나 진짜 같아서 부자가 된 기분으로 잠을 깨기도 했을 겁니다! 성경에서 하나님은 사람들에게 무엇인가 말씀하시고자 할 때 때때로 꿈을 사용하셨다는 사실을 설명해 주세요.

이번 주는 하나님이 요셉에게 사람들의 꿈을 해석할 수 있는 놀라운 능력을 어떻게 주셨는지 배우게 될 거라고 말해 주세요.

DAY 1

♥ 상상하기

상상해 보세요. 여러분이 친구 둘과 함께 가게로 들어갔는데 친구들이 막대 사탕을 몰래 집어 슬쩍 주머니에 넣는 거예요. 그 친구들이 세 번째 막대 사탕을 집어서 내밀면서 "빨리, 주머니에 넣어. 그리고 여기서 나가자!" 고 한다면, 여러분은 어떻게 할 건가요? 친구들에게 "계산하지 않고 물건을 가져가는 것은 도둑질이니 그렇게 하지 않을 거야!" 라고 말하기도 전에 그들이 세 번째 사탕을 주머니에 넣었다고 가정해 봅시다.

가게를 나오자마자, 가게 주인이 뒷덜미를 잡고 주머니를 뒤져서 훔친 막대사탕을 꺼낼 것 같은 느낌이 들겠죠. 주인은 여러분이 아무리 훔치지 않았다고 말한들 그것을 믿어줄까요?

가끔 사람들은 자신이 저지르지 않은 일로 고소와 비난을 받습니다. 그것이 오늘 이야기에서 요셉에게 일어난 일입니다. 요셉은 그 일로 감옥에 갇히게 됩니다.

📖 성경읽기 | 창세기 39장

(자녀들에게 읽어 주기 전에 먼저 생각해 볼 것이 있습니다. 보디발의 아내가 요셉에게 말한 "나와 함께 침실로 가요" 또는 "나와 동침해요" 라는 표현 때문입니다. 아직 나이가 많이 어린 자녀들에게는 보디발의 아내가 남편에게 정직하지 않았다는 정도만 설명해도 충분합니다.)

💬 깊이 생각하기

요셉의 삶을 읽을 때 발견하는 것 중 한 가지는 '좋은 소식과 나쁜 소식' 을 모두 가지고 있다는 점입니다. 즉, 그가 좋은 소식을 들을 때마다 머지않아 나쁜 소식이 뒤따라 왔다는 뜻이에요.

요셉은 아버지가 가장 사랑하는 아들이었습니다. 그것은 좋은 소식입니다. 나쁜 소식은 형들이 아버지의 편애를 받는 그를 질투했고, 그것 때문에 그를 죽이고자 했다는 것입니다. 이어지는 좋은 소식은 형들 중에서 그런 행동을 막아서는 이가 있었고, 요셉을 구출하려고 했다는 것입니다. 하지만 나쁜 소식은 구하려는 형이 한 발 늦었고 요셉은 이미 노예로 팔려간 것입니다. 또한 요셉이 부자이고 아주 훌륭한 직업을 가진, 하나님이 번성케 하신 사람에게 팔려간 것은 좋은 소식입니다. 그러나 더 나쁜 소식은 요셉을 노예로 산 그 부자의 아내가 요셉이 죄를 저질렀다고 거짓말하고 고소해서 요셉이 감옥에 갇히게 된 것입니다.

이 젊은이에게 좋은 일들이 일어나고 있다고 생각하는 그 순간, 무엇인가 안 좋은 사건이 다시 일어나고 있습니다. 그러나 모든 시험 가운데서, 하나님은 그의 삶을 위한 계획을 가지고 계셨습니다.

💬 이야기하기

왜 보디발은 요셉을 좋아했고 그에게 집안의 모든 책임을 맡겼나요?
(보디발은 하나님이 요셉과 함께 하고 계심을 알았습니다. 그리고 요셉이 하는 일마다 성공적이었습니다.)

보디발의 아내가 요셉이 죄를 짓게 만들려고 했을 때 그는 어떻게 했나요?
(요셉은 보디발의 아내와 함께 있는 것을 거절했습니다. 왜냐하면 그녀는 주인의 아내였기 때문입니다. 결국, 그는 도망쳤습니다.)

요셉은 왜 감옥에 갇히게 되었나요?
(보디발의 아내는 요셉이 남편에게서 자신을 빼앗으려고 했다고 거짓말을 했기 때문입니다.)

하나님은 감옥에 갇힌 요셉에게 어떤 복을 주셨나요?
(요셉이 보디발의 집에서 일을 했을 때처럼 복을 주셨고, 그가 하는 모든 일이 성공할 수 있도록 하셨습니다.)

🙏 기도하기

요셉이 감옥에 갇혔을 때에도 그를 보호하신 하나님에게 감사하세요.

DAY 2

♥ 기억하기

어제 이야기 중에서 무엇을 기억하고 있나요? 오늘은 어떤 이야기가 있을 것이라고 생각하나요?

✝ 성경읽기 | 창세기 40장

💬 깊이 생각하기

대부분의 사람은 자신이 하지도 않은 일 때문에 감옥에 갇힌다면 낙망하고 좌절할 것입니다. 그러나 요셉은 그러지 않았습니다. 계속해서 하나님을 신뢰했고, 그곳에서 나갈 방법을 찾으려고 기회를 모색했습니다.

애굽 왕의 술 맡은 자가 자신의 꿈의 의미를 말해 줄 사람을 찾고 있을 때, 요셉은 그 꿈에 담긴 모든 의미를 하나님이 알려주신 대로 이야기해 주었습니다. 그리고 술 맡은 자에게 나중에 애굽 왕에게로 돌아갔을 때 자신에 관해서 좋은 말을 해 줄 것을 부탁했습니다. 그러나 술 맡은 자는 감옥에서 석방된 후에 요셉을 잊어버렸습니다. 결국 요셉은 감옥에 남았지요. 비록 그렇게 되었지만 요셉은 믿음을 잃지 않았고, 하나님을 계속해서 예배했습니다.

🗣 이야기하기

애굽 왕은 왜 술 맡은 자와 빵 굽는 자를 감옥에 가두었나요?
(애굽 왕은 그들에게 화가 났기 때문이었습니다.)

술 맡은 자와 빵 굽는 자에게 누가 꿈을 꾸게 하셨나요?
(하나님이 그들에게 꿈을 주셨습니다.)

요셉이 말한 것을 보면서 그가 여전히 하나님을 따르고 있다는 사실을 어떻게 알 수 있나요?
(요셉이 그들의 꿈에 대해서 얘기할 때, 그들이 하나님에게 주목하도록 했습니다.)

✊ 기도하기

삶에서 어떤 힘든 일과 맞닥뜨리더라도 요셉처럼 하나님을 따를 수 있게 도와달라고 간구하세요.

DAY 3

♥ 예수님께 연결하기

오늘의 이야기가 예수님에 대한 것이며, 예수님을 가리킨다는 사실을 어떻게 알 수 있나요?

✝ 성경읽기 | 창세기 41장 1~14절

💬 깊이 생각하기

직접 하지도 않은 일 때문에 2년 동안 감옥에 갇혀 있는 것을 상상이나 할 수 있을까요? 그것이 요셉에게 일어난 일이었어요. 그러나 하나님은 계획을 가지고 계셨습니다. 하나님은 요셉을 사용하셔서 곧 다가올 끔찍한 기근에서 이스라엘을 구할 계획이었죠. 이스라엘을 구하는 것은 매우 중요합니다. 왜냐하면 언젠가 예수님이 이스라엘의 가문에서 태어나시기 때문입니다.

하나님은 요셉을 감옥에서 나오게 하시려고, 애굽 왕에게 오직 요셉만 해석할 수 있는 꿈을 주셨습니다. 술 맡은 자는 요셉을 기억해 냈고, 곧 요셉은 감옥에서 나오게 됩니다. 그는 깨끗하게 씻었고, 새 옷을 입었습니다. 하나님은 요셉을 감옥에서 나오게 하심으로써, 이스라엘 민족을 기근에서 구원하십니다. 그리고 이스라엘을 구원하심으로써 예수님이 태어나시고, 우리가 구원 받을 수 있게 되었습니다.

《● 이야기하기

하나님은 왜 요셉을 구하셨나요?

(하나님은 요셉을 구하셨고, 요셉은 이스라엘 민족을 기근에서 구했습니다. 그리고 예수님이 이스라엘 가문에서 태어나게 됩니다.)

하나님은 요셉에게 어떻게 신실하셨나요?

(간단히 말하면, 하나님은 요셉을 감옥에서 구원해 내셨습니다. 그러나 보다 깊이 생각한다면, 하나님은 요셉을 사용하셔서 이스라엘 민족을 구하십니다. 그리고 그것은 예수님이 태어나실 수 있게 되었다는 것을 의미합니다. 예수님은 언젠가 요셉의 죄를 위해서 죽으실 것이고 그는 그것 때문에 천국에 갈 수 있습니다.)

요셉은 하나님이 감옥에서 나가게 해 주실 것을 믿었습니다. 우리는 하나님을 향해서 어떤 믿음을 가져야 하나요?

(먹을 것, 입을 것, 그리고 우리 삶에 필요한 모든 것에 대해서 하나님을 믿어야만 합니다.)

🤲 기도하기

요셉처럼 삶에서 어려움이 생겼을 때에도 하나님을 신뢰할 수 있게 해 달라고 기도하세요.

DAY 4

♥ 기억하기

이번 주 성경 이야기를 통해서 하나님은 우리에게 무엇을 가르치시나요?

✝ 성경읽기 | 창세기 41장 15~36절

💬 깊이 생각하기

기근은 모든 사람에게 먹을 것이 충분하지 않은 때입니다. 기근은 보통 오랜 기간 비가 내리지 않아서 일어나지요. 비가 내리지 않는다면 식물들이 자랄 수 없고, 식물들이 자라지 않으면 동물들도 먹을 것이 없어서 죽게됩니다. 동물들과 식물들이 죽는다면, 사람들 또한 죽게 되지요. 왜냐하면 사람들도 먹을 것이 없어지기 때문입니다.

요셉이 애굽 왕에게 경고했던 그 기근은 7년 동안이나 지속될 것이었습니다. 하나님이 요셉을 통해서 애굽 왕에게 경고하지 않으셨다면, 이집트의 모든 사람은 죽었을 것입니다.

◀ 이야기하기

자녀들은 부모님에게 우리 집에 저장해 둔 음식만으로 얼마나 오랜 시간 버틸 수 있을지 질문해 보세요.
(부모님은 얼마나 버틸 수 있는지 계산해 보세요. 그리고 나서 7년 동안 살아남기 위해서 필요한 음식물은 얼마나 많은 공간을 차지할지 예상해 보세요.)

기근이란 무엇인가요? (기근은 먹을 음식이 충분하지 않은 때를 의미합니다.)

하나님은 왜 애굽 왕에게 꿈을 주셨나요?
(하나님은 기근에 대해서 경고하시고 이집트와 이스라엘 백성을 구원하시려고 애굽 왕에게 꿈을 주셨습니다. 그 내용은 다음 주에 보게 될 것입니다.)

요셉이 애굽 왕에게 그 꿈의 의미를 말해준 후에 어떤 조언을 했나요?
(요셉은 애굽 왕에게 기근 동안 백성들에게 먹을 것을 공급하기 위해서 풍년에 많은 양의 식량을 저장할 방법을 이야기했습니다.)

🙏 기도하기

우리가 매일 먹을 수 있도록 공급해 주시는 하나님에게 감사하세요.

DAY 5

♥ 발견하기

오늘 우리는 시편이나 예언서를 통해서 예수님에 대해서 무엇을 배울 수 있는지를 살펴볼 거예요.

✝ 성경읽기 | 이사야 42장 5~9절

💬 깊이 생각하기

이사야는 하나님의 선지자들 가운데 한 명입니다. 그것은 그가 백성들에게 전할 메시지를 하나님에게서 받았다는 의미입니다. 오늘 읽은 이사야서 본문에는 몇 가지 멋진 언약이 담겨 있습니다. 그 언약은 우리에게 예수님을 보여줍니다.

이 언약에서 이사야는 하나님이 보내주시는 종은 눈먼 자들의 눈을 뜨게 하실 것이라고 말합니다. 예수님이 그렇게 하셨습니다. 이사야는 또한 하나님의 종이 모든 나라의 빛이 될 것이라고 말했습니다. 예수님은 "나는 세상의 빛이니" (요 8:12)라고 말씀하셨습니다. 어둠 속에서 길을 보게 해주는 손전등 불빛은 예수님이 무엇을 하셨는지를 이해하는 데 아주 조금이나마 도움이 됩니다. 우리의 죄는 어둠입니다. 그리고 예수님은 진리의 빛을 비추셔서 우리가 어둠을 벗어나 그분과 함께 천국으로 가도록 인도해 주십니다.

예수님은 또한 우리를 죄의 감옥에서 자유롭게 하시려고 오셨습니다. 그리고 우리에게 그분의 의로움을 주셨는데, 그것은 그분은 죄가 없으시다는 것을 의미합니다.

💬 이야기하기

이사야는 예수님이 이 땅에 오시기 훨씬 전이었음에도 불구하고 어떻게 그분에 대해서 알 수 있었나요?
(비록 이사야가 성경을 쓰고 있었지만 하나님이 이사야를 도우셨고, 그에게 기록할 말들을 생각나게 하셨습니다.)

예수님은 어떻게 모든 나라의 빛이 되시나요?
(예수님은 이스라엘 민족만을 구원하시러 이 땅에 오신 게 아닙니다. 하나님이 아브라함과 이삭과 야곱에게 하신 약속을 기억하나요? 하나님은 모든 나라가 그들을 통해서 복을 받게 될 것이라고 약속하셨습니다. 그래서 예수님은 모든 나라의 모든 사람을 위해서 죽으셨습니다. 그래서 우리의 모든 죄가 용서받았습니다.)

감옥에서 나온 요셉의 이야기는 이사야의 예언과 어떻게 연결되나요?
(이사야의 예언에서 하나님은 구원 계획의 일부로 지하 감옥에서 갇힌 자들을 구원해 내시겠다고 하셨습니다. 이번 주 우리가 본 이야기에서 하나님은 요셉을 감옥에서 나오게 하셨습니다.)

🙏 기도하기

우리의 빛으로, 하나님의 방법을 우리에게 보이시는 분으로 예수님을 보내주신 하나님에게 감사하세요.

God Provides for the Israelites in Famine
하나님이 기근 중에 이스라엘 민족에게 공급하시다

사탕이나 다른 물건(가능하면 사탕이나 과자 중에서 건포도처럼 작은 알갱이로 된 것을 사용하세요)이 담긴 봉지를 준비하세요. 일주일 동안 매일 자녀들에게 똑같은 양을 먹도록, 각자의 이름이 적혀 있는 컵에 담아서 나눠 주세요(다음 주면 요셉 이야기를 끝마치게 될 것입니다). 자녀들이 하루에 얼마나 먹을지, 그리고 얼마나 남겨 둘지를 정하게 해 주세요. 그 전에 자녀들에게 일주일 동안만 이 선물을 줄 거라고 알려 주세요. 일주일이 다 지나갈 때를 대비해서 조금씩 모아 두라고도 얘기해 주세요.

다음 주에 자녀들이 각자의 컵에 얼마만큼 모아 두었는지를 확인해 주세요. 그리고 일곱 개로 나눠 주세요. 다음 한 주간 그들이 모아 둔 것들을 7분의 1씩씩 먹게 해 주세요. 보다 많이 저장해 둔 아이는 다른 자녀보다 매일 더 많은 양을 먹을 수 있을 겁니다.

그리고 얘기해 주세요. "이번 주에 너희들은 하나님이 그분의 백성들을 극심한 기근 동안에 어떻게 돌보셨는지를 배우게 될 거야."

DAY 1

♥ 상상하기

그다지 좋아하는 음식이 아니라서 먹을 것을 거절해 본 적이 있나요? 우리가 살고 있는 이 세상 대부분의 사람들에게는 골라서 먹을 수 있을 만큼 다양한 음식이 있는 건 아니랍니다. 그들은 갖고 있는 것을 먹어야만 합니다. 보통 거의 매일 똑같은 것을 먹습니다. 매일 먹는 음식이 똑같다고 불평하며 먹지 않는다면, 굶주리게 될 테고요. 그러면 머지않아서 아무 거라도 먹을거리가 있는 것만으로도 감사하다는 사실을 깨닫게 될 거예요.

기근이 왔을 때 이집트의 모든 사람은 7년 동안 곡물로 만들어진 빵만 먹어야 했습니다! 7년 동안 매일 같은 음식을 먹는다면 과연 어떨지 상상할 수 있나요?

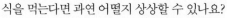

✝ 성경읽기 | 창세기 41장 38~57절

💬 깊이 생각하기

바로는 요셉이 자신의 꿈이 무슨 의미인지를 해석해 주어서 너무나 기뻤습니다. 요셉이 제시한 계획이 무척 마음에 들었고요. 그래서 요셉에게 이집트 전역을 책임지는 역할을 부여했습니다. 요셉은 매우 지혜로웠고 바로는 하나님이 요셉을 돕고 계시다는 것을 알았습니다(창 41:38~39). 요셉은 풍년에 남는 곡물을 모두 거두어 저장하고, 어떤 것도 낭비하거나 버려지지 않게 했습니다. 기근이 왔을 때 이집트는 많은 양의 식량을 비축할 수 있었어요. 이집트 사람들이 먹기에 충분한 식량뿐만 아니라 주변 나라 사람들에게 팔 수 있을 정도로 많은 양의 식량을 모아두었습니다.

온 나라의 사람들이 식량을 사려고 이집트와 요셉에게 모여들었습니다. 요셉이 곡물을 저장할 장소를 건축할 때 비웃던 사람들도 이제는 다른 사람들과 마찬가지로 곡물을 사려고 줄을 섰습니다. 그리고 요셉의 통찰력에 감사를 올렸습니다.

💬 이야기하기

매일 똑같은 빵을 먹기가 싫었던 그 사람들은 기근 동안에 무엇을 했나요?

(어쨌든 그것을 먹어야만 했습니다. 그렇지 않으면 굶어 죽을 것입니다.)

7년 동안 똑같은 것을 먹는다면 어떨까요?

(부모님은 자녀들이 깊이 생각하도록 도와주세요. 약간의 재미를 원한다면 자녀들이 좋아하지 않는 음식을 제시해 보세요. 그리고 기근 동안에 자녀들이 그 음식을 매일 먹어야만 한다고 말해 주세요.)

바로는 요셉이 그의 꿈을 올바르게 해석했다는 사실을 언제 깨달았을까요?

(비록 풍년일 때는 요셉이 옳다는 사실을 믿지 않았지만, 분명히 요셉에게 감사했습니다. 그리고 기근이 시작되자 비로소 그를 믿었습니다.)

🙏 기도하기

우리 가족에게 매일 먹을 것을 공급해 주시는 하나님에게 감사하세요.

DAY 2

🤍 기억하기

어제 이야기 중에서 무엇을 기억하고 있나요? 오늘은 어떤 이야기가 있을 것이라고 생각하나요?

✝ 성경읽기 | 창세기 42장

💬 깊이 생각하기

야곱은 극심한 기근 때문에 필요한 식량을 사러 아들들을 이집트로 보내야만 했습니다. 요셉은 형들을 보자마자 알아봤습니다. 형들이 절할 때 요셉은 하나님이 주셨던, 형들의 곡식 단이 자신의 것에 절하는 꿈을 떠올렸습니다.

요셉은 형들을 알아봤지만 형들은 그가 누군지를 알아차리지 못했습니다. 요셉은 그들을 환영하는 대신 호위병들에게 그의 형들이 정탐꾼이니 감옥에 가두라고 명령했습니다. 그리고 3일 후에 그들을 석방했습니다. 그는 형들이 동생인 요셉에게 했던 대로 하나님이 심판하고 계시다고 서로 이야기하는 것을 엿들었습니다. 마침내 요셉의 형들은 고향으로 돌아가게 되었지만 그들의 돈주머니가 그대로 곡물 자루 위에 놓여 있는 것을 보고서 몹시 두려워했습니다.

🗨 이야기하기

요셉의 형들은 왜 요셉을 알아보지 못했나요?
(요셉은 어른이 되었고, 왕처럼 차려 입고 있었기 때문입니다.)

요셉은 왜 형들의 곡물 자루에 돈을 넣어 두었나요?
(요셉은 형들이 자신에게 했던 행동이 옳지 않았다는 사실을 깨닫게 하고 싶었습니다.)

곡물 자루를 열어보고 그 위에 돈주머니가 놓여 있는 것을 발견한 형들은 무슨 생각을 했을까요?
(두려웠고, 어떻게 할지 몰랐습니다. 그들은 자신들이 정직하다는 사실을 증명하고, 이집트에 남은 시므온을 데려와야 하기 때문에 반드시 베냐민과 함께 돌아가야만 했습니다. 그러나 이집트에 돌아갔을 때 어쩌면 돈을 훔친 죄로 체포되어 감옥에 갇힐 수도 있는 상황이었습니다.)

🙏 기도하기

요셉의 형들처럼 자신의 죄를 감추지 않고 그것을 드러낼 수 있게 해 달라고 하나님에게 도움을 구하세요.

DAY 3

♥ 예수님에게 연결하기

오늘의 이야기가 예수님에 대한 것이며, 예수님을 가리킨다는 사실을 어떻게 알 수 있나요?

📖 성경읽기 | 창세기 43장

💬 깊이 생각하기

요셉의 형들이 이집트에서 구해 간 식량은 오래지 않아 다 떨어졌습니다. 그리고 식량이 더 필요했습니다. 무엇보다 기근은 이제 막 시작되었을 뿐입니다. 앞으로 7년 동안 지속될 것이었고요! 그들은 이집트로 돌아가는 것이 두려웠지만, 그러지 않으면 온 가족이 굶어 죽을 상황이었습니다. 야곱은 아들들에게 곡물 자루에 담겨 있던 돈을 돌려주라고 말했고, 특별한 선물들을 함께 가져가서 이집트 통치자에게 바치게 했습니다. 그리고 나서 아들들을 위해서 기도했습니다 : "전능하신 하나님이 너희에게 자비를 베푸시길."

어떤 사람이 자비를 구할 때는 용서를 구하는 것입니다. 요셉의 형들은 곡물 자루에 담겨 있던 그 돈을 훔친 것을 용서해 줄 이집트 통치자가 필요합니다. 그러나 그것보다 동생을 팔아버리고 아버지에게 거짓말을 한 것에 대한 하나님의 자비가 필요합니다. 오늘 이야기에서 우리는 요셉이 형들에게 자비를 베푼다는 것을 알게 됩니다. — 왜냐하면 하나님이 그들에게 자비를 베푸시기 때문입니다.

요셉의 가족에게 식량을 공급하는 것은 하나님의 계획이었습니다. 그렇게 함으로써 예수님이 그 형제들 중 한 명인 유다의 후손으로 태어날 수 있게 하셨습니다. 하나님은 요셉의 형들이 요셉에게 했던 행동 때문에 그들을 죽이실 수도 있었습니다. 그러나 그들을 용서하셨습니다. 그리고 언젠가 그분의 아들이신 예수님이 그들의 죄 때문에 죽으실 것을 알고 계셨습니다.

🗨 이야기하기

요셉의 형들은 왜 식량을 다 소진했나요?
(기근은 7년 동안이나 지속될 것이었습니다. 그들은 그 긴 시간을 지속할 만큼 충분한 식량을 가져 오지 못했습니다.)

누군가에게 자비를 베푼다는 것은 무엇을 의미하나요?
(자비를 베푼다면, 그것은 어떤 사람이 행한 잘못에 징계를 내리지 않고, 용서하겠다는 의미입니다. 하나님은 예수님을 보내서서 십자가에서 우리의 죄 때문에 죽게 하심으로 우리를 향한 그분의 자비를 보이셨습니다. 그래서 우리는 용서받을 수 있습니다.)

요셉은 어떻게 그의 형들에게 자비를 베풀었나요?
(요셉은 온 이집트의 책임자였습니다. 그는 형들이 자신에게 했던 행동의 대가로 벌을 내려서 남은 생애를 감옥에서 보내게 할 수도 있었습니다. 또한 식량을 주는 것을 거절할 수도 있었습니다. 요셉은 기근이 7년 동안 지속된다는 것을 알고 있었으니 그렇게 했으면 그들은 굶어 죽었을지도 모릅니다.)

🙏 기도하기

우리 죄의 대가로 징계를 내리실 수도 있는데 그렇게 하지 않으시고 자비를 베푸신 하나님에게 감사하세요.

DAY 4

♥ 기억하기

이번 주 성경 이야기를 통해서 하나님은 우리에게 무엇을 가르치시나요?

✝ 성경읽기 | 창세기 44장

💬 깊이 생각하기

오늘 성경 이야기에서 요셉의 형들은 더 많은 곡물을 사기 위해 다시 이집트로 돌아옵니다. 그들이 곡물을 가지고 집으로 돌아가려고 준비할 때, 요셉은 은잔을 베냐민의 곡물 자루에 숨기라는 명령을 내립니다(베냐민은 요셉의 가장 어린 동생이고 아버지의 사랑을 가장 많이 받았습니다. 그래서 요셉은 형들이 그를 남겨 두고서 떠나지 않을 것을 알았습니다). 형들이 고향으로 돌아가고 있을 때, 요셉은 부하들을 보내서 잔을 훔쳤다는 이유로 붙잡았습니다. 비록 형들이 지금 겪는 어려움은 그들이 요셉에게 저질렀던 일에 대한 대가로 하나님이 내리시는 벌이라고 믿었지만, 여전히 요셉에게 일어났던 일들에 대해서 사실대로 말하지 않았습니다. 대신에 잃어버린 동생에 대해서 말할 때, 그가 찢겨서 죽었다고 말했습니다(28절). 하나님이 삶을 올바르게 만들어 가신다는 것을 그들이 느끼면서도 계속해서 거짓말을 한다는 사실이 흥미롭지 않나요?

《💬 이야기하기

자녀들은 부모님에게 요셉의 형들이 진실을 말했어야 했는데 왜 그러지 않았는지 이유를 설명해 달라고 하세요.
(부모님은 진실을 말하는 것이 무엇인지, 그리고 진실을 말할 때 어떻게 하나님 앞에 진실해지는지를 설명해 주세요. 또한 자기 자신을 믿고 진실을 말하지 않을 때, 하나님에게 진실하지 않게 된다는 것을 가르쳐 주세요.)

그 잔이 담겨 있던 자루는 누구의 것이었나요? (베냐민의 자루였습니다.)

요셉은 왜 베냐민의 자루에 그 잔을 숨겼나요? (베냐민은 요셉의 가장 어린 동생이었습니다. 그리고 요셉은 형들이 베냐민을 두고선 고향으로 돌아가지 않을 것을 알았습니다.)

요셉의 형들에게는 진실을 말하는 것과 그들의 죄를 숨기는 것 중 어느 것이 더 중요했나요?
(그들은 자신들의 죄를 감추는 것에 더 많은 신경을 썼습니다.)

🤲 기도하기

모든 사람은 감추고 싶은 죄의 영역이 있는데 그것을 생각해 보고 나누세요. 그리고 예수님과 복음 안에서 정직하도록 하나님에게 도움을 구하세요. 그러면 우리의 죄로부터 자유로워질 것입니다(부모님이 먼저 시작하셔야만 합니다. 그리고 자녀들도 그렇게 할 수 있도록 도와주세요).

DAY 5

♥ 발견하기

오늘 우리는 시편이나 예언서를 통해서 예수님에 대해서 무엇을 배울 수 있는지를 살펴볼 거예요.

✝ 성경읽기 | 시편 100편

💬 깊이 생각하기

여러분의 이름이 멜기세덱(Melchizedek)이라는 긴 이름이라면 어떨까요? 한 번 생각해 보세요. 학교에 처음 갔을 때, 자기 이름 쓰는 법을 배워야만 하지요(우리말로는 짧지만 영어로는 길고 복잡해서 쓰기 힘든 이름입니다. ― 역자주). 멜기세덱은 열 한 개의 글자로 이뤄져 있습니다. 심지어 그중 아홉 개는 서로 다릅니다! 비록 멜기세덱은 말하고 쓰기에 어려운 이름이지만, 그에게는 특별한 것이 있어서 알아두어야 하는 중요한 인물입니다. 신약성경 히브리서의 기자는 멜기세덱의 삶이 우리에게 예수님을 나타내준다고 말합니다. 예수님처럼, 멜기세덱은 제사장이면서 또한 살렘(이 도시는 후에 예루살렘이 됩니다. 바로 여기에서 훗날 예수님은 왕이라는 칭송을 받습니다.)이라는 도시의 왕입니다. 그래서 멜기세덱이라는 긴 이름을 볼 때, 우리는 예수님을 생각하게 됩니다.

💬 이야기하기

왕은 무엇을 하는 사람인가요?(왕은 백성을 다스립니다. 멜기세덱과 예수님은 예루살렘을 다스리는 왕이었습니다.)

제사장은 무엇을 하는 사람인가요?(제사장은 백성을 대신해서 하나님에게 기도를 드립니다. 보통은 하나님에게 그들의 죄를 용서해 주시기를 간구합니다. 멜기세덱과 예수님은 둘 다 제사장입니다.)

히브리서 5:5~10을 읽으세요. 그것이 시편 100편과 예수님을 어떤 부분에서 관련되게 만드는지 찾아보세요.
(부모님은 자녀들이 시편 100편에 있던 단어들이 히브리서에서도 사용될 때 손을 들어서 말하게 해 주세요.)

🤲 기도하기

우리를 위해서 예수님을 영원한 제사장으로 있게 하실 하나님에게 감사하세요. 그것은 예수님은 항상 우리를 용서해 주시기를 하나님에게 간구하시는 분이라는 의미입니다.

Joseph Reveals Himself to His Brothers
요셉이 형들에게 자신을 드러내다

5×7 또는 7×8 사이즈의 가족사진 몇 장을 모아보세요. 그리고 그것들을 테이블에 나란히 두세요. 그 사진들을 2.5cm 크기의 정사각형 골판지 몇 개로 덮어 보세요. 마지막으로 각 사진이 누구의 것인지 추측할 수 있도록 한 두 장의 정사각형 골판지들을 제거해 힌트를 주세요(그래도 누구인지 맞히기가 어렵게 약간 불명확한 부분의 골판지들을 선택해서 제거하세요). 자녀들에게 사진 속 인물이 누구인지를 맞힐 수 있는지 확인해 보세요. 자녀들이 정확히 추측할 때까지 한 번에 하나씩 골판지를 제거하세요. 그리고 얘기해 주세요. "이번 주 너희들은 요셉이 어떻게 그의 형들에게 자신을 드러냈는지를 배우게 될 거야."

DAY 1

♥ 상상하기

자, 상상해 봅시다. 아빠가 저녁 먹을 시간에 딱 맞춰서 퇴근을 하셨어요. 온 식구가 식탁에 함께 앉았어요. 아빠는 평소처럼 정장용 셔츠를 입고 계시고, 넥타이도 메셨습니다. 식사 후 간식을 먹는데 아빠가 이제껏 우리에게 비밀로 간직해 왔던 아주 특별한 것을 보여 주겠다고 하시는 거예요.
갑자기 아빠가 셔츠를 찢어서 젖히자 단추들이 튕겨져 나갔고, 그 안에 슈퍼맨 의상이 보이는 거예요. 아빠가 사실은 자신이 진짜 슈퍼맨이라고 말씀하시고는 창문을 열고 하늘로 날아간다면, 우리가 얼마나 놀랄지 한 번 상상해 보세요. 아마도 요셉의 형들이 오늘 성경 이야기에서 겪게 될 충격만큼이나 놀라게 될 거예요.

✝ 성경읽기 | 창세기 45장 1~5절

💬 깊이 생각하기

지난주에는 이집트 통치자의 은잔이 막내 동생 베냐민의 자루에서 발견되어서 요셉의 형들이 이집트로 되돌아왔다는 내용을 배웠습니다. 요셉 앞에 선 그들은 자비를 구했습니다. 그러고 나서 앞으로 어떤 일이 벌어질지 전혀 알지 못한 채 요셉의 결정을 기다려야만 했습니다. 아마도 감옥에 갇히거나 죽음을 당할지도 모른다고 생각했을 겁니다. 그러나 그들 중 누구도 이후에 어떤 일이 벌어질지 전혀 예상하지 못했습니다.

요셉이 자기 자신이 누구인지를 드러냈을 때, 형들은 두려웠습니다. 베냐민의 자루에서 은잔이 발견된 것뿐만 아니라 노예로 팔았던 동생이 자신들의 운명을 결정하게 될 상황이었으니까요. 요셉은 그들을 죽일 수도 있었습니다.

🗣 이야기하기

요셉의 형들은 왜 이집트 통치자가 자신들의 동생이라는 사실을 알았을 때 두려워했나요?
(요셉은 그들 전부를 남은 생애 동안 감옥에 가둘 수도 있습니다. 요셉이 그들에게 복수할 것이라고 생각했을 수도 있습니다.)

요셉은 형들을 어떻게 대했나요?
(요셉은 형들이 자신에게 했던 일들에 대해서 복수하거나 응징하지 않고 자비를 베풀었습니다.)

요셉은 이 모든 것을 다스리는 분이 누구라고 말했나요?
(요셉은 하나님이 자신을 이집트로 보내셔서 기근 동안에 많은 생명을 살리게 하셨다고 이해하고 있습니다.)

🤲 기도하기

하나님이 도와주셔서 우리가 다른 사람들을 용서하게 해 달라고 기도하세요.

175

DAY 2

♥ 기억하기

어제 이야기 중에서 무엇을 기억하고 있나요? 오늘은 어떤 이야기가 있을 것이라고 생각하나요?

✝ 성경읽기 | 창세기 45장 16~28절

● 깊이 생각하기

오늘 이야기에서 놓친 한 가지 흥미로운 것이 있습니다. 요셉의 형들이 아버지께는 자신들이 동생에게 무슨 일을 했는지 절대 말하지 않았다는 사실입니다. 그랬기 때문에 야곱은 죽은 줄로만 알았던 아들 요셉이 여전히 살아있다는 사실을 믿기 어려웠습니다.

요셉은 형들을 완전히 용서했고 하나님이 이 모든 것을 계획하셨다고 확신했습니다. 그래서 결코 형들을 비난하거나 그들이 했던 일들 때문에 형들을 적대시하지 않았습니다.

《● 이야기하기

바로는 요셉의 가족을 어떻게 대했나요?

(바로는 무척 기뻐서 기근임에도 모든 좋은 것으로 요셉의 가족들이 이집트에 온 것을 환영했습니다. 그리고 매우 친절하게 대했습니다.)

요셉은 왜 그의 형들과 말다툼이나 논쟁을 하지 않았나요?

(성경은 우리에게 왜 요셉이 그렇게 하지 않았는지 말해주지는 않습니다. 그러나 충분히 추측할 수 있습니다. 자녀들이 어떻게 생각하는지 살펴보세요. 요셉은 형들이 저질렀던 일들 때문에 형제들이 서로 비난하며 말다툼하는 것을 원치 않았습니다. 그저 하나님이 하신 모든 일들로 인해서 모든 형제들이 즐거워하기를 원했을 뿐입니다.)

요셉의 아버지 야곱은 왜 요셉이 살아있다는 이야기를 처음엔 믿지 못했나요?

(나머지 아들들은 그에게 진실을 말하지 않았습니다. 야곱은 아들들이 가져온 피 묻은 옷을 보고선 요셉이 죽었다고 생각했다는 사실을 기억하세요.)

✋ 기도하기

내 자신의 죄를 숨기지 않고 고백하게 해 달라고 하나님에게 간구하세요.

DAY 3

♥ 예수님께 연결하기

오늘의 이야기가 예수님에 대한 것이며, 예수님을 가리킨다는 사실을 어떻게 알 수 있나요?

✝ 성경읽기 | 창세기 45장 6~15절

💬 깊이 생각하기

요셉의 고백 가운데 오늘을 위해서 이 부분을 남겨 두었습니다. 왜냐하면 오늘 읽은 내용에서 이 이야기가 예수님과 어떻게 연결되는지를 알 수 있기 때문입니다. 요셉은 하나님이 '당신들의 후손을 세상에 두시려고' 그를 이집트로 보내셨다고 말합니다.(우리말로는 '후손'이라고 번역한 영어 단어 'remnant'는 나머지 조각 또는 어떤 것의 남은 부분, 혹은 남은 자를 의미합니다.) 하나님은 기근이 시작될 거라는 것과 식량을 구하지 못하면 요셉의 온 가족이 죽게 될 것이라는 사실을 아셨습니다. 그래서 요셉을 먼저 이집트로 보내셨고 야곱과 그의 나머지 아들들이 기근 동안에 구조 받게 하셨습니다. 오래 전 하나님이 야곱과 그의 아버지 이삭, 그리고 할아버지 아브라함과 맺으신 언약 때문에 그들은 하나님에게 중요했습니다. 하나님이 '당신들의 후손'을 지키기를 원하셨다고 말했을 때, 요셉은 하나님이 먼 훗날 예수님이 아브라함의 집안에서 태어나셔야 하기 때문에 그 집안 자손들이 안전하기를 원하셨다는 것을 분명히 말하는 것입니다.

💬 이야기하기

요셉이 형들에게 말한 '당신들의 후손'은 결국 누구인가요?
(장차 아브라함의 후손으로 오실 예수님을 말하는 것입니다.)

하나님이 요셉을 이집트로 보내지 않으셨다면 어떤 끔찍한 일이 발생했을까요?
(야곱과 그의 모든 자녀를 포함해서 대부분의 사람이 죽었을 겁니다. 그것은 아브라함과 맺으신 하나님의 언약이 실패한다는 것을 의미합니다.)

비록 요셉의 형들이 그를 이집트로 가는 무역상들에게 노예로 팔았지만, 요셉은 자신을 이집트로 보낸 이는 누구라고 말했나요? (요셉은 자신을 이집트로 보낸 것은 그의 형들이 아니라 하나님이라고 말했습니다.)

🤲 기도하기

언제나 그분의 백성을 안전하게 지키시는 하나님에게 감사하세요. 그래서 훗날에 예수님이 이스라엘의 먼 후손으로 태어나시게 되었습니다.

DAY 4

♥ 기억하기

이번 주 성경 이야기를 통해서 하나님은 우리에게 무엇을 가르치시나요?

✝ 성경읽기 | 창세기 46장 1~7절, 26~30절

💬 깊이 생각하기

하나님은 다시 한 번 야곱에게 나타나셔서 그분의 언약을 반복해 주시고, 야곱이 느끼는 두려움을 잠잠케 해 주셨습니다. 하나님은 야곱에게 요셉이 그의 눈을 감게 할 것이라고 말씀하셨는데, 그것은 야곱이 죽는 순간 요셉이 거기에 함께 있을 것이라는 뜻이지요. 이제 확실히 야곱은 그의 아들이 살아있다는 것을 알게 되었습니다. 왕의 전차를 타고 온 요셉이 아버지 앞에 절하고 일어나 서로 얼싸안고 우는 모습을 보는 것은 정말 놀라운 일이었습니다. 요셉은 야곱이 가장 사랑해서 채색옷을 입힌 아들이었다는 사실을 기억하세요. 야곱은 죽었다고 생각했던 아들을 다시 보게 되어서 무척이나 기뻤습니다. 그는 이제 죽어도 여한이 없다고 말했어요. 이 말은 어쩌면 야곱이 하나님에게 죽기 전에 단 한 번만이라도 아들 요셉을 만나게 해 달라고 기도하지 않았을까 추측하게 합니다. 정말 그랬다면, 하나님은 그의 기도에 응답하셨고, 그는 하나님과 함께 거하는 본향으로 돌아갈 준비가 된 것이었습니다.

《● 이야기하기

자녀들은 부모님에게 하나님이 야곱에게 말씀하셨던 것을 기억하는지 질문하세요.
(하나님은 야곱에게 두려워하지 말라고 말씀하셨고, 야곱이 죽기 전에 요셉을 만나게 되었습니다. 하나님은 야곱에게 큰 민족을 이루겠다고 하신 언약을 반복하십니다. 그리고 직접 그들을 인도해서 이집트에서 돌아오게 할 것이라고 말씀하셨습니다.)

왕의 전차에서 내려와서 다가와 인사하는 요셉을 보았을 때 야곱의 기분은 어땠을까요?
(자녀들이 생각하도록 도와주세요. 온 가족이 함께 했던 기억들을 떠올려 보고 그것에 대해서 얘기 나눠 주세요.)

하나님이 백성들을 이집트에서 인도하기 위해서 누구를 사용하시나요? (모세, 다음 주에 배울 것입니다.)

🤲 기도하기

요셉을 안전하게 보호하시고 그를 사용하셔서 그 백성들을 기근 동안에 보호하신 하나님에게 감사하세요.

DAY 5

♥ 발견하기

오늘 우리는 시편이나 예언서를 통해서 예수님에 대해서 무엇을 배울 수 있는지를 살펴볼 거예요.

✝ 성경읽기 | 이사야서 49장 1~6절

💬 깊이 생각하기

때때로 성경 말씀을 읽다 보면 실제보다 상당히 복잡한 것처럼 보입니다. 오늘 읽은 이 부분도 그렇습니다. 이사야는 오늘 말씀에서 예수님을 하나님의 종으로 묘사합니다.

이사야가 예수님에 대해서 말하고 있다는 것을 알려주는 단서들을 찾아보세요. 가장 중요한 한 가지는 마지막 구절에 있는데, 그 문장에서 이사야는 하나님의 종이 하실 일을 설명합니다. "뭇 민족의 빛"이 될 것이고 "땅 끝까지" 구원을 미치게 할 것이라고 말합니다. 그것이 예수님이 이루신 일입니다. 예수님이 스스로를 "세상의 빛"(요 8:12)이라고 말씀하셨다는 것을 기억하세요. 그리고 제자들에게 온 세상에 나가서, 만민에게 복음을 전파하라고 말씀하셨습니다(막 16:15). 예수님만이 구원을 가져다주시는 분입니다.

《♥ 이야기하기

땅 끝까지 구원을 미치게 하려고 예수님은 무엇을 하셨나요?
(예수님은 십자가에서 죽으셨고, 우리의 징계를 대신 받으심으로 우리를 구원하셨습니다 — 우리의 죄가 용서받았기에 우리는 천국에 갈 수 있습니다.)

성경에서는 왜 예수님을 "빛"이라고 설명할까요?
(부모님은 어둠속에서 빛이 하는 역할이 무엇인지 얘기해 주세요. 그것은 어둠을 몰아냅니다. 빛은 또한 우리가 볼 수 있게 해 줍니다. 예수님은 빛이시기에 죄의 어둠을 내쫓고 우리가 진리를 보도록 해 주십니다.)

예수님은 왜 종이라고 묘사되었나요?
(예수님은 우리를 섬기려고 이 땅에 오셨고, 십자가에서 우리 대신에 죽으셨습니다. 누군가 우리를 위해서 무엇인가를 할 때, 그 사람은 우리를 섬기는 것입니다.)

🤲 기도하기

온 인류에게 구원을 주시려고 이 땅에 오신 예수님에게 감사드리세요.

God Protects Baby Moses
하나님이 아기 모세를 보호하시다

500원짜리 동전 10개와 100원짜리 동전 한 개를 방 여기저기에 숨기세요. 모든 사람이 찾기 쉬운 곳에 500원짜리 동전들을 두세요. 100원짜리 동전은 화분 밑처럼 찾기 어려운 곳에 두세요. 자녀들에게 방 곳곳에 동전을 두었고, 신호를 주면 그것들을 찾기 시작하라고 얘기하세요.

일단 자녀들이 100원짜리는 못 찾고, 500원짜리 동전을 찾기 시작하면 100원짜리 동전이 어디에 있는지 단서들을 주세요. 자녀들이 100원짜리 동전을 숨긴 곳에 가까워지면 동전이 점점 더 뜨거워지고 있다고, 숨긴 곳에서 멀어지면 동전이 차가워지고 있다고 말하는 식으로 힌트를 줄 수 있어요. 100원짜리 동전을 더 꼭꼭 숨겼기 때문에 찾기가 훨씬 더 어려울 거라는 점을 자녀들에게 설명해 주세요.

그리고 "이번 주에 너희들은 하나님 계획의 일부분으로 모세를 바로의 군사에게서 어떻게 숨기셨는지 배우게 될 거야." 라고 말해주세요.

DAY 1

♥ 상상하기

자녀들이 아침식사 때 부엌에서 서로 공을 주고받고 있다고 상상해 봅시다. 공을 던질 때마다 조금씩 더 세게 던지기 시작하더니 갑자기 일이 벌어집니다. 한 아이가 상대방이 잡을 수 없을 만큼 공을 강하게 던졌고, 그 공이 기름병에 맞았습니다. 기름병은 커다란 소리를 내면서 냉장고 옆 바닥에 떨어져 깨져 버립니다. 깨진 조각이 여기저기로 튑니다.

엄마는 바로 청소를 시작하고 자녀들은 '우리가 사고를 쳤네.' 라고 생각하겠지요. 여기서 쉽게 놓치는 것이 있는데, 하나님은 선을 이루기 위해서 우리의 어리석음까지 사용하신다는 거예요. 엄마가 뒷정리를 다 끝낼 때쯤 기름이 냉장고 밑에까지 스며들어서 결국 냉장고를 옮기게 됩니다. 엄마가 냉장고를 옮기기 시작할 때, 우연히 두 달 전에 잃어버린 다이아몬드 반지를 발견한 거예요. 비록 자녀들이 불순종했지만, 하나님은 그들의 죄를 선으로 바꾸실 수 있으십니다! 이것은 우리가 하나님을 시험하려고 일부러 죄를 지어야만 한다는 의미가 아니에요. 그러나 하나님은 우리의 죄를 사용해서 선을 이루실 수 있습니다.

오늘 이야기에서 요셉은 형들에게 하나님이 그들의 죄를 사용해 많은 사람을 죽음에서 구원하는 선함으로 바꾸셨다는 사실을 떠올리게 합니다.

✝ 성경읽기 | 창세기 50장 15~26절

💬 깊이 생각하기

야곱이 죽자 요셉의 형들은 이제부터 요셉이 지난 일들에 앙갚음을 할지도 모른다고 생각하고 걱정을 시작합니다. 요셉에게 직접 용서를 구하는 대신에, 그들은 아버지가 돌아가시기 전에 요셉에게 형들을 용서하라는 말씀을 남기셨다고 전하지요.

하지만 그들은 걱정할 필요가 없습니다 — 요셉은 이미 그들을 용서했습니다. 그는 하나님이 어떻게 형들의 악한 행동을 사용하셔서 가족을 포함한 많은 사람을 구하셨는지를 보았습니다.

하나님에 대한 요셉의 믿음은 우리 모두를 위한 본보기입니다. 비록 누군가 우리에게 나쁜 행동을 할지라도, 하나님은 그것을 사용하셔서 우리의 삶을 더 좋게 만드실 수 있습니다.

🗣 이야기하기

요셉의 형들은 왜 걱정했나요?

(아버지가 돌아가셔서 요셉이 이전에 했던 자신들의 행동에 대해 보복할 수도 있다고 생각했습니다.)

요셉의 아버지가 정말로 요셉에게 형들을 용서하라고 말했을까요? 아니면 형들이 자신들을 위해서 이야기를 만들어낸 걸까요?

(우리는 확실하게 알지 못합니다. 그러나 이야기 흐름상 형들이 지어낸 것으로 보입니다. 야곱은 이미 죽었고 그들이 그 말을 하기 전에 두려워하고 있었습니다.)

요셉은 하나님이 미래에 무엇을 하실 것이라고 말했나요?

(하나님은 그들을 이집트에서 이끌어 내시고, 아버지 야곱과 할아버지 이삭과 증조할아버지 아브라함에게 약속하신 그 땅으로 돌아가게 하실 것입니다.)

🙏 기도하기

우리에게 죄를 짓는 사람들을 용서할 수 있게 해 달라고 하나님에게 도움을 구하세요.

DAY 2

♥ 기억하기

어제 이야기 중에서 무엇을 기억하고 있나요? 오늘은 어떤 이야기가 있을 것이라고 생각하나요?

📖 성경읽기 | 출애굽기 1장

💬 깊이 생각하기

이스라엘 민족은 300년 이상을 이집트에서 살았습니다. 새로운 왕(이집트에서는 바로라고 합니다)은 요셉에 대해서 아는 바가 전혀 없습니다. 그리고 그가 어떻게 이집트를 훌륭히 섬겼는지도 모릅니다. 바로는 이스라엘 민족의 수가 많아지는 것이 두려웠습니다. 그래서 이스라엘 민족의 자손들 중 남자 아이들을 죽이기로 마음먹었습니다. 이렇게 하면 히브리 민족은 지나치게 강해지지 못할 것이고, 바로는 그들을 원하는 대로 무엇이든지 시킬 수 있는 노예로 계속 다스릴 수 있을 거라 생각했지요. ("히브리인"은 바로가 이스라엘 민족을 부르는 명칭입니다.)

그러나 바로는 사실상 아브라함에게 복을 기원하는 자에게 복을 내리고, 아브라함을 저주하는 자에게 저주를 내리겠다(창 12:3)고 아브라함과 언약을 맺으신 하나님에게 대항해서 싸우는 것이었습니다. 아기를 받는 산파들은 바로의 명령을 따르지 않았고, 이스라엘 민족은 점점 더 강성해졌습니다. 그러자 바로는 태어나는 모든 히브리인의 아들을 나일 강에 던져야 한다는 새로운 법률을 제정했습니다.

🗨 이야기하기

바로는 기나긴 가뭄 동안 요셉이 이집트를 위해서 했던 일들에 왜 감사하지 않았나요?
(바로가 권력을 잡은 때는 300년이란 시간이 흐른 뒤였고, 모두가 요셉을 잊었습니다.)

바로는 왜 남자 아기들을 전부 죽이려고 했나요?
(그는 히브리[바로가 하나님의 백성들을 부르는 호칭] 민족이 군대처럼 강성해져서 이집트 사람들에게 대항할까봐 두려웠습니다.)

하나님은 앞으로 무엇을 하실까요?
(하나님은 이집트에서 백성들을 이끌 인도자를 세우실 것입니다. 요셉이 죽어갈 때 그의 형들에게 하나님이 그들을 이집트에서 인도하셔서 아브라함에게 약속하셨던 땅으로 돌아가게 하실 것이라고 말했던 사실을 기억하세요.)

히브리 산파들은 아들은 모두 죽이라는 바로의 명령을 왜 따르지 않았나요?
(그들은 하나님이 두려웠고 바로의 명령을 따르는 것은 하나님의 말씀을 거역하는 것이라 여겨서 따르지 않았습니다.)

🙏 기도하기

어려움 속에서도 순종할 수 있는 은혜를 주시는 하나님에게 감사드리세요.

DAY 3

♥ 예수님께 연결하기

오늘의 이야기가 예수님에 대한 것이며, 예수님을 가리킨다는 사실을 어떻게 알 수 있나요?

📖 성경읽기 | 출애굽기 2장 1~10절

💬 깊이 생각하기

어린 아기를 3개월 동안 숨겨야 한다면 도대체 어디에 숨길 수 있을까요? 그리고 아기를 숨기려고 애쓰는데 크게 울기 시작한다면 무엇을 할 수 있을까요? 어떤 이웃이 "이봐요, 당신 집에서 아기 우는 소리를 들은 것 같은데요?" 라고 묻는다면, 뭐라고 대답할 건가요? "아니요, 고양이 울음소린데요?" 라고 대답할 건가요?

모세의 엄마는 그를 숨겨야만 했어요. 바로가 모든 히브리 남자 아이들을 나일 강에 던지라고 명령했기 때문이에요. 엄마는 힘써 노력했지만 쑥쑥 자라는 아이를 영원히 숨길 수 없었고, 결국 바로의 명령에 굴복합니다. 아들을 조심스럽게 바구니에 담아 하나님에게 의탁하면서 나일 강에 내려놓습니다. 그러고 나서 아들의 누나에게 계속해서 그 바구니와 아기를 살펴보게 합니다.

하나님은 아기 모세를 구하셔서 그가 어른이 되었을 때 하나님의 백성을 구할 수 있도록 하셨습니다. 그것은 모세가 예수님과 어떤 면에서 비슷한지를 보여줍니다. 하나님은 이집트의 악으로부터 백성들을 구하시려고 모세를 사용하실 것입니다. 이것은 하나님이 또 다른 아기, 즉 예수님을 사용하셔서 그분의 백성들을 그들의 죄로부터 어떻게 구원하실지를 먼저 보여주신 것입니다.

🗨 이야기하기

모세의 엄마는 왜 그를 숨기려고 했나요?

(바로는 모든 히브리 남자 아기들을 나일 강에 던지도록 명령했습니다. 그녀는 모세를 숨겨 바로가 죽이지 못하게 했습니다.)

강에서 모세에게 무슨 일이 일어났나요?

(부모님은 바로의 딸이 어떻게 모세를 찾게 되었는지 자녀들이 스스로 다시 말하게 해 주세요.)

결국 누가 아기 모세를 돌보게 되나요?

(모세의 엄마가 돌봅니다. 그러면서 바로의 딸에게서 보상까지 받습니다. 이것은 많은 아이들이 깨닫지 못하는 하나님의 놀라운 공급하심입니다. 모세의 엄마는 하나님을 의지하면서 아들을 강에 내려놓았습니다. 하나님은 바로의 딸에게서 놀라운 보상을 받으며 그녀가 아들을 양육하게 돌려보내 주십니다.)

🙏 기도하기

아기 모세의 생명을 구하시는 하나님에게 감사드리세요.

DAY 4

♥ 기억하기

이번 주 성경 이야기를 통해서 하나님은 우리에게 무엇을 가르치시나요?

✝ 성경읽기 | 사도행전 7장 2~22절

💬 깊이 생각하기

이 이야기는 스데반이라는 그리스도인의 연설 가운데 일부분입니다. 그는 그리스도인들에게 화가 나 있던 유대교 지도자들에게 그분의 백성을 구원하실 하나님의 계획을 설명하려고 했습니다. 그들은 예수님이 유대교 신앙을 모욕하고 망가뜨렸다고 생각했기 때문에 화가 났습니다. 그러나 스데반은 아브라함과 맺으신 하나님의 언약과 하나님이 모세를 들어 쓰신 것이 장차 예수님을 드러내시려는 보다 더 큰 계획의 일부였다는 사실을 알았습니다. 스데반은 그들이 이 모든 것을 이해하는 데 도움을 주려고 이야기를 나누었습니다.

우리가 스데반의 연설에서 알게 되는 것 중 하나는 하나님이 백성들을 이집트에서 인도해 내셔서 아브라함에게 약속하셨던 땅으로 돌아가게 하시고, 거기서 더 큰 민족을 이루려고 준비했던 바로 그 특별한 순간에 모세가 태어났다는 사실입니다.

🗣 이야기하기

자녀들은 부모님이 누군가에게 예수님에 대해서 말한 경험을 이야기해 주실 수 있는지 질문해 보세요.

스데반은 하나님이 모세를 어떻게 생각하셨다고 말했나요?
(필요하다면 20절을 다시 읽어 주세요.)

하나님의 백성들이 이집트에 있는 동안에 무슨 일이 벌어졌나요?
(그들은 많은 자손을 가지게 되었고, 그 수가 증가했습니다[17절].)

🙏 기도하기

다른 사람들에게 하나님을 전할 기회를 달라고 기도하세요.

DAY 5

♥ 발견하기

오늘 우리는 시편이나 예언서를 통해서 예수님에 대해서 무엇을 배울 수 있는지를 살펴볼 거예요.

✝ 성경읽기 | 이사야 7장 10~14절

💬 깊이 생각하기

이사야가 예수님에 대해서 했던 특별한 두 가지 예언이 있습니다. 첫 번째는 그가 처녀의 몸에서 태어날 것이라고 예언한 것인데 이는 그분의 어머니인 마리아가 남편이 생기기 전에 아기를 가지게 될 것을 의미합니다(요셉은 아기 예수님이 마리아의 몸에 잉태된 후에 마리아와 결혼했습니다). 오늘 성경 구절에서 배우는 두 번째는 그분이 임마누엘이라고 불릴 것이라는 예언입니다. 임마누엘이라는 이름은 "우리와 함께 하시는 하나님" 을 의미합니다.

우리는 마리아가 태어나기 훨씬 오래전에 하나님이 이사야에게 하나님의 기적으로 태어나게 될 인자이신 예수님의 이미지를 주셨다는 사실을 알게 됩니다. 그분은 평범한 사람이 아니었습니다 — 그분은 천국에서 우리를 죄로부터 구원하시려고 내려오신 하나님의 아들이었습니다.

《● 이야기하기

임마누엘은 어떤 의미인가요?
("우리와 함께 하시는 하나님")

임마누엘은 왜 예수님에게 좋은 이름인가요?
(예수님은 평범한 사람이 아니었습니다 — 그분은 우리와 함께 하시는 하나님의 아들이었습니다. 그래서 예수님은 "우리와 함께 하시는 하나님" 이셨습니다.)

마리아가 어떻게 아기 예수님을 잉태하게 되었나요?
(성령께서 아기 예수님을 마리아의 태중에 자라게 하셨습니다.)

🤲 기도하기

임마누엘(우리와 함께 하시는 하나님)로 천국을 떠나 이 땅에 오신 예수님에게 감사하세요.

week **28**

God Calls Moses
하나님이 모세를 부르시다

가정 예배 시간에 맞춰 자녀들을 한자리로 모으세요. 이때 그들의 이름 대신에 다른 이름으로 불러 보세요. 예를 들어 자녀의 이름이 민구라면, 민유라고 부르는 겁니다. 수아라면, 수지라고 불러 봅니다. 몇 번을 그렇게 다른 이름으로 부르고 나서, 자녀들을 한자리로 모으세요. 그리고 왜 아빠(엄마)가 부를 때 오지 않았냐고 질문해 보세요.

자녀들은 아빠(엄마)가 이름을 잘못 불렀다고 말하거나 누구를 부르는지 몰라 헷갈렸다고 할 수 있습니다. 자녀들에게 누구를 불렀는지 이름을 말씀해 주시고 왜 대답하지 않는지 질문하세요. 당연히 자녀들은 아빠(엄마)가 이름을 정확히 불렀어야 한다고 대답하겠지요.

그때 말씀해 주세요, "그것이 오늘 우리가 볼 이야기에서 하나님이 모세를 부르신 방법이었단다. 하나님은 그에게 역할을 부여하셨고, 그 역할에 맞는 이름으로 부르셨단다."

--- DAY **1**

♥ 상상하기

우리 가족 모두 프로야구 경기를 보러 갔다고 생각해 봅시다. 야구장 입구에 도착해서 아빠가 각 사람에게 입장권을 나눠 주고, 입구에 있는 매표 관리인에게 한 사람씩 내도록 했습니다. 그런데 가족 중 한 명이 표를 내자마자 관리인이 소리쳤습니다, "당첨자입니다!" 카메라를 들고 있던 사람들이 사진을 찍습니다. 그 순간 우리는 그 한 명이 야구장의 백만 번째 입장객이 되었음을 알게 됩니다. 그 한 명은 가장 앞줄의 특별 좌석 입장권을 선물로 받았습니다. 그 입장권 덕분에 원하는 모든 음식을 마음껏 먹을 수 있고, 경기가 끝난 후에 야구 선수들을 만나게 될 겁니다. 처음에는 매우 흥분되고 믿기지 않을 겁니다. 그러나 시간이 조금 지난 후에 자신만 특별

석에 앉을 수 있고 다른 가족은 저 멀리 외야석 높은 곳에 앉아야 한다는 것을 깨닫습니다. 여러분이 그 한 명이라면 이럴 때 어떻게 할 건가요? 야구장 가장 앞줄에 앉을 수 있는 특별 입장권을 받을 건가요? 아니면 그것을 반납하고 가족과 함께 외야석 저 멀리에 앉을 건가요? 오늘 우리가 읽은 이야기에서 모세는 바로와 함께 살 수 있는 특별한 자리를 얻습니다. 그러나 그의 가족은 다른 이스라엘 민족과 더불어서 노예의 삶을 살아갑니다. 그가 어떻게 하는지 살펴봅시다.

📖 **성경읽기** | 출애굽기 2장 11~25절, 사도행전 7장 23~29절

💬 **깊이 생각하기**

모세 이야기는 성경에서 적어도 세 곳에 기록되어 있습니다. 그중에서 두 가지 이야기를 오늘 함께 읽었습니다. 이 이야기를 한 곳에 모으면 모세에게 일어났던 일들을 좀 더 정확하게 그려볼 수 있습니다. 모세는 비록 바로의 궁전에 살고 있지만, 그의 동족들(히브리인들)이 이집트의 노예들이었습니다. 그들은 잔인하게 학대받고 있었습니다. 모세가 이집트인을 죽이고 그의 동족들 편에 섰을 때, 모세는 이집트의 모든 보화를 포기한 것과 다름없습니다. 히브리인들이 자신을 구원자로 받아들이길 기대했지만, 그들은 모세의 리더십을 조롱했고 거부했습니다. 또한 모세가 저지른 범죄를 퍼뜨렸고, 그것은 바로의 귀에까지 들렸습니다. 모세는 이집트에서 도망쳐야 했습니다.

🗨 **이야기하기**

바로와 함께 궁전에서 살면서도 모세는 왜 행복하지 않았나요?

(모세는 야구장 이야기에 나온 가족 중 한 명과 약간 비슷합니다. 비록 많은 복을 누리지만, 가족과 함께 사는 것은 아니었습니다. 모세는 궁전에 살았지만, 동족들은 노예의 삶을 살았습니다. 그는 동족들이 고통을 받고 있었기에 이집트의 모든 만족과 기쁨을 즐길 수 없었습니다.)

모세는 왜 이집트에서 도망쳤나요?

(그가 이집트 사람을 죽였다는 사실을 바로가 알았고, 그 때문에 모세를 죽이려고 했기 때문입니다.)

우리가 모세라면 가족이 노예로 살아가는 모습을 봤을 때, 어떻게 했을까요?

(부모님은 자녀들이 이 질문에 대해서 잘 생각하도록 도와주세요. 동족들은 고통 중에 있는데, 모세 자신은 평안한 삶을 사는 것이 얼마나 힘들었을지 느낄 수 있게 도와주세요.)

모세는 누구를 예배했나요? 이집트의 신인가요, 이스라엘의 하나님인가요?

(모세는 이스라엘의 참되신 하나님을 예배했습니다.)

🙏 **기도하기**

세상의 보물이 아니라 하나님을 사랑하고 예배할 수 있게 도와달라고 기도하세요.

DAY 2

♥ 기억하기

어제 이야기 중에서 무엇을 기억하고 있나요? 오늘은 어떤 이야기가 있을 것이라고 생각하나요?

✝ 성경읽기 | 출애굽기 3장

💬 깊이 생각하기

불에는 우리의 관심을 끄는 무엇인가가 있습니다. 사람들은 모닥불 주변에 둘러앉아서 마시멜로를 구워 먹거나 장작이 타오르는 벽난로를 바라보는 것을 매우 좋아합니다. 하지만 불꽃 속에서 걸어 나오는 누군가를 보게 된다면 마음이 어떨까요? 화상도 입지 않고 심지어 머리카락 한 올도 그을리지 않은 채로 누군가가 불속에서 걸어 나온다면 말이에요. 그것이 모세에게 일어난 일입니다. 그가 더 잘 보려고 불꽃에 한 걸음 더 가까이 나아갔을 때, 불이 붙은 떨기나무 가운데 계신 하나님을 발견했습니다. 하나님은 모세의 이름을 부르셨습니다. 그리고 그를 이집트에서 노예 생활을 하는 그분의 백성들을 구원하기 위해 보내실 거라고 말씀하셨습니다. 모세는 확신할 수 없었습니다. 우선, 그가 이집트 사람을 죽였을 때 히브리인들을 탈출시키려고 노력했지만 히브리인들은 오히려 그를 조롱했습니다. 둘째로 모세는 지금 80세입니다. 그가 이집트에서 도망쳤을 때 40세였습니다. 그후 40년 동안 미디안에서 살았습니다. 하나님은 모세를 격려하셨고, 그분의 능력으로 이집트 사람들을 치실 것이라고 말씀하셨습니다. 모세는 절대 홀로 가지 않을 것입니다.

🗨 이야기하기

오늘 이야기 중에서 가장 마음에 드는 부분은 어디인가요?
(부모님은 자녀들이 생각하게 도와주시고 오늘 이야기의 서로 다른 부분들을 떠올리도록 이끌어 주세요.)

하나님은 왜 모세에게 신발을 벗으라고 말씀하셨나요?
(하나님은 그 땅이 거룩하다고 말씀하셨습니다. 새하얀 카펫이 깔려 있는 집에 들어간다면, 집주인은 카펫이 더러워지지 않도록 신발을 벗어달라고 부탁할 것입니다. 같은 상황입니다. 하나님은 모세가 그분이 모세 자신과는 전혀 다른 분임을 알기 원하셨습니다. 모세는 전혀 죄가 없으신 하나님 바로 옆에 서 있는 죄인이었습니다.)

하나님은 모세에게 그분의 이름은 "스스로 있는 자"라고 하셨습니다. 그것은 어떤 이름인가요?
(그것은 일반적인 이름과는 다른 이름입니다. 하나님은 모든 사람과 모든 신들보다 위에 계신 분이며 그 누구의, 그 무엇의 도움도 필요치 않은 분임을 나타내는 이름입니다. 그분은 홀로 모든 능력을 가지신 분이기 때문입니다.)

🙏 기도하기

하나님의 경이로움과 전능하심을 찬양하세요.

DAY 3

♥ 예수님께 연결하기

오늘의 이야기가 예수님에 대한 것이며, 예수님을 가리킨다는 사실을 어떻게 알 수 있나요?

✝ 성경읽기 | 히브리서 11장 23~26절

💬 깊이 생각하기

모세의 이야기가 히브리서에서 다시 언급됩니다. 우리는 여기서 출애굽기나 사도행전에서는 읽을 수 없던 모세와 관련된 내용을 한 가지 더 알게 되지요. — 모세는 믿음의 사람이었습니다.

이 모든 일이 어떻게 이뤄질지 확신할 수는 없었지만, 모세는 하나님이 그분의 백성들을 노예 생활에서 구원해 내시기를 원하신다는 사실을 분명히 알았습니다. 그는 이집트의 우상들을 따르지 않았습니다. 이집트 우상들을 섬기는 죄악으로 가득한 인생을 사는 대신에 그분의 백성을 구원하시는 하나님의 계획을 따랐고, 하나님이 분명히 보상해 주실 거란 사실을 신뢰했습니다.

우리 각자는 모세와 같은 결정을 해야 합니다. 하나님을 사랑하고 그분의 계획을 신뢰하거나 아니면 죄의 쾌락과 만족을 더 바라거나.

🗣 이야기하기

모세가 이집트 사람을 죽이고 하나님의 백성들 편에 섰을 때, 무엇을 포기했나요?

(모세는 이집트의 모든 보물을 포기했습니다. 그는 바로와 함께 있을 때 원하는 것이면 무엇이든지 가질 수 있었습니다. 그 모든 것을 이집트 사람을 죽이면서 포기했습니다.)

믿음(faith)이란 단어는 무슨 의미인가요?

(믿음은 볼 수 없는 것을 믿는 것입니다. 믿음은 우리가 볼 수 없으나 하나님은 실재하시는 분임을 믿는 것이 필요합니다.)

모세는 어떻게 자신의 믿음을 표현했나요?

(모세는 이집트의 가장 좋은 모든 것을 기꺼이 포기했고, 노예인 그분의 백성들 편에 섰습니다. 왜냐하면 그들의 하나님만이 진정한 하나님이라고 믿었기 때문입니다.)

🙏 기도하기

우리 가족 모두가 세상의 다른 즐거움이 아니라 예수님만 믿게 해 달라고 간구하세요.

DAY 4

♥ 기억하기

이번 주 성경 이야기를 통해서 하나님은 우리에게 무엇을 가르치시나요?

✝ 성경읽기 | 출애굽기 4장 1~17절

● 깊이 생각하기

여러분이 정말로 하고 싶지 않은 일을 하도록 엄마가 강요하셔서 갈등이 일어난 적이 있었나요? 오늘 이야기에서 모세에게 그와 비슷한 일이 벌어졌어요. 모세는 하나님을 믿었음에도 불구하고, 하나님의 백성들을 구하려고 이집트로 가고 싶지 않았습니다. 모세도 우리와 똑같은 죄인입니다. 하나님은 그를 인내하셨지만, 모세는 하나님이 진노하실 때까지 계속해서 자신의 주장을 고집했습니다. 그럼에도 하나님은 더욱 인내하셨고, 결국 모세가 하나님이 그를 보내시고 도우실 거라는 사실을 알게 하셨습니다.

이집트에서 이스라엘 민족을 구원하시려는 하나님의 계획이 결국 우리의 죄 때문에 십자가에 오르시고 죽으신 예수님에게로 이른다는 점에서 모세에게도 이 계획은 선한 것이었습니다. 비록 모세가 성경의 위대한 영웅이긴 하지만, 우리와 마찬가지로 하나님의 구원 계획을 믿어서 죄를 용서 받아야만 하는 죄인이기 때문입니다.

◖● 이야기하기

자녀들은 엄마와 아빠가 여러분이 하기 싫어하는 일을 하도록 강요해서 여러분과 말다툼을 벌였던 때를 기억하는지 질문해 보세요.

(부모님은 이것이 어렵거나 불편해서는 안 됩니다. 자녀들이 마지못해서 무엇인가를 했던 때가 있었는지 기억을 돌이켜 보세요. 예를 들면 방청소나 채소 먹기 등)

모세는 왜 자신이 이집트로 가기에 적합한 사람이 아니라고 생각했나요?

(모세는 이스라엘 백성들이 자신을 믿을 거라고 생각하지 않았습니다. 또 자신이 숙련된 연설가라고 생각하지 않았습니다.)

하나님은 왜 모세에게 진노하셨나요?

(모세는 하나님에게 순종하기를 원하지 않았습니다. 그리고 다른 사람을 보내시라고 말씀드렸습니다. 하나님을 신뢰하지 않을 때, 모세는 죄를 저지르는 것입니다. 하나님은 선하시고 죄를 벌하셔야만 했고, 모세가 불순종했을 때 분노하셔야만 했습니다.)

모세가 죄를 지었을 때 하나님은 왜 벌하지 않으셨나요?

(하나님은 모세와 나머지 그의 동족들이 죄로 인해서 받아야 할 심판을 대신 받게 하시려고 예수님을 보내실 계획을 가지고 있었습니다.)

✋ 기도하기

죄인임에도 불구하고 모세와 우리를 인내해 주시는 하나님에게 감사하세요.

DAY 5

♥ 발견하기

오늘 우리는 시편이나 예언서를 통해서 예수님에 대해서 무엇을 배울 수 있는지를 살펴볼 거예요.

✝ 성경읽기 | 이사야 8장 11~15절

💬 깊이 생각하기

길을 걷다가 튀어나온 돌에 걸려 넘어져 본 적이 있나요? 그것이 바로 걸림돌입니다. 기분 좋게 집을 향해 걷다가 갑자기 넘어진 겁니다. 걸림돌에 걸린 것이고, 그대로 넘어졌습니다.

오늘 성경 이야기에서 이사야는 예수님을 걸림돌에 비유합니다. 우리가 선지자들을 암호를 사용해서 메시지를 전달하는 사람으로 비유했던 것 기억하나요? "걸림돌"은 성경에서 말하는 예수님의 또 다른 암호입니다. 이사야는 언젠가 예수님이 이스라엘을 위한 걸림돌로 오실 것을 예언합니다.

예수님의 시대에 이스라엘의 종교 지도자들은 모든 사람이 그들의 율법을 따르기를 원했습니다. 그들은 하나님의 율법에 자신들만의 율법을 덧붙였습니다. 그들은 하나님의 율법보다 자신들의 율법을 더 중요하게 여겼습니다. 예수님이 오셨을 때, 그분은 종교 지도자들에게 반대하셨고 모든 사람이 만들어낸 율법이 아니라 예수님 자신을 따르라고 말씀하셨습니다. 종교 지도자들은 그것이 매우 싫었습니다. 예수님은 그들이 걷는 길에 걸림돌과 같았습니다. 그들은 그분을 따르기는커녕 하나님으로부터 더 멀어졌습니다.

《● 이야기하기

숲길이나 산길을 걷다가 걸림돌에 걸려 넘어져 본 경험이 있나요?

(부모님은 자녀들이 이전에 넘어진 경험이 있다면 기억하도록 도와주세요. 그런 적이 없다면, 오늘 이야기를 잘 기억했다가 나중에 야외로 나갔을 때 떠올리게 해 주세요.)

이 본문은 또한 예수님은 우리의 성소가 되신다고 이야기하고 있습니다. 성소는 어떤 곳인가요?

(성소는 안전한 장소입니다. 그 누구도 성소에 있는 사람에게는 해를 가할 수 없습니다. 예를 들어 조류 보호 구역에서 새들은 안전하고 사냥꾼들의 위협을 두려워하지 않습니다.)

예수님은 어떻게 우리의 성소, 즉 안전한 장소가 되시나요?

(예수님은 그분을 믿는 모든 사람의 죄를 대신 지시고 십자가에서 죽으셨습니다. 예수님을 믿을 때, 그분은 하나님의 진노로부터 우리의 안전한 피난처가 되십니다.)

🙏 기도하기

예수님을 믿게 해 달라고, 그리고 그분께 우리의 안전한 장소가 되어 달라고 기도하세요.

Moses Confronts Pharaoh
모세가 바로와 맞서다

종이가방 하나에는 십여 개의 돌을 담아 두고, 또 다른 가방에는 솜뭉치를 담아 두세요. 자녀들에게 돌이 담긴 종이가방에 손을 넣어 만져보게 하고 그 안에 무엇이 있는지는 추측하지 말고 그냥 느낌이 어떤지만 설명해 보라고 얘기해 주세요. 솜뭉치가 들어 있는 가방을 주면서도 똑같이 해 보세요.

자녀들에게 하나님은 그분을 향한 우리의 마음이 부드럽고 순종적이거나 굳어 있고 반항적이거나 둘 중 하나라고 말씀하신다고 설명해 주세요. 죄 가운데 있는 우리 모두는 돌같이 딱딱한 마음을 가지고 있고, 그런 마음을 온화하게 만들어서 하나님을 믿게 할 수 있는 분은 오직 하나님 한 분뿐이란 것을 알려 주세요.

이렇게 알려주세요. "이번 주 너희는 바로의 강퍅해진 마음과 모세에게서 전해 듣는 하나님의 명령에 순종하기를 거절하는 태도에 대해서 배우게 될 거야."

DAY 1

♥ 상상하기

여태껏 한 번도 극장에서 영화를 관람해 본 적 없는 자녀들에게, 엄마가 오늘 첫 영화구경을 시켜 주겠다고 하시는 거예요. 자녀들은 모두 그 소식에 들떠서 서둘러 나갈 준비를 했지요. 자, 신나서 차를 타고 출발합니다. 자녀들은 거대한 화면으로 영화를 보는 것이 어떨지 너무나 궁금했어요.

그런데 영화관으로 가는 길에 갑자기 차가 막히기 시작합니다 — 고속도로에서 교통사고가 있었던 거예요. 10여분 정도 흐른 뒤부터 영화를 볼 수 있다는 기대는 차츰 사라지기 시작합니다. 엄마가 라디오를 켰을 때 약 1.5km 앞에서 모래를 가득 실은 트럭이 도로 위에 전복되었고, 모든 교통을 다 가로 막고 있다는 소식을 들었어요. 적어도 100여대의 차가 앞뒤로 꽉 막혀 있고, 다른 길은 전혀 없습니다. 시계가 영화 시작 시간인 7:40분이 되었을 때, 오늘밤 영화 관람은 불가능하다는 것을 깨닫습니다.

때때로 우리의 계획은 많은 걸림돌을 만납니다. 그것이 오늘 이야기에서 모세에게 일어날 일이에요.

📖 **성경읽기** | 출애굽기 4장 18~23절, 27~30절, 5장

💬 **깊이 생각하기**

아론이 처음 모세와 함께 하나님이 말씀하신 것을 전할 때 백성들은 환호했습니다. 그들은 평생 고달픈 노예 생활을 해 왔고, 그들을 구원할 하나님을 기다리고 있었기 때문이죠.

그러나 모세와 아론을 보내주신 하나님을 찬양했던 백성들은 오래지 않아 걸림돌과 맞닥뜨립니다. 바로가 그들이 이집트를 떠나는 것을 거절한 것입니다. 그것뿐만 아니라 바로는 이스라엘 백성들이 스스로 짚을 찾도록 했습니다. 그것은 그들이 벽돌을 만드는 힘든 하루가 끝난 후에도 다음 날 쓸 짚을 찾기 위해서 이곳저곳을 돌아다녀야 한다는 것이었지요. 그들은 하나님을 믿기보다, 낙담하고 불평하기 시작했습니다.

처음엔 하나님을 믿었다가 금방 불신하고 돌아서는 이스라엘 백성의 이러한 모습은 그들의 역사 속에서 계속해서 반복적으로 나타납니다.

💬 **이야기하기**

하나님이 우리의 삶에 걸림돌을 놓으셔서 원했던 것을 얻지 못한 적이 있나요?

(부모님은 자녀들이 어딘가를 가려고 계획했는데 비가 와서 취소되었거나 아팠거나 어떤 다른 이유들로 가지 못했던 경험을 기억하도록 도와주세요. 그때 기분이 어땠는지 생각해 보도록 이끌어 주세요. 그들이 화를 내거나 불평을 내뱉었나요? 자녀들이 스스로를 이스라엘 백성과 동일시하도록 도와주세요.)

우리는 어떤 면에서 이스라엘 백성과 비슷한가요?

(우리가 하나님을 믿는다고 말하는 것은 쉽지만 실제로 하나님을 믿는 것은 어렵습니다. 우리가 불평하고 투덜거릴 때마다, 하나님을 전적으로 신뢰하지 않는다는 것을 나타냅니다.)

백성들이 불평했을 때 모세는 어떻게 생각했을까요?

(모세는 어려운 짐을 지고 있었습니다. 여기까지 오는 과정을 기억해 보세요. 모세는 이스라엘 백성이 자신의 이야기를 들을 거라고 생각하지 않았습니다.)

🤲 **기도하기**

우리가 원하는 것을 얻지 못하게 하는 인생의 걸림돌을 통해서 우리 가족 모두가 하나님을 신뢰하게 해 달라고 도움을 구하세요.

DAY 2

♥ 기억하기

어제 이야기 중에서 무엇을 기억하고 있나요? 오늘은 어떤 이야기가 있을 것이라고 생각하나요?

📖 성경읽기 | 출애굽기 5장 22절~6장 1절

💬 깊이 생각하기

어떤 누구도 어려운 일을 좋아하지는 않을 거예요. 요리를 하다 시커멓게 태운 프라이팬을 설거지 하는 건 즐겁지 않지요. 자전거를 타려고 하는데 타이어에 바람이 빠지는 것도 싫고요. 우리는 무엇이든지 잘 되는 것을 좋아합니다. 인생은 모세에게도 다르지 않았습니다. 그는 하나님에게 순종했고, 바로에게 하나님의 백성들을 놓아주라고 말했습니다. 그러나 바로는 거절했고, 대신 이스라엘 백성에게 벌을 내렸습니다. 모세는 너무 힘들었고, 그의 임무는 점점 더 어려워졌습니다. 때로는 하나님이 우리의 삶에 어려움을 허락하셔서 하나님을 신뢰하는 법을 배우게 하십니다.

하나님은 끝까지 모세에게 친절하셨습니다. 비록 모세가 불평했지만, 하나님은 벌하지 않으셨습니다. 오히려 강한 손으로 그분의 백성들을 이집트에서 구원해 내시는 하나님을 믿을 수 있도록 도우셨습니다.

💬 이야기하기

모세는 왜 하나님에게 불평했나요?
(바로는 모세가 하는 말을 듣지 않았고, 백성들을 풀어주지도 않았습니다. 대신, 이스라엘 백성들의 일을 더 어렵게 하는 벌을 내렸습니다.)

무엇인가 하려고 노력했는데 잘 되지 않았던 때가 있다면 그것에 대한 이야기를 나눠주세요.
(부모님은 자녀들이 자전거 타기나 글 읽기처럼 무엇인가를 배우는 것이 어려웠던 때를 떠올릴 수 있게 도와주세요.)

어려움 속에서 하나님에게 도움을 구함으로 무엇인가를 얻었을 때, 하나님은 무엇을 가르쳐 주시나요?
(어려운 상황에서 하나님에게 간구해서 도움을 얻게 됨으로 하나님을 신뢰하는 것을 가르쳐 주십니다.)

하나님은 모세에게 무엇을 가르쳐 주시나요?
(하나님은 아무것도 할 수 없는 상황에서 하나님을 신뢰하는 법을 가르치려고 하십니다. 하나님은 항상 계획을 가지고 계십니다.)

🙏 기도하기

무엇인가 원하는 대로 되지 않았을 때, 하나님에게 불평하지 않게 해 달라고 간구하세요.

DAY 3

♥ 예수님께 연결하기

오늘의 이야기가 예수님에 대한 것이며, 예수님을 가리킨다는 사실을 어떻게 알 수 있나요?

📖 성경읽기 | 출애굽기 6장 2~9절

💬 깊이 생각하기

어제 우리는 하나님이 그분의 백성들을 즉시 구하지 않은 것에 대해서 모세가 화를 냈다는 것을 배웠습니다. 오늘 성경 이야기에서 하나님은 모세의 불평에 응답해주셨고, 그 백성들을 노예 생활에서 벗어나게 하실 거라고 말씀하셨어요. 그때 하나님은 좀 특별한 것을 말씀하셨는데, 그것은 그저 노예 생활이 끝나는 것만이 아니라 하나님이 그들을 구원하실 것이며 하나님의 소유가 되게 하시겠다고 하신 거예요.

그들을 구원하시고 하나님의 소유가 되게 하시겠다고 말씀하심으로, 하나님은 그들과의 친밀한 관계를 회복하시는 것이었어요. 하나님은 죄가 없는 분임을 기억하지요? 그분은 죄를 간과하실 수 없습니다. 죄는 악이며 반드시 징계 받아야만 합니다. 그래서 이 언약의 순간이 예수님이 등장하시는 순간입니다. 하나님 아버지는 언제가 그분의 아들 예수님을 십자가에서 죽게 하시려고 이 땅에 보내셔서 자기 백성들의 죄를 다루실 것이라는 사실을 알고 계셨습니다. 그것이 하나님이 반복적으로 맺으신 언약에 관한 모든 것입니다.

💬 이야기하기

하나님이 그분의 백성들을 구원하시겠다고 말씀하셨을 때 하나님이 가리키는 특별한 사람은 누구인가요?
(하나님은 예수님을 가리키는 것이었습니다. 하나님은 어떻게 그 백성들을 이집트 노예 생활에서 구원하실지에 대해서 말씀하셨습니다. 그러나 그것보다 더 거대한 노예 생활은 그들이 죄에 얽매인 삶을 사는 것입니다. 언젠가 하나님은 예수님을 보내셔서 그들의 모든 죄를 대신해서 십자가에 죽게 하실 것이었습니다.)

9절을 다시 읽으세요. 이스라엘 백성들은 모세에게 어떻게 반응했나요?
(모세의 이야기를 듣지 않았습니다. 그들은 오랜 세월의 고된 노예 생활에 지쳐 있었고 낙심하고 있었습니다.)

우리는 어째서 이스라엘 백성처럼 죄인들인가요?
(우리는 그들처럼 하나님에게 순종하고 그분을 신뢰하는 것을 어려워합니다.)

🙏 기도하기

우리 대신 죽게 하시려고 예수님을 보내주신 하나님에게 감사하세요.

DAY 4

♥ 기억하기

이번 주 성경 이야기를 통해서 하나님은 우리에게 무엇을 가르치시나요?

✝ 성경읽기 | 출애굽기 7장 8~13절

💬 깊이 생각하기

마술의 비밀을 알고 있는 사람이라면 누구든지 그것을 따라 할 수 있습니다. 마술사는 모자에서 토끼가 나오게 하거나 큰 물체를 눈앞에서 순식간에 사라지는 것처럼 보이게 할 수도 있습니다.

아론이 지팡이를 던져서 뱀으로 변하게 했을 때, 그것은 속임수가 아니었습니다. 그것을 증명하기 위해서, 아론의 지팡이에서 만들어진 그 뱀은 마술사들의 뱀들을 잡아먹었습니다. 하나님은 그분이 더 위대하시다는 사실을 보이셨습니다. 하나님은 이집트의 마술사들을 이기셨습니다.

🗨 이야기하기

자녀들은 부모님에게 어렸을 적에 이 이야기를 읽거나 들었던 것을 기억하는지 물어보세요.
(부모님은「십계」라는 영화를 보았거나 이 이야기를 성경에서 읽어본 적이 있을 겁니다.)

하나님의 능력이 바로의 궁중에 있는 마술사들보다 더 위대하다는 것을 어떻게 보여주었나요?
(아론의 지팡이가 마술사들의 지팡이를 다 삼켰습니다. 바로의 마술사들은 하나님의 능력을 이기려고 노력했으나 도저히 할 수 없었습니다.)

완악한 마음을 가진다는 것은 어떤 의미인가요?
(이번 주를 시작할 때 (돌과 솜을 만져보는) 활동을 했다면, 자녀들에게 그것을 상기시켜 주세요. 완악한 마음은 하나님의 말씀을 받아들이기 원치 않는 마음입니다.)

🤲 기도하기

우리의 마음을 부드럽게 하셔서 우리가 하나님에게 "No"라고 말하지 않게 해 달라고 간구하세요.

DAY 5

♥ 발견하기

오늘 우리는 시편이나 예언서를 통해서 예수님에 대해서 무엇을 배울 수 있는지를 살펴볼 거예요.

✝ 성경읽기 | 이사야 9장 2절, 6~7절

💬 깊이 생각하기

요한복음에서 예수님은 세상에 오신 빛으로 세 번(1:9; 8:12; 12:46) 묘사됩니다. 예수님은 이사야가 말하는 빛이십니다. 6절에서 이사야가 설명하는 사람은 사람의 몸을 입었지만 동시에 "전능하신 하나님"이었습니다. 이제껏 인성과 신성을 모두 가지고 태어난 사람은 오직 예수님, 한 사람뿐이었습니다. 예수님이 하나님이면서 동시에 사람이란 사실은 중요합니다. 사람이 되심으로, 그분은 우리 대신에 죽으시고 징계를 받으실 수 있었습니다. 그분은 또한 하나님이기 때문에, 죄가 없는 삶을 사셨고 무덤에서 다시 살아나셨습니다. 예수님이 죽으셨을 때, 그분은 우리의 징계를 대신 가져가셨습니다. 그래서 우리는 하나님과 화평을 누리게 되었습니다. 그것이 예수님을 "평강의 왕"이라고 부르는 이유입니다. 이번 주에 우리가 읽은 이야기에서 하나님이 모세에게 약속하신 것처럼 예수님은 그분의 백성들을 구원하실 수 있는 길을 여셨고, 그분의 소유가 되게 하셨습니다.

💭 이야기하기

이사야가 얼마나 많은 이름을 예수님에게 부여했는지 기억할 수 있나요?
(부모님은 편하게 자녀들에게 단서를 말씀해 주시거나 6절을 다시 읽어 보게 해 주세요.)

요한복음 8:12에서 예수님은 "나는 세상의 빛이니 나를 따르는 자는 어둠에 다니지 아니하고 생명의 빛을 얻으리라"고 말씀하십니다. 예수님의 이 말씀은 어떤 면에서 이사야가 말한 것과 부합하나요?
(자녀들이 답을 찾지 못한다면, 오늘 읽은 말씀의 첫 번째 구절을 읽어 보도록 단서를 주세요.)

예수님은 우리에게 어떤 "적"으로부터 평강을 주시나요?
(이것은 속임수가 있는 질문이지만 자녀들이 우리가 죄인인 동안에는 우리 자신이 하나님의 적이라는 사실을 이해하는 데 중요한 진리입니다. 예수님이 아니었다면, 하나님은 우리의 죄에 대한 대가로 우리를 징계하셨을 겁니다. 예수님이 우리에게 평강을 주셨을 때, 그분은 우리가 하나님과 화평하도록 해 주신 것입니다. 왜냐하면 예수님이 직접 우리의 징계를 모두 가져가셨기 때문입니다.)

🤲 기도하기

하나님과 화평하도록 예수님을 보내 주신 것을 감사하세요. 그래서 예수님을 믿는 모든 사람은 하나님의 적에서 하나님의 친구로 바뀔 수 있습니다.

God Sends Plagues against Egypt
하나님이 이집트에 재앙을 내리시다

이번 주 우리는 하나님이 이집트에 내리신 첫 아홉 가지 재앙에 대해서 배울 거예요. 다음에 나오는 재앙의 목록을 읽으세요. 그리고 자녀들에게 어떤 것이 옳은지를 맞혀 보라고 질문하세요. 자녀들은 각자 손을 들어서 대답해야 합니다. 누가 가장 정답을 많이 맞히는지 살펴보세요.

- 하나님은 피의 재앙을 내리셨다. (참)
- 하나님은 말벌의 재앙을 내리셨다. (거짓, 하나님은 파리의 재앙을 내리셨다.)
- 하나님은 가축들이 죽는 재앙을 내리셨다. (참)
- 하나님은 어둠의 재앙을 내리셨다. (참)
- 하나님은 눈의 재앙을 내리셨다. (거짓, 하나님은 우박의 재앙을 내리셨다.)
- 하나님은 도롱뇽의 재앙을 내리셨다. (거짓, 하나님은 개구리의 재앙을 내리셨다.)
- 하나님은 종기의 재앙을 내리셨다. (참)
- 하나님은 박쥐의 재앙을 내리셨다. (거짓, 하나님은 이의 재앙을 내리셨다.)
- 하나님은 메뚜기의 재앙을 내리셨다. (참)

DAY **1**

♥ 상상하기

이집트에 첫 번째 재앙이 내렸을 때 어떤 일이 벌어졌을지 상상해 보세요. 온 가족이 함께 강가에서 좋은 날을 보내고 있습니다. 수영도 하고 물장구도 치면서. 태양은 높고 뜨겁지만 강둑의 나무 그늘 아래에서 모두가 멋진 날을 보내고 있습니다. 그때 갑자기 사람들이 고함을 칩니다. "물속에 뭔가 붉은 게 있다!" 아래를 내려다보자, 강물이 짙은 붉은빛을 띠고 있습니다. 강변에 있던 모든 사람이 소리 지르기 시작합니다. "피다! 피야! 강물이 피가 되었다!" 모두가 그 강에서 벗어나려고 도망치는 인파를 이룹니다.

그 강물은 이전과는 다른 것 같습니다. 강물이 튀어서 입에 묻자 그것이 피로 변했다는 사실을 알게 됩니다. 뜨거운 햇빛을 차단하려고 입고 있던 흰 셔츠는 핏물이 뚝뚝 떨어지는 짙은 붉은색이 되었습니다.

강둑을 따라서 물고기들이 배를 뒤집고 물위로 둥둥 떠오릅니다. 이것이 첫 번째 재앙으로 발생한 일입니다. 이제 바로가 재앙을 어떻게 생각하는지, 그가 하나님의 백성들을 내놓을지 살펴봅시다.

📖 성경읽기 | 출애굽기 7장 14~24절

💬 깊이 생각하기

어느 더운 여름날, 지독하고 역겨운 냄새가 풍기는 썩은 음식으로 가득한 쓰레기통을 받아 들게 된다면, 우리는 나일 강이 핏물로 변하고 물고기들이 죽은 뒤에 이집트에 어떤 냄새가 진동했을지 상상할 수 있을 겁니다. 성경이 사실이라고 믿지 않는 어떤 사람들은 그건 진짜 피가 아니었을 거라고, 또는 물고기들이 떼죽음을 당할 어떤 질병에 걸려서 그것들의 피가 강 속에 흘러 들어가 마치 강물이 핏물로 변한 것처럼 보였을 거라고 말하며 이 재앙을 설명하려고 노력할지도 모르겠습니다. 그러나 주목해 보세요. 하나님은 심지어 돌그릇 속에 있던 물까지도 피로 바꾸셨습니다. 누구도 그것을 설명할 수 없습니다.

하지만 어떤 사람은 재앙을 믿지 않았습니다. 그 사람이 바로입니다. 바로는 그 모든 재앙을 자기 눈으로 직접 보려고 그곳에 있었습니다. 그러나 그의 마법사들 또한 물을 피로 바꾸자 모세를 그냥 돌려보내고, 더 이상 신경 쓰지 않았습니다.

🗨 이야기하기

하나님이 물을 피로 바꾼 다른 장소를 말해 봅시다.

(그 목록은 19절에 있습니다. 자녀 중 몇 명이나 그것을 기억하는지 살펴보세요. 그리고 한두 가지 단서를 제공한 후 전부 찾아내는지 보세요.)

하나님은 왜 돌그릇에 있는 물까지 피로 바꾸셨을까요?

(하나님은 그릇에 있는 물까지 피로 바꿈으로써 모든 사람들이 기적이라는 것을 확신하게 하셨습니다. 하나님은 모세에게 붉은 물감을 나일 강에 쏟아 붓게 하신 게 아니었습니다.)

이집트의 마법사들은 어떻게 그러한 마술을 했을까요?

(그릇에 붉은 염색약을 풀어서 물을 피처럼 보이게 하는 것은 쉬운 일입니다. 부모님은 붉은 빛이 나는 음료 가루나 물감을 이용해서 물이 변하는 것을 보여줄 수 있습니다.)

🙏 기도하기

우리에게 임하는 하나님의 말씀, 즉 성경을 믿을 수 있게 해 달라고 하나님에게 간구하세요.

DAY 2

♥ 기억하기

어제 이야기 중에서 무엇을 기억하고 있나요? 오늘은 어떤 이야기가 있을 것이라고 생각하나요?

✝ 성경읽기 | 출애굽기 9장

💬 깊이 생각하기

우리가 이집트에 사는 농부라면, 어떤 바로를 지도자로 섬기고 싶은가요? 우리는 이미 아무리 노력해도 제대로 작물을 수확할 수 없게 개구리, 이, 그리고 파리의 재앙을 겪었습니다. 그러나 앞으로 다가올 재앙들은 완전히 농사를 파괴하기 시작합니다. 첫 번째로, 동물이 전부 죽습니다. 그리고 나서 우리 몸에 종기 같은 붉은 상처가 생깁니다. 그리고 무시무시한 천둥번개와 비가 내리고, 우박이 쏟아져서 모든 작물이 망가집니다. 이 모든 것은 우리의 지도자가 하나님 앞에서 마음을 강퍅하게 하고 노예인 히브리 민족들을 풀어주라는 하나님의 명령을 거절했기 때문입니다. 이런 재앙이 오늘날 발생한다면, 우리는 고기나 채소를 여러 달 동안 어디에서도 구할 수 없을 거예요. 일 년 정도 통조림 음식과 종이 상자에 담긴 시리얼만 먹게 될 수도 있습니다. 고기와 신선한 채소의 가격은 너무너무 비싸져서 그것들을 먹는 것은 정말 어려운 일이 될 거예요.

🗣 이야기하기

여러 재앙 중에서 어떤 것이 가장 끔찍하다고 생각하나요? 왜 그렇게 생각하나요?
(자녀들이 재앙의 결과가 무엇이었는지를 알도록 도와주세요. 그리고 오늘날 그와 비슷한 재앙이 생긴다면 어떨지 설명해 주세요.)

바로는 왜 우박이 쏟아지는 동안에 히브리 백성들을 놓아줄 것에 동의했나요?
(바로는 그저 우박이 멈추기를 원했습니다. 그러나 우박이 멈추자마자 다시 그의 죄로 돌아섰습니다. 그는 단지 자신이 원하는 것을 얻기 위해서 모세의 요구에 동의했던 것입니다.)

재앙들이 내리는 동안에 하나님의 백성들에게는 무슨 일이 벌어졌나요?
(하나님은 그 재앙으로부터 그들을 보호하셨습니다. 그들의 가축 중 어떤 것도 죽지 않았습니다. 그들은 전혀 아프지 않았습니다. 그리고 우박은 그들의 작물 위에는 쏟아지지 않았습니다.)

12절과 34절을 다시 읽으세요. 누가 바로의 마음을 강퍅하게 만들었나요?
(12절은 우리에게 하나님이 하셨다고 알려 줍니다. 그러나 34절은 바로 스스로 그렇게 했다고 말하고 있습니다. 바로는 분명히 하나님에게 불순종한 자신의 의지에 대해서 책임이 있습니다. 우리 중 누구도 바로가 하나님에게서 받았던 그 끔찍한 심판보다 더 나은 것을 받을 만한 자격이 없습니다. 우리의 마음을 순종하게 하시는 하나님의 은혜가 없이는 우리 모두 강퍅한 마음을 가질 것입니다. 우리 중 누구도 하나님의 명령에 스스로 순종할 수 없습니다.)

🙏 기도하기

재앙이 임하는 동안에 그 백성들을 하나님의 방식대로 보호하신 것에 감사하세요.

DAY 3

♥ 예수님께 연결하기

오늘의 이야기가 예수님에 대한 것이며, 예수님을 가리킨다는 사실을 어떻게 알 수 있나요?

📖 성경읽기 | 출애굽기 10장 1~2절

💬 깊이 생각하기

재앙이 내리는 중인 오늘 성경 이야기에서, 하나님은 바로의 마음을 완고하게 만들고, 이집트에 엄청나게 파괴적인 재앙을 내리신 이유를 말해 주십니다. 하나님은 우리의 자녀들을 위해서 놀라운 이야기를 기록하셨습니다. 하나님은 그분 자신에 대한 이야기를 만들고 싶으셨고, 어떻게 그분의 백성들을 놀랍게 구원하셨는지를 모든 사람이 듣고 그것을 자녀들에게 말해주기를 원하셨습니다. 그리고 하나님이 하신 모든 것과 그분이 얼마나 위대하시고 강하신 분인지를 들을 때, 자녀들은 하나님을 주님으로 신뢰하고 그분이 구원하시는 하나님이라는 사실을 믿게 될 것입니다. 이집트에 재앙들을 내리셨을 때, 하나님은 그분의 백성들을 구원하셨습니다. 하나님이 이스라엘 민족을 구원하신 중요한 이유가 있습니다. 그것은 먼 훗날에 예수님이 이스라엘의 자손으로 이 땅에 오실 것이기 때문입니다. 다음 주에 우리는 마지막 재앙에 대해서 읽을 것이고, 그것이 어떻게 직접적으로 예수님을 나타내는지를 알게 될 것입니다. 그리고 하나님이 그분의 백성들을 그들의 죄에서 어떻게 구원하셨는지를 보게 될 것입니다.

🔊 이야기하기

하나님이 이스라엘 민족을 구원하셨을 때, 누구에 대해서 생각하고 계셨나요?
(하나님은 미래에 태어날 모든 아이를 염두에 두셨습니다. 그분은 그들이 하나님을 주님으로, 그리고 구원하시는 하나님으로 믿게 하는 이야기를 만들고 싶으셨습니다.)

우리는 하나님이 충분히 강한 힘을 가지신 분이라는 것을 압니다. 그렇다면 도대체 하나님은 왜 이집트 사람들이 단번에 그분의 백성을 놓아주도록 강력한 재앙을 내리지 않으셨을까요?
(하나님은 모든 재앙을 사용하셔서 놀라운 이야기를 만드셨습니다. 그래서 어떤 사람도 절대 잊지 않고 그것을 모든 세대에 전수하게 하셨습니다.)

하나님은 왜 이 이야기를 성경에 포함시키셨나요?
(그렇기 때문에 우리도 이 이야기를 직접 읽을 수 있습니다. 그리고 자녀들에게 말해 줄 수 있습니다.)

🙏 기도하기

우리가 하나님이 실존하시는 분이라는 사실을 믿도록 이야기를 주신 것에 감사하세요.

DAY 4

♥ 기억하기
이번 주 성경 이야기를 통해서 하나님은 우리에게 무엇을 가르치시나요?

📖 성경읽기 | 출애굽기 10장 3~20절

💬 깊이 생각하기
끔찍한 우박의 재앙은 이미 자라고 있던 모든 식물을 망가뜨렸습니다. 오직 이제 막 싹이 트기 시작한 밀만 남았습니다. 바로는 하나님의 백성 중 남자들만 풀어주겠다고 했고 아이들을 놓아주는 것은 거부했습니다. 우리는 어제 하나님이 어린 아이들을 매우 특별하게 여기신다는 것을 배웠습니다. 어린 아이들은 남겨 두고 백성을 풀어주는 것을 동의하실 리가 없습니다. 바로는 큰 실수를 한 것이었습니다.
여덟 번째 재앙에서 메뚜기들은 온 세상을 뒤덮었고, 우박이 쏟아진 후 남겨진 모든 것을 다 먹어치웠습니다. 심지어 밀의 갓 자란 새순까지 다 먹어버렸습니다. 그것은 이집트에 더 이상 먹을 음식이 조금도 남지 않았다는 것을 의미했습니다. 동물들은 다 죽었고, 농작물도 모두 사라졌습니다. 또 다시 바로가 소리치며 용서를 구했지만, 메뚜기가 사라지자마자 그는 다시 완고한 마음을 가졌습니다.

📢 이야기하기
자녀들은 다른 누군가가 여러분을 잡아 두거나 놓아주지 않고자 한다면 부모님은 어떻게 할 것인지 질문해 보세요.
(부모님은 이 질문이 자녀들이 얼마나 특별하고 소중한 존재인지를, 얼마나 그들을 사랑하는지를, 그리고 부모로서 그 누구도 그들을 데려 가거나 잡아둘 수 없게 할 것이라는 사실을 알려주는 기회로 사용해 보세요.)

메뚜기는 어떤 곤충인가요?
(오늘 이야기에 나온 메뚜기는 날아다니는 메뚜기인데, 주로 식물을 갉아먹고 땅에 내려 앉아 있는 내내 모든 식물을 다 갉아 먹습니다.)

메뚜기가 왜 이집트에 그렇게 해로운 곤충이었나요?
(메뚜기는 우박으로 망가지지 않은 모든 작물을 다 먹어버렸습니다. 그것은 모든 이집트 사람들과 가축들이 더 이상 먹을 수 있는 작물이 없다는 것을 의미했습니다. 머지않아 가축들과 사람들은 굶어 죽을 수도 있게 된 것입니다.)

🙏 기도하기
바로에게서 이스라엘의 어린 아이들을 보호하시고 구하신 하나님에게 감사하세요.

DAY 5

♥ 발견하기

오늘 우리는 시편이나 예언서를 통해서 예수님에 대해서 무엇을 배울 수 있는지를 살펴볼 거예요.

✝ 성경읽기 | 신명기 18장 15~19절, 사도행전 3장 18~23절

💬 깊이 생각하기

모세는 하나님의 백성을 단지 이집트에서 이끌어낸 것만이 아닙니다. 그는 위대한 선지자이기도 했어요. 선지자는 백성들에게 하나님에 대해서 전하는 사람입니다. 하나님이 선지자에게 말씀하시면 그들은 순차적으로 그 메시지를 하나님의 백성들에게 전달합니다. 그들을 하나님의 전령(messenger)이라고 부릅니다.

오늘 이야기에서 모세는 그 백성들에게 아주 먼 훗날 하나님은 또 다른 선지자를 세우실 거라고 말합니다. 신약 시대에 베드로가 백성들에게 말할 때, 모세가 언급했던 선지자의 이름을 말합니다. 그 이름은 예수님입니다. 즉 이미 오래전 모세의 시대에, 하나님은 백성들에게 예수님이 오고 계심을 알게 하셨습니다.

💬 이야기하기

선지자는 무슨 일을 하나요?

(선지자는 하나님이 주신 말씀을 백성들에게 전합니다.)

베드로는 선지자들이 누구를 얘기하고 있다고 말했나요?

(베드로는 선지자들이 예수님이 오시는 날을 간절히 기다리고, 그들이 기록했던 그분에 대한 이야기를 한다고 했습니다.)

예수님은 어떤 면에서 선지자이신가요?

(예수님은 하나님의 말씀을 전하셨습니다. 또한 하나님이 미래에 하실 일들을 말씀하셨고, 그것들은 실현되었습니다. 예를 들면, 마태복음서 16:21에서 예수님은 자신의 죽음과 부활을 예언하셨습니다.)

🤝 기도하기

예수님을 보내셔서 하나님의 말씀을 전하게 하신 하나님에게 감사하세요.

The Last Plague and the First Passover
마지막 재앙과 첫 번째 유월절

우리가 알고 있는 친척, 교회 가족, 또는 이웃 가정에 있는 첫째 아들의 목록을 만들어 보세요. 이번 주는 이집트에 내린 마지막 재앙에 대해서 이야기하게 될 거라고 얘기해 주시면서요.

자녀들에게 그 재앙이 오늘 밤 우리에게도 다가오고 있다면 어떨지 상상해 보자고 하세요. 하나님이 지시하신 대로 자기 집 문설주에 어린 양의 피를 바르지 않은 모든 가정은 첫째 아들을 잃게 될 것입니다. 그렇다면, 우리가 목록을 만든 모든 가족이 하나님의 지시대로 하는 것이 얼마나 중요할까요?

자녀들에게 이렇게 얘기해 주세요. "이번 주, 너희들은 하나님의 심판이 지나가게 하려면 오직 예수님의 피로 우리의 죄를 덮어야만 한다는 것을 배우게 될 거야."

DAY 1

♥ 상상하기

한 양봉가가 벌집에서 꿀을 채취하고 있습니다. 그분의 일을 좀 도와드리고 싶은데 어떻게 하면 좋을까요? 바쁘게 날아다니는 만여 마리의 벌 사이로 벌집에 가까이 다가가고 있다고 상상해 보세요. 그 벌들은 모두 꿀을 지키려고 애쓰고 있습니다. 양봉가들은 벌통으로 갈 때 보통 보호 마스크를 머리에 착용하는데, 그것을 착용하는 한 안전합니다. 벌들은 보호 마스크를 쓴 사람을 쏠 수 없거든요.

우리도 보호 마스크를 착용했다고 해 봅시다. 그래도 벌들이 얼굴 바로 앞에 내려앉고 귓가에서 윙윙 거리며 날아다니면 조금은 두려운 마음이 들지 않을까요?

오늘 이야기에서, 우리는 이스라엘의 아이들이 자신을 마지막 재앙으로부터 보호하기 위해 반드시 했던 것들에 대해서 배우게 될 겁니다. 그 재앙은 너무나 가까운 곳에서 벌어져서 어떤 아이들은 이집트 사람들이 울부짖는 소리를 들을 수도 있었습니다.

✝ 성경읽기 | 출애굽기 11장

💬 깊이 생각하기

우리는 바로가 모세에게서 하나님이 이집트의 모든 첫째 아들을 죽일 것이라는 말을 들었을 때 자신의 고집을 꺾었을 거라고 생각할 수도 있습니다. 바로에게도 아들이 있었으니까요. 그러나 바로는 모세에게 단 한 마디도 하지 않았습니다. 화를 냈고, 더 강퍅한 마음을 가졌습니다. 이미 그가 통치하는 이집트는 파괴되었습니다. 백성들에게 남은 동물은 거의 없었고, 곡물도 남은 것이 없었으며, 질병과 해충들로부터 생각했던 것보다 훨씬 심하게 고통 받았습니다.

하나님은 바로가 듣지 않을 거라는 사실을 아셨음에도 불구하고, 모세를 보내서 바로에게 경고하셨습니다.

🗣 이야기하기

하나님은 마지막 재앙이 있은 후에 무슨 일이 벌어질 거라고 말씀하셨나요?

(결국 바로는 하나님의 백성을 놓아줄 것입니다.)

죄가 바로를 강하게 붙들고 있다는 사실을 어떻게 알 수 있나요?

(바로는 모든 재앙이 끝난 후에도 하나님에게 순종하기를 거절했습니다.)

누가 우리의 삶에 나타나는 죄의 강력한 속박을 깨뜨릴 수 있나요?

(예수님이 우리의 삶에 나타나는 죄의 속박을 깨뜨릴 수 있습니다. 예수님은 죄의 힘을 파괴하시려고 십자가에서 죽으셨습니다.)

🤲 기도하기

우리가 하나님의 말씀에 순종하게, 그리고 바로처럼 마음을 강퍅하게 갖지 않게 해달라고 하나님에게 도움을 구하세요.

DAY 2

♥ 기억하기

어제 이야기 중에서 무엇을 기억하고 있나요? 오늘은 어떤 이야기가 있을 것이라고 생각하나요?

📖 성경읽기 | 출애굽기 12장 1~30절

💬 깊이 생각하기

처음에 우리는 이스라엘 백성들이 집 안에 있었기 때문에 죽음을 피해 간 것이 아닐까 생각했을지도 모릅니다. 그러나 좀 더 생각해 보면, 죽음은 이집트 사람과 이스라엘 백성 모두의 집에 임했습니다. 모든 집안의 첫째 아들은 죽었습니다 — 고함 소리와 통곡 소리가 곳곳에서 들렸습니다. 그러나 하나님의 백성들에게는 첫째 아들을 대신해서 어린 양이 죽었습니다.

하나님에게 대속물이 죽음 당했다는 것을 보이기 위해서, 그 표시로 어린 양의 피를 문설주에 발랐습니다. 죽음의 천사가 도착해서 그 피를 볼 때, 어린 양이 죽음 당했다는 사실을 알게 됩니다. 그 피는 하나님의 어린 양이신 예수님이 우리 죄를 대신해서 죽게 되는 날을 우리에게 보여줍니다. 그래서 천사가 그 피를 봤을 때 다른 집으로 넘어갔습니다.

💬 이야기하기

이스라엘 민족의 가정들은 문설주에 무엇을 발랐나요?
(제물로 바친 어린 양의 피를 발랐습니다.)

"유월절" 이란 명칭은 어디서 유래했나요?
(그 명칭은 피를 문설주에 발라둔 집들을 하나님이 지나가신 것에서 유래합니다.)

하나님은 왜 이스라엘 민족에게 매년 유월절을 기념하라고 하셨나요?
(하나님은 이스라엘 민족과 그 자손들이 하나님이 그들을 위해서 하신 일들을 결코 잊지 않기를 원하셨습니다. 26~27절을 보세요.)

🙏 기도하기

문설주에 그 피를 발라놓은 집을 지나가신 하나님에게 감사드리세요.

DAY 3

♥ 예수님께 연결하기

오늘의 이야기가 예수님에 대한 것이며, 예수님을 가리킨다는 사실을 어떻게 알 수 있나요?

✝ 성경읽기 | 고린도전서 5장 7~8절

💬 깊이 생각하기

스포츠에서 한 선수가 부상을 당하거나 지쳐 쓰러졌을 때, 감독은 그 선수 대신에 다른 선수를 교체 출전시키려 할 겁니다. 이번 주 우리가 읽은 성경에서 하나님은 이스라엘 민족을 위한 대속물로 어린 양을 사용하실 것이라고 말씀하셨습니다. 첫째 아들을 죽이는 대신에, 그 어린 양들은 대속물로 죽음을 당했습니다.

오늘 이야기에서는 우리의 대속물이 있다는 것을 알게 됩니다. 우리 대신에 죽음 당한 어린 양이 있습니다. 하나님의 어린 양이신 예수님은 우리 대신에 죽음 당하셨습니다. 그분은 하나님의 심판이 우리에게서 지나가도록 우리의 죄에 대한 심판을 담당하셨습니다. 하나님이 이스라엘 민족에게 유월절 어린 양을 죽여서 그 피를 집 문설주에 바르라고 말씀하셨을 때, 언젠가 그분의 아들 예수님을 우리를 위해서 어떻게 다루실지에 대한 그림을 그리고 계셨습니다. 예수 그리스도는 우리의 유월절 어린 양이십니다.

💬 이야기하기

유월절 이야기의 어느 부분이 예수님을 가리키나요?
(죽음 당한 어린 양이 예수님을 가리킵니다.)

사도 바울은 우리의 유월절 어린 양이 누구라고 말하나요?
(예수님이 우리의 유월절 어린 양이라고 말합니다.)

주일날 교회에서 우리는 유월절 이야기를 어떻게 기념하나요?
(우리는 성찬식을 통해서 우리 대신에 십자가에서 희생 제물이 되신 유월절 어린 양 예수님을 기념합니다.)

🙏 기도하기

우리의 유월절 어린 양으로 예수님을 보내 주신 하나님에게 감사하세요.

DAY 4

♥ 기억하기

이번 주 성경 이야기를 통해서 하나님은 우리에게 무엇을 가르치시나요?

✝ 성경읽기 | 출애굽기 12장 30~42절

● 깊이 생각하기

우리가 노예의 힘든 삶을 경험해 보지 않고서는, 이스라엘 백성들이 이집트를 떠나게 되었다는 사실이 얼마나 흥분되는 일이었을지 상상조차 할 수 없을 것입니다. 그들은 매일 벽돌을 만들어야 했고, 일한 만큼의 대가를 전혀 받지 못했습니다. 명령을 받는 대로 일해야 했고, 채찍질 당하거나 심지어 죽음을 당할 위험에 놓여 있었습니다. 아플 때에도 쉬는 날이 없었고, 지쳤을 때 휴식을 갖지도 못했습니다. 이스라엘의 어린 아이들은 평생을 이렇게 살았습니다. 바로가 떠나라는 명령을 내렸을 때, 그들은 조금도 시간을 지체할 이유가 없었습니다. 마침내 자유인이 되었습니다! 하나님이 행하시겠다고 말씀하신 방법대로 노예 신분에서 구원하셨습니다. 그리고 떠날 준비가 되었습니다.

《● 이야기하기

자녀들은 부모님에게 큰 빚이나 대출을 다 해결하고 드디어 그 부담에서 벗어났을 때 어땠는지 그리고 빚에서 벗어나는 것이 이스라엘 민족이 노예 신분에서 벗어나는 것과 얼마나 비슷한지 질문해 보세요.
(부모님에게, 성경은 빚진 자는 채주의 종이 된다(잠 22:7)고 말합니다. 우리 가족이 혹은 다른 누군가가 빚을 갚은 이야기와 그 갚아야 하는 금액으로부터 자유로워지는 것이 어떤 느낌인지를 얘기해 주세요. 그리고 그 빚을 갚으려고 얼마나 열심히 일하는지와 만약 갚지 못하면 은행은 끝까지 돈을 갚도록 물고 늘어지거나 이자가 늘어나서 더 많은 돈을 갚게 한다는 사실을 설명해 주세요.)

이스라엘 민족은 하나님이 계획하신 대로 이집트를 떠났나요?
(네, 이집트 사람들이 이스라엘 백성에게 재물을 주는 것을 포함해서 하나님이 말씀하신 대로 정확히 다 이뤄졌습니다.)

얼마나 많은 사람이 이집트를 떠났나요?
(성경은 60만 명의 남자가 있었다고 말합니다. 모든 여성과 아이를 합하면 대략 200만 명 이상의 사람들이 있었던 것입니다. 하나님은 아브라함이 큰 민족을 이룰 것이라고 말씀하셨습니다. 그 약속은 성취되고 있었습니다.)

🤲 기도하기

이스라엘 백성들을 노예 신분에서 해방시킨 하나님에게 감사하세요.

DAY 5

♥ 발견하기

오늘 우리는 시편이나 예언서를 통해서 예수님에 대해서 무엇을 배울 수 있는지를 살펴볼 거예요.

✝ 성경읽기 | 시편 45편 1~6절

💬 깊이 생각하기

허리에 검을 차고 말 위에 올라탄 왕을 상상해 보세요. 그 왕은 승리자입니다. 그것은 그 왕이 전쟁에서 승리했다는 것을 의미합니다. 그 전쟁은 선과 악의 싸움이고 그 왕은 선을 위해, 진리와 정의를 위해서 싸웠습니다. 오늘 본 시편에서 우리는 예수님의 모습을 그려 보게 됩니다. 예수님은 선을 위해서 사탄과 싸우셨습니다. 그리고 그 전쟁에서 우리의 죄 때문에 십자가에서 죽으시고, 무덤에서 다시 살아나셨을 때 죄와 죽음을 이기고 승리하셨습니다. 언젠가 예수님은 믿기를 거부하고 하나님의 명령에 불순종하는 모든 사람을 심판하러 돌아오실 것입니다. 성경의 마지막 책인 요한계시록은 승리자로서 돌아오시는 예수님을 이야기합니다. 다음과 같이 기록되어 있습니다. "또 내가 하늘이 열린 것을 보니 보라 백마와 그것을 탄 자가 있으니 그 이름은 충신과 진실이라 그가 공의로 심판하며 싸우더라. 그 눈은 불꽃같고 그 머리에는 많은 관들이 있고 또 이름 쓴 것 하나가 있으니 자기밖에 아는 자가 없고 또 그가 피 뿌린 옷을 입었는데 그 이름은 하나님의 말씀이라 칭하더라"(계 19:11~13).

《● 이야기하기

시편 45편은 얼마나 오랫동안 왕의 보좌가 지속될 것이라고 말하나요?
(자녀들이 확실하게 대답하지 못한다면 6절을 다시 읽게 해 주세요. 그 구절에서 왕의 보좌는 영원히 지속될 것이라고 말합니다.)

"영원히"는 얼마나 오랜 시간인가요?
(이 질문은 자녀들이 결코 끝이 없다는 의미를 이해하는지 살펴보는 일종의 함정 질문입니다.)

오직 한 왕만이 영원한 보좌에 앉으십니다. 그분의 이름은 무엇인가요?
(예수님은 그 보좌가 영원히 지속되는 왕의 이름입니다.)

🤲 기도하기

그분의 보좌가 영원히 지속되게 하시는 하나님에게 감사하세요.

week 32

God Parts the Red Sea
하나님이 홍해를 가르시다

두 숟가락 정도의 물을 커다란 접시에 부으세요. 자녀들에게 기도하는 손 모양으로 그 물을 반으로 나눌 수 있는지 도전해 보라고 하세요. 그들의 두 손 사이는 마른 상태인 채로 천천히 물을 반으로 갈라서 접시 가장자리로 나누라고 하세요. 아마도 순간적으로 물을 나눌 수 있을 겁니다. 그러나 곧 손 주변으로 흘러서 되돌아옵니다.

이렇게 얘기해 주세요. "우리는 두 숟가락 정도의 물도 나눌 수가 없단다. 하지만 하나님은 홍해 전체를 가르셨지. 이번 주 너희들은 어마어마한 하나님의 능력에 대해서 배우게 될 거다. 그 능력은 그분의 백성들을 안전하게 이동시킬 수 있었단다."

DAY 1

 상상하기

오늘이 광복절인 8월 15일이라고 가정해 봅시다. 독립을 기념하기 위해서 우리 가족은 무엇을 할 수 있을까요? 이 날을 8월의 다른 날들과 구별하기 위해서 어떻게 하면 좋을까요? 대부분 사람들은 8월 15일을 휴일로 보냅니다. 많은 사람이 야외로 나가서 맛있는 것을 해 먹거나 휴양지로 가거나 밤이 되면 폭죽을 하늘 높이 쏘면서 즐깁니다. 우리가 기념할 다른 것은 없을까요?

오늘 이야기에서 우리는 하나님이 이스라엘 민족이 이집트로부터 독립한 그 날을 절대 잊지 않도록 유월절을 어떻게 기념하라고 말씀하셨는지를 배울 겁니다.

✝ 성경읽기 | 출애굽기 13장 1~16절

💬 깊이 생각하기

8월 15일과 같은 과거의 어떤 날을 기념할 때, 문제는 우리가 기념하는 그 자체에만 열광하고 무엇을 왜 기념하는지를 잊을 수 있다는 점입니다. 많은 사람은 실제로 1945년 8월 15일에 무슨 일이 일어났는지 모릅니다. 사실 그 날에 특별한 일이 벌어지진 않았습니다. 대한민국을 지배하고 있던 일본 천황이 전쟁에 패배했다고 선언했을 뿐이지 어떤 급격한 변화나 대한민국의 주권이 갑자기 회복된 것은 아니었습니다. 우리가 8월 15일을 기념하는 것은 당시 사람들이 해방되었다는 것을 알게 된 날을 기념하는 의미입니다.

오늘 이야기에서 하나님은 이스라엘의 아이들이 유월절과 마지막 재앙을 절대로 잊지 않기를 원하셨습니다. 그것이 하나님이 모든 첫째 아들과 첫 번째 태어난 수컷 동물들은 하나님에게 속한 것이고 어린 양을 죽임으로써 구원받아야만 한다는 사실을 말씀하셨던 이유입니다. 이 전통을 지키면서 이스라엘 민족은 이집트의 첫 번째 난 것들이 유월절 밤에 어떻게 죽었는지를 절대 잊지 않을 것입니다. 또한 하나님이 어린 양을 이스라엘의 첫 번째 것들을 대신해서 죽게 하시고 그 피를 문설주에 바르게 함으로써 이스라엘 백성들을 남겨 두셨다는 사실도 결코 잊지 않을 것입니다.

🗨 이야기하기

이스라엘 민족이 마지막 재앙과 유월절을 기억하는 것이 왜 중요했나요?
(첫째 아들 대신에 양을 죽이고 그 피를 문설주에 바르는 것은 예수님을 가리킵니다.)

마지막 재앙과 유월절이 어떻게 예수님을 가리키나요?
(첫 유월절에 첫째 아들을 대신해서 죽음 당한 어린 양은 이스라엘 민족을 하나님의 심판에서 피하도록 했습니다. 예수님은 우리 대신에 십자가에 죽으셨습니다. 그래서 우리는 하나님의 심판을 피할 수 있었습니다. 우리가 예수님과 그분이 십자가에 죽으신 것을 믿을 때, 하나님은 예수님이 우리가 받아야 할 심판을 대신 받으셨기에 우리의 죄를 지나가십니다.)

오늘날 우리는 왜 어린 양을 죽임으로써 유월절을 기념하지 않나요?
(유월절은 예수님을 가리키는 상징입니다. 예수님이 이 땅에 오셨고, 죽으셨으며, 그 죽음에서 다시 살아나신 후에 교회가 그분의 부활을 기념하기 시작했습니다.)

🌱 기도하기

예수님이 십자가에서 죽으셨기에 하나님의 심판이 우리에게서 지나갔습니다. 예수님에게 감사의 기도를 드리세요.

DAY 2

♥ 기억하기

어제 이야기 중에서 무엇을 기억하고 있나요? 오늘은 어떤 이야기가 있을 것이라고 생각하나요?

📖 성경읽기 | 출애굽기 14장 1~7절

💬 깊이 생각하기

모세는 이스라엘 민족에게 마치 그들이 곧 여행을 떠날 것처럼(출 12:11) 준비하고 옷을 입고서 유월절을 기념하라고 가르쳤습니다. 백성들은 모세의 말에 순종했습니다. 그래서 첫째 아들들이 죽은 후, 이집트를 떠나라는 바로의 허락이 떨어졌을 때 이미 떠날 준비가 되어 있었습니다. 모든 이스라엘 민족은 집에서 나와 이집트를 떠났고 하나님은 그들을 광야로 이끄셨습니다.

처음에 이집트 사람들은 이스라엘 백성들이 떠난 것이 기뻤습니다. 심지어 그들이 떠날 때 선물까지 주었습니다(출 12:35~36). 그러나 얼마 지나지 않아 이집트 사람들은 일꾼들이 다 사라져 버렸다는 것을 깨달았습니다. 이제 모든 일을 자신들이 해야 했습니다. 그 누구도 짚단을 모아오지 않고, 벽돌을 만들지도 않았으며, 운반도, 청소도, 요리도, 빨래도 하지 않았습니다.

이집트의 모든 노동력이 사라졌다는 것을 알았을 때 바로는 다시 화가 나기 시작했고, 그 재앙들은 다 잊어버렸습니다. 그리고 히브리 민족을 추격해서 다시 이집트로 잡아오려고 군대를 모았습니다.

🗣 이야기하기

이스라엘 민족의 어떤 순종이 그들을 이집트에서 안전하게 떠나게 했나요?
(모두가 떠날 준비를 하고 있었기 때문에 바로가 마음을 바꾸기 전에 즉시 이집트를 떠날 수 있었습니다.)

이스라엘이 하나님의 말씀에 순종하는 것을 통해서 우리는 무엇을 배울 수 있나요?
(우리가 하나님의 말씀에 순종하면, 하나님은 우리가 받는 시험을 통해서 우리를 인도하실 것입니다. 그러나 우리가 불순종한다면, 그것은 우리를 어려움으로 이끌 것입니다.)

바로는 이스라엘 민족을 잡으려고 누구를 이끌고 갔나요?
(최고의 병거 600대와 이집트의 다른 모든 병거를 이끌고 갔습니다. 수천 대의 병거였을 것입니다.)

🙏 기도하기

이스라엘 민족처럼 하나님의 말씀에 순종할 수 있게 해달라고 간구하세요.

DAY 3

♥ 예수님께 연결하기

오늘의 이야기가 예수님에 대한 것이며, 예수님을 가리킨다는 사실을 어떻게 알 수 있나요?

✝ 성경읽기 | 출애굽기 14장 8~9절, 로마서 9장 17절

● 깊이 생각하기

오늘 두 성경 말씀에서 우리는 다시 한 번 하나님이 모든 것을, 심지어 바로의 마음까지도 다스리신다는 사실을 배우게 됩니다. 바울은 로마서에서 하나님이 바로의 인생을 통해서 능력을 보이시고, 하나님의 이름을 온 세상에 널리 선포하시려고 그를 이집트의 권좌에 앉히셨다고 전하고 있습니다.

수천 년이 지난 오늘, 우리는 그것에 대해서 읽고 있으며 우리 또한 그분의 백성을 구원하시는 하나님의 위대한 계획을 기뻐합니다. 바로와 그분의 백성을 구원하신 하나님의 능력에 관한 이야기는 수백만 번 이상 전해져 왔습니다. 그러나 가장 위대한 기념은 우리가 예수님이 이스라엘의 아들로서 베들레헴이라는 약속의 땅에서 태어나심을 기억하는 것입니다. 이스라엘이 이집트 노예에서 해방된 것을 기념할 때, 우리 또한 죄의 노예로부터 우리가 해방되었음을 기념할 수 있습니다.

◖● 이야기하기

바로는 자신이 통치한다고 생각했습니다. 그러나 정말로 모든 것을 다스리는 분은 누구인가요? (하나님)

바로의 마음까지도 통치하시는 하나님의 다스림은 우리에게 하나님이 어떤 분이란 사실을 알려 주나요?
(하나님은 전능하십니다. 그분은 심지어 죄인들의 삶까지도 다스리십니다. 하나님은 그들의 죄에 대해서는 책임이 없으시지만 그들의 죄를 사용하셔서 선을 이루십니다.)

온 세상에 선포되기 원하는 하나님의 메시지는 무엇인가요?
(예수님의 이야기는 하나님이 세상에 선포되길 원하시는 이야기입니다. 하나님은 단지 노예 신분에서 이스라엘 민족을 구원하신 것만이 아닙니다. 하나님의 구원 계획은 그것보다 더 컸습니다. 하나님의 구원은 우리를 죄로부터 구원하신 예수님을 포함합니다. 무엇보다도, 하나님이 이집트에서 이스라엘 민족을 이끌어내지 않으셨다면, 예수님은 베들레헴에서 태어나지 않았을 겁니다.)

✋ 기도하기

이스라엘 민족을 구원하시고 예수님을 통해서 우리에게도 구원을 베푸시는 하나님에게 감사하세요.

DAY 4

♥ 기억하기

이번 주 성경 이야기를 통해서 하나님은 우리에게 무엇을 가르치시나요?

✝ 성경읽기 | 출애굽기 14장 10~31절

💬 깊이 생각하기

술래잡기 놀이에서 술래에게 잡힐 것 같거나, 벽 또는 길모퉁이에 막혀서 어디로도 갈 곳이 없는데 술래가 쫓아오는 경험을 해 본 적이 있나요? 그것이 하나님의 백성들에게 생긴 일입니다. 그들은 유리한 상황에서 이집트를 탈출했습니다. 그러나 곧 홍해를 만나서 멈추었습니다. 갈 곳이 전혀 없는 함정에 빠진 것과 같았습니다. 그들을 추격하는 이집트 군대를 봤을 때, 이제 곧 죽을지도 모른다는 공포에 두려워 울부짖었습니다.

그러나 하나님은 계획이 있으셨습니다. 하나님은 모세에게 손을 펼치게 하시고, 홍해를 가르시는 동안에 그 백성들을 보호하시려고 이집트 군대와 백성 사이에 구름 기둥을 세우셨습니다. 구름 기둥이 사라졌을 때, 이집트 군대는 분명히 충격을 받았을 것입니다. 이스라엘 민족이 사라진 것입니다! 그들의 발걸음은 모래사장을 따라서 바다로 향하고 있었습니다. 바닷물이 거대한 장벽을 이루어 길 좌우로 펼쳐졌습니다.

바로는 담대하게 노예들의 뒤를 쫓았습니다. 그러나 이스라엘 민족이 안전하게 반대편으로 넘어가자, 모세는 손을 펼쳤고 하나님은 바로와 군대를 바닷물로 덮으셨습니다. 하나님은 그분의 백성을 구원하셨을 뿐만 아니라 또한 적들까지 무찌르신 것입니다.

💬 이야기하기

자녀들은 부모님에게 어려운 시기에 하나님이 길을 열어 주신 경험이 있는지 질문해 보세요.
(부모님은 어려운 상황에서 하나님이 인도해 주셨던 때를 생각해 보세요. 재정적인 지원이나 또 다른 기도 응답이 될 수도 있습니다.)

하나님이 이스라엘 민족을 어떻게 구원하셨는지를 읽음으로써 그분의 계획에 대한 우리의 믿음은 어떻게 더 강해지나요?
(하나님은 전능하시고 이스라엘 민족을 도우셨던 것처럼 그분의 도움이 필요할 때 우리를 구원하실 수 있습니다.)

우리 인생의 모든 시기마다 어떻게 하나님의 도움을 받아 지나왔는지 생각할 수 있나요?
(우리는 하나님의 도움이 매일 필요합니다. 부모님은 자녀들이 잔심부름, 학교생활, 그리고 심지어 놀 때에도 하나님의 도움이 필요하다는 사실을 알도록 도와주세요.)

🤲 기도하기

하나님이 이스라엘을 보살피신 것처럼 우리를 보살펴 달라고 기도하세요.

DAY 5

♥ 발견하기

오늘 우리는 시편이나 예언서를 통해서 예수님에 대해서 무엇을 배울 수 있는지를 살펴볼 거예요.

📖 성경읽기 | 시편 45편 6~9절

💬 깊이 생각하기

우리 가족 중에 나이가 가장 많은 사람은 누구인가요? 그분들이 장수하는 복을 받았을 수도 있지만, 그렇다고 영원히 살 수는 없을 겁니다. 우리는 모두 죽습니다 — 우리가 예수님이 다시 오실 때 부활하지 않는다면. 그래서 하나님이 우리에게 영원히 지속되는 보좌에 대해서 말씀하실 때, 우리는 모든 사람이 죽는다는 사실을 알기에 그 왕이 결코 평범한 사람이 아님을 확신할 수 있습니다. 그 보좌에 앉는 왕은 아주 특별한 사람이 분명합니다. 오직 한 왕만이 영원히 삽니다 — 바로 예수님입니다. 예수님은 또한 의와 기쁨으로 통치하시는 왕의 설명에 정확히 부합합니다. 히브리서 1:8~9은 오늘 시편을 인용하고, 그것이 예수님에 대한 것임을 알려 줍니다.

💬 이야기하기

이 시편은 예수님에 대해서 어떻게 이야기하나요?
(예수님은 영원한 보좌에 계십니다. 그분은 홀로 의를 사랑하실 수 있고 완벽하게 악함을 미워하실 수 있습니다.)

보좌에 앉은 왕이 의를 사랑한다는 것은 무슨 의미인가요?
(그 왕이 옳은 것과 선한 것을 사랑한다는 것을 의미합니다.)

히브리서 1:8~9을 읽으세요. 이 말씀과 시편 45편은 어떤 면에서 비슷한가요?
(히브리서 1:8~9은 직접적인 인용구입니다. 그리고 우리에게 시편 45편이 하나님의 아들 예수님에 대한 것이라고 알려 줍니다.)

🙏 기도하기

의를 사랑함으로써 예수님처럼 살아갈 수 있게 해 달라고 하나님에게 도움을 구하세요.

God Provides Food and Water For Israel
하나님이 이스라엘 민족에게 먹을 것과 마실 것을 주시다

골프공만 한 돌과 수건, 그리고 물이 반쯤 담긴 작은 대야를 준비하세요. 먼저, 수건을 물에 흠뻑 적시고 그것을 막내에게 주면서 짜보라고 하세요. 막내부터 첫째까지 앞 사람이 수건을 짤 수 있는 만큼 짠 후에 다음 사람이 그 수건을 받아서 계속 물을 짜보는 거예요. (자녀가 한 명이라면, 아빠나 엄마가 함께 하면 됩니다.) 제일 큰 아이 차례가 되면, 이미 동생들을 거쳐 온 수건이지만 그래도 물기를 조금이라도 더 짜낼 수 있을 것이고, 그래서 자기 힘이 세다고 생각할 거예요.

그러고 나서, 준비한 돌을 가져와서 자녀들에게 여기서도 물기를 한 번 짜보라고 하세요. 무슨 일이 벌어질까요? 과연 물 한 방울이라도 짜낼 수 있을까요? 이것을 통해서 사람이 아무리 강한 힘을 가졌을지라도 목마른 백성들을 위해서 바위에서 물을 만들어내신 하나님의 힘과는 비교할 수 없음을 깨닫게 될 것입니다.

얘기해 주세요. "이번 주 너희들은 하나님이 사막에서 이스라엘 민족에게 얼마나 기적적으로 먹을 것과 마실 것을 공급하셨는지를 배우게 될 거야."

DAY 1

♥ 상상하기

산에서 휴가를 보내려고 가는 길인데 차가 엄청나게 막힌다고 상상해 봅시다. 교통 체증에서 벗어나니 이미 시간이 많이 늦은 거예요. 아빠는 더 늦어지지 않기 위해 휴가지에 도착할 때까지 멈추지 않고 계속 갈 거라고 말씀하셨어요. 마침내 목적지에 도착했을 때, 가족 모두 먹는 얘기만 했습니다. 누구는 피자를 배달시키자고 하고, 누구는 햄버거를 먹고 싶다고 합니다. 원하는 바는 달랐지만 가족 모두 빨리 먹고 싶다는 데 동의했지요. 그런데 한 가지 문제가 생겼습니다. 휴가지에 너무 늦게 도착하는 바람에 식료품점을 비롯한 모든 가게가 문을 닫았다는 사실이에요.

갑자기 가족 모두의 기분이 변했습니다. 짜증을 부리기 시작하고, 심지어 처음부터 휴가를 오지 말았어야 한다고 불평하기 시작했지요. 이와 같은 경험을 해 본 적이 있지 않나요? 우리는 원하는 것을 얻지 못하면 쉽게 불평합니다. 오늘 우리는 이스라엘 민족이 원하는 것을 얻지 못했을 때 어떻게 시험 받는지 보게 될 것입니다.

📖 성경읽기 | 출애굽기 16장 1~8절

💬 깊이 생각하기

오늘 성경 구절에서, 불평은 하나님에게 죄를 짓는 것이라는 사실을 배우게 됩니다. 그 이야기는 모세와 아론에게 불평하는 백성들로부터 시작합니다. 그러나 나중에 모세와 아론은 그들의 불평은 사람이 아니라 하나님을 향한 것이었다고 말합니다.

그러니까 이제부터는 가장 좋아하는 아이스크림이 없거나 엄마가 밖에서 놀지 못하게 할 때, 엄마를 향한 어떤 불평도 사실은 하나님에게 죄를 짓는 것임을 기억하세요. 하나님은 아이스크림을 만드는 세상의 모든 우유를 주시는 분이고, 그 우유를 만들어 내는 소가 먹는 풀들이 자랄 수 있도록 비를 내리시는 분입니다. 우리가 불평할 때, 이렇게 말하는 것이나 마찬가지에요. "하나님, 저는 하나님이 세상을 이끌어 가시는 방법이 마음에 안 들어요!"

🗣 이야기하기

이스라엘 민족은 왜 불평했나요?

(그들은 배고픈데 먹을 것이 전혀 없어서 불평했습니다.)

그들은 불평이 아니라 무엇을 했어야 했나요?

(불평하는 대신에 모세를 통해 하나님에게 양식을 달라고 요청할 수 있었습니다. 하나님이 홍해를 가르셔서 그들에게 길을 열어주셨다면, 먹을 것도 충분히 주실 수 있었습니다.)

하나님은 이스라엘 민족에게 어떻게 자비를 베푸셨나요?

(자비는 받아야 할 벌을 누군가에게 내리지 않는 것입니다. 오늘 이야기에서 하나님은 이스라엘 민족에게 그들의 죄에 대한 징계를 내리시지 않았을 뿐만 아니라 오히려 원하는 것을 주셨습니다.)

🙏 기도하기

우리가 하나님을 믿고 불평하지 않게 해 달라고 기도하세요.

DAY 2

♥ 기억하기

어제 이야기 중에서 무엇을 기억하고 있나요? 오늘은 어떤 이야기가 있을 것이라고 생각하나요?

📖 성경읽기 | 출애굽기 16장 9~35절

💬 깊이 생각하기

하나님은 놀라운 방법으로 우리의 필요를 채우실 수 있습니다. 이스라엘 민족은 광야에서 먹을 것도, 먹을 것을 구할 방법도 없어서 불평했습니다. 그들은 가진 곡물이 없어서 떡을 만들 수가 없었습니다. 식물도, 먹을 야생 동물도 없었고 그들 모두가 먹을 만큼 가축도 충분하지 않았습니다.

그들은 하나님이 전능하시고 모든 것을 하실 수 있는 분이라는 것을 잊었습니다. 그분은 떡을 만들기 위해 곡물 가루가 필요한 분이 아니십니다. 그분은 이 땅의 모든 동물을 다스리십니다. 이스라엘 민족에게 그분의 전능함을 보이시려고 하나님은 아무 것도 없는 상태에서 떡을 만드실 수도 있고, 메추라기를 날아오게 하셔서 이집트를 떠나온 수백만 명의 사람에게 고기를 공급하실 수도 있습니다.

🗨 이야기하기

하나님이 이스라엘 민족에게 주신 떡을 무엇이라고 불렀나요?
(그들은 그 떡을 만나라고 했습니다.)

이 이야기는 하나님의 친절함과 인내심을 어떻게 말하나요?
(하나님은 이스라엘 민족의 불평에도 불구하고 먹을 것을 주셨습니다. 비록 그들이 끊임없이 죄를 범했지만 하나님은 40년 동안 만나를 주셨습니다.)

하나님은 안식일을 어떻게 지키셨나요?
(하나님은 이스라엘 민족에게 안식일 전날에는 만나를 두 배로 모으라고 말씀하셨습니다. 그들이 한 날에 필요한 분량보다 더 많은 만나를 모으려고 하면, 그것은 상해버렸습니다. 그러나 안식일에는 그렇지 않았습니다! 이것은 하나님이 이스라엘 민족을 돌보신다는 증거였습니다.)

🙏 기도하기

우리가 하나님에게 간구하는 것을 위해서 기도하세요.

DAY 3

♥ 예수님에게 연결하기

오늘의 이야기가 예수님에 대한 것이며, 예수님을 가리킨다는 사실을 어떻게 알 수 있나요?

✝ 성경읽기 | 요한복음 6장 31~40절

💬 깊이 생각하기

예수님이 가르치실 때 많은 기적이 일어났습니다. 예수님은 구약 성경에 나오는 이야기가 실제로는 예수님 자신에 대한 이야기라는 사실을 알려주는 것을 즐거워하셨습니다. 40년 동안 이스라엘 백성들은 사막을 헤맸고, 만나를 먹었습니다. 하늘에서 내려온 그 떡은 그들을 굶주림에서 해방시켰습니다. 그때는 몰랐지만, 그 만나를 한 입 한 입 먹을 때마다 하나님은 그분의 백성들을 굶주림보다 더 큰 위험인 죄로부터 구원하실 날을 드러내고 계셨던 거예요. 그 백성들이 살아남기 위해서 만나가 필요했듯이, 우리 또한 예수님이 필요합니다. 그분은 우리를 위해서 천국에서 내려온 떡입니다! 우리가 예수님과 십자가의 죽음, 그리고 죽음에서 다시 살아나신 부활을 믿으면, 하나님은 우리의 죄를 용서하시고 예수님과 더불어 천국에서 살 수 있는 길을 열어 주십니다.

《● 이야기하기

누가 생명의 떡인가요? (예수님)

예수님은 왜 스스로를 생명의 떡이라고 하셨나요?
(떡은 우리가 살아가는 데 가장 기본적인 음식입니다. 떡과 물이 없으면 죽을 수도 있습니다. 예수님은 영혼의 음식이고, 생수입니다. 왜냐하면 예수님과 그분의 십자가 죽음이 없었다면 우리는 영적으로 죽게 되고 하나님과 영원히 분리될 수밖에 없기 때문입니다.)

예수님은 누가 영원히 목마르지 않을 거라고 말씀하셨나요?
(자녀들이 정답을 모른다면 35절을 다시 읽어 주세요. 그리고 "예수님을 믿는 사람들"이라는 대답을 하는지 살펴보세요.)

예수님을 믿으려면 무엇이 필요한가요?
(예수님은 하나님이시고 죄가 없는 삶을 사셨으며, 우리의 죄 때문에 죽으셨고 그 죽음에서 다시 살아나셨다는 사실을 믿어야 합니다. 이것이 복음의 기본입니다.)

🤲 기도하기

우리 가족 모두가 예수님을 믿게 해 달라고 하나님에게 도움을 구하세요.

DAY 4

♥ 기억하기

이번 주 성경 이야기를 통해서 하나님은 우리에게 무엇을 가르치시나요?

📖 성경읽기 | 출애굽기 17장 1~7절

🔍 깊이 생각하기

어느 순간 마실 물이 떨어지자 이스라엘 민족은 화를 내기 시작했습니다. 하나님이 그들을 위해서 아무 것도 없는 상황에서 매일 떡을 만드셨다는 사실을 잊어 버렸나 봐요. 하나님이 아무 것도 없이 빵을 만드셨다면, 물도 주실 수 있는 분이죠. 그러나 백성들은 원망하고 불평하며 마침내는 모세를 돌로 쳐서 죽이려고까지 했습니다. 하나님은 그런 백성들을 징계하시는 대신에 자비를 보이시고 마실 물을 주셨습니다. 그들의 죄 때문에 그들을 치지 않으시고, 모세에게 반석을 치라고 명하시고 거기서 마실 물을 주셨습니다.

신약 성경에서 바울은 우리에게 그 반석이 바로 예수님이라고 말합니다(고전 10:4). 하나님은 이스라엘의 죄를 못 본 척하시고, 그들에게 물을 주셨습니다. 왜냐하면 먼 훗날 예수님이 그들의 자리에 대신 서시고 그들이 받아야 할 징계를 대신 받을 것을 아셨기 때문입니다.

💬 이야기하기

자녀들은 부모님에게 원했던 것을 얻지 못해 불평한 경험이 있는지 여쭤보세요.
(부모님은 사고 싶은 물건이 다 떨어져서 사지 못하고 불평했던 경험을 떠올려 보세요.)

백성들은 왜 모세에게 돌을 던지려고 했나요?
(그들은 자신들이 죽을 거라고 생각했습니다. 그래서 모세를 원망했고, 그에게 돌을 던지려고 했습니다.)

백성들은 실제로는 누구에게 화를 낸 건가요?
(그들이 원하는 것을 주지 않았기에 사실은 하나님에게 화를 낸 것입니다.)

하나님은 이스라엘 민족을 징계하는 대신 무엇을 하셨나요?
(하나님은 반석 위에 계셨고, 모세에게 그곳을 치라고 말씀하셨습니다. 하나님은 언젠가 그분의 아들이 그들의 죄를 대신해서 죽을 것을 아셨습니다.)

🙏 기도하기

하나님이 우리에게 예수님을 주셨다는 사실을 기억하고, 우리가 원하는 것을 얻지 못할 때에도 쉽게 불평하지 않게 해 달라고 기도하세요.

DAY 5

♥ 발견하기

오늘 우리는 시편이나 예언서를 통해서 예수님에 대해서 무엇을 배울 수 있는지를 살펴볼 거예요.

✝ 성경읽기 | 시편 72편 1~2절, 디모데후서 4장 8절

💬 깊이 생각하기

구약 성경은 그리스도를 나타내는 문서로 가득합니다. 예수님은 왕의 아들이십니다. 그분은 의와 공평으로 사람들을 심판하실 것입니다. 시편을 기록한 솔로몬은 거룩한 판결을 내리는 아주 현명한 재판장이었습니다. 그러나 오직 예수님만이 진정으로 의로운 재판장이십니다. 디모데에게 쓴 글에서 바울은 예수님을 언젠가 그분을 믿는 모든 이들에게 의의 면류관을 주실 의로우신 재판장으로 설명합니다.

⟪● 이야기하기

시편 72편에서 말하는 재판장은 누구인가요?
(예수님은 재판장이십니다.)

어떤 재판장이 의로운 재판장인가요?
(의로운 재판장은 죄를 짓지 않고, 옳고 진실하며 악이 아닌 선을 대표합니다. 의로운 재판장은 죄를 벌하지만 선은 보상합니다.)

예수님은 어떻게 의로우신 재판장이신가요?
(예수님은 결코 죄가 없으시고 항상 올바르게 심판하십니다.)

예수님이 죄를 심판하는 재판장이라면, 왜 우리의 죄를 징계하시지 않나요?
(예수님이 십자가에서 죽으실 때, 하나님은 그분을 우리 대신에 징계하셨습니다. 우리가 예수님을 믿는다면, 우리는 용서받을 수 있습니다.)

🙏 기도하기

의의 재판장이 되시고 우리의 징계를 대신 지신 예수님에게 감사하세요.

34

God Gives Moses the Ten Commandments
하나님이 모세에게 십계명을 주시다

이번 주 가정 예배를 시작하기 전에, 자녀들에게 아래의 질문을 해 보세요.

"왜 우리는 정지 신호에서 멈춰야만 하지?"

"만약 경찰이 '김' 씨 성을 가진 모든 사람에게 빨간 신호에서도 통과할 수 있는 특별 허가를 준다면, 그래서 거기에 해당하는 사람만 더 빠르게 갈 수 있다면 어떤 일이 벌어질 것 같니?"

자녀들에게 말해 주세요. "법은 사람들의 유익을 위한 거야. 이번 주 우리는 하나님이 우리에게 주신 율법(또는 계명)에 대해서 배울 거야. 이 각각의 계명은 우리의 유익과 하나님의 영광을 위해서 만들어진 거란다."

DAY 1

♥ 상상하기

친구와 캐치볼을 하고 있다고 가정해 봅시다. 친구에게 던진 공이 우연히 담을 넘어 전기 회사의 전력 발전소로 들어갔습니다. 담벼락에는 빨간 글씨로 크게 "위험, 고압(high voltage)! 들어가지 마시오." 라고 쓰인 표지판들이 있습니다. 이런 곳이라면 누구도 감전 당할까 두려워 공을 찾으려고 들어가지 않겠지요.

오늘 성경 이야기에서 하나님은 모세에게 시내 산에 대해서 백성들에게 경고하라고 말씀하십니다. 전력 발전소처럼, 산에 너무 가까이 다가오면 죽을 수도 있기 때문에 백성들이 하나님의 산에 오르는 것을 막으시려고 경계를 세워야만 했습니다.

✝ 성경읽기 | 출애굽기 19장

💬 깊이 생각하기

대부분의 사람은 하나님의 얼굴을 직접 대면하거나 하나님과 접촉한다면 죽을 수도 있다는 사실을 잘 인식하지 못합니다. 많은 사람은 하나님을 마치 친한 친구나 좋은 사람 정도로만 생각합니다. 하나님만이 유일하게 거룩하신 분이란 사실을 알지 못합니다.

하나님의 거룩함은 그분께는 전혀 죄가 없다는 것과 그분은 죄와 반드시 구별되어야 한다는 사실을 의미합니다. 만약 죄가 가까이 다가오면, 죄는 악하고 하나님은 선하시기에 그분은 그것을 파괴해야 합니다.

그래서 하나님은 모세에게 그분이 계신 산 주변에 경계를 세우라고 경고하셨습니다. 그렇게 함으로써 백성들이 무심코 너무 가까워지지 않도록 하고, 하나님이 그들의 죄에 대해서 징계를 내리지 않게 됩니다. 하나님은 그들을 죄로부터 구원할 계획을 가지고 계셨습니다. 그러나 백성들이 그분의 계획을 따르지 않는다면 죽게 될 것입니다.

💬 이야기하기

하나님은 왜 백성들이 산에 가까워지는 것을 원하지 않으셨나요?

(그 산은 하나님의 거룩한 임재가 있는 곳이기 때문입니다. 백성들이 거기에 갔다면 죽었을 것입니다.)

하나님은 왜 백성들이 들을 수 있도록 모세에게 말씀하셨나요?

(그렇게 하자 백성들은 모세를 그들의 지도자로 받아들이고 믿었습니다[9절].)

모세는 왜 그 산에 올랐을 때 죽지 않았나요?

(모세는 하나님이 선택하셨고, 하나님의 계획을 믿도록 해 주셨기 때문에 죽지 않았습니다. 하나님의 계획은 그분의 백성들을 아들 예수님을 통해서 구원하는 것이었습니다. 모세가 하나님의 계획을 믿었을 때, 그는 예수님을 믿은 것이었습니다. 하나님은 언젠가 예수님이 모세의 죄를 위해서 죽을 것을 아셨기에 그 죄를 간과하셨습니다.)

🤲 기도하기

모세를 구원하시고 그가 산에 올라 하나님과 대화하도록 허락하신 하나님께 감사드리세요.

DAY 2

🖤 기억하기

어제 이야기 중에서 무엇을 기억하고 있나요? 오늘은 어떤 이야기가 있을 것이라고 생각하나요?

✝ 성경읽기 | 출애굽기 20장 1~21절

💬 깊이 생각하기

백성들은 하나님이 주신 계명을 들었을 때 그것들을 다 지킬 수 없을 것이라는 걸 알았고 그래서 두려웠습니다 (히 12:19~20). 또한 하나님의 음성과 함께 들리는 우레와 번개 때문에 무서웠습니다.

매우 사나운 폭풍우를 만난 적이 있다면 번개와 우레가 얼마나 무서운지를 알 거예요. 만약 우레와 번개 말고도 천둥소리 같은 목소리가 "너희 부모를 공경하라"고 말한다면, 그렇게 하지 않으면 죽을 수도 있다는 것을 안다면 어떨까요.

🗨 이야기하기

하나님의 계명 가운데 불순종했던 것은 어떤 것이 있나요?

(부모님은 자녀들이 이것에 대해서 생각해 보도록 도와주세요. 그들이 부모님에게 불순종했던 것이나 다른 사람이 가진 것을 갖고 싶어 했던 마음을 떠올리게 하는 것은 상당히 쉽습니다.)

하나님의 계명 가운데 하나를 어겼을 때 어떤 징계가 내려지나요?

(하나님의 계명을 어겼을 때 내려지는 징계는 영원토록 지옥에서 살아가는 것입니다. 이 답변이 너무나 충격적이겠지만 이것은 분명한 사실입니다.)

죄인들이 천국에 들어갈 방법이 있나요?

(네, 죄 때문에 우리가 받아야 할 징계를 대신 받으시고 십자가에서 죽으신 예수님을 믿는다면 용서받고 천국에 들어 갈 수 있습니다.)

🙏 기도하기

우리가 죄를 지을 때마다, 그리고 하나님의 계명을 어길 때마다 예수님이 우리를 위해서 하셨던 것들이 기억나게 해 달라고 하나님에게 간구하세요.

DAY 3

♥ 예수님께 연결하기

오늘의 이야기가 예수님에 대한 것이며, 예수님을 가리킨다는 사실을 어떻게 알 수 있나요?

⛪ 성경읽기 | 갈라디아서 3장 23~24절

💬 깊이 생각하기

사도 바울은 하나님의 율법들(십계명은 하나님의 율법 가운데 한 부분입니다)을 감옥으로 묘사합니다. 그것은 이상한 말처럼 들릴지도 모르지만, 여기에 그 이유가 있습니다. 율법은 우리에게 '하나님을 예배하고 부모에게 순종하기'와 같이 우리가 해야 하는 것들을 알려 줍니다. 또한 '훔치거나 죽이는 것'과 같이 우리가 해서는 안 되는 것도 말해 줍니다. 하나님의 율법을 단 한 번이라도 어긴다면, 우리는 하나님과 함께 거하는 천국에 들어갈 자유가 없고 심판 받는 죄수로서 붙잡히게 됩니다. 이것은 나쁜 소식입니다.

그러나 이 나쁜 소식은 하나님의 계획의 일부분이었습니다. 그래서 그분이 우리에게 예수님에 대한 좋은 소식을 전해 주셨을 때, 우리는 기쁨과 흥분으로 그분을 따르게 되었습니다. 예수님은 결코 하나님의 율법을 어기신 적이 없습니다. 이제 그분의 완전한 삶을, 그분을 구세주로 믿게 될 모든 사람의 죄로 가득한 삶과 교환하려고 하십니다. 일단 우리가 예수님에게로 나아가서 그분을 믿으면, 우리는 더 이상 율법에 묶인 죄수들이 아닙니다. 그리고 천국에 들어갈 자유를 얻습니다.

🗣 이야기하기

우리 중 얼마나 많은 사람이 죄인인가요? (우리 모두는 죄인입니다.)

하나님은 왜 우리에게 율법을 주셨나요?
(하나님은 율법을 통해 우리가 얼마나 죄인인지를 알게 하셨고 구원 받으려면 예수님에게 나아가야만 한다는 사실을 알게 하셨습니다.)

나쁜 소식은 무엇인가요?
(나쁜 소식은 우리가 하나님의 율법을 전부 어겼고, 우리 스스로는 구원할 수 없다는 사실입니다.)

좋은 소식은 무엇인가요?
(좋은 소식은 예수 그리스도께서 우리 죄 때문에 십자가에서 죽으셨고, 그것을 믿는 모든 사람은 용서 받으며 나쁜 소식을 피할 수 있다는 것입니다.)

🙏 기도하기

우리가 하나님의 율법을 어겼던 것들을 고백하는 시간을 가지세요. 그리고 하나님에게 용서해 달라고 간구하세요.

DAY 4

♥ 기억하기

이번 주 성경 이야기를 통해서 하나님은 우리에게 무엇을 가르치시나요?

📖 성경읽기 | 출애굽기 20장 22~23절

💬 깊이 생각하기

누군가에게 중요한 것을 기억하게 하려면 그것을 잊지 않도록 여러 번 반복하면 됩니다. 예를 들어, 시험 전날에 선생님은 공부하라고 반복해서 말씀하실 겁니다. 또는 운동 시합 전날에 코치는 선수들에게 유니폼 챙기는 것을 잊지 말라고 신신당부하겠지요. 엄마나 아빠는 외출하면서 아이들에게 방청소 하는 것을 잊지 말라고 세 번이나 말씀하실 수도 있습니다.

하나님은 이스라엘 백성들이 반복해서 들어야 할 계명이 어떤 것인지를 분명히 아셨습니다. 그래서 금과 은으로 우상을 만들지 말라고 반복해서 말씀하셨습니다. 하나님이 이 계명을 반복해서 말씀하셨음에도 불구하고 우리는 이스라엘 백성들이 곧 그분의 말씀을 잊어버린 것을 보게 될 것입니다.

💬 이야기하기

자녀들은 부모님에게 왜 어떤 것들을 잊지 않기 위해서 여러 번 반복해서 들어야만 하는지 질문해 보세요.
(부모님은 자녀들에게 어떤 것을 하도록 말했는데, 그들이 따르지 않았던 때를 기억나게 도와주세요. 이런 상황 때문에 그들은 이스라엘 백성과 자신들을 동일시 할 수 있습니다.)

하나님은 왜 이스라엘 백성에게 금과 은으로 우상을 만들지 말라고 반복해서 말씀하셨나요?
(하나님은 그들이 우상을 만들고 싶은 유혹을 받을 것을 아셨습니다.)

하나님은 이스라엘 백성이 우상으로부터 떠나게 하려고 무엇을 하셨나요?
(하늘에서 말씀하셨습니다. 금과 은으로 만든 우상들은 말할 수 없습니다. 하나님은 그분이 전능하시며 우상들은 그렇지 못하다는 것을 보여주고 싶으셨습니다.)

🙏 기도하기

우리가 하나님의 명령을 기억할 수 있게 해 달라고 간구하세요. 그리고 부모님의 말씀을 잊지 않게 해 달라고 기도하세요.

DAY 5

♥ 발견하기

오늘 우리는 시편이나 예언서를 통해서 예수님에 대해서 무엇을 배울 수 있는지를 살펴볼 거예요.

✝ 성경읽기 | 예레미야 31장 31~34절, 누가복음 22장 19~20절

💬 깊이 생각하기

예레미야는 하나님이 아브라함과 맺으신 언약이 새로운 언약으로 대체되는 놀라운 날에 대해서 썼습니다. 하나님은 모세를 통해서 돌판 위에 율법을 기록하는 대신에, 백성들의 마음에 그분의 율법을 새기셨습니다.

예레미야가 기록한 새 언약은 예수님의 때에 실현되었습니다. 누가는 우리가 읽을 수 있게 그 이야기를 기록했습니다. 예수님은 죽으시기 전 마지막 저녁 식사에서 새 언약에 대해서 말씀하셨습니다. 예수님이 말씀하셨던 새 언약은 우리를 향한 하나님의 새 약속이었습니다.

🗣 이야기하기

예레미야는 어떻게 예수님이 태어나시기 수백 년 전에 새 언약에 대해서 알았나요?

(하나님이 무슨 일이 일어날지에 대해서 예레미야에게 말씀하셨고, 예레미야는 우리가 읽을 수 있도록 하나님의 말씀을 기록했습니다. 우리는 성경을 읽을 때마다 그것을 비록 사람이 기록했지만, 하나님이 그들에게 기록할 수 있는 영감을 불어넣어 주셨다는 것을 기억해야 합니다.)

새 언약은 무엇 때문에 놀라운가요?

(부모님은 자녀들이 이 단락을 다시 한 번 읽도록 해 주세요. 자녀들이 어리다면, 새 언약의 유익을 찾아낼 수 있는지 살피면서 다시 한 번 읽어 주세요. 예를 들면, 죄의 용서, 전지하신 하나님, 그리고 하나님의 백성이 됨 등)

우리의 죄를 용서하시려고 예수님은 무엇을 하셨나요?

(예수님은 우리 죄의 대가를 지시고 십자가에서 죽으셨습니다. 그리고 나서 죄와 사망을 이기시고 다시 살아나셨습니다.)

🤲 기도하기

우리의 마음에 하나님의 율법을 새기고, 우리가 하나님의 백성이 되는 새 언약을 주신 예수님에게 감사하세요.

The Tabernacle
성막

우산을 가정 예배 자리에 가져 오세요. 가족 중 아무도 당신을 볼 수 없도록 그들을 향해서 우산을 펼치세요. 평소처럼 자녀들에게 계속 이야기하면서 동시에 우산을 움직여서 가족들이 계속 보지 못하도록 하세요. 물론 왜 우산으로 가리냐고 물어볼 겁니다. 그러면 자녀들에게 성막(장막)에는 성소와 지성소를 구분 짓는 휘장이 가운데에 놓여 있었다고 설명해 주세요. 그리고 자녀들이 어떤 휘장 때문에 우리 사이가 분리되어 있으면 어떨지 스스로 생각해 보도록 도와주세요.

우산을 향해서 말하는 기분이 어떤지 물어보고, 몇 가지 질문을 더 해서 자녀들이 깊이 생각하도록 도와주세요. 성막의 휘장은 예수님이 죽으실 때까지 백성들에게 하나님의 임재를 가렸고 그 후에 둘로 찢어졌다고 설명해 주세요. 그리고 다음과 같이 말해 주세요. "이번 주 너희들은 성전 건축과 백성들이 하나님에게 다가서는 것을 막았던 휘장에 대해서 배울 거야."

DAY 1

♥ 상상하기

우리가 집을 한 채 짓고 있다고 상상해 봅시다. 어떤 재료들이 필요할지 적어 볼까요? 필요한 재료 목록에는 시멘트와 기초 공사를 위한 석재, 지붕에 필요한 목재와 못, 벽면에 쓸 벽돌들, 실내에 들어갈 마른 벽돌 등이 포함될 것입니다.

그것 말고도 지붕에 쓸 판자, 전기 공급을 위한 전선들, 배관에 필요한 파이프, 바닥에 깔 카펫, 벽에 칠할 페인트, 옷장과 부엌에 들어갈 기기들, 장식장에 쓸 목재, 문짝들, 화장실 그리고 싱크대, 냉난방 시설 등이 필요할 거예요. 그러고 보니 정말 많은 것이 필요하네요. 아직 필요한 가구는 적지도 않았으니 이 목록표는 정말 길어지겠어요.

오늘 우리는 하나님이 백성들이 그분이 거하실 곳을 세울 때 어떤 재료들을 사용하기 원하셨는지 읽게 될 거예요.

📖 성경읽기 | 출애굽기 25장 1~8절

💬 깊이 생각하기

오늘 성경 말씀에서 하나님은 모세에게 성막이라는 아주 특별한 공간을 건축하는 데 필요한 물품을 준비하라고 말씀하셨습니다. 성막은 하나님이 그분의 백성들과 함께 거하시는 곳입니다.

하나님은 이스라엘 민족과 주변 나라들에게 그분이 다른 우상 신들과 다르다는 것을 보여주기 원하셨습니다. 다른 신들 중 그 어떤 것도 그들을 섬기는 백성들과 함께 거하지 않았습니다. 물론, 그들은 성전 안에 있는 돌에 새긴 우상들을 가지고 있을 수도 있지만, 우상은 속임수입니다. 하나님은 실제로 오셔서 성막 속에서 그분의 백성과 함께 거하셨습니다. 그리고 모든 이스라엘 민족은 성막 너머에서 그분의 임재를 구름 기둥이나 불기둥의 모습으로 볼 수 있었습니다.

🗨️ 이야기하기

이스라엘 민족은 이집트에서 가난하고 약한 노예들이었습니다. 그런데 모세가 요구했을 때, 그들은 어디서 금과 은을 구했나요?

(이스라엘 민족이 이집트를 떠나기 직전에 금과 은과 다른 값어치 있는 물건들을 이집트 사람들에게 요구했습니다. 하나님이 그렇게 하라고 명령하셨기 때문에 그대로 했습니다. 하나님은 그것들을 사용해서 성막을 짓게 하셨습니다.)

성막은 무엇인가요?

(성막은 천막입니다. 그 단어는 하나님이 그분의 백성 가운데 거하셨다는 것을 설명하는데도 사용됩니다. 하나님은 성막에 거하시며 그분의 백성과 함께하셨습니다. 사도 요한이 신약 성경에서 하나님이 우리 중에서 "사셨다(dwelt)" [요 1:14] 라고 말한 것이 이것입니다.)

하나님은 왜 백성들에게 성막을 짓게 하셨나요?

(하나님은 백성들과 함께 살고 싶으셨습니다.)

🙏 기도하기

백성들 사이에서 함께 거하시면서 사랑을 보이신 하나님을 찬양하세요.

DAY 2

♥ 기억하기

어제 이야기 중에서 무엇을 기억하고 있나요? 오늘은 어떤 이야기가 있을 것이라고 생각하나요?

✝ 성경읽기 | 출애굽기 26장

(예배를 위해서 오늘의 성경 말씀 전체를 살펴보세요. 너무 긴 것 같다면, 1, 7, 26~27, 31~37절만 읽어도 좋습니다.)

💬 깊이 생각하기

엄마가 빵을 만들어 보라고 한다면, 여러분은 어떤 재료를 사용할 건가요? 아마도 케이크를 잘 만들 수 있는 방법을 따라 하고 싶겠지요. 그것을 제대로 따라하지 않고 하고 싶은 대로 재료를 넣는다면, 빵 만들기는 실패할 거예요. 설령 어떻게든 케이크가 만들어지더라도 팬케이크처럼 납작하거나 맛이 정말 이상할 겁니다.

오늘 이야기에서 하나님은 모세에게 그분의 특별한 천막을 짓는 방법에 대해서 아주 세밀한 지시 사항을 주십니다. 그리고 그것이 하나님이 원하시는 방법이라는 것을 드러내시기 위해서 성막의 모든 부분을 어떻게 지을지 계획하셨습니다. 우리가 성경에서 말씀한 지시 사항을 따른다면, 우리도 모세가 만든 것과 아주 흡사한 성막을 지을 수 있을 겁니다.

🗨 이야기하기

하나님은 모세가 그분의 성막을 지을 때 어떤 재료들을 사용하기를 원하셨나요?

(부모님은 자녀들이 오늘 성경 이야기에서 얼마나 많은 재료가 언급되었는지 기억할 수 있도록 도와주세요.)

하나님은 성막 안에 두 개의 공간을 원하셨습니다. 그 공간을 무엇이라고 불렀나요?

(자녀들이 기억하기 어려워하면 33절을 읽고 찾아보도록 도와주세요. 그 두 공간은 성소와 지성소입니다.)

하나님은 성소와 지성소 중 어느 곳에서 거하실까요?

(하나님은 지성소 안에 거하셨습니다.)

🙏 기도하기

하나님이 우리처럼 죄를 짓는 분이 아니라 거룩하신 분인 사실에 감사하세요. 그것은 우리가 하나님은 언제나 옳은 일을 행하신다는 사실을 신뢰할 수 있게 해 줍니다.

DAY 3

♥ 예수님께 연결하기

오늘의 이야기가 예수님에 대한 것이며, 예수님을 가리킨다는 사실을 어떻게 알 수 있나요?

✝ 성경읽기 | 출애굽기 27장 1~8절

💬 깊이 생각하기

하나님은 모세에게 성막 외에 성막 기구들에 대한 명령도 내리셨습니다. 그 기구들 중의 하나를 제단이라고 했습니다. 제단은 너무나 거룩해서 막대기를 이용해서 옮겨야 했습니다. 어떤 사람도 그것을 직접 만지지 않았지요. 셀 수 없을 만큼 많은 양들이 매년 그 제단 위에서 사람들의 죄를 대신해서 희생되었습니다. 그러나 여전히 백성들의 죄를 씻어내기에는 충분하지 않았습니다. 그들이 행한 모든 것은 하나님의 어린 양이신 예수님이 우리 죄를 대신해서 십자가에 달려 죽으실 그 날을 가리키는 것이었습니다.

🗣 이야기하기

제단 위에서 무엇인가가 희생되었던 또 다른 성경 이야기를 기억할 수 있나요?
(아브라함은 제단에서 이삭을 제물로 바치려고 했습니다. 그러나 하나님은 숫양 한 마리를 대신 주셨습니다.)

하나님은 왜 이스라엘을 위해서 제단을 쌓으셨나요?
(이스라엘 백성들은 제단 위에서 하나님에게 바치는 어린 양을 희생시켰습니다. 그래서 하나님은 그들의 죄 때문에 그들을 죽이지 않으셨습니다. 그 어린 양은 그들 대신에 희생되었습니다.)

오늘날 우리는 왜 제단이 필요하지 않나요?
(왜냐하면 예수님이 죄에 대한 완전한 희생 제물이 되셨기 때문입니다. 우리가 예수님을 믿기만 하면, 다른 어떤 희생도 필요치 않습니다.)

🤲 기도하기

우리를 대신해서 완전한 희생 제물이 되시려고 예수님을 보내신 하나님에게 감사드리세요.

DAY 4

♥ 기억하기

이번 주 성경 이야기를 통해서 하나님은 우리에게 무엇을 가르치시나요?

✝ 성경읽기 | 출애굽기 28장 1~30절

💬 깊이 생각하기

하나님은 성막과 기구들에 대한 특별한 명령을 하셨을 뿐만 아니라 하나님에게 제물을 바치는 제사장들의 의복에 대해서도 특별한 명령을 하셨습니다.

그 의복 가운데 가장 흥미로운 것 한 가지는 흉패입니다. 제사장의 흉패 위에는 12지파의 이름을 새겨 놓았습니다. 심지어 하나님은 그것에 특별한 이름을 부여하셨는데, 바로 판결 흉패입니다. 제사장이 성막에 들어갈 때마다 이스라엘 백성의 이름을 가슴에 새겨서 함께 들어가는 것입니다. 그렇게 해서, 그들 모두를 위해서 제물을 바치는 책임이 있다는 사실을 절대 잊지 않았을 것입니다.

🗣 이야기하기

자녀들은 부모님에게 혹시 누군가의 이름을 잊어서 벌어졌던 이야기가 있었는지 질문해 보세요.

흉패에는 누구의 이름이 새겨져 있었나요?
(자녀들이 답하지 못한다면 21절을 다시 읽게 하거나 읽어 주시고 이스라엘의 아들들의 이름이 새겨져 있었다는 사실을 찾도록 도와주세요.)

하나님은 왜 제사장이 성막에 들어갈 때 모든 이스라엘 아들들의 이름을 기억하기를 원하셨나요?
(제사장의 역할은 모든 이스라엘 백성의 죄를 위해서 기도하고, 하나님에게 그들을 용서해 달라고 간구하며 그들을 대신해서 희생 제물을 바치는 것이었습니다.)

🤲 기도하기

이스라엘 민족의 죄가 용서 받을 수 있게 해 주신 하나님에게 감사드리세요.

DAY 5

♥ 발견하기

오늘 우리는 시편이나 예언서를 통해서 예수님에 대해서 무엇을 배울 수 있는지를 살펴볼 거예요.

✝ 성경읽기 | 시편 72편 4~8절

💬 깊이 생각하기

우리는 이 시편이 의로운 재판장이신 예수님을 설명하고 있음을 이미 배웠습니다(1~2절). 오늘은 예수님이 의인에게 평강을 부어주시고 온 땅을 다스리는 분임을 배우게 됩니다.

《● 이야기하기

모든 세대를 다스릴 수 있는 왕은 단 한 분뿐입니다. 그분의 이름은 무엇인가요?
(예수님은 모든 세대를 다스릴 수 있는 단 한 명의 왕이십니다. 그래서 시편 72편이 그분에 대해서만 이야기한다는 것을 알 수 있습니다.)

이 시편에서 예수님을 가리키는 어떤 다른 표현을 발견할 수 있나요?
(자녀들이 어리다면 오늘의 시편을 다시 한 번 읽어도 좋습니다. 그리고 예수님을 가리키는 표현이 나올 때 손을 들어서 대답하게 해 주세요. 오직 예수님만이 평강의 풍성함을 허락하시고, 바다에서부터 바다에 이르기까지 다스릴 수 있습니다.)

예수님은 얼마나 오랫동안 이 땅에 평강을 가져다주실 수 있나요?
(7절에서 평강이 달이 다할 때까지 풍성하다고 말하고 있습니다.)

🤲 기도하기

악을 물리치고 모든 믿는 이들에게 평강을 더해 주시는 왕으로 예수님을 보내 주신 하나님께 감사드리세요.

The Golden Calf
금송아지

인터넷에서 소의 사진을 출력하거나 그림책에서 한 장을 복사하세요. 자녀들을 모이게 하고, 그 그림을 보여주세요. 그리고 이렇게 질문해 보세요. "혹시 너희 친구들이 키우는 개 중에 이 소랑 비슷한 개가 있니? 누구의 개니?" 그들은 웃을지도 모릅니다. 혹시 자녀들이 그 질문은 잘못됐다고 한다면, 유사한 부분을 설명해 주세요. 개와 마찬가지로 소도 눈과 귀가 두 개, 입이 하나, 그리고 털이 조금 있다고.

잠시 후에 장난이었다고 얘기하세요. 실제로 소와 개는 비슷한 점이 거의 없습니다. 마찬가지로 어떤 사람에 대해 이 소처럼 생겼냐고 묻는 것은 아주 잘못된 것임을 설명해 주세요.

말해 주세요. "이스라엘 백성들이 우상으로 금송아지를 만들고 그것을 신이라고 여겼을 때, 그것은 하나님을 매우 모욕하는 행위였단다. 그들은 우주의 창조주를 소라고 여긴 거였지. 이번 주, 너희들은 그들의 우상 숭배에 대해서 배우게 될 거야."

DAY **1**

♥ 상상하기

아빠가 할인 판매하는 곳에서 안방에 놓을 옷장을 사오셨습니다. 그 옷장은 검은색이고 흠집도 아주 많았습니다. 그래서 아빠는 새로 페인트칠을 해 새하얀 옷장으로 변신시키려고 합니다. 엄마를 놀라게 해 주려고 아빠는 서둘러 작업을 시작하셨지요.

우선, 모든 서랍을 꺼내고 손잡이를 제거합니다. 그리고 나서 페인트칠이 잘 되게 옷장의 앞부분과 나머지 부분을 사포질합니다. 밑바닥에 깔개를 간 후, 페인트 통을 열고 붓에 흰 페인트를 묻혀 조심히 페인트칠을 합니다. 그러면 그 흠집투성이의 검은색 옷장은 아름다운 흰 옷장으로 바뀝니다.

그 옷장은 추잡하고 더러운 검은색이었으나, 이제는 하얗고 깨끗하게 된 것을 볼 수 있습니다.

오늘 이야기에서는 죄를 덮기 위해서 하나님이 행하신 것을 배우게 됩니다. 우리는 페인트칠로 죄를 가릴 수 없습니다. 그러나 그렇게 할 수 있는 방법이 있습니다. 이제 무엇이 우리의 죄를 해결할 수 있는지 찾아봅시다.

✝ 성경읽기 | 출애굽기 29:1~21절, 35~37절

💬 깊이 생각하기

하나님은 아론과 그의 아들들에게 제사장으로서 하나님을 예배할 때 할 일들의 목록을 주셨습니다. 우선, 그들 자신을 정결하게 하고 특별한 의복을 갖추어야만 했습니다. 그러고 나서 기름 부음을 받아야만 했습니다. 그것은 다른 모든 사람 중에서 그들이 그 역할을 하도록 하나님에게 선택받았다는 사실을 드러내는 방법이었습니다. 마지막으로, 동물들을 죽여서 그 피를 그들의 귀와 손가락, 그리고 발에 바르고, 옷 전체에 뿌렸습니다. 위에서 읽은 내용의 흰 옷장처럼, 그 피로 그들의 죄를 가렸다는 것을 의미하고, 그들은 하나님의 거룩한 임재 안에서 예배를 드릴 수 있었습니다.

그 동물의 피는 그들의 죄를 해결하지 못합니다. 단지 예수님이 그들의 죄를 해결하시기 위해서 그분의 피를 흘리시는 날을 미리 보여주는 것이었습니다.

🗨 이야기하기

아론과 그의 아들들은 동물을 죽이기 전에 왜 그들의 손을 동물 위에 두었나요?
(그 동물이 그들의 죄 때문에 대신 죽는다는 것을 보이는 것이었습니다.)

하나님은 왜 새로운 의복에 피를 뿌리게 하셨나요?
(아론과 그의 아들들은 죄인이었습니다. 그들의 의복에 피를 뿌림으로써, 하나님은 우리의 죄를 해결하기 위해서 피가 필요하다는 사실을 보여주십니다. 이것은 예수님이 우리의 죄 때문에 어떻게 피를 흘리셨는지를 보여줍니다.)

우리는 왜 더 이상 동물들을 죽이고 그 피로 죄를 해결할 이유가 없나요?
(우리에게는 예수님이 계십니다. 우리가 예수님을 믿고 그분이 십자가에서 죽으셨음을 믿을 때, 그분의 피는 우리의 죄를 덮습니다.)

🤲 기도하기

예수님이 우리를 위해서 죽으심으로 더 이상 우리의 죄를 해결하려고 동물들을 죽이지 않아도 되는 것에 하나님에게 감사하세요.

DAY 2

♥ 기억하기

어제 이야기 중에서 무엇을 기억하고 있나요? 오늘은 어떤 이야기가 있을 것이라고 생각하나요?

✝ 성경읽기 | 출애굽기 32장 1~8절

💬 깊이 생각하기

하나님이 이스라엘 민족에게 십계명을 주신 후에 반복하셨던 한 가지 명령을 기억하나요? 출애굽기 20:22~23에서 하나님은 이스라엘 민족에게 금이나 은으로 우상을 만들지 말라고 하셨습니다. 그러나 그들이 불순종하는 데는 그리 오랜 시간이 걸리지 않았습니다. 이것이 하나님이 그 명령을 반복하셨던 이유입니다.

백성들은 모세가 돌아오는 것이 늦어지자 기다리지 못하고, 아론에게 그들이 숭배할 수 있는 우상을 만들어 달라고 요구했습니다. 아론은 하나님의 명령을 따라 안 된다고 말하지 않고, 어리석게도 그들의 요구에 반응했습니다. 그리고 우상을 만들게 함으로써 그 백성들이 죄를 짓도록 허용했습니다. 우리는 불순종한 이스라엘 민족을 비난하기보다, 죄가 우리의 마음속에, 그리고 우리의 일상 가운데에서도 동일하게 영향을 미칠 수 있음을 기억해야 합니다.

🗨 이야기하기

엄마나 아빠 말씀에 불순종했던 때를 기억할 수 있나요?
(부모님은 자녀들이 가장 최근에 불순종했던 기억을 떠올리게 도와주세요. 자녀들에게 훈계하고 경고했음에도 금세 불순종했던 기억이 있다면 말씀해 주시고 어떻게 반응하는지 살펴보세요.)

모세가 이스라엘 민족의 죄를 볼 수 있는 자리에 없었을 때 누가 그들의 죄를 보고 있었나요?
(하나님은 보고 계셨고 그들이 행했던 모든 것을 다 아셨습니다.)

아론과 이스라엘 민족의 죄는 왜 매우 악한가요?
(하나님은 그들에게 다른 신을 섬기지 말라고 방금 말씀하셨습니다. 아론과 그들 모두는 더 깊이 생각하고 행동해야 했습니다.)

우리는 죄를 부모님으로부터 숨길 수 있습니다. 그러나 하나님에게는 왜 죄를 숨길 수 없나요?
(하나님은 전지하셔서 우리의 모든 죄를 다 아십니다 ─ 우리는 그 무엇도 숨길 수 없습니다.)

🙏 기도하기

우리가 하나님의 명령에 순종하고 죄를 숨기지 않게 해 달라고 간구하세요.

DAY 3

♥ 예수님께 연결하기

오늘의 이야기가 예수님에 대한 것이며, 예수님을 가리킨다는 사실을 어떻게 알 수 있나요?

✝ 성경읽기 | 출애굽기 32장 9~14절

💬 깊이 생각하기

한쪽에서 하나님은 이스라엘 민족의 죄로 인해서 그들을 징계하실 준비를 하고, 다른 한쪽에서는 이스라엘 민족이 금송아지를 숭배하고 있었습니다. 모세는 하나님과 죄 많은 백성들 사이에 서 있었습니다.

하나님이 이스라엘 민족을 진멸시키실 거라고 말씀하셨을 때, 모세는 그들을 돕기 위해서 하나님에게 간구했고 하나님이 세우신 언약을 상기시켰습니다. 하나님은 모세의 말을 들으셨고, 이스라엘을 진멸하지 않으셨습니다. 모세는 하나님과 그분의 백성들 사이에서 중재자 — 중간에 있는 사람 — 로서 역할을 감당했습니다. 언젠가 하나님은 예수님을 하나님 아버지와 우리 사이에 서 있는 우리의 중재자로, 우리의 징계를 대신 받으실 분으로 보내실 것입니다. 죄인이었던 모세와는 다르게, 예수님은 결코 죄를 지은 적이 없는 분이어서 우리의 모든 징계를 대신 받으실 수 있습니다. 오늘, 예수님은 변함없이 우리를 위해서 기도하시며 천국에서 중재자의 역할을 하십니다. 우리가 죄를 지을 때마다, 예수님은 하나님 아버지께 우리의 모든 죄를 대신 짊어지시고 예수님 자신이 죽으셨다는 사실을 떠올리게 하시고 우리가 용서 받을 수 있도록 도우십니다.

💬 이야기하기

중재자는 어떤 역할을 하나요? (중재자는 두 무리 또는 사람들 사이에 있고 그들이 갈등을 잘 해결하도록 돕습니다.)

모세가 중재자로서 한 일은 무엇인가요? (모세는 중간에 서 있었고 하나님에게 그분의 언약을 상기시켰습니다.)

우리와 하나님 사이에 누가 중재자로 서 있나요?
(예수님은 우리를 위해 중간에 계십니다. 예수님은 우리가 죄를 지었을 때, 하나님 아버지께 그분의 손에 있는 못 자국을 보이심으로 우리를 변호하시려 준비하고 계십니다. 그분의 못 자국은 예수님이 우리의 죄 때문에 죽으셨고 우리가 용서받도록 모든 징계를 당하셨다는 사실을 하나님에게 증명합니다.)

🤲 기도하기

우리의 중재자로서, 그리고 우리를 위해서 여전히 중간에 서 계신 예수님을 보내신 하나님에게 감사하세요.

DAY 4

♥ 기억하기

이번 주 성경 이야기를 통해서 하나님은 우리에게 무엇을 가르치시나요?

✝ 성경읽기 | 출애굽기 32장 15~35절

💬 깊이 생각하기

워싱턴 주에 있는 세인트헬레나 산이 1980년에 분화했을 때, 온갖 화산 물질이 길가로 흘러내렸고 사방 24km에 이르는 숲과 나무가 전부 불탔습니다. 수백만 그루의 나무가 뽑히거나 쓰러졌고, 모든 사람이 그 폭발을 피해 도망쳤습니다. 그 지역으로 돌아가는 것이 안전해진 후에, 사람들은 그 폭발의 참담한 현장을 보았습니다. 그동안 뉴스를 통해서 피해 상황을 듣긴 했지만, 그 끔찍한 현장을 직접 목격한 순간 사람들은 엄청난 충격을 받았습니다. 그것이 모세가 산에서 내려왔을 때 일어난 일입니다. 비록 하나님이 상황을 미리 말씀해 주셨지만, 모세는 이스라엘 백성들이 하나님의 명령을 어기고 죄를 짓는 끔찍한 모습을 보면서 충격을 받았습니다. 모세는 그들에게 더욱더 중재자가 필요하다는 사실을 깨달았습니다. 그래서 산으로 되돌아가서 중재자로서 하나님에게 그들의 구원을 위해서 계속해서 간구했습니다. 모세는 예수님을 드러내는 놀라운 모델입니다. 예수님은 우리의 죄를 위해서 죽으시고 다시 사신 완벽한 중재자입니다. 그리고 영원히 우리와 하나님 사이에서 우리가 용서받도록 간구하십니다(롬 8:34).

《● 이야기하기

자녀들은 부모님에게 얘기는 먼저 들었으나 후에 직접 보고서 대단히 놀라거나 충격을 받은 사건이 있었는지 질문해 보세요.

모세는 왜 산으로 되돌아가서 하나님에게 말씀을 드렸나요?
(모세는 그 백성들의 죄가 얼마나 악한지를 보았고 그들 중간에 서 있을 중재자가 필요하다는 사실을 알았습니다.)

모세는 백성들을 위해서 무엇을 제안했나요?
(모세는 백성들을 구하기 위해서 자신의 목숨을 내어 놓았습니다. 그가 백성들 대신에 자신의 생명을 지워 버리시라고 구했을 때, 그들의 징계를 자신이 대신 받겠다고 말하는 것이었습니다.)

어떤 면에서 모세는 예수님처럼 한 것인가요?
(모세는 이스라엘 백성들을 구하기 위해서 그들의 징계를 대신 받겠다고 요청했습니다. 이것이 우리의 죄를 지시고 십자가에서 죽으신 예수님처럼 행동한 것이었습니다.)

✋ 기도하기

백성들에게 용서를 베푸신 하나님에게 감사드리세요.

DAY 5

♥ 발견하기

오늘 우리는 시편이나 예언서를 통해서 예수님에 대해서 무엇을 배울 수 있는지를 살펴볼 거예요.

✝ 성경읽기 | 이사야 53장 12절

💬 깊이 생각하기

오늘 예언에는 과장된 표현이 많이 사용되고 있습니다. 그러나 그것이 의미하는 바를 알면, 쉽게 이해가 될 거예요. 이사야서 53:12은 예수님을 드러내는 가장 명확한 구절들 가운데 하나입니다. 이 구절은 구원자에 대해서 네 가지 사실을 알려 줍니다. 1) 예수님이 우리 죄를 지시고 십자가에서 죽으셨을 때 그분은 "자신의 영혼을 사망에 쏟아 부으셨습니다." 2) 예수님은 죄인, 즉 범죄자로 취급받았습니다. 3) 예수님은 그분 스스로 많은 죄의 책임을 떠맡으셨습니다. 4) 예수님은 범죄자들을 위한 중재자의 역할을 스스로 짊어지시고 죄인인 우리를 위해서 중간에서 기도하는 자리를 감당하셨습니다.

🗣 이야기하기

오늘 성경 구절 중 이사야가 우리에게 말한 예수님에 대한 것들 중 한 가지를 찾아볼 수 있나요?
(부모님은 자녀들이 위의 목록을 다시 한 번 보고 생각하도록 도와주세요. 자녀들이 필요한 만큼 많은 단서를 제공하시거나 성경 말씀을 반복해서 읽어 주세요. 그리고 더 어린 자녀들이 예수님에 대해서 얘기할 수 있도록 손을 들고 말하게 해 주세요.)

범죄자란 무엇인가요? (죄인 또는 하나님의 율법을 어긴 사람을 말합니다.)

이번 주 이야기를 통해서 예수님은 우리에게 누구를 기억나게 하나요? (이스라엘을 백성들의 죄 때문에 멸망시키지 않도록 하나님에게 기도했던 모세를 기억나게 하십니다. 예수님은 항상 우리를 위해서 기도하십니다. 따라서 그분은 모세가 이스라엘 백성의 중재자였던 것처럼 우리의 중재자가 되십니다.)

예수님이 죽으실 때, 두 명의 범죄자 사이에서 십자가에 매달리셨습니다. 오늘 말씀의 어떤 부분이 죄인들과 함께 십자가에 못 박히신 예수님을 가리키나요? (범죄자 중 하나로 여겨졌다는 것은 죄인처럼 취급받았다는 의미입니다. 만약 십자가에 못 박히신 예수님을 목격한 누군가에게 그 날 몇 명의 죄인이 처형당했냐고 질문한다면, 그들은 두 명의 강도와 예수님을 포함해서 세 명이라고 대답할 것입니다.)

🙏 기도하기

십자가에 매달린 두 명의 강도들 사이에서 기꺼이 범죄자로 취급당하시며 죽으신 예수님에게 감사하세요.

God Has Mercy on Israel
하나님이 이스라엘을 긍휼히 여기시다

가정 예배를 시작하기 전에, 가장 큰 자녀(자녀가 한 명이라면 배우자)를 옆에 앉히고 이제부터 그 자녀를 가정 예배의 중재자로 사용할 것이라고 설명해 주세요. 가정 예배 인도자로서 이제부터는 그 자녀를 통해서만 나머지 가족과 의사소통을 할 것입니다. 그 자녀에게 나머지 가족을 대변할 수도 있다고 말해 주세요.

중재자에게 가족을 한자리에 모이게 하라고 지시하세요. 자녀들 중 한 명이라도 성경이 없거나, 늦게 참석하거나 또는 집중하지 않는다면, 중재자에게 벌칙을 부여하라고 명령을 내리세요. 중재자에게 나머지 가족을 대신해서 의견을 제안하고 호소할 권리가 있다는 것도 다시 한 번 얘기해 주세요.

이 활동은 중재자가 어떤 역할을 하는지를 설명하는 데 도움이 됩니다. 그리고 말해 주세요. "모세는 이스라엘 백성을 위한 중재자로서 하나님 앞에 서 있었지. 이번 주에 너희들은 이스라엘 백성을 대신해서 하나님 앞에서 모세가 어떻게 호소했는지를 배우게 될 거야."

DAY **1**

♥ 상상하기

어느 날, 한 가족이 맑은 호수로 하이킹을 떠나기로 했습니다. 그들은 길을 몰랐기 때문에, 산과 숲 속 길을 찾아다닐 수 있는 안내인을 고용했습니다. 숲 속에는 늑대나 곰들이 있었기에, 안내인은 호신용 총과 위급 상황에서 도움을 요청할 수 있는 특수 라디오도 가져왔습니다. 한 시간가량 하이킹을 한 후에 가족들이 휴식을 취하는 동안, 자녀들 중 한 명이 안내인의 지시사항을 어기고 혼자서 주변을 잠시 둘러보았습니다. 그 아이가 돌아왔을 때 안내인은 가족들에게 자신의 지시사항을 따르지 않는다면 그냥 돌아가겠다고 경고했습니다. 하지만 다음 도착 지점에서 또 다른 아이가 혼자서 돌아다녔습니다. 결국 안내인은 경고한 대로 아버지에게 지도와 나침반을 건네어 주고 마을로 돌아갔습니다. 이제 내가 아빠라고 상상해 봅시다. 계속해서 호수로 하이킹을 떠나겠습니까 아니면 멈추고 돌아가겠습니까? 비록 지도가 있어서 길을 찾을 순 있으나, 아마도 안내인의 도움이 없이 계속 가려고 하지 않을 겁니다. 오늘 성경 이야기에서 이스라엘 민족이 이 가족과 동일한 문제에 직면했음을 보게 될 겁니다.

🕮 성경읽기 | 출애굽기 33장 1~11절

💬 깊이 생각하기

하나님은 금송아지를 만든 것 때문에 이스라엘 민족을 멸망시키지는 않으셨습니다. 그러나 이제는 더 이상 그들의 안내자로서 함께 거하지는 않겠다고 말씀하셨습니다. 하나님은 대신에 그들보다 앞서서 천사를 보내겠다고 모세에게 말씀하셨습니다. 하나님은 이스라엘 민족을 "목이 곧은" 백성이라고 하셨는데 이것은 그들이 고집스럽고 하나님의 말씀을 듣지 않는다는 것을 의미했습니다.

이와 같은 하나님의 말씀을 들었을 때, 백성들은 너무나 슬펐습니다. 모세가 회막에서 하나님과 대면하고 있을 때면 구름기둥이 그 문 앞에 서고, 그들은 그 곳에 하나님이 임재하셨다는 것을 알 수 있었습니다. 그리고 그것을 감격스럽게 바라봤지요. 만약 하나님이 떠나신다면, 누가 그들을 보호해 줄까요? 물과 식량을 위해서 그들은 무엇을 해야 할까요? 하나님은 그들의 모든 필요를 채워 주셨는데 말이죠.

🗣 이야기하기

백성들은 왜 슬펐나요?
(이집트에서 그들을 인도하신 후로 계속 함께 하셨던 유일하고 참되신 하나님의 살아있는 임재를 잃어버리게 되었습니다. 하나님의 임재 때문에 그들은 다른 모든 민족과 구별되었습니다.)

하나님은 왜 그들과 더 이상 함께 하지 않겠다고 말씀하셨나요?
(하나님은 그분이 떠나시고도 계속해서 백성들이 불순종한다면, 결국 그들을 진멸하실 거라고 모세에게 말씀하셨습니다. 백성들의 불순종이 너무나 컸기 때문입니다.)

백성들은 모세가 하나님과 대면하고 있는 것을 어떻게 알았나요?
(구름기둥이 그 대면의 자리에 서 있었습니다.)

오늘날 하나님은 어떻게 우리와 함께 계시나요?
(우리는 더 이상 구름기둥이 필요하지는 않습니다. 그러나 모세를 만나신 동일한 하나님이 성령님을 우리 마음에 보내실 때 그분은 우리의 삶에 함께 계십니다.)

🙏 기도하기

예수님에게 모든 소망과 믿음을 두는 이들에게 성령님을 보내셔서 함께 거하게 하시는 하나님에게 감사하세요.

241

DAY 2

♥ 기억하기

어제 이야기 중에서 무엇을 기억하고 있나요? 오늘은 어떤 이야기가 있을 것이라고 생각하나요?

✝ 성경읽기 | 출애굽기 33장 12~23절

💬 깊이 생각하기

하나님은 이스라엘 민족이 이집트를 떠났던 순간부터 낮에는 구름기둥으로, 밤에는 불기둥으로 그들과 함께 계셨습니다. 그래서 하나님이 더 이상 그 백성들과 함께 있지 않을 것이라고 말씀하셨을 때 모세는 정말 슬펐습니다. 다시 한 번 그는 이스라엘의 중재자로서 하나님 앞에 섰습니다. 모세는 하나님의 임재는 이스라엘 백성을 다른 모든 민족과 구별시키는 것이라고 말씀드렸습니다. 그리고 백성들과 함께하시겠다고 하신 하나님의 언약을 상기시켜 드렸습니다. 결국 하나님은 모세의 기도를 들으셨고 이스라엘 백성들과 함께하기로 마음을 돌이키셨습니다. 모세는 하나님의 응답에 용기를 얻고, 하나님의 얼굴을 볼 수 있기를 구했습니다. 모세는 하나님이 그분의 모든 영광을 보이시면 자신이 죽을 수도 있다는 사실을 몰랐습니다. 죄로 가득한 사람들은 주변의 다른 것을 보는 것처럼 하나님을 볼 수 있을 거라고 생각합니다. 그러나 우리가 천국에서 하나님 앞에 설 수 있는 유일한 방법은 우리의 죄가 완전히 해결되었을 때뿐입니다.

💗 이야기하기

오늘 말씀에서 모세는 이스라엘의 중재자로서 어떻게 행동했나요?
(중재자는 두 편의 중간에 서 있는 사람이라는 점을 기억하세요. 여기서 모세는 이스라엘을 위해서는 대변하고, 하나님에게는 그들을 떠나지 않도록 간구했습니다.)

모세는 이 땅에 사는 다른 민족과 하나님의 백성이 구별되는 점은 무엇이라고 말했나요?
(모세는 하나님의 임재가 그들을 구별되게 한다고 말했습니다. 모든 다른 민족이 섬기는 우상들은 말하거나 들을 수 없습니다. 그러나 하나님은 다르셨습니다. 그분은 실존하셨고 살아계셨으며 말씀하시고 그분의 백성들을 도우셨습니다.)

모세는 왜 하나님의 얼굴을 직접 볼 수 없었나요?
(모세는 죄인이었습니다. 하나님의 거룩한 임재는 그분을 대면하는 모든 죄인을 죽게 할 수도 있었습니다.)

🤲 기도하기

모세가 하나님에게 기도했듯이 우리 가족을 위해서 기도하세요.

DAY 3

♥ 예수님께 연결하기
오늘의 이야기가 예수님에 대한 것이며, 예수님을 가리킨다는 사실을 어떻게 알 수 있나요?

✝ 성경읽기 | 히브리서 12장 18~24절

● 깊이 생각하기
오늘 성경 말씀인 히브리서의 기자가 모세를 예수님에 빗대어 설명하고 있다는 사실을 눈치챘나요? 여기서 말하는 산은 하나님의 산인데 그곳에서 그분은 모든 백성을 불러 모으시고 계명을 주셨습니다. 하나님이 직접 말씀하셨을 때, 백성들은 두려웠고 모세에게 그들 대신에 하나님에게 간구해 달라고 요청했습니다. 그래서 모세는 중재자가 되었고, 그들을 대신해서 하나님에게 간구합니다.
이 구절 때문에 우리는 그리스도인들에게는 새로운 중재자가 있는데 그분의 이름이 예수님이라는 것을 알게 됩니다.

◖● 이야기하기
중재자가 어떤 사람인지 기억하나요?
(중재자는 두 편 사이에서 문제를 해결하는 데 도움을 주기 위해 서 있는 사람입니다. 하나님과 우리 사이의 중재자이신 예수님이 십자가에서 죽으셨기 때문에 우리는 더 이상 하나님과 원수가 되지 않습니다.)

오늘 말씀에서 아벨이 언급됩니다. 그의 이야기를 기억하나요?
(아벨은 아담과 이브의 아들입니다. 그의 형 가인은 질투심 때문에 그를 죽였습니다.)

아벨은 어떤 면에서 예수님과 비슷한가요?
(아벨과 예수님 모두 잘못이 없는데 죽음을 당했습니다.)

예수님의 죽음이 왜 아벨의 죽음보다 더 가치 있나요?
(이 질문에는 복잡한 사고가 필요합니다. 아벨이 죽음을 당했을 때 성경은 우리에게 그의 피그의 죽음가 하나님에게 심판을 요청했다고 말합니다. 왜냐하면 살인은 끔찍한 죄악이기 때문입니다. 그러나 예수님이 우리가 받아야 할 징계를 대신 지시고 십자가에서 죽으셨을 때, 그분의 죽음은 다른 메시지를 전달합니다. 그분의 죽음은 죄인들을 용서해 주실 것을 하나님에게 요청했습니다. 왜냐하면 예수님은 우리의 모든 지독한 죄의 징계를 십자가에서 대신 지셨기 때문입니다.)

✋ 기도하기
예수님이 십자가에서 우리가 받아야 할 징계를 다 지시고 죽으셔서 우리가 용서받을 수 있게 된 것을 감사하세요.

DAY 4

♥ 기억하기

이번 주 성경 이야기를 통해서 하나님은 우리에게 무엇을 가르치시나요?

✝ 성경읽기 | 출애굽기 34장

💬 깊이 생각하기

혹시 부모님에게 불순종해서 한 번만 더 기회를 달라고 요청한 기억이 있나요? 오늘 이야기에서 하나님은 이스라엘 백성들에게 두 번째 기회를 주십니다. 심지어 하나님은 그들에게 십계명이 새겨진 새로운 돌판을 주시지요. 그리고 율법과 언약을 다시 선포하시며 세우십니다.

모세가 하나님을 대면한 후 돌아왔을 때 그의 얼굴은 밝은 전구처럼 빛났고, 백성들은 두려웠습니다. 비록 모세가 하나님의 얼굴을 직접 본 것은 아니었으나, 단지 하나님의 임재 안에 거했다는 것만으로도 충분히 그의 얼굴은 빛났습니다.

《● 이야기하기

자녀들은 누군가 부모님에게 두 번째 기회를 준 적이 있었는지 질문해 보세요.
(부모님은 교통 경찰관이 경고만 주고 보내 주었거나, 누군가 빚을 탕감해 주었거나, 직장 상사가 실패에도 불구하고 다시 한 번 기회를 주었던 경험 등을 기억해 보세요.)

하나님이 이스라엘 백성들에게 반복하신 중요한 계명은 무엇인가요?
(우상을 세우지 말고 안식일을 거룩히 지킬 것을 반복해서 강조하셨습니다.)

하나님은 이스라엘 백성들이 첫 번째 아들과 동물들을 위해서 해야 할 일을 기억나게 하셨습니다. 그것은 무엇인가요?(이스라엘 백성들은 그들의 죄를 사하기 위해서 대속물을 죽여야만 했습니다.)

첫 아들 대신에 어린 양을 죽이는 것은 어떤 면에서 예수님을 상징하나요?
(하나님의 아들이신 예수님은 마치 양이 첫 아들을 대신해서 죽은 것처럼 우리를 위해서 죽으셨습니다.)

🤲 기도하기

진노를 참으시고 변함없이 넘치는 사랑과 신실하심을 베푸신 하나님에게 감사하세요.

DAY 5

♥ 발견하기

오늘 우리는 시편이나 예언서를 통해서 예수님에 대해서 무엇을 배울 수 있는지를 살펴볼 거예요.

✝ 성경읽기 | 시편 16편 8~10절, 사도행전 2장 25~31절

💬 깊이 생각하기

예수님은 부활하신 후에 구약의 말씀들이 어떻게 예수님 자신을 가리키는 것인지를 제자들에게 설명하셨습니다. 제자들은 예수님이 그들에게 하셨던 말씀을 또 다른 사람들에게 가르쳤습니다. 그들의 가르침 중 일부는 기록되었고 오늘날 우리가 성경에서 읽을 수 있게 보존되었습니다. 그렇게 해서 우리는 구약에서 예수님을 나타내는 말씀을 모두 읽을 수 있습니다.

오늘의 이야기는 예수님을 나타내는 많은 말씀 중 하나입니다. 언젠가 한 남자가 죽을 것인데 그의 몸은 무덤에서 썩지 않고 다시 살아날 것이라고 알려줍니다.

사도행전에서 베드로는 예수님이 태어나시기도 전에 이미 다윗은 그분이 죽음에서 다시 살아나실 것을 말하고 있다고 전합니다.

💬 이야기하기

베드로는 다윗이 누구에 대해서 기록하고 있다고 했나요?

(다윗이 시편에서 예수님에 대해서 이야기하고 있다고 말했습니다.)

다윗은 예수님이 죽으신 후에 어떤 일이 벌어질 거라고 얘기했나요?

(예수님은 무덤에서 썩지 않으시고 다시 사실 것이라고 말했습니다.)

사도행전 13:34~39을 읽으세요. 이 말씀은 어떤 비슷한 점을 가지고 있나요?

(바울은 같은 시편을 인용했고 그것을 예수님에게 연관 지었습니다.)

🙏 기도하기

예수님을 무덤에 두지 않으시고 다시 살리셔서 우리 또한 언젠가 죽음에서 다시 살아날 소망을 주신 하나님에게 감사하세요.

The People of Israel Complain
이스라엘 백성이 불평하다

자녀들이 가장 싫어하는 채소를 저녁 식사 시간에 반찬으로 준비하세요. 평소보다 더 많은 양을 주시고 자녀들이 불평하는지 살펴보세요. 그렇게 한 후, 불평한다는 것이 어떤 의미인지를 생각하도록 도와주세요. 그러고 나서 자녀들이 주로 불평하는 음식을 매일 먹어야 한다면 어떨지 생각해 보라고 질문해 주세요. 그들이 굶지 않기 위해서 먹어야 하는 음식이 그런 종류밖에 없다면 생각이 어떻게 바뀔까요?

얘기해 주세요, "이스라엘 백성들처럼 자주 우리는 먹는 음식에 대해서 불평하지. 우리가 이스라엘 백성들의 이야기를 읽을 때 자신을 의롭다고 생각하거나 불평하는 그들을 보면서 쉽게 판단할 수 있어. 그러나 우리에게도 그들과 매우 비슷한 일이 종종 발생한단다. 이번 주에 너희들은 모세가 다시 한 번 하나님과 불평하는 이스라엘 백성의 중재자로 나서는 모습을 보게 될 거야."

DAY 1

♥ 상상하기

험한 길을 가고 있을 때 갑자기 앞쪽에서 '치르르' 하는 소리를 들었다고 가정해 봅시다. 즉시 속도를 늦추고 조심스럽게 한 걸음씩 소리가 들리는 곳을 확인하려고 다가갑니다. 그 순간 길 앞쪽 바위 위에서 똬리를 틀고 있는 엄청나게 큰 방울뱀을 발견했어요.

가까이 다가가면 갈수록 뱀은 더 크게 소리를 냅니다. 우리는 위험을 피하려고 뱀에서 멀리 떨어진 곳으로 걸음을 옮깁니다. 오늘 우리는 이스라엘 백성들이 죄의 길로 들어서자 하나님이 그들에게 내리신 경고에 대해서 읽을 것입니다.

📖 성경읽기 | 민수기 10장 11~13절; 10장 33절~11장 3절

💬 깊이 생각하기

하나님이 그분의 백성들을 새로운 곳으로 옮기기 원하셨을 때 구름기둥이 성막에서 떠오르고 움직이기 시작했습니다. 구름기둥이 떠오르면 그들은 하던 일을 멈추고, 장막을 걷고, 모든 짐을 싸야만 했습니다. 하나님의 백성들은 타고 갈 자동차나 버스가 없었습니다. 대부분의 사람이 걸어야만 했습니다. 구름기둥이 떠오를 때마다 할 일이 많았습니다.

이스라엘 백성들은 이런 모든 어려움에 대해서 투덜거리기 시작했습니다. 하나님이 그들의 불평을 들으셨을 때, 불평하지 말라는 경고로 장막 주변에 불을 놓으셨습니다.

🗣 이야기하기

무엇인가에 대해서 불평한 적이 있나요?

(부모님은 자녀들이 이스라엘 백성과 자신을 동일시하도록 도와주세요. 아마도 방청소나 숙제 등과 관련해서 불평한 적이 있을 겁니다.)

이스라엘 백성들이 불평했을 때, 그들은 누구에 대해서 죄를 범하는 것이었나요?

(이스라엘 백성은 하나님에게 죄를 범하는 것이었습니다. 왜냐하면 그들은 하나님이 그들을 인도하시는 방법을 받아들이지 않았기 때문입니다.)

우리가 불평할 때, 누구에 대해서 죄를 범하는 것인가요?

(부모님이나 다른 사람들에게 죄를 범하는 것일 수도 있지만, 대부분은 우리의 일상 가운데 선한 것을 공급하시고 필요한 모든 것을 주시는 하나님에게 죄를 범하는 것입니다. 불평할 때 우리는 하나님이 우리에게 베푸신 것들이 충분히 선하지 않다고 말하는 것입니다.)

🌿 기도하기

오늘 불평하지 않게 도와달라고 하나님에게 기도하세요.

DAY 2

♥ 기억하기

어제 이야기 중에서 무엇을 기억하고 있나요? 오늘은 어떤 이야기가 있을 것이라고 생각하나요?

📖 성경읽기 | 민수기 11장 4~17절

● 깊이 생각하기

만약 일 년 내내 아침, 점심, 저녁으로 누룽지를 먹는다면, 누룽지에 아주 질려버릴 겁니다. 그런 일이 하나님의 백성들에게 일어났습니다. 그들은 매일 아침, 점심, 저녁으로 만나를 먹었습니다. 그래도 불만을 가진 일부 사람들이 이집트에서 먹던 음식들에 대해서 얘기하면서 문제를 일으키기 전까지 대부분은 대체로 만족했습니다. 문제를 일으킨 그 사람들은 이집트에서 겪었던 혹독한 노예 생활에 대해서는 조금도 말하지 않았습니다. 점차 그들의 불평은 이스라엘 백성들 사이에서 반복될 정도로 확산되었습니다.

《● 이야기하기

이스라엘 백성들은 불평이 아니라 무엇을 해야 했나요?
(그들은 불평이 아니라 하나님이 베푸신 것들에 감사해야 했습니다.)

우리가 먹는 음식에 감사보다 불평을 했던 때를 기억할 수 있나요?
(부모님은 자녀들이 불평했던 때를 기억하도록 도와주세요. 이번 주 첫 날 가정 예배 활동 때 그랬다면, 그들이 어떻게 반응했는지 기억나게 해 주세요. 또 다른 방법은 자녀들에게 하루 세 끼 똑같은 음식을 주면서 왜 그러는지는 설명하지 않는 것입니다. 자녀들이 불평한다면, 그들이 이스라엘 백성과 같다는 사실을 깨닫게 해 주세요.)

하나님은 모세를 어떻게 도우셨나요?
(하나님은 모세가 감당해야 할 일을 이스라엘 백성 가운데 70명의 사람들에게 나누라는 계획을 주셨고, 그 70명의 사람이 모세를 도울 수 있도록 그분의 영을 임하게 하셨습니다.)

✋ 기도하기

비록 이스라엘 백성들이 불평했지만 그들을 돌보신 친절하신 하나님에게 감사드리세요.

DAY 3

♥ 예수님께 연결하기

오늘의 이야기가 예수님에 대한 것이며, 예수님을 가리킨다는 사실을 어떻게 알 수 있나요?

📖 성경읽기 | 민수기 11장 24~29절, 사도행전 2장 14~18절

💬 깊이 생각하기

하나님의 영이 70명의 사람들에게 임했을 때, 그들은 예언하기 시작했습니다. 그것은 하나님이 그들에게 백성들과 함께 나눌 메시지를 주셨다는 것을 의미합니다. 심지어 그 장막에 함께 있지 않았던 두 사람도 각자의 거처에서 예언을 시작했습니다. 여호수아는 그 일을 들었을 때, 그들의 예언을 멈추고 싶었습니다. 그러나 모세는 괜찮다고 했고, 하나님이 그분의 영을 모든 사람에게 부으셔서 모두가 예언하는 날을 꿈꿨다고 여호수아에게 말했습니다.

이것이 오늘 우리가 읽은 내용이 예수님과 어떻게 연결되는지를 보여줍니다. 예수님이 죽음에서 다시 살아나시고 천국으로 가신 후 그분은 모세가 희망했던 대로 다 이루셨습니다. 예수님은 그분의 영을 모든 사람 즉, 남자와 여자, 어린아이와 노인에게 부어주셨습니다. 이제, 예수님을 믿는 모든 사람은 성령으로 충만합니다.

🗨 이야기하기

하나님은 왜 그분의 영을 70명에게 임하게 하셨나요?

(하나님은 그분의 영을 임하게 하셔서 그들이 모세가 백성들을 돌보는 데 도움이 되게 하셨습니다.)

모세는 먼 훗날 어떤 일이 일어나기를 희망했나요?

(하나님의 영이 모든 사람에게 임하는 날을 희망했습니다.)

오늘날 하나님은 그분의 영을 언제 우리에게 부어 주시나요?

(우리가 예수님을 처음 믿을 때 부어 주십니다.)

🤲 기도하기

우리 가족 모두에게 하나님의 영이 임해서 모든 희망과 믿음을 예수님에게 둘 수 있게 해 달라고 기도하세요.

DAY 4

♥ 기억하기

이번 주 성경 이야기를 통해서 하나님은 우리에게 무엇을 가르치시나요?

✝ 성경읽기 | 민수기 11장 31~34절

💬 깊이 생각하기

하나님이 우리에게 많은 것을 주시겠다고 말씀하실 때, 조심해야 합니다. 왜냐하면 그분은 정말로 우리에게 엄청난 것을 주실 수 있기 때문입니다. 오늘 이야기에서, 하나님은 바람을 사용하셔서 이스라엘 백성들의 무릎까지 찰 만큼 아주 많은 메추라기를 보내주셨습니다. 그러나 그들은 또 다시 죄를 지었습니다. 매일 필요한 메추라기를 보내 주실 하나님을 믿는 대신에, 주변의 수백만 마리의 메추라기를 바라보며 탐욕스러워졌습니다. 하루 종일 메추라기를 모았습니다. 가장 적게 모은 사람이 대략 60개의 빨래 바구니를 가득 채울 정도로 모았습니다. 빨래 바구니 하나에 대략 100마리의 메추라기가 들어간다면, 각 사람은 적어도 6,000마리의 메추라기를 확보한 것이었습니다! 그들의 탐욕을 보신 하나님은 메추라기를 긁어모으는 데 혈안이 된 백성들에게 끔찍한 질병을 내리셨고, 많은 사람이 죽었습니다. 그들은 그 장소를 기브롯 핫다아와라고 불렀는데, 히브리말로 "탐욕의 무덤" 이란 의미입니다.

🗣 이야기하기

자녀들은 부모님에게 욕심을 부려서 필요 이상으로 많은 것을 가지려고 한 적이 있는지 질문해 보세요.
(부모님은 할인하는 물건을 지나치게 많이 산 적이 있었는지, 아니면 공짜여서 무조건 많이 가지려고 한 적은 없었는지 생각해 보세요.)

하나님의 백성들은 왜 그렇게 많은 메추라기를 모았나요?
(그들은 하나님이 다음 날에도 주실 거라는 믿음이 없었습니다. 그래서 스스로 생존을 위해서 가능한 한 많이 모으려고 했습니다.)

이스라엘 민족은 누구를 더 사랑했나요? 메추라기인가요, 하나님인가요?
(이스라엘 민족은 하나님보다 메추라기를 더 사랑한 것 같습니다.)

하나님보다 더 원하고 사랑하게 만드는 시험거리는 무엇인가요?
(부모님은 자녀들이 하나님보다 더 원하고 갖고자 하는 것은, 그것이 설령 선한 것일지라도 모두 우상이라는 사실을 알도록 도와주세요.)

🙏 기도하기

다른 어떤 것보다 하나님을 가장 사랑하게 해 달라고 간구하세요.

DAY 5

♥ 발견하기

오늘 우리는 시편이나 예언서를 통해서 예수님에 대해서 무엇을 배울 수 있는지를 살펴 볼 거예요.

✝ 성경읽기 | 말라기 4장 1~3절

💬 깊이 생각하기

말라기서는 구약성경의 마지막 책입니다. 말라기는 하나님의 선지자 가운데 한 명입니다. 이 말씀에서, 말라기는 해(the sun)를 설명하고 있습니다. 그러나 그의 예언에는 해와 관련해서 좀 다른 것이 있습니다. 말라기가 전하는 해는 의와 선의 빛을 비출 것이고 치유와 심판을 이 땅에 가져올 것입니다.

말라기는 진짜 해를 말하는 것이 아닙니다. 그는 한 사람에 대해서 얘기하는데, 그분은 아주 특별한 사람입니다. 예수님은 말라기가 이스라엘 민족에게 전하는 해입니다. 예수님은 의로움과 치유를 가져 오시고, 우리의 죄를 다 가져가십니다.

말라기는 죄 가운데 있는 우리를 외양간에 갇혀서 생명을 유지하는 송아지에 비유했습니다. 외양간 문이 열릴 때 그 송아지는 밖으로 나갈 기회를 얻게 됩니다. 송아지는 자유를 얻은 기쁨으로 여기저기를 뛰어다닙니다. 이것은 하나님이 죄에서 우리를 자유롭게 해 주실 때의 우리 모습과 비슷합니다 ― 우리는 기뻐서 날뛰고 하나님의 구원을 기념합니다.

《● 이야기하기

말라기의 예언에 나온 해는 누구인가요? (예수님이 말라기의 예언에 나온 해입니다.)

말라기는 왜 우리가 외양간을 나와서 날뛰는 송아지와 같다고 말했나요?
(외양간은 우리의 죄를 나타냅니다. 하나님이 우리의 죄를 용서해주셨을 때, 우리는 너무 감사해서 날뛰고 춤추고 그분을 찬양합니다.)

오늘 이 말씀은 어떻게 예수님을 가리키나요?
(말라기는 그 해는 의로움, 치유, 심판을 가져올 것이라고 우리에게 말합니다. 예수님은 그 모든 것을 가져다 주셨습니다. 예수님은 결코 잘못을 하지 않으셨지만 우리의 죄를 해결하시려고 십자가에서 죽으셨습니다. 그분은 우리에게 그분의 선함과 의로움을 주십니다. 우리의 죄를 용서하시고 그 죄에서 우리를 치유해 주십니다. 우리가 용서받으면 우리는 외양간에서 나온 송아지처럼 자유를 얻게 된 것입니다.)

🤲 기도하기

예수님을 보내셔서 십자가에서 죽게 하심으로 우리를 죄로부터 자유롭게 하신 하나님에게 감사드리세요.

Miriam
미리암

자녀들에게 "너희들 중 누가 가장 빠르지?"라고 물어보세요(자녀가 한 명이라면, 친구들이나 이웃 사람과 비교해서 물어보세요.) 이어서 "누가 가장 노래를 잘하지?" "누가 가장 똑똑하지?" "누가 가장 대단하지?" 등을 계속 물어보세요.

그리고 이 대화를 잘 마무리하도록 도와주세요. 자녀들이 서로에게 친절히 대하고, 질문들 때문에 들었던 불편한 마음을 드러내는 기회가 되기를 바랍니다. 자녀들이 "내가 최고야!"라고 말하면서 으스대거나, 다른 사람의 강점을 말하면서 자신을 비하하거나 둘 중 어떤 모습을 보이는지 관찰해 보세요.

그리고 관찰한 내용을 자녀들과 토론해 보세요. 이어서 하나님은 겸손을 높이시지만 교만은 잠재우신다는 사실을 나눠주세요. "이번 주의 성경 내용을 통해서 너희들은 하나님이 미리암의 교만한 불평 때문에 그녀를 어떻게 겸손하게 만드셨는지를 배우게 될 거야."라고 말해 주세요.

DAY 1

♥ 상상하기

한 가족이 바닷가에서 즐겁게 하루를 보내고 있었습니다. 잠시 수영을 한 후에, 막내아들이 멋진 모래성을 쌓기 시작했습니다. 나머지 두 자녀는 막냇동생이 매우 재밌게 노는 것을 보면서 그들도 성을 쌓기로 마음먹었습니다.

시간이 지났고, 막내아들의 성은 정말 환상적이어서 그 바닷가에서 화젯거리가 되었습니다. 나머지 두 자녀는 동생의 것만큼 만들려고 서둘렀지만, 그 성은 엉성해 보였습니다. 그들은 막냇동생의 멋진 모래성에 매우 시기심이 났고 일부러 넘어지는 척하면서 양동이에 담겨 있던 물을 동생의 성 옆쪽에 쏟았습니다. 그러나 하나님은 그들에게 한 가지 교훈을 가르치셨습니다. 동생의 성을 망가뜨리고 일어서자마자 거대한 파도가 해안가로 몰려왔고 그들의 성을 완전히 무너뜨렸습니다.

오늘 성경 말씀에서 우리는 시기하는 죄가 모세의 형제자매들에게 어떻게 영향을 미쳤는지를 배우게 될 것입니다.

📖 성경읽기 | 민수기 12장 1~2절

💬 깊이 생각하기

아론과 미리암은 모세의 형과 누나입니다. 그들은 모세가 사람들의 모든 관심을 받게 되자 화가 났습니다. 그들은 아마도 줄곧 모세의 형과 누나로만 취급을 받았을 것입니다. 그들은 시기하는 마음이 들었고, 모세가 모든 관심을 받는 것을 원치 않았습니다. 하나님이 모세와 마찬가지로 그들을 통해서도 말씀하신다는 사실과 모세만이 그들 가운데 중요한 사람이 아니라는 것을 이스라엘 백성들이 알게 하고 싶었습니다.

그래서 교만하게도 스스로를 높이고 모세는 깎아 내렸습니다. 그리고 모세가 이방인 아내를 선택한 것을 비난했습니다. 하나님은 그들이 행한 모든 교만한 말과 불평들을 들으셨습니다.

🗣 이야기하기

"시기심" 은 어떤 의미인가요?

("시기심" 은 다른 사람이 가진 무엇인가를 갖고 싶어 할 때 생기는 마음입니다. 그것은 어떤 물건이나 능력, 또는 노래하기, 달리기 등과 같은 재능이 될 수도 있습니다.)

형제나 자매, 혹은 친구를 시기하는 마음을 가졌던 적이 있었나요?

(부모님은 자녀들이 이 질문에 대해서 신중히 생각하도록 도와주세요.)

우리는 왜 다른 사람을 시기하거나 부러워하는 마음을 갖게 되나요?

(우리는 사람들의 관심을 받고 싶어 합니다. 다른 사람들이 나보다 더 잘할 때, 그 관심은 내가 아닌 다른 사람에게로 넘어갑니다. 그때 시기나 부러워하는 마음이 생겨나고 말이나 행동으로 다른 사람을 깎아 내리고자 하는 태도를 갖게 됩니다.)

부모님이 우리의 죄를 발견할 수 없는 상황에서도 누가 항상 우리를 바라보시나요?

(하나님은 항상 보고 계시고 우리가 말하는 모든 것을 듣고 계십니다. 그리고 우리가 하는 모든 것을 아십니다.)

🙏 기도하기

다른 사람들을 시기하는 죄를 범하지 않게 해 달라고 간구하세요.

DAY 2

♥ 기억하기

어제 이야기 중에서 무엇을 기억하고 있나요? 오늘은 어떤 이야기가 있을 것이라고 생각하나요?

📖 성경읽기 | 민수기 12장 3~10절

💬 깊이 생각하기

혹시 어떤 분야에서 상을 받거나 무엇인가를 아주 잘해서 수많은 칭찬을 받은 후, 스스로를 자랑하거나 패배한 상대편을 비웃은 적이 있나요? 그것이 교만이에요. 얼마나 우리가 잘났는지를 과시하거나 잘 못하는 누군가를 비웃거나 하는 것 말이에요. 모세는 자랑할 만한 이유가 충분했습니다. 그러나 그렇게 하지 않았습니다. 어쨌거나 그는 하나님과 대면했습니다. 우리는 모세가 세상에서 가장 겸손한 사람이라는 사실을 배웁니다. 그것이 아론과 미리암에게 하나님이 진노하신 이유입니다. 모세는 겸손했으나, 그들은 모세를 깎아 내리려고 했습니다. 그것이 하나님이 미리암에게 끔찍한 나병이 걸리게 하신 이유입니다. 성경의 또 다른 곳에서 하나님은 "교만한 자를 물리치시고 겸손한 자에게 은혜를 주신다"고 말씀하셨습니다(약 4:6). 하나님은 미리암이 교만한 마음으로 겸손한 사람을 시기했기에 징계하셨습니다. 하나님은 모세를 보호하셔서 그가 직접 자신을 보호할 필요가 없게 하셨습니다.

🗨 이야기하기

만약 하나님이 불평하는 모든 사람을 나병에 걸리게 하신다면, 우리 중 얼마나 많은 사람이 그 병에 걸릴까요?
(우리는 모두 병에 걸릴 겁니다. 왜냐하면 우리는 모두 불평을 하기 때문입니다.)

하나님은 왜 미리암이 나병에 걸리도록 하셨나요?
(하나님은 미리암이 겸손한 사람에 대해서 불평하고, 교만으로 스스로를 높이고자 했기에 나병에 걸리는 징계를 내리셨습니다.)

미리암과 아론의 태도를 보면서 무엇을 배울 수 있나요?
(말과 행동으로 다른 사람을 깎아 내리려 해서는 안 되고, 하나님은 시기하는 죄를 반드시 징계하실 거라는 사실을 배울 수 있습니다.)

🙏 기도하기

우리가 서로 격려하되 비난하거나 시기해서 서로를 깎아 내리지 않게 해 달라고 도움을 구하세요.

DAY 3

♥ 예수님께 연결하기

오늘의 이야기가 예수님에 대한 것이며, 예수님을 가리킨다는 사실을 어떻게 알 수 있나요?

🔲 성경읽기 | 빌립보서 2장 1~11절

● 깊이 생각하기

이번 주 내용에서, 하나님은 모세를 이 땅에서 가장 겸손한 사람이라고 칭하셨습니다. 지도자로서 모세의 겸손은 하나님이 이스라엘 백성에게 그보다 훨씬 더 겸손한 지도자를 보내주실 그 날을 보여줍니다.

예수님은 하나님의 아들이라는 영광을 포기하시고, 사람의 몸을 입고 이 땅에 오셨습니다. 그분은 십자가에서 죽으시고 우리의 징계를 다 받으심으로 우리가 용서받을 수 있게 해 주셨습니다. 그것은 이제껏 누군가 해 왔던 겸손 중 최고의 겸손입니다.

◉ 이야기하기

교만은 우리가 다른 사람보다 우리 자신을 더 중요하게 여길 때 나타납니다. 그렇다면 겸손은 무엇인가요?
(겸손은 우리가 다른 사람을 우리 자신보다 더 중요하게 여길 때 나타나는 것입니다.)

예수님은 어떻게 겸손을 보여주셨나요?
(비록 그분은 하나님이셨지만, 사람이 되셨고, 우리의 죄 때문에 십자가에서 죽으셨습니다.)

우리가 드러낼 수 있는 겸손은 무엇인지 말해 봅시다.
(부모님은 자녀들이 다른 사람을 자신들보다 더 중요하게 여길 수 있는 방법들을 생각하도록 도와주세요. 서로를 섬겨주거나 부모님을 존경하는 것 등은 쉬운 예시입니다.)

✊ 기도하기

모세와 예수님이 보여주셨던 것과 같은 겸손을 가질 수 있게 해 달라고 간구하세요.

DAY 4

♥ 기억하기

이번 주 성경 이야기를 통해서 하나님은 우리에게 무엇을 가르치시나요?

📖 성경읽기 | 민수기 12장 11~16절

💬 깊이 생각하기

모세는 다시 한 번 이스라엘 백성을 위한 중재자로서 역할을 감당했습니다. 중재자는 중간에 서 있는 사람이란 사실을 기억하세요. 아론과 나병에 걸린 미리암이 한쪽에, 미리암을 심판하신 하나님이 다른 한쪽에 계십니다. 그 중간에 모세가 있습니다. 아론은 하나님의 자비를 구해 달라고 모세에게 간청합니다. 그래서 모세는 기도했습니다.

하나님은 모세의 기도를 들으셨고 미리암을 치료해 주셨습니다. 미리암은 치료받았다는 것을 보이고, 감염이 발생하지 않도록 일주일 동안 진영 바깥에 머물러 있어야만 했습니다. 미리암이 치료받자, 이스라엘 민족은 새로운 장소로 이동할 수 있었습니다.

🗣 이야기하기

자녀들은 부모님에게 교만한 마음 때문에 하나님이 겸손하게 만드신 적이 있었는지 질문해 보세요.

(성경은 우리에게 교만은 "패망의 선봉"[잠 16:18]이라고 가르칩니다. 부모님은 교만한 마음에 넘어졌던 경험을 생각해 보세요.)

하나님은 미리암에게 끔찍한 질병을 벌로 내리셔서 무엇을 배우게 하셨나요?

(하나님은 미리암에게 겸손과 다른 사람들에 대해서 불평하지 않는 것을 가르치셨습니다.)

우리는 하나님이 미리암을 치료하셨다는 사실을 어떻게 아나요?

(그녀는 일주일 후에 진영으로 돌아오도록 허락 받았습니다.)

🤲 기도하기

미리암을 향한, 그리고 우리의 죄를 용서하신 하나님의 자비에 감사하세요.

DAY 5

♥ 발견하기

오늘 우리는 시편이나 예언서를 통해서 예수님에 대해서 무엇을 배울 수 있는지를 살펴볼 거예요.

✝ 성경읽기 | 학개 2장 20~23절

💬 깊이 생각하기

고대에 왕의 인장은 매우 중요했습니다. 거기에는 왕의 특별한 표식이 새겨져 있었어요. 그것은 왕의 권위와 힘을 상징했습니다. 왕이 법률을 제정할 때, 밀랍을 서신 위에 떨어뜨리고 그 위에 인장을 눌러서 표식을 새겼습니다. 누군가 왕의 반지로 봉인된 서신을 가지고 있다면 그것은 왕이 그 곳에서 직접 명령하는 것만큼 효력이 있었습니다. 모든 사람은 그 서신에 경의를 표해야 했지요.

학개는 오늘 성경의 말씀을 기록한 선지자인데, 다윗의 계보에 있는 왕 스룹바벨이 하나님의 인장이 될 것이라고 말했습니다. 예수님은 사람 손가락에 낄 수 있는 반지는 아닙니다. 그러나 이 예언의 해답이 되시는 분입니다. 예수님의 말씀은 하나님의 말씀과 같은 권위와 힘을 가지고 있습니다. 왜냐하면 그분이 곧 하나님이시기 때문입니다. 왕의 인장이 그의 권위와 힘을 드러내는 것과 마찬가지로, 예수님은 하나님 아버지의 권위를 드러내십니다. 그것이 예수님이 "나를 알았더라면 내 아버지도 알았으리라" (요 8:19) "나와 아버지는 하나이니라" (요 10:30)고 말씀하신 이유입니다.

🗣 이야기하기

왕은 인장으로 무엇을 하나요?
(중요한 문서에 밀랍을 떨어뜨리고 그 인장으로 왕의 표식을 남깁니다. 왕이 문서에 표식을 남기면, 모든 사람은 그 문서에 담긴 내용이 왕의 명령임을 알 수 있습니다.)

예수님은 완전한 사람이셨습니다. 그러나 동시에 그분은 또한 누구셨나요? (예수님은 또한 하나님이셨습니다.)

예수님과 하나님 아버지가 어떻게 한 분인가요?
(이해하기 힘든 이 진리는 우리가 완전히 설명하기 어렵습니다. 그러나 성경은 삼위일체의 하나님을 우리에게 가르칩니다.)

🙏 기도하기

우리에게 하나님의 방법을 가르치시려고 이 땅에 오신 예수님에게 감사하세요.

Israel Spies Out the Land
이스라엘 민족이 그 땅을 정탐하다

자녀들을 마당으로 내보내세요. 마당이 없으면 외부의 다른 곳으로 보내세요. 혹시 날씨가 안 좋아서 나가는 것이 어렵다면 자녀들에게 창문 너머로 밖을 살펴보라고 하세요. 그리고 가능한 한 많은 것을 관찰한 후에 본 것들에 대해서 말해 달라고 하세요. 자녀들이 어떤 동물이나 사람들을 본다면, 그것에 대해서 알고 싶다고 표현해 주세요. 그리고 2분의 제한 시간을 주고 가장 많은 정보를 제공하는 사람에게 상을 주겠다고 말하세요.

2분 동안 자녀들이 알려주는 내용들을 들어보세요. 그리고 가장 많은 정보를 제공한 자녀에게 시상을 해 주세요. (자녀가 한 명이라면, 부모가 발견한 두세 가지의 내용을 기록할 수도 있습니다. 만약 자녀가 부모가 기록한 것을 전부 알고 있다면, 자녀에게 시상하면 됩니다.)

얘기해 주세요, "이번 주 너희들은 모세가 가나안으로 보낸 정탐꾼들과 그들이 돌아와서 하는 보고에 대해서 배우게 될 거야."

DAY 1

 상상하기

휴가 기간 동안에 한 아버지가 세 살 난 아들에게 생애 최초로 수영을 시켰습니다. 그 아이는 얕은 유아용 수영장에서 물장구를 치는 것이 싫어 용기를 내어서 무릎 높이의 수영장으로 가보았습니다. 그러나 성인용 수영장을 살펴볼 때마다 아이는 두려움이 생겼어요. 그 수영장은 너무 깊어서 사람들이 수영할 때 물 아래로 사라지는 것처럼 보였거든요.

다음 날, 유아용 수영장에서 한 시간 정도 있은 후에 아빠는 아들과 함께 성인용 수영장 쪽으로 걸어가며 "아빠는 너랑 저기서 수영할 거야."라고 아들에게 얘기했어요. 그들이 성인용 수영장에 가까워지고 사람들이 다이빙하는 것과 잠수해서 수영하는 것을 보자마자 아이는 무서웠고 울기 시작했습니다. 아버지는 아빠와 함께 있기만 하면 안전하다고 말해주면서 아들을 안심시키려고 노력했습니다. 그러나 아이는 점점 더 크게 울었어요.

우리는 때때로 두려움 때문에 신뢰하지 못합니다. 그것이 오늘 이야기에서 이스라엘 민족에게 일어난 일입니다.

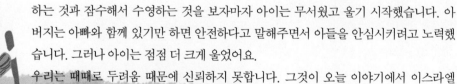

📖 성경읽기 | 민수기 13장 1~3절, 17~33절

💬 깊이 생각하기

두려움이 가득한 정탐꾼들이 간과한 한 가지 중요한 사실이 있었어요. 그들은 하나님의 권능을 잊었습니다. 하나님은 그들에게 그 땅을 주시겠다고 말씀하셨습니다. 비록 그 도시들은 높고, 두꺼운 장벽으로 둘러싸여 있고, 그 땅의 사람들은 거인만큼 커 보였지만 어떤 사람도 전능하신 하나님을 막을 수는 없었습니다.

갈렙도 이스라엘 민족만의 힘으로는 그 전쟁에서 이길 거라고 생각하지 않았습니다. 그러나 하나님을 잊지 않았고, 하나님이 그들 편에 서시면 이길 수 있을 거라는 사실을 알았습니다. 두려움에 떠는 열 명의 정탐꾼은 하나님을 잊어버리는 엄청난 실수를 한 것이었습니다. 우리가 두려울 때면 언제든지 "내가 하나님에 대해서 잊고 있진 않나?" 라는 질문을 잊어서는 안 됩니다.

🗨 이야기하기

열 명의 정탐꾼은 무슨 잘못을 범했나요?

(그들은 하나님에 대해서 잊었습니다.)

그 정탐꾼들의 부정적인 보고는 백성들에게 어떤 영향을 주었나요?

(그들의 부정적인 보고 때문에 백성들 또한 두려워했습니다.)

갈렙의 보고는 나머지 정탐꾼들과 어떻게 달랐나요?

(갈렙은 믿었습니다. 비록 그 도시가 튼튼하고 강성했지만, 갈렙은 그 도시들이 하나님의 도움으로 패배할 것이라는 사실을 알았습니다. 갈렙은 하나님이 함께 하시면 모든 것이 가능하다는 믿음을 가지고 있었습니다.)

🙏 기도하기

우리가 두려울 때 하나님을 기억하게 도와달라고 기도하세요.

DAY 2

♥ 기억하기

어제 이야기 중에서 무엇을 기억하고 있나요? 오늘은 어떤 이야기가 있을 것이라고 생각하나요?

✝ 성경읽기 | 민수기 14장 1~10절

💬 깊이 생각하기

정탐꾼들의 부정적인 보고가 온 이스라엘 백성들에게 얼마나 빨리 확산되었는지를 볼 때, 우리는 하나님이 왜 불평하는 그 백성들을 가능한 한 빠르게 징계하셨는지를 이해할 수 있습니다. 몇몇 사람 사이에서 시작된 부정적인 보고는 하나님이 그들을 죽이고 그들의 아내와 자녀들까지 죽이려 하신다는 소문을 내고야 끝이 났습니다. 그중 일부는 심지어 그들을 이집트로 다시 데려다 줄 새로운 지도자를 세우자고 제안했습니다.
여호수아와 갈렙이 하나님의 입장을 변호하려고 할 때, 불평하는 백성들은 이미 너무나 악해져서 그들을 돌로 치려고 했습니다. 만약 하나님의 영광이 그 용감한 두 사람을 구하려고 나타나지 않았다면, 백성들은 그들을 죽였을 것입니다.

🗨 이야기하기

하나님을 믿지 않음으로 이스라엘 백성들이 하나님에게 죄를 범한 방법들을 목록으로 만들어 보세요.
(부모님은 목록을 만들 수 있게 자녀들에게 몇 가지 단서를 제공해 주세요. 그들은 자신들과 아내, 그리고 자녀들을 죽이려고 했다며 하나님을 비난했습니다. 이집트에서의 삶이 하나님과 함께 하는 것보다 더 낫다고 말했습니다. 그들은 하나님을 믿는 사람들을 돌로 쳐 죽이려고 했습니다.)

수천 명의 이스라엘 백성 중에 몇 명만이 하나님을 신뢰했나요?
(네 명의 사람이 하나님을 신뢰했다고 기록되었습니다 : 모세, 아론, 여호수아 그리고 갈렙입니다.)

여호수아와 갈렙은 백성들에게 무엇을 하지 말라고 경고했나요?
(그들은 하나님을 배반하지 말라고 경고했습니다.)

이스라엘 백성들이 모세를 그들의 지도자로 인정하지 않았을 때, 그들은 또한 누구를 거부하는 것이었나요?
(그들은 하나님을 거부하는 것이었습니다.)

🤲 기도하기

여호수아와 갈렙처럼 우리도 하나님을 신뢰하는 용기와 믿음을 갖게 해 달라고 하나님에게 간구하세요.

DAY 3

♥ 예수님께 연결하기

오늘의 이야기가 예수님에 대한 것이며, 예수님을 가리킨다는 사실을 어떻게 알 수 있나요?

📖 성경읽기 | 민수기 14장 11~24절

💬 깊이 생각하기

또 다시 모세는 이스라엘 백성들을 위해서 중간 자리에 섰고, 하나님에게 다음과 같이 기도했습니다. "제발 하나님의 변함없는 사랑으로 백성들의 죄를 용서해 주세요." 하나님은 모세의 기도를 받으셨습니다. 왜냐하면 모세는 이스라엘 민족을 구할 수 있는 오직 한 가지만을 위해서 기도했습니다. 그것은 하나님의 변함없는 사랑과 용서였습니다. 비록 이스라엘 민족이 약속의 땅으로 들어가는 것을 허락하지는 않으셨으나, 하나님은 아들이신 예수님이 언젠가 진정한 중재자로서 있을 것이고 그들의 죄를 대신해서 십자가에서 죽게 될 것을 아셨기 때문에 이스라엘 민족을 용서하셨습니다. 수세기가 지난 후, 사도 바울은 디모데에게 쓴 편지에서 예수님을 죄인과 거룩한 하나님 사이에 계신 진정한 중재자라고 했습니다(딤전 2:5). 모세가 기도했던 것처럼 하나님은 아들 예수님을 보내셨을 때, 미리 그 날을 알고 계셨습니다.

🗨 이야기하기

하나님은 왜 이스라엘 민족을 징계하시려고 하셨나요?
(하나님을 거부했고, 심지어 여호수아와 갈렙을 돌로 쳐 죽이려고 했습니다.)

하나님은 왜 이스라엘 민족을 죄에 대한 대가로 멸망시키지 않으셨나요?
(예수님이 완성하신 십자가의 죽음은 하나님이 모든 사람을 용서하신 유일한 이유입니다. 이스라엘 민족에 대해서, 하나님은 그들의 죄를 위해 아들이신 예수님을 죽게 하시려고 보내실 날을 기다리고 계셨습니다. 우리에게는, 예수님이 십자가에서 이루신 희생을 되돌아보게 합니다.)

우리가 죄를 지었을 때 모세의 태도는 우리에게 어떻게 도움이 되나요?
(모세는 하나님의 변함없는 사랑으로 이스라엘 민족을 용서해 달라는 위대한 기도를 우리에게 주었습니다. 그리고 우리는 "하나님은 아들이신 예수님을 보내서서 나의 죄를 용서해 주셨습니다." 라고 더 기도할 수 있습니다.)

🌾 기도하기

우리가 죄를 지었던 경험을 생각해 보세요. 그것들을 하나님에게 고백하세요. 그리고 용서해 달라고, 그 죄를 없애달라고 기도하세요.

DAY 4

♥ 기억하기
이번 주 성경 이야기를 통해서 하나님은 우리에게 무엇을 가르치시나요?

✝ 성경읽기 | 민수기 14장 26~45절

💬 깊이 생각하기
케이크를 만들다가 반죽에 설탕이 아닌 소금 한 컵을 부었다면, 케이크를 제대로 만들기는 거의 불가능할 것입니다. 분명히 그 반죽을 버리고 모든 것을 처음부터 다시 시작해야 합니다. 일단 소금이 반죽에 들어가면, 아무리 설탕을 더 넣어도 끔찍한 맛을 없애는 것은 어렵기 때문이죠. 오늘 이야기에서 이스라엘 민족의 불순종은 케이크에 소금을 넣은 것과 같았습니다. 그들은 스스로 가나안을 공격하고 그 약속의 땅으로 들어감으로써 자신들의 죄를 만회하려고 했습니다. 그러나 불순종했다는 사실을 바꿀 수는 없었습니다. 하나님 없이 자신들의 뜻대로 행함으로써 죄는 더 깊어질 뿐이었습니다. 가나안 민족은 하나님이 함께하지 않았기에 이스라엘 민족을 물리칠 수 있었습니다. 우리가 아무리 무엇인가를 해도 죄를 감출 수는 없습니다. 죄를 없애는 유일한 방법은 우리의 죄를 해결하시려고 피를 흘리신 예수님을 믿는 것뿐입니다. 그러나 예수님은 소금 케이크 위에 설탕을 덧입히는 것처럼 우리의 죄를 해결하시는 것이 아닙니다. – 예수님은 완전히 우리의 죄를 해결해 주십니다.

🗣 이야기하기
자녀들은 부모님에게 여러분이 이제껏 살아오면서 반복적으로 불순종하는 영역이 무엇인지 질문해 보세요.
(부모님은 자녀들이 일상 가운데서 동일한 죄를 반복해 힘들어하는 영역이 있는지 생각해 보도록 도와주세요. 자녀들이 스스로를 이스라엘 민족과 동일시하도록 도와주세요.)

자녀인 여러분이 반복적으로 불순종하는 영역에 대해서 무엇을 할 수 있는지 부모님에게 질문해 보세요.
(부모님은 이 순간에 자녀들이 어떤 선한 행위로도 그들의 불순종하는 행동을 만회할 수 없다는 사실을 알게 도와줄 수 있습니다. 자녀들에게 정말로 필요한 것은 그들의 죄를 해결하신 예수님을 믿는 것입니다.)

20세 이상의 백성들에게 하나님은 어떤 징계를 내리셨나요?
(하나님은 그들에게 약속의 땅으로 들어갈 수 없다고 말씀하셨습니다.)

하나님은 누구에게만 그 땅을 허락하셨나요?
(오직 여호수아, 갈렙 그리고 20세 미만인 이스라엘의 자녀들만 그 땅에 들어가게 하셨습니다.)

오늘 이야기에서 하나님은 아브라함과 맺으신 언약을 어떻게 지키시나요?
(아브라함에게 오래 전에 약속하셨던 그 땅을 중심으로 언약을 지키십니다.)

🙏 기도하기
우리가 이제껏 지었던 죄들을 생각해 보세요. 그것들을 하나님에게 고백하고 용서를 구하세요. 그리고 우리의 죄를 씻어 달라고 기도하세요.

DAY 5

♥ 발견하기

오늘 우리는 시편이나 예언서를 통해서 예수님에 대해서 무엇을 배울 수 있는지를 살펴볼 거에요.

✝ 성경읽기 | 스가랴 2장 10~12절

💬 깊이 생각하기

오늘 말씀에서 하나님은 스가랴의 예언으로 백성들 가운데 함께 거하시겠다는 약속을 하셨습니다. 그러나 더 나아가서 하나님은 다른 민족까지도 이스라엘 민족과 함께 하도록 인도하십니다. 그들 역시 하나님의 백성이 될 것입니다. 이것은 이스라엘 민족에게는 매우 이해할 수 없는 이야기였을 것입니다. 왜냐하면 하나님은 오직 이스라엘만을 사랑하신다고 믿었기 때문입니다. 그들은 하나님이 우상을 섬기는 이방 민족들을 어떻게 그분의 가족으로 인도하실지 궁금했을 겁니다.

예수님은 스가랴의 예언에 해답을 제시하십니다. 사도 요한은 예수님에 대해 기록한 그의 복음서에서 다음과 같이 말했습니다. "말씀이 육신이 되어 우리 가운데 거하시매" (요 1:14). "많은 나라" 라는 어휘에서, 스가랴는 예수님이 모든 나라와 방언과 족속들이 구원받을 수 있는 길을 만드실 그 날을 가리키고 있는 것입니다. 예수님의 구원은 누구에게나 가능합니다. 그리스도를 통해서, 오늘날 각 나라의 백성들은 하나님의 백성으로 모이고 있습니다. 결국, 하나님은 천국에서 모든 족속과 각 나라의 백성들 가운데 함께 거하실 것입니다(계 5:9).

💬 이야기하기

스가랴는 서로 다른 모든 족속의 백성을 하나님의 백성으로 부르신 하나님에게 우리가 무엇을 해야 한다고 말하나요? (자녀들이 답을 모른다면, 그분의 백성들과 함께 하시러 오시는 하나님을 찬양하고 기뻐하라는 내용을 찾도록 10절을 다시 읽어 주세요.)

하나님은 스가랴의 예언을 어떻게 이루시나요? (예수님이 이 땅에 오셨습니다. 그리고 죽음에서 부활하신 후에, 신자들에게 함께 거할 성령님을 보내주실 것을 약속하셨습니다. 비록 예수님이 지금은 천국으로 돌아가셨지만, 하나님은 성령으로서 여전히 그분의 백성들과 함께 계십니다.)

스가랴서 2:10과 요한복음서 1:14을 비교해 보세요. 어떤 연관성이 있나요? (스가랴서에서 하나님은 백성들 가운데 함께 거하시겠다고 약속하셨습니다. 요한복음서에서 우리는 예수님을 이 땅에 보내심으로 하나님이 언약을 어떻게 성취하시는지 보게 됩니다.)

🤲 기도하기

우리 죄를 대신해서 죽게 하시려고 이 땅에 아들 예수님을 보내시고 모든 신자들에게 성령을 충만케 하심으로 언약을 성취하시는 하나님에게 감사하세요.

Moses Disobeys God
모세가 하나님에게 불순종하다

자녀들을 한 자리에 모으세요. 그리고 종이 두 장을 가져 오세요. 자녀들에게 이제 엄마가(혹은 아빠가) 그 종이를 사용해서 부채모양을 만들 것이라고 알려주세요. 그리고 자녀들에게 그 만드는 모습과 태도를 잘 본 후 그것에 대해 설명하라고 얘기해 주세요.

첫 번째 종이를 1.5cm씩 나눠서 앞뒤로, 천천히 신중하게 부채 모양이 되게 접으세요. 자녀들에게 그 모습과 태도가 어떻게 보였는지 얘기해 보라고 하세요. 두 번째 종이도 같은 방식으로 접기 시작하는데, 접기가 너무 어려워서 힘든 것처럼 일부러 투덜거리며 하세요. 접기를 엉성하게 몇 번 시도한 후에, 그것을 구겨서 공을 만들고 짜증내면서 멀리 던져 버리세요. 그리고 이 모습은 어땠는지를 자녀들이 설명하도록 시키고, 그들이 얘기할 때 이것을 분노와 연결하게 도와주세요.

우리의 태도가 우리가 이루려고 노력하는 결과에 어떻게 영향을 미치는지에 대해서 대화를 나눠 보세요. 신중하고 침착하게 행동한다면, 좋은 결과를 얻게 될 거예요. 그러나 부주의하고 화를 낸다면, 결과는 좋지 못할 거예요. 자녀들에게도 이런 경험이 있었는지 질문해 보세요. 그리고 말해 주세요. "이번 주 너희는 모세가 자기 스스로 어떤 일을 처리하려고 함으로써 분노하게 되고, 그 분노가 어떻게 하나님에게 불순종하게 했는지를 배우게 될 거야."

DAY 1

♥ 상상하기

피자 가게에 두 판의 페페로니 피자를 배달시켰다고 가정해 봅시다. 피자가 도착했을 때, 페페로니가 아니라 버섯 피자가 배달되었다는 것을 알게 됩니다. 어쩔 수 없이 우리는 그 피자를 먹습니다. 다음번에 또 다시 같은 피자 가게에 주문을 합니다. 이번에는 페페로니 피자 대신 소시지 피자와 그린페퍼 피자를 받습니다. 2주 후에는, 페페로니 대신 불고기와 햄 피자를 배달해 옵니다. 전화를 걸어서 문제를 제기하자,  공짜로 피자를 배달해 주겠다고 제안합니다. 그리고 공짜 피자가 왔는데 그것 또한 페페로니 피자가 아니었습니다. 이번에는 브로콜리와 포테이토 피자를 배달해 왔습니다. 얼마나 더 참아야 그 피자 가게에 주문하는 것을 포기하고 다른 피자 가게로 바꿀 건가요? 오늘 이야기에서 이스라엘 민족은 다시 한 번 불평합니다. 그러나 아무리 여러 번 불평을 해도 하나님은 결코 그분의 백성들을 포기하지 않으십니다.

✝ 성경읽기 | 민수기 20장 1~5절

💬 깊이 생각하기

성경에서 읽게 되는 오늘 이야기는 새롭게 제작된 옛날 영화를 보는 것 같습니다. 오늘 성경 이야기를 들을 때 '흠, 이미 이 내용은 다 아는데' 라고 생각했을지도 모릅니다. 그러나 그렇지 않습니다. 이것은 마실 물이 없자 불평을 하는 이스라엘 민족의 또 다른 모습입니다.

이스라엘 민족은 물이 풍부하고 비옥한, 약속의 땅 근처에 와 있습니다. 그들이 불순종했기에, 하나님은 다시 광야로 이끄십니다. 그들은 하나님에게 물을 요청하는 대신 오히려 불평하며 이집트 시절을 그리워합니다. 그 태도는 노예 생활에서 그들을 구해 내신 하나님을 모욕하는 것이었습니다.

💬 이야기하기

우리는 어떤 면에서 이스라엘 민족과 비슷한가요?

(우리는 반복해서 같은 죄를 짓습니다. 부모님은 자녀들이 삶에서 반복적으로 죄를 범하는 방식이 있다는 것을 깨닫도록 도와주세요. 부모님 스스로가 고민하는 반복적인 죄의 모습이 있다면 적절한 수준에서 먼저 고백해도 좋습니다.)

우리가 알고 있는 하나님의 성품을 생각했을 때, 이스라엘 민족은 불평하기보다는 무엇을 해야 했나요?

(부모님은 자녀들이 이것에 대해서 생각해 보도록 도와주세요. 하나님은 자비로우시고 용서를 베푸시는 분이라는 것을 기억하게 도와주세요. 광야에서도 이스라엘 민족이 하나님에게 구했다면, 그들의 필요를 모두 채우셨을 것입니다.)

우리는 이스라엘 백성의 잘못을 통해서 무엇을 배울 수 있나요?

(자녀들이 다시 한 번 생각하도록 도와주세요. 우리는 하나님에게 죄를 범했을 때, 부정적인 결과들을 종종 보게 된다는 사실을 잊어서는 안 됩니다. 그리고 우리가 간구한다면, 하나님은 우리의 필요를 충분히 채워주실 것입니다.)

🙏 기도하기

우리 자신이나 다른 사람들에게 필요한 것이 무엇인지 목록을 작성해 보세요. 그리고 나서 그 필요를 하나님에게 간구하세요.

DAY 2

♥ 기억하기

어제 이야기 중에서 무엇을 기억하고 있나요? 오늘은 어떤 이야기가 있을 것이라고 생각하나요?

✝ 성경읽기 | 민수기 20장 6~9절

💬 깊이 생각하기

백성들이 불평할 때 모세와 아론은 하나님의 회막에 가서 엎드렸습니다. 이스라엘 민족이 과거에 수많은 죄를 지었을 때, 모세는 그들을 위해서 하나님에게 기도했습니다. 그러나 이번에 모세가 할 수 있는 전부는 그분 앞에 그냥 엎드리는 것뿐이었습니다. 비록 그가 단 한 마디도 안 했지만, 하나님은 이스라엘 민족의 필요를 아셨습니다. 하나님은 바위를 향해 명령을 내리라고 모세에게 말씀하셨습니다. 그 바위에서 백성과 동물들을 위한 물이 나올 거라고 약속하셨습니다.

🗣 이야기하기

하나님은 이스라엘 민족에게 심판이 아닌 자비를 어떻게 보여주셨나요?
(모세의 간구가 없었고, 이스라엘 민족의 불평과 항의뿐이었음에도 불구하고 그들에게 물을 주겠다는 약속을 하셨습니다.)

모세가 하나님에게 그 백성들의 필요를 말했나요? 아니면 하나님이 이미 다 아셨나요?
(하나님은 이미 아십니다. 마태복음서 6:8에서 하나님 아버지께서 우리가 요구하기도 전에 우리의 필요를 다 아신다는 사실을 보게 됩니다.)

오늘 이야기는 우리가 기도할 때 어떤 격려가 되나요?
(부모님은 자녀들이 차근차근히 생각하도록 도와주세요. 하나님은 항상 우리가 그분 앞에 고민과 문제를 가지고 나오길 원하십니다. 그러나 우리의 필요를 채워주시기 위해서 완벽한 기도를 요구하시지 않습니다.)

🙏 기도하기

우리가 말씀드리기 전에 우리의 필요를 아시는 하나님에게 감사하세요.

DAY 3

♥ 예수님께 연결하기

오늘의 이야기가 예수님에 대한 것이며, 예수님을 가리킨다는 사실을 어떻게 알 수 있나요?

✝ 성경읽기 | 히브리서 4장 14~16절

💬 깊이 생각하기

비록 모세가 이스라엘 민족의 지도자였지만, 그는 완벽하지 않았습니다; 그도 나머지 백성과 마찬가지로 죄인이었습니다. 내일 우리는 모세가 하나님에게 어떻게 불순종하는지를 배우게 될 겁니다. 이스라엘 백성이 죄를 지었을 때, 모세는 그들을 위해서 하나님에게 간구했습니다. 그러나 모세가 죄를 지었을 때, 그를 위해서 하나님에게 간구할 사람은 전혀 없었습니다. 모세는 구원자가 필요했습니다.

히브리서 기자는 우리에게 완벽하고 절대로 단 한 번도 죄를 지은 적이 없는 예수님에 대해서 말하고 있습니다. 제사장은 죄인들을 위해 중재자의 자리에 서서 기도와 희생 제물을 바침으로 하나님이 그들을 징계하지 않게 하는 사람입니다. 예수님은 우리 죄를 위한 제물로 그분의 생명을 바치셨습니다. 그래서 우리는 용서받을 수 있습니다. 예수님은 결코 죄를 지은 적이 없기에 모든 자녀들을 더 나은 약속의 땅 천국으로 인도할 수 있습니다.

《● 이야기하기

예수님은 어떤 부분에서 모세와 다른가요?
(예수님과 모세 모두 하나님의 백성들을 인도했습니다. 그러나 모세와 달리 예수님은 결코 죄를 짓지 않으셨습니다. 모세는 단지 사람이었지만, 예수님은 하나님이셨습니다.)

모세는 누구를 약속의 땅으로 인도해야 했나요?
(모세가 죄를 짓지 않았다면 여호수아와 갈렙, 그리고 이스라엘의 모든 자손을 약속의 땅으로 인도했을 겁니다. 이스라엘 민족이 이전에 죄를 지어서 오직 그들의 자손들만이 그 땅으로 들어가도록 허락 받았다는 사실을 기억하세요.)

예수님이 그분의 백성들을 인도하실 약속의 땅은 어디인가요?
(예수님은 언젠가 우리를 새 하늘과 새 땅으로 인도하실 것입니다. 데살로니가전서 4:16~17을 읽으세요.)

🤲 기도하기

천국에 우리를 위한 공간을 준비하신 예수님을 찬양하세요. 그리고 그분이 어서 다시 오시길 간구하세요.

DAY 4

♥ 기억하기

이번 주 성경 이야기를 통해서 하나님은 우리에게 무엇을 가르치시나요?

✝ 성경읽기 | 민수기 20장 10~13절

💬 깊이 생각하기

모세는 하나님이 말씀하신 대로 바위에게 명령하는 대신, 화를 내며 그 바위를 막대기로 내리쳤습니다. 이것은 하나님을 향한 심각한 죄였습니다. 우선, 모세는 백성들을 "반역자들" 이라고 부르면서 자신의 분노를 표출함으로 하나님에게 불순종합니다. 두 번째로 모세와 아론은 "우리가 너희를 위하여 이 반석에서 물을 내랴?" 라고 말하면서 그것이 마치 자신들의 능력으로 이룰 수 있는 성과인 것처럼 행동했습니다.

그의 죄 때문에, 하나님은 모세 또한 약속의 땅으로 들어가는 것을 허락하지 않으셨습니다. 비록 모세가 신실한 사람이었지만, 그 역시 죄인이었습니다. 그것은 모세에게도 구원자가 필요하다는 의미입니다.

🗣 이야기하기

자녀들은 부모님에게 무언가 뜻대로 되지 않아서 화를 낸 적이 있었는지 말해달라고 하세요.
(부모님은 바로 지금 자녀들이 불순종할 때 얼마나 화가 나는지를 고백할 순간입니다.)

모세는 왜 하나님에게 불순종했나요?
(우리처럼 모세도 하나님의 계획을 믿지 않았던 죄인이었습니다. 그는 바위에게 명령하지 않고 막대기로 내리쳤습니다. 그리고 마치 자신이 그것에서 물을 내는 사람인 것처럼 말했습니다.)

우리의 삶에서 우리는 어떻게 동일한 죄의 방식으로 넘어질 수 있나요?
(자녀들은 종종 서로가 화를 내고 다툽니다. 특히, 동생을 대할 때 큰아이는 재판관처럼 행동하기가 매우 쉽습니다.)

하나님은 모세의 죄에도 불구하고 그분의 자비를 어떻게 이스라엘 민족에게 보이셨나요?
(어쨌건 하나님은 바위에서 물을 흘러넘치게 하셨습니다. 오늘날 하나님은 우리에게 예수님의 십자가를 통해서 자비를 나타내십니다. 그리고 우리가 마땅히 받아야만 하는 것에 근거해서 심판하시지 않습니다.)

🤲 기도하기

우리가 아는 예수님을 믿지 않는 이들에게도 하나님의 자비를 내려달라고 간구하세요. 그리고 그들이 예수님을 믿게 도와달라고 기도하세요.

DAY 5

♥ 발견하기

오늘 우리는 시편이나 예언서를 통해서 예수님에 대해서 무엇을 배울 수 있는지를 살펴볼 거예요.

✝ 성경읽기 | 말라기 3장 1절

💬 깊이 생각하기

말라기는 세례 요한과 예수님이 태어나기 수백 년 전에 이 예언의 약속을 백성들에게 전했습니다. 복음서 가운데 하나를 쓴 마가는 말라기와 다른 예언서들이 외치고 있는 예언을 전하는 자로서, 세례 요한이 예수님의 길을 예비하려고 온 것이라고 기록했습니다. 세례 요한은 그 백성들에게 죄에서 돌이키고 세례를 받으라고 선포했습니다. 이것은 장차 그들에게 성령으로 세례를 행하실 더 능력 있는 선지자를 위해서 그들을 준비시키는 것이었습니다. 얼마 후에 예수님은 사역을 시작하면서 세례 요한에게 오셔서 직접 세례를 받으셨습니다. 이런 예언 때문에 이스라엘 백성은 하나님이 그들을 돕기 위해서 메시야를 보내실 그 날을 간절히 바랐습니다. 예수님이 오실 무렵에, 이스라엘의 일부 백성은 그분의 임재를 기다렸습니다.

《● 이야기하기

말라기는 누가 올 거라고 말하나요?
(세례요한이 먼저 와서 예수님의 길을 예비할 것이라고 했습니다. 그리고 '언약의 사자' 이신 예수 그리스도가 오실 것입니다.)

오늘 성경 말씀은 어떻게 예수님을 가리키나요?
(예수님은 하나님의 사자들을 통해 선포된 분으로 말라기가 기록하고 있습니다.)

하나님은 왜 이스라엘 민족에게 행하실 일에 단서를 주셨나요?
(이 질문에는 많은 답이 있습니다. 하나님은 어려운 시기에 그 백성들에게 격려가 되도록 하나님의 계획을 알게 하고 싶으셨습니다. 하나님은 또한 시므온과 세 명의 동방박사 같은 사람들에게 알려서 아기 예수님을 맞이하기를 원하셨습니다. 이처럼 성경은 그들에게 하나님이 행하실 일에 단서를 제공해 주었습니다.)

🤲 기도하기

하나님은 예수님을 통해서 그분의 백성들을 구원하시는 계획을 항상 가지고 계세요. 이것을 성경에 기록된 단서들을 통해서 알게 하신 것을 감사하세요.

269

God Heals Israel with a Bronze Snake

하나님이 이스라엘 백성을 놋뱀으로 고치시다

가정 예배를 시작하기 전에, 부모님 각자의 삶을 생각해 보고 불만사항 몇 가지를 찾아서 적어 보세요. 아주 사소하고 하찮은 것까지요. 예를 들면 날씨가 너무 춥다거나, 덥다거나 아니면 항상 시간에 쫓기거나 하고 싶은 것을 할 수 있는 돈이 충분히 없다거나 하는 등 모든 것을 적어 보세요. 자녀들을 한자리에 모이게 하고, 하지 못한 것이 많았던 삶을 위로하는 파티를 여는 것처럼 하면서 기록해 놓은 불만을 자녀들 앞에서 하소연하세요. 이 모습이 무엇을 하고 있는 것 같은지 자녀들에게 설명해 보라고 하세요. 그리고 그 모습이 좋은지 나쁜지 말해 달라고 부탁하세요. 불만을 얘기하고 투덜거릴 때, 하나님에 대해서 잊었고 그분이 주신 복을 기억하지 않는 것이라는 사실을 자녀들이 발견하도록 도와주세요. 그리고 말해 주세요. "이번 주 너희들은 또 다른 불만을 드러내는 이스라엘 민족의 모습을 보게 될 거야."

DAY 1

♥ 상상하기

공군은 전쟁에서 육군에게 최고의 지원군입니다. 10명의 병사가 길을 따라 걷고 있다고 생각해 봅시다. 그런데 그 앞쪽에 300명의 적군이 있다는 사실을 알게 됩니다. 10명의 병사는 재빨리 근처 건물에 몸을 숨깁니다. 그들은 300명의 적군과 교전을 펼칠 수가 없습니다. 그래서 아군에게 지원을 요청합니다. 그들 근처에는 바다가 있었고 멀지 않은 곳에 출격 대기 중인 전투기들을 실은 항공모함이 있었습니다. 지원 요청이 있으면 곧바로 항공모함에서 6대의 폭격기가 그들을 도우려 출격합니다.

적군의 사령관은 그 병사들이 낡은 건물로 숨은 것을 알았습니다. 그리고 그들을 포위했다고 생각합니다. 그는 병사들에게 공격 명령을 내리며 승리를 확신합니다. 그러나 공격 직전에 전투기들이 지원 폭격을 시작합니다. 그리고 적들은 사방으로 흩어져서 도망칩니다.

오늘 이야기에서, 이스라엘 민족의 적들은 실수를 합니다. 그들은 이스라엘 민족을 패배시킬 수 있다고 생각합니다. 그러나 이스라엘 민족에게는 전쟁에서 도울 지원군이 있다는 사실을 알지 못했습니다. 공군보다 훨씬 더 강력한 지원군입니다 ─ 그 지원군은 하나님입니다!

✝ 성경읽기 | 민수기 21장 1~3절

💬 깊이 생각하기

또 다시 도움이 필요해졌을 때, 이스라엘 민족은 불평하는 대신 하나님을 찾았습니다. 지난 번 전투에서 그들은 하나님 없이 싸우려다가 패배했습니다. 그 이야기를 기억하나요? 하나님이 그들에게 약속의 땅으로 들어가지 못한다고 말씀하셨음에도 불구하고 그들은 나아가기로 마음먹었고, 어떤 식으로건 공격을 시작했으며 결국 그 전쟁에서 패배했습니다. 그러나 이번에는 제대로 했습니다.

💬 이야기하기

이스라엘 민족은 전쟁에 나아가기 전에 무엇을 했나요?
(그들은 기도했고 하나님에게 승리를 간구했습니다.)

가나안 왕에게 포위된 이스라엘 민족에게 무슨 일이 벌어졌을까요?
(그 이야기는 자세히 나와 있지 않습니다. 그러나 하나님이 이번 전쟁에서는 이스라엘 민족과 함께 하셨기에 그들은 구조되었을 겁니다.)

우리 삶과 관련해서 오늘 이야기에서 배울 수 있는 것은 무엇인가요?
(우리는 항상 예수님을 의존해야 하고 하나님을 떠난 삶을 살려고 해서는 안 됩니다.)

🤲 기도하기

하나님의 자녀로서 그분의 도움이 필요한 것을 적어도 한 가지 생각해 보세요. 그리고 나서 기도하고 간구하세요.

DAY 2

♥ 기억하기

어제 이야기 중에서 무엇을 기억하고 있나요? 오늘은 어떤 이야기가 있을 것이라고 생각하나요?

✝ 성경읽기 | 민수기 21장 4~6절

● 깊이 생각하기

오늘 우리가 하나님에게 순종했다고 내일도 순종할 거라는 보장은 없습니다. 우리는 하나님의 말씀에 순종할 은혜가 매일 매일 필요합니다.

아랏 왕에게서 구조된 지 얼마 지나지 않아 이스라엘 민족은 다시 불평하기 시작했습니다. 전쟁을 앞두고 그런 것처럼 하나님에게 간구하지 않고, 물도 부족하고 먹을 것도 없다며 불평하기 시작했습니다. 이것 때문에 하나님은 독사를 보내서 그들을 물게 하심으로 징계하셨습니다.

● 이야기하기

이스라엘 민족은 무엇을 다르게 했어야 했나요?

(그들은 아랏 왕과 싸울 때처럼 하나님의 도움을 구해야 했습니다. 하나님이 그들에게 전쟁의 승리를 주신 분이라면, 마실 물도 분명히 주셨을 것입니다.)

우리는 어떻게 이스라엘 민족처럼 약한가요?

(우리는 하루는 순종하고, 그다음 날은 불순종하는 식으로 그들과 유사한 죄를 지어서 넘어질 수 있습니다.)

반복해서 짓는 죄가 있나요?

(부모님은 자녀들이 이 질문에 대답하도록 도와주세요. 부모로서 생각하는 자녀들의 반복적인 죄의 영역이 있을 겁니다.)

✊ 기도하기

우리가 반복해서 짓는 죄에 대해서 하나님에게 용서를 구하세요.

DAY 3

🖤 예수님께 연결하기

오늘의 이야기가 예수님에 대한 것이며, 예수님을 가리킨다는 사실을 어떻게 알 수 있나요?

📖 성경읽기 | 민수기 21장 7~9절, 요한복음서 3장 9~15절

💬 깊이 생각하기

비록 이스라엘 민족이 죄를 범했지만, 하나님은 그들에게 심판을 피할 방법을 주셨습니다. 하나님은 모세에게 놋뱀을 장대 위에 세우라고 명령하셨습니다. 불평했거나 진짜 뱀에게 물린 모든 사람은 그 놋뱀을 쳐다보면 나을 수 있고 죽음에서 구원받을 수 있었습니다.

나중에, 성경의 다른 부분에서 사도 요한은 하나님이 장대 위의 뱀을 사용해서 예수님을 드러내셨다고 설명합니다. 그 놋뱀을 쳐다본 사람들이 나은 것처럼 십자가에 달리신 예수님을 바라볼 때 우리는 죽음에서 구원받을 수 있습니다.

🗨 이야기하기

장대 위의 놋뱀은 누구를 나타내나요?
(장대 위의 놋뱀은 우리 죄 때문에 십자가에 달리시고 죽으신 예수님을 나타냅니다. 그분 때문에 우리는 용서받을 수 있습니다.)

뱀에 물린 사람들이 장대 위의 놋뱀을 봤을 때 무슨 일이 일어났나요?
(그들은 나았습니다.)

우리를 위해서 십자가에 달리시고 죽으신 예수님을 바라볼 때 무슨 일이 일어나나요?
(우리의 죄를 대신 감당하시려고 십자가에 오르신 예수님을 믿을 때 우리는 용서받을 수 있습니다. 이것은 마치 아주 깊은 병이 치료받는 것과 같습니다.)

🤲 기도하기

기꺼이 십자가에 오르셔서 죽으심으로 우리가 용서받을 수 있게 해 주신 예수님에게 감사하세요.

DAY 4

♥ 기억하기

이번 주 성경 이야기를 통해서 하나님은 우리에게 무엇을 가르치시나요?

✝ 성경읽기 | 민수기 21장 10~20절

💬 깊이 생각하기

이스라엘 민족은 장대 위의 놋뱀을 보고 나은 후에도 계속해서 광야를 돌아다녔습니다. 그들에게 마실 물이 필요할 때 하나님은 우물을 주셨습니다. 오늘 이야기에서는, 이스라엘 민족이 불평했다는 기록은 없습니다.

이스라엘 민족은 하나님이 자신들을 죽이시려고 광야로 이끄셨다고 쉽게 말했지만, 그것은 사실이 아니었습니다. 하나님은 그들이 그분을 따르는 데 필요한 모든 것을 주셨습니다. 이스라엘 민족의 문제는 하나님보다 먹을 것과 마실 것을 더 소중히 여긴 것과 너무 쉽게 불평하는 것이었습니다.

《● 이야기하기

자녀들은 부모님에게 여러분이 필요한 것을 요구하는 것과 갖고 싶은데 가지지 못한 것을 불평하는 것 중 어느 쪽이 더 좋은지 질문해 보세요.

오늘 이야기는 이스라엘 민족에 대해서 읽었던 다른 이야기들과 어떤 차이가 있나요?
(하나님의 백성들은 불평하지 않았습니다.)

하나님이 마실 물을 주셨을 때 그들은 무엇을 했나요? (그들은 노래했습니다.)

이 이야기에서 우리는 어떤 교훈을 배울 수 있나요?
(우리는 불평하지 말고 그분의 뜻을 따르는 데 필요한 모든 것을 공급하시는 하나님을 믿어야만 합니다.)

하나님은 항상 우리가 원하는 것을 주시나요?
(아니요. 하나님은 우리가 원하는 것을 항상 주시지는 않습니다. 그러나 우리에게 필요한 것은 언제나 주실 겁니다 — 그분께 순종하게 하시려고. 때때로 하나님은 우리에게 고통을 주시기도 합니다. 그러나 그렇게 하실 때, 언제나 우리에게 그 고통을 견딜 수 있는 힘을 주십니다.)

✋ 기도하기

하나님에게 달라고 간구하고 싶었던 목록을 만들어 보세요. 그리고 나서 하나님에게 그것들을 맡기세요.

DAY 5

♥ 발견하기

오늘 우리는 시편이나 예언서를 통해서 예수님에 대해서 무엇을 배울 수 있는지를 살펴볼 거예요.

✝ 성경읽기 | 말라기 3장 2~3절

💬 깊이 생각하기

오늘 말라기서 3장의 첫 구절이 예수님의 사역을 선포하는 세례 요한에 대해서 말하고 있다는 사실을 기억하세요. 오늘의 구절들에서, 말라기는 이스라엘 민족에게 예수님은 그분의 백성들을 정결케 하시기 위해서 이 땅에 오신다고 말합니다. 그래서 그들은 하나님에게 공의로운 제물을 바칠 수 있게 됩니다.

그러나 한 가지 큰 문제가 있습니다. 하나님은 그 백성들을 정결케 하고 공의로운 제물을 바치도록 하기 위해서 그들의 죄를 어떻게 해결하실까요? 우리가 복음을 안다면, 그 정답을 알 것입니다. 말라기는 완전한 삶을 사시고 십자가에서 우리의 죄 때문에 죽으신 예수님이 하실 일을 말하고 있습니다. 예수님은 십자가에서 죽으실 때, 그분을 믿는 모든 사람이 감당해야 할 죄의 징계를 대신 받으셨습니다. 그때에 예수님은 그들에게 완전한 삶을 주시고 대신 죄를 감당하셨습니다.

그것이 말라기가 말하는 죄인들이 의로움을 얻는 방법입니다. 그것은 우리의 선함 때문이 아닙니다. 예수님은 그분의 선함을 아무런 대가 없이 우리에게 주신 것입니다.

《● 이야기하기

오늘 성경 말씀에서 말라기는 누구에 대해서 얘기하고 있나요? (말라기는 예수님에 대해서 말하고 있습니다.)

무언가를 정결하게 한다는 것은 어떤 의미인가요?
(무언가를 망가뜨리는 나쁜 것을 제거하는 것입니다. 예를 들어, 물을 정화할 때 그 속에 있는 모든 먼지와 세균들 나쁜 것들을 없애고 깨끗하게 만듭니다.)

예수님은 죄인들을 선하고 의롭게 하시려고 어떻게 정결하게 하시나요?
(예수님은 그들의 죄를 해결하시려고 완전한 삶을 사시고 십자가에서 죽으셨습니다. 그리고 그 삶을 그분을 믿는 모든 사람의 죄와 바꾸셨습니다.)

🌰 기도하기

우리의 마음을 정결케 하시고 죄를 해결해 달라고 간구하세요.

Rahab's Help
라합의 도움

100원짜리 동전, 소금통, 냄비 또는 조리용 팬, 접시, 그리고 포크를 준비해 놓으세요. 얼음도 세 개 정도 필요합니다. 모든 것이 다 준비되면, 자녀들을 부엌으로 불러 모으세요.

냉장고에서 얼음 세 개를 가져와서 접시에 두세요. 자녀들에게 그 얼음 세 개를 가장 빠르게 녹일 방법을 알고 싶다고 얘기해 주세요. 가스레인지 위에 냄비를 놓고 그 안에 첫 번째 얼음을 넣으세요. 그리고 냄비를 달구세요. 또 자녀들 중 한 명에게 100원짜리 동전을 두 번째 얼음 위에 놓으라고 시키세요. 또 다른 자녀에게는 세 번째 얼음에 원하는 만큼 소금을 흩뿌리라고 말해 주세요. 어떤 얼음덩어리가 가장 빠르게 녹나요?

말해 주세요. "이번 주 너희들은 하나님의 백성들에게 드러난 그분의 명성이 이스라엘 민족의 적들을 어떻게 녹아들게 만들었는지 — 두려워하게 되었는지 — 배우게 될 거야."

DAY 1

♥ 상상하기

우리가 수영을 하려고 바다로 여행을 떠난다고 생각해 봅시다. 그 소식을 들은 한 친구가 해파리에게 쏘일 수 있으니 조심하라고 경고합니다. 그후 바다로 가는 중에 라디오를 켰는데 다음과 같은 방송을 듣습니다. "오늘 바닷가로 가고 있다면, 해파리에게 쏘이면 매우 아플 수 있으니 아주 조심하셔야만 합니다." 마침내 바닷가에 도착했을 때, 다음과 같이 적혀 있는 표지판을 봅니다. "위험! 만조(滿潮) 시 해파리 출현."

바닷물에 들어갈 때 우리가 무엇을 신경 쓰고 있었을지 맞춰 보세요. 맞습니다! 바로 해파리입니다. 무엇인가가 반복적으로 일어날 때, 그것은 우리의 관심을 빼앗아갑니다.

하나님이 여호수아에게 반복적으로 말씀하신 것이 무엇인지를 오늘 이야기를 잘 읽으면서 확인해 봅시다.

📖 성경읽기 | 여호수아 1장

💬 깊이 생각하기

이스라엘 민족은 하나님을 배반했던 백성 가운데 마지막 한 사람이 죽을 때까지, 심지어 모세까지도, 40년을 광야에서 돌아다녔습니다. 그 시간 동안 그들의 자녀들은 성장했고, 하나님이 여호수아에게 명령을 내리셨을 때 그 땅을 취할 믿음이 충만했고 준비가 되었습니다. 좋은 소식은 하나님이 그들과 함께 나아가시고 그들이 걷는 모든 땅을 주시겠다고 약속하셨다는 것입니다.

우리가 야구 시합을 하는데, 하나님이 우리가 공격을 하려고 타석에 들어설 때마다 홈런을 치게 해 주시겠다는 말씀을 하셨다고 상상해 보세요. 흥분되는 일이 아닐 수 없습니다! 그러나 그 순간 160km의 강속구를 던지는 투수와 맞닥뜨려야만 한다면 어떨까요? 꽤 긴장될 겁니다. 우리는 강하고 담대하게 타석에 서서 타격을 해야 할 것입니다. 비록 하나님이 홈런을 치게 하겠다고 약속하셨지만, 분명한 것은 우리가 배트를 휘둘러야만 한다는 사실입니다.

🗣 이야기하기

하나님이 여호수아에게 반복해서 하신 명령은 무엇인가요?

(강하고 담대하라.)

하나님은 왜 여호수아에게 강하고 담대하라고 말씀하셨나요?

(위에서 예를 들었던 타자가 강속구 투수를 맞닥뜨릴 용기가 필요했던 것처럼, 여호수아도 그 땅의 적들을 공격할 용기가 필요했습니다.)

이 시기에 이스라엘 민족을 이루는 세대가 보인 태도는 그 부모 세대와 어떤 차이가 있나요?

(그들은 그 땅으로 나아갈 믿음이 충만했지만, 부모 세대들은 두려움과 배신으로 가득했습니다.)

하나님이 우리에게 용기를 주신다는 것을 왜 믿을 수 있을까요?

(하나님은 여호수아의 시대와 오늘이나 동일하십니다. 우리는 항상 하나님을 믿을 수 있는데 그 이유는 하나님은 지금도 변함없이 모든 것을 통치하시기 때문입니다.)

🙏 기도하기

여호수아처럼 신뢰하는 강한 믿음을 달라고 하나님에게 간구하세요.

DAY 2

♥ 기억하기

어제 이야기 중에서 무엇을 기억하고 있나요? 오늘은 어떤 이야기가 있을 것이라고 생각하나요?

📖 성경읽기 | 여호수아 2장 1~7절

💬 깊이 생각하기

여리고 성 첩자들에 대한 이야기는 잘 만들어진 첩보 영화의 흥미진진함을 모두 가지고 있습니다. 비밀스런 수색, 아름다운 여성, 치밀한 속임수, 그리고 긴박한 탈출 등이 그것입니다.

첩보영화에서 주인공은 결국 승리합니다. 왜냐하면 그 이야기는 그렇게 되도록 쓰였기 때문입니다. 그러나 영화 속에 등장하는 허구적인 인물들과는 다르게, 하나님은 실제 사람들과 관련해서 그분의 이야기를 쓰셨습니다. 비록 라합이 첩자들을 숨기고 왕의 군사들이 다른 방향으로 추적하도록 거짓말을 했지만, 실제로 그들을 숨기고 군사들을 다른 곳으로 보낸 것은 하나님이었습니다. 하나님은 일이 그렇게 벌어지게 하셨습니다. 하나님은 언제 어디서나 모든 것을 통치하십니다. 그래서 하나님을 믿고 신뢰한다면, 그분이 모든 것을 다스리시고 우리를 돌보신다는 사실을 확신할 수 있습니다.

그것이 이스라엘 첩자들이 적군의 도시인 여리고 성에 자신 있게 침입한 이유입니다. 모든 것을 다스리시는 하나님이 함께 하시기에 두려워할 필요가 없었습니다. 그들의 자신감은 자기 자신이나 어떤 장비들, 또는 엄청 빠른 자동차 같은 것에 있지 않았습니다. 그들의 자신감은 하나님에게 있었습니다.

💬 이야기하기

여호수아는 몇 명의 첩자를 여리고 성에 보냈나요?

(여호수아는 두 명의 첩자를 보냈습니다.)

왜 그 첩자들은 여리고 성에 침입하는 것을 두려워하지 않았나요?

(하나님이 그들을 보호하실 것을 알았습니다.)

누가 우리 인생의 페이지를 기록했나요? 우리는 어디에서 태어났고 무엇을 하고 있나요?

(하나님은 모든 사람의 인생과 해야 할 모든 것을 기록하셨습니다.)

🤲 기도하기

모든 것을 다스리시는 하나님의 손길에 감사하세요.

DAY 3

🖤 예수님께 연결하기

오늘의 이야기가 예수님에 대한 것이며, 예수님을 가리킨다는 사실을 어떻게 알 수 있나요?

✝ 성경읽기 | 마태복음 1장 1~6절

💬 깊이 생각하기

오늘 성경 구절을 처음 읽었을 때는 아마 어떤 이름이 나오는지 정확히 듣지 못했을 수 있습니다. 그러나 예수님의 족보에는 흥미로운 이름이 기록되어 있습니다. — 우리가 읽은 여리고 성 첩자에 관한 이야기에서 나오는 누군가입니다. 다시 한 번 그 단락을 읽을 때 주의 깊게 들어보세요. 그리고 이미 알고 있던 이름이 들리면 손을 들어서 표시하세요.

라합이 두 명의 첩자를 삼대 아래에 숨겼을 때, 그들은 라합이 하나님의 구원 계획에서 핵심적인 역할을 할 것이라는 사실을 전혀 알지 못했습니다. 라합과 그녀의 가족은 여리고가 멸망당할 때 유일하게 살아남았습니다. 라합은 하나님의 백성들과 함께 했고, 다윗왕의 먼 할머니가 되었습니다. 그리고 다윗왕은 예수님의 먼 할아버지입니다. 즉 그것은 라합이 예수님의 먼 할머니가 된다는 의미입니다.

🗣 이야기하기

오늘 성경 구절을 다시 읽으세요. 그리고 자녀들이 알고 있는 성경 인물이 나오면 손을 들라고 얘기해 주세요. 그러고 나서 그 인물들이 성경에서 했던 일들을 기억하는 만큼 말해 달라고 하세요.

예수님의 이 족보는 왜 아브라함부터 시작하나요?
(아브라함은 하나님이 그를 통해서 열방에게 복을 주시겠다고 언약을 맺었던 사람입니다. 예수님은 그 약속의 완전한 성취입니다. 예수님이 이루신 십자가에서의 죽음은 모든 나라들에게 복이었습니다.)

마태가 기록한 예수님의 족보는 아브라함까지 거슬러 올라갑니다. 그러나 예수님의 족보를 전부 확인해 본다면, 누가 가장 최초의 조상이 될까요?
(아담이 그 족보의 첫 시작입니다. 그는 예수님의 머나먼 할아버지입니다.)

🙏 기도하기

먼 훗날 예수님이 태어나게 하시려고 라합을 구원하신 하나님에게 감사하세요.

DAY 4

♥ 기억하기

이번 주 성경 이야기를 통해서 하나님은 우리에게 무엇을 가르치시나요?

📖 성경읽기 | 여호수아 2장 8~24절

💬 깊이 생각하기

이번 주 첫 가정 예배 시간에 우리는 하나님이 어떻게 아브라함을 통해서 열방에게 복을 주시기로 언약을 맺으셨는지 배웠습니다. 라합의 삶은 우리에게 그 언약의 단서를 제공합니다. 왜냐하면 라합은 이스라엘 민족이 아니었지만, 하나님을 믿었습니다. 하나님은 그런 그녀를 사용하셔서 그 혈통을 예수님까지 이어지게 하셨습니다. 라합은 이스라엘 민족이 아니었음에도 불구하고, 하나님의 계획을 향한 굳건한 믿음이 있었습니다. 그녀는 첩자들에게 "나는 여호와께서 당신들에게 이 땅을 주실 것을 압니다." 라고 말했고, 이스라엘 민족이 여리고 성을 침략했을 때 그녀와 가족의 목숨을 구해 달라고 요청했습니다. 첩자들은 그녀가 배신하지 않는다면 그들을 살게 해 주겠다고 약속했습니다.

🗨 이야기하기

자녀들은 부모님에게 오늘 이야기 중에서 가장 좋아하는 부분이 어디인지 질문해 보세요.
(부모님은 오늘 이야기를 생각해 보고, 가장 좋아하는 부분이 어디인지 찾아보세요. 왜 그런지도 생각해 보세요. 성경의 이야기들을 생각해 보고 어떤 부분을 가장 좋아하는지를 찾아보면 성경 이야기를 좀 더 신중하게 생각할 수 있습니다.)

라합은 어떻게 첩자들을 여리고 성에서 탈출시켰나요?
(그녀는 첩자들이 긴 밧줄을 늘어뜨려서 창밖으로 탈출하게 했습니다.)

첩자들은 이스라엘 민족이 여리고 성을 공격할 때, 라합이 목숨을 구하려면 어떻게 하라고 했나요?
(라합은 창문에 붉은 줄을 매어야만 했습니다. 그래서 이스라엘 민족이 그것을 보고 그녀와 가족은 살려야 한다는 사실을 알도록 했습니다.)

오늘 이야기는 라합이 하나님을 어떻게 믿었다고 알려주나요?
(자녀들이 어리다면 그 이야기를 다시 한 번 읽어 주세요. 그리고 라합이 하나님을 믿는 것에 대한 얘기가 나오면 손을 들어서 말하도록 해 주세요.)

창가에 매달린 붉은 줄은 마지막 재앙 때 문설주에 바른 피와 어떤 면에서 비슷한가요?
(하나님이 문설주에 바른 붉은 피를 볼 때 그 집의 장남에게 임하는 죽음을 거두셨습니다. 오늘 여리고 성의 라합 이야기에서 이스라엘 군사들이 그 붉은 줄을 볼 때, 그곳에 공격을 가하지 않았습니다.)

🙏 기도하기

라합처럼 어려움에 처했을 때 하나님을 믿게 해 달라고 간구하세요.

DAY 5

♥ 발견하기

오늘 우리는 시편이나 예언서를 통해서 예수님에 대해서 무엇을 배울 수 있는지를 살펴볼 거예요.

✝ 성경읽기 | 이사야 41장 8~14절

💬 깊이 생각하기

이사야가 언급한 이 예언에는 많은 언약이 있습니다. 그 말씀에서 하나님은 아브라함의 자손들을 친구라 부르시고, 포기하거나 버리지 않을 거라고 말씀하십니다. 그들을 굳세게 하고 지지하며 도우시는 그들의 하나님이 되실 것입니다. 그리고 전쟁에서 그들에게 승리를 주실 것입니다.

우리가 이사야의 예언을 듣는 이스라엘 민족 가운데 한 명이라면 정말로 큰 위로를 받을 것입니다. 그러나 이 예언에도 숨겨진 언약이 있습니다. 우리가 읽은 마지막 구절 때문에 이스라엘 민족은 하나님이 그들의 도움이시지만, "거룩하신 한 분"이 구세주로 그들 가운데서 나오게 될 것이란 사실을 알게 됩니다. 이사야의 예언은 천사가 마리아에게 왔을 때 실현됩니다. 그 천사는 예수님은 거룩하신 분으로서 하나님이 보내시기로 약속하신 분이라고 말했습니다(눅 1:35). 귀신들이 예수님을 만났을 때, 그분을 "하나님의 거룩한 분"(눅 4:34)이라고 불렀습니다. 우리가 알다시피, 이사야는 예수님에 대해서 말하고 있고, 그분이 오실 날을 나타내고 있습니다.

《● 이야기하기

이사야가 그의 예언에서 언급한 이스라엘의 거룩한 분은 누구신가요? (예수님은 이스라엘의 거룩한 분이십니다.)

이사야는 이 거룩한 분을 구세주라고 했습니다. "구세주"는 무슨 의미인가요?
(구세주는 어떤 것을 다시 사기 위해서 그 값을 지불하는 사람입니다. 만약 어떤 사람이 절도죄로 감옥에 갇혔을 때, 구세주는 그가 훔친 물건의 값을 치루고, 그가 받아야 할 벌금을 대신 지불합니다. 그러면 그 사람은 감옥에서 풀려날 수 있습니다.)

우리는 왜 구세주가 필요한가요?
(우리가 죄에 대한 대가를 지불해야 하는 죄인들이기 때문입니다. 문제는 우리가 그 대가를 지불할 수 없다는 사실입니다. 예수님은 십자가에서 죽으심으로 우리가 감당해야 할 대가를 대신 지불하시고 담당하셨습니다.)

🙏 기도하기

십자가에서 우리 죄의 대가를 치루시고 우리에게 죄와 사망을 이기는 승리를 가져다주신 예수님에게 감사하세요.

week**44**

Jericho Falls
여리고 성이 무너지다

나팔처럼 사용할 수 있는 도구를 찾아보세요. 적당한 길이의 파이프, 호스, 아니면 다 쓴 종이타월 심도 괜찮습니다. 블록을 가져다 테이블 중앙에 성처럼 차례로 쌓아올려 놓고 나팔을 가져오세요. 그리고 나서 자녀들을 한자리로 불러 모으세요.

테이블 주변을 나팔을 불면서 7바퀴 도세요. 7번째 돌 때 가장 크게 나팔을 불고 자녀들에게 함성을 지르라고 얘기하세요. 그들은 어쩌면 약간 이상하다고 생각할 겁니다. 특히, 자녀들의 연령대가 높으면 더 그럴 겁니다. 온 가족이 큰 함성을 지른 후에, 자녀들에게 얘기해 주세요. "드디어 증명해 냈어!" 자녀들이 "뭘 증명해요?" 라고 물어보면, 중앙에 쌓아 놓은 블록들이 여전히 서 있는 걸 봤을 때 여리고 성을 무너뜨린 것은 나팔이나 함성이 아니라 사실은 하나님의 능력이었다는 것을 증명했다고 얘기해 주세요.

그리고 말해 주세요. "이번 주 너희들은 여리고 성을 무너뜨린 하나님의 어마어마한 능력에 대해서 배우게 될 거야."

DAY 1

♥ 상상하기

강의 흐름을 교통 신호로 통제할 수 있다면 어떨까요? 강 위로 거대한 다리를 건설하거나 그 아래로 터널을 뚫는 대신에, 특별한 신호등을 세우고, 버튼을 눌러서 강이 흐르는 것을 멈추게 한 후에 그 강을 걷거나 차를 타고서 건너는 거예요. 안전하게 반대편으로 건너면, 강을 다시 흐르게 할 수 있습니다.

우리는 교통 신호로 강물의 흐름을 통제하는 것이 불가능하다는 사실을 압니다. 그러나 하나님은 강을 가르는 것이 불가능하지 않았어요. 그것은 하나님이 이스라엘 민족이 이집트 군대에게 추격당할 때 행하셨던 것입니다. 그리고 오늘 우리가 읽는 성경 이야기에서도 행하신 것입니다.

📖 성경읽기 | 여호수아 3장

💬 깊이 생각하기

라합은 첩자들에게 여리고 성의 백성들이 이스라엘의 하나님이 어떻게 홍해를 가르셨는지를 듣게 된다면 두려움에 떨 거라고 말했습니다. 여리고 왕의 첩자들이 요단강을 가른 이스라엘의 하나님에 대한 새로운 소식과 모든 이스라엘 군대가 도시로 진격해 오고 있다는 보고를 했을 때 여리고 성의 왕이 어떤 생각을 했을지 상상해 보세요!

요단강은 물살이 매우 거센 강이었습니다. 어떤 적들도 건기가 시작되기 전까지는 감히 그 강을 건너려고 시도조차 하지 않았지요. 이스라엘의 하나님이 그 강을 가르셨다는 이야기를 들었을 때, 여리고 성의 백성들은 두려움에 어쩔 줄을 몰랐습니다.

여리고 성은 거대하고 두꺼운 성벽으로 둘러싸여 있지만, 이스라엘의 하나님이 강물의 수위가 높고 물줄기가 거센 요단강을 가를 수 있다면, 당연히 여리고 성도 무너뜨릴 수 있을 것이기 때문입니다.

🗣 이야기하기

요단강이 갈라진 것 때문에 이스라엘 민족은 하나님을 믿는 데 어떤 도움을 받았나요?
(하나님이 그 강을 가르시는 것을 봤을 때 하나님이 그들과 함께 하신다는 사실을 알았고, 적들을 정복할 수 있도록 도우신다는 사실을 믿을 수 있었습니다.)

우리가 여리고 성 근처에 살고 있고, 이스라엘 군대가 요단강을 건너 여리고 성으로 진격해 오고 있다는 소식을 들었다면 어떻게 했을까요?
(아마도 살기 위해서 높고 튼튼한 성벽 뒤로 숨으려고 했을 수 있습니다.)

하나님이 이스라엘 민족을 위해서 이루신 그 기적들은 우리의 믿음을 굳건하게 하는 데 어떤 도움을 주나요?
(우리는 동일하신 하나님을 예배합니다. 따라서 우리가 기도할 때 하나님이 우리를 위해서 위대한 일을 행하실 거라는 사실을 믿을 수 있습니다.)

🙏 기도하기

요단강을 가르시고 위대한 능력을 보이신 하나님에게 감사하세요.

DAY 2

♥ 기억하기

어제 이야기 중에서 무엇을 기억하고 있나요? 오늘은 어떤 이야기가 있을 것이라고 생각하나요?

📖 성경읽기 | 여호수아 4장 1절~5장 1절

💬 깊이 생각하기

하나님은 그 백성들의 자손들을 돌보십니다. 유월절을 기념하는 것은 이스라엘 자손들이 하나님이 그들을 마지막 재앙에서 어떻게 구하셨는지 결코 잊지 않도록 하기 위해서입니다. 마찬가지로, 하나님은 이스라엘 자손들에게 그들의 아버지들이 요단강을 건너 약속의 땅으로 들어간 날을 기억할 수 있는 표징을 세우도록 하셨습니다.

이제는 표징으로 세운 그 돌들이 사라졌으나, 우리는 그 12개의 돌들보다 훨씬 더 나은 것을 가지고 있습니다. 그것은 하나님의 말씀입니다. 그 말씀은 우리가 읽을 수 있도록 요단강을 건넌 이야기 전부를 전해 줍니다.

《● 이야기하기

누가 모세로부터 이스라엘 지도자의 권위를 넘겨받았나요?
(여호수아가 넘겨받았고 하나님은 모세에게 하셨듯이 그에게도 말씀하셨습니다.)

하나님은 왜 이스라엘의 12지파에게 그들이 강을 건넜던 자리에 돌들을 쌓도록 하셨나요?
(그것은 그들의 자손들이 하나님이 요단강의 물을 마르게 하셨던 날을 기억하도록 하는 표징이었습니다.)

아모리와 가나안의 모든 왕들이 이스라엘 민족이 강을 건넜다는 소식을 들었을 때 무슨 일이 일어났나요?
(그들은 두려움에 마음이 녹아내렸고, 정신을 잃었습니다.)

✋ 기도하기

이스라엘 민족이 안전하게 요단강을 건너게 하신 하나님에게 감사하세요.

DAY 3

♥ 예수님에게 연결하기

오늘의 이야기가 예수님에 대한 것이며, 예수님을 가리킨다는 사실을 어떻게 알 수 있나요?

✝ 성경읽기 | 여호수아 5장 10~15절

💬 깊이 생각하기

우리는 전쟁을 대비하고 있는 장군입니다. 그런데 한 번도 본 적 없는 어떤 낯선 병사가 근위대에 배치되어, 그것도 바로 옆에서 칼을 겨눈 채 금방이라도 벨 것처럼 서 있다면 어떻게 하시겠습니까? 그가 아군인지 적군인지 알고 싶을 것입니다. 그것이 여호수아가 알고 싶었던 것입니다. 주님께서 스스로를 여호와의 군대 대장이라고 말하자마자 여호수아는 즉시 얼굴을 땅에 대고 엎드려 절했습니다. 성경의 마지막 책으로 넘어가면 이 신비한 대장이 누구인지를 알 수 있습니다. 성경의 마지막 책은 예수님을 하나님 군대의 대장으로 설명하고 있습니다(계 19:11~19). 그 책은 예수님이 가지고 계신 날카로운 검으로 만국을 칠 것이라고 말하고 있습니다. 그분의 옷은 피로 물들었고 "만왕의 왕, 만주의 주"란 글자가 그 위에 새겨져 있습니다.

🗣 이야기하기

요단강을 건넌 이스라엘 민족은 유월절을 기념했습니다. 유월절은 무엇인가요?
(유월절은 이스라엘 민족이 마지막 재앙이 임하던 밤에 먹었던 음식을 기억하는 절기입니다. 하나님은 일 년에 한 번 그 날을 기념하라고 말씀하셨습니다. 그렇게 해서 어떻게 그들의 첫 번째 아들이 해를 입지 않았는지를 결코 잊지 않게 하셨습니다.)

하나님은 왜 만나를 주시는 것을 멈추셨나요?
(이스라엘 민족이 약속의 땅에 들어서자 먹을 수 있는 음식이 풍성했습니다. 이스라엘 첩자들이 알이 아주 굵은 포도송이들을 가지고서 이스라엘로 돌아왔고 가나안은 젖과 꿀이 흐르는 땅이라고 말했던 것을 기억하세요.)

여호수아는 하나님의 군대 대장을 만났을 때 무엇을 했나요?
(여호수아는 즉시 얼굴을 땅에 대고 경배했습니다. 우리도 마찬가지로 그 아들을 경배하고 예배하라고 부름 받았습니다. 예수님과 너무 가까워지면 그분의 권능에 즉시 시력을 잃게 됩니다. 우리는 주님을 경배하고 예배할 뿐입니다.)

🙏 기도하기

하나님 군대의 대장으로 오신 예수님을 여호수아처럼 경배하고 찬양하게 해 주세요.

DAY 4

♥ 기억하기

이번 주 성경 이야기를 통해서 하나님은 우리에게 무엇을 가르치시나요?

✝ **성경읽기 | 여호수아 6장**

💬 깊이 생각하기

이스라엘 민족이 여리고 성의 거대한 성벽 앞에 도달했을 때 경비병이 소리쳤습니다, "이스라엘 군대다! 그들이 요단강을 건너서 도시로 쳐들어오고 있다." 그 외침과 동시에 여리고 성의 백성들은 전쟁을 준비합니다. 그러나 이스라엘 민족은 여리고 성을 공격하지 않고, 단지 성 주변을 행진하며 돌기만 할 뿐이었습니다.

경비병이 이스라엘 군대가 공격하지 않는다고 보고했을 때, 성 안이 어땠을지 그 혼란스러움을 생각해 보세요. 여리고 성의 백성들은 이스라엘 군대의 나팔 소리를 들었습니다. 그리고 나서 그 소리가 멈췄습니다. 성경은 우리에게 그 성의 백성들이 어떤 생각을 했는지는 말해 주지 않습니다. 그러나 이렇게 7일이 흘러갈 때쯤, 여리고 성의 일부 사람은 비웃었을 것입니다. "저들은 이 견고한 성이 저렇게 나팔 불며 돌기만 하면 무너진다고 생각하는 거야?" 그러나 성벽이 무너져 내릴 때 여리고의 백성들은 더 이상 비웃을 수 없었습니다. 이렇게 여리고 성이 무너지고 전쟁에서 패함으로써, 이스라엘의 모든 백성은 그 승리가 그들 자신의 힘이 아니라 하나님의 능력으로 주어진 것을 알았습니다.

🗣 이야기하기

자녀들은 부모님의 어떤 노력이 아니라 전적인 하나님의 은혜로 공급받은 경험을 말씀해 달라고 요청하세요. (부모님은 하나님이 어떤 직업을 주셨거나, 도저히 할 수 없던 상황에서 필요한 무엇인가를 공급해 주신 경험을 기억해 보세요.)

여리고 성은 무엇 때문에 무너졌나요? (하나님의 능력 때문에 무너졌습니다.)

라합이 구조 받는 것은 왜 중요했나요?
(라합은 다윗 왕과 예수님의 머나먼 할머니가 될 것입니다. 여리고 성과 그 성벽의 일부였던 라합의 집이 무너졌으나, 그녀의 가족 중 누구도 상처입지 않았다는 사실을 기록하는 것은 중요합니다.)

우리는 어떤 면에서 라합과 비슷한가요?
(하나님은 라합이라는 죄인을 살려주셨습니다. 우리 또한 죄인이고 마찬가지로 하나님이 구하셨습니다. 라합처럼, 우리도 죄 때문에 하나님의 심판을 당연히 받아야 합니다. 그러나 우리는 그분의 자비와 용서를 받았습니다.)

🙏 기도하기

라합을 구하신 하나님, 그리고 우리를 구하신 하나님에게 감사하세요.

DAY 5

♥ 발견하기

오늘 우리는 시편이나 예언서를 통해서 예수님에 대해서 무엇을 배울 수 있는지를 살펴볼 거예요.

✝ 성경읽기 | 스바냐 3장 14~20절

💬 깊이 생각하기

우리의 징계가 사라질 때마다 그것은 기쁨의 순간이 됩니다. 아빠가 속도위반으로 경찰 단속에 걸렸다고 가정해 봅시다. 일단 차 안의 모든 사람이 기분이 좋지 않을 겁니다. 그런데 경찰관이 범칙금을 부과하는 대신에 경고만 한다면 모두가 무척 기쁘고 감사할 것입니다. 오늘 성경 구절에서 스바냐는 이스라엘 민족에게 여호와가 그들의 형벌을 제거하셨기에 기뻐하고 기념하라고 말합니다. 이스라엘의 왕께서 함께 하시니 결코 다시는 두려워할 필요가 없다고 말합니다. 스바냐가 이스라엘 민족에게 하나님이 그들의 원수들을 쫓아내었다고 말한 것은 여리고 전쟁을 언급한 것입니다. 그러나 동시에 예수님이 우리의 가장 큰 원수인 죄와 사망을 처리한 날과 죄에 대한 하나님의 심판까지도 대신 짊어지신 날을 가리키는 것입니다. 스바냐가 말했던 전능자 예수님은 이스라엘을 구원하실 것입니다. 또한 예수님은 우리를 징계에서 구하시는 분이십니다. 그것이 우리가 온 마음 다해서 기뻐해야 하는 이유입니다.

💬 이야기하기

스바냐는 누가 이스라엘을 그들의 적에게서 구원하실 거라고 말했나요?
(전능하신 여호와 그들의 하나님이 구원하십니다.)

예수님은 이스라엘의 원수들을 패배시키기 위해서 무엇을 하셨나요?
(그분을 믿는 모든 이들을 위해서 십자가에서 죽으셨습니다. 이스라엘 민족은 눈에 보이는 세상의 적들도 있었으나 그보다 더 큰 어려움, 두려움은 그들의 죄를 심판하실 거룩한 하나님이었습니다. 예수님이 죽으셨을 때, 그분은 이스라엘과 하나님 사이에서 화평을 이루신 것이었습니다.)

스바냐서에 기록된 하나님에 대한 묘사는 며칠 전 우리가 읽은 여리고 성 이야기에서 언급된 하나님의 군대 대장에 대한 묘사와 어떤 면에서 유사한가요?(둘 다 전능하고 하나님의 백성들과 함께 하시며 도우십니다.)

🙏 기도하기

우리의 원수들을 물리치신 예수님에게 감사하세요. 그리고 모든 악을 멸하시러 예수님이 곧 오시기를 기도하세요.

week 45

Israel and Ai
이스라엘과 아이 성

저녁 식사가 끝날 때에 맞춰서 가정 예배 시간을 계획하세요. 그리고 아주 특별한 후식을 준비하세요. 가족 각 사람에게 나눠 줄 빨대를 준비하고 빨대 중 한 개는 잘라서 다른 것들보다 짧게 만드세요. 그리고 자녀들에게 짧은 빨대를 선택하는 사람이 후식을 가장 먼저 먹게 될 거라고 설명해 주세요.

빨대들을 섞고, 자녀들이 보지 못하도록 잘 감추세요. 빨대를 하나씩 선택한 후 각자가 뽑은 빨대의 길이를 비교해서 누가 첫 번째로 후식을 먹게 될 행운을 얻었는지 확인해 주세요. 이 과정을 모든 자녀가 짧은 빨대를 선택할 때까지 반복해 주세요.

그러고 나서 자녀들에게 이번 주에 하나님이 이스라엘 민족 내부의 도둑을 잡기 위해서 제비뽑기(빨대를 선택하는 것과 비슷한)를 시키실 거라고 설명해 주세요.

DAY 1

♥ 상상하기

어떤 한 가족이 그들의 할아버지를 위한 생일 파티를 준비했습니다. 파티 전날, 엄마는 생일 케이크를 만들었습니다. 다음 날 아침 일찍, 가족들은 케이크 한 조각이 사라졌음을 알았습니다.

엄마는 자녀들을 방으로 불러 나란히 줄 세웠습니다. 한 명 한 명에게 케이크를 먹었는지 물었습니다. 그리고 다섯 살짜리 막내에게 다가섰을 때, 다음과 같이 말했습니다. "네가 케이크를 먹었구나." 그러고 나서 맏딸에게 막내의 방에서 나이프와 접시를 찾아보라고 시켰습니다. 곧 맏딸은 막내의 침대 밑에 숨겨져 있던, 빵부스러기가 묻은 나이프와 접시를 가져왔습니다.

자녀들은 매우 놀랐고, 궁금했습니다. 엄마가 어떻게 알았지? 나중에 엄마는 막내의 입 주변에 초콜릿이 묻은 것을 봤다고 얘기해 주셨습니다. 그녀는 나이프로 케이크를 잘랐다는 사실을 알 수 있었고 빵부스러기가 테이블 주변 어디에도 보이지 않으니 분명 누군가 케이크 조각을 접시에 담아서 다른 장소로 이동했을 거라고 추측했습니다.

오늘 이야기에서 아간이라는 한 남자가 금덩이와 은 200세겔을 훔쳐 자신의 장막에 숨겼습니다. 그는 범죄를 숨길 수 있을 거라고 생각했습니다. 그러나 하나님은 그가 무엇을 했는지 정확히 아셨습니다.

✝ 성경읽기 | 여호수아 7장 1~12절

💬 깊이 생각하기

뛰어난 형사는 단서들을 사용해서 범죄를 해결합니다. 그것이 오늘 이야기에서 엄마가 막내아들의 입가에 묻은 초콜릿 단서를 발견했을 때 한 일입니다. 그러나 하나님은 뛰어난 형사보다 더 놀라우신 분입니다. 그분은 어떤 단서도 필요치 않습니다. 왜냐하면 모든 것을 다 아시기 때문입니다.

하나님은 이스라엘 민족에게 여리고 성을 완전히 멸망시키되 하나님에게 바칠 은과 금은 남겨두라고 말씀하셨습니다. 아간은 금을 숨기면서 그의 범죄를 감출 수 있을 거라 여겼습니다. 그러나 하나님은 그가 무슨 짓을 했는지 아셨습니다. 하나님은 모든 것을 다 아시기 때문에, 그분은 무슨 일이 벌어졌는지 알기 위해서 단 한 개의 단서도 필요하지 않습니다. 우리는 사람들 앞에서는 죄를 감출 수 있을지도 모릅니다. 그러나 하나님 앞에서는 절대로 죄를 숨길 수 없습니다.

🗨 이야기하기

이스라엘 민족은 왜 아이성 싸움에서 패배했나요?
(아간이 하나님에게 바쳐야 할 물건 중 일부를 훔쳤습니다.)

하나님은 바쳐야 할 물건을 누군가 훔쳤다는 것을 어떻게 아셨나요?
(하나님은 모든 것을 아십니다.)

내 것이 아닌 무엇인가를 훔쳐본 적이 있나요? 그리고 그것을 아무도 알지 못하게 숨긴 적이 있나요?
(부모님은 자녀들이 이것에 대해서 생각하도록 도와주세요. 자녀들은 허락 받지 않고 사탕을 훔치거나 친구의 장난감을 몰래 가져왔을 수 있습니다. 자녀들이 아간과 자신을 동일시하도록 도와주세요.)

🤲 기도하기

하나님이 모든 것을 아시는 분임을 기억하게 해 주시고, 내 죄를 감추려고 애쓰는 것이 무의미한 것임을 알게 해 달라고 기도하세요.

DAY 2

♥ 기억하기

어제 이야기 중에서 무엇을 기억하고 있나요? 오늘은 어떤 이야기가 있을 것이라고 생각하나요?

✝ 성경읽기 | 여호수아 7장 13~26절

● 깊이 생각하기

하나님은 아간을 찾아내시려고 제비뽑기를 사용하셨습니다. 그리고 그분의 위대한 능력을 온 이스라엘 민족에게 보여주셨습니다. 그분은 바쳐야 할 물건을 누가 가져갔는지 아셨을 뿐만 아니라 제비가 뽑힐 때마다 그것을 통제하셨습니다. 즉 그것을 아간의 지파가 뽑게 하셨습니다. 처음에 아간의 지파가, 그리고 나서 아간의 족속이, 마지막으로 아간의 가족이 선택되었습니다.

제비가 뽑힐 때마다 점점 더 아간에게 가까워지고 있음에도 아간은 발각될 때까지 자백하지 않았다는 사실을 알아차렸나요? 그 과정 내내 아간은 자신의 죄를 숨기려 했고, 다른 누군가가 제비를 뽑을 거라고 기대했습니다. 아간이 자신의 죄를 자백하고 하나님에게 자비와 용서를 구했다면, 다른 결과를 가져왔을 수도 있습니다. 그가 자신의 죄를 감췄기 때문에, 하나님은 그를 징계하셨습니다.

《● 이야기하기

제비뽑기가 어떻게 진행되는지 설명할 수 있나요?
(부모님은 자녀들이 이번 주에 했던 제비뽑기 활동을 기억하도록 도와주세요. 그 활동을 하지 않았다면, 지금 진행하는 것도 좋습니다.)

하나님은 지파와 족속과 가족을 정확히 찾아내기 위해서 어떻게 제비뽑기를 통제하실 수 있나요?
(하나님은 모든 것을 다스리십니다. 또한 그분은 전능하시고, 모든 것들을 그분의 계획대로 진행하십니다.)

아간이 자신의 죄를 자백하고 용서를 구했다면 하나님은 어떻게 하셨을까요?
(하나님은 아간을 용서해 주셨을 지도 모릅니다. 여호수아가 아간을 위해서 하나님에게 중재자로 섰을 수도 있고, 아간을 용서해 달라고 하나님에게 간구했을지도 모릅니다.)

아간이 죽음을 당하는 것이 당연한가요?
(네. 죄에 대한 징계는 언제나 죽음뿐입니다. 우리 모두는 우리의 죄로 인해서 죽음을 당해야 합니다. 그러나 자비로우신 하나님은 우리의 죄를 위해서 예수님을 보내셔서 죽게 하셨습니다. 그래서 우리는 용서받을 수 있습니다.)

✋ 기도하기

우리 가족 모두가 하나님에게 죄를 자백하고 용서와 자비를 구하도록 기도하세요.

DAY 3

♥ 예수님께 연결하기

오늘의 이야기가 예수님에 대한 것이며, 예수님을 가리킨다는 사실을 어떻게 알 수 있나요?

✝ 성경읽기 | 여호수아 8장 30~35절

💬 깊이 생각하기

내일 우리는 이스라엘 군대가 아이 성을 어떻게 다시 공격했고 승리했는지를 읽을 것입니다. 그러나 오늘은 그 전쟁에 대한 이야기는 넘어가려고 해요. 이유는 그 전쟁 후에 예수님과의 관련성이 나오기 때문입니다. 그 전쟁이 끝나고 이스라엘 군대가 승리했을 때, 여호수아는 다듬지 않은 돌로 하나님을 위한 제단을 쌓았습니다. 그것은 그가 쇠 연장으로 돌을 다듬어서 모양을 만드는 일을 하지 않고 찾아낸 돌을 그대로 사용했다는 의미입니다. 그는 먼저 제단을 세우기 위해 조심스럽게 돌을 쌓았고, 그다음에 하나님에게 화목제물을 바쳤습니다. 동물을 화목제물로 바쳤는데, 그것은 예수님이 우리 죄를 위해서 죽으시고 우리가 받아야 할 모든 징계를 대신 받으셔서 하나님과 우리를 화평케 하실 그 날을 가리키는 것이었습니다. 하나님은 우리가 행하는 모든 일은 다 죄로 가득하다는 사실을 상기시키기 위해서 그 제단을 다듬지 않은 돌로 세워야 한다고 명령하셨습니다. 심지어 제단을 세우려고 돌을 다듬는 것까지도 우리의 죄에 영향을 받는 것이었습니다.

(● 이야기하기

여호수아는 제단을 쌓은 돌에 무엇을 기록했나요?
(여호수아는 돌 위에 율법, 즉 십계명을 기록했습니다.)

여호수아는 백성들에게 무엇을 읽어 주었나요?
(여호수아는 하나님이 명령하신 것을 상기시키려고 율법책을 읽었습니다.)

아간은 어떤 명령을 어겼나요?
(아간은 하나님보다 돈을 더 사랑했습니다. 그래서 아간은 자신의 소유가 아닌 금과 은을 탐욕스럽게 가지려고 했습니다. 아간은 좋은 외투 한 벌과 금덩이 그리고 은 200세겔을 훔쳤습니다.)

✋ 기도하기

아간이 했던 것처럼 나의 죄를 숨기지 않고, 하나님의 명령에 순종할 수 있게 해 달라고 기도하세요.

DAY 4

♥ 기억하기

이번 주 성경 이야기를 통해서 하나님은 우리에게 무엇을 가르치시나요?

✝ 성경읽기 | 여호수아 8장 1~29절

💬 깊이 생각하기

한 번이라도 우산이 없는 상황에서 폭우를 만난 적이 있다면, 비를 피할 어떤 장소로 들어가지 않는 한 절대로 비에 젖지 않을 방법이 없다는 것을 알 거에요. 그러니 어디로도 갈 곳이 없는 들판 한 가운데 서있다면, 비를 피할 길은 전혀 없고, 흠뻑 젖겠지요. 이러한 상황이 아이 성 백성들에게 벌어졌습니다. 모든 아이 성 군대는 유인책에 속아서 성벽을 넘어 허허벌판으로 나왔습니다. 이스라엘 군대는 비어 있는 그 성에 불을 지른 후 사방에서 공격했고, 아이 성 군대는 도망칠 곳이 전혀 없었습니다. 이스라엘 군대는 하나님의 도움으로 아이 성 군대를 패배시켰습니다. 하나님은 아간이 하나님에게 바쳐야 할 물건을 훔쳤기에 첫 번째 아이 성 공격에서 패배하게 하셨습니다. 그러나 이번 전쟁에선 이스라엘 군대와 함께 하셨습니다. 그렇기에 어떤 적도 이스라엘 군대를 패배시킬 수 없었습니다. 하나님이 그들 편에 계셨기 때문이에요.

💬 이야기하기

자녀들은 부모님에게 매복이 무엇인지 설명해 달라고 하세요.
(매복은 군대를 숨겨 놓았다가 갑작스럽게 공격을 하는 것입니다. 여건이 허락한다면, 자녀들에게 복도를 따라 걸으라고 하세요. 그리고 그 복도 한쪽 모서리 근처에서 자녀들을 몰래 기다리세요. 옆에서 갑자기 나타나서 자녀들을 팔로 잡아 보세요. 그리고 자녀들에게 포옹을 해 주려고 매복하고 있었다고 설명해 주세요.)

아이 성 군대는 왜 성의 방어벽을 내버려두고 나왔나요?
(그들은 첫 번째 전투를 기억했고, 또 다시 승리할 거라고 생각했습니다. 그들은 더 많은 이스라엘 군대 병력들이 매복한 채 자신들이 추격해 오기를 기다리고 있을 거라고 생각조차 못했습니다.)

실패했던 첫 번째 공격과 이번 공격은 어떤 점에서 차이가 있나요?
(첫 번째 공격에서는 아간의 죄 때문에 하나님이 이스라엘 군대와 함께 하시지 않았습니다. 그러나 이번 공격에서는 하나님이 그들과 함께 갈 것이며 승리를 주겠다고 약속하셨습니다. 첫 번째 전쟁에서 이스라엘 군대는 아무것도 지켜내지 못했습니다. 하지만 이번 공격에서 그들은 모든 가축을 식량으로 얻었습니다.)

🌿 기도하기

언제나 하나님을 믿는 것이 최선이라는 것을 잊지 않게 해달라고 기도하세요.

DAY 5

♥ 발견하기

오늘 우리는 시편이나 예언서를 통해서 예수님에 대해서 무엇을 배울 수 있는지를 살펴볼 거예요.

📖 성경읽기 | 예레미야 33장 14~15절

💬 깊이 생각하기

"나뭇가지" 라는 암호와 그것의 의미를 기억하나요? 맞습니다. 성경에서 다윗으로부터 피어난 공의로운 가지에 대해서 읽을 때마다, 우리는 그것이 예수님을 나타낸다는 사실을 기억해야 합니다.

오늘 성경에서 예레미야는 우리에게 예수님은 정의와 공의를 가져다주실 거라고 말합니다. 예수님이 의로움을 주신 방법은 완전한 삶을 사시고 우리 죄 때문에 십자가에서 대신 죽으신 것이었습니다. 이제 예수님을 믿는 사람이라면 누구든지 그들의 죄를 사라지게 할 수 있습니다. 그러나 믿기를 거절한 모든 사람에게는 예수님이 다시 오시는 날에 정의로 심판하시고 징계를 내리실 것입니다. 그 날에, 믿지 않는 모든 사람은 지옥불로 던져질 것입니다.

🗣 이야기하기

예레미야가 말하는 '공의로운 가지' 는 누구인가요?
(공의로운 가지는 예수님입니다.)

예수님은 우리에게 선함과 의로움을 주시려고 무엇을 하셨나요?
(예수님은 우리 죄의 문제를 해결하시려고 십자가에서 대신 죽으셨습니다.)

하나님이 이스라엘과 맺으신 약속은 무엇인가요?
(그 약속은 아브라함의 시대까지 거슬러 올라가는데, 하나님은 아브라함을 통하여 열방에게 복을 주시겠다고 말씀하셨습니다[창 17:5; 18:18].)

🤲 기도하기

우리의 의가 되신 왕을 다윗의 후손으로 보내셔서 언약을 지키신 하나님에게 감사하세요.

God Calls Gideon
하나님이 기드온을 부르시다

종이 가방에 꽉 찰 만한 길이의 노끈을 집어넣고, 자녀들을 모이게 하세요. "이 종이 가방에 뱀이 들어 있는데, 안을 들여다보지 말고 손을 넣어보라고 한다면 그렇게 할 수 있겠니? 어떤 것이 무섭니? 그렇게 하려면 어떤 용기가 필요할까?"라고 질문해 보세요. 자녀들은 어쩌면 그 종이 가방에 손을 넣을 수 있는 자신감은 부모를 믿는 마음에서 생긴다고 말할 수도 있을 것입니다. 사실, 자녀들은 과거에 경험한 부모님을 향한 신뢰를 바탕으로 믿는 것입니다.

이제, 자녀들에게 종이가방에 손을 넣어 보라고 말하세요. 자녀들에게 약간 놀랄 수는 있지만 사실은 안전하다고 말해 주세요. 그러고 나서 아빠나 엄마가 손으로 가방 안의 뱀을 잡아서 꺼내는 것처럼 해 보세요. 마지막으로 뱀인 것처럼 잡고 있던 노끈을 자녀들이 잡아 당겨보게 하세요.

말해 주세요. "이번 주 너희들은 하나님이 두려움이 가득한 한 사람을 사용해서 어떻게 그분의 계획을 성취하셨는지를 배우게 될 거야."

DAY 1

♥ 상상하기

옛날에 한 소년이 있었습니다. 소년의 할아버지는 들판에 있는 집 옆에서 꿀벌을 키웠습니다. 할아버지는 그 들판을 볼 다이아몬드라고 불렀는데, 그곳이 넓고 평평해서 아이들이 거기서 야구를 하며 노는 것을 좋아했기 때문입니다. 할아버지는 항상 아이들에게 벌들 근처에서는 야구를 하면 안 된다고 주의를 주었습니다.

어느 날, 한 무리의 아이들이 그 규칙을 따르지 않았습니다. 타석에 서 있는 아이가 공을 쳤고 파울이 되어서 멀리 날아가던 그 공은 곧장 벌집으로 향했습니다. 수비를 보던 한 아이가 공을 잡으려고 뛰어 갔습니다. 그리고 여러 벌집 중 한 개와 제대로 충돌했습니다. 즉시 벌떼가 몰려 나왔고, 그 아이와 들판에서 야구를 하던 나머지 아이들을 쏘기 시작했습니다. 아이들은 모두 달아났습니다. 그 날, 아이들은 자신들을 안전하게 보호해 주는 장소에서 규칙을 지키는 것이 얼마나 중요한지를 배웠습니다.

✝ 성경읽기 | 사사기 6장 1~10절

💬 깊이 생각하기

하나님은 이스라엘 민족에게 약속의 땅을 주시면서 반드시 지켜야 할 중요한 한 가지 규칙도 주셨습니다. 그것은 그 땅에 살고 있는 우상 숭배자들을 모두 제거하라는 명령이었습니다. 하나님이 이 명령을 내리셨기에 그들은 우상을 숭배하는 잘못된 길로 빠지지 않았습니다(신 20:16~18). 그러나 불행하게도 이스라엘 민족은 오래 순종하지 않았습니다. 그리고 하나님이 예견하신 대로 하나님에게서 돌아섰고 가나안의 우상을 숭배하기 시작했습니다.

이스라엘 민족이 하나님과 동행하지 않았기 때문에 하나님은 그들의 적들을 강성하게 해서 이스라엘을 공격하게 하셨습니다. 그때서야 이스라엘 민족은 하나님에게 돌아왔습니다. 우상 숭배하던 미디안 사람들이 이스라엘을 공격해서 농작물과 가축들을 빼앗아 갔습니다. 이스라엘 민족이 하나님에게 도움을 간구했을 때, 하나님은 그들이 고통 받는 이유가 하나님의 규칙을 따르지 않았기 때문이란 사실을 설명해 주시려고 선지자를 보내셨습니다.

🗨 이야기하기

하나님은 미디안 사람들 때문에 생긴 어려움과 고통을 이스라엘 민족을 돕는 데 어떤 식으로 사용하셨나요?
(그 고통 때문에 이스라엘 민족은 주님을 기억했고 그들의 필요를 간구했습니다.)

하나님은 우리를 그분 곁으로 인도하시려고 우리 삶 속의 많은 시험과 고통을 어떤 식으로 사용하시나요?
(우리가 그분의 규칙을 따르지 않을 때, 그분께 돌아오도록 우리에게 많은 시험을 사용하실 수 있습니다. 모든 시험이 우리의 죄 때문에 발생한 것은 아닙니다. 그러나 어떤 것은 그럴 수 있습니다. 부모님은 부모의 말을 듣지 않고 자기 마음대로 했다가 넘어지거나, 다친 후 결국 울면서 부모를 찾았던 아이들의 이야기를 예시로 들 수 있습니다. 심지어 작은 시험도 우리가 잘못했다는 것을 깨닫도록 도와줍니다.)

하나님에게 도움을 구하도록 우리 가족에게 주신 시험은 무엇인가요?
(부모님은 자녀들이 이 부분에 대해서 생각하도록 도와주세요. 우리는 아플 때마다 하나님에게 도움을 구하고, 실제로 그 병이 하나님을 기억하고 믿도록 도와줍니다.)

🙏 기도하기

가족 모두가 하나님을 믿고 순종하게 해 달라고 기도하세요.

DAY 2

♥ 기억하기

어제 이야기 중에서 무엇을 기억하고 있나요? 오늘은 어떤 이야기가 있을 것이라고 생각하나요?

✝ 성경읽기 | 사사기 6장 11~16절

💬 깊이 생각하기

하나님이 이스라엘 민족을 미디안에서 구하시려고 그들 중 가장 약한 사람을 선택하셨다는 사실이 흥미롭지 않나요? 하나님이 기드온에게 나타나셨을 때, 그는 포도주 틀에서 미디안 사람들 몰래 밀을 타작하고 있었습니다.

이스라엘 백성 중에서 가장 약한 사람을 선택하심으로써, 하나님은 그들을 구원하는 것은 완전히 하나님의 능력이라는 사실을 모든 사람이 분명히 알게 하셨습니다.

《● 이야기하기

기드온이 포도주 틀에 숨어 있을 때 누가 그 앞에 나타났나요?
(하나님이 기드온에게 나타나셨습니다.)

기드온은 왜 숨어 있었나요?
(그는 미디안 사람들이 추수시기에 공격해 올 것을 알았습니다. 그는 자신의 밀을 빼앗기고 싶지 않았기 때문에 숨어 있었습니다.)

하나님은 기드온이 무엇을 하도록 도우실 것이었나요?
(하나님은 기드온을 사용하셔서 미디안 사람들을 공격하고 이스라엘 민족을 구하실 것이었습니다.)

🤲 기도하기

하나님이 우리에게 다가오셔서 그분의 계획을 이뤄 가시는 데 우리를 도구로 사용해 달라고 기도하세요.

DAY 3

♥ 예수님께 연결하기

오늘의 이야기가 예수님에 대한 것이며, 예수님을 가리킨다는 사실을 어떻게 알 수 있나요?

✝ 성경읽기 | 사사기 6장 17~24절

💬 깊이 생각하기

여호와의 사자(Angel, 使者)가 음식이 담긴 바구니를 불사르고 사라졌을 때, 기드온은 여호와의 사자라는 사실을 깨닫고 두려워하면서 자신이 죽을 것이라고 생각했습니다. 그러나 하나님은 기드온을 부르셨고, 안심시키셨습니다.

비록 기드온은 죄인이었고 죽어 마땅했지만, 하나님은 기드온이 이스라엘 민족을 구하는 하나님 계획의 일부였기 때문에 죽이지 않으셨습니다. 하나님이 이스라엘 민족을 구하실 때마다 그분은 예수님을 이 땅에 보내실 길을 준비하고 계셨습니다.

🗣 이야기하기

여호와의 사자가 막대기로 그 음식을 건드렸을 때 무슨 일이 벌어졌나요?
(불이 바위에서 나와 그 음식을 불살랐고 여호와의 사자는 사라졌습니다.)

기드온은 그가 여호와의 사자와 대면하고 대화를 나누었다는 사실을 깨닫고 왜 두려워했나요?
(자녀들이 대답하지 못하면 출애굽기 33:20을 읽어 주세요. 그리고 나서 다시 한 번 질문해 보세요.)

기드온이 죄인이었다면, 하나님은 왜 기드온의 죄를 심판하지 않으시고 죽이지도 않았나요?
(기드온은 하나님이 이스라엘을 구하시려는 계획의 일부였습니다. 그래서 먼 훗날 예수님이 태어나실 수 있었습니다. 하나님은 예수님이 이 땅에 오셔서 그분의 백성들을 구원할 날을 보고 계셨던 것입니다. 예수님은 기드온을 구원하러 오셨습니다.)

🙏 기도하기

기드온을 사용하셔서 이스라엘 민족을 구하시는 놀라운 자비를 보이신 하나님에게 감사하세요.

DAY 4

♥ 기억하기

이번 주 성경 이야기를 통해서 하나님은 우리에게 무엇을 가르치시나요?

📖 성경읽기 | 사사기 6장 25~40절

💬 깊이 생각하기

사람들은 기드온이 바알 제단을 허물었다는 사실을 알았을 때 분노해 그를 죽이려고 했습니다. 기드온의 아버지 요아스는 그들을 제지했고, 바알이 진정한 신이라면 직접 기드온을 징벌할 것이라고 말했습니다. 그러나 바알은 우상이었기에 기드온에게는 아무 일도 일어나지 않았지요.

바알은 사람들이 만든 신이었습니다. 하나님과 같은 진정한 신이 아닙니다. 누구나 우상을 만들고 신상을 조각할 수 있습니다. 그러나 오직 참된 하나님만이 그분의 적들과 싸울 수 있습니다.

🗨 이야기하기

자녀들은 부모님 스스로가 기드온보다 더 용기 있다고 생각하는지 혹은 그렇지 않은지 질문해 보세요.
(부모님은 기드온의 행동을 생각해 보세요. 그는 밤에 제단을 허물었고 두려움을 여러 번 느꼈습니다. 내 자신을 볼 때 그렇게 할 수 있을까요?)

왜 바알은 제단을 허문 기드온을 뒤쫓지 않았나요?
(바알은 우상이었습니다. 유일한 참된 신은 하나님뿐입니다. 그 나머지는 전부 다 거짓이고 속임수였습니다.)

하나님의 영은 기드온이 두려워하고 있을 때 어떻게 도왔나요?
(하나님의 영은 기드온이 하나님을 믿도록 도왔고 싸울 용기를 주었습니다.)

기드온은 왜 양털을 땅에 두었나요?
(하나님을 향한 기드온의 믿음은 약했습니다. 그는 하나님이 그와 함께 하신다는 확신을 얻기 위해서 양털을 두었습니다.)

✋ 기도하기

기드온의 기도에 응답하신 하나님을 찬양하세요. 실존하시는 하나님을 찬양하세요. 우리가 믿을 수 있게 함께 하시는 하나님을 찬양하세요.

DAY 5

♥ 발견하기

오늘 우리는 시편이나 예언서를 통해서 예수님에 대해서 무엇을 배울 수 있는지를 살펴볼 거예요.

✝ 성경읽기 | 예레미야 33장 16절

💬 깊이 생각하기

지난 주 우리는 예레미야의 예언 가운데 일부가 예수님을 공의로운 가지로 말한다는 것을 배웠습니다. 오늘 예레미야는 주님이신 예수님이 우리의 의가 되신다고 말합니다. 의로움은 선함이라는 사실을 기억하세요. 죄인인 우리는 선함과 의로움을 잃어버렸다는 사실이 중요합니다. 의로움은 우리가 천국에서 하나님과 함께 살아가기 위해서 반드시 필요한 것입니다.

그것이 예레미야의 예언이 좋은 소식인 이유입니다. 하나님은 죄인인 그분의 백성들에게 하나님의 의로움을 주시겠다고 약속하셨습니다. 그래서 그들이 천국에 갈 수 있게 하셨습니다.

이제 우리는 성경에서 예수님에 대해 배우면서 하나님이 그분을 이 땅에 보내셔서 우리 대신에 완전한 삶을 살게 하심으로 우리에게 그분의 의로움을 주신다는 것을 압니다. 그때에 예수님은 우리를 대신하시는 것입니다. 그분은 우리의 죄를 가져가시고 그분의 완전한 삶을 주셨습니다.

🗨 이야기하기

의로움은 무엇인가요?
(의로움은 선함입니다. 아주 작은 죄도 사람이 의로워질 가능성을 없애 버립니다.)

절대 죄를 짓지 않고 유일하게 의로운 사람은 누구인가요?
(예수님은 한 번도 죄를 짓지 않으셨고 완전히 의로운 유일한 사람입니다.)

예수님이 이미 완전하셨다면, 그분은 이 땅에서 자신을 위한 의로운 삶을 살 필요가 없었을 것입니다. 그렇다면 그분은 왜 완전한 삶을 사시려고 사람의 몸을 입고 이 땅에 오셨나요?
(그분은 우리에게 선물로 그것을 주시려고 그렇게 하셔야만 했습니다. 예수님은 우리 대신에 완전한 삶을 사시려고 이 땅에 오셨습니다. 그래서 그분의 완전한 삶과 의로움을 우리에게 선물로 주실 수 있었습니다.)

🤲 기도하기

천국의 위대한 영광을 포기하시고 우리를 구원하시려고 사람의 몸으로 오신 예수님께 감사하세요.

Gideon's Victory
기드온의 승리

이 활동을 위해서, 무거운 물건을 찾아보세요. 막내가 들지 못할 정도로 무겁고, 첫째는 들 수 있는 정도의 물건이면 좋습니다. (자녀가 한 명이라면 아빠나 엄마의 도움 없이는 들 수 없을 정도의 물건을 고르세요. 자녀가 힘이 세다면 소파처럼 조금 큰 가구를 활용하세요.)

이 물건을 방 이쪽 끝에서 저쪽 끝까지 옮길 수 있을지 도전해 보라고 하세요. 그리고 다음과 같이 말하세요. "그럼, 누가 이 무거운 물건을 완벽하게 옮길 수 있을까?" 그러고 나서 막내 아이를 선택하세요. 그 아이가 물건을 옮길 수 없을 때, 아빠나 엄마가 도와줘서 그 물건을 함께 옮겨 보세요.

그리고 자녀들에게 자신의 힘만으로는 어떤 일을 할 수 없지만 도와주면 충분히 그 일을 끝낼 수 있는 사람을 선택하고 싶었다고 얘기해 주세요. "이번 주 너희들은 하나님이 그분의 능력과 영광을 나타내실 도구로 기드온을 어떻게 사용하셨는지를 배우게 될 거야." 라고 말해 주세요.

DAY 1

♥ 상상하기

어떤 가족이 다른 한 가족과 여행을 가다가 늦은 밤에 한 호텔에 도착했다고 가정해 봅시다. 숙소를 잡은 후 그 가족의 아빠가 아이들에게 짐을 함께 옮기자고 말씀하셨습니다. 그래서 한 아이와 다른 가정의 두 자녀가 함께 숙소로 짐을 옮기기로 했습니다. 그런데 아빠는 다른 가정의 두 아이에게 우리 아이만 있어도 짐을 다 옮길 수 있다고 말씀하십니다. 그 아이는 과연 아빠와 단 둘이서 다른 사람들의 여행 가방을 모두 옮길 수 있는지 생각해 봅니다. 그러나 아무리 생각해도 아이와 아빠 둘이서만 그 여행 가방을 한 번에 옮길 수는 없어 보입니다.

다른 사람들이 모두 엘리베이터를 타고 올라간 후, 아이는 아빠를 따라갑니다. 아빠는 여행 가방을 다 실을 수 있는 짐수레를 가지고 오셨습니다. 그 아이는 그제야 처음부터 아빠의 계획이 그 짐수레였다는 것을 깨달았습니다.

오늘 이야기에서, 하나님은 기드온의 군대 대부분을 집으로 돌려보내십니다. 우리는 하나님이 이 300명의 군사들을 향해서 어떤 마음을 가지고 계신지를 볼 수 있어야 합니다. 분명히 그분은 그들만으로 모든 군대를 물리칠 수 있을 거라고 생각하신 것은 아니었습니다.

📖 성경읽기 | 사사기 7장 1~8절

💬 깊이 생각하기

성경에서 수만 명이라는 말이 나올 때, 그것이 얼마나 많은 숫자인지를 생각해 보는 것이 쉽지는 않습니다. 그 것을 좀 더 쉽게 이해하려면, 이렇게 생각해 보면 됩니다. 기드온이 전쟁을 위해서 이스라엘의 남자들을 불러 모았을 때, 아주 많은 이들이 그 부름에 응답했습니다. 거기에 모인 사람들의 수는 야구장 하나를 가득 채울 만 큼 많았습니다.

이처럼 어마어마한 군대가 있기에, 이스라엘 민족은 하나님의 도움 없이 자신들의 힘만으로도 전쟁에서 충분 히 승리할 것이라고 생각했습니다. 그러나 하나님은 전쟁에서 승리를 가져다주시는 유일한 분은 하나님이라는 사실을 그들이 알기 원하셨습니다. 그래서 기드온에게 거기에 모인 군사 대부분을 집으로 돌려보내라고 말씀 하셨습니다. 그렇게 해서, 모든 이스라엘 사람들은 그들의 승리가 군대가 많아서가 아니라 오직 하나님의 힘과 능력으로 주어진 것임을 알게 될 것입니다.

🗣 이야기하기

하나님은 왜 기드온의 군사들을 대부분 집으로 돌려보내셨나요?
(하나님은 이스라엘 민족이 오직 하나님만이 승리를 가져다주시는 분임을 알기를 원하셨기 때문입니다.)

하나님이 대부분의 군사들을 돌려보낸 후 몇 명이 남았나요?
(오직 300명만 남았습니다.)

단지 300명의 군사로 미디안과 아말렉의 군대를 어떻게 물리칠 수 있었을까요?
(하나님은 기드온에게 그들과 함께 하신다고 말씀하셨습니다대삿 6:16. 하나님이 그들의 편이시기에, 기드온은 그 모 든 전쟁에서 승리할 수 있었습니다.)

🙏 기도하기

하나님을 믿도록 놀라운 방법으로 우리를 가르치시고 깨우치시는 하나님을 찬양하세요.

DAY 2

🖤 기억하기

어제 이야기 중에서 무엇을 기억하고 있나요? 오늘은 어떤 이야기가 있을 것이라고 생각하나요?

✝ 성경읽기 | 사사기 7장 9~15절

💬 깊이 생각하기

단 300명의 군사로 모든 전쟁에서 승리할 것이라고 말하는 것은 어렵지 않습니다. 그러나 엄청난 미디안 군대를 보며 기드온은 어떤 생각을 했을까요? 마치 메뚜기 떼처럼, 도저히 셀 수조차 없이 많은 적군들이 눈앞에 있습니다. 기드온은 아마도 하나님이 돌려보낸 그 모든 군사가 필요하다고 생각했을 거예요.

비록 하나님이 기드온을 부르셨고, 그의 기도에 양털로 응답해 주셨지만, 기드온은 여전히 하나님을 신뢰하지 못했습니다. 그러나 하나님은 기드온을 떠나지 않으시고, 그의 약한 믿음을 다시 한 번 도와주셨습니다. 하나님은 그에게 적진을 염탐하라고 시키셨습니다. 그 적들이 어떤 말을 하는지 알아보게 하셨습니다. 하나님은 이미 적군을 물리칠 계획을 가지고 계셨습니다. 그리고 기드온이 전쟁에 임하도록 사기를 높일 방법을 알고 계셨습니다. 기드온은 두려움에 떠는 적군들의 이야기를 들은 후에, 하나님이 자신을 돕고 계신다는 사실을 깨달았습니다.

🗨 이야기하기

얼마나 많은 적군이 거기에 있었나요? (셀 수 없을 만큼 많은 적군이 있었습니다.)

적군에게 누가 꿈을 꾸게 하셨나요? (하나님이 그 꿈을 주셨습니다.)

하나님은 왜 기드온을 적진으로 보내셨나요?
(기드온은 두려웠고 하나님이 그를 도우실 거라는 확신을 갖지 못했습니다. 하나님은 기드온이 적군들의 이야기를 듣게 하셨습니다. 적군들은 하나님이 기드온을 어떻게 도와서 승리하게 하실지 이야기했고, 그것을 들은 기드온은 믿음이 굳건해지고 사기가 높아졌습니다.)

적군들이 꿈에 대해서 이야기하는 것을 들었을 때 기드온은 무엇을 했나요? (그는 하나님을 경배했습니다.)

🙌 기도하기

우리의 가장 큰 어려움에 대해서 하나님에게 간구하는 시간을 가지세요. 하나님을 알지 못하는 가족이나 친구들을 위해서, 아니면 정말 간절히 바라는, 큰 도움이 필요한 그 무언가를 위해서 기도하세요. 기드온을 사용하셔서 이스라엘을 구하신 하나님이 하실 수 있다면, 우리의 필요에 대해서 마찬가지로 응답해 주시고 이뤄주실 것입니다.

DAY 3

♥ 예수님께 연결하기

오늘의 이야기가 예수님에 대한 것이며, 예수님을 가리킨다는 사실을 어떻게 알 수 있나요?

📖 성경읽기 | 사사기 8장 22~35절

💬 깊이 생각하기

전쟁이 끝나고 얼마 지나지 않아 기드온은 죄를 지었습니다. 기드온은 백성들에게 하나님이 그들의 왕이 되셔야만 한다고 말하면서도 백성들에게 금귀고리를 달라고 요구했습니다. 또한 당시의 이방 나라의 왕들이 했던 것처럼 많은 아내를 두었습니다.

기드온은 백성들이 금으로 만들어 준 에봇(조끼 같은 상의 또는 흉배)을 모든 사람이 보도록 자기의 성읍 오브라에 두었습니다. 오늘날 이스라엘의 제사장들은 그들의 특별한 지위를 나타내려고 황금 에봇을 입어야만 합니다. 결국 기드온의 에봇은 하나님을 향한 사람들의 경배를 혼란스럽게 하고 분산시켰습니다. 사람들은 하나님에게만 집중하는 것이 아니라 기드온의 에봇만 바라보게 되었습니다.

그 백성들은 기드온이 죽자마자 다시 우상을 섬기기 시작했습니다. 하나님은 기드온을 사용하셔서 이스라엘 민족이 전쟁에서 승리하게 하셨습니다. 그러나 죄인이었던 기드온은 그들을 죄로부터 구할 수 없었고 오히려 타락의 길로 이끌었습니다. 하지만 먼 훗날 하나님은 또 다른 구원자를 세우실 것인데, 그분은 예수님이십니다. 그분은 죄에 넘어지지도 않으시고 하나님의 백성들을 의로움으로 이끄실 것입니다.

💬 이야기하기

전쟁이 끝난 후에 기드온은 하나님보다 무엇을 더 사랑했나요?
(오늘 이야기를 보면 기드온은 황금과 수많은 아내들과 같은 세상의 것들을 하나님보다 더 사랑했던 것 같습니다.)

어떤 면에서 예수님은 기드온과 비슷한가요? 또한 어떤 면에서 다른가요?
(하나님은 기드온과 예수님을 이스라엘 민족을 구하는 데 사용하셨습니다. 하나님은 전쟁에서 이스라엘 민족을 구하는 데 기드온을 쓰셨고, 그분의 아들 예수님은 우리의 죄로부터 구원하시려고 보내셨습니다. 그러나 기드온과는 다르게, 예수님은 결코 죄를 짓지 않으셨습니다.)

기드온은 황금과 많은 아내들 때문에 하나님을 섬기는 데 관심을 기울이지 못했습니다. 우리가 하나님을 따르는 데 방해가 되는 것은 무엇이 있나요?
(부모님은 자녀들이 하나님을 찾고 따르는 데 방해가 되는 것이 무엇인지 생각해 보도록 도와주세요. 장난감, 사탕, 놀이시간, 그리고 하나님을 경배하고 예배하는 데 방해되는 다른 것들이 있을 것입니다.)

🙏 기도하기

세상의 다른 것들보다 하나님을 더 깊이 사랑하게 해 달라고 기도하세요.

DAY 4

♥ 기억하기

이번 주 성경 이야기를 통해서 하나님은 우리에게 무엇을 가르치시나요?

📖 성경읽기 | 사사기 7장 15~25절

💬 깊이 생각하기

한밤중에 홀로 있는데 이상한 소리를 들어본 적이 있다면, 사람이 얼마나 쉽게 두려워하는지 알 수 있습니다. 환한 바깥에 있을 때와는 확연히 다르지요. 만약 낮에 침실 옷장에 걸려 있던 코트가 흘러내린다면, 그것이 코트라는 것을 금세 알 수 있습니다. 그러나 똑같은 코트가 밤에 그렇게 흘러내린다면, 옷장에서 누군가가 기어서 다가오는 것처럼 보일 수도 있습니다. 그래서 우리는 충분히 상상해 볼 수 있습니다. 한밤중에 기드온의 군사들이 항아리를 깨트리고 나팔을 불어 어지러운 소리를 냈을 때, 적군들은 무슨 일이 벌어진 건지 알 수 없었고, 혼란 상태에 빠졌습니다. 그들은 칼을 꺼내들었으나 하나님이 그들을 매우 혼란스럽게 만드셨기에 서로를 공격하기 시작했습니다. 어두운 밤중에 그들은 같은 편끼리 죽이고 있다는 사실을 깨닫지 못했습니다. 그리고 나서 이스라엘 군대는 남은 적군들을 추격했고 그 전쟁에서 승리했습니다.

🗨 이야기하기

자녀들은 부모님에게 어두운 밤에 두려워했던 기억이 있는지 질문해 보세요.
(부모님은 어린 시절을 되돌아보세요. 가장 두려웠던 때와 완전히 정신이 혼미했던 때는 언제인가요?)

비록 기드온의 군사들이 전쟁에서 싸웠지만, 누가 그들이 승리하도록 도왔나요?
(하나님이 이스라엘이 승리하도록 도우셨습니다.)

기드온은 어떻게 나팔, 항아리 그리고 횃불을 사용해서 미디안 군대를 두렵게 했나요?
(미디안 군사들은 각각의 나팔, 항아리 그리고 횃불이 자신들을 포위하고 있는 엄청난 수의 군대라고 생각했습니다. 두려움과 혼란 속에서, 그들은 같은 편끼리 서로 싸우고 도망쳤습니다.)

하나님이 적군들에게 꿈을 꾸게 하신 것이 기드온에게 어떻게 도움이 되었다고 생각하나요?
(그 꿈 때문에 적군들은 이미 기드온을 두려워하고 있었습니다. 기드온의 군대가 항아리를 깨트렸을 때, 적군들은 아마도 그 꿈의 의미를 떠올리고 큰 두려움에 떨었을 것입니다.)

오늘 이야기에서 우리는 하나님이 어떤 분이라는 것을 배울 수 있나요?
(부모님은 자녀들에게 단서를 주시고 답을 찾을 수 있는지 살펴보세요. 하나님은 기드온에게 승리를 주시겠다는 약속을 지키셨습니다. 또한 우리는 하나님은 꿈과 전쟁의 승패를 다스리시는 전능하신 분이란 사실을 배웁니다.)

🙏 기도하기

이스라엘 민족을 구하시고 소수의 사람들로 그 군대를 물리치셔서 그들에게 전능하심을 보이신 하나님에게 감사드리세요.

DAY 5

♥ 발견하기

오늘 우리는 시편이나 예언서를 통해서 예수님에 대해서 무엇을 배울 수 있는지를 살펴볼 거예요.

✝ 성경읽기 | 예레미야 33장 17절

💬 깊이 생각하기

우리는 지난 두 주 동안 예레미야가 33장 말씀에서 예수님을 이야기하고 있다는 것을 배웠습니다. (필요하다면 14~16절을 다시 읽으세요.) 오늘 말씀에서, 하나님은 이스라엘 민족에게 예레미야를 통해서 그들의 왕위에 앉을 사람이 다윗에게서 끊이지 않을 것이라고 약속하셨습니다.

수백 년이 지나고 예수님이 사시던 시대의 사람들은 예레미야가 했던 말을 기억했습니다. 그들은 예수님이 다윗의 후손으로 태어나셨다는 것을 알았습니다. 그리고 그들은 그분이 위대한 선생님이며 기적을 행할 능력을 가진 분이라는 사실을 알았습니다. 그것이 그들 중 일부가 예수님을 왕으로 세우려 했던 이유입니다.

그러나 그들은 예수님이 다른 계획을 가지고 계시다는 사실을 몰랐습니다. 그들이 예수님을 예레미야가 말했던 왕으로 여겼던 것은 옳은 것이었습니다. 그러나 예수님은 이 땅에서 왕위에 오르시려는 계획은 없었습니다. 예수님은 예레미야가 언급했던 것처럼 죄와 사망을 물리치시고 천국의 왕좌에서 하나님의 백성들을 영원히 다스리실 계획을 가지고 계셨습니다.

💬 이야기하기

예레미야의 예언은 어떻게 예수님을 가리키나요?
(예수님은 영원한 왕으로서 세세토록 왕좌에 앉아계십니다. 즉 이 약속은 성취되었습니다.)

누가복음 1:26~33을 읽으세요. 이 말씀은 오늘 예레미야가 말한 것과 어떻게 일치하나요?
(천사 가브리엘은 마리아에게 예수님은 다윗의 왕위를 받으실 것이고 이스라엘을 영원히 통치하실 거라고 말했습니다. 그리고 다윗의 후손들이 왕위에 앉게 될 거라는 예레미야의 약속의 예언은 성취되었습니다.)

예수님을 우리의 왕으로 모시려면 우리는 무엇을 해야 하나요?
(예수님은 사람들의 의사와 관계없이 모든 사람을 다스리는 왕이십니다. 그러나 하나님이 우리의 죄를 해결하시려고 예수님을 십자가에서 죽게 하시고 그 죽음에서 다시 살리셨으며 우리가 그 사실을 믿을 때 구원받는다는 것을 믿는다면, 우리는 예수님을 왕으로 받아들이는 것입니다.)

🤲 기도하기

우리 가족 모두가 예수님을 믿고 그분을 우리의 왕으로 기꺼이 받아들이게 해 달라고 간구하세요.

God Gives Samson Strength
하나님이 삼손에게 힘을 주시다

부모님 중 한 분의 머리카락 한 뭉치를 조금 자르거나 모아서 준비해 두세요. 그것을 자녀들에게 돌려보게 한 후, "어떻게 머리를 기르는 것이 사람을 강하게 할 수 있지?" 라고 질문하세요. 어쩌면 자녀들이 약간 이상한 사람처럼 바라볼지도 모르겠습니다. 자녀 중 일부는 성경에 나오는 삼손 이야기를 떠올릴 수도 있습니다. 정확한 답은 "머리카락만으로는 절대 사람을 강하게 할 수 없다." 입니다.

이번 주 우리는 삼손의 이야기를 읽을 것입니다. 그리고 하나님이 삼손의 어머니에게 그의 머리를 자르지 말라고 어떻게 말씀하셨는지를 읽을 것입니다. 삼손의 머리카락은 그의 힘의 근원이 아니었습니다 — 바로 하나님이 그것이었습니다. 삼손의 머리카락은 그가 하나님의 계획을 따르고 있다는 것을 나타내는 신호에 불과했습니다. 그 힘은 머리카락이 아니라 하나님에게 있었습니다.

DAY **1**

♥ 상상하기

하나님이 슈퍼영웅을 만드셨다는 사실을 알고 있었나요? 성경에 슈퍼맨과 스파이더맨은 없지만, 하나님은 삼손이라는 한 남자를 만드셨고 그에게 주님의 적들과 싸워서 승리하도록 슈퍼맨 같은 힘을 주셨습니다.

우리가 슈퍼맨의 능력 가운데 한 가지를 가질 수 있다면, 어떤 능력을 선택할 건가요? 강한 힘은 하늘을 나는 능력과 함께 가장 많은 사람이 선택하는 능력일 것입니다. 오늘 우리는 하나님의 영웅들 가운데 한 사람에 대해서 배우고 어떻게 그가 강한 힘을 가지게 되었는지도 알게 될 것입니다. 그는 날 수는 없었지만, 슈퍼맨 같은 힘을 가졌습니다.

📖 성경읽기 | 사사기 13장 1~5절

💬 깊이 생각하기

비록 하나님의 백성들이 불순종하고, 도움을 구하지도 않았지만 하나님은 그들을 블레셋 사람들에게서 구원해 낼 계획을 가지고 계셨습니다. 하나님은 천사를 마노아의 아내에게 보내서서 블레셋 사람들에게서 이스라엘 민족을 구원해 낼 아들을 주시겠다고 약속하셨습니다. 하나님은 그녀에게 이 아이는 나실인이 될 것이라고 말씀하셨습니다.

나실인은 그의 삶을 하나님을 섬기는 데 바친 사람이었습니다. 하나님은 마노아의 아내에게 그 아들을 키울 때 지켜야 할 세 가지 지시 사항을 말씀하셨는데 포도주를 마시지 말 것, 어떤 부정한 것도 먹지 말 것, 그리고 머리카락을 자르지 말 것이었습니다.

🗨 이야기하기

하나님은 왜 블레셋 사람들이 이스라엘 민족과의 전쟁에서 승리하도록 하셨나요?
(이스라엘 민족이 하나님의 명령에 불순종했기 때문입니다. 우리는 기드온 이야기를 알고 있습니다. 기드온이 죽은 후에 이스라엘 민족은 우상을 섬기기 시작했습니다.)

하나님은 왜 이스라엘 민족이 불순종함에도 불구하고 그들을 구원하기로 하셨다고 생각하나요?
(하나님은 그분의 백성들을 사랑하셨습니다. 그것이 그들을 구원하시는 이유입니다. 그리고 오늘날 하나님이 우리를 구원하시는 이유입니다.)

하나님은 마노아의 아내에게 그 아들을 키우면서 나실인으로서 평생 동안 지켜야 할 명령을 하셨는데 그중 머리카락과 관련해서 어떤 것을 지켜야 했나요?
(아들의 머리카락을 절대 자르지 말도록 하셨습니다.)

🙏 기도하기

비록 이스라엘 민족이 하나님에게 도움을 구하지 않았지만 그들을 향한 사랑을 보이신 것에 감사하세요.

DAY 2

♥ 기억하기

어제 이야기 중에서 무엇을 기억하고 있나요? 오늘은 어떤 이야기가 있을 것이라고 생각하나요?

✝ 성경읽기 | 사사기 13장 6~18절

💭 깊이 생각하기

우리가 볼 수 있는 무엇인가를 믿는 것은 쉽습니다. 그러나 볼 수 없는 무엇인가를 믿으려면 훨씬 더 큰 믿음이 필요합니다. 비록 마노아가 자신의 아내를 찾아온 하나님의 천사를 보지 못했지만, 그는 아내의 말을 믿었고 그 천사를 다시 한 번 보내달라고 하나님에게 기도했습니다.

하나님의 천사가 다시 왔을 때, 마노아는 그가 말한 것을 믿었고 나중에 이 모든 일이 이뤄졌을 때 그 사람을 존귀하게 여기기 위해서 이름을 알기 원했습니다.

🗨 이야기하기

어떤 것에 대해서 믿음을 가진다는 것은 어떤 의미인가요?

(우리가 믿음을 가질 때, 비록 무엇인가를 직접 보지는 못할지라도 그것이 사실이라고 받아들입니다. 예를 들어, 우리는 예수님을 단 한 번도 본 적이 없지만, 그분이 실재하시는 분이고 우리의 죄 때문에 죽으셨다는 사실을 믿습니다.)

마노아는 자신의 믿음을 어떻게 보였나요? (마노아는 하나님의 천사가 그의 아내에게 말한 것을 믿었습니다.)

하나님의 천사는 마노아에게 자신의 이름을 무엇이라고 말했나요?

(그 천사는 결코 이름을 알려주지 않았습니다. 그러나 "기묘자"라고 말했습니다. 그것은 '상상을 초월하는', '놀라운', '절대적이고 탁월하게 기이하신'이란 뜻을 갖고 있습니다. 하나님은 우리처럼 단지 하나의 이름만으로 설명될 수 없습니다. 하나님을 설명하려면 많은 이름이 필요합니다.)

하나님을 부르는 다른 이름들을 생각할 수 있나요?

(하나님, 예수님, 성령님, 아버지, 아들, 위로자, 창조주, 구원자 등등)

🤲 기도하기

하나님의 여러 이름을 사용해서 그분이 행하신 모든 일에 감사 기도를 드리세요. 예를 들어, 천국 아버지 되시고, 이 땅을 창조하신 창조주이시며, 우리를 죄로부터 구원하신 구원자 하나님 되심에 감사드립니다.

DAY 3

♥ 예수님께 연결하기

오늘의 이야기가 예수님에 대한 것이며, 예수님을 가리킨다는 사실을 어떻게 알 수 있나요?

✝ 성경읽기 | 사사기 13장 19~25절

💬 깊이 생각하기

희생 제물(하나님에게 바치려고 동물들을 죽이는 것)이 성경 전체에서 얼마나 많은 부분을 차지하는지 생각해본 적이 있나요? 우리가 이번 주 읽고 있는 성경 이야기에서, 마노아는 하나님의 천사를 위해서 음식을 준비하고자 했습니다. 그러나 하나님의 천사는 음식 대신에 동물을 죽여서 번제로 드리라고 말했습니다. 마노아가 번제를 드렸을 때, 하나님은 그 제물을 불꽃으로 태우셨습니다. 아주 많은 동물이 희생 제물로 바쳐진 이유는 그것들이 예수님을 상징하기 때문입니다. 어떤 동물을 하나님에게 제물로 바칠 때마다, 그것은 하나님이 그분의 아들을 보내서 우리의 죄 대신에 희생시키실 그 날을 나타내는 것이었습니다. 하나님이 그 제물을 태우시자마자, 마노아는 그를 찾아왔던 이가 평범한 사람이 아니라 하나님이라는 사실을 깨달았습니다. 그리고 그들의 생명이 위험해졌다는 것을 알았습니다. 그러나 그의 아내는 만약 하나님이 그들을 죽이시려 했다면, 이미 그렇게 하셨을 거라고 생각했습니다. 하나님은 그 제물을 불태우셨으나, 그들은 살려 두셨습니다.

🔊 이야기하기

마노아가 주님께 희생 제물을 드렸을 때 무슨 일이 벌어졌나요?(하나님이 그것을 불태우셨습니다.)

구약 성경에서 제물로 바쳐지는 모든 동물은 무엇을 가리키나요?
(그 동물들은 우리 대신에 희생을 치르신 예수님을 나타냅니다.)

예수님은 왜 십자가에서 우리 대신에 죽으셔야만 했나요?
(이것은 자녀들이 얼마나 복음을 잘 이해하는지를 볼 수 있는 소중한 기회입니다. 우리는 모두 하나님의 율법을 어겼습니다. 그래서 징계를 받아야만 합니다. 그러나 하나님은 그분의 아들 예수님을 우리 대신에 죽게 하심으로 우리가 용서받을 수 있게 하셨습니다.)

🙏 기도하기

우리의 삶에서 행한 분명한 죄 때문에 예수님이 대신 십자가에서 죽으신 것에 감사하세요. 예를 들어, 엄마에게 화를 내는 태도에 대한 대가를 치르려고 십자가에서 죽으신 예수님에게 감사하세요.

DAY 4

♥ 기억하기

이번 주 성경 이야기를 통해서 하나님은 우리에게 무엇을 가르치시나요?

📖 성경읽기 | 사사기 14장 1~9절

💬 깊이 생각하기

어제 이야기로부터 세월이 흘렀습니다. 마노아의 아내는 아기를 낳았고 이름을 삼손이라고 지었습니다. 우리는 삼손의 어린 시절에 대해서는 모릅니다. 왜냐하면 그의 어린 시절 이야기는 성경에서 말하지 않기 때문입니다. 하나님이 삼손과 함께 하셨고 그에게 강한 힘을 주셨습니다. 그러나 삼손은 겸손하고 거룩한 사람으로 살지 않고 자만심 가득하고 무례했습니다.

💬 이야기하기

자녀들은 부모님에게 하나님이 놀라운 능력을 주셨으나 자만했던 사람을 아는지 질문해 보세요.
(부모님은 성장해 온 과정들을 회고해 보세요. 스포츠나 학습에서 뛰어난 능력을 보였지만 자만한 모습과 자기만을 돋보이고자 했던 사람이 있었는지 기억을 되돌려 보세요. 그리고 우리의 능력은 하나님이 주신 것이라는 것을 잊지 않고, 그것을 우리 자신을 자랑하는 데 사용하지 않도록 어떻게 주의해야 하는지를 설명해 주세요.)

삼손이 사자를 죽이도록 누가 도왔나요?
(하나님의 영이 삼손에게 임하였고, 강한 힘을 주었습니다.)

삼손은 그가 사자를 죽이도록 도우신 주님께 경배를 올려드렸나요?
(아니요, 삼손은 그가 원하는 것이면 무엇이든지 했고 하나님에게 경배를 드리지 않았습니다. 부모에게도 무례하게 행동했고, 블레셋 사람들 중에서 자신이 원하는 대로 아내를 구했습니다.)

하나님은 왜 삼손이 자만으로 가득했음도 불구하고 복을 주셨나요?
(하나님은 그를 블레셋 사람들을 심판하고 그분의 백성들을 이끄는 데 사용하고자 하셨습니다.)

🙏 기도하기

우리가 죄 지을 때에도 매순간 도우시는 하나님에게 감사하세요.

DAY 5

♥ 발견하기

오늘 우리는 시편이나 예언서를 통해서 예수님에 대해서 무엇을 배울 수 있는지를 살펴볼 거예요.

📖 **성경읽기 | 예레미야 33장 18절, 히브리서 7장 23~25절**

💬 깊이 생각하기

지난 주 우리는 예레미야서 33:17에서 맺으신 약속을 예수님이 어떻게 성취하시는지를 읽었습니다. 그 구절은 다윗의 후손이 이스라엘의 영원한 왕이 되실 거라고 말하고 있습니다. 마찬가지로, 오늘 18절에서 우리는 백성들을 위해서 언제나 희생 제물을 드리는 제사장이 있을 것이라는 사실을 알게 됩니다.

하나님이 모세에게 율법을 주셨던 때에, 하나님은 백성들이 죄를 지어서 징계를 받아야 할 때마다, 어린 양 한 마리를 가져와서 제사장이 그들의 죄를 위해 그 어린 양을 죽여야만 한다고 말씀하셨습니다. 제사장은 하나님에게 희생 제물을 바쳐서 그들의 죗값을 치르게 했습니다. 그 어린 양은 그들을 대신해서 죽음을 당하는 것입니다. 예수님은 우리 모두를 위한 제사장이 되셨습니다. 어린 양 대신에 자신의 생명을, 오직 우리를 위해서 완전한 희생 제물로 주셨습니다. 예수님은 희생 제물을 드리는 제사장이며, 동시에 우리 대신에 죽으신 어린 양입니다.

🗣 이야기하기

예레미야의 예언은 왜 나이 많은 어떤 제사장에 대한 이야기가 될 수 없나요?
(나이 많은 제사장은 평범한 사람이고 결국 죽기 마련입니다. 예수님만이 영원히 살아계시는 유일한 제사장입니다.)

예수님은 우리를 위해서 어떤 희생 제물을 바치셨나요?
(예수님은 십자가에서 우리 죄를 대신해서 직접 죽으셨습니다.)

왜 우리 대신에 십자가에서 이루신 예수님의 죽음이 희생 제물로 바쳐진 어린 양의 죽음보다 더 나은가요?
(어린 양은 우리의 죄를 진정으로 해결해 줄 수 없습니다. 단지 예수님을 상징하는 것에 불과합니다. 예수님의 죽음은 실제로 우리의 죄를 해결합니다. 그분은 우리가 받아야 할 징계를 대신 받으셨기 때문입니다.)

🤲 기도하기

우리의 영원한 제사장으로 천국에서 섬겨주시는 예수님에게 감사드리세요. 그분의 손과 발에 있는 상처는 하나님 아버지께 우리의 죄에 대한 징계를 예수님이 대신 받으셨다는 것을 분명하게 나타냅니다.

Samson Loses His Strength
삼손이 힘을 잃다

책을 여러 권 쌓아 놓고서 자녀들을 한자리로 불러 모으세요. 첫째 아이에게 일어서서 손바닥을 위로 향한 채 팔을 허리 높이에서 앞으로 뻗으라고 하세요. 그 아이가 버틸 수 있을 때까지 책을 한 권씩 올려놓으세요. 다른 자녀들에게도 한 번 해 보겠냐고 물어보세요. 어린 자녀의 손바닥을 부모님 중 한 분이 아래서 바치고 한 권씩 책을 쌓으세요. 첫째 아이가 쌓았던 것보다 좀 더 많이 쌓아 보세요. 첫째보다 어린 동생들이 이긴 것을 함께 축하하세요. 누군가는 부모님이 도와주었기 때문에 이 경쟁은 공평하지 않다고 말할 것입니다. 그러면 어린 동생이 도움을 받아서 승리했다는 사실에만 동의해 주세요. 그리고 첫째 아이도 동생과 마찬가지로 도움을 받아서 이 과정을 다시 한 번 하게 해 주세요.

말해 주세요. "이번 주 너희들은 삼손이 자신의 힘을 잃어버릴 때까지도 하나님이 힘의 근원이란 것을 깨닫지 못했다는 것을 배우게 될 거야. 삼손의 교만은 그의 가장 큰 적이었단다."

DAY 1

♥ 상상하기

가장 친한 친구가 너무 보송보송해서 쓰다듬고 싶게 생긴 프린세스라는 이름의 예쁜 하얀색 고양이를 가지고 있다고 생각해 봅시다. 친구에게 허락을 받은 후에, 그 고양이를 쓰다듬으려고 조심스럽게 다가갑니다. 처음에 고양이는 크게 가르랑거립니다. 그렇지만 그 고양이의 털은 너무나 부드럽습니다. 그런데 갑자기 고양이가 쉭 소리를 내더니만 쓰다듬고 있던 손을 세게 치면서 앞발로 할퀴었습니다. 재빠르게 손을 뒤로 뺐습니다. 다른 날 그 친구의 집에 놀러 갔을 때 그 고양이는 같은 장소에 아무렇지도 않게 누워 있었습니다.

다시 한 번 고양이를 쓰다듬어 보기로 마음먹습니다. 고양이는 몇 번쯤 가르랑거리더니 또 태도를 바꾸어 할퀴었습니다. 다행히 상처를 입지 않고 피했지만, 이번에는 손등 위로 지나가는 그 고양이 앞발의 날카로움을 느꼈습니다. 세 번째 갔을 때에도 똑같은 일이 발생한다면, 아무리 그 고양이의 털이 부드러워 보이고 느낌이 좋더라도 쓰다듬으려 하지 않을 것입니다.

오늘 우리가 읽는 이야기에서, 삼손은 이런 교훈을 깨닫지 못했습니다. 들릴라가 그를 속이고 블레셋 사람들에게 넘겨주려고 여러 번 시도했음에도 불구하고 결코 들릴라를 떠나지 않았습니다.

성경읽기 | 사사기 16장 4~14절

🗨 깊이 생각하기

오늘 읽은 성경에서 보면, 삼손은 블레셋 사람들을 놀라운 힘으로 제압하며 전 이스라엘을 다스리는 자가 되었습니다. 그러나 자신의 힘 때문에 매우 교만해졌고, 스스로에 대해서 자부심이 대단했습니다. 반면에 블레셋 사람들은 삼손의 지배를 받는 것에 지쳐 있었고 그를 매우 싫어했습니다. 그들은 삼손이 사랑하는 여인 들릴라에게 삼손을 배신하면 큰돈을 주겠다는 제안을 합니다. 그리고 들릴라가 삼손의 힘의 비밀을 밝혀내는지를 살펴봅니다. 들릴라는 세 번씩이나 삼손에게 무엇이 그를 그처럼 강하게 만들어 주는지 말해 달라고 요구하지만, 그 때마다 삼손은 거짓말을 합니다. 삼손은 블레셋 사람들이 덤벼들었을 때 쉽게 물리쳤습니다. 그러나 삼손의 교만함은 그의 눈을 멀게 했고 들릴라를 배신자로 생각할 수 없었습니다. 거기다 삼손은 하나님이 도우신다는 사실을 믿지 않았습니다. 대신 자신을 구원할 것은 자신의 힘뿐이라고 믿었습니다. 그러나 하나님은 그에게 복을 주셔서 초능력의 힘으로 이스라엘을 구원하게 하셨습니다. 그저 들릴라와 놀아나 하라고 그런 힘을 주신 것이 아니었습니다.

🗨 이야기하기

교만은 무엇인가요? (교만은 우리가 다른 사람 혹은 하나님보다 우리 자신을 높게 여기는 것입니다.)

삼손은 교만으로 인해 무엇을 보지 못했나요? (삼손은 그의 힘이 어떤 위험에서도 자신을 보호할 수 있다고 생각했습니다. 하나님이 아니라 자기 자신을 의지했습니다.)

우리는 교만으로 인해 무엇을 보지 못하나요?
(교만은 하나님 없이도 모든 것을 다 할 수 있다는 어리석은 생각입니다. 마지막으로 하나님에게 학교생활에 대해서 도움을 구하였던 때가 언제인가요? 또는 마지막으로 하나님에게 선한 일을 하도록 도와주신 것에 감사를 드린 게 언제인가요? 하나님이 우리가 하는 모든 일을 도우셨을 때, 우리가 행한 그 일들로 인해서 우리 자신이 어떤 유익이나 신뢰를 받는 게 당연하다고 생각하기는 너무나 쉽습니다.)

삶의 어떤 영역에서 교만했었는지 생각해 볼 수 있나요? (부모님은 자녀들이 생각해 보도록 도와주세요. 명심하세요. 우리는 자주 우리 자신이 얼마나 교만한지를 보지 못합니다.)

🗨 기도하기

우리 삶의 어떤 영역에서 교만했었는지를 고백하고, 겸손이 자라게 해 달라고 하나님에게 도움을 구하세요.

DAY 2

♥ 기억하기

어제 이야기 중에서 무엇을 기억하고 있나요? 오늘은 어떤 이야기가 있을 것이라고 생각하나요?

✝ 성경읽기 | 사사기 16장 15~22절

💬 깊이 생각하기

삼손은 "고양이 쓰다듬기"를 여러 번 시도했습니다. 그리고 이번에는 고양이 발톱에 "할큄"을 당했습니다. 삼손이 교만하여 들릴라의 속임수를 보지 못했고, 그녀가 그를 계속해서 추궁했을 때 결코 머리카락을 자르지 않는다는 나실인으로서의 맹세를 말해 주었습니다. 들릴라는 드디어 삼손이 진실을 말한다는 것을 알았습니다. 그래서 삼손이 잠든 후에, 그의 머리카락을 잘라버렸습니다.

들릴라가 블레셋 사람들을 부르기 전에, 삼손을 조롱했다는 사실을 알 수 있습니다. 그녀는 삼손을 진심으로 좋아하지 않았던 것입니다. 단지 돈을 원했을 뿐입니다. 삼손의 힘은 머리카락과 함께 사라졌습니다. 그리고 그녀가 자신을 적에게 넘겨주는 것을 막을 수 없었습니다.

《● 이야기하기

삼손은 하나님보다 누구를 더 사랑했나요?
(삼손은 하나님보다 들릴라를 더 사랑했습니다. 그리고 하나님보다 자기 자신을 더 사랑했습니다.)

들릴라는 하나님보다 무엇을 더 사랑했나요?
(들릴라는 삼손, 또는 하나님보다 돈을 더 사랑했습니다. 결국 그녀는 은 1,100개로 삼손을 배신했습니다. 그것이 많은 돈이지만, 결코 우리를 천국으로 인도해 줄 만큼 충분하지는 않습니다. 죽을 때 우리는 모든 재산을 남겨 두고 떠나게 됩니다.)

우리가 하나님보다 더 사랑하는 것들은 무엇인가요?
(부모님은 자녀들에게 죄를 불러일으킬 만한 가장 큰 원인이 무엇인지 생각해 보도록 도와주세요. 장난감을 너무 사랑해서 다툼이 생긴다면, 자녀들은 하나님보다 장난감을 더 사랑하는 것입니다. 집안 일 돕는 것을 싫어하고 화를 낸다면, 하나님보다 편하고 쉬운 것을 더 사랑하는 것입니다. 우리는 종종 분노 때문에 우리가 무엇을 더 사랑하고 숭배하는지를 발견합니다. 하나님에게 순종하기보다 죄로 이끄는 것은 무엇이든지 우리가 하나님보다 더 사랑하는 것들과 관련됩니다.)

🤚 기도하기

우리가 하나님보다 더 사랑한 것들이 있었다고 고백하고 하나님에게 용서해 달라고 간구하세요.

DAY 3

♥ 예수님께 연결하기

오늘의 이야기가 예수님에 대한 것이며, 예수님을 가리킨다는 사실을 어떻게 알 수 있나요?

✝ 성경읽기 | 사사기 16장 23~31절

💬 깊이 생각하기

앞을 볼 수 없게 된 삼손은 블레셋 지도자들이 하나님을 모욕하고 비웃는 연회장으로 끌려갔습니다. 비록 블레셋 사람들이 삼손의 시력을 빼앗아갔으나, 하나님은 그 실패를 통해서 삼손에게 마음의 눈을 열게 하셨고, 그의 교만을 발견하게 하셨습니다. 블레셋 사람들에게 패배한 삼손은 하나님이 자신의 진정한 힘의 근원이심을 깨달았습니다.

시간이 흘러 머리카락은 다시 자랐고, 삼손은 자신의 힘이 다시 돌아와야 할 분명한 이유를 알게 되었습니다. 그러나 이번에는 자기 마음대로 블레셋 사람들과 싸우려 하지 않고, 하나님에게 도움을 구했습니다. 이때가 삼손이 싸움을 시작하기 전에 하나님에게 처음으로 도움을 구한 순간이었습니다.

하나님은 기도에 응답하셨고 삼손의 놀라운 힘을 마지막으로 회복시키셨습니다. 결국, 삼손은 자신의 목숨을 바쳐서 블레셋 사람들을 멸망시킴으로써 이스라엘 민족을 구했습니다. 그것이 예수님이 우리를 위해서 이루신 일입니다 — 그분은 자신의 생명을 내어주셔서 우리의 적들을 파괴하셨습니다.

🔊 이야기하기

우리가 오늘 읽은 부분은 이전에 삼손이 행했던 방식과 어떻게 다른가요?
(삼손은 하나님 없이도 자신의 힘만 믿고 무엇이든지 할 수 있다고 생각했던 교만한 마음이 더 이상 없었습니다.)

기둥을 무너뜨렸을 때 삼손은 누구를 죽였나요? (블레셋의 통치자들과 중요한 관원들이 죽음을 당했습니다.)

삼손은 예수님과 어떤 부분에서 비슷한가요?
(하나님은 삼손을 사용하셔서 이스라엘 민족을 그들의 적인 블레셋으로부터 구하셨습니다. 예수님은 죄와 사망이라는 우리의 적들로부터 우리를 구원해 내셨습니다.)

🙏 기도하기

삼손을 용서하시고 그에게 마지막으로 힘을 회복시키신 하나님에게 감사하세요.

DAY 4

♥ 기억하기

이번 주 성경 이야기를 통해서 하나님은 우리에게 무엇을 가르치시나요?

✝ 성경읽기 | 히브리서 11장 32절~12장 3절

💬 깊이 생각하기

많은 이야기들이 다음과 같이 끝납니다. "그리고 그들은 영원히 행복하게 살았습니다." 오늘 읽은 히브리서에도 삼손의 슬픈 삶에 대한 멋진 마무리가 담겨 있습니다.

삼손의 삶의 앞부분은 좋지 않은 본보기였습니다. 그러나 마지막에 삼손은 교만함에서 돌아섰고 하나님의 백성들을 위해서 생명을 내던졌습니다. 삼손은 마무리를 잘했고, 그의 삶은 예수님을 나타내게 됩니다. 비록 삼손이 많은 실패를 했지만 히브리서에서 신앙의 영웅으로 이름을 남기게 됩니다. 성경에 그 이름이 기록된 남자와 여자들은 어떤 어려움 속에서도 신실하게 하나님을 믿었습니다. 히브리서의 기자는 우리에게 그들에 대해서 알려줍니다. 그래서 우리는 그들의 본을 따를 수 있습니다.

🗨 이야기하기

자녀들은 부모님에게 구약 성경에 나오는 영웅 가운데 누구를 가장 좋아하며 왜 그런지 질문해 보세요.

삼손의 이름이 왜 믿음의 사람들과 함께 기록되었나요?
(삼손은 삶의 마지막 때에 후회하면서 그의 죄를 돌이켰습니다. 그리고 결국에는 이스라엘 민족을 그들의 적으로부터 구했습니다.)

삼손의 삶을 보면서 우리는 무엇을 배울 수 있나요?
(부모님은 자녀들이 교만이 얼마나 나쁜 것인지 알 수 있도록, 또한 우리에게 필요한 것은 나 자신의 힘이 아니라 하나님을 신뢰하는 것임을 알도록 도와주세요.)

예수님은 그분의 믿음을 보이시려고 무엇을 하셨나요?
(예수님은 십자가를 견디시고 우리가 용서받도록 우리 대신에 고통을 당하셨습니다.)

🙏 기도하기

우리에게 놀라운 신앙의 좋은 본보기, 특히 예수님을 주신 것에 감사하세요.

DAY 5

♥ 발견하기

오늘 우리는 시편이나 예언서를 통해서 예수님에 대해서 무엇을 배울 수 있는지를 살펴볼 거예요.

📕 성경읽기 | 에스겔 34장 20~24절, 요한복음 10장 14~15절

💬 깊이 생각하기

예수님이 태어나시기 오래 전에, 하나님의 선지자인 에스겔은 다윗의 계보에서 태어나게 될 목자에 대해 말했습니다. 이 목자는 양떼를 돌보는 대신에 하나님의 백성들을 살피고 돌보십니다. 에스겔은 그분이 백성들을 먹이시고, 모든 악에서 보호하신다고 말했습니다. 그러나 에스겔은 누가 목자인지는 언급하지 않았습니다. 예수님이 직접 말씀해 주시고 나서야 비로소 이스라엘 민족은 에스겔이 말했던 선한 목자가 누구인지를 알게 됩니다. 예수님은 하나님의 양떼, 즉 백성들을 위해서 그분의 생명을 내어 주셨습니다. 예수님이 바로 에스겔이 예언했던 다윗의 계보에서 태어난 목자였습니다. 만약 우리가 예수님을 믿는다면, 우리 또한 하나님의 백성의 일부가 됩니다.

🗨 이야기하기

하나님의 백성들에게 오셔서 그들의 왕이 되실, 에스겔이 말한 목자는 누구인가요? (바로 예수님입니다.)

왜 예수님은 에스겔의 예언에서 다윗이라고 불리나요?
(예수님은 다윗의 계보에서 출생하셨기 때문에 다윗이라고 불립니다.)

예수님은 어떤 목자인가요?
(가장 쉬운 대답은 '예수님은 우리를 돌보신다.'입니다. 그러나 자녀들에게 다음과 같이 설명할 수도 있습니다. "목자는 양떼가 좋은 풀을 먹도록 인도하고 위험으로부터 그것들을 보호한단다. 만약 늑대가 공격해 오면 목자는 목숨을 걸고 양떼를 보호하지. 마찬가지로 예수님은 우리를 천국의 음식, 즉 하나님의 말씀으로 인도하시고, 그분의 생명을 내어주셔서 죄와 사망의 위험으로부터 우리를 보호하신단다. 우리가 받아야 할 징계를 십자가에서 대신 받으심으로, 그분은 또한 우리를 하나님의 진노와 심판으로부터도 보호하시지.")

✍ 기도하기

우리의 목자가 되어 주시고 양인 우리를 위해서 목숨을 기꺼이 내어 주신 예수님에게 감사하세요.

week 50

Ruth

룻

자녀들을 한자리에 모으고, 할머니에 대해 아는 것이 있는지 질문해 보세요. 증조할머니에 대해서도 아는지 질문해 보세요. 어쩌면 증조할머니에 대해서 추가 설명이 필요할지도 모릅니다. 부모님에게서는 어린 시절을 되돌아보며 여러분의 할머니(자녀들에겐 증조할머니)에 대한 이야기를 들려주세요. 오늘날의 편의 시설이나 발명품들이 없던 증조할머니 시대에 대해서 얘기해 주는 것은 매우 재밌을 것입니다. 만약 할머니 사진을 가지고 있다면, 그것을 보여 주세요.

이번 주, 우리는 다윗왕의 증조할머니에 대해서 배우게 될 것입니다. 그녀의 이름은 룻입니다.

DAY 1

♥ 상상하기

각자에게 아주 특별하다고 생각하는 것 세 가지를 골라 보세요. 그것들이 무엇인지 말해 줄 수 있나요? 어느 날 우리가 친척 집을 방문한 동안에 토네이도가 몰아쳐서 우리 집을 완전히 망가뜨렸다고 가정해 봅시다. 가장 특별하게 여기는 것들이 전부 사라져 버렸고, 그것들을 영원히 잃어버리게 되었습니다. 만약 그렇다면 어떤 마음이 들까요?

오늘 이야기에서는 가장 특별한 세 가지를 모두 잃어버린 한 여인에 대해서 배울 거예요. 그 세 가지는 남편과 두 아들들입니다. 세 사람은 모두 죽고, 오직 두 며느리만 남겨진 상황이었습니다.

318

📖 성경읽기 | 룻기 1장

💬 깊이 생각하기

나오미의 남편이 죽은 후에, 그녀의 두 아들은 어머니를 돌보고 음식을 장만해야 했습니다. 그러나 그 두 아들마저 죽은 후에는 나오미를 돌봐줄 사람이 아무도 없었습니다. 하나님을 제외하고, 나오미는 그녀가 가졌던 가장 중요한 세 가지를 모두 잃었습니다. 남편과 아들들 없이, 그녀는 길거리에서 구걸을 해야 하는 상황에 직면했습니다. 그것이 그녀가 고향인 이스라엘로 돌아가기로 마음먹은 이유인데 적어도 고향에서는 누군가 돌봐줄 거라는 희망이 있었기 때문입니다.

그녀의 며느리인 룻과 오르바는 남편이 죽었기 때문에 그들을 돌봐줄 가족에게로 돌아갈 수 있었습니다. 그것이 나오미가 며느리들더러 가족들에게 돌아가라고 말한 이유입니다. 며느리 중 룻은 나오미를 무척이나 사랑했기에 시어머니의 말씀을 따르지 않았습니다. 나오미의 가족이 된 룻은 모압 사람으로 숭배했던 모든 우상을 다 버리고 나오미의 하나님, 즉 이스라엘의 하나님을 그녀의 신으로 섬기기로 결심했습니다.

🗣 이야기하기

나오미의 두 며느리 중에서 누가 함께 하기로 했나요?
(룻이 시어머니인 나오미와 함께 하기를 원했습니다.)

나오미가 무슨 말을 했는지 8~9절을 다시 읽으세요. 이 구절에서 우리는 나오미의 신앙에 대해서 무엇을 배울 수 있나요?
(나오미는 하나님이 룻과 오르바를 돌보실 거라고 확신했습니다. 그것에 강한 믿음을 드러냈습니다.)

룻은 하나님을 향한 자신의 믿음을 어떻게 드러냈나요?
(그녀는 나오미의 하나님이 자신의 하나님이 되실 거라고 말했습니다.)

룻은 남편과 시어머니 나오미에게서 참되신 하나님을 알게 되었습니다. 우리는 누구에게서 하나님을 알게 되었나요?
(부모님은 자녀들이 하나님이 어떤 분이신지를 아는 데 도움을 주었던 사람이 누구인지 생각하게 어느 정도 시간을 주고 도와주세요.)

🙏 기도하기

여러분의 삶에서 하나님이 누구신지를 알게 해준 모든 사람을 위해 기도하세요.

DAY 2

♥ 기억하기

어제 이야기 중에서 무엇을 기억하고 있나요? 오늘은 어떤 이야기가 있을 것이라고 생각하나요?

✝ 성경읽기 | 룻기 2장

💬 깊이 생각하기

사람들은 예상치 않게 이익을 얻거나 도움을 받았을 때 종종 운이 좋았다고 말합니다. 무더운 여름 날, 친구와 길을 걷다가 우연히 길에서 천 원을 주웠고, 그걸로 시원한 음료를 사 먹게 되었다면, 친구에게 "오늘은 정말 운이 좋은 날이야!" 라고 말할지도 모르지요. 또는 엄마가 숟가락을 실수로 휴지통에 떨어뜨렸는데 그걸 꺼내려다가 잃어버렸다고 생각한 자동차 열쇠를 그 안에서 찾게 된다면, 엄마는 "내가 숟가락을 휴지통에 떨어뜨린 게 행운이었나 봐, 덕분에 자동차 열쇠를 찾게 되었으니까." 라고 말할 수 있습니다.

그러나 하나님이 모든 것을 다스리신다는 사실을 안다면, 우리는 그런 행운이 존재하지 않는다는 것을 깨닫게 됩니다. 모든 것은 하나님이 계획하신 대로 정확하게 이뤄집니다. 우리가 복을 누릴 때, 운이 좋았다고 말하기보다 하나님이 우리에게 제공해 주신 것에 감사를 드리는 것이 훨씬 더 낫습니다.

룻이 나오미의 친척 보아스의 밭으로 나간 것은 결코 운이 좋아서가 아닙니다 — 룻을 그 곳으로 이끄신 분은 바로 하나님이십니다. 룻이 거기에 있던 그 순간에 보아스를 그 자리로 데려오신 분도 하나님이십니다. 이러한 일들은 우연히, 운이 좋아서 일어난 것이 아닙니다. 그 모든 상황은 하나님이 계획하신 것이었습니다.

《● 이야기하기

하나님은 룻을 어떻게 돌보셨나요?

(보아스를 사용하셔서 일꾼들에게 룻을 쫓아내지 않도록 시켰고, 보리 곡식 다발에서 일부를 흘려서 룻이 그것들을 줍게 했습니다.)

보아스가 왜 룻을 돌봤다고 생각하나요?

(보아스는 룻의 모든 이야기를 들었습니다. 또한 나오미가 자신과 친척이라는 것을 알았습니다. 그래서 룻을 가족으로 대한 것입니다.)

룻이 보아스의 밭에서 보리를 주웠다는 소식을 나오미가 들었을 때, 그녀는 "와, 운이 좋군!" 이라고 말하지 않았습니다. 나오미는 누가 그들을 돌보고 있다고 말했나요?

(나오미는 이 모든 것이 여호와의 자비와 은혜 때문이라고 말했습니다[20절].)

🤲 기도하기

우리가 알고 있는 사람들에게 필요한 것들을 적어 보세요. 그리고 나서 하나님에게 그것들을 공급해 달라고 간구하세요.

DAY 3

♥ 예수님께 연결하기

오늘의 이야기가 예수님에 대한 것이며, 예수님을 가리킨다는 사실을 어떻게 알 수 있나요?

✝ 성경읽기 | 룻기 3장

💬 깊이 생각하기

어제 이야기에서, 룻이 보아스의 밭에서 이삭줍기를 하고 돌아왔을 때, 나오미는 그녀에게 보아스는 그들의 기업을 무를 자 가운데 한 명이라고 말했습니다. 나오미는 어떤 사람이 돈이 필요해서 밭을 팔았다면 하나님은 가족 중 누군가가 그것을 갚아주거나 다시 사서 그에게 돌려주어야만 한다고 말씀하신 것을 알고 있었습니다. 하나님은 또한 모세에게 이스라엘 여인이 남편을 잃는다면, 그녀의 남편 형제들 중 한 명이 그녀와 결혼해야 한다고 말씀하셨습니다(신 25:5~6). 나오미는 보아스가 그들의 기업 무를 자가 되고, 룻과 결혼해서 그들을 돌보아 주기를 바랐습니다. 이 기업 무를 자의 모습은 우리에게 예수님을 떠올리게 해 줍니다. 성경은 예수님이 우리의 구세주라고 말씀하고 있습니다(눅 1:68). 예수님은 죽으심으로 우리의 구원을 이루셨고 우리가 하나님과 더불어 천국에서 살 수 있게 하셨습니다. 성경은 또한 우리에게 예수님은 우리의 신랑이시며 그분이 구원한 모든 사람은 그분의 신부라고 말합니다.

💬 이야기하기

구세주, 기업 무를 자는 무엇인가요?
(그 사람은 잃어버린 것을 다시 사서 돌려주는 사람입니다. 오늘 이야기에서 구세주는 가족 중 한 사람이 돈이 필요해서 땅을 팔았을 때 그 땅을 다시 사서 돌려주는 사람입니다.)

나오미는 누가 그들의 기업 무를 자가 되기를 원했나요? (나오미는 보아스가 그 사람이 되기를 원했습니다.)

우리의 구세주, 기업 무를 자는 누구인가요? (예수님이십니다.)

예수님은 우리를 어떻게 구원하셨나요?
(예수님은 십자가에서 우리의 죄에 대한 대가를 지불하셨습니다. 그 대가로 예수님을 믿는 모든 사람은 하나님과 함께 할 천국에 집을 얻게 됩니다. 예수님은 우리에게 십자가에 쏟으신 그 피로 그렇게 하셨습니다.)

🤲 기도하기

우리를 구원하셔서 더 이상 홀로 있지 않고 하나님의 가족으로 천국에서 영원히 거하게 해 주신 하나님을 찬양하세요.

DAY 4

♥ 기억하기

이번 주 성경 이야기를 통해서 하나님은 우리에게 무엇을 가르치시나요?

✝ 성경읽기 | 룻기 4장

● 깊이 생각하기

보아스는 나오미의 기업을 무를 자로서, 그리고 룻과 결혼해야 할 자로서 첫 번째 순서는 아니었습니다. 그보다 더 앞선 순위의 가까운 친척이 있었는데 그 사람이 그들의 기업 무르는 것을 거절해야 그다음 차례인 보아스가 룻과 결혼할 수 있었습니다. 보아스는 룻과 결혼하고 싶었습니다. 그래서 더 앞선 순위의 친척에게 나오미와 룻의 땅을 다시 사서 돌려주고 기업을 무를 때 많은 비용이 든다는 사실을 확인시켜 주었습니다. 보아스는 그 첫 번째 순번의 사람이 돈이 너무 많이 들어서 지불하기를 원치 않는다면, 자신이 대신해서 기쁘게 그들의 기업을 무를 것이라고 말했습니다. 그 사람은 곧 보아스가 나오미와 룻의 기업을 무르는 것에 동의했습니다. 즉시, 보아스는 나오미의 땅을 사고 룻과 결혼할 것이라고 공식적으로 발표했습니다.

《● 이야기하기

자녀들은 부모님에게 아빠가 엄마에게 청혼했을 때 놀라셨는지 물어보세요.

보아스는 왜 나오미와 룻의 기업을 무르게 되어서 기뻤나요? (아마도 보아스는 룻을 사랑했던 것 같은데, 명예로운 일을 했다는 마음과 그녀와 결혼하게 되어서 더 기뻤던 것 같습니다.)

보아스가 기업 무르는 데 드는 비용은 무엇이었나요? (보아스는 나오미의 땅을 다시 사야 했고, 결혼에 필요한 비용을 지불해야 했으며 그들의 여생을 책임져야만 했습니다.)

예수님이 우리를 구원하시기 위해서 지불한 비용은 무엇인가요?
(예수님은 우리 죄의 대가를 치르시기 위해서 십자가에서 죽으셨습니다.)

예수님은 왜 우리의 죄로부터 우리를 구원하시는 게 기쁘셨나요?
(성경은 하나님이 우리를 사랑하셔서 그분의 외아들 예수님을 포기하셨다고 말합니다. 예수님도 우리를 향한 하나님 아버지의 사랑을 가지고 계십니다. 성경은 예수님을 신랑으로, 우리를 그분의 신부로 말합니다.)

✋ 기도하기

외아들 예수님을 보내주신 하나님을 찬양하세요. 그리고 그분을 온 마음 다해서 사랑할 수 있게 해달라고 하나님에게 간구하세요.

DAY 5

♥ 발견하기

오늘 우리는 시편이나 예언서를 통해서 예수님에 대해서 무엇을 배울 수 있는지를 살펴볼 거예요.

✝ 성경읽기 | 이사야 54장 5~7절

💬 깊이 생각하기

이 구절에서 이사야는 죄 가운데 있는 하나님의 백성들을 기업 무를 자가 필요한 아내로 비유합니다. 그는 이스라엘의 거룩한 분이 그들의 구속자가 되실 것이라고 말함으로써 그들을 위로합니다.

또한 이 말씀들은 우리를 위해서 기록된 것입니다. 하나님은 우리를 위해서도 구속자를 보내셨던 것입니다. 우리는 성경을 읽음으로써 예수님이 이사야가 말한 분이라는 사실을 알게 됩니다. 예수님은 그분의 사역 기간 동안에 심지어 '하나님의 거룩한 이'라고 불리셨습니다. 그래서 예수님이 태어나시기 오래 전에, 이사야는 예수님이 하나님의 백성들을 위한 구속자로 이 땅에 오실 날을 예언했습니다.

🗣 이야기하기

이사야는 누가 하나님의 백성들을 위해서 구속자가 될 거라 말했나요?

(이사야는 예수님을 이스라엘의 거룩한 분이라고 칭했습니다.)

요한복음서 6:69을 읽으세요. 베드로는 이스라엘의 거룩한 분을 누구라고 말하나요?

(예수님이 이스라엘의 거룩한 분입니다.)

이사야는 어떻게 예수님이 태어나시기도 전에 그분이 이스라엘의 구속자가 되실 거라는 사실을 알 수 있었나요?

(하나님이 선지자들을 통해서 말씀해 주셨습니다. 하나님은 모든 것을 아시기에, 어떤 일이 일어나기 전에 선지자들에게 말씀해 주실 수 있었습니다.)

🙏 기도하기

예수님이 이 땅에 태어나시기도 전에, 선지자들을 통해서 예수님에 대해서 이스라엘 민족에게 말씀하신 하나님을 찬양하세요.

God Hears Hannah's Prayers
하나님이 한나의 기도를 들으시다

부모로서 우리는 자녀들을 위해서 자주 기도합니다. 그러나 우리가 그렇게기도하는 것을 정작 자녀들은 잘 모를 수 있습니다. 자녀들이 태어나기 전에 그들의 출생을 위해서 기도했나요? 아마도 하나님에게 안전하게 태어나게 해 달라고 기도했을 것입니다. 아니면 최근에는 하나님이 직접 인도하셔서 자녀들을 구원해 달라고 간구했을 수도 있습니다.

오늘 자녀들을 위해서 부모로서 했던 기도의 내용을 나누는 시간을 가져 보세요. 어쩌면 오늘 가정 예배를 시작하기 전 자녀들을 위해서 기도하고 싶은 마음이 들 것입니다. 부모님의 기도를 나누는 것은 자녀들을 격려하는 좋은 방법입니다. 자녀가 여러 명이라면, 하루씩 나누어서 자녀들에게 그렇게 해 주세요. 그리고 말해 주세요. "이번 주 너희들은 한나의 기도에 하나님이 어떻게 응답하셨는지를 배우게 될 거야."

DAY 1

 ### 상상하기

매년 자녀들의 생일 때마다 비싼 선물을 사 주는 가정이 있다고 상상해 보세요. 그 아이들은 항상 자기가 받은 선물이 가장 좋다고 자랑합니다. 다른 아이가 생일 선물로 자전거를 받았을 때는 자기들의 자전거가 더 빠르다고 말합니다. 다른 친구가 받은 야구 글러브를 보고는 프로야구 선수의 사인이 새겨진 비싼 글러브를 내 보이며 친구의 것은 싸구려라고 놀립니다. 자신이 받은 선물을 놀리고 비웃는 그 아이를 볼 때 어떤 느낌이 들까요? 오늘 성경에서 엘가나라는 사람은 두 명의 아내가 있었습니다. 그들 중 한 사람은 다른 사람을 비웃었는데 그것은 그 사람을 매우 슬프게 했습니다.

✝ 성경읽기 | 사무엘상 1장 1~11절

💬 깊이 생각하기

누군가 우리를 약 올리거나 괴롭힐 때, 두 가지 대응 방식이 있습니다. 하나는 화를 내는 것인데 아마도 나쁜 말로 맞받아치겠지요. 다른 하나는 기도하고 하나님에게 도움을 구하는 것입니다.

오늘 이야기에서 한나는 기도합니다. 한나는 브닌나를 험담하지 않고, 하나님에게 아들을 달라고 간구합니다. 하나님은 그녀의 기도에 응답하셨을 뿐만 아니라 또한 그 아들을 이스라엘의 위대한 선지자로 쓰실 것입니다.

《● 이야기하기

오늘 이야기에서 엘가나와 한나가 하나님과 맺는 관계를 보면서 무엇을 배우나요?

(매년 성전에 올라가서 드리는 그들의 제사, 한나의 기도에서 볼 수 있듯이 두 사람 모두 하나님 앞에서 신실했습니다.)

한나는 자녀가 없는 것을 어떻게 느꼈나요?

(한나에게 아주 힘든 일이었기에 매우 슬펐습니다. 그러나 하나님은 그녀에게 복을 주실 계획을 가지고 계셨습니다.)

우리가 원하는 무엇인가를 얻지 못했던 때를 기억할 수 있나요? 그 시험을 어떻게 견뎌냈나요?

(대부분의 자녀들은 이처럼 큰 어려움을 겪어보지 못했을 겁니다. 그러나 간혹 기대했던 어떤 행사가 취소되거나 예상치 못하게 자신의 소중한 것을 잃어버리는 경험을 하면 우리가 얼마나 그것들을 원했는지를 깨달을 수 있습니다.)

🙏 기도하기

원하는 것을 얻지 못했을 때 한나처럼 반응할 수 있게 해 달라고 하나님에게 간구하세요.

DAY 2

♥ 기억하기

어제 이야기 중에서 무엇을 기억하고 있나요? 오늘은 어떤 이야기가 있을 것이라고 생각하나요?

📖 성경읽기 | 사무엘상 1장 11~23절

💬 깊이 생각하기

하나님은 아무리 우리가 진정으로 간절히 기도할지라도, 우리가 원하는 것을 언제나 주시는 것은 아닙니다. 그러나 오늘 이야기에서 하나님은 한나의 기도에 응답하셨고, 아들을 주셨습니다. 한나는 하나님을 사랑했고, 하나님에게 아들을 드리겠다는 약속을 기억했습니다. 그녀는 아들을 양육하는 일이 마무리되자마자, 성막에서 하나님을 섬기게 하려고 제사장 엘리에게 데리고 가기로 계획했습니다.

🗨 이야기하기

엘리는 왜 한나가 술 취했다고 생각했나요?
(그녀의 입술이 움직였으나 실제로는 아무 말도 하지 않고 있었기 때문입니다. 한나는 그저 마음속으로만 말하고 있었습니다.)

엘리는 한나의 어려움이 무엇인지 이해한 후에, 그녀를 위해서 기도해 주었습니다. 엘리의 기도는 한나에게 어떤 영향을 주었나요?
(한나는 대제사장인 엘리가 기도해 주어서 매우 격려 받았습니다.)

우리가 기도하는 것들에 대해서 하나님이 응답하실 거라는 믿음이 있나요?
(부모님은 자녀들로 하여금 기도하는 것들을 생각해 보도록 도와주세요. 어쩌면 불신자 가족들, 불임의 고통을 겪는 사람 등 많은 사람이 우리 주변에 있을 수 있습니다. 그렇다면, 자녀들이 함께 그 사람들을 위해서 기도하도록 인도해 주세요.)

🤲 기도하기

마지막 질문에서 나온 사람들을 위한 기도를 하세요.

DAY 3

♥ 예수님께 연결하기

오늘의 이야기가 예수님에 대한 것이며, 예수님을 가리킨다는 사실을 어떻게 알 수 있나요?

✝ 성경읽기 | 사무엘상 1장 24~2장 2절

💬 깊이 생각하기

한나는 하나님에게 드린 자신의 약속을 지키고 성막에서 하나님을 섬기게 하려고 제사장 엘리에게 그 아들을 데리고 갔습니다. 한나의 기도 소리는 자신이 아기 예수를 낳을 것이라는 사실을 알고 나서 드린 마리아의 기도와 비슷합니다. 마리아는 "내 영혼이 주를 찬양하며 내 마음이 하나님 내 구주를 기뻐하였습니다." 라고 기도합니다(눅 1:46~47).

한나와 마리아 둘 다 하나님을 그들의 구세주로 생각합니다. 그리고 하나님은 그들에게 특별한 아들을 주셨습니다. 사무엘은 자라서 위대한 선지자요, 대제사장이 됩니다. 하나님은 그를 사용하셔서 온 이스라엘을 다스릴 왕으로 다윗을 지명하십니다. 마리아의 아들, 예수님은 자라서 두 여인의 기도처럼 구원을 가져다주십니다. 십자가에서 죽으심으로써, 예수님은 한나와 마리아의 죄를 제거하셨습니다.

우리가 예수님을 믿고 우리의 구원자로 받아들인다면, 그분은 우리의 죄 또한 제거해 주실 것입니다. 그러고 나서 우리도 한나와 마리아처럼 하나님은 우리의 구주라는 기도를 드릴 수 있습니다.

🗨 이야기하기

한나는 하나님에게 드린 그녀의 약속을 어떻게 지켰나요?
(한나는 그녀의 아들 사무엘을 대제사장 엘리에게 데려가서 하나님을 섬기며 살게 했습니다.)

한나는 그녀의 놀라운 기도에서 누구를 높이고 경배했나요? (한나는 기도로 하나님을 경배했습니다.)

왜 한나는 그녀의 아들을 기꺼이 엘리에게 데리고 갔나요?
(한나는 자신에게 아들을 주신 분이 하나님이라는 것과 사무엘이 하나님의 소유라는 것을 알았습니다. 그래서 사무엘이 대제사장 엘리를 돕는다는 것이 매우 기뻤습니다. 또한 매년 성막에 제사를 드리러 올라갈 때마다 사무엘을 만날 수 있었습니다.)

🙏 기도하기

한나처럼 하나님을 구주로 믿을 수 있게 해 달라고, 그리고 우리가 아는 사람들의 필요를 채워달라고 간구하세요.

DAY 4

♥ 기억하기

이번 주 성경 이야기를 통해서 하나님은 우리에게 무엇을 가르치시나요?

📖 성경읽기 | 사무엘상 2장 12~21절

💬 깊이 생각하기

비록 한나가 아들 사무엘을 양육하는 것을 포기했지만, 하나님은 그녀에게 세 명의 아들과 두 명의 딸을 더 낳는 복을 주셨습니다. 하나님은 또한 성실하게 엘리 대제사장을 도운 사무엘에게도 복을 주셨습니다.

사무엘은 자라면서 하나님을 향한 사랑이 더 굳건해졌지만, 엘리의 아들들은 사악했습니다. 그들은 하나님을 사랑하지 않았고 그들의 것이 아닌 제물의 일부를 훔쳤습니다. 그들은 하나님에게 불순종한 사람들이 겪었던 나쁜 결과들을 전혀 두려워하지 않았습니다.

🌐 이야기하기

자녀들은 부모님에게 이번 주 성경 이야기에서 가장 좋아하는 부분이 어디인지 질문해 보세요.
(부모님은 한나의 기도에 응답하시는 하나님에 대해서, 한나의 충성스러움에 대해서, 아니면 한나가 하나님을 섬기는 방법에 대해서 얘기해 줄 수 있습니다.)

아들 사무엘을 양육하는 것을 기꺼이 포기한 한나에게 하나님은 어떻게 복을 주셨나요?
(하나님은 세 명의 아들과 두 명의 딸을 더 주셨습니다.)

사무엘은 엘리의 아들들과 어떻게 달랐나요?
(엘리의 아들들은 하나님을 사랑하지 않았지만 사무엘은 사랑했습니다.)

엘리의 두 아들들에게 어떤 일이 벌어질 거라고 생각하나요?
(부모님은 어떤 답도 다 수용할 수 있습니다. 엘리의 아들들은 결국 불순종 때문에 죽음을 당할 것입니다.)

🙏 기도하기

사무엘처럼 하나님을 믿게 해 달라고 도움을 간구하세요.

DAY 5

♥ 발견하기

오늘 우리는 시편이나 예언서를 통해서 예수님에 대해서 무엇을 배울 수 있는지를 살펴볼 거예요.

📖 성경읽기 | 사무엘상 2장 10절, 요한계시록 6장 10절

💬 깊이 생각하기

한나의 간절한 기도의 마지막 부분은 예수님을 가리킵니다. 한나가 언급했던 기름 부음 받은 왕은 온 땅을 심판하기 위해서 하나님이 사용하실 것입니다. 그것은 정확하게 하나님이 우리에게 예수님이 심판의 날에 하실일이라고 말씀해 주신 것이었습니다. 그 날에 예수님은 모든 사람의 마음속에 있는 은밀한 것들을 심판하실 것입니다(롬 2:16). 또한 한나는 하나님의 심판자를 그분의 왕이요 그분의 기름 부음 받은 자라고 불렀습니다. 이둘은 모두 다 예수님을 나타냅니다.

💬 이야기하기

한나의 기도 가운데 마지막 부분은 누구에 대한 것인가요?
(한나의 기도 마지막 부분은 예수님에 대한 것입니다.)

한나는 하나님이 누구를 심판하실 거라고 말했나요?
(부모님은 자녀들에게 단서를 주려면 10절을 다시 한 번 읽어 주세요. 어린 자녀들을 위해서는 답을 알 수 있도록 어조의 변화를 주어서 읽어 주세요.)

한나는 이 땅의 마지막을 심판하실 분이 왕이라고 했습니다. 그것이 어떻게 예수님을 가리키는 것인가요?
(예수님은 왕이셨습니다. 그분이 십자가에 달리셨을 때 그 십자가에 '유대인의 왕'이라고 적힌 푯말이 달려 있었습니다.)

🙏 기도하기

한나의 기도를 예시로 삼아 기도하세요. 성경에서 하나님이 하실 거라고 말씀한 것들을 생각해 보세요. 그리고 그 말씀들을 놓고 기도하세요. 예를 들어, 하나님이 그분의 모든 자녀들을 구원하실 거라고, 그리고 천국에서 영원토록 왕으로서 계실 거라고 기도할 수 있습니다.)

God Calls Little Samuel
하나님이 어린 사무엘을 부르시다

자녀들을 한자리로 불러 모은 후, 혹시 피자 배달원을 봤냐고 질문하세요. 그들이 "아니요"라고 말하면, 진짜로 피자 배달원을 보지 못했냐고 거듭 물어보세요. 자녀들이 "네, 못 봤어요"라고 다시 말할 때, 나는 한 시간 전부터 피자가 너무 먹고 싶었고, 그래서 피자 배달원이 피자를 꼭 가지고 와야만 한다고 말해 주세요. 내가 피자를 먹고 싶기 때문에 피자 배달원이 반드시 올 거라 생각한다고요. 그리고 자녀들도 그 생각에 동의하는지 물어보세요. 잠시 후에, 피자 배달원은 피자 주문을 하지 않으면 절대로 배달을 하지 않는다고 알려 주세요. "그것은 우리에게도 마찬가지란다. 하나님이 우리를 부르시지 않았다면, 우리는 결코 그분께로 갈 수 없었단다. 이번 주 우리는 하나님이 어떻게 먼저 다가가시고 어린 사무엘을 부르셨는지를 배우게 될 거야."라고 얘기해 주세요.

DAY **1**

♥ 상상하기

한 가족이 사과 과수원 옆에 살았습니다. 매년 여름 그들은 푸르스름한 사과 알맹이가 빨갛고 큼직한 사과로 변하는 것을 봤습니다. 과수원의 주인은 그들에게 땅에 떨어진 사과를 그냥 가져가도 좋다고 말했습니다. 그러나 나무에서 직접 따서는 안 된다고 말했습니다.

그런데 그 집의 아들들은 그 규칙을 지키지 않았습니다. 그들은 땅에 떨어진 사과 대신에 나무에서 가장 먹음직스럽고 좋아 보이는 사과를 땄습니다. 아버지가 그들을 훈계했지만, 아들들이 집으로 가져온 사과는 너무나 향긋하고 맛이 좋았습니다. 그 아들들은 자신들이 딴 사과를 집으로 가져와서 아버지께 드린다면, 더 이상 혼나지 않을 거란 사실을 알았습니다. 아빠는 아들들을 꾸짖었지만 그 사과를 먹었습니다. 아빠의 나쁜 본보기는 아들들을 향한 훈계보다 더 큰 목소리를 내었습니다. 결국, 과수원의 사과를 훔쳐온 아들들처럼 그 아버지도 죄를 지은 것입니다.

오늘 이야기에서 우리는 엘리 대제사장이 아들들이 하나님에게서 훔쳐온 고기를 어떻게 먹었는지를 읽게 될 것입니다. 비록 그는 아들들의 태도를 고치려 했지만 그의 옳지 않은 행동은 그의 말보다 더 강력한 메시지가 되었습니다.

✝ 성경읽기 | 사무엘상 2장 12~17절, 27~36절

💬 깊이 생각하기

사무엘이 하나님을 섬기던 어린 시절에, 대부분의 이스라엘 민족은 하나님에게 불순종했습니다. 엘리의 아들들인 홉니와 비느하스도 하나님을 전혀 두려워하지 않았고 하나님에게 제물로 바친 고기를 중간에 가로챘습니다. 제사장들은 그 고기 중 일부를 가족을 위해서 가질 수 있었습니다. 그러나 엘리의 아들들은 하나님에게 제물로 바쳐지기도 전에 고기의 가장 좋은 부분을 자신들의 것으로 가져갔습니다. 그것은 그들이 하나님에게 속한 것을 훔쳤다는 의미입니다. 엘리도 그 고기를 먹었습니다.

하나님은 즉각적으로 징계하는 대신에 엘리와 그 아들들에게 자비를 베푸셨고, 우선은 선지자를 보내서 경고하셨습니다. 선지자는 엘리에게 아들들이 훔쳐온 고기를 먹음으로써 하나님보다 아들들을 더 존중하는 태도를 취했다고 말했습니다.

🗣 이야기하기

홉니와 비느하스를 어떻게 설명할 수 있나요?

(부모님은 자녀들이 생각하도록 도와주세요. 아이들의 언어로 엘리의 아들들이 하나님을 전혀 고려하지 않는 사악한 사람들이었음을 표현하도록 이끌어 주세요.)

엘리는 아들들이 올바르게 행동하도록 무엇을 했어야만 했을까요?

(엘리는 아들들이 죄로부터 돌이킬 때까지 하나님의 제사장으로서 그 직무를 행하지 못하게 했어야 했습니다.)

하나님의 명령에 불순종한 경험이 있나요?

(자녀들 또한 죄인이라는 것을 생각하도록 도와주세요. 우리가 읽은 성경 속에서 죄를 범하는 사람들을 찾는 것은 쉽습니다. 그러나 우리도 그와 같은 죄인임을 깨닫는 것은 쉽지 않습니다.)

🤲 기도하기

우리의 죄를 하나님에게 고백하세요. 그리고 용서를 구하세요.

DAY 2

♥ 기억하기

어제 이야기 중에서 무엇을 기억하고 있나요? 오늘은 어떤 이야기가 있을 것이라고 생각하나요?

📖 성경읽기 | 사무엘상 3장 1~14절

💬 깊이 생각하기

비록 오늘날 하나님이 선지자를 통해서 말씀하시는 것이 드문 일이지만, 하나님은 엘리에게 선지자를 보내셨습니다. 그러나 하나님의 경고를 들은 후에도 엘리와 그의 아들들 모두 죄에서 돌이키지 않았습니다. 엘리는 하나님을 섬기는 제사장의 자리에서 아들들을 제외시켰어야 했지만 그러지 않았습니다. 그리고 아들들이 하나님에게 바친 제물인 고기를 훔쳐 왔음에도 아무런 말도 하지 않았습니다. 그래서 오늘 이야기에서 하나님은 어린 사무엘을 부르셨고 그를 통해 엘리를 향한 두 번째 경고를 하셨습니다.

🗣 이야기하기

만약 내가 사무엘이라면 하나님이 밤에 불렀을 때, 어땠을 것 같나요?
(자녀들이 생각할 수 있게 도와주세요. 무섭거나 혼란스럽지 않았겠는지 질문해 보세요. 그리고 우리는 기도를 통해서 하나님과 대화할 수 있다는 사실을 떠올려 주세요.)

하나님은 왜 엘리에게 두 번째 경고를 하셨을까요?
(엘리는 하나님의 첫 번째 경고를 듣지 않았고 그의 아들들을 가르치거나 훈계하지 않았습니다.)

엘리는 그의 죄에서 돌이킬 기회가 있었나요?
(네. 우리는 죄를 짓는 것을 멈추고 하나님에게 용서해 달라고 간구할 기회가 항상 있습니다. 그러나 오늘 이야기에서 엘리는 결코 그렇게 하지 않습니다.)

엄마나 아빠로부터 잘못된 행동(죄)에서 돌이키도록 기회를 한 번 이상 받았던 경험이 있나요?
(부모님은 자녀들이 여러분의 가르침을 따르지 않고 반복된 잘못을 계속해서 두 번 이상 훈계하고 경고했던 때를 기억하도록 도와주세요.)

🙏 기도하기

부모님에게 첫 번째 훈계를 들고선 즉시 그 죄에서 돌아설 수 있게 해 달라고 하나님에게 도움을 구하세요.

DAY 3

♥ 예수님에게 연결하기

오늘의 이야기가 예수님에 대한 것이며, 예수님을 가리킨다는 사실을 어떻게 알 수 있나요?

✝ 성경읽기 | 사무엘상 2장 35~36절, 히브리서 7장 20~25절

💬 깊이 생각하기

이스라엘의 대제사장은 백성들의 죄를 씻기 위해서 하나님의 임재 가운데 속제물을 바치는 사람이었습니다. 그러나 오늘 이야기를 통해서 엘리와 그의 아들들은 충실한 제사장이 아니었다는 것을 알게 됩니다. 그것은 그들이 하나님에게 순종하지 않았다는 의미입니다.

하나님이 엘리에게 경고하시려고 선지자를 보내셨을 때, 그는 충실한 제사장을 세울 것이라고 말했습니다. 그 메시지는 예수님에 대한 것이었습니다. 예수님은 하나님이 죄로 가득한 대제사장을 대신해서 세우신 충실한 대제사장입니다. 그 선지자가 충실한 대제사장은 영원토록 제사장으로서 섬기게 될 것이라고 말했던 것을 알고 있나요? 예수님만이 그 설명에 적합한 분이십니다. 모든 다른 대제사장은 평범한 사람으로서 결국 죽습니다. 예수님은 매우 특별한 대제사장이었습니다. 그분은 죄를 씻기 위해서 동물을 바치지 않았습니다 – 그분은 자신의 생명을 하나님에게 속제물로 바치셨습니다. 이제 예수님은 천국에 계십니다. 그리고 그분 손의 못자국은 하나님 아버지 앞에서 그분이 완성하신 희생을 영원히 드러내는 것이 되었습니다.

《● 이야기하기

충실하다는 것은 어떤 의미인가요?
(충실하다는 것은 우리가 해야 할 바나 약속한 바를 행하는 것을 의미합니다. 그리고 절대 포기하거나 멈추지 않는 것을 의미합니다.)

예수님은 왜 영원토록 충실한 제사장이 되실 수 있는 유일한 분인가요?
(나머지 모든 제사장은 다 죽습니다. 비록 그들이 살아 있는 동안에는 충실할 수 있으나 그들 모두 어떤 식으로건 죄인이고 반드시 죽습니다. 예수님은 결코 죄를 짓지도 않고 영원히 살아계시는 유일한 제사장입니다.)

제사장은 무엇을 하나요?
(제사장은 사람들을 대신해서 하나님에게 속제물을 바칩니다. 그래서 하나님이 그들의 죄의 대가로 징계하시지 않도록 합니다. 예수님은 그분 자신을 속제물로 바치셨습니다. 이제 그분은 항상 하나님에게 우리의 죄를 용서해 주실 것을 요청하면서 그 앞에 서 계십니다.)

🤲 기도하기

영원토록 우리의 제사장이 되어주신 예수님에게 감사하세요. 우리를 대신한 속제물로서 십자가에서 죽으신 예수님에게 감사하세요.

DAY 4

♥ 기억하기

이번 주 성경 이야기를 통해서 하나님은 우리에게 무엇을 가르치시나요?

✝ 성경읽기 | 사무엘상 3장 15~21절

● 깊이 생각하기

하나님이 사무엘에게 말씀하셨던 그 날 아침이 지나고, 엘리는 사무엘에게 일어난 모든 일을 말하도록 했습니다. 비록 하나님의 심판이 다가오고 있다는 것을 알았지만, 엘리는 그 죄에서 돌아서지 않았습니다. 그는 죄를 자백할 수 있었습니다. 그리고 아들들을 성막에서 섬기는 자리에서 쫓아낼 수 있었습니다. 그러나 아무것도 하지 않았고, 해야 할 것들을 포기했습니다. 그리고 하나님의 심판이 내릴 때를 기다렸습니다.

사무엘에게 임한 하나님의 말씀은 이뤄졌습니다: 엘리 집안의 죄는 결코 속죄 받을 수 없었습니다. 엘리는 그 죄에서 돌아서지 않았고 하나님에게 용서를 구하지도 않았기에, 결코 용서받을 수 없었습니다.

◀● 이야기하기

자녀들은 부모님이 만약 엘리라면, 불순종하는 아들들의 죄를 어떻게 했을지 질문해 보세요.
(부모님은 그 상황을 어떻게 처리하면 엘리보다 더 나은 결과를 얻게 되었을지 생각해 보세요. 그리고 나서 자녀들에게 엘리가 어떻게 했어야 했는지 얘기해 주세요. 그리고 아들들의 죄를 용서받기 위해서 엘리가 성전에서 했어야 할 가장 작은 행동이 무엇일지 얘기해 주세요.)

우리 모두는 엘리와 어떤 면에서 비슷한가요?
(우리 모두는 죄에 대해서 하나님에게 용서를 구해야 할 죄인들입니다.)

우리가 죄에서 돌아서지 않는다면 어떤 일이 벌어지나요?
(엘리처럼, 죄로부터 돌아서지 않고 하나님에게 구원을 위해서 기도하지 않는다면, 구원받을 가능성은 영원히 사라질 겁니다.)

우리는 죄에서 어떻게 구원받을 수 있나요?
(하나님에게 우리의 구원을 위해서 기도해야 합니다. 예수님은 그분을 믿는 모든 사람의 징계를 대신 받으시고 십자가에서 죽으셨습니다. 우리가 예수님이 우리 죄를 대신해서 십자가에서 죽으셨다는 사실을 믿으면, 우리를 용서해 달라고, 죄로부터 돌아설 수 있게 도와달라고 하나님에게 기도할 수 있습니다.)

✋ 기도하기

아직 하나님을 따르지 않는 친구나 친척들을 위해서 하나님이 그들의 마음을 변화시켜 달라고 기도하세요.

DAY 5

🖤 발견하기

오늘 우리는 시편이나 예언서를 통해서 예수님에 대해서 무엇을 배울 수 있는지를 살펴볼 거예요.

✝ 성경읽기 | 시편 94편 1~4절, 사도행전 17장 30~31절

💬 깊이 생각하기

시편 94편과 같은 많은 구약 성경의 말씀들은 하나님을 사람의 사악함을 심판하시는 분으로 설명합니다. 그리고 신약 성경을 통해서, 구약 성경에서 말하는 심판자가 예수님이라는 사실을 알게 됩니다. 그것은 엘리와 그의 두 사악한 아들 홉니와 비느하스도 마지막 심판의 날에 예수님 앞에 서게 된다는 의미입니다.

사실, 그 날에 우리 모두 예수님 앞에 서게 될 것입니다. 성경은 우리에게 예수님은 하나님의 계획을 믿고, 용서를 간구하는 모든 사람을 하나님을 거부하고 그분을 찾지 않던 사람들과 구별하실 것이라고 말합니다. 하나님의 심판을 말하는 시편을 읽을 때마다, 우리 모두는 심판을 받는 것이 당연한 죄인임을 기억해야 합니다.

그러나 예수님을 믿는 모든 이에게 좋은 소식이 있습니다! 그 좋은 소식은 예수님이 우리 대신에 그 자리에 계시며 그분께 구원을 간구하는 모든 사람을 위해서 대신 징계를 받으셨다는 사실입니다.

🗯 이야기하기

재판관이 하는 일은 무엇인가요? (재판관은 무엇인가를 잘못한 사람이 유죄인지 무죄인지를 판결하는 사람입니다.)

오늘 시편에서 누가 재판관이라고 말하고 있나요?
(예수님이 재판관이십니다. 우리가 이 땅을 심판할 누군가에 대해서 성경에서 읽을 때마다, 적어도 간접적으로라도 예수님을 언급합니다.)

무엇인가 잘못된 행동을 한 우리는 유죄인가요?
(네. 우리는 모두 하나님 앞에서 죄를 범했기에 유죄입니다. 부모님은 자녀들에게 하나님이 모든 일에 부모에게 순종하라골 3:20고 말씀하셨다는 사실을 기억하게 해 주세요. 단 한 번이라도 부모님에게 불순종한다면 하나님 앞에서 죄를 지은 것이기에 유죄입니다.)

우리는 어떻게 하나님의 심판으로부터 벗어날 수 있나요?
(우리가 예수님을 믿고 그분이 십자가에서 하신 일을 신뢰한다면, 하나님의 심판을 피할 수 있습니다. 예수님은 우리의 죄를 스스로에게 덮어씌우기 위해서 죽으셨습니다. 그리고 그분의 죄 없는 인생과 교환하셨습니다. 우리가 예수님을 믿는다면, 그분은 그 완전한 삶을 우리와 뒤바꾸실 겁니다. 그리고 심판의 날이 도래했을 때 우리는 죄 대신에 예수님의 의를 덧입고 있을 겁니다.)

🙏 기도하기

하나님의 진노를 피할 길을 만들어 주신 하나님을 찬양하세요. 그래서 우리가 하나님과 함께 천국에서 살 수 있습니다.

The God of Israel Cannot Be Captured
이스라엘의 하나님은 사로잡히실 수 없다

매끄러운 돌이나 작은 나무 조각을 찾아 그 위에 매직펜으로 얼굴을 그리세요. 자녀들에게 지금 돌이나 나무 조각과 말을 할 수 있는지 알아보려고 실험을 하는 중이라고 말해 주세요. 그러려고 그 돌에다가 얼굴을, 특별히 입을 그리고 있다고 설명해 주세요. 그것이 말을 할 수 있을 거라고 믿는지 투표를 해 보세요. 물론 자녀들은 모두 말할 수 없다고 할 겁니다.

자녀들에게 비록 돌과 나무가 말할 수도, 들을 수도 그리고 아무 힘도 가질 수 없음에도 사람들이 그것들을 우상으로 만들었고, 신으로 숭배했다는 것을 기억하게 도와주세요. 그러나 우리가 섬기는 하나님은 말씀을 통해서 우리와 대화하시고, 우리의 기도를 들으시며, 죄로부터 우리를 구원할 능력을 가지신 분입니다.

"이번 주 너희들은 우리가 믿는 살아계신 하나님이 우상들보다 얼마나 더 능력 있는 분인지를 배우게 될 거야."라고 말해 주세요.

DAY 1

💜 상상하기

어떤 어린 소년이 태어나서 처음으로 캠핑을 가려고 준비하고 있습니다. 그는 텐트, 침낭, 여벌의 옷들, 음식, 손전등 그리고 그 외에 필요한 많은 것을 준비했습니다. 텐트를 설치하는 것이 마무리되자, 거의 밤이 되었습니다. 그런데 샤워장은 거리가 좀 멀었습니다. 소년은 어둠이 살짝 무서웠습니다. 그래서 배낭에 들어 있는 손전등을 두 번이나 확인했습니다.

텐트 안에서 잠잘 준비가 잘 되었는지 확인한 후, 이제 샤워를 하러 가는 일만 남았습니다. 소년은 배낭에서 손전등을 꺼냈습니다. 그러나 텐트에서 나와 어둠 속으로 한 발짝 내딛으면서 손전등을 켰을 때, 아무 일도 일어나지 않았습니다. 그만 배터리를 준비하지 않은 것입니다. 배터리가 없으니 손전등은 아무 쓸모가 없어졌습니다. 오늘 이야기에서 여러분은 배터리 없는 손전등이 제 기능을 할 수 없는 것처럼 하나님의 임재가 없는 언약궤는 아무런 힘도 발휘할 수 없다는 것을 깨닫게 될 것입니다.

✝ 성경읽기 | 사무엘상 4장

💬 깊이 생각하기

이스라엘 민족은 큰 잘못을 했습니다. 그들은 언약궤가 하나님 없이도 전쟁에서 승리를 가져다줄 거라고 생각했습니다. 언약궤는 그 자체로는 어떤 힘도 없는 잘 만들어진 나무 상자에 불과합니다. 언약궤가 아니라 하나님이 이스라엘 민족의 힘의 근원이었습니다. 하나님의 임재와 그 능력이 언약궤에 있는 것은 사실입니다. 그것이 하나님이 이스라엘 민족에게 언약궤를 함부로 만지지 못하게 하신 이유고, 그것을 긴 막대로 이동해야 하는 이유였습니다. 그러나 이번에 이스라엘 민족은 마치 그 언약궤를 우상처럼, 그들에게 행운을 가져다주는 상징처럼 사용했습니다.

그들은 하나님의 도움 없이 언약궤만으로는 전쟁에서 승리를 얻지 못한다는 사실을 분명하게 깨달았습니다. 결국, 이스라엘 민족은 홉니와 비느하스, 그리고 엘리를 포함해서 수많은 병사를 잃었습니다. 이 모든 일은 하나님이 사무엘에게 말씀하신 그대로 이뤄졌습니다.

💬 이야기하기

전쟁에 나가려던 이스라엘 민족이 행한 큰 실수는 무엇인가요?
(전쟁에서 승리하도록 하나님에게 도움을 구하지 않았습니다. 대신에 언약궤를 들고 나가기만 하면 그것이 승리를 가져다줄 것이라고 생각했습니다.)

블레셋 사람들은 왜 두려워했나요?
(그들은 하나님이 이집트인에게 행하셨던 일들에 대해서 들었습니다. 그리고 전쟁에서 패배할까봐 걱정했습니다.)

누가 그 전쟁에 이스라엘 민족과 동행하지 않았나요?
(하나님이 그 전쟁에 이스라엘 민족과 함께 하시지 않았습니다. 그것이 그들이 패배한 이유입니다.)

이스라엘 민족의 실수를 통해서 우리는 무엇을 배울 수 있나요?
(우리 삶의 모든 부분에 하나님이 필요합니다. 우리가 하나님에게 간구하지 않는다면 그분이 우리를 도우실 거라고 확신할 수 없습니다.)

🙏 기도하기

하나님이 우리 가족을 도우시는 방법들을 생각하고 감사드리세요. 그리고 오늘 우리가 직면하는 어려움 가운데 함께해 달라고 기도하세요.

DAY 2

♥ 기억하기

어제 이야기 중에서 무엇을 기억하고 있나요? 오늘은 어떤 이야기가 있을 것이라고 생각하나요?

✝ 성경읽기 | 사무엘상 5장

💬 깊이 생각하기

블레셋 사람들은 하나님의 언약궤를 빼앗아가는 큰 실수를 했습니다. 그들은 마치 언약궤를 거짓 우상처럼 취급했고 그들의 신전에 있는 다곤 신상 옆에 나란히 두었습니다. 다음 날 다곤 신상이 바닥에 넘어져 있는 것을 발견했을 때, 우연히 그런 일이 발생했다고 생각했습니다. 그러나 다음 날 다시 왔을 때, 다곤 신상의 손과 얼굴이 훼손된 채로 다시 바닥에 쓰러져 있는 것을 보고선 매우 놀랐음에 틀림없습니다. 그후 블레셋 사람들의 몸에 지독한 종기가 생기는 재앙이 발생했을 때, 그 언약궤가 모든 문제의 원인이라는 사실을 깨닫고 그들은 정말로 두려워하기 시작했습니다.

💬 이야기하기

다곤 신은 왜 하나님이 공격했을 때 반격하지 못했나요?
(다곤 신은 진짜 신이 아니었습니다. 하나님만이 유일한 진짜 하나님이십니다. 다른 신은 없습니다. 다곤 신은 그저 사람들이 만들어낸 신상에 불과합니다.)

하나님은 왜 다곤 신상을 넘어뜨리고 그 팔과 다리를 부러뜨리셨나요?
(하나님은 블레셋 사람들에게 다곤은 가짜이고 하나님만이 진짜임을 보여주시는 것이었습니다. 우상 신들에 대해 하나님이 어떻게 말씀하시는지 시편 115:4~8을 읽어 보세요.)

하나님은 왜 블레셋 사람들에게 종기가 발생하는 재앙을 내리셔서 징계하셨나요?
(하나님은 아브라함에게 하신 약속을 지키시는 것이었습니다. 하나님은 아브라함에게 그를 거대한 열방이 되게 하고, 이스라엘 민족에게 복을 비는 사람들에게 복을 주고, 이스라엘 민족을 저주하는 자에게 저주를 내릴 것이라고 말씀하셨습니다.)

✋ 기도하기

모든 다른 신은 전부 다 우상이며 거짓입니다. 진짜 하나님은 오직 한 분이십니다. 하나님을 찬양하세요.

DAY 3

♥ 예수님께 연결하기

오늘의 이야기가 예수님에 대한 것이며, 예수님을 가리킨다는 사실을 어떻게 알 수 있나요?

✝ 성경읽기 | 사무엘상 6장 1~16절

● 깊이 생각하기

블레셋 사람들은 하나님이 그들을 징계하신다고 생각은 했지만, 보다 확실한 것을 원했습니다. 그래서 젖 나는 소 두 마리와 수레를 가져다가 확인 작업을 시작했습니다. 블레셋 사람들은 젖 나는 소를 갓 태어난 송아지에 게서 멀리 떨어져 있게 한 후 수레를 끌게 하면, 그 젖 나는 소는 방향을 틀어서 송아지에게 돌아가고 결국 수레 도 그렇게 끌려갈 것이라고 생각했습니다. 그래서 젖 나는 소들이 끄는 수레에 언약궤를 올려놓으면 결국엔 언 약궤도 소 우리로 돌아갈 것이고, 그렇게 된다면 이 재앙이 하나님에게서 온 것이 아니라 우연히 된 것으로 여 기려고 했습니다. 그러나 블레셋 사람들이 두 마리의 젖 나는 소에게 수레를 메우고 그 새끼 송아지들을 우리 로 돌려보낸 직후에, 그 소들은 언약궤가 담긴 수레를 끌고서 곧장 이스라엘 지역으로 갔습니다. 그 수레가 이 스라엘 지역에 도착했을 때, 그 상황을 보고 있던 이스라엘 사람들은 하나님에게 제물을 바침으로 언약궤가 다 시 돌아온 것을 기념했습니다.

◀● 이야기하기

왜 블레셋 사람들은 힘센 황소 대신에 송아지를 낳은 젖 나는 소들을 사용해서 수레를 끌게 했나요?

(블레셋 사람들은 시험을 했습니다. 만약 그 소들이 송아지를 떠나서 이스라엘 지역으로 간다면 그들은 이스라엘의 하나님이 그들을 치신 사실을 알게 될 것입니다.)

그 소들이 언약궤를 옮기도록 누가 조종하셨나요?

(하나님이 그 소들을 조종하셨습니다. 그것들은 결코 좌로나 우로도 치우치지 않고 곧장 이스라엘 지역으로 갔습니다.)

이스라엘 사람들은 언약궤가 돌아오는 것을 보고선 왜 기뻐했나요?

(언약궤는 하나님의 임재가 거하는 곳이었습니다. 백성들이 언약궤를 봤을 때, 하나님이 이스라엘로 돌아오셨다는 것을 확신했을 것입니다.)

🤚 기도하기

비록 이스라엘 민족이 하나님에게 죄를 범했음에도 불구하고, 이스라엘로 돌아오셔서 언약을 성취하신 하나님에게 감사하세요.

DAY 4

♥ 기억하기

이번 주 성경 이야기를 통해서 하나님은 우리에게 무엇을 가르치시나요?

✝ 성경읽기 | 사무엘상 7장 1~11절

💬 깊이 생각하기

사무엘이 하나님에게 제물로 바친 어린 양 때문에 우리가 읽는 성경 이야기가 예수님에게 연결된다는 것을 깨달을 수 있습니다. 사무엘이 바친 그 어린 양은 우리를 죄에서 구원하시려고 십자가에서 죽으신 하나님의 어린 양 예수님을 가리키는 상징이었습니다.

사무엘이 이렇게 하는 동안에, 블레셋 사람들은 이스라엘을 공격하려고 진군하고 있었습니다. 그러나 이스라엘 민족이 하나님 앞에 그들의 죄를 고백하고 어린 양을 제물로 바쳤기 때문에 하나님은 그들과 맺은 약속을 기억하셨고 블레셋 군대를 향하여 능력을 나타내셔서 그들을 패배시켰습니다.

우리가 성경에서 죄인들을 위해서 제물로 바쳐지는 어린 양을 볼 때마다, 예수님을 보내셔서 우리 대신에 십자가에서 죽게 하신 하나님의 계획을 기억해야 합니다.

《● 이야기하기

자녀들은 부모님에게 하나님을 섬기기 위해 포기한 것들이 무엇인지 말해달라고 요청하세요.

(우리는 하나님을 따르기 위해 많은 것을 포기합니다. 하나님이 기뻐하시는 일인지 여부를 고려하지 않고 원하는 대로 행동하지 않습니다. 예를 들어, 열심히 일해서 번 돈을 조금도 포기하고 싶지 않을 것입니다. 그러나 기꺼이 교회에 헌금합니다.)

사무엘은 이스라엘 민족에게 무엇이 필요하다고 말했나요?
(사무엘은 그들에게 우상을 제거하고 오직 하나님만을 섬기라고 말했습니다.)

이스라엘 민족은 홀로 블레셋과 싸우려 했나요 아니면 하나님의 도움을 구했나요? (하나님의 도움을 구했습니다.)

사무엘이 제물로 바친 그 양은 우리에게 누구를 기억하게 하나요?
(그 양은 우리 대신 죽으심으로 우리를 죄로부터 구원하신 예수님을 기억하게 합니다.)

🙏 기도하기

나의 삶에서 그 무엇보다도 예수님을 사랑하게 해 달라고 간구하세요.

DAY 5

♥ 발견하기

오늘 우리는 시편이나 예언서를 통해서 예수님에 대해서 무엇을 배울 수 있는지를 살펴볼 거예요.

📖 성경읽기 | 이사야 52장 10절, 누가복음 2장 25~32절

💬 깊이 생각하기

이번 주 성경 이야기에서 블레셋 사람들은 어떻게 하나님이 이집트에서 그분의 백성들을 구원해 내셨는지(삼상 6:6) 들었기 때문에 이스라엘의 하나님을 두려워했습니다. 오늘 읽은 구절에서 이사야는 이스라엘 민족에게 온 땅이 하나님의 구원을 목격하게 될 날이 다가오고 있다고 말했습니다.

이사야가 말한 구원을 이루신 분이 바로 예수님이십니다. 마리아와 요셉이 아기 예수님을 율법의 관례를 따라서 하나님에게 드리려고 성전에 데려왔을 때, 그들은 시므온이라는 한 나이든 사람을 만났습니다. 시므온은 예수님이 세상의 구원자이심을 알았고 이사야가 예언했던 구원이 그 작은 아기를 통해서 임할 것이라고 선포했습니다.

🗣 이야기하기

오늘 구절에서 이사야는 누구에 대해서 말하고 있나요? (이사야는 예수님에 대해서 말하고 있습니다.)

하나님은 예수님을 통해서 그분의 백성들을 어떻게 구원하셨나요?
(예수님은 우리의 죄를 해결하시려고 십자가에서 죽으셨고 그로 인해서 우리는 받아야 할 징계로부터 구원받았습니다.)

예수님에 대해서 시므온은 무엇이라고 말했나요?
(자녀들이 잘 기억하지 못한다면 누가복음 2:25~32을 다시 읽게 하세요. 자녀가 너무 어리다면 대신 읽어 주세요. 시므온은 아기를 팔에 안고서 하나님의 구원을 보았다고 말했습니다. 하나님은 시므온에게 언젠가 모든 사람이 다 보게 될 그분의 구원을 보여 주셨습니다.)

🤲 기도하기

세상의 어떤 것도 우리를 구원할 수 없음을 하나님에게 고백하세요. 예를 들어 다음과 같이 기도할 수 있습니다. "하나님, 돈이 저를 구원할 수 없다는 것을 압니다. 제가 천국에 가는데 제 능력으로는 아무것도 할 수 없음을 압니다." 그리고 나서 우리에게 구원자이신 예수님을 보내 주신 하나님에게 감사하세요.

Israel Demands a King
이스라엘 민족이 왕을 요구하다

이번 주 성경 이야기를 하기에 앞서, 자녀들이 좋아할 만한 여러 가지 작은 선물을 준비하세요 — 흔하게 가지고 있지 않은 것들로. 집 안 곳곳에 그 선물을 숨겨 두세요. 부모님은 주머니에 자동차 키를 넣어두시고, 자녀들에게는 자동차 키를 찾아야 하니 도와달라고 요청하세요. 자녀들은 집 안을 둘러보다가 준비해 둔 선물을 발견하게 될 겁니다. 발견한 선물은 한 곳에 모아 놓게 하고, 계속해서 찾게 해 주세요. 어느 시점이 되면 가지고 있던 자동차 열쇠를 찾았다고 자녀들에게 얘기해 주세요. 그리고 자동차 열쇠가 내내 주머니 속에 있었다고 말해 주세요.

사실은 열쇠가 아니라 그 선물들을 찾게 해 주고 싶었다고 설명해 주세요. 그리고 이렇게 말해 주세요. "이번 주 너희들은 사울이 암나귀를 찾으려고 했으나 하나님이 그 대신에 어떻게 해서 선지자 사무엘을 찾게 하셨는지를 배우게 될 거야."

DAY 1

♥ 상상하기

한 어린 소년이 플라스틱 모형 자동차 세트를 생일 선물로 받았습니다. 조립할 부품들이 수천 개였습니다. 소년의 엄마는 아빠를 기다려 도움을 받는 것이 좋겠다고 조언했습니다.

처음에는 아빠를 기다리는 것이 행복하고 좋았습니다. 그러나 친구들이 만들어서 서랍장에 전시해 놓은 모형 자동차들을 떠올리자 소년도 빨리 하나를 만들어 서랍장에 놓고 싶어졌습니다. 소년은 모형 자동차 부품들을 조립하는 것이 얼마나 재미있는지를 알기에 엄마에게 혼자서 해보게 해 달라고 졸랐습니다. 엄마는 조립하는 것이 어렵기 때문에 혼자서 하다간 실수를 할 수 있다고 주의를 줬습니다. 그러나 소년은 계속 졸랐고, 엄마는 결국 조립 세트를 내어 주었습니다.

아니나 다를까, 엄마가 주의를 주고 예상한 대로, 소년은 곧 어려움에 빠졌습니다. 바퀴에 바른 접착제 때문에 바퀴들은 굴러가지 않았고, 앞 유리에 붙은 많은 양의 접착제는 떨어지지 않았습니다. 엄마 말씀을 듣지 않았던 소년은 속이 상했습니다.

오늘 이야기에서 하나님은 이스라엘 민족에게 왕을 세우는 것에 대해서 경고하셨습니다. 그러나 그들 역시 전혀 듣지 않았습니다.

✝ 성경읽기 | 사무엘상 8장

💬 깊이 생각하기

성막에서 엘리와 함께 자란 어린 사무엘이 이제는 나이 많은 어른이 되었습니다. 이스라엘의 제사장으로서 사무엘이 다스리던 시대에, 하나님은 블레셋 군대를 물리치셨고 이스라엘에 평화를 가져다 주셨습니다. 사무엘이 나이가 많아져서 아들들에게 지도자의 자리를 넘겨주었습니다. 그러나 그들은 선한 일을 하지 않았고 이스라엘 민족은 화가 났습니다. 그들은 주변의 다른 나라들처럼 왕을 세우고 싶어졌습니다. 그래서 사무엘에게 왕을 세우게 해 달라고 요청했습니다. 사무엘은 그들의 요구에 화가 났습니다. 그리고 왕은 그들을 힘으로 다스리고 그들의 노동과 돈을 가져갈 것이라고 경고했습니다. 그는 하나님이 그들의 왕이시기에 다른 왕을 세우는 것은 하나님에게 반역하는 것이라는 사실을 알았습니다. 그러나 그들은 자신들을 이끌고 전쟁에서 싸울 왕을 원했습니다. 이 사실은 매우 안타까운 것인데 그 이유는 하나님은 항상 전쟁에서 그들을 이끄시고 돌보셨던 분이기 때문입니다. 왕을 요구함으로써 그들은 하나님을 거부한 것입니다.

🗣 이야기하기

왜 이스라엘 민족은 왕을 세우고 싶어 했나요?

(주변의 다른 나라들처럼 되고 싶어서 왕을 세우고 싶었습니다. 하나님 대신, 자신들의 눈에 보이고, 그들을 전쟁에서 직접 이끄는 왕을 원했습니다.)

이스라엘 민족은 그들을 이끌 왕을 요구함으로써 누구를 거부한 것인가요?

(그들이 자신들을 전쟁에서 이끄셨던 하나님을 거부했습니다.)

사무엘은 왕이 행할 일들에 대해서 경고했는데 그것은 무엇인가요?

(자녀들이 기억하지 못한다면, 11~18절에 기록된 항목들을 다시 한 번 읽어 주세요.)

부모님의 말씀을 듣지 않았던 때가 있었나요?

(부모님은 자녀들이 주의 사항이나 훈계를 듣지 않고 행했던 때를 기억하도록 도와주세요. 새 신발을 비 오는 날 바깥에서 신지 말라고 했을 수도 있고, 장난감을 함부로 바닥에 두지 말라고 주의를 줬는데 따르지 않아서 누군가 밟아서 다치거나 고장 난 일 등이 있을 수 있습니다.)

🤲 기도하기

우리 자신과 가족을 위해서 하나님이 행하신 모든 것을 찬양하세요.

DAY 2

💙 기억하기

어제 이야기 중에서 무엇을 기억하고 있나요? 오늘은 어떤 이야기가 있을 것이라고 생각하나요?

✝ 성경읽기 | 사무엘상 9장

💬 깊이 생각하기

사울과 그의 나귀에 관한 이야기는 우리에게 놀라운 하나님의 섭리를 보여줍니다. '섭리'는 매우 중요한 단어로써 하나님이 모든 것을 다스리시고, 그것들이 그분의 계획을 따라 움직인다는 의미입니다. 우연히 일어나는 일은 결코 없습니다. 땅에 내려앉는 모든 새들, 하늘에 반짝이는 별들, 그리고 우리의 머리카락 하나하나 모두가 하나님이 원하시는 그 자리에 있는 것입니다.

하나님은 콘서트홀에서 연주하는 엄청난 규모의 오케스트라 지휘자와 같습니다. 비록 연주자들 각자가 자신의 악기를 연주할 수 있지만, 그들 모두는 아름다운 음악을 연주하기 위해서 지휘자가 움직이는 지휘봉을 따라 연주해야 합니다. 그것이 하나님이 우리 삶의 모든 것을 인도하시는 방법입니다. 그래서 사울의 아버지가 나귀들을 잃어버린 일은 우연히 일어난 것이 아닙니다 — 그것은 하나님의 계획의 일부로서 그분의 섭리를 따라 사울이 사무엘에게 가도록 만든 일이었습니다.

💬 이야기하기

하나님의 섭리가 무엇인지 설명해 보세요.
(부모님은 그 정의를 반복해서 자녀들이 이해하도록 도와주세요. 하나님의 섭리는 그분의 계획을 따라 모든 것이 움직이며, 하나님이 만드신 모든 영역을 그분이 다스린다는 것입니다.)

오늘 읽은 이야기의 어느 부분에서 하나님의 섭리를 확인하게 되나요?
(하나님은 사라진 나귀를 즉시 발견하지 못하게 하셨습니다. 대신 사무엘이 바로 그 자리에 있게 하셨습니다. 하나님은 그렇게 일하심으로 사울 일행이 원래는 사무엘을 방문할 계획이 없었음에도 불구하고, 그들이 사무엘에게 은화를 선물로 주기까지 이끄셨습니다.)

우리 가족의 삶 어디에서 하나님의 섭리가 나타나는 것을 보게 되나요?
(이것은 재미있는 질문입니다. 우리가 한가족이 된 것, 지금 살고 있는 곳, 생김새와 성격, 그리고 교회와 함께 하는 것 등 모든 것이 하나님의 섭리대로 이뤄진 것들입니다.)

🙏 기도하기

하나님의 계획을 따라 모든 것이 이뤄지고 그분의 손길 안에 움직인다는 사실, 즉 그분의 섭리에 대해서 하나님에게 감사하고 찬양을 올리세요.

DAY 3

♥ 예수님께 연결하기

오늘의 이야기가 예수님에 대한 것이며, 예수님을 가리킨다는 사실을 어떻게 알 수 있나요?

✝ 성경읽기 | 사무엘상 10장 1~8절

💬 깊이 생각하기

하나님의 선지자들이 어떤 사람을 왕으로 지명할 때는 그 사람 머리 위에 기름을 부었습니다. 그 기름은 하나님의 복(blessing)과 선택, 그리고 그분의 영이 임하였다는 것을 나타냅니다. 성경에서 누군가 하나님이 선택하신 왕으로 기름 부음 받을 때마다, 그것은 하나님의 기름 부음 받은 예수님을 나타내는 것입니다(행 4:26~27). 비록 이스라엘 민족이 하나님을 거부하고 옳지 않은 이유로 왕을 원했지만, 하나님은 여전히 선을 행하셨습니다. 나중에 우리는 하나님이 그들의 새 왕인 사울을 사용하셔서 블레셋 군대를 무찌르고 백성들을 구원하시는 것을 보게 될 것입니다.

《● 이야기하기

누군가에게 기름을 붓는다는 것은 무엇을 의미하나요?
(어떤 사람을 특별히 지명할 때, 그 사람의 머리 위에 기름을 붓거나 바릅니다. 하나님은 이렇게 해서 그를 왕으로 선택하셨다는 것과 하나님의 섭리가 기름이 흘러내리는 것처럼 그 사람 위에 임하였다는 것을 보이셨습니다.)

누구를 "하나님의 기름 부음 받은 자" 라고 불렀나요?
(예수님이 하나님의 기름 부음 받은 자입니다.)

오늘 이야기에서 하나님의 섭리가 어떻게 일하나요?
(이스라엘 민족이 왕을 요구하는 죄를 범하나 하나님은 그들의 새 왕을 사용해서 이스라엘의 적을 물리치십니다.)

🤲 기도하기

일상뿐 아니라 우리의 죄 가운데 나타나는 하나님의 강한 통치하심을 찬양하세요. 그분은 계획하신 대로 모든 것을 이뤄 가실 수 있습니다.

DAY 4

♥ 기억하기

이번 주 성경 이야기를 통해서 하나님은 우리에게 무엇을 가르치시나요?

✝ 성경읽기 | 사무엘상 10장 17~27절

💬 깊이 생각하기

오늘 이야기에서 우리는 다시 한 번 하나님의 섭리가 나타나는 것을 보게 됩니다. 사울을 선택하시기 위해서 하나님이 사람을 선별하는 복잡한 과정 속에서 어떻게 일하시는지를 발견할 수 있었나요? 그 일이 우연히 일어난 것처럼 보일 수 있지만, 하나님은 너무나 분명하게 모든 과정을 통제하십니다.

《● 이야기하기

자녀들은 부모님의 삶에서 하나님의 섭리를 경험한 사건이 있었는지 질문하세요.
(부모님이 어떻게 만났고, 결혼했는지에 대한 이야기는 하나님의 섭리를 발견하는 가장 좋은 예시입니다. 왜냐하면 그 과정을 통해서 하나님은 여러분의 자녀들이 이 땅에 존재하게 하시고, 가족이 되게 하셨기 때문입니다.)

오늘 읽은 이야기의 어느 부분에서 하나님의 섭리를 확인하게 되나요?
(자녀들에게 하나님이 어떻게 사람을 선별하는 과정에 개입하셔서 사울이 이스라엘 모든 대상자 가운데서 선택되었는지를 설명하게 해 보세요.)

오늘 우리는 그 많은 선택을 제비를 뽑아서 정할 수는 없습니다. 그렇다면 무엇을 사용해야 하나요?
(성경을 사용해서 우리의 선택에 도움을 받아야 합니다. 하나님의 말씀은 우리가 그분을 경외하는 지혜로운 결정을 내리는 데 필요한 모든 것을 담고 있습니다.)

✋ 기도하기

우리에게 말씀을 주셔서 매일의 삶을 인도하시는 하나님에게 감사하세요.

DAY 5

♥ 발견하기

오늘 우리는 시편이나 예언서를 통해서 예수님에 대해서 무엇을 배울 수 있는지를 살펴볼 거예요.

📖 성경읽기 | 다니엘 9장 24~26절

💬 깊이 생각하기

성경에서 오늘 본문을 처음 읽을 때, 마치 어려운 수수께끼처럼 들릴 것입니다. 그러나 몇 가지 핵심 단어들만 찾으면 그것이 예수님을 이야기하고 있다는 것을 발견할 수 있습니다.

첫 번째로, 그것은 우리에게 죄가 끝날 때에 대해서 말합니다. 두 번째로, 그것은 의(선함)가 영원히 지속되는 날에 대해서 얘기합니다. 마지막으로, 다니엘이 우리에게 말하는 왕은 그 날에 오실 것이고 예루살렘(하나님의 백성들이 살아가는 도성)을 재건하실 것입니다. 그 왕은 기름 부음을 받을 것인데, 그것은 하나님의 선한 일을 하기 위해서 선택받았다는 의미입니다.

예수님은 이 설명에 딱 들어맞는 유일한 분이십니다. 그분은 "기름 부음 받은 분"으로서 하나님의 도성을 재건하고, 죄를 해결하시며 영원토록 지속될 의로움을 가져다주실 수 있습니다.

💬 이야기하기

이번 주 우리가 읽은 이야기에 나오는 사울처럼 오늘 본문은 "기름 부음 받은 분"으로서 예수님을 어떻게 설명하나요? (사울은 이스라엘을 통치할 왕으로서 하나님이 지명하셨습니다. 그리고 예수님도 이스라엘을 다스릴 왕으로서 하나님이 지명하셨습니다. 이것이 예수님이 오늘 본문에서 "기름 부음 받은 분"이라 불리는 이유입니다.)

죄를 끝내기 위해서 예수님은 무엇을 하셨나요?
(십자가에서 우리 죄를 대신해서 죽으셨습니다. 그래서 우리는 용서받을 수 있습니다. 언젠가 예수님이 다시 오셔서 이 땅의 모든 죄를 끝낼 것입니다. 모든 악한 자들을 심판하실 것이고, 그분을 믿는 모든 사람을 천국으로 데려 갈 것입니다.)

다니엘서 9:26은 기름 부음 받은 자가 "끊어져 없어질 것"이라고 말합니다. 어떻게 예수님이 끊어져 없어지나요?
(예수님이 십자가에 오르셨을 때, 하나님 아버지께서 그분의 아들에게서 돌아섰습니다. 그리고 그 아들에게 진노를 쏟으셨습니다.)

🙏 기도하기

우리의 죄를 대신 해결하시려고 십자가에서 징계를 당하실 때, 하나님 아버지와의 관계를 스스로 끊으신 예수님에게 감사하세요.

week 55

Saul Disobeys the Lord
사울이 하나님에게 불순종하다

자녀들에게 프렌치토스트를 이제까지와 다른 방식으로 만드는 것에 대해서 의견을 줄 수 있는지 물어보세요. 원래 방법은 우유 한 컵과 달걀 네 개를 섞는 것이지만 우유 대신에 오렌지 주스나 식초를 사용해서 독특한 방법으로 해 보려 한다고요.

그렇게 하는 것이 왜 별로 좋지 않은지 자녀들이 스스로 생각하게 도와주세요. 그리고 나서 보통은 작은 티스푼 하나 분량으로 계피 가루를 섞지만 이번에는 고춧가루나 머스터드를 넣을 건데 그러면 오히려 맛이 좋을 수도 있을 것 같다고 말해 주세요. 자녀들이 그 의견에 반대할 때, 정해진 규칙을 따르는 것이 왜 중요한지를 물어보세요.

그리고 말해 주세요. "지시 사항이나 어떤 규칙들을 지키지 않을 때 종종 나쁜 결과가 발생한단다. 마찬가지로 하나님에게 불순종할 때도 나쁜 결과들이 일어나지. 이번 주 너희들은 사울 왕이 하나님이 명령하신 분명한 지시사항들에 어떻게 불순종했는지, 그리고 그 결과들이 어떠했는지를 배우게 될 거야."

DAY 1

♥ 상상하기

흰개미는 나무를 갉아먹는 것을 좋아합니다. 그것들이 우리 집 벽에 들어간다면 집을 톱밥처럼 만들어 버릴 수도 있습니다. 집에서 흰개미를 발견하면 반드시 그것들 전부를, 특히 여왕개미를 죽여야만 합니다. 그렇게 하지 않으면 흰개미가 엄청나게 번식할 것이고 계속해서 우리 집을 먹어치울 것입니다.

오늘 이야기에서, 이스라엘의 적들은 그 흰개미와 같았습니다. 그래서 하나님은 이스라엘 민족에게 적들을 완전히 제거하라고 말씀하신 것입니다.

348

✝ 성경읽기 | 사무엘상 15장 1~3절

💬 깊이 생각하기

아말렉 왕과 아말렉 민족들은 우상을 섬기는 자들로 진정한 유일신이신 이스라엘의 하나님을 거부했습니다. 그들은 또한 이스라엘 민족이 이집트를 탈출하는 동안에 공격해 왔습니다. 그래서 하나님은 사울에게 그들을 공격해서 완전히 멸망시키라고 매우 특별한 명령을 내리셨습니다. 하나님은 사울이 그들을 완전히 멸망시키지 않는다면, 그들은 다시 살아날 것이고 하나님의 백성들에게 반기를 들며 이스라엘 민족에게 우상을 섬기도록 할 것이라는 사실을 아셨습니다.

하나님이 모든 아말렉 족속을 죽여야만 한다고 말씀하시는 것을 읽을 때, 그분의 심판이 너무나 가혹하다고 생각할 수도 있습니다. 그러나 하나님은 거룩(하나님은 어떤 죄도 없으시다는 것을 의미합니다.)하시기 때문에 죄를 반드시 심판하셔서만 합니다. 우리 모두는 하나님이 아말렉 족속에게 내리신 것과 동일한 심판을 받아 마땅한 존재입니다. 그러나 하나님은 아들이신 예수님을 보내셔서 그분을 믿는 모든 사람이 받아야 할 징계를 대신 받게 하셨습니다. 아말렉 족속들은 하나님의 계획을 거부했고 대신에 그들의 우상을 섬겼습니다 — 그것이 그들이 심판 받은 이유입니다.

🗣 이야기하기

왜 하나님은 사람들에게 징계를 내리시나요?
(하나님은 거룩하시기 때문에 죄와 악을 응징하셔서만 합니다. 하나님은 그분을 거부하고 믿지 않는 모든 이에게 징계를 내리십니다.)

우리 모두는 죄인인데 왜 우리는 하나님의 징계를 받지 않나요?
(하나님은 아들이신 예수님을 보내셔서 십자가에서 죽게 하셨습니다. 그리고 그분을 믿는 모든 이를 대신해서 그 징계를 받게 하셨습니다.)

하나님은 사울에게 아말렉의 가축들을 어떻게 하라고 말씀하셨나요?
(하나님은 가축까지 모두 죽이라고 말씀하셨습니다. 그러나 사울은 그렇게 하지 않았습니다.)

🌿 기도하기

예수님을 보내셔서 우리가 죄로 인해서 당연히 받아야 할 징계를 면하게 해 주신 하나님에게 감사하세요.

DAY 2

♥ 기억하기

어제 이야기 중에서 무엇을 기억하고 있나요? 오늘은 어떤 이야기가 있을 것이라고 생각하나요?

✝ 성경읽기 | 사무엘상 15장 4~12절

💬 깊이 생각하기

누군가 방을 정리하고 바닥에 떨어진 것을 다 주우라고 말하면 그 말에 완전히 순종해야 하나요, 아니면 반은 치우고 나머지는 보이지 않게 침대 밑으로 밀어 놓아야 하나요?

물론 침대 밑에 숨겨 놓는 것이 옳지 않다는 것을 잘 압니다. 그러나 때때로 우리는 순종하는 것보다 하고 싶은 대로 행동합니다. "바닥에 떨어진 것을 다 주우라" 라는 말은 적당히 치우고 나머지는 한쪽으로 밀어두는 것을 뜻하는 것이 아닙니다.

하나님이 사울에게 모든 것을 파괴하라고 명령하셨을 때, 그것은 '적당히' 가 아니라 '완전하게' 모든 것을 그렇게 해야 한다는 의미입니다. 사울과 그의 부하들은 아말렉 왕을 살려두고 가축들을 다 죽이지 않음으로써 하나님의 명령에 불순종한 것입니다. 더 잘못된 것은, 사울이 자기 자신을 위한 기념비를 세운 사실입니다: 하나님에게 영광을 올려드렸어야 했는데 자기 자신을 위해서 그렇게 했습니다.

💬 이야기하기

사울은 어떻게 불순종했나요?

(아말렉 왕을 죽이지 않았고, 모든 가축들도 죽이지 않았습니다. 게다가 자신을 위한 기념비를 세웠습니다.)

사울과 이스라엘 군대는 왜 가축들의 일부를 살려 두었나요?

(자신들을 위해 최고 품질의 가축을 남겨 두었습니다. 그들은 약하고 쓸모없는 것들만 죽였습니다. 남긴 가축들은 식량과 의복, 그리고 희생 제물로 사용할 것입니다.)

하나님의 명령에 불순종했던 때를 기억할 수 있나요?

(부모님은 자녀들이 부모님의 말씀을 거역해서 하나님에게 불순종했던 때를 기억하도록 도와주세요.)

🤲 기도하기

매일 하나님의 명령에 순종하게 해 달라고 간구하세요.

DAY 3

♥ 예수님께 연결하기

오늘의 이야기가 예수님에 대한 것이며, 예수님을 가리킨다는 사실을 어떻게 알 수 있나요?

✝ 성경읽기 | 사무엘상 15장 13~23절

💬 깊이 생각하기

사울 왕은 하나님의 명령을 따르는 데 실패했습니다. 하나님은 그에게 모든 가축을 다 죽이라고 말씀하셨는데, 사울은 좋은 품질의 가축은 살려둬서 하나님에게 바치는 제물로 쓰면 좋겠다는 생각을 했다고 변명했습니다. 그것은 사실 자신들을 위해서 그것들을 남겨 두었다는 의미입니다. 게다가 처음에 사울은 거짓말을 했고 오히려 하나님의 명령대로 행했다고 주장했습니다. 잡혀온 가축들의 울음소리를 들었을 때, 사무엘은 사울이 하나님에게 불순종한 것을 알았습니다. 사무엘은 사울의 잘못을 지적하고, 하나님이 왕으로 세우신 그를 버리셨다고 전했습니다. 하나님은 사울을 왕으로 세우시고 기름 부으셨습니다. 하지만 사울은 하나님에게 불순종했고, 그분의 백성들을 적들에게서 구원하는 데 실패했습니다. 예수님이 왕으로서 이 땅에 오셨을 때, 그분은 사울이 할 수 없었던 것을 하셨습니다. 예수님은 하나님 아버지께 완전히 순종하셨습니다. 그리고 나서 예수님은 십자가에서 죽으셔서 우리의 죄를 용서받게 하셨습니다.

💬 이야기하기

사무엘은 사울이 죄를 지었다는 것을 어떻게 알았나요?
(하나님은 사무엘이 양떼의 울음소리를 듣기도 전에 사울이 불순종했음을 말씀해 주셨습니다.)

하나님은 제물을 바치는 것보다 무엇이 더 낫다고 말씀하셨나요?
(하나님은 순종이 제사보다 낫다고 말씀하셨습니다.)

사울이 받은 징계는 무엇인가요? (하나님은 사울을 왕의 자리에서 버리셨습니다.)

하나님은 명령을 모두 따르고 수행할 왕으로 누구를 세우셨나요?
(하나님 아버지는 예수님을 왕으로 세우셨습니다. 예수님은 하나님의 모든 명령을 따랐고 결코 죄를 짓지 않으셨습니다.)

🙏 기도하기

하나님의 명령을 따르지 않았던 기억을 떠올려 보고 용서를 구하세요. 그리고 순종하게 해 달라고 하나님에게 도움을 요청하세요.

DAY 4

♥ 기억하기

이번 주 성경 이야기를 통해서 하나님은 우리에게 무엇을 가르치시나요?

📖 성경읽기 | 사무엘상 15장 24~35절

💬 깊이 생각하기

사울은 사무엘에게 하나님이 그를 왕의 자리에서 버리셨다는 사실을 듣고 나서야 자신의 죄를 인정하고 고백했습니다. 그때서야 사울은 백성들이 안 된다고 말하는 것이 두려워서 가축을 남겨 두었다고 인정했습니다. 성경은 우리에게 사람에 대한 두려움(다른 사람들이 우리를 어떻게 생각하는가에 대한 두려움) 때문에 우리가 올무에 걸릴 수 있다고 가르칩니다(잠 29:25).

사울은 하나님이 무엇을 원하시고 그를 어떻게 생각하시는가를 고민하기보다 백성들이 무엇을 원하고 자신을 어떻게 생각하는지에 더 관심을 기울이고 두려워했습니다. 사울은 백성들이 자신을 지지하고 만족해서 그를 위대한 왕으로 생각해 주기를 원했습니다. 그것이 자신을 위한 기념비를 세운 이유입니다. 그러나 하나님에게 순종하지 않았기 때문에, 하나님은 그 왕국을 다른 사람에게 주실 것이었습니다.

💭 이야기하기

자녀들은 부모님이 사람을 두려워해서 고통스러웠던 경험이 있었는지 질문해 보세요.
(부모님은 사람을 두려워하거나 의식했던 때를 생각해 보세요. 때때로 우리는 복음을 전하는 것도 두려워합니다. 왜냐하면 사람들이 우리를 어떻게 생각할지 신경 쓰이기 때문입니다. 또한 너무 "종교적인 사람"으로 보이기 싫어서 죄로 가득한 대화 가운데 동참하기도 합니다.)

우리 인생에서 사람에 대한 두려움과 계속해서 고민하며 싸우는 영역이 있나요?
(부모님은 대화의 주제를 자녀에게로 옮기세요. 그들이 주변 사람들의 의견을 두려워하는 경우가 있는지 살펴보세요. 어쩌면 자녀들은 경건하게 자신을 표현하는 것이 놀림 받는 이유가 될까봐 두려워하거나 친구들과 어울리려고 옳지 않은 행동에 어쩔 수 없이 동참할지도 모릅니다.)

우리는 사람이 아니라 누구를 두려워해야 하나요?
(하나님을 두려워해야 합니다. 그것은 우리가 사자가 무서워서 달아나는 것처럼 하나님에게서 도망친다는 의미가 아닙니다. 하나님의 심판과 거룩하심을 두려워해야 우리가 하나님 앞에서 죄를 짓지 않고 순종한다는 것을 의미합니다.)

🤲 기도하기

하나님을 두려워하고 그분의 명령에 순종하게 해 달라고 간구하세요.

DAY 5

♥ 발견하기

오늘 우리는 시편이나 예언서를 통해서 예수님에 대해서 무엇을 배울 수 있는지를 살펴볼 거예요.

📖 성경읽기 | 이사야 28장 14~16절, 베드로전서 2장 5~9절

💬 깊이 생각하기

오늘 읽은 예언에서 이사야는 이스라엘 지도자들의 잘못을 지적합니다. 그들은 하나님을 믿지 않고 이집트에 도움을 구했습니다. 그들은 앗수르 군대가 쳐들어오는 것을 두려워해서 이집트에 원조를 요청했습니다. 또한 그들이 어려움에 처했을 때 하나님이 최고의 도움이었다는 것을 망각했습니다. 이사야는 이스라엘 민족이 하나님 대신에 거짓된 것들에 피난처를 만들어 왔다고 경고했습니다.

이사야의 경고에 담긴 메시지는 희망인데 그것은 예수님을 드러냅니다. 우리가 이야기했던 '기촛돌'(모퉁이돌)이란 단어가 예수님을 상징하는 암호라는 사실을 기억하세요. 나중에 성경에서, 베드로는 이사야가 예수님에 대해서 언급했다고 확인시켜 줍니다.

🗨 이야기하기

모퉁잇돌은 무엇인가요?

(모퉁잇돌은 벽을 쌓을 때 놓는 첫 번째 돌인데 다른 모든 돌들은 그것을 기준으로 놓습니다. 그것이 제대로 놓여서 다른 모든 돌이 나란히 놓이면, 모든 기초가 제대로 세워집니다.)

이사야가 말한 모퉁잇돌은 누구인가요?

(예수님이십니다.)

우리는 예수님이 세우시는 집의 일부가 되기 위해서 무엇을 할 수 있나요?

(이사야와 베드로가 기록한 것에 의하면, 우리는 믿어야만 합니다. 모퉁잇돌이신 예수님을 믿을 때 우리는 하나님이 세우시는 신령한 집의 벽돌로 서로 연결됩니다.)

🙏 기도하기

우리가 알고 있는 사람들이 예수님을 믿게 해 달라고 기도하세요.

God Chooses a New King
하나님이 새로운 왕을 선택하시다

만 원짜리 지폐를 가능한 한 작게 접어서 별로 예쁘지 않은 포장지로 포장하세요. 그리고 잘 숨겨 두세요. 자녀들에게 생일 파티에 친구 두 명을 초대했고, 친구들이 선물을 가져왔다고 가정해 보자고 말하세요. 첫 번째 친구는 우리 집 출입문과 거의 맞먹는 크기의 선물을 가져왔습니다. 두 번째 친구는 아주 작은 선물을 들고 왔습니다. (이 시점에, 미리 준비해 놓은 작은 선물을 꺼내고 자녀들에게 보여 주세요.) 어떤 선물이 자녀들을 더 흥분시키고 설레게 만들까요?

거대한 선물은 생일을 축하하는 풍선으로 가득하고, 작은 선물은 비록 크기는 작지만 매우 특별한 것이 들어 있습니다. (미리 준비한 만 원짜리 지폐가 든 선물 포장을 뜯고 자녀들에게 그 안에 있는 돈을 보여 주세요.) 겉 모습만 보고선 그 선물이 어떤 것인지 구별할 수는 없다고 설명해 주세요.

말해 주세요. "이번 주 너희들은 사람은 겉을 보지만 하나님은 마음을 보신다는 것을 배우게 될 거야."

DAY 1

💜 상상하기

어떤 아빠가 어린 딸의 생일을 맞아 동물원에 데려 갔습니다. 우선, 파충류관으로 갔습니다. 아이는 뱀이 싫긴 했지만, 뱀들이 두꺼운 유리벽 뒤에 안전하게 있기 때문에 무섭지 않았습니다. 그다음에는 길가에서 우연히 공작새 한 마리를 봤습니다. 비록 우리 밖에 나와 있지만 공작새는 얌전하다는 것을 알았기에 무섭지 않았습니다. 그러나 다음 전시실로 가기 전, 아이는 귀가 터질듯 한 사자의 포효 소리를 들었습니다. 사자 우리에 가까워지고 철장이나 보호벽이 없다는 것을 알게 되자 너무 무서워졌습니다. 아이는 아빠에게 사자는 너무 강해서 물을 건너고 높은 벽을 뛰어 넘고 우리 밖으로 나와서 자신들을 잡아먹을 수 있을 거라고 말했습니다. 그러나 아빠는 어떤 위험도 없을 거라고 약속했습니다. 아빠는 아이의 손을 꽉 잡고 사자 우리 가까이로 데려갔습니다. 아이는 무서웠지만 아빠를 믿었고, 사자를 보면서 안전하게 지나 갔습니다.

오늘 이야기에서 우리는 비록 사무엘이 사울을 두려워했지만, 어떻게 하나님을 믿었는 지를 보게 될 것입니다.

✝ 성경읽기 | 사무엘상 16장 1~3절

💬 깊이 생각하기

하나님이 이새의 아들들 중에서 새로운 왕을 지명하여 세우겠다고 말씀하셨을 때 사무엘은 결코 설레거나 흥분하지 않았습니다. 그 이유는 이전의 왕인 사울이 여전히 살아있기 때문입니다. 만약 사무엘이 무엇을 하려는지 알게 된다면 사울은 매우 분노할 것입니다.

사무엘은 이전에 이미 하나님이 사울에게서 왕국을 빼앗아 가실 거라는 안 좋은 소식을 전해야 했습니다. 어느 나라에서건, 만약 그 나라를 현재의 대통령이나 왕에게서 빼앗아 버릴 계획을 하는 사람은 즉시 체포될 것이고 사형을 당할 것입니다. 당연히 사무엘은 두려웠습니다.

💬 이야기하기

사무엘은 왜 새로운 왕을 지명하기가 두려웠나요?

(사울이 알게 된다면 죽음을 당할 수도 있기 때문에 두려웠습니다.)

사무엘은 왜 두려워할 필요가 없었나요?

(사무엘은 사울을 두려워할 필요가 없었습니다. 왜냐하면 하나님이 그에게 명령하신 분이기 때문입니다. 사무엘은 하나님을 믿었습니다.)

이새의 할아버지는 누구인가요?

(부모님은 자녀들이 보아스가 룻과 결혼해서 낳은 아들이 오벳이라는 사실을 기억하도록 단서들을 제공해 주세요. 오벳은 이새의 아버지입니다. 따라서 보아스와 룻은 이새의 조부모입니다. 하나님이 어떻게 이 모든 사람을 하나로 묶으셔서 그분의 계획을 진행하셨는지를 기록해 보는 것은 매우 흥미로운 일입니다.)

🤲 기도하기

우리를 구원하시려는 계획 아래에서 모든 것을 합력해서 일하시는 하나님의 놀라운 방법에 감사하세요.

DAY 2

♥ 기억하기

어제 이야기 중에서 무엇을 기억하고 있나요? 오늘은 어떤 이야기가 있을 것이라고 생각하나요?

✝ 성경읽기 | 사무엘상 16장 4~10절

💬 깊이 생각하기

첫 날 우리가 했던 액티비티에서 작은 선물이 큰 선물보다 더 가치 있을 수 있다는 것을 배웠습니다. 선물의 가치는 안에 무엇이 들어있는지가 결정합니다. 예를 들어 다이아몬드 반지는 매우 작아서 아주 조그마한 상자에 담을 수 있지만 그 가치는 변함없이 높습니다. 비록 봉제 동물 인형은 훨씬 더 큰 상자에 넣어야 하지만 그 선물을 준비하는 데는 많은 돈이 들지는 않습니다.

하나님이 지명하신 새로운 왕에게 기름을 부으러 갔을 때, 사무엘은 하나님이 선택하시는 인물은 사울처럼 외모가 출중하고 강한 힘을 가졌을 거라고 생각했습니다. 그래서 이새의 첫째 아들인 엘리압을 왕으로 생각했습니다. 그러나 하나님은 겉모습을 보시지 않았습니다. 사람의 마음을 보고 계셨습니다. 하나님은 그분께 순종하는 왕을 원하셨습니다.

💬 이야기하기

사무엘은 왜 하나님이 선택하신 왕이 엘리압이라고 생각했나요?
(엘리압은 가장 큰아들이고, 키가 크고 호감을 주는 외모였습니다.)

겉모습보다 중요한 것은 무엇인가요?
(마음이 겉모습보다 중요합니다. 우리가 "마음" 에 대해서 말할 때, 그것은 깊은 애정, 열정 그리고 동기 부여가 되는 무엇인가를 의미합니다. 하나님은 그분을 사랑하고 그분의 말씀을 따르며 그분의 계명에 순종하는 왕을 원하셨습니다.)

외모와 마음 중, 우리는 어느 것에 더 많은 관심을 기울여야 하나요?
(우리는 하나님을 향한 마음에 더 깊은 관심을 기울여야 합니다.)

✍ 기도하기

우리가 눈에 보이는 것보다 마음에 더 깊은 관심을 갖게 해 달라고 간구하세요.

DAY 3

♥ 예수님께 연결하기

오늘의 이야기가 예수님에 대한 것이며, 예수님을 가리킨다는 사실을 어떻게 알 수 있나요?

✝ 성경읽기 | 사무엘상 16장 11~13절

💬 깊이 생각하기

하나님이 사람의 외모를 살피지 말라고 말씀하시자 사무엘은 좀 더 주의 깊게 이새의 아들들을 살폈습니다. 한 사람씩 사무엘 앞에 나아왔으나, 사무엘은 그들 모두를 선택하지 않았습니다. 왜냐하면 그들 중 누구도 하나님을 향한 마음이 없었기 때문입니다. 사무엘은 혼란스러워졌고, 이새에게 더 이상 아들이 없는지 물었습니다. 이새는 가장 어린 아들이 한 명 더 있고, 양떼를 지키는 천막에 남겨 두었다고 대답했습니다.

다윗은 어렸지만 하나님을 사랑했습니다. 그래서 사무엘은 다윗을 이스라엘의 다음 왕으로 지명했고 하나님의 영이 그 위에 임했습니다. 다윗은 왕이신 예수님에게로 이어지는 왕의 계보 가운데 처음으로 세운 왕이었습니다. 예수님은 다윗의 계보를 따르는 마지막 왕이 되셨습니다. 왜냐하면 그분은 천국에서 영원토록 다윗의 왕좌에 앉으신 분이기 때문입니다.

《● 이야기하기

다윗은 왜 제물을 바치는 자리에 초대받지 못했나요?

(하나님이 사무엘에게 말씀하신 그대로 된 것입니다. 즉 사람은 외모로 판단한다는 사실입니다. 이새가 다윗을 양떼를 지키도록 남겨둔 이유는 다윗이 가장 어리고 작았기 때문이었습니다. 이새는 다윗을 그 자리에 데려올 만큼 중요하지 않다고 생각했습니다. 하나님은 가장 어린 아들을 선택함으로써 다시 한 번 사람의 힘이 아니라 하나님의 능력이 승리를 가져다준다는 점을 보이셨습니다.)

다윗은 어떤 면에서 예수님과 비슷한가요?

(다윗은 하나님의 백성인 이스라엘을 이끌 왕으로 선택받았습니다. 다윗과 예수님은 같은 집안사람입니다. 예수님은 하나님의 백성들을 돌보는 선한 목자이십니다.)

하나님은 다윗을 도우시려고 선택받은 그 날부터 무엇을 주셨나요?

(하나님은 다윗에게 그분의 거룩한 영을 보내서서 함께하게 하셨습니다.)

🖐 기도하기

우리의 죄로부터 구원해 달라고, 그리고 성령으로 충만하게 해 달라고 기도하세요.

DAY 4

🖤 기억하기

이번 주 성경 이야기를 통해서 하나님은 우리에게 무엇을 가르치시나요?

📖 성경읽기 | 사무엘상 16장 14~23절

💬 깊이 생각하기

어제 우리는 하나님의 영이 다윗에게 어떻게 임했는지를 읽었습니다. 오늘 우리는 하나님의 영이 사울을 떠났고 악한 영이 그를 괴롭히기 시작했다는 사실을 발견합니다. 사울의 신하들 중 한 명이 그를 위해서 연주 실력이 좋은 음악가를 찾아볼 것을 제안했습니다. 누군가 이새의 아들 다윗을 추천했습니다. 다윗이 수금을 타면서 노래를 부를 때면, 악한 영이 사울에게서 떠나갔습니다.

사실 지금까지도 다윗이 만든 노래의 수많은 가사가 그것을 읽을 때마다 우리를 돕고 구했는지 모릅니다. 음악은 남아 있지 않지만 여전히 그 가사들은 전해집니다. 그 가사들은 시편에 기록되어 있습니다. 어떤 시편은 여전히 현악기로 연주됩니다. 그런 시편 중 하나가 61편인데 이렇게 시작합니다. 시편 61:1~4을 읽으세요.

🔊 이야기하기

자녀들은 부모님이 가장 좋아하는 시편이 있는지 질문해 보세요.

(부모님은 가장 좋아하는 시편을 자녀들에게 나눠주세요. 혹시 없다면 시편 23편을 나누는 것도 좋습니다. 가장 인기 있는 시편 중 하나이고 이후에 그 시편을 함께 읽을 것입니다.)

다윗이 사울 왕을 위해서 수금을 연주할 때 어떤 일이 벌어졌나요?

(다윗이 사울을 위해서 노래하고 수금을 연주할 때 악한 영이 왕에게서 떠나가고 그는 나아졌습니다.)

사울이 다윗에게 부여한 특별한 역할은 무엇인가요?

(사울은 다윗을 그의 무기 드는 자로 세웠습니다 — 다윗은 사울이 그의 무기를 드는 것을 도왔습니다.)

🙏 기도하기

우리가 오늘날도 누릴 수 있도록 다윗 노래의 가사를 지켜주신 하나님에게 감사하세요.

DAY 5

♥ 발견하기

오늘 우리는 시편이나 예언서를 통해서 예수님에 대해서 무엇을 배울 수 있는지를 살펴볼 거예요.

✝ 성경읽기 | 시편 95편 1~3절

💬 깊이 생각하기

오늘 성경 구절은 우리가 이야기 나누었던 시편 중 하나의 일부분입니다. 이 시편을 다윗이 썼는지는 모릅니다. 왜냐하면 기록되어 있지 않기 때문입니다. 그러나 그가 불렀던 노래 가운데 하나인 것은 분명합니다.

그 시구들 중 하나는 다음과 같이 말합니다. "우리의 구원의 반석을 향하여 즐거이 외치자." 여기서 한 가지 궁금증이 생깁니다. 우리의 구원의 반석은 누구인가? 우리가 이 노래를 부르고 구원의 반석을 향해 즐거이 외치려면 이 사람이 누구인지 알아야만 합니다. 베드로전서 2:6~9에서 베드로는 우리의 구원의 반석은 예수님이라고 말합니다. 예수님은 우리 죄를 대신해서 십자가에서 죽으심으로 우리를 구원하셨습니다. 그 사실 때문에 우리는 그분을 향하여 노래하고 즐거이 외칩니다.

💬 이야기하기

이 시편은 우리가 무엇을 해야 한다고 말하나요?

(우리는 예수님에게 즐거이 외쳐야만 합니다. 이것은 우리가 그분을 향해 노래하고 소리쳐야만 한다는 것을 의미합니다.)

이 노래는 어떻게 사울 왕에게 힘이 되었을까요?

(이 노래는 사울에게 자기 자신이 아닌 하나님을 기억하고 생각하도록 도와주었을 것입니다.)

이 노래는 어떻게 우리에게 힘이 될 수 있나요?

(사울처럼, 이 노래 때문에 우리 자신이 아닌 하나님을 바라보게 됩니다. 우리는 하나님 안에서 구원의 반석이 주어졌다는 사실에 감사하고 격려를 얻습니다. 그리고 구원의 반석이신 예수님을 기억할 때 예수님이 십자가에서 이루신 모든 일을 기념할 수 있습니다. 우리의 죄가 사라졌다는 것을 깨달을 때 진정한 기쁨을 경험합니다.)

🤲 기도하기

구원의 반석이신 예수님을 보내주신 하나님을 찬양하세요. 구원의 반석이신 예수님을 이야기하는 노래를 알고 있다면, 기도하기를 마친 후 함께 그 노래를 부르세요.

David and Goliath
다윗과 골리앗

완두콩만 한 크기의 돌 몇 개와 커다란 돌 한 개를 준비하세요. 가정 예배를 시작할 때, 더 큰 돌을 손에 들고서 자녀들에게 만약 어떤 사람이 이런 돌을 들고서 뒤에서 쫓아온다면 무서운 마음이 들지 물어보세요. 그리고 나서 완두콩만 한 크기의 돌을 들고 누군가 이런 크기의 돌을 들고서 따라온다면 두려운 마음이 들지 질문해 보세요. 자녀들은 아마도 작은 돌은 별로 무섭지 않을 거라고 생각할 겁니다.

지원자를 한 명 뽑아서 신발 한 짝을 가져오게 하세요. 작은 돌들 몇 개를 신발 안에 넣은 후 신고서 걸어보라고 하세요. 아주 작은 돌임에도 불구하고 상당히 발바닥이 아프고 불편할 것입니다.

다음과 같이 말해 주세요. "이번 주 너희들은 거인 골리앗이 어린 소년 다윗의 작은 돌들을 얼마나 비웃었는지를 배우게 될 거야. 그러나 그리 오래 그렇게 하지 못했지."

DAY 1

♥ 상상하기

한 어린 소년은 자기 집에서 언덕 아래로 흐르는 시내에서 낚시하는 것을 매우 좋아했습니다. 소년은 매일 학교가 끝나면 낚싯대를 들고 뒷마당으로 달려갔습니다. 시내는 소년의 집 뒤편에 있는 소 방목지 반대쪽에서 흘렀습니다. 소년은 시간을 줄이기 위해 소 방목지를 돌아가는 대신 가로질러 갔습니다. 흩어져 있는 소떼에게도 문제가 될 것 같지 않았고요. 그러던 어느 날 농부가 소 방목지에 풀어 놓은 소떼를 황소타기에서 상품으로 받은 황소로 바꿔 놓은 거예요. 바로 그 날, 소년이 휘파람을 불며 방목지 울타리로 걸어갈 때 그 황소가 소리를 듣고서 달려 왔습니다. 황소는 마치 싸우려는 듯 발을 세게 구르고 콧김을 내뿜으며 울타리 안쪽에서 소년을 바라보며 섰습니다. 황소는 소년보다 엄청나게 크고 무게도 500kg 이상이었습니다. 다리는 철근 같고 머리는 바위처럼 단단했습니다. 소년은 황소에 대한 이야기를 이미 들었습니다. 그 황소는 지난번에 자신을 타려고 도전했던 30여 명의 사람들을 떨어뜨렸답니다. 이제 소년이 할 수 있는 것은 울타리를 따라서 먼 길로 돌아가는 것이었습니다. 날마다 그 황소는 소년 앞에 나타났고, 절대로 방목지를 지나가지 못하게 그 자리를 지켰습니다.

오늘 우리는 골리앗이라는 블레셋 사람에 대해서 읽을 텐데, 그는 마치 위에서 말한 황소처럼 하나님의 백성들 앞에 서서 나와서 한 번 싸워보라고 도전하고 있었습니다.

✝ 성경읽기 | 사무엘상 17장 1~10절

💬 깊이 생각하기

골리앗은 270cm가 넘는 거인이었습니다. 점프하지 않고도 농구 골대에 덩크를 할 수 있다는 의미입니다. 그가 입고 있는 갑옷은 작은 쇠고리로 연결된 것이었습니다. 누군가 칼로 베려고 접근해도 갑옷 때문에 안전할 것입니다. 갑옷의 무게는 45kg이 넘습니다. 그의 무기인 창날은 무게가 6.5kg이었습니다.(그것이 얼마나 무거운지 알고 싶다면, 책을 저울에 달아서 6.5kg이 되게 한 후 들어보면 알 수 있을 겁니다.)

골리앗은 앞에서 이야기한 소년을 가로막은 황소처럼, 이스라엘 군대를 가로막았습니다. 골리앗은 모든 이스라엘 군대 중에서 누구든지 앞으로 나와서 이 자리에서 싸워보자고 도전했습니다. 만약 그 사람이 지면, 모든 이스라엘 민족이 패배하는 것이고, 그 사람이 이기면 이스라엘 민족을 구하고 모든 블레셋 사람이 종이 되겠다고 했습니다.

💬 이야기하기

이스라엘 군대를 향한 골리앗의 도전은 무엇이었나요?

(골리앗은 누구라도 내보내서 자신과 싸우자고 도전했습니다.)

어떤 사람이 나서서 골리앗과 싸웠는데 그가 진다면 무슨 일이 벌어지나요?

(골리앗과 싸우는 그 군사는 이스라엘 전체를 대표해서 싸우는 것입니다. 만약 지면, 이스라엘 전체가 지는 것입니다. 이 대단한 이야기는 어떻게 단 한 사람이 전체를 대신할 수 있는지를 보여줍니다. 예수님이 우리 대신에 십자가에서 죽으실 때 이루신 일이죠. 그분이 죄를 패배시키셨기에, 그분을 믿는 모든 사람도 승리를 함께 누리게 될 것입니다.)

왜 하나님은 골리앗이 그분의 백성들을 모욕하며 도전하게 하셨나요?

(하나님을 믿으면 도움을 받고 싸움에서 승리할 수 있다는 것을 보여주고 싶으셨습니다.)

하나님은 우리 모두에게 이런 도전과 어려움을 허락하셔서 하나님을 믿는 것을 배우고 경험하게 하십니다. 지금 맞닥뜨리고 있는 도전과 어려움은 무엇인가요?

(부모님은 자녀들의 학교생활, 부모님에게 순종하기, 그리고 심지어 방청소 등과 같이 그들의 일상 속에서 경험하는 도전을 생각하도록 도와주시고 하나님의 도움을 받아야만 이길 수 있다는 점을 기억하게 해 주세요.)

🤲 기도하기

우리에게 어려움을 허락하셔서 그것 때문에 하나님을 믿게 하시는 것에 감사하세요.

DAY 2

♥ 기억하기

어제 이야기 중에서 무엇을 기억하고 있나요? 오늘은 어떤 이야기가 있을 것이라고 생각하나요?

✝ 성경읽기 | 사무엘상 17장 11~27절

💬 깊이 생각하기

이스라엘 민족이 원래는 자신들을 이끌고 전쟁에서 싸울 수 있는 왕을 원했다는 내용을 지난 54주에서 배웠습니다(삼상 8:19~20). 그러나 오늘 이야기에서, 사울 왕은 골리앗과 맞닥뜨리자 자신의 병사들과 마찬가지로 두려워합니다. 하나님의 영이 사울에게서 떠났기 때문에 골리앗과 맞서 싸우거나 블레셋 군대를 상대로 전쟁을 이끌지 못하고, 오히려 어떤 도움도 주지 못한 채 진지 뒤편에 숨어 있었습니다.

그러나 다윗은 골리앗이 이스라엘 군대를 가로막고 모욕한다는 소식을 들었을 때 화가 났고, 그 거인에게 반박하는 말을 했습니다.

💬 이야기하기

골리앗이 도전하고 모욕할 때 이스라엘 군사들은 무엇을 했나요?
(두려워서 도망치고 숨어 있었습니다.)

골리앗이 말하는 것을 들었을 때 사울은 어떠했나요?
(사울도 두려워했습니다.)

사울은 어떻게 했어야 하나요?
(사울은 하나님에게 기도하고 도움을 구하며 그의 군사들이 골리앗과 싸우도록 독려해야 했습니다. 사울은 전쟁에서 그의 군대를 이끌어야 했습니다.)

블레셋 거인이 이스라엘에게 도전하고 비웃는 소리를 들었을 때, 다윗은 무엇을 했나요?
(다윗은 도망치지 않고 하나님과 이스라엘 전체를 대신해서 반박을 했습니다.)

🌿 기도하기

다윗처럼 하나님을 믿게 해 달라고 간구하세요.

DAY 3

♥ 예수님께 연결하기

오늘의 이야기가 예수님에 대한 것이며, 예수님을 가리킨다는 사실을 어떻게 알 수 있나요?

📖 성경읽기 | 사무엘상 17장 28~37절

💬 깊이 생각하기

오늘 이야기에 나온 골리앗, 사울, 그리고 이스라엘 군사들, 아니면 다윗 중에서 우리는 누구와 가장 비슷한가요? 우리 모두는 다윗과 비슷하다고 생각하고 싶어 합니다. 그러나 시험이 닥쳐올 때면 하나님을 믿는 데 어려움을 겪습니다 — 이스라엘 군사들이 그랬던 것처럼. 사실 우리는 다윗보다는 이스라엘 군사들과 더 비슷합니다. 우리 모두는 우리 삶에서 거인을 마주치는데, 그것은 바로 죄입니다. 우리의 힘만으로는 그 거인을 이길 수 없습니다. 이스라엘 군대처럼, 우리를 위해서 거인과 싸우고 승리를 가져다줄 구원자가 필요합니다. 다윗은 하나님이 이스라엘 군대를 그들의 적인 골리앗으로부터 구원할 사람으로 보내신 인물이었습니다. 그리고 예수님은 우리의 적인 죄로부터 우리를 구원하시려고 하나님이 보내신 인물입니다. 다윗은 골리앗의 도전을 받아들이고 이스라엘 군대를 대표해서 앞으로 나서겠다고 말했습니다. 그가 이기면 이스라엘 군대가 이기는 것이고, 그가 지면 모든 이스라엘 군대도 지고 블레셋의 종이 되는 것이었습니다. 다윗처럼, 예수님도 우리 대신에 서셨습니다. 이제 그분을 믿는 모든 사람은 그분이 죄에 대하여 이루신 승리를 가지게 되는 것입니다.

🔊 이야기하기

다윗은 골리앗과 무엇을 하겠다고 말했나요?
(그는 골리앗과 싸우겠다고 말했습니다.)

사울이 다윗에게 질문했을 때, 다윗은 골리앗과 싸울 때 누가 도움이 된다고 말했나요?
(다윗은 하나님이 골리앗과 싸우도록 도우실 것이라고 말했습니다.)

오늘 이야기에서 다윗은 예수님과 어떻게 비슷한가요?
(다윗은 하나님의 백성들에게 구원을 가져다주었습니다. 왜냐하면 그들은 너무나 약해서 스스로의 힘으로는 적을 무찌를 수가 없었습니다. 그것은 우리의 상황과 동일합니다. 예수님은 우리의 적인 죄를 정복하러 오셨습니다. 우리 혼자서는 죄를 이길 수 없기 때문입니다.)

🙏 기도하기

죄와 죽음의 싸움에 우리를 대신해서 십자가에서 죽으시고 다시 살아나심으로 승리를 이루신 예수님에게 감사하세요.

DAY 4

♥ 기억하기

이번 주 성경 이야기를 통해서 하나님은 우리에게 무엇을 가르치시나요?

📖 성경읽기 | 사무엘상 17장 38~58절

● 깊이 생각하기

사무엘이 다음 왕으로 이새의 가장 큰 아들을 선택했을 때 그 잘못을 고쳐주셨던 하나님을 기억할 것입니다. 하나님은 사무엘에게 사람의 겉모습이 아니라 마음을 보신다는 사실을 말씀하셨습니다. 그리고 나서 이새의 가장 어린 아들인 다윗을 선택하셨습니다.

골리앗이 다윗을 봤을 때, 사무엘과 똑같은 잘못을 했습니다. 그는 겉모습만 봤습니다. 그가 본 것은 어린 소년이 어떤 무기나 검도 없이 싸우러 나오는 모습이었습니다. 그러나 골리앗이 몰랐던 것은 다윗에게 하나님을 향한 믿음이 있고 온 우주를 다스리시는 전능하신 하나님이 그와 함께 하신다는 사실을 믿었다는 점입니다. 그래서 믿음으로, 다윗은 골리앗에게 달려갔고 작은 돌멩이 하나로 거인을 쓰러뜨렸습니다.

《● 이야기하기

자녀들은 부모님에게 하나님이 도와주실 것을 믿었던 때를 기억하는지 질문해 보세요.
(부모님은 도전이나 어려움에 직면했을 때 하나님이 어떻게 도우셨는지 기억해 보세요.)

골리앗은 왜 다윗을 두려워하지 않았나요?
(골리앗은 이스라엘의 하나님을 믿지 않았기에 하나님이 다윗을 도우신다는 사실을 깨닫지 못했습니다.)

다윗이 물맷돌로 골리앗을 쓰러뜨리는 것을 봤을 때, 블레셋 군사들은 무엇을 했나요?
(그들은 모두 무서워서 도망쳤습니다.)

오늘 이야기는 하나님이 어떻게 구원하시는가에 대해서 무엇을 가르쳐주나요?
(하나님은 비록 우리가 약하고 죄악 가운데 있을지라도 구원하십니다.)

🤲 기도하기

우리를 모든 위험으로부터 보호하시는 하나님의 방법들을 구체적으로 떠올리면서 감사를 드리세요.

DAY 5

♥ 발견하기

오늘 우리는 시편이나 예언서를 통해서 예수님에 대해서 무엇을 배울 수 있는지를 살펴볼 거예요.

📗 성경읽기 | 시편 95편 3~8절

💬 깊이 생각하기

이 시편에서는 예수님과 관련된 연결 고리들을 놓치기 쉽습니다. 그러나 예수님이 행하신 것들을 생각하고 그분의 말씀들을 기억한다면, 시편에서 예수님을 나타내는 몇 가지 단서들이 보이기 시작할 것입니다.

예를 들면, 골로새서 1:16은 그리스도가 하늘과 땅에 있는 모든 것들의 창조주라고 기록하고 있습니다. 이 말씀은 우리가 시편 95:5을 이해하는 데 도움이 됩니다. 또한 요한복음서 10:11은 예수님은 우리의 목자라고 말하는데 이것은 시편 95:7을 보다 의미 있게 해 줍니다.

🔊 이야기하기

시편 95:3~8은 어떻게 예수님을 기억나게 해 주나요?

(예수님은 모든 것의 창조주입니다. 그분은 우리의 목자요 우리가 그분의 음성을 들을 때 우리를 돌보십니다.)

하나님이 행하신 일들을 알려준 후, 우리가 무엇을 해야 한다고 말하나요?

(우리가 주님을 경배해야 한다고 말합니다.)

우리가 무엇을 해서는 안 된다고 말하나요?

(이스라엘 민족처럼 마음을 완악하게 해서는 안 됩니다. 이스라엘 민족이 물이 없어서 불평했을 때 므리바에서 있었던 일들을 기억해 보세요[출 17:2~7]. 무슨 일이 있었는지 자녀들이 기억하도록 그 내용을 다시 읽어보세요.)

🙏 기도하기

하나님은 위대하신 분임을 기억하게 해달라고 도움을 구하세요. 그리고 하나님이 행하신 모든 일들을 찬양하게 해달라고 기도하세요.

The Ark of God
하나님의 언약궤

냄비를 가정 예배 자리에 가져오면서, 마치 그것이 아주 뜨거운 것처럼 냄비 드는 기구를 사용하세요. 냄비 드는 기구가 무엇에 사용하는 것인지 자녀들에게 질문하세요.(뜨거운 냄비를 옮길 때 데지 않도록 해 줍니다.) 만약 실수로 뜨거운 냄비나 팬을 만졌다면 어떻게 될지 물어보세요.(화상을 입게 됩니다.) 한 나라의 대통령이나 아니면 어떤 백만장자가 그 냄비를 만졌다면 어떻게 될 것인지도 물어보세요. 아주 중요한 인물이건 부자건 상관없이 누구든지 화상을 입겠지요. 냄비가 뜨겁다면, 냄비 드는 도구 없이는 그 누구도 안전하게 그것을 만질 수 없습니다.

이번 주 우리는 웃사가 죄인으로서 거룩한 하나님의 언약궤를 만졌을 때 무슨 일이 벌어졌는지를 보게 될 것입니다. 하나님은 거룩하시기 때문에, 어떤 죄인도 그분의 언약궤를 만지고 살아남을 수 없습니다.

DAY 1

♥ 상상하기

핵잠수함은 휘발유나 석유에서 동력을 얻지 않고 방사능 원소인 우라늄에서 동력을 얻습니다. 우라늄은 무척 강력해서 그것을 연료로 사용하는 잠수함은 연료를 다시 채우기 위해 멈출 필요가 없습니다. 연료를 다시 넣을 필요 없이 10년 동안 운행이 가능한 자동차를 상상할 수 있습니까?

그러나 우라늄은 한 가지 문제점이 있습니다. 매우 위험한 물질이라는 점입니다. 절대로 보호 장비 없이 만질 수 없고, 만약 그렇게 하면 죽을 수도 있습니다. 겉으로는 그리 위험해 보이지 않지만 눈에 보이지 않는 방사능 성분을 방출하기 때문에 우라늄을 직접 만지면 매우 아프거나 심지어 죽을 수도 있습니다. 때문에 이 물질을 매우 조심히 다뤄야 합니다.

마찬가지로, 하나님은 이스라엘 민족에게 언약궤를 매우 조심히 다루라고 명령하셨습니다. 하나님이 그 위에 임재하시기 때문입니다. 오늘 우리는 한 사람이 하나님 말씀에 불순종해서 언약궤를 만졌을 때 무슨 일이 일어났는지를 보게 될 것입니다.

📖 성경읽기 | 사무엘하 6장 1~10절

💬 깊이 생각하기

오늘은 다윗이 골리앗을 죽인 이후로 많은 시간이 지난 이야기입니다. 사울은 죽었고, 다윗이 이스라엘의 왕이 되었습니다. 다윗은 왕이 된 후 하나님의 언약궤를 예루살렘으로 옮겨 오고 싶었습니다.

그러나 그 언약궤를 옮기는 사람들이 하나님의 명령을 따르지 않았습니다. 제사장들이 그것을 옮기듯(대상 15:12~15) 고리를 달고 막대기를 연결해서 옮기는 대신에, 수레에 언약궤를 싣고서 옮기려 했습니다. 그들은 거룩하신 하나님의 임재가 그 위에 있고, 그것을 만지는 사람은 누구든지 죽을 것(민 4:15)이라는 사실을 잊었습니다.

이렇게 생각해 보세요: 만약 우리가 밖에서 놀다가 신발에 진흙을 잔뜩 묻힌 채로 흰 카펫이 깔려 있는 집 안으로 들어왔다면 카펫은 엉망이 될 것입니다.

🗣 이야기하기

하나님은 이스라엘 민족이 언약궤를 어떻게 옮겨야 한다고 말씀하셨나요?

(언약궤는 두 개의 막대로 들어서 사람들이 옮겨야만 했습니다. 이 막대기들은 언약궤의 옆면에 붙어 있는 고리를 통과했습니다.)

왜 아무도 언약궤를 만져서는 안 되었나요?

(언약궤는 하나님의 임재가 거하는 거룩한 것입니다. '거룩' 하다는 말은 하나님의 정결하심과 흠이 없으심을 의미합니다. 따라서 죄로 가득한 이스라엘 민족은 아무도 하나님의 언약궤를 만질 수 없습니다.)

다윗 왕은 웃사에게 일어난 일을 보고선 무엇을 했나요?

(다윗 왕은 하나님을 두려워했습니다. 다윗의 두려움은 나쁜 것이 아니었습니다. 선한 두려움은 그가 하나님의 말씀에 순종하는 데 도움이 되었습니다.)

🙏 기도하기

하나님은 거룩하시고 흠이 없으시며 전능하십니다. 그분을 찬양하세요. 하나님은 위대하신 하나님이십니다!

DAY 2

♥ 기억하기

어제 이야기 중에서 무엇을 기억하고 있나요? 오늘은 어떤 이야기가 있을 것이라고 생각하나요?

📖 성경읽기 | 사무엘하 6장 11~15절

💬 깊이 생각하기

블레셋 사람들이 하나님의 언약궤를 빼앗아 갔을 때, 그들에게 악성 종양이 생기고 매우 아프기 시작했습니다. 그러나 언약궤가 오벧에돔의 집에 있을 때, 그의 가족은 하나님에게 순종했고 그것에 절대 손을 대지 않았습니다. 하나님은 그 온 집에 복을 주셨습니다.

다윗이 하나님이 오벧에돔의 집에 복을 내리셨다는 소식을 듣고 언약궤를 가지러 갔을 때는 제대로 운반했습니다. 다윗은 하나님이 언약궤를 하나님의 백성들이 살고 있는 예루살렘으로 옮기는 것을 허락하신 것에 너무나 기뻤습니다. 하나님의 임재가 다시 그분의 백성들과 함께하게 되었기 때문입니다.

이스라엘 민족이 하나님의 말씀에 순종하기만 하면, 하나님의 심판을 두려워할 필요가 없다는 점에 주목하세요. 우리가 하나님과 그분의 거룩함을 두려워할 때는 불순종할 때뿐입니다.

💬 이야기하기

언약궤를 멘 사람들이 여섯 걸음을 걸은 후에 다윗은 무엇을 했나요?
(다윗은 하나님에게 소와 살진 송아지로 제사를 드렸습니다. 그는 하나님이 그들의 여정에 복을 주셔서 기뻤습니다.)

다윗은 온 힘을 다해서 무엇을 했나요?
(다윗은 하나님 앞에서 있는 힘을 다해 춤을 췄습니다.)

모든 사람들은 왜 그렇게 기뻐했나요?
(하나님의 언약궤가 마침내 예루살렘 도성에 있는 그분의 백성들과 함께 하게 되었기 때문입니다. 언약궤가 그 성으로 들어오는 것은 하나님의 복이 그들에게 임하는 것과 같았습니다.)

🙏 기도하기

예수님을 우리에게 보내주신 하나님에게 다윗과 이스라엘 민족이 했던 것처럼 기뻐하며 찬양하세요. 예수님이 우리를 구원하시려고 이루신 모든 것으로 인해서 뛰놀고, 노래하고, 소리치며 하나님을 찬양하세요.

DAY 3

♥ 예수님께 연결하기

오늘의 이야기가 예수님에 대한 것이며, 예수님을 가리킨다는 사실을 어떻게 알 수 있나요?

✝ 성경읽기 | 레위기 16장 1~9절

💬 깊이 생각하기

오늘 성경 구절은 언약궤에 가까이 다가갈 때 제사장이 취해야 할 하나님의 명령을 기록하고 있습니다. 다윗이 언약궤에 다가갈 때, 베옷을 입고 속죄 제물로 하나님에게 제사를 드렸다는 사실에 주목하세요.

다윗이 드린 제사는 마치 오늘 레위기 말씀에 나오는 속죄 제물처럼 예수님의 희생을 나타냅니다. 동물들이 죽을 때, 우리 죄 때문에 외아들을 십자가에서 죽게 하심으로 죄인들을 구원하시는 그분의 계획을 떠올리게 됩니다.

《● 이야기하기

하나님은 언약궤가 놓인 장소에 제사장이 들어올 때 왜 동물들을 죽이게 하셨나요?

(하나님은 제사장이 동물들을 죽임으로써 그의 죄를 가리게 하셨습니다.)

다윗왕은 왜 언약궤를 옮기는 사람들이 여섯 발걸음을 내딛었을 때 동물들을 죽였나요?

(누구든지 언약궤에 가까이 다가올 때 해야 할 하나님의 명령을 따라서 동물을 제물로 바쳤습니다.)

어떻게 이 희생 제물들이 예수님을 나타내나요?

(동물들은 실제로는 죄를 해결할 수 없었습니다. 십자가에서 희생 제물이 되신 예수님을 상징하는 역할을 할 뿐입니다. 오직 십자가에서 이루신 예수님의 희생만이 죄의 문제를 완전히 해결할 수 있습니다.)

🤲 기도하기

우리 죄를 해결하려고 동물들을 죽일 필요가 없게 된 것에 감사하세요. 예수님이 우리 죄의 대가를 단 한 번에 전부 치루셨기에, 더 이상 어떤 희생도 필요 없습니다. 하나님을 찬양하세요.

DAY 4

♥ 기억하기

이번 주 성경 이야기를 통해서 하나님은 우리에게 무엇을 가르치시나요?

✝ 성경읽기 | 사무엘하 6장 16~23절

💬 깊이 생각하기

우리는 항상 죄 때문에 하나님과 분리됩니다. 오늘 이야기에서 다윗은 하나님의 언약궤가 그의 장막 안으로 들어올 때 하나님 앞에서 즐거워하며 춤을 췄습니다. 다윗은 기뻐하며 하나님에게 제사를 올려 드렸고 하나님이 이스라엘 민족에게 내리셨던 언약궤 주변에서 취해야 할 명령을 따라서 행동했습니다.

사울의 딸이며 다윗의 아내인 미갈은 다윗을 경멸했습니다. 이는 미갈이 전혀 기뻐하지 않았다는 것을 나타내는 매우 중요한 어휘입니다. 아마도 미갈은 다윗처럼 하나님을 사랑하지 않았을 수도 있습니다. 그래서 그의 행동이 어리석다고 생각했을지도 모릅니다. 안타깝게도 미갈의 죄는 하나님의 언약궤가 돌아오는 것을 기뻐하지 못하게 그녀의 눈을 가렸던 것입니다. 미갈은 하나님 앞에 나아가서 그분을 즐거워하고 기뻐하는 대신에 불쾌해하며 하나님에게서 떠나간 것입니다. 이는 우리가 죄를 지을 때도 동일하게 나타나는 모습입니다.

◗ 이야기하기

자녀들은 부모님에게 죄를 짓거나 그런 마음 때문에 하나님을 예배하기가 불편하고 예배드리고 싶지 않았던 때가 있었는지 질문해 보세요.

(부모님은 배우자나 자녀들에게 화를 내었던 때를 생각해 보세요. 어쩌면 최근에 교회로 오는 길에 차 안에서 화를 낸 적이 있을 수도 있습니다. 예배는 모든 기쁨과 감사로 드려야 하기 때문에, 예배 전 누군가에게 화를 낸다면 미갈과 같은 죄를 짓는 것입니다.)

미갈은 왜 다윗에게 화가 났나요?
(미갈이 다윗처럼 하나님을 사랑하지 않았기 때문일 수 있습니다. 그래서 하나님 앞에서 춤을 추는 것이 어리석고 바보 같은 짓이라고 생각했을지 모릅니다.)

미갈의 죄는 이스라엘 백성 모두가 누리는 기쁨을 알아보지 못하도록 그녀를 어떻게 가렸나요?
(미갈은 언약궤가 돌아오는 것조차 몰랐던 것 같습니다. 그것이 이스라엘에게 어떤 의미인지도 몰랐습니다.)

하나님은 오늘날도 우리가 그분을 기뻐하며 예배하기를 원하시나요?
(네, 그렇습니다! 하나님은 오늘날도, 다윗의 시대에도 동일하게 놀라우신 분입니다. 다윗이 예루살렘에 언약궤가 도달했을 때 하나님 앞에서 뛰놀며 춤을 췄다면, 하나님의 임재와 그분의 구원이 임했을 때 우리는 얼마나 감격하고 흥분해야 할까요?)

🤲 기도하기

모든 기쁨과 감사로 하나님을 예배할 수 있게 도움을 구하세요.

DAY 5

♥ 발견하기

오늘 우리는 시편이나 예언서를 통해서 예수님에 대해서 무엇을 배울 수 있는지를 살펴볼 거예요.

📖 성경읽기 | 시편 132편 1~14절

💬 깊이 생각하기

시편 132편은 예루살렘에 하나님을 위한 장막을 세우고, 너무나 기쁜 마음으로 언약궤를 그 도성으로 가져오려는 다윗의 계획을 노래한 것입니다. 이 노래 속에는 비밀스러운 약속이 담겨 있습니다. 하나님이 다윗에게 그의 자손들이 영원토록 왕좌에 앉을 것이라는 약속을 맺으셨다는 사실입니다. 하나님이 이 약속을 성취하시기 위해서 세우신 계획이 예수님이고 그렇기 때문에 이는 비밀이 되었습니다. 예수님은 다윗왕의 먼 후손이었습니다. 예수님은 왕이 되셨고, 그 왕좌에 영원히 앉으십니다.

하나님의 언약궤 또한 예수님을 의미하는 상징입니다. 언약궤가 도성으로 옮겨졌을 때, 하나님의 임재가 함께했고, 하나님이 그분의 백성들과 함께 계시게 되었습니다. 예수님은 하나님이십니다. 그리고 그분이 도성에 들어왔을 때, 하나님의 임재도 백성들 사이에 동일한 사람의 모습으로 계셨습니다.

기억하십시오! 사람들이 종려나무 가지를 흔들며 "호산나! 찬송하리로다 주의 이름으로 오시는 이 곧 이스라엘의 왕이시여" (요 12:13)라고 외쳤던 것을. 언약궤가 예수님을 가리킨다는 것을 알았기에 우리 모두는 이 시편을 읽을 때 기뻐하고 즐거워해야 합니다.

🗨 이야기하기

이 시편은 이번 주 성경 이야기와 어떻게 연결되나요?

(이 시편은 하나님이 그분의 백성들과 함께 계시는 곳을 찾는 것에 대해서 말하고 있습니다. 이번 주 우리가 읽은 성경 이야기는 언약궤를 예루살렘으로 다시 가져오고, 하나님이 거하실 장막을 준비하는 다윗에 대해서 말하고 있습니다. 그렇게 함으로써 하나님은 그분의 백성들과 함께 거하실 수 있었습니다.)

다윗의 왕좌에 영원히 거하실 왕은 누구인가요? (예수님은 다윗의 왕좌에 영원히 거하실 왕이십니다.)

신자들은 하나님이 그분의 백성들과 함께 거하시게 될 때 무엇을 해야 하나요?
(신자인 우리들은 기쁨으로 소리쳐야 합니다.)

🙏 기도하기

하나님이 지금도 살아계시며 그분의 백성들과 함께 하시는 분임을 기념하고 즐거워하세요. 그분은 모든 신자들의 마음에 살아계십니다.

David the Psalmist
시인 다윗

자녀들에게 다음의 질문들을 해 보세요. (각 질문마다 정답은 "시인인 다윗 왕" 입니다.)

- "역사상 시인으로 가장 유명한 사람은 누구인가요?"
- "어떤 시인이 350개 이상의 언어로 번역된 시를 썼을까요?"
- "어떤 시인이 성경에서 인용된 70곡 이상의 노랫말로 된 시를 썼을까요?"

다음과 같이 말해 주세요. "이번 주 너희들은 다윗에 대해서 배우게 될 거야. 그는 가장 많은 시편을 남긴 사람이야."

DAY 1

♥ 상상하기

여러분이 노래를 만든다면, 무엇에 대한 노래를 만들고 싶은가요? 많은 작사가들이 삶속에서 나타나는 것들로 노래를 만듭니다. 예를 들어, "The Star Spangled Banner" (미국 국가)의 가사는 1812년 전쟁 기간 동안에 벌어졌던 맥헨리 요새의 전투 이야기를 들려줍니다. 전투가 끝났을 때, 요새가 점령당하지 않았다는 것을 드러내면서 미국 국기는 변함없이 그곳에서 휘날렸다는 것을 노래합니다. 그 노래의 가사 가운데 한 부분은 다음과 같이 말합니다. "밤새 우리의 깃발이 휘날린 증거라."

오늘 이야기에서, 우리는 다윗이 쓴 노래를 읽게 될 것입니다. 그것이 무엇을 노래한 것인지를 이해할 수 있는지 이제 봅시다.

📖 성경읽기 | 시편 23편 1~3절

💬 깊이 생각하기

시편이 담고 있는 노래의 가사들은 오래 전 하나님의 백성들이 불렀던 노래들입니다. 다윗 왕은 가장 뛰어난 시편을 쓴 시인입니다. 성경 속 다윗에 대해서 읽다 보면 그가 쓴 시들이 얼마나 그의 삶의 이야기와 딱 들어맞는지 자주 발견하게 됩니다.

예를 들어, 오늘 읽은 시편 23편은 하나님을 우리의 목자로 표현합니다. 어린 소년일 때 목자였던 다윗은 아버지의 양떼를 돌봤습니다. 그는 목자들이 얼마나 조심스럽게 양떼를 돌보며 보호하는지를 알았습니다. 목자가 있을 때 양떼는 늑대나 다른 동물들의 위협을 두려워하지 않습니다. 또한 목자는 양떼를 가장 좋은 풀밭과 물가로 인도합니다.

이 시편에서 다윗은 하나님을 목자로 묘사합니다. 다윗은 평안의 근거를 목자이신 하나님의 보호하심에 근거했습니다. 다윗은 평생에 하나님은 항상 그에게 필요한 것을 공급하시고 보호하시는 분이었습니다.

💬 이야기하기

하나님이 목자라면, 그분의 양떼는 누구인가요?

(하나님을 믿는 모든 사람이 그분의 가족입니다. 하나님은 그분의 자녀들을 양떼라고 부르셨습니다.)

하나님은 다윗 왕을 어떻게 돌보셨나요?

(부모님은 자녀들이 다윗 왕의 이야기를 생각하게 해 주세요. 예를 들어, "사자들과 곰들이 공격했을 때 하나님이 어떻게 다윗을 보호하셨지?" 또는 "골리앗이 이스라엘 군대와 맞섰을 때 하나님이 다윗을 어떻게 돌보셨지?"라고 질문해 볼 수 있습니다.)

목자가 자신의 양떼를 푸른 풀밭과 잔잔한 물가로 인도할 때, 그는 먹을 것과 마실 것을 공급해 주는 것입니다. 하나님은 어떻게 우리에게 그것들을 공급하시나요?

(하나님이 그것들을 어떻게 공급해 주셨는지 생각하도록 도와주세요. 우리가 누리는 모든 선한 것들이 궁극적으로는 하나님의 친절하심 덕분에 주어진 것이라고 설명해 주세요. 그러나 무엇보다도 하나님은 우리에게 말씀을 주셔서 그분에 대해서 알고 깨닫게 하셨습니다.)

🙏 기도하기

우리를 푸른 풀밭(우리가 그분을 섬기는 데 필요한 모든 것)으로 인도하시는 하나님을 찬양하세요.

DAY 2

♥ 기억하기

어제 이야기 중에서 무엇을 기억하고 있나요? 오늘은 어떤 이야기가 있을 것이라고 생각하나요?

✝ 성경읽기 | 시편 23편 4절

💬 깊이 생각하기

이 구절에서 다윗은 그의 적들이 눈앞에 다가왔을 때 하나님이 공급해 주신 것들을 표현하고 있습니다. 비록 다윗이 이 일이 언제 일어났는지는 말하지 않지만, 사울 왕이 다윗을 시기해서 그를 죽이는 데 집착하던 때(삼상 23:15)가 있었습니다. 이 시편을 쓰면서 떠올린 순간들 중 하나가 아마도 이때일 수 있습니다. 다윗의 시편들 때문에 우리는 적들이 위협하며 다가올 때 하나님을 신뢰할 수 있게 됩니다. 누군가가 우리를 죽이려는 상황에 놓이지는 않겠지만, 병이나 많은 세금 고지서, 그리고 목돈이 드는 등의 어려움이 마치 적들이 우리를 향해서 달려드는 것처럼 느껴질 수 있을 겁니다.

🗨 이야기하기

하나님이 사울로부터 다윗을 어떻게 보호하셨는지 기억하나요?
(하나님은 블레셋 사람들이 하나님의 백성을 공격하게 하셔서 사울 왕이 다윗을 추적하는 것을 멈추고 군대로 이스라엘을 방어하게 하셨습니다.)

하나님의 보호하심 때문에 다윗은 어떻게 하도록 격려 받았을까요?
(다윗은 어려운 시험을 통해서 하나님을 신뢰하는 법을 배웠습니다.)

하나님은 우리를 어떻게 보호하시나요?
(자녀들이 건강한 자신을 보면서 병으로부터 하나님이 보호하신다는 것을, 그리고 집이 있기 때문에 외부의 날씨로부터 보호받는다는 것을 깨닫도록 도와주세요.)

오늘 성경 구절에서 말하는 주의 지팡이는 하나님이 어떻게 우리를 올바르게 하시며 인도하시는지를 나타냅니다. 그것이 어떻게 우리에게 안식을 주나요?
(하나님만이 우리를 악과 죄로부터 지키고 인도하시는 분입니다. 하나님의 인도하심은 때로는 고통스럽지만 그것 때문에 우리는 안전하며, 순종하는 복을 누리게 됩니다.)

🙏 기도하기

우리를 선하게 하시려고 보호하시고 인도하시는 하나님에게 감사하세요.

DAY 3

♥ 예수님께 연결하기

오늘의 이야기가 예수님에 대한 것이며, 예수님을 가리킨다는 사실을 어떻게 알 수 있나요?

✝ 성경읽기 | 시편 23편 6절

🗨 깊이 생각하기

오늘은 5절을 지나 6절로 시작합니다. 왜냐하면 이 구절이 예수님을 가리키기 때문입니다. 다윗은 자비가 그의 평생에 따랐다고 말했습니다. 그는 죽을 때 이제는 하나님의 집에서 영원히 거하게 될 것이라는 사실을 알았습니다. 우리가 하나님의 자비를 누리며 그분과 더불어 영원히 그 집에 거할 방법은 단 한 가지입니다. 하나님은 외아들 예수님을 보내셨고, 우리 죄를 대신해서 십자가에게 죽게 하셨습니다. 이제 예수님을 믿는 모든 사람은 용서를 받고 하나님의 집(천국)에 영원히 거하게 됩니다. 하나님이 다윗이 노래했던 그 약속을 성취하신 방법이 바로 예수님입니다. 우리가 예수님을 믿는다면 영원히 천국에서 살 수 있습니다. 언젠가 천국에 가는 모든 사람은 시편 23편을 기록한 다윗을 만날 것입니다.

🗨 이야기하기

다윗은 그의 일생에 무엇이 따른다고 말했나요?
(자녀들이 너무 어려서 읽지 못하거나 정답을 찾지 못한다면, 그 구절을 다시 한 번 읽어 주시고 손을 들어 답을 맞히도록 도와주세요. 그리고 나서 정답인 '선하심'과 '인자하심'을 반복해서 따라 말하게 시키세요.)

하나님의 인자하심은 무엇인가요?
(우리가 하나님을 대적하는 죄악을 범했으나 그것 때문에 우리를 징계하지 않으심으로 하나님은 우리에게 인자하심을 보이셨습니다. 하나님은 예수님이 십자가에 달려 죽으셨을 때 우리의 징계를 대신 받게 하셔서 인자하심을 우리에게 드러내셨습니다.)

다윗은 하나님의 집에 얼마나 오랫동안 거할 수 있다고 말했나요?
(다윗은 그가 하나님의 집에 영원히 거할 것이라고 말했습니다.)

우리 또한 하나님의 집에 거할 수 있나요?
(예수님이 우리 죄를 대신해서 십자가에서 죽으셨다는 사실을 믿는다면, 우리도 영원히 하나님의 집에 거할 수 있습니다.)

🤲 기도하기

우리가 하나님과 함께 영원히 거할 수 있는 아름다운 천국을 만드신 하나님에게 감사하세요. 기억하세요. 그곳에서는 어떤 죄도, 병도, 죽음이나 고통도 없을 것입니다. 그리고 온갖 아름다운 것들과 소중하고 가치 있는 것들을 볼 것입니다. 그 무엇보다도 예수님을 직접 뵙게 될 것입니다.

DAY 4

♥ 기억하기

이번 주 성경 이야기를 통해서 하나님은 우리에게 무엇을 가르치시나요?

✝ 성경읽기 | 시편 23편 5절

💬 깊이 생각하기

오늘은 5절로 되돌아가서 다윗의 삶에서 어떤 부분을 나타내는지를 살펴볼 것입니다.

사무엘이 다윗의 아버지인 이새를 제사에 초대했다는 사실을 기억해 보세요. 사무엘은 이새의 아들들 중 한 명에게 기름을 부어 이스라엘의 다음 왕으로 세우기 위해서 마을에 와야만 했습니다. 비록 가장 어린 다윗은 그 자리에 없고 들판에 있었지만, 그는 하나님이 선택하신 왕이었습니다. 이새의 모든 아들을 지나친 후에, 사무엘은 다윗을 불러오게 했습니다. 그리고 그에게 이스라엘의 다음 왕으로서 기름을 부었습니다. 그날부터 다윗은 많은 적들을 만났지만, 하나님은 그에게 필요한 것을 공급하시고 돌보셨습니다.

하나님은 우리에게도 동일하게 필요한 것을 공급하셨습니다. 비록 죄와 사망이라는 적들이 우리를 망가뜨리려고 위협하지만, 예수님이 우리를 대신해서 죽으셨습니다. 예수님은 스스로를 생명의 떡이라고 말씀하셨습니다. 이 떡을 먹는다면 우리는 영원히 살 것입니다(요한 6:48~51). 그것은 우리가 예수님을 믿으면 그분은 우리를 구원하시고 우리가 그분과 함께 영원토록 살수 있다고 예수님이 말씀하신 방법이었습니다.

💬 이야기하기

다윗이 '내 잔이 넘치나이다' 라고 한 것은 하나님이 그에게 필요한 것 이상으로 주셨다는 것을 의미합니다. 자녀들은 부모님에게 하나님이 필요 이상의 것을 주셨던 때를 기억하는지 질문해 보세요.

(부모님은 하나님이 필요하다고 생각했던 이상으로 주신 것을 생각해 보세요. 현재 사는 집이 실제로 살아가는 데 필요한 것보다 더 커서 하나님의 풍성한 복을 드러내는 증거일 수도 있습니다. 그리고 나서 예수님 안에서 허락된 구원이 하나님이 우리에게 베푸신 얼마나 큰 선물인지를 얘기 나눠보세요. 우리의 마음은 하나님의 복과 십자가에서 이루신 것들을 도저히 다 담을 수 없습니다.)

하나님이 우리에게 필요한 것 이상으로 어떻게 공급해 주셨나요?
(부모님은 자녀들이 그들의 삶 속에서 이 질문에 동일한 답변을 할 수 있도록 도와주세요.)

다윗은 언제 기름부음 받았나요?
(사무엘이 다윗을 새로운 왕으로 선택했을 때 그에게 기름을 부었습니다. 이때에 성령님께서 다윗에게 임하셨습니다.)

🤲 기도하기

필요한 것 이상으로 우리 가족에게 베풀어 주신 하나님에게 감사하세요.

DAY 5

♥ 발견하기

오늘 우리는 시편이나 예언서를 통해서 예수님에 대해서 무엇을 배울 수 있는지를 살펴볼 거예요.

✝ 성경읽기 | 사무엘하 7장 1~17절

💬 깊이 생각하기

하나님이 선지자를 보내서서 우리의 미래에 대해서 다 말해 주신다면 어떨까요?

하나님은 다윗에게 그가 위대한 왕이 될 것이고, 모든 전쟁에서 승리하며 그의 아들 솔로몬이 하나님의 성전을 건축하게 될 것이라고 말씀하셨습니다. 또한 그의 왕좌는 영원히 지속될 것이고 다윗의 아들 솔로몬 역시 하나님의 자녀가 될 것이라고 말씀하셨습니다.

오늘 이야기의 이 두 부분은 모두 예수님을 나타냅니다. 하나님은 예수님을 통해서 그분의 약속이 성취되고 다윗의 자손으로서 왕좌에 영원히 앉게 하실 계획을 세우셨습니다.

🍃 이야기하기

만약 미래에 일어날 일 중에 한 가지를 알 수 있다면, 무엇을 알고 싶은가요?

(부모님은 자녀들이 이 부분에 대해서 생각하도록 도와주실 수 있습니다. 그러나 결국에는 복음에 대해서 말씀을 나누어야 하고, 예수님을 믿는다면 미래에 가장 중요한 한 가지는 분명하다고 얘기해 줄 수 있습니다. 자녀들은 죽은 후에 영원히 천국에서 하나님과 함께 있게 된다는 사실을 알 수 있습니다.)

하나님은 다윗이 사울과는 어떻게 다를 것이라고 말씀하셨나요?

(하나님은 사울과 그의 자손들에게서 왕좌를 빼앗으셨습니다. 하나님은 다윗과 그의 자손들이 그 왕좌를 영원히 지키도록 허락하실 것입니다.)

하나님이 다윗의 아들이 영원히 왕좌를 지키게 하신다고 약속하셨다면, 오늘날 다윗의 왕좌에는 누가 앉아 있나요?

(예수님은 다윗의 머나먼 후손입니다. 왕으로서 오늘날 다윗의 왕좌에 앉아계신 분은 예수님입니다.)

🤚 기도하기

우리의 삶이 미래에 어떻게 될지 확신할 수는 없지만 하나님을 믿고 따르겠다고 하나님에게 고백하세요.

Solomon and the Temple of God
솔로몬과 하나님의 성전

자녀들을 한자리에 모이게 하고 하나님의 성전을 건축하기 위해서 다윗 왕이 금 십만 달란트와 은 백만 달란트를 준비했었다고 얘기해 주세요. 그것이 오늘날 얼마나 큰 금액인지 상상할 수 있냐고 질문해 보세요.

금 한 달란트는 6,000데나리온이고 한 데나리온은 당시 노동자의 하루 품삯입니다. 요즘 남자 노동자들의 하루 품삯을 10만원이라 치면 금 한 달란트는 6억 원이라는 큰 돈입니다. 은 한 달란트는 금 한 달란트의 1/15이므로 약 4천만원입니다. 그러니 금 십만 달란트는 60조, 은 백만 달란트는 40조라는 보통사람이 상상할 수 없는 어마어마하게 큰 돈입니다. 따라서 성전을 건축하는 데 사용된 금과 은의 금액으로서의 가치가 약 103조였을 거라는 의미입니다. 게다가 나무, 돌, 청동 그리고 노동력의 비용도 있었습니다

이번 주 우리는 솔로몬이 하나님을 위해서 건축한 놀라운 성전에 대해서 배우게 될 것입니다.

DAY **1**

상상하기

우리가 어떤 왕을 위해서 왕궁을 건축하고 설계하도록 고용된 건축가라면 처음부터 모든 자재를 최고의 것으로 사용할 계획을 세울 것입니다. 플라스틱이나 가짜 목재와 같은 싸구려 자재는 쓰고 싶지 않겠지요. 오직 최고의 건축 자재들만 사용하려고 할 것입니다. 그 왕궁은 그곳에 살고 있는 사람이 얼마나 중요한 사람인지를 드러내기 위해서 화려하고 거대해야 합니다.

이제 우리가 하나님이 거하실 성전을 건축하도록 요청받았다고 상상해 봅시다. 금과 은처럼 그 어떤 것보다도 좋은 최고의 자재들을 사용할 것입니다. 이 땅에서 구할 수 있는 자재들을 사용해서 하나님이 계실 성전을 건축한다는 것은 불가능에 가까운 과정일 겁니다. 그러나 그것이 다윗이 그의 아들 솔로몬에게 전한 말이었습니다.

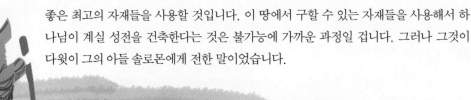

📖 성경읽기 | 역대상 22장 7~10절

💬 깊이 생각하기

오늘 성경 이야기를 빠르게 읽어버리면 그 이야기가 얼마나 놀라운지를 놓칠 수 있습니다. 예를 들면, 오늘 성경 말씀은 우리에게 하나님이 다윗에게 아들을 주실 것이고 그 아들의 이름을 솔로몬이라 하고 온 이스라엘에 평화를 주셔서 솔로몬이 하나님을 위한 성전을 건축하게 하실 거라는 사실을 알려 줍니다.

하나님은 미래를 아십니다. 하나님은 전쟁과 평화를 다스리시며 다윗이 아닌 솔로몬이 하나님을 위한 성전을 지을 거라는 사실도 분명하게 아셨습니다. 그래서 솔로몬이 성장했을 때 하나님은 그 땅에 평화를 허락하셨고, 그 때가 다윗이 그의 아들 솔로몬에게 하나님의 성전을 건축하는 책임을 전할 시기였습니다.

우리는 동일한 하나님이 우리의 삶을 다스리고 계시다는 사실을 너무 쉽게 잊습니다. 그분은 우리의 앞날을 아시고 우리의 삶이 하나님의 계획을 이뤄가도록 이끄십니다.

💬 이야기하기

다윗은 그의 아들에게 무엇을 건축하라고 말했나요?
(다윗은 아들에게 하나님이 더 이상 장막에만 거하시지 않도록 백성들이 살아가는 터전 가운데 그분의 성전을 건축하라고 말했습니다.)

다윗은 그의 아들을 도와주기 위해서 무엇을 했나요?
(다윗은 솔로몬이 성전을 건축하는 데 필요한 모든 것을 준비했습니다.)

하나님은 왜 성전을 예루살렘 안에 건축하게 하셨나요?
(하나님은 사랑하시는 백성들과 함께 거하기를 원하셨습니다. 그것은 하나님이 예수님을 백성들과 더불어 살아가게 이 땅에 보내신 이유이기도 합니다. 언젠가 모든 신자들은 천국에서 영원히 하나님과 함께 살게 될 것입니다.)

🙏 기도하기

하나님의 전능하심을 찬양하고 우리가 하는 모든 일에 그분의 도움을 간구하세요.

DAY 2

♥ 기억하기

어제 이야기 중에서 무엇을 기억하고 있나요? 오늘은 어떤 이야기가 있을 것이라고 생각하나요?

✝ 성경읽기 | 역대상 22장 11~19절

💬 깊이 생각하기

다윗이 솔로몬에게 말하는 내용들을 자세히 살펴본다면, 다윗이 얼마나 하나님을 사랑했고 그분에 대해서 어떻게 생각했는지를 발견할 수 있습니다. 그는 하나님이 솔로몬과 함께해 주시기를 기도했고, 솔로몬에게 재능과 지혜를 달라고 간구했습니다. 솔로몬에게는 하나님의 율법을 지키라고 말했고 하나님이 복을 주실 거라고 얘기했습니다. 그리고 나서 이스라엘의 지도자들에게도 하나님에 대해서 말했습니다. 이르기를 그들 또한 하나님을 추구하고 그 말씀 앞에 순종해야 한다고 했습니다.

🗣 이야기하기

다윗이 솔로몬에게 말한 그의 삶을 통해서 우리는 무엇을 배울 수 있나요?
(우리는 다윗이 하나님을 사랑했고 하나님이 솔로몬이 성전을 건축하는 것을 도와주실 거라고 믿었다는 것을 알 수 있습니다.)

다윗은 우리에게 어떤 본을 보였나요?
(우리는 무엇인가 행하는 데 하나님을 신뢰해야 합니다. 비록 하나님을 위한 성전을 건축하는 것은 아니지만, 우리는 살아가는 데 변함없이 하나님의 도움이 필요합니다.)

우리는 어떤 영역에서 하나님의 도움이 필요한가요?
(자녀들이 일상 가운데서 하나님의 도움을 발견할 수 있게 도와주세요. 우리는 병으로부터 하나님의 보호가 필요하고 우리에게 죄가 없다 말씀하시는 그분의 은혜가 필요합니다. 우리는 먹고 마시는 모든 것이 하나님으로부터 오는 것임을 기억해야 합니다.)

🤲 기도하기

다윗처럼 하나님을 믿고 사랑하게 해 달라고 간구하세요.

DAY 3

♥ 예수님께 연결하기

오늘의 이야기가 예수님에 대한 것이며, 예수님을 가리킨다는 사실을 어떻게 알 수 있나요?

✝ 성경읽기 | 역대상 28장 1~19절

💬 깊이 생각하기

다윗은 이스라엘의 모든 지도자들을 예루살렘으로 모이게 한 후 연설을 했는데 그중에 예수님과 연결되는 것이 있었습니다. 그것은 이스라엘을 영원히 다스릴 왕을 세우시겠다는 하나님의 약속을 반복한 것입니다.

다윗은 모든 지도자 앞에서 아들 솔로몬과 솔로몬의 자녀들을 향한 약속을 전했습니다. 하나님이 다윗의 왕국을 다윗 자녀들에게 유산으로 영원토록 남겨두실 것이라고 말했습니다. 하나님은 그 모든 약속을 유다 지파의 후손으로 그분의 아들 예수님을 보내심으로 성취하셨고 다윗과 솔로몬의 집안이 영원히 왕으로서 다스리도록 하셨습니다.

🔊 이야기하기

다윗은 이스라엘의 모든 지도자들을 한자리에 모아서 무슨 말을 했나요?

(그의 아들 솔로몬이 하나님의 성전을 건축하게 하실 하나님의 계획과 자신의 뒤를 이어서 왕으로서 통치하게 될 것을 전했습니다. 모든 지도자가 그것이 하나님의 계획의 일부라는 것을 알게 되고, 솔로몬을 지지할 것입니다.)

역대상 28장 9절을 읽으세요. 이 구절은 오늘날 우리에게 어떤 식으로 사실이 되나요?

(하나님은 여전히 마음을 보시고 모든 것을 아십니다. 우리가 그분께로 나아오길 원하십니다. 또한 하나님을 거부하는 모든 사람은 영원히 버림받게 될 것이라는 점도 우리를 두렵게 하는 진실입니다.)

하나님은 왜 솔로몬이 알아서 성전을 건축하도록 두지 않으시고 구체적인 계획을 다 계시하셨나요?

(성전과 그곳의 성물들은 거룩하고 하나님을 위해서 따로 구별되어야만 합니다. 사람들이 원하는 대로 하면, 아론과 금송아지처럼 죄가 그들을 타락하게 할 것입니다.)

🙏 기도하기

우리가 따라야 할 매뉴얼로 성경을 주셔서 우리가 어떻게 살아야만 하는지 가르쳐 주신 하나님께 감사하세요. 그리고 우리의 모든 삶속에서 하나님의 말씀을 따를 수 있게 해 달라고 간구하세요.

DAY 4

♥ 기억하기

이번 주 성경 이야기를 통해서 하나님은 우리에게 무엇을 가르치시나요?

✝ 성경읽기 | 역대하 7장 1~18절

💬 깊이 생각하기

전 세계적으로 매일 수천 개의 집이 아무도 살지 않는 빈 집이 됩니다. 그런 집 중 일부는 너무 비싸서 사람이 살 수 없습니다. 아무도 살 수 없고, 그 집을 누릴 수 없다면 얼마나 아름답고 고급스러운지는 중요하지 않습니다. 솔로몬이 하나님을 위해서 성전을 건축하는 데 7년이 걸렸습니다. 그리고 정말 아름다웠습니다! 그러나 아무리 아름다울지라도 하나님이 그곳에 계시지 않는다면 이뤄진 모든 일은 아무런 의미가 없는 헛수고입니다. 하지만 하나님이 그곳에 계시고 하늘에서 내려온 불이 제물을 불사르는 것을 백성들이 보았을 때 모두 엎드려 절했습니다. 그 날에 솔로몬은 수천 마리의 동물을 희생 제물로 바쳤습니다 — 그렇지만 그 어떤 제사도 죄를 완전히 해결할 수는 없습니다.

희생 제물로 바친 모든 동물은 예수님을 상징합니다. 예수님이 오시지 않았다면, 그 모든 희생 제물은 헛된 것입니다. 그러나 예수님은 오셨고 우리 죄를 위해서 십자가에서 죽으셨습니다. 그래서 성전을 가득 채웠던 하나님의 임재가 이제는 예수님을 믿는 모든 사람들 마음 가운데 임하는 것입니다.

🗣 이야기하기

자녀들은 부모님에게 이제껏 본 건물 중에 가장 아름다운 것이 무엇인지 설명해 달라고 질문해 보세요.

무엇 때문에 일반적인 건축물은 솔로몬이 지은 성전과 차이가 있나요?
(하나님의 임재가 솔로몬이 지은 그 성전에 임했습니다.)

솔로몬의 시대에 하나님은 성전에 임재 하셨습니다. 오늘날 하나님은 어디에 계시나요?
(하나님은 성령님을 우리의 마음 가운데 보내십니다. 믿음을 가진 우리 모두는 하나님의 새로운 성전입니다.)

✋ 기도하기

영광을 보이시며 성전에 임재하신 하나님에게 감사하세요. 그리고 믿음을 주셔서 내 안에도 그분의 거룩한 영이 임하게 해 달라고 기도하세요.

DAY 5

♥ 발견하기

오늘 우리는 시편이나 예언서를 통해서 예수님에 대해서 무엇을 배울 수 있는지를 살펴볼 거예요.

✝ 성경읽기 | 이사야 60장 16~20절

💬 깊이 생각하기

이사야서에 기록된 이 말씀은 조금 혼란스럽게 들립니다. 그러나 몇 가지 단서들이 선지자 이사야가 예수님에 대해서 말하고 있다는 것을 나타냅니다. 그가 사용하는 "구원자" 그리고 "구속자"라는 이름은 예수님에게만 주어진 이름입니다. 이사야는 이스라엘 민족에게 하나님이 모든 것을 더 나아지게 하시는 날이 오고 있다는 것을 전함으로써 그들을 격려합니다. 또한 이사야가 말하는 그 날에는 해와 달이 사라지고 하나님이 직접 빛을 비추십니다. 성경의 마지막 책에서 우리는 천국에서 무슨 일이 일어나는지를 분명하게 읽었습니다. 예수님은 우리의 빛이 되십니다(계 21:23)! 이사야는 계속해서 그 날에는 더 이상 우리에게 슬픔이 없을 것이라고 말합니다. 그것 또한 예수님이 그분의 자녀들을 위해서 다시 오실 때, 하나님이 우리의 눈에서 모든 눈물을 거두시고 더 이상의 슬픔이 없게 하실 거라는 요한계시록의 기록과 정확히 일치합니다.

《● 이야기하기

오늘 읽은 성경 말씀이 어떻게 예수님을 가리키나요?
(자녀들이 방금 읽은 예수님의 이름을 기억하는지 확인해 보세요. 자녀들이 너무 어리다면, 오늘 말씀을 다시 한 번 읽어 주시고 예수님의 이름이 나올 때 손을 들어서 대답하게 하세요.)

왜 천국에서는 해가 더 이상 필요하지 않나요? (예수님이 천국의 빛이십니다!)

천국에는 밤이 있을까요?
(아니요. 밤이 존재하지 않습니다. 그리스도의 빛은 온종일, 매일, 영원히 빛날 것입니다[계 22:5].)

예수님이 태어나시지도 않았는데 어떻게 이사야는 세상의 마지막 날에 무슨 일이 벌어질지를 알았을까요?
(하나님은 그분의 선지자들에게 말씀하시고, 전해야 할 메시지를 주시며 기록하게 하셨습니다.)

🫒 기도하기

태초부터 마지막까지 우리의 구원을 계획하고 이뤄 가시는 하나님에게 감사드리세요.

The Kingdom Is Divided
왕국이 분열되다

십 원짜리 동전 하나, 오백 원짜리 동전 하나 그리고 작은 돌멩이 하나를 준비하고 자녀들을 부르세요. 자녀들에게 십 원짜리 동전을 보여 주고 밖에서 이런 동전을 발견한 적이 있는지 질문해 보세요. 왜 사람들은 십 원짜리를 바닥에 떨어뜨려도 줍지 않고 그대로 두는지 물어 보세요. 십 원짜리 동전은 큰 가치가 없습니다. 그래서 사람들은 떨어진 동전 줍는 걸 성가시고 귀찮은 일로 여기기도 합니다. 자녀들에게 오백 원짜리 동전을 보여주고 똑같은 질문을 해 보세요. 오백 원은 좀 더 가치가 있기 때문에, 사람들은 보통 오백 원이 바닥에 떨어지면 곧바로 주울 것입니다. 이제 자녀들에게 돌멩이 하나를 보여 주세요. 이런 돌멩이가 바닥에 떨어져 있다면, 자녀들은 그 돌멩이를 주울까요? 성경은 솔로몬에게 은은 돌멩이처럼 흔한 것이었다고 말해 줍니다. 솔로몬이 통치하던 기간에는 은이 너무 많아서 거의 가치가 없었습니다. 이렇게 말해 주세요. "이번 주 너희는 세상이 주는 부유함과 즐거움이 솔로몬의 마음을 하나님에게서 어떻게 멀어지게 했는지를 배우게 될 거야."

DAY 1

♥ 상상하기

메리는 베스와 1학년 때부터 친구였지만 오늘 처음으로 베스의 집에 놀러가게 되었습니다. 베스는 어릴 적에 같은 반 친구 중에서 가장 영리한 친구 중 하나였지만 3학년 이후로, 그러니까 작년부터 점점 텔레비전 얘기를 많이 하게 되었습니다. 메리는 베스의 집에 도착했을 때, 베스가 텔레비전에 대한 말을 왜 그렇게 많이 하는지 이해했습니다. 거실 벽면에 엄청난 크기의 벽면 TV가 수십 개의 작은 평면 모니터에 둘러싸인 채 걸려 있습니다. 각각의 화면에는 서로 다른 채널이 방송되고 있었습니다. 베스가 메리에게 자신의 집을 소개해줄 때, 각방에는 적어도 10여 개의 TV가 벽면과 가구를 따라서 설치되어 있고 심지어 어떤 방은 천장에도 TV가 설치되어 있었습니다. 욕실, 차고, 부엌 그리고 집 뒤쪽 테라스에도 TV가 있고, 그것들은 전부 새 제품으로 보였습니다. 오래된 TV는 신제품으로 교체되었고, 예전 TV는 창고에 보관한다고 베스가 설명해 주었습니다. 베스 가족이 가지고 있는 텔레비전은 다 합쳐서 대략 300개 정도이고, 서로 다른 프로그램을 볼 수 있는데 그중 200개는 창고에 있었습니다. 메리도 집에서 텔레비전 보는 것을 좋아하지만, 하루 종일 그렇게 많은 TV 프로그램을 시청하는 것은 상상조차 할 수 없었습니다. 메리는 베스에게 이렇게 시끄러운데 어떻게 조용하게 자기만의 시간을 가질 수 있냐고 물어봤습니다. 베스는 매일 아침마다

너무 많은 TV 프로그램이 내는 소리와 영상 때문에 성경을 읽기는 정말 어렵다고 인정했습니다. 오늘 읽는 이야기에서, 우리는 무엇 때문에 솔로몬이 하나님을 위해서 살던 삶에서 벗어나게 되었는지를 보게 될 것입니다.

✝ 성경읽기 | 열왕기상 11장 1~8절

💬 깊이 생각하기

집에 텔레비전을 300개 이상 가지고 있다는 것은 사실 말도 안 되는 소리입니다. 하지만 솔로몬은 그것보다 두 배 이상 많은 아내가 있었습니다. 그의 궁전이 엄청나게 거대하긴 했지만, 도대체 어디에 700명의 아내를 두었을까요? 그 아내들을 위한 700개의 침대와 옷장이 필요했을 겁니다. 아내 중 단지 절반이 아침 인사를 한다고 생각해 보세요. 어떨까요? 그는 아침 인사를 무려 350번이나 해야 했을 겁니다.

그러나 솔로몬의 그 많은 아내들에게서 가장 안 좋았던 부분은 수많은 우상을 숭배했다는 점입니다. 그들은 자신의 우상을 솔로몬의 삶에 들여 놓았습니다. 하나님은 솔로몬에게 많은 아내를 두지 말라고 경고하셨습니다 (신 17:17). 그리고 모든 이스라엘 민족에게 이방 국가의 여인들과 결혼하지 말라고 경고하셨습니다. 그러나 솔로몬은 하나님의 말씀에 순종하지 않았습니다.

솔로몬은 하나님을 위한 경이로운 성전을 건축함으로써 왕의 역할을 잘 시작했습니다. 그러나 우상을 숭배하는 아내들 때문에, 결국 그 우상들을 위한 신전까지 짓게 되었습니다.

🗨 이야기하기

웃긴 이야기가 나오는 텔레비전이 솔로몬의 아내들과 어떤 면에서 매우 비슷한가요?

(부모님은 자녀들이 이 부분을 생각하게 도와주세요. TV 만화 프로그램이 우리를 흥분시키고 빠져들게 만들지만, 솔로몬의 아내들은 그보다 더 악했습니다. 솔로몬의 아내들이 했던 것처럼, 텔레비전이 어떻게 하나님이 원하는 대로 살지 못하게 하는지 얘기해 보세요.)

왜 하나님은 솔로몬이 이방 나라들에서 아내를 맞아들이는 것을 원하지 않으셨나요?

(그 이방 아내들은 모두 우상 숭배자들이었습니다. 그들은 솔로몬을 하나님에게서 떠나게 만들었습니다.)

오늘 이야기를 통해서 우리는 하나님에게 불순종하는 것에 어떤 교훈을 얻을 수 있나요?

(하나님에게 불순종하는 것은 악한 결과를 일으킵니다. 어떤 대상들, 심지어 하나님의 선한 은혜조차도 우상이 될 수 있습니다. 우리가 삶 가운데서 하나님보다 더 사랑하고 원하는 것은 무엇이든지 우상이 될 수 있습니다.)

🙏 기도하기

우리가 하나님의 말씀에 순종하게 해 달라고 간구하고, 그 어떤 것도 하나님보다 더 중요한 것으로 여기지 않게 해 달라고 기도하세요.

DAY 2

♥ 기억하기

어제 이야기 중에서 무엇을 기억하고 있나요? 오늘은 어떤 이야기가 있을 것이라고 생각하나요?

✝ 성경읽기 | 열왕기상 11장 9~12절

💬 깊이 생각하기

솔로몬이 처음 왕이 되었을 때, 하나님은 그가 원하는 것은 무엇이든지 요구하도록 허락해 주셨습니다. 솔로몬은 기도했고 하나님에게 지혜를 간구했습니다(대하 1:10). 하나님은 솔로몬의 선택을 기뻐하셨고, 그에게 이스라엘을 통치할 수 있는 놀라운 지혜를 주셨습니다. 그러나 세상에서 가장 지혜로운 사람조차도 하나님의 말씀에 순종하지 않는다면 어리석은 사람에 불과합니다. 비록 솔로몬이 지혜로웠으나, 이방 나라 출신 아내들의 우상을 섬김으로써 어리석은 사람이 되고 말았습니다. 위대한 왕 솔로몬은 한때 가장 뛰어난 지혜로 이스라엘을 다스렸으나 이제는 온 땅을 다스리는 분에게 자신의 왕국을 빼앗기게 되는 하나님의 재판정에 서 있습니다.

🗣 이야기하기

지혜는 무엇인가요? (지혜는 올바르게 선택할 수 있는 능력을 의미합니다.)

어리석은 사람은 어떤 사람인가요?
(어리석은 사람은 옳은 것을 선택하는 대신에 자신이 원하는 대로 행동함으로써 지혜와 진리에서 멀어지는 사람입니다. 가장 나쁜 예는 하나님에게서 돌아서서 그분의 명령에 순종하지 않고 사는 사람입니다.)

솔로몬은 어떻게 어리석은 사람이 되었나요? (솔로몬은 하나님의 말씀에서 돌아섰습니다.)

우리의 삶속에서 선택했던 지혜로운 것과 어리석은 것은 무엇인가요?
(부모님은 자녀들을 도와주세요. 최근에 자녀들이 했던 행동을 다섯 개 정도의 목록으로 만들어 보세요. 지혜로운 것 세 개와 어리석은 것 두 개로 나눠서 만들어 볼 수도 있습니다. 그 내용을 자녀들에게 말해보고, 어느 것이 지혜로운 것이고 어느 것이 어리석은 것인지 스스로 판단하게 도와주세요. 우리는 너무 쉽게 하나님의 명령에 불순종하고 어리석게 행동합니다.)

🙏 기도하기

평생에 하나님을 따르는 지혜를 달라고 간구하세요.

DAY 3

♥ 예수님께 연결하기

오늘의 이야기가 예수님에 대한 것이며, 예수님을 가리킨다는 사실을 어떻게 알 수 있나요?

✝ 성경읽기 | 열왕기상 11장 13~40절

💬 깊이 생각하기

비록 하나님이 솔로몬의 우상 숭배를 심판하셨지만, 하나님의 징계에도 희망은 있었습니다. 하나님은 솔로몬에게 나쁜 소식이 포함된 좋은 소식을 주셨습니다. 나쁜 소식은 하나님이 그 왕국을 솔로몬에게서 빼앗겠다는 것이었습니다. 그러나 좋은 소식도 있었는데 솔로몬의 아들이 왕이 될 때까지 그것을 미루시겠다는 것이었습니다. 그리고 이스라엘 모든 왕국을 다 빼앗진 않으시고, 솔로몬의 아들이 한 지파의 왕이 되도록 하겠다는 약속도 하셨습니다.

그런데 이 상황에서는 계산이 틀린 것 같습니다. 열 개의 지파가 갈라졌고 두 개의 지파만 남았는데 하나님은 예루살렘을 위해서 한 지파를 남겨 두겠다고 말씀하신 것입니다. 여기서 베냐민 지파가 언급되지 않았는데 그 이유는 예루살렘 성안에 함께 있었던 것으로 추정되기 때문이라고 성경 해석가들은 생각합니다. 그래서 나머지 열 지파가 떠나갈 때에 하나님은 예루살렘에 남겨 두어야 할 또 다른 한 지파를 주셨습니다.

하나님은 다윗과 예루살렘을 위해서 이렇게 하셨습니다. 우리 모두가 알다시피, 하나님은 다윗에게 왕위를 영원히 지킬 아들이 있을 거라고 약속하셨습니다. 그렇기 때문에 비록 솔로몬이 불순종했으나 왕위를 지킬 수 있었고, 하나님은 다윗과 맺은 언약을 지키셨습니다.

솔로몬의 먼 자손 중 하나인 예수님은 하나님이 그 언약을 성취하시는 최종 방법이었습니다. 유다 지파(예수님이 태어나신 지파)를 남겨두시고 솔로몬이 왕위를 유지하도록 하심으로써, 하나님은 다윗과 맺으신 언약을 성취하셨고 우리 모두를 향한 좋은 소식인 복음이 전해지도록 그 길을 열어주셨습니다.

🗩 이야기하기

왜 하나님은 솔로몬에게서 모든 지파를 다 빼앗지 않고 왕의 자리에서 쫓아내지 않으셨나요?
(하나님은 솔로몬의 아버지인 다윗과 그의 아들이 항상 왕위를 유지할 것이라는 언약을 맺으셨습니다. 하나님은 솔로몬이 왕위를 지키도록 하셔서 다윗과 맺으신 언약을 지켰습니다.)

예루살렘과 유다 지파는 어떤 면에서 특별했기에 하나님은 솔로몬의 아들이 왕좌를 빼앗기는 것을 원하지 않으셨나요? (하나님은 다윗에게 그의 아들이 영원토록 왕좌에 있을 것이라고 약속하셨습니다.)

하나님이 솔로몬에게 주신 좋은 소식은 무엇인가요?
(모든 왕국을 다 빼앗음으로 솔로몬을 징계하는 대신에, 솔로몬의 아들에게 한 지파를 다스리게 하실 거라는 언약을 맺으셨습니다.)

하나님이 우리에게 주신 좋은 소식은 무엇인가요?
(우리를 심판하지 않으시고, 우리 대신에 예수님을 징계하셨습니다. 우리가 그분을 믿기만 하면 하나님과 더불어 천국에서 영원히 살 수 있게 되었습니다.)

🤲 기도하기

예수님이 우리 죄를 위하여 십자가에서 죽으셨고 다시 살아나셔서 우리가 그분과 더불어 천국에서 영원히 살아갈 수 있게 하셨습니다. 이런 복음을 주신 하나님에게 감사하세요.

387

DAY 4

♥ 기억하기

이번 주 성경 이야기를 통해서 하나님은 우리에게 무엇을 가르치시나요?

📖 성경읽기 | 열왕기상 11장 41절~12장 20절

💬 깊이 생각하기

솔로몬의 아들 르호보암은 어리석은 선택을 했습니다. 예루살렘의 원로들과 현자들의 조언을 듣는 대신에 어렸을 적 친구들의 말에 귀를 기울였습니다. 자부심이 강하고 자기 잘난 맛에 사는 젊은 친구들은 실제로 왕국을 다스려본 경험이 없었기에, 르호보암에게 나쁜 조언을 했습니다.

오늘날 어린 자녀들도 이와 같은 잘못을 범합니다. 부모님이 해 주시는 말씀을 듣기보다 친구들의 이야기에 비중을 두고 그 영향을 훨씬 더 많이 받습니다. 이런 태도는 르호보암에게 큰 문제를 일으켰습니다. 자신이 속한 유다 지파를 제외한 모든 이스라엘 지파들로부터 왕으로 인정받지 못했습니다. 어쩌면 하나님이 이미 이스라엘 지파가 나뉠 것이라고 말씀하셨는데, 실제로 그렇게 된 것이 왜 르호보암의 잘못인 것처럼 여겨지는지 궁금해할 수도 있습니다. 그렇긴 하지만, 르호보암은 원로들의 현명한 조언을 받아들이지 않았고, 친구들의 말을 따라 백성들을 더 혹독하게 대하고 과도한 세금을 부과해서 훨씬 힘들게 했습니다.

💬 이야기하기

자녀들은 부모님에게 친구들의 나쁜 조언을 들었던 르호보암처럼 잘못된 선택이나 행동을 한 경험이 있는지 질문해 보세요.
(부모님은 친구들의 얘기를 듣고서 어리석은 행동을 한 적이 있는지, 아니면 친구들이 자신들의 나쁜 행동을 따라 하도록 요구한 적은 없는지 생각해 보세요.)

르호보암의 어리석은 잘못은 무엇인가요? (원로들과 현자들의 말을 듣기보다는 친구들의 조언을 들었습니다.)

르호보암은 왜 원로들과 현자들의 이야기에 귀를 기울이지 않았을까요?
(부모님은 자녀들이 르호보암이 왜 그랬는지 생각하게 도와주세요. 젊은 패기와 독립심, 그리고 자기의 의지대로 하고 싶은 욕심이 원인이었을 것입니다.)

도움이나 조언을 구하는 대신 자신의 마음대로 행동했던 적이 있나요?
(종종 자녀들은 새로운 장난감이 생기면 함께 가지고 놀아야 하는데 혼자 독차지하려는 때가 있습니다. 심지어 새로운 장난감을 조심스럽게 다루지 않아서 금세 망가뜨리기도 합니다. 어떤 때는 부모님이 도움을 주거나 조언을 하면 화를 내기도 합니다.)

🙏 기도하기

하나님에게 우리가 지혜로워지고 부모님의 말씀에 귀를 기울이게 해 달라고 기도하세요.

DAY 5

♥ 발견하기

오늘 우리는 시편이나 예언서를 통해서 예수님에 대해서 무엇을 배울 수 있는지를 살펴볼 거예요.

✝ 성경읽기 | 시편 132편 8~14절

💬 깊이 생각하기

이 시편은 하나님이 다윗에게 복을 주시고 그의 후손들을 이스라엘의 왕위에 앉히시겠다는 약속에 대한 것입니다. 심지어 하나님이 솔로몬에게 "주의 종 다윗을 위하여" 라고 하신 말씀을 반복합니다. 게다가 하나님은 그분의 백성들과 영원히 함께 거하실 계획을 가지고 있다고 말씀하십니다.

하나님이 죄인인 그분의 백성들과 영원히 함께 거하실 유일한 방법은 그분이 우리의 죄를 해결하셨는지에 달려 있습니다. 그것이 하나님이 예수님을 보내셨던 이유입니다. 예수님은 다윗의 자손으로 이 땅에 오셨고 그의 왕위를 이어 받으셨습니다. 예수님은 십자가에서 죽으심으로 우리의 죄의 문제를 완전히 해결하셨습니다. 그래서 우리는 천국에서 영원히 하나님과 함께 살아갈 수 있게 되었습니다.

하나님은 시편을 통해서 다양한 단서들을 제공해 주셨습니다. 그리고 예언서들은 어떻게 하나님이 우리를 구원하시려고 계획하시는지를 알려줍니다.

🗣 이야기하기

하나님은 왜 사울처럼 다른 집안사람을 왕으로 세워서 솔로몬을 대신 하지 않으셨나요?
(하나님은 다윗에게 영원히 왕위에 있을 아들을 주겠다고 약속하셨습니다.)

하나님이 다윗의 왕위에 영원히 세우실 그 아들은 누구인가요?
(하나님이 다윗의 왕위를 이어서 영원히 앉히실 아들은 예수님입니다.)

우리가 천국에서 하나님의 백성으로서 그분과 더불어 살아갈 수 있는 방법은 무엇인가요?
(하나님은 우리에게 의로워질 수 있는 방법을 주셨습니다. 우리가 예수님을 믿고 그분이 십자가에서 이루신 일을 신뢰할 때, 하나님은 우리의 죄를 사하시고 그분과 더불어 천국에서 살아갈 수 있게 해 주셨습니다.)

🤲 기도하기

우리 죄를 해결해 주신 하나님에게 감사하세요. 하나님은 우리가 예수님이 십자가에서 이루신 일을 믿으면, 우리를 그분과 더불어 천국에서 영원히 함께 거할 수 있게 해 주셨습니다. 감사를 드리세요.

God Provides for Elijah in Miraculous Ways

하나님이 기적적인 방법으로 엘리야에게 공급해 주시다

이번 주 이야기에서 과부가 엘리야를 위해서 만든 "작은 떡"을 상상해 보며 비슷한 크기의 팬케이크를 만들 재료들을 준비해 주세요.

그릇에 다음 재료를 넣고 섞으세요.

> 밀가루 1/2컵
>
> 베이킹 가루 1+1/2작은술
>
> 소금 1/4작은술
>
> 기름 2큰술
>
> 우유 1/3컵

(보통 팬케이크는 우유와 설탕을 넣습니다. 그래서 지금 만드는 이 팬케이크는 맛이 밋밋할 것입니다.)

프라이팬에 기름 두 큰술을 뿌리고 불 위에 올려서 달궈 주세요. 반죽 한 큰술을 달궈진 프라이팬에 붓고 양쪽 면이 노릇하게 익을 때까지 구워 주세요.

그리고 말해 주세요. "내일 이야기에서 우리는 가진 돈은 없고 그저 자신과 아들이 각각 작은 팬케이크를 먹을 만큼의 재료만 가지고 있던 과부에 대해서 읽게 될 거야. 당연히 그 과부는 절망스러웠겠지. 그러나 우리는 이번 주에 엘리야를 통해서 하나님이 기적적으로 그 과부와 다른 사람들에게 어떻게 공급하시는지를 보게 될 거야."

DAY 1

 상상하기

우리 가족에게 수돗물을 공급하던 회사가 부모님이 납부하신 수도 요금을 다른 사람의 것으로 착각한다면 어떤 일이 벌어질까요? 우리가 수도 요금을 제대로 납부하지 않았다는 의미가 될 겁니다. 그리고 그 문제를 바로 잡지 못하면, 수돗물 공급은 중단될 것입니다.

어느 날 아침, 일어났는데 씻을 물이 안 나오고 밥해 먹을 물도 없다고 생각해 보세요. 설상가상으로 문제를 해결하려고 수도 회사에 전화를 걸었는데 요금 관련 업무를 담당하는 직원이 2주간 휴가를 가서 그 문제를 즉시 해결할 수 없는 상태라는 것을 알게 되었습니다! 도대체 물이 없이 어떻게 2주간 살아갈 수 있을까요?

오늘 우리가 읽을 이야기에서, 하나님은 이스라엘의 죄 때문에 그들에게 비를 허락하지 않으셨습니다. 그러고 나서 선지자 엘리야를 아무도 찾을 수 없는 먼 곳으로 보내서 아합 왕이 아무리 원하고 바랄지라도 하나님에게 비를 내리게 해 달라고 도움을 요청할 수 없게 하셨습니다.

📖 성경읽기 | 열왕기상 16장 29~17장 7절

💬 깊이 생각하기

우리는 하나님의 백성들에 대한 이야기를 50년 이상 훌쩍 뛰어 넘었습니다. 이스라엘의 열 지파는 여로보암을 따랐는데 지금은 사악한 왕인 아합의 통치를 받고 있습니다. 그들은 예루살렘의 참 하나님을 섬기지 않고, 거짓 우상인 바알을 따랐습니다.

바알을 따르던 사람들은 그 신이 날씨를 주관한다고 믿었습니다. 하나님은 비도, 이슬도 내리지 않을 것이고 그분의 백성들에게 바알이 아무런 힘도 없다는 사실을 증명하겠다고 선언하셨습니다. 엘리야가 그렇게 말하고 사라지자, 아합은 참 하나님을 찾고 구할 방법이 없었습니다. 그는 아무런 도움도 줄 수 없는 바알을 찾을 수밖에 없었습니다.

💬 이야기하기

엘리야는 아합 왕에게 누군가 비를 다스린다고 말했습니다. 누가 비를 다스리나요?

(엘리야는 아합 왕에게 하나님이 비를 다스린다고 말했습니다. 만약 하나님이 선지자들을 통해서 말씀을 주시지 않았다면, 이스라엘에는 비 한 방울도 내리지 않았을 겁니다.)

아합은 이스라엘의 하나님이 아니라 누구를 믿었나요?

(아합은 바알을 믿었습니다. 바알은 만들어진 우상이며 아무런 능력도 없었습니다.)

오랫동안 비가 내리지 않자 무슨 일이 벌어졌나요? (물이 없어서 모든 것이 죽었습니다.)

가뭄 동안에 엘리야에게는 어떤 일이 벌어졌나요? (하나님이 까마귀를 보내셔서 먹을 것을 공급해 주셨고, 물을 마실 수 있도록 시내를 주셨습니다.)

🙏 기도하기

놀라운 방법으로 모든 것을 다스리시는 하나님에게 감사하세요.

DAY 2

♥ 기억하기

어제 이야기 중에서 무엇을 기억하고 있나요? 오늘은 어떤 이야기가 있을 것이라고 생각하나요?

✝ 성경읽기 | 열왕기상 17장 8~16절

💬 깊이 생각하기

과부의 이야기를 그냥 읽는 것은 쉽지만, 그 당시 얼마나 나쁜 일이 많았는지를 이해하는 것은 쉽지 않습니다. 하나님이 과부에게 엘리야를 보내셨을 쯤에는, 지독한 가뭄으로 시내가 메말랐습니다. 물이 없어서 밀이나 보리처럼 사람들의 주식인 작물이 모두 시들어 버렸습니다. 그나마 남아서 수확한 작물은 매우 비쌌습니다.

가난한 과부는 한 움큼의 마지막 식사 정도나 가능한 곡물 가루만 있었습니다. 그녀는 생계를 책임져줄 남편이 없었습니다. 먹을거리의 가격은 치솟고, 사람들은 음식을 나눠 주려고 하지 않았습니다. 그녀는 어떤 것을 살 만한 능력도 없었습니다. 그때에 엘리야가 그 집을 찾아와서 먹을 것을 찾고 있었습니다.

가끔 하나밖에 없는 껌이나 사탕을 달라고 부탁하는 사람 때문에 짜증스러울 때가 있습니다. 그러나 이 여인은 하나님이 돌보실 것이라고 믿었기에, 자신의 마지막 곡물 가루로 엘리야를 위한 음식을 만들었습니다.

《● 이야기하기

엘리야와 과부는 어떻게 하나님을 믿었나요?
(엘리야는 과부의 마지막 음식이 충분할 것이라는 하나님의 말씀을 믿었습니다. 과부는 자신의 남은 음식을 엘리야에게 충분히 내어 주라는 하나님을 믿었습니다.)

엘리야와 과부를 통해 우리의 필요에 대해서 하나님을 신뢰하는 데 어떤 도움을 받았나요?
(부모님은 자녀들이 이 부분을 생각해 보도록 이끌어 주세요. 과부가 기약 없는 가뭄에서 자신이 가진 마지막 먹을 것을 내어주라는 하나님을 믿었다면, 우리도 우리가 가진 것을 충분히 나눌 수 있어야만 하며 우리의 필요를 하나님이 채우실 거라는 믿음을 가져야만 합니다.)

하나님은 과부를 위해서 무엇을 해 주셨나요?
(과부가 하나님을 믿었기 때문에, 엘리야가 말한 대로 되었습니다: 하나님은 가뭄이 끝날 때까지 그녀와 그녀의 아들을 위해서 곡물과 기름이 떨어지지 않게 하셨습니다.)

🤲 기도하기

과부를 돌보셨던 하나님에게 감사하세요. 그리고 그분의 말씀을 믿을 수 있게 도와달라고 간구하세요.

DAY 3

♥ 예수님께 연결하기

오늘의 이야기가 예수님에 대한 것이며, 예수님을 가리킨다는 사실을 어떻게 알 수 있나요?

✝ 성경읽기 | 누가복음 4장 16~30절

💬 깊이 생각하기

예수님이 고향 나사렛의 회당에서 이사야서를 읽었을 때 사람들은 그분의 가르침에 놀랐습니다. 그러나 예수님은 곧 그 사람들이 아합 왕이 그랬던 것처럼 그분의 메시지를 거부한다는 사실을 아셨습니다. 그래서 그들에게 과부의 이야기를 떠올리게 하셨습니다. 예수님은 하나님이 엘리야를 이스라엘의 과부가 아니라 이방인 과부에게 보내셨는데 그 이유는 이스라엘이 하나님과 선지자 엘리야를 거부하고 우상인 바알을 섬겼기 때문이라고 말씀하셨습니다.

회당에 있던 사람들은 예수님이 하신 말씀이 싫었습니다. 그래서 그분을 죽이려고 했습니다. 그들은 하나님의 구원은 오직 이스라엘 사람들만을 위한 것이라고 생각했습니다. 그러나 엘리야가 살던 당시에도, 하나님은 이스라엘 출신이 아닌 이방인 과부를 구원하셨습니다.

🗣 이야기하기

오늘 이야기에서 예수님은 어디에서 가르치고 계셨나요?
(예수님은 고향 나사렛의 회당에서 가르치셨는데 그곳에서 아버지 요셉과 함께 목수 일을 하셨을 겁니다.)

사람들은 그분이 누구인지 알았나요?
(네. 사람들은 가르치는 그 사람이 목수 요셉의 아들이라는 사실을 알았습니다. 그들은 예수님의 가르침에 놀랐습니다.)

예수님이 사람들에게 과부 이야기를 하셨을 때 무슨 일이 벌어졌나요?
(그들은 화를 내고, 예수님을 죽이려 했습니다. 왜냐하면 예수님은 과부의 이야기로 그 사람들을 악한 아합 왕에, 그리고 그분 자신을 선지자 엘리야에 빗대었기 때문입니다.)

🤲 기도하기

모든 나라와 족속을 위한 하나님의 구원 계획을 감사드리세요.

DAY 4

♥ 기억하기

이번 주 성경 이야기를 통해서 하나님은 우리에게 무엇을 가르치시나요?

✝ 성경읽기 | 열왕기상 17장 17~24절

💬 깊이 생각하기

엘리야가 사르밧 과부의 집에 머무르는 내내, 이스라엘에는 비가 오지 않았습니다. 아무리 아합이 큰 소리로 오랜 시간 부르짖어도, 바알은 그를 도울 수 없었습니다. 가뭄은 계속되었습니다.

그러나 사르밧에서 하나님은 그분의 능력이 얼마나 위대한지를 나타내는 기적을 일으키셨습니다. 하나님은 사르밧 과부의 곡물 가루와 기름을 끊이지 않게 하셨을 뿐만 아니라, 생명과 죽음을 다스리시는 능력도 보이셨습니다.

🗨 이야기하기

자녀들은 부모님에게 오늘 이야기가 신약 성경에서 예수님에 대한 어떤 이야기를 생각나게 하는지 질문해 보세요.
(엘리야는 하나님에게 기적을 이뤄주시길 간구했습니다; 예수님은 하나님이시고 치료자이시며 사람들에게 생명을 다시 불어넣으십니다.)

엘리야는 예수님이 사람들을 다시 살리신 것처럼 왜 스스로의 힘으로 과부의 아들을 살릴 수 없었나요?
(엘리야는 그저 한 사람에 불과합니다. 그러나 예수님은 하나님이십니다.)

엘리야가 기도한 후에 과부의 아들에게는 무슨 일이 벌어졌나요?
(하나님이 그 아들을 죽음에서 살리셨습니다.)

🤚 기도하기

아픈 사람들을 치료해 달라고 하나님에게 간구하세요.

DAY 5

♥ 발견하기

오늘 우리는 시편이나 예언서를 통해서 예수님에 대해서 무엇을 배울 수 있는지를 살펴볼 거예요.

✝ 성경읽기 | 시편 78편 23~39절

💬 깊이 생각하기

시편 78편은 이스라엘 민족이 하나님에게서 얼마나 자주 반복해서 돌아섰는지를 말해 줍니다. 그리고 하나님이 징계하실 때마다 그들이 어떻게 돌아왔고, 곧 다시 멀어져 갔는지를 알려 줍니다. 이번 주 이야기에서 나온 아합처럼, 이스라엘 민족은 멸망당해야 했습니다. 그러나 하나님은 그들을 끊임없이 용서하셨습니다.

가끔 사람들은 하나님이 왜 이스라엘 민족을 죄의 대가로 멸망시키지 않으셨는지 의아해합니다. 시편 78편은 38절에서 그에 답변하고 있습니다. 하나님은 외아들 예수님을 보내서서 십자가에서 죽게 하시고 이스라엘 민족의 모든 죄의 대가를 대신 짊어지게 하셨습니다. 하나님은 그들을 불순종에 대한 대가로 멸망시키실 수도 있었습니다. 그러나 그렇게 하지 않으셨습니다. 왜냐하면 먼 훗날 예수님이 그들의 죄를 다 해결하실 것을 아셨기 때문입니다. 그리고 예수님은 우리가 죄 때문에 받아야 할 징계까지 전부 대신 감당하셨습니다.

🗣 이야기하기

하나님은 왜 죄의 대가로 이스라엘 민족을 멸망시키지 않으셨나요?
(그 이유는 그분의 외아들 예수님을 보내서서 그들의 죄를 대신 짊어지고 십자가에서 죽게 하실 계획을 가지고 계셨기 때문입니다.)

우리가 죄를 지을 때, 하나님은 징계하지 않으시나요?
(하나님은 우리가 예수님을 믿기를 원하십니다. 우리가 예수님과 그분이 십자가에서 완성하신 일을 믿는다면, 우리의 죄의 대가도 다 처리될 수 있습니다.)

하나님이 우리를 용서하셨다는 사실은 우리가 다른 사람을 용서하는 데 어떤 도움이 되나요?
(하나님이 그분을 대적하는 우리의 죄를 용서하셨다면, 우리도 우리를 반대하고 적대하는 다른 사람을 용서해야 합니다.)

✋ 기도하기

우리의 죄의 결과로 받아야 할 징계를 우리에게 직접 내리지 않으신 하나님의 놀라운 사랑과 긍휼하심에 감사하세요. 우리는 징계 받아 마땅합니다. 그러나 하나님은 우리를 사랑하셔서 예수님을 보내셨고 우리 죄를 해결하시려고 십자가에 죽게 하셨습니다. 우리에게 사랑을 확증하여 주신 하나님을 찬양하세요.

week 63

Elijah and the Prophets of Baal
엘리야와 바알의 선지자들

물은 불에 쉽게 타버리는 수소와 산소로 이루어져 있습니다. 그런데도 물은 그 자체로는 불에 타지 않습니다! 자녀들이 젖은 물건은 쉽게 타지 않는다는 사실을 이해하는 데 도움이 되는 재밌는 실험이 있습니다. 물 한 잔, 신문지, 그리고 라이터가 필요합니다. 이 실험은 밖에서 진행해야 합니다.

자녀들을 한자리로 불러 모으세요. 신문지를 헐겁게 말고 그 끝에 불을 붙이면 어떤 일이 벌어질지 자녀들에게 질문해 보세요. 그리고 라이터로 신문지 끝에 불을 붙이세요. 몇 초간 불이 붙게 하고 나서 발로 밟아서 불을 끄세요. 만약 이 타버린 신문지를 물에 담근 후 다시 불을 붙인다면 어떤 일이 벌어질지 생각해 보라고 얘기해 주세요. 신문지를 대략 5초 정도 물속에 담갔다가 꺼내세요. 그러고 나서 다시 불을 붙여 보세요. 아마도 불에 타지 않으면서 신문지에는 불꽃이 붙어 있는 것을 볼 수 있을 겁니다.

그리고 말해 주세요. "이번 주 너희들은 엘리야의 제물이 물에 흠뻑 젖었음에도 불구하고 하나님이 어떻게 불로 태우셨는지를 배우게 될 거야."

DAY 1

♥ 상상하기

우리가 대머리 독수리를 자세히 볼 기회는 거의 없습니다. 친구들에게 앞마당에서 올빼미나 참새를 봤다고 하면 쉽게 믿을 겁니다. 그러나 대머리 독수리가 앞마당에 내려앉는 걸 봤다고 하면, 아마도 쉽게 믿지 않을 거예요. 나중에 집에 놀러 와서는 "근데 대머리 독수리가 어디 있어?" 라고 확인할 수도 있습니다. 사진을 찍어 놓는 것만이 그 사실을 증명할 유일한 방법이겠지요.

오늘 이야기에서, 아합 왕의 종 오바댜는 카메라가 정말 필요했습니다. 그는 아합이 너무도 급하게 찾던 엘리야를 발견했습니다. 하지만 오바댜는 그 사실을 왕에게 전하는 것을 주저했습니다. 왜냐하면 엘리야는 언제 어디로 사라질지 알 수 없는 사람이었기 때문입니다. 사진을 찍어 놓지 않으면, 오바댜는 왕에게 엘리야를 찾았다는 사실을 증명할 길이 없었습니다. 엘리야는 오바댜가 왕에게 제대로 보고할 수 있도록 그대로 있겠다는 약속을 해야 했습니다.

📖 성경읽기 | 열왕기상 18장 1~19절

💬 깊이 생각하기

엘리야가 마르지 않는 밀가루로 만든 빵을 먹으면서 과부의 집에서 지내는 동안, 아합은 가뭄과 기근으로 완전히 피폐해진 삶을 겪고 있는 이스라엘로 돌아왔습니다. 그런 시간이 3년이나 흐른 후, 말과 노새가 뜯을 풀 한 포기 남지 않았습니다. 양이나 염소 같은 다른 동물도 다를 바가 없었습니다.

그 왕이 드디어 엘리야를 만났을 때, 이스라엘의 이 모든 고통과 어려움이 엘리야 때문이라고 말했습니다. 그러나 진짜 문제는 아합의 바알 숭배였습니다. 바알은 비를 내리게 할 능력이 없습니다. 아합이 이스라엘의 진정한 하나님의 선지자인 엘리야를 간절히 찾았던 이유가 이것입니다.

🗣 이야기하기

오랜 시간 동안 비가 멈추자 무슨 일이 벌어졌나요?

(식물이 말라 죽자 동물은 먹을 것이 없어졌고 결국 죽었습니다. 만약 먹을 것을 저장해 두지 않았다면 — 이집트의 가뭄 동안에 요셉이 어떻게 했는지 기억하세요 — 사람들 역시 죽기 시작합니다.)

오바댜는 왜 왕에게 엘리야를 찾았다는 사실을 보고하기가 두려웠나요?

(오바댜는 엘리야가 왕과 만나기 전에 또 사라질까봐 두려웠습니다. 만약 왕이 오바댜가 거짓말을 했다고 생각하면 그를 죽일 것입니다.)

하나님은 왜 이스라엘에 비를 다시 내리게 하실 건가요(1절)?

(하나님은 아합과 남아 있는 이스라엘 민족에게 우상인 바알은 능력이 없어서 못하지만 그분 자신은 할 수 있다는 것을 보이실 것입니다.)

🙏 기도하기

우리에게 먹을 것을 공급하시는 하나님에게 감사드리세요.

DAY 2

♥ 기억하기

어제 이야기 중에서 무엇을 기억하고 있나요? 오늘은 어떤 이야기가 있을 것이라고 생각하나요?

✝ 성경읽기 | 열왕기상 18장 20~35절

💬 깊이 생각하기

하나님이 이스라엘에 비를 내리시기 전에, 그분은 바알이 우상이라는 사실을 단 한 번에 그리고 완전하게 증명하셨습니다. 만약 하나님이 비를 즉시 내리셨다면, 사람들은 바알이 그 비를 이미 내렸기 때문에 그렇게 된 것이라고 생각했을지 모릅니다. 그래서 하나님은 엘리야에게 바알 선지자들과 진정한 신은 하늘에서 불을 내려 제물을 태울 수 있다는 것을 증명하는 시합을 하라고 명령하셨습니다.

그 시합에서 바알 선지자들은 그들이 믿는 신에게서 원하는 결과를 얻어내려고 모든 것을 시도했습니다. 그러나 바알은 나무나 돌로 만든 우상에 불과한 가짜이기 때문에, 아무런 대답도, 어떤 결과도 만들어 내지 못했습니다. 엘리야는 그 가짜 선지자들을 조롱했습니다. 그는 그들이 믿는 우상이 아무런 능력이 없다는 것을 알았기 때문입니다.

기억하세요: 우리가 하나님보다 더 사랑하는 그 무엇도 우리에게는 우상이 될 수 있습니다.

《● 이야기하기

엘리야는 왜 송아지를 사용해서 그 시합을 준비했나요?
(그는 바알이 거짓 신이라는 것을 증명하려고 그 시합을 준비했습니다.)

바알 선지자들이 그들의 신에게 간구했을 때 무슨 일이 벌어졌나요?
(아무 일도 없었습니다.)

엘리야는 왜 자신이 준비해 놓은 제물에 물을 부었나요?
(엘리야는 제물에 불을 붙이려고 자신이 어떤 속임수도 사용하지 않는다는 것을 모든 사람에게 보이고 싶었습니다. 제물 위에 물을 쏟음으로써 저절로 불이 붙을 가능성은 전혀 없어진 것입니다.)

🖐 기도하기

우리가 하나님보다 더 사랑하는 것이 무엇인지 알게 해 달라고 하나님께 간구하세요. 그리고 그 우상에서 돌아서고 엘리야처럼 오직 하나님만 믿게 해 달라고 기도하세요.

DAY 3

♥ 예수님께 연결하기

오늘의 이야기가 예수님에 대한 것이며, 예수님을 가리킨다는 사실을 어떻게 알 수 있나요?

✝ 성경읽기 | 열왕기상 18장 36~38절

💬 깊이 생각하기

비록 이스라엘 민족이 하나님을 배반하고 우상인 바알을 숭배했지만, 하나님은 그들을 포기하시지 않았습니다. 엘리야가 기도했을 때, 하나님은 그 기도를 들으셨고 그 제물을 불로 태우셔서 응답하셨습니다. 그것은 하나님이 엘리야의 제물을 받으셨다는 의미입니다.

물로 적신 제물로 시합을 진행하는 것은 하나님의 생각이었습니다. 먼 훗날 하나님은 또 하나의 제물을 받으실 것입니다. 그 제물은 바로 십자가에 오르신 외아들 예수님이십니다. 제단 위에 제물로 바친 송아지는 하나님이 외아들이신 예수님을 우리 죄 대신에 제물로 삼으시는 그 날을 가리킵니다.

🗣 이야기하기

바알 선지자들과 하나님, 그리고 선지자 엘리야가 시합을 벌이기로 한 것은 누구의 생각이었나요?
(그 모든 것은 하나님의 생각이었습니다. 엘리야는 "내가 주의 말씀대로 이 모든 일을 행하는 것을 오늘 알게 하옵소서" 라고 기도했습니다[36절].)

엘리야에게 하늘에서 불을 내리게 하는 능력이 있었나요?
(엘리야 자신은 어떤 능력도 없었습니다. 그러나 엘리야는 하나님의 능력을 믿었습니다.)

구약 성경의 이야기는 어떻게 우리의 믿음을 굳건하게 해 주나요?
(하나님은 변하지 않으십니다[말 3:6]. 엘리야의 기도에 응답하신 그 하나님이 우리의 기도를 들으십니다. 예수님은 만약 우리가 겨자씨 한 알만큼만 믿음이 있다면 산을 움직일 수 있다고 말씀하셨습니다[마 17:20].)

🙏 기도하기

하나님에게 우리의 기도제목을 올려 드리는 시간을 가지세요. (부모님들은 자녀들이 기도제목을 작성하도록 도와주세요.)

DAY 4

♥ 기억하기

이번 주 성경 이야기를 통해서 하나님은 우리에게 무엇을 가르치시나요?

📖 성경읽기 | 열왕기상 18장 39~45절

💬 깊이 생각하기

만약 하나님이 비를 내릴 거라고 말씀하신다면, 우리는 우산을 준비해야겠다고 확신할 겁니다. 엘리야는 산 위에서 기도한 후에 종에게 비구름이 오는지 살펴보라고 말했습니다. 그 종이 살펴보고 돌아와서 비구름은 보이지 않는다고 말했을 때에도 엘리야는 염려하지 않았습니다 ― 그저 계속 기도할 뿐이었습니다. 만약 하나님이 비가 내릴 거라고 말씀하셨다면, 비가 내릴 것입니다. 아니나 다를까, 그 종이 일곱 번을 확인한 후에 비구름이 만들어졌고 비가 쏟아지기 시작했습니다. 엘리야는 하나님의 말씀을 믿었습니다.

🗨 이야기하기

자녀들은 부모님에게 어려움이 닥쳤을 때 하나님의 말씀을 어떻게 믿었는지 그 경험을 들려 달라고 하세요.
(십일조나 헌금을 내는 것이 어려운 결정일 수 있습니다. 그러나 하나님이 공급해 주신다는 것을 믿기 때문에 가능합니다.)

엘리야는 그의 종이 비구름이 보이지 않는다고 말했는데도 왜 두려워하거나 염려하지 않았나요?
(엘리야는 하나님이 말씀하신 대로 행하시는 분이라는 사실을 믿었습니다.)

엘리야는 아합에게 무엇을 하라고 말했나요?
(엘리야는 아합 왕에게 마차를 타고 어서 원하는 곳으로 떠나라고 말했습니다. 왜냐하면 비가 내려서 가야 할 길을 가지 못할 수 있기 때문입니다.)

아합이 결국엔 엘리야를 믿었다는 사실을 어떻게 알 수 있나요?
(아합은 엘리야가 말한 대로 마차를 타고 비가 내릴 때 그곳을 떠났습니다.)

🙌 기도하기

비는 물론이고 모든 것을 다스리시는 하나님을 찬양하세요.

DAY 5

♥ 발견하기

오늘 우리는 시편이나 예언서를 통해서 예수님에 대해서 무엇을 배울 수 있는지를 살펴볼 거예요.

✝ 성경읽기 | 시편 98편 1~9절

💬 깊이 생각하기

우리가 바알 선지자들과 엘리야의 시합을 직접 관전했다면, 엘리야가 바알이 잠들었을지도 모른다고 조롱하는 장면에서 한참 웃었을지도 모릅니다. 그리고 하나님이 불을 내리셔서 제물을 태우고 그 시합에서 승리하셨을 때 그 자리에 있었다면, 우리는 소리치고 날뛰며 기쁨의 환호성을 질렀을 것입니다.

그것이 시편 98편이 우리에게 말하는 것입니다. 시편 98편은 하나님의 승리를 산 위에서 기념하지는 않지만 십자가에서 예수님이 이루신 것을 기념하는 것입니다. 비록 이 시편 기자는 아직 출생하지 않으신 예수님을 몰랐지만, 성령님께서 그에게 영감(기록할 내용)을 불어넣어 주셨습니다. 우리는 대부분의 시편에서 예수님에 대한 단서들을 발견할 수 있습니다. 예를 들면, 어떤 시편 기자가 땅은 하나님의 구원을 본다고 말할 때, 그는 하나님께서 이스라엘을 그들의 적들에게서 구원하신 때를 생각하고 기록한 것입니다. 그러나 오늘, 우리가 그 때를 되돌아보면 이 노래들이 예수님을 통해서 주어진 구원을 어떻게 가리키는지 알 수 있습니다. 시편 98편을 다시 한 번 살펴보고 이 시편이 예수님에 대한 것이라는 단서들을 찾아보세요.

🗨 이야기하기

이 시편이 예수님에 대한 것이라는 사실을 알려주는 단서들은 무엇인가요?

(1~2절에서 하나님이 모든 나라에 그분의 구원을 알게 하셨다는 사실을 발견할 수 있습니다. 십자가에서 이루신 예수님의 희생은 모든 나라에게 구원을 가능하게 했습니다. 또한 왕이신 예수님 앞에서 그것들을 기념해야 한다고 말합니다.)

이 시편은 우리가 무엇을 해야 한다고 말하나요?

(우리는 소리 내어 즐겁게 노래하며 찬송하고 수금으로 하나님께 노래해야 합니다.)

우리는 언제 노래하고 소리쳐야 하나요?

(우리는 언제나 하나님을 찬양할 수 있습니다. 주일 예배 때 하나님을 찬양할 수 있습니다. 그러나 일주일 내내 하나님을 찬양해야 합니다.)

🤲 기도하기

하나님에게 가장 좋아하는 찬송을 올려 드리세요.

Elijah Is Taken Up to Heaven
엘리야를 하늘로 올리시다

각각의 자녀를 위해 사탕 꾸러미를 준비하고 그것들을 펼쳐 놓으세요. 모든 꾸러미는 같은 양이어야만 합니다 — 한 꾸러미만 제외하고요. 그 한 꾸러미는 다른 것보다 두 배 정도 많게 준비해 주세요. 그리고 나서 자녀들을 불러 모으세요.

자녀들에게 어떤 꾸러미를 선택하고 싶은지와 그 이유가 무엇인지를 물어보세요. 당연히 더 큰 꾸러미를 고르고 싶다고 말할 겁니다. 그것이 더 많기 때문이죠. 그 꾸러미는 실제로 다른 것들보다 두 배 정도 더 많다고 알려 주세요. 그리고 이스라엘 민족은 가장 나이 많은 아들에게 아버지가 돌아가신 후에 유산으로 토지의 두 배 분량이 상속된다고 설명해 주세요.

말해 주세요. "이번 주 읽을 이야기에서 엘리사는 엘리야에게 그가 가진 영적 능력의 두 배를 달라고 요청한단다." 그리고 자녀들에게 선물을 두 배로 받고 싶은 사람이 누구인지 물어보세요. "갑절" 이란 표현의 의미를 이해하도록 각 자녀들에게 두 배 분량으로 선물을 주세요.

DAY **1**

💜 상상하기

우리가 우연히 온가족이 비행기를 타고서 2주간의 휴가를 떠날 것이고 거기서 멋진 놀이동산에 갈 거라는 엄마의 전화 통화를 듣게 되었다고 가정해 봅시다. 엄마가 전화 통화를 끝내셨을 때, 아마도 그것이 진짜냐고 물어보겠지요. 엄마는 그것이 깜짝 선물이니 다른 가족에게는 절대 말해서는 안 된다고 말씀하셨습니다.

그런 비밀을 지키는 것이 얼마나 힘들까요? 다른 형제나 자매들을 볼 때마다 엄청 말하고 싶을 겁니다. "나는 네가 모르는 것을 알고 있어." 아니면 이렇게 물어보고 싶을 거예요. "비행기를 타는 건 어떤 기분일까?"

오늘 이야기에서 엘리사는 하나님이 그의 스승인 엘리야를 하늘로 데리고 가실 것을 알았습니다. 그리고 그 사실을 아는 다른 사람들이 비밀로 간직하기를 원했습니다.

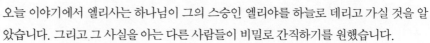

✝ 성경읽기 | 열왕기하 2장 1~6절

💬 깊이 생각하기

이번 주 이야기에서 엘리야는 회오리바람을 타고서 하늘로 올라가게 됩니다. 사람들은 매일 회오리바람을 타고서 하늘로 올라갈 수 있는 게 아닙니다. 우리가 아는 한 엘리야는 회오리바람을 타고 하늘로 올라간 유일한 사람입니다.

성경은 하나님이 그의 스승인 엘리야를 하늘로 데리고 가실 거라는 사실을 엘리사가 어떻게 알게 되었는지는 분명히 말해주지 않습니다. 그러나 그는 그 사실을 정확히 알았습니다. 그것이 엘리사가 스승 곁을 떠날 수 없었던 이유입니다. 엘리사는 하나님이 엘리야를 데려 가실 때 그 자리에 있기를 원했습니다.

💬 이야기하기

어떤 비밀을 지키려고 애썼던 경험을 말해 보세요.

(아마도 자녀들은 아빠 엄마가 생일이나 성탄절에 무슨 선물을 주려고 하는지를 알았을 수도 있습니다. 그리고 조용히 있어야만 했을 수도 있습니다.)

엘리사는 왜 엘리야를 떠나기를 원치 않았나요?

(엘리사는 하나님이 엘리야를 하늘로 데리고 가실 것을 알았습니다. 그리고 그때 그 자리에 있고 싶었습니다. 이것은 불순종이 괜찮다는 것을 의미하는 것은 아닙니다. 이렇게 생각해 보면 됩니다 : 엄마가 가게에 가시는데 여러분이 따라가고 싶다고 말했고, 엄마는 안 된다고 말씀했습니다. 만약 여러분이 예의를 갖춰서 엄마에게 이렇게 말했다면 그것은 불순종한 것이 아닙니다. "엄마, 저는 엄마가 안 계시면 보고 싶을 것 같아요. 같이 가게 해 주세요.")

엘리사는 왜 선지자의 제자들이 엘리야가 하늘로 올라가는 것을 비밀로 지키기를 원했을까요?

(성경에는 엘리사가 왜 이 비밀을 지키기를 원했는지는 나오지 않습니다. 그러니 자녀들이 마음껏 상상하게 도와주세요. 선지자의 제자들은 선지자가 되기 위해서 훈련받고 있던 젊은 사람들이었을 것입니다.)

🙏 기도하기

우리가 읽고서 배울 수 있는 말씀을 주신 하나님에게 감사하세요.

DAY 2

♥ 기억하기

어제 이야기 중에서 무엇을 기억하고 있나요? 오늘은 어떤 이야기가 있을 것이라고 생각하나요?

✝ 성경읽기 | 열왕기하 2장 7~14절

● 깊이 생각하기

이 구약 성경의 이야기를 읽을 때, 우리는 그때 그 사람들이 얼마나 놀랐을지 생각을 못할 때가 많습니다. 엘리야는 우리와 같은 사람이었고, 그는 실제로 하늘로 올라갔습니다.

엘리사가 이 일을 목격한 후 집으로 돌아갔을 때, 이웃 사람들이 "오늘 하루 어땠어요?" 라고 묻는다면 어떻게 대답했을까요? 엘리사의 답변을 상상해 봅시다. "아, 오늘도 선지자가 늘 사는 대로 살았죠. 우선 요단강을 갈랐고요, 그 사이의 마른 땅을 걸어서 반대쪽으로 건너갔죠. 여호와께서 불 전차와 말들을 보내서서 제 스승인 엘리야를 제게서 빼앗아가셨죠. 그분은 회오리바람을 타고서 하늘로 올라가셨어요. 운 좋게도 전 그분이 올라가는 걸 직접 봤고요. 그래서 저는 그분 능력의 두 배를 얻게 되었죠. 또한 하나님의 은혜로 저 역시 요단강을 가를 수 있었고, 그 사이로 난 마른 땅으로 걸어서 다시 돌아왔네요. 그런데 당신의 오늘 하루는 어떠셨나요?"

만약 그리스도인이 아닌 이웃에게 이렇게 얘기했다면, 과연 그 말을 믿었을까요?

«● 이야기하기

엘리야가 그의 겉옷으로 요단강을 쳤을 때 무슨 일이 일어났나요?
(강이 갈라지고 그들은 마른 땅을 걸었습니다.)

하나님이 강을 가르신 이야기는 성경 어디에서 또 나오나요?
(여호수아가 가장 먼저 약속의 땅에 들어섰을 때, 하나님은 그에게 언약궤를 앞서서 보내라고 말씀하셨습니다. 그때 강이 갈라졌습니다. 또한 이스라엘 민족을 파라오의 군대와 이집트로부터 보호하려고 홍해를 가르셨습니다.)

엘리야의 겉옷이 마술을 부린 건가요?
(아닙니다. 하나님이 강을 가르셨습니다. 14절을 자세히 살펴보세요. 강을 내리칠 때 엘리야는 하나님에게 기도했습니다.)

🤲 기도하기

놀라운 방법으로 그분의 능력을 보이신 하나님을 찬양하세요.

DAY 3

♥ 예수님께 연결하기

오늘의 이야기가 예수님에 대한 것이며, 예수님을 가리킨다는 사실을 어떻게 알 수 있나요?

✝ 성경읽기 | 마가복음 9장 2~9절

💬 깊이 생각하기

엘리야는 회오리바람을 타고서 하늘로 올라간 지 800년 후에, 모세와 함께 이 땅에 다시 나타났습니다. 이 일은 예수님이 평범한 사람의 모습에서 변화하시고 제자들에게 눈이 부시도록 밝은 빛으로 그분의 영광을 드러내실 때 일어났습니다 — 예수님이 변화하실 때입니다. 이 모습은 제자들에게 엘리야와 모세의 삶을 통해 드러나는 분이 예수님이며, 그분이 지금 이 곳에 계신다는 것을 보여주었습니다.

엘리야의 일생은 하나님의 말씀을 백성들에게 전해 주실 선지자로서 예수님을 가리킵니다. 모세의 일생은 우리와 하나님 사이에 계시며 우리를 위해서 간구하시는 중재자로서의 예수님을 가리킵니다. 예수님은 우리가 구원받게 하시려고 그분의 완전한 생명을 죄악으로 가득한 우리의 생명과 맞바꾸셨습니다. 하나님 아버지는 제자들에게 누가 가장 중요한 분인지를 확실하게 알게 하시려고, 예수님이 그분의 아들이심을 말씀해 주셨습니다. 모세와 엘리야는 사라졌지만 예수님은 그대로 계셨습니다.

📢 이야기하기

예수님과 함께 산에서 나타난 두 사람은 누구인가요? (모세와 엘리야가 예수님과 함께 산에서 나타났습니다.)

모세의 일생은 예수님이 어떤 분임을 드러내요?
(모세는 하나님과 그분의 백성들 사이에서 구원을 간구하는 중재자의 역할을 자주 감당했습니다. 그의 일생은 예수님이 십자가에서 죽으시던 때를 나타냅니다. 이제 예수님은 하나님 아버지와 그분의 자녀들 사이에서 중재자로 서 계십니다. 그리고 우리의 구원을 위해서 간구하십니다. 예수님은 모세와는 다르게, 우리 죄의 대가로 우리 대신에 십자가에서 죽으셨습니다.)

엘리야의 일생은 예수님이 어떤 분임을 드러내요?
(엘리야는 예수님처럼 기적을 행했지만, 가장 중요한 것은 엘리야도 하나님의 백성들에게 말씀을 전했다는 것입니다. 예수님은 하나님의 구원의 말씀을 전했습니다. 게다가 성경은 우리에게 예수님이 곧 그 말씀이라고 알려줍니다.)

🙏 기도하기

모세나 엘리야 같은 사람들을 사용하셔서 예수님이 오실 길을 준비하시고 우리에게 보이신 것을 하나님에게 감사하세요.

405

DAY 4

♥ 기억하기

이번 주 성경 이야기를 통해서 하나님은 우리에게 무엇을 가르치시나요?

📖 성경읽기 | 열왕기하 2장 15~22절

💬 깊이 생각하기

한 어린 소년이 실수로 자신의 헬륨 풍선을 놓쳤고, 그것은 하늘 높이 사라져 버렸습니다. 다음 날 소년은 뒷마당에서 그 풍선을 찾아보기로 마음먹었습니다. 아빠는 소년에게 찾을 수 없을 거라고 말씀하셨지요. 하지만, 소년은 아빠에게 찾아보게 해 달라고 요청했습니다. 결국 자신의 집 뒷마당과 이웃집까지 다 찾아봤지만 풍선을 찾을 수 없었습니다. 엘리야는 선지자의 제자들에게는 영웅이었습니다. 그는 아마도 하나님이 어떤 분이신지, 또 어떻게 그분의 음성을 듣는지에 대해서 가르쳤을 것입니다. 제자들이 그를 찾아보겠다고 주장한 이유가 이것입니다. 제자들은 하나님이 엘리야를 데려 가신 것과 그가 다시는 돌아오지 않을 것을 이해하지 못했습니다.

🗣 이야기하기

자녀들은 부모님에게 무엇인가를 잃어버려서 찾으려고 애썼던 때가 있었는지 물어보세요.
(부모님은 소중한 것을 잃어버려서 찾으려고 노력했던 경험을 얘기해 주세요. 바닷가에서 열쇠를 잃어버렸거나 호수나 강가에서 반지를 잃어버린 경험이 있을지도 모르겠습니다. 찾지 못할 거라고 생각했어도 찾으려고 노력했을 겁니다.)

오늘 이야기에서 엘리사가 취한 어떤 행동이 엘리야를 대신해서 선지자의 역할을 담당했다는 것을 말해주나요?
(우선, 선지자의 제자들에게 엘리야를 찾지 말라고 말했는데, 그 이유는 그를 찾을 수 없다는 것을 알았기 때문입니다. 둘째로, 물에 대한 예언의 말씀을 전했습니다. 그리고 그가 말한 그대로 되었습니다.)

구약 성경에 나오는 선지자들이 지목하는 분은 누구인가요? (구약의 선지자들은 예수님을 지목하고 있습니다.)

엘리야나 엘리사처럼 우리에게 하나님의 말씀을 대언하는 선지자들이 없어진 이후로 우리는 어떻게 그분의 음성을 듣게 되나요?
(우리를 위해서 쓰인 하나님의 말씀인 성경이 있습니다. 하나님은 그분의 말씀인 성경을 통해서 지금도 구원에 대해서 말씀하십니다. 그리고 우리가 어떻게 살아야 할지를 가르치십니다.)

🤲 기도하기

성경을 통해서 우리에게 말씀해 달라고 하나님에게 간구하세요.

DAY 5

♥ 발견하기

오늘 우리는 시편이나 예언서를 통해서 예수님에 대해서 무엇을 배울 수 있는지를 살펴볼 거예요.

✝ 성경읽기 | 말라기 4장 4~6절

💬 깊이 생각하기

엘리야가 회오리바람에 휩싸여 하늘로 올라간 지 수년 후에, 하나님은 또 다른 선지자를 세우셨습니다: 바로 말라기입니다. 말라기는 하나님이 그분의 백성을 구원하시려고 다시 오시기 전에 엘리야를 보내실 거라고 예언했습니다. 이스라엘의 백성들은 말라기가 선포하고 기록한 것 때문에 엘리야가 돌아올 그 날을 기대하기 시작했습니다. 엘리야가 돌아오면 하나님이 그들에게 구원자를 보내셔서 승리를 가져다주실 것으로 믿었습니다. 그들이 몰랐던 사실은 하나님이 보내신다는 엘리야는 하늘로 올림 받은 바로 그 엘리야가 아니라 엘리야처럼 활동할 또 다른 선지자를 보내신다는 것입니다. 세례 요한은 하나님이 보내신 선지자였습니다. 그리고 예수님도 이 땅에 오신 또 한 명의 선지자입니다. 예수님은 다음과 같이 말씀하셨습니다. "모든 선지자와 율법이 예언한 것은 요한까지니 만일 너희가 즐겨 받을진대 오리라 한 엘리야가 곧 이 사람이니라(마 11:13~14)."

《● 이야기하기

예수님은 말라기가 올 거라고 예언한 두 번째 엘리야가 누구라고 말씀하셨나요?
(예수님은 세례 요한이 바로 그 사람이라고 말씀하셨습니다.)

누가복음서 1:13~17을 읽으세요. 그리고 나서 자녀들에게 스가랴와 세례 요한에게 전해진 천사의 말이 오늘 이야기와 어떻게 연결되는지 질문해 주세요. (천사는 스가랴에게 그의 아들이 말라기가 기록한 그 엘리야라고 말했습니다.)

하나님은 왜 그분의 백성들에게 말라기에게 주신 것처럼 예수님에 대한 단서들을 주셨나요?
(부모님은 이 질문의 답변들을 통해서 자녀들이 생각해 볼 수 있도록 해 주세요. 여러 가지 방법으로 자유롭게 답에 대한 단서들을 주세요. 하나님은 그분의 백성이 예수님을 소망하며 기대하기를 원하셨습니다. 그리고 예수님이 마침내 이 땅에 오셨을 때, 백성들 모두가 선지자들을 통해서 무엇을 말씀하셨는지를 돌아볼 수 있고 어떻게 그 놀라운 계획을 완성했는지를 알 수 있게 하셨습니다.)

🤲 기도하기

엘리야가 살던 시대에서 오늘에 이르기까지 구원 계획을 이루시기 위해서 일하시는 하나님에게 감사를 드리세요.

Elisha's Ministry
엘리사의 사역

자녀들에게 자신과 가장 비슷하다고 생각하는 사람을 떠올려 보라고 하세요 — 자신들과 비슷한 것을 좋아하거나 비슷한 행동을 하는 사람일 수 있습니다. 예를 들어, 자녀가 왼손잡이이고 농구를 좋아하는데 똑같이 왼손잡이에 농구를 좋아하는 친구가 있을 수 있습니다. 가족들과 가장 비슷한 사람을 찾을 수 있는지도 확인해 보세요.

그리고 말해 주세요. "이번 주 너희들은 선지자 엘리사에 대해서 들을 텐데, 그 사람의 사역은 그의 스승인 엘리야와 매우 비슷했고 또한 선지자 중의 선지자이신 예수 그리스도와 아주 비슷했단다."

DAY 1

♥ 상상하기

엄마가 기적의 쿠키 통을 주셨다고 생각해 봅시다. 엄마는 아무리 많은 쿠키를 꺼내 먹어도 그 통에는 항상 쿠키가 충분히 있을 거라고 말씀하십니다. 밤마다 자기 전에 쿠키 통을 한 번씩 들여다보고 얼마나 남아 있는지를 세어 봅니다. 그리고 아침에 일어나서 열어보면 항상 쿠키 통은 가득합니다.

친구들이 집에 놀러 올 때마다 이 기적의 쿠키 통을 자랑합니다. 그리고 3개월 동안 쿠키 통에서 쿠키가 절대 줄어들지 않습니다. 그러던 어느 날, 잠이 잘 안 와서 우유를 한 잔 마시기로 마음먹고 부엌에 갔습니다. 그 순간 기적의 쿠키 통의 비밀을 발견합니다 : 엄마가 한밤중에 열심히 쿠키를 굽고 계셨던 것입니다. 엄마가 기적의 쿠키 통을 줄곧 채우는 사람이었던 것입니다.

오늘 우리는 끊임없이 쏟아져 나오는 과부의 기름 그릇 이야기를 읽게 될 겁니다. 누가 그런 기적을 일으켰는지 찾아보세요.

✝ 성경읽기 | 열왕기하 4장 1~7절

💬 깊이 생각하기

이 이야기는 앞에서 읽은, 가뭄 동안에 곡물 가루와 기름이 마르지 않게 과부에게 엘리야가 행했던 기적을 떠올리게 합니다. 엘리사가 그의 스승과 비슷한 기적을 일으키는 것에 놀라지 말아야 합니다. 엘리사는 하나님에게 엘리야의 영적 능력의 두 배를 달라고 기도했습니다. 엘리사는 마법사가 아닙니다. 과부의 집에 있던 기름 그릇도 마법의 그릇은 아닙니다. 엘리사가 과부의 집에 작은 관을 뚫어서 그 집 뒤편의 커다란 기름통에서 기름을 뽑아 몰래 채워 놓은 것도 아닙니다. 엘리사를 통해서 일하시는 하나님이 그릇 안에서 기름이 만들어지게 하셨고, 계속해서 흘러나오게 하셨던 것입니다. 과부는 빚을 해결하고, 많은 돈을 남기기 위해서 가능한 한 많은 그릇을 모아야 했습니다. 이웃들은 왜 그녀가 온갖 종류의 그릇을 구하러 다니는지 궁금했을 겁니다. 아마도 과부가 너무 많은 빚을 져서 미쳤다고 생각했을지도 모릅니다.

그러나 과부는 엘리사가 말한 이상한 명령에도 불구하고 그대로 따랐습니다. 그녀에게는 엘리사의 명령에 대한 믿음이 있었습니다 ─ 그녀는 엘리사의 계획이 자신을 구할 것이라는 사실을 믿었습니다.

🗨 이야기하기

엘리사가 과부에게 명령했지만, 실제로 누가 그 기름을 넘쳐나게 하셨나요?
(하나님이 그 기름들이 계속 흘러나오게 하셨습니다.)

하나님은 어떻게 기름이 계속 쏟아지게 하셨나요?
(부모님에게, 이 질문은 아무것도 없는 상황에서 자녀들이 논리적인 설명을 하도록 할 수도 있습니다. 자녀들에게 농담처럼 다음과 같은 질문을 할 수도 있습니다. "너희들은 엘리사가 천장에 숨겨 놓은 기름통에서 기름을 흘려보내서 그릇을 채운 게 아니라고 확신할 수 있니?" 자녀들로 하여금 일어날 그 일에는 어떤 속임수도 없다는 사실을 이해하게 도와주세요. 능력의 하나님이 그 기름을 넘쳐나게 하셨습니다!)

오늘 이야기에서 과부는 어떻게 하나님을 믿었나요?
(과부는 엘리사가 그녀에게 말한 그대로 행했습니다. 그녀의 남편 또한 선지자였습니다. 우리는 그녀가 하나님을 믿었고 하나님을 따르는 신지자들 가운데 핵심적인 인물인 엘리사에게 가서 도움을 구했다고 생각해 볼 수 있습니다. 과부는 도움을 받을 수 있을 거라고 확신했을 겁니다. 그러나 도움의 근거는 엘리사가 아니라 엘리사를 통해서 나타나시는 하나님이었습니다.)

🙏 기도하기

과부처럼 강한 믿음을 갖게 해 달라고 간구하세요. 그리고 하나님의 말씀을 믿고 순종하게 해 달라고 기도하세요.

DAY 2

♥ 기억하기

어제 이야기 중에서 무엇을 기억하고 있나요? 오늘은 어떤 이야기가 있을 것이라고 생각하나요?

✝ 성경읽기 | 열왕기하 4장 8~17절

💬 깊이 생각하기

누군가 우리에게 선물을 주면, 우리도 그 사람에게 무엇인가를 주고 싶은 마음이 들지요. 예를 들어, 학교 친구 중 한 명이 생일에 카드를 주었다면, 우리도 그의 생일에 카드를 주고 싶은 마음이 들 겁니다. 또 생일에 어떤 친구가 선물을 주었다면, 친구의 생일에도 무언가 해 주고 싶은 마음이 생겨날 겁니다.

우리가 누군가에게 선물을 주고 싶은 여러 이유 중 하나는 하나님이 그렇게 하셨기 때문입니다. 그분은 우리가 하나님에게 소중한 선물을 드리거나, 다른 사람에게 그렇게 한다면, 우리에게 보상해 주실 거라고 말씀하십니다(눅 6:38).

그것이 오늘 이야기에서 일어난 일입니다. 한 여인이 엘리사를 정성껏 섬겼습니다. 그러나 사실 그 여인과 그녀의 남편은 하나님을 섬기는 것이었습니다. 여인은 어떤 대가도 바라지 않았습니다. 그러나 하나님은 그녀에게 아들이 필요하다는 것을 이미 알고 계셨습니다 — 엘리사는 하나님이 그녀에게 아들을 주실 것이라고 분명히 약속했습니다. 우리는 결코 하나님보다 더 많은 것을 드릴 수 없습니다.

🗨 이야기하기

엘리사는 그 여인에게 무엇을 약속했나요? (엘리사는 일 년 후에 그녀에게 아들이 생길 것이라고 약속했습니다.)

비록 엘리사가 그 여인에게 아들이 생길 것이라고 말했지만, 그녀에게 진짜로 아들을 주시는 분은 누구인가요?
(하나님이 그녀에게 진짜로 아들을 주신 분이십니다.)

여러 가지 이유로 자녀를 갖지 못한 여인들에게 하나님이 자녀를 주신 다른 이야기를 기억할 수 있나요?
(사라에게 이삭을, 리브가에게 야곱과 에서를, 라헬에게 요셉을, 한나에게 사무엘을, 엘리사벳에게 세례 요한을 주셨습니다.)

이 모든 출생 가운데 가장 기적적인 출생은 무엇인가요?
(하나님은 마리아에게 아기 예수님을 주셨고, 그분은 완전한 사람이면서 동시에 완전한 하나님이십니다.)

🤲 기도하기

하나님이 우리 가족에게 얼마나 친절하시고 자비로우신지를 생각해 보세요. 그분의 친절함에 감사드리세요.

DAY 3

♥ 예수님께 연결하기

오늘의 이야기가 예수님에 대한 것이며, 예수님을 가리킨다는 사실을 어떻게 알 수 있나요?

📕 성경읽기 | 열왕기하 4장 18~37절

💬 깊이 생각하기

하나님은 과부의 기름 그릇을 넘치게 하시고 부유한 여인에게 아들을 주시고, 그 아들이 죽은 후에 다시 생명을 불어 넣어 일으키시려고 엘리사를 사용하셨습니다. 엘리사가 행한 기적들은 하나님의 권능을 나타내고, 하나님이 엘리사보다 훨씬 위대한 또 다른 선지자를 보내실 그 날을 가리킵니다. 예수님이 오셨을 때, 그분 역시 기적들을 행하셨습니다. 물을 포도주로 바꾸시고, 약간의 물고기와 몇 덩어리의 빵으로 오천 명을 먹이기도 하셨습니다. 병든 자들을 고치시고 심지어 죽은 자를 살리셨습니다. 그러나 무엇보다 우리의 죄를 해결하시려고 십자가에 죽으시고 그 후에 죽음에서 다시 살아나셨습니다. 예수님은 완전한 사람이셨기에 우리가 받아야 할 죄의 징계를 다 받으실 수 있었습니다. 또한 완전한 하나님이셨기에, 죽음도 그분에게는 어떤 영향력을 행사할 수 없었습니다. 오늘 이야기처럼, 하나님이 죽은 자를 살리신 것에 대해서 읽을 때마다, 우리는 예수님의 부활과 죽음을 이기신 그분의 능력을 분명히 기억합니다. 하나님은 수넴 여인의 아들을 죽음에서 다시 살리신 것으로, 그분의 권능이 죽음을 이겼다는 것을 보여주십니다. 하나님은 그와 동일한 권능을 예수님을 믿는 우리 모두를 구원하시는 데 사용합니다. 예수님은 이렇게 말씀하셨습니다. "나는 부활이요 생명이니 나를 믿는 자는 죽어도 살겠고" (요 11:25).

💬 이야기하기

수넴 여인은 하나님을 향한 믿음을 어떻게 드러냈나요?
(그녀의 아들이 죽었을 때, 엘리사가 도움이 될 것이라는 사실을 알았습니다.)

오늘 이야기에서 하나님이 죽음에서 그 아들을 살리셨다는 것을 어떻게 알 수 있나요?
(엘리사는 하나님에게 그 소년을 살려 달라고 기도했습니다.)

오늘 이야기는 죽음을 이긴 하나님의 권능에 대해서 무엇을 가르쳐 주나요?
(비록 사람이 죽었을지라도, 하나님은 죽음에서 그 사람을 살릴 수 있다는 점을 가르쳐 줍니다. 그것은 비록 우리가 죽을지라도, 하나님은 우리를 죽음에서 건져내실 것이라는 희망을 품게 해 줍니다.)

우리가 수넴 여인이라면, 하나님이 아들을 살리셨을 때 가장 먼저 무엇을 할 건가요?
(수넴 여인이 하나님이 하신 일을 기뻐하고 찬양했으며 감사를 드렸다는 사실을 자녀들이 생각할 수 있도록 도와주세요.)

🙏 기도하기

죽음을 이기신 하나님의 권능을 찬양하세요.

DAY 4

♥ 기억하기

이번 주 성경 이야기를 통해서 하나님은 우리에게 무엇을 가르치시나요?

✝ 성경읽기 | 열왕기하 4장 38~41절

💬 깊이 생각하기

어떤 사람이 독버섯을 국에다가 넣었다면, 그 국은 다 버려야 합니다. 그렇지 않으면 죽을 수도 있습니다. 그것이 오늘 이야기에 나오는 사람들이 겪은 일과 꽤 비슷한 것입니다. 그들은 국을 만드는 데 필요한 재료를 찾으러 들판으로 나갔습니다. 그중 한 사람이 들호박을 찾았고, 독이 있는 줄 모르고 국에 넣었습니다. 나머지 사람들은 그 국을 맛보자마자 너무 맛이 없고, 무언가 이상하다 생각해서 엘리사에게 도움을 요청했습니다. 엘리사는 그들에게 가루를 가져오라고 명령했고, 그가 가루를 국에 조금 넣자 맛있게 변했고, 먹을 수 있게 되었습니다.

아담과 이브가 타락하기 전, 하나님은 그들에게 동산의 모든 과일을 먹을 수 있다고 말씀하셨습니다. 하나님이 창조하신 모든 과실 가운데 일부가 독성을 지니게 된 때는 그들이 죄를 범한 직후였습니다. 오늘 이야기는 우리에게 저주를 물리치고 이 땅에서 독성을 제거하시려는 하나님의 계획을 살짝 엿보게 해 줍니다.

📢 이야기하기

자녀들은 부모님에게 가장 싫어하는 음식은 무엇인지 질문해 보세요. (가족 모두가 돌아가면서 대답해 보세요.)

한 사람이 어떻게 해서 국을 못 먹게 만들었나요? (독이 있는 채소를 썰어 넣어서 그렇게 되었습니다.)

그 독이 들어있는 채소가 맛이 괜찮았다면, 무슨 일이 벌어졌을까요?
(모든 사람이 그것을 먹었을 테고 병이 나거나 심지어 죽었을 수 있습니다.)

누가 그 국을 먹을 수도 있고 맛도 좋은 국이 되도록 만들었나요?
(그 국에 가루를 직접 넣은 사람은 엘리사지만, 그 독이 사람들을 해칠 수 없도록 지키신 분은 하나님입니다.)

🙏 기도하기

모든 생명체에게 임하는 하나님의 권능에 감사하세요.

DAY 5

♥ 발견하기

오늘 우리는 시편이나 예언서를 통해서 예수님에 대해서 무엇을 배울 수 있는지를 살펴볼 거예요.

📖 성경읽기 | 하박국 1장 5~12절, 사도행전 13장 38~48절

💬 깊이 생각하기

갈대아 사람들은 무서운 군대를 보유하고 있었습니다. 그들은 말을 타고 마치 표범처럼 날렵하게 공격할 수 있었습니다. 또한 예고 없이 먹이를 낚아채는 독수리에 비유되었습니다. 독수리는 높은 공중에서 강하하면서 먹이를 공격합니다. 그래서 날아오는 소리를 들을 수조차 없을 때도 있습니다.

그 무서운 갈대아 군대에 대한 하박국의 묘사에는 숨겨진 하나님의 언약이 있었습니다. 하나님이 놀라운 일을 행하실 계획을 가지고 계신데, 무엇을 하실지 직접 말씀해 주시지 않는다면 이스라엘 민족은 도저히 믿을 수 없는 것이었습니다.

사도행전에서 사도 바울은 십자가에서 이루신 예수님의 그 놀라운 죽음은 하나님이 계획하신 대로 이뤄진 것이라고 가르쳤습니다. 바울은 그가 가르치는 사람들에게 경고하기 위해서 하박국이 기록한 갈대아 군대를 설명합니다. 그는 예수님을 믿지 않는 사람은 그 누구라도 하박국이 기록해 놓은 것처럼 언젠가 그 날렵하고 강력한 군대가 어떤 경고나 예고 없이 공격하는 것을 깨닫게 될 거라고 했습니다.

💬 이야기하기

갈대아 군대가 무서운 이유는 무엇인가요? (그들은 말을 타고서 아무런 경고 없이 날렵하게 공격했습니다.)

바울은 하나님이 이루시고자 계획하신 놀라운 것은 무엇이라고 설명했나요?
(바울은 회중들에게 예수님의 죽음과 부활, 즉 복음에 대해서 말했습니다.)

바울은 사람들에게 경고하려고 하박국의 기록을 어떻게 사용했나요?
(부모님은 자녀들이 답변을 하지 못한다면, 사도행전 13:40~41을 다시 읽어 주세요. 바울은 듣고도 믿지 못한다면, 그들은 하박국이 묘사한 갈대아 군대와 같은 적들을 맞닥뜨리게 될 것이라고 경고했습니다.)

우리에게 갈대아 군대처럼 날렵하게 다가오는 적은 무엇인가요?
(하나님은 사망과 하나님의 심판이 예고 없이 순식간에 임할 수 있다고 경고하셨습니다. 만약 예수님을 믿지 않고서 죽는다면, 우리는 죄에 대한 하나님의 심판을 받게 될 것입니다.)

🙏 기도하기

우리가 알고 있는 사람들이 예수님을 믿도록 도와 주셔서 그들이 더 이상 사망을 두려워할 필요가 없게 해달라고 하나님에게 간구하세요.

Naanman Is Cured
나아만이 치료받다

다음의 설명을 사용해서 자녀들에게 나병이 무엇인지 가르쳐 주세요. 이 지식은 이번 주 후반부에 가서 도움이 될 것입니다. 현미경을 사용할 수 있다면, 연못물을 한 방울 떨어뜨려서 자녀들이 잠시나마 하나님이 지으신 미시 세계를 경험하게 해 주세요. 아니면 만약 우리 집이 쌀알 하나 정도의 크기라면 우리 집 뒷마당에서 돌아다니는 개미는 박테리아처럼 보일 거라고 설명해 주세요.

의사 게르하르 한센은 1800년대 후반 노르웨이에서 나병 환자들을 치료하며 일했습니다. 그는 많은 환자들을 돌본 뒤에 나병이 아주 미세한 박테리아에 의해서 발생한다고 생각했습니다. 그리고 이 가설을 증명하기 위해서 현미경으로 그 미생물을 찾기 위해 노력했습니다. 1873년, 한센은 이 끔찍한 질병을 일으키는 박테리아를 발견했습니다. 처음에는 모든 사람이 비웃었습니다. 그러나 이 박테리아를 발견함으로써 나병을 치료할 수 있는 의약품을 개발했고, 이제는 그 질병을 한센병이라고 부릅니다.

오늘날 한센병을 앓는 사람들은 치료를 받을 수 있지만, 6개월 혹은 1년 동안 약을 복용해야 합니다. 이번 주 우리는 어떻게 하나님이 단 한순간에 이 끔찍한 질병에서 나아만을 치료하셨는지를 배우게 될 겁니다.

DAY 1

♥ 상상하기

캘리포니아에 사는 어떤 사람이 아주 끔찍하고 무서운 병에 걸렸다고 가정해 봅시다. 진찰을 마친 의사는 이 병원에서는 치료할 수 없다고 말했습니다. 그러나 펜실베이니아 주 필라델피아의 한 병원에서는 치료할 수 있다고 알려줬습니다. 비록 먼 길이고, 비행기나 차량을 이용해야 하고 숙박을 하는 데 많은 비용이 들겠지만, 그 사람은 어떻게 해서라도 거기에 갈 것입니다.

오늘 이야기에서 나아만에게 그와 같은 일이 생겼습니다. 그는 자신의 병이 불치병이라고 생각했었습니다. 그러나 한 여종은 그렇지 않다는 걸 알았습니다. 그 여종은 나아만에게 어디로 가면 치료받을 수 있는지를 말해 주었습니다.

📖 성경읽기 | 열왕기하 5장 1~7절

💬 깊이 생각하기

하나님은 그분의 계획을 성취하는 선한 일에 모든 것이 하나로 사용되도록 하셨습니다. 예를 들어, 악한 왕들이 이스라엘을 다스리고 백성들이 우상을 숭배하던 그때에 아람을 사용하셔서 그들을 공격하게 하셨습니다. 그 공격 중에서 하나님은 한 어린 소녀를 가족에게서 떨어지게 하셨습니다. 이것이 좋아 보이지는 않겠지만, 여기에도 하나님의 계획이 있었습니다. 하나님은 그 소녀를 그분이 치료하기 원하시는 사람의 집에 두셨습니다. 우리는 천국에서 하나님을 믿었던 이 어린 소녀를 만날 수 있을 겁니다. 그녀는 나아만에게 바알이나 다른 우상들에게 기도하라고 말하지 않았습니다. 그녀는 나아만에게 살아계신 하나님의 선지자인 엘리사를 소개했습니다. 또한 나아만이 나을 거라고 확신했습니다.

🗣 이야기하기

이스라엘 출신의 어린 소녀가 왜 아람에 살면서 나아만의 아내를 섬겼을까요?
(그 어린 소녀는 아람 사람들의 급습 때 잡혀왔고, 노예로 아람에 팔려 왔습니다.)

그 여종이 나아만의 병을 알았을 때, 무슨 말을 했나요?
(그 여종은 나아만에게 선지자 엘리사에게 가면 치료해 줄 것이라고 말했습니다.)

나아만은 왜 여종의 말을 듣고 그 먼 길을 떠났을까요?
(성경은 우리에게 그 이유를 정확히 설명하지 않습니다. 그러나 두 가지를 생각해 볼 수 있습니다. 첫 번째로, 그 소녀의 믿음이 강했고 흔들리지 않았습니다. 두 번째로, 나아만은 절박했습니다. 그가 여전히 사람들과 만나는 것으로 보아, 병은 초기 단계였을 것입니다. 그러나 그 병이 얼마나 끔찍한 것인지를 알고 있었습니다. 곧 그는 아내와 그가 섬기는 왕을 떠나야 하고 다른 나병 환자처럼 따돌림 받는 존재가 될 것이었습니다.)

🙏 기도하기

오늘 이야기의 어린 소녀처럼 하나님의 능력에 강한 믿음을 달라고 기도하세요.

DAY 2

♥ 기억하기

어제 이야기 중에서 무엇을 기억하고 있나요? 오늘은 어떤 이야기가 있을 것이라고 생각하나요?

📖 성경읽기 | 열왕기하 5장 8~14절

💬 깊이 생각하기

나아만은 340kg의 은과 68kg의 금을 싣고서 아람을 떠났습니다. 그것은 약 10마리의 낙타나 노새와 그것들을 이끌고 갈 종들도 그만큼 필요했다는 것을 의미합니다. 그 여정 가운데 먹을 식량과 낙타나 노새에게 먹일 사료가 필요했습니다. 아람 왕은 나아만에게 갈아입을 열 벌의 옷을 내려 주었습니다.

나아만은 그 먼 길을 여행했고 마침내 어린 소녀가 그에게 알려준 선지자 엘리사를 찾았습니다. 그러나 엘리사의 집에 도달했을 때, 그 선지자는 그를 마중하러 나오지도 않았습니다. 다행히도 나아만에게는 선지자의 말대로 행하도록 조언해주는 종들이 있었고, 그는 강에 들어가 몸을 씻었습니다. 그런데 그가 몸을 씻자마자 나병은 완전히 사라졌습니다.

하나님이 우리의 삶에 두신 돕는 이들의 조언에 귀를 기울이고 따르는 것은 언제나 이렇게 선하고 좋습니다.

🗨 이야기하기

나아만은 긴 여정에 무엇을 가지고 갔나요?
(은, 금, 종들, 갈아입을 옷 등을 가져갔습니다. 부모님은 자녀들에게 베개 혹은 이불, 먹을거리 외에 다른 필요한 것이 무엇일지 생각하게 해 주세요.)

선지자의 집에 도달했을 때, 나아만은 왜 화가 났나요?
(엘리사는 집에서 나오지도 않았고 그저 나아만에게 강에 가서 씻으라는 말만 전했습니다. 나아만은 강에서 씻는 것은 고향에서도 가능한 일이라고 생각했고 군이 이렇게 먼 길을 올 필요가 없었다고 느꼈을 겁니다. 그러나 그의 종들은 나아만에게 선지자의 말을 따르도록 조언했고, 그렇게 하자 완전히 나았습니다.)

아람 왕의 군대장관 나아만의 치유는 아브라함과 맺으신 하나님의 언약이 모든 민족에게까지 미친다는 것을 어떻게 기억나게 해 주나요?
(나아만의 치유는 우리에게 하나님의 사랑은 이 땅의 모든 사람을 향한 것임을 기억하게 해 줍니다.)

우리가 분노하고 화를 낼 때 하나님은 우리를 도울 사람으로 누구를 세워 두셨나요?
(부모님은 자녀들이 화를 낼 때 자신들을 도울 사람으로 하나님이 세운 사람이 부모님이라는 사실을 생각할 수 있도록 도와주세요. 그리고 자녀들이 하나님을 믿는 것에 주목하도록 도와주세요.)

🌱 기도하기

하나님에게 우리가 아는 사람들 중에 아픈 이들을 고쳐 달라고 간구하세요.

DAY 3

♥ 예수님께 연결하기

오늘의 이야기가 예수님에 대한 것이며, 예수님을 가리킨다는 사실을 어떻게 알 수 있나요?

✝ 성경읽기 | 열왕기하 5장 15~19절

💬 깊이 생각하기

예수님은 다음과 같이 말씀하셨습니다. "또 선지자 엘리사 때에 이스라엘에 많은 나병환자가 있었으되 그중의 한 사람도 깨끗함을 얻지 못하고 오직 수리아 사람 나아만뿐이었느니라" (눅 4:27). 나아만은 예수님이 자기 이야기를 고집스러운 이스라엘 민족에게 하나님의 구원은 모든 민족에게 해당하는 것이라는 사실을 보여주시려고 사용하실 거라고는 꿈에도 생각하지 못했을 겁니다.

엘리사 때에 이스라엘 민족이 하나님을 배척하고 우상을 숭배한 것처럼, 이스라엘 민족은 예수님을 배척하고, 그분을 믿지 않았습니다. 그러나 하나님의 계획은 이스라엘에게 국한되는 것이 아니라 모든 민족에게 향했습니다. 그것이 이스라엘 출신이 아닌 나아만이 치유 받은 이유입니다. 즉 어느 나라 출신이건 상관없이 오늘날 모든 사람이 구원받을 수 있는 이유입니다. 예수님을 통해서 이루시는 하나님의 구원은 모든 사람을 위한 것입니다.

💬 이야기하기

물에서 나와서 병이 다 사라진 것을 본 나아만은 무엇을 했나요?
(나아만은 흥분했고, 엘리사에게 가서 선물을 바쳤습니다.)

나아만은 치유된 후에 이스라엘의 하나님을 어떻게 생각했나요?
(나아만은 이스라엘의 하나님만이 유일한 신이라는 것을 깨달았습니다.)

우리는 나아만과 어떻게 비슷한가요?
(비록 우리는 나병 환자는 아니지만, 우리 모두는 죄를 씻음 받기 위해서 하나님이 필요합니다. 그리고 나아만의 치유는 하나님이 모든 언어와 모든 나라의 백성들을 죄에서 회복시키시고, 용서를 경험하게 하실 그 날을 상징하는 표시였습니다.)

🤲 기도하기

죄에서 우리를 회복시키신 하나님에게 감사하세요.

DAY 4

♥ 기억하기

이번 주 성경 이야기를 통해서 하나님은 우리에게 무엇을 가르치시나요?

✝ 성경읽기 | 열왕기하 5장 20~27절

💬 깊이 생각하기

게하시는 엘리사가 나아만에게서 어떤 보답의 선물도 받지 않은 채 그냥 돌려보낸 것을 도저히 받아들일 수 없었습니다. 그래서 엘리사에게 말하지 않고 나아만을 쫓아가서 대가를 요구했습니다. 그러나 나아만에게 사실대로 말하지 않고, 거짓말을 했습니다. 엘리사에게 돌아온 게하시는 첫 번째 거짓말을 감추려고 두 번째 거짓말을 했습니다. 하지만 하나님은 모든 것을 아시기에, 게하시는 죄를 숨길 수 없었습니다. 엘리사는 하나님에게서 게하시가 행한 모든 것을 들어서 알고 있었습니다.

🗣 이야기하기

자녀들은 부모님에게 첫 번째 거짓말을 감추기 위해서 계속 거짓말을 했던 경험이 있는지 질문해 보세요.
(부모님은 자녀들 앞에서 겸손히 여러분의 잘못했던 경험을 들려주세요. 부모인 우리의 죄와 약함을 자녀들 앞에서 고백하는 모습은 그들이 그렇게 행동을 할 수 있는 용기를 불어넣어 줍니다.)

게하시는 왜 나아만에게 거짓말을 했나요?
(게하시는 보상을 원했고 나아만이 그에게 선물을 내어놓을 이야기 거리를 생각했습니다. 게하시는 자신의 죄를 숨기려고 거짓말을 했습니다.)

무엇인가를 얻으려고 혹은 죄를 감추려고 거짓말을 한 경험이 있나요?
(부모님은 자녀들이 거짓말을 했던 때를 기억할 수 있도록 격려해 주세요.)

🤲 기도하기

진실을 말하지 않은 것에 대해서 용서를 구하고 하나님의 말씀에 순종하게 도와달라고 기도하세요.

DAY 5

♥ 발견하기

오늘 우리는 시편이나 예언서를 통해서 예수님에 대해서 무엇을 배울 수 있는지를 살펴볼 거예요.

📖 성경읽기 | 시편 111편

💬 깊이 생각하기

시편 111편의 말씀으로 만든 노래는 하나님이 누구시며 어떤 일을 하셨는지를 찬송합니다. 그것을 이해하면, 그 시편의 다른 구절들을 성경 이야기에 연결해서 생각해 볼 수 있어요. 예를 들어 2절은 다음과 같이 말합니다. "여호와께서 행하시는 일들이 크시오니" 이것은 우리에게 하나님이 세상을 창조하시고 행하신 모든 일을 기억나게 해 줍니다. 또한 5절은 이렇게 말합니다. "여호와께서 자기를 경외하는 자들에게 양식을 주시며" 이것은 가뭄이 심했던 때에 엘리야에게 어떻게 먹을 것을 공급해 주셨는지를 떠올리게 해 줍니다. 가장 중요한 구절은 9절인데, 다음과 같이 말합니다. "여호와께서 그의 백성을 속량하시며 그의 언약을 영원히 세우셨으니" 이 구절은 예수님을 가리킵니다. "속량"이란 말은 무엇인가를 다시 사왔다는 의미입니다. 하나님은 그분의 외아들 예수님을 보내시고 죽음의 저주에서 우리를 다시 사오셨습니다. 예수님이 우리를 구원하시기 위해서 지불하신 대가는 그분의 생명입니다. 예수님은 우리의 징계를 대신 받으시려 십자가에서 죽으셨고 우리를 자유롭게 하셨습니다. 그러므로 그분을 믿는 사람이라면 누구라도 하나님과 더불어 천국에서 영원히 살아가게 됩니다.

🗨 이야기하기

6절을 살펴보세요. 그리고 하나님이 그분의 백성들에게 "그분의 일하심이 얼마나 강력한지"를 보여주셨던 이야기를 기억할 수 있는지 생각해 보세요. (아마도 자녀들은 몇 가지 놀라운 사건을 기억할 것입니다. 예를 들어, 홍해를 가른 것이나 병든 자를 고치고, 이집트 파라오에게 재앙을 내린 것들입니다.)

어떻게 시편의 기자는 예수님이 이 땅에 오시기 오래 전이었음에도 불구하고 그 시편의 구절에 "속량"에 대한 내용을 담을 수 있었나요? (가장 쉬운 답은 '하나님이 그에게 그렇게 하도록 말씀해 주셨다' 입니다. 시편의 많은 기자들은 선지자입니다. 하나님이 백성들에게 알려주고 싶은 것들을 시편 기자들에게 보이시고 그들이 그것을 전했다는 의미입니다. 하나님은 그분의 아들을 보내셔서 행하신 일을 정확히 아셨기 때문에, 시편 기자에게 그분의 속량에 대해서 분명하게 말씀해 주셨습니다.)

이 시편의 어떤 구절이 하나님은 진리를 말씀하시고 그분을 믿을 수 있다는 사실을 알려주나요? (7~8절은 하나님은 신실하시고 신뢰할 만한 분이라고 설명합니다. 이번 주에 읽은 게하시와는 다르게, 하나님은 거짓을 말씀하지 않습니다.)

오늘 시편에서 가장 좋아하는 구절은 어디인가요? (자녀들이 너무 어려서 읽을 수 없다면, 몇 가지 구절을 선택해서 제시하고 설명해 주세요.)

🙏 기도하기

기도 대신, 오늘 시편의 구절들을 낭독해 보세요. 시편 대부분은 하나님을 향한 위대한 기도문입니다.

The Fall of Israel
이스라엘의 멸망

하나님이 이스라엘 민족을 심판하신 이유 중 하나는 그들이 목상과 아세라상을 모든 산 위와 모든 푸른 나무 아래에 세웠기 때문입니다. 성경은 그들이 이 모든 것을 몰래 했다고 전합니다.

이것을 설명하기 위해서, 나무 블록, 빨래집게, 또는 도미노를 가정 예배를 하는 방 안 전체에 두세요. 사진 액자, 가구, 방문 위, 그리고 탁자, 의자, 전등 아래에도 두세요.

자녀들이 방에 들어와서 그것들을 발견하고서 왜 저렇게 있냐고 물을 때, 아무 것도 모르는 것처럼 행동하세요. 짧게 기도를 한 후에, 그 물건들은 이스라엘 민족이 하나님은 그것을 보시지 못할 거라고 생각하면서 그들의 땅에 세웠던 우상들을 나타내는 것이라고 설명해 주세요. 그것들을 세워둔 대로 두세요. 이번 주 배울 내용들은 이스라엘의 불순종에 대해서 하나님이 내리신 결과가 무엇이었는지를 생각하게 해 줍니다.

DAY 1

♥ 상상하기

학교를 가려고 집을 나서는데 엄마가 코트를 가져가라고 반복해서 말씀하십니다. 그러나 코트를 들고 다니는 게 싫어서, 일부러 엄마의 말씀을 듣지 않았습니다.

학교로 가는 길에 찬 바람이 불고, 곧이어 비까지 내리기 시작합니다. 집으로 돌아가서 코트를 가져오면 되는데 끝까지 고집을 부리며 계속 걸어갑니다. 학교에 거의 도착했을 때쯤, 온몸이 흠뻑 젖었고, 콧물이 흐릅니다. 그리고 목이 아파오기 시작합니다. 그 순간 엄마의 말씀을 듣지 않아서 안 좋은 결과가 생겼다는 것을 깨닫습니다.

하나님은 우리에게 불순종을 가르치시려고 종종 나쁜 결과를 허락하십니다. 하나님이 호세아에게 어떤 나쁜 결과를 허락하셨는지 살펴봅시다.

✝ 성경읽기 | 열왕기하 17장 1~5절

💬 깊이 생각하기

호세아는 하나님에게 불순종했습니다. 그래서 하나님은 살만에셀이 이스라엘을 공격하게 하셨습니다. 그러나 그 순간에도 호세아는 하나님에게 도움을 구하지 않았습니다. 그는 고집스럽게 이집트의 왕인 소에게 자신을 구해 달라고 간청했습니다. 살만에셀은 호세아가 이집트에게 도움을 구했다는 사실을 알고서 호세아를 감옥에 가뒀습니다.

호세아는 하나님 없이도 살아날 수 있을 거라고 생각했습니다. 그러나 틀렸습니다. 하나님은 살만에셀을 사용하셔서 호세아를 훈계하셨습니다. 성경은 하나님에게 불순종할 때 우리가 나쁜 결과를 얻게 될 것이라고 가르칩니다.

🔊 이야기하기

하나님에게 불순종한 호세아가 겪게 된 나쁜 결과는 무엇인가요?

(하나님은 살만에셀이 호세아를 공격했을 때 구해주지 않으셨습니다. 그래서 감옥에 갇혔습니다.)

불순종해서 나쁜 결과를 경험한 적이 있나요?

(부모님은 자녀들이 불순종 때문에 나쁜 결과를 경험했던 때를 생각하도록 도와주세요.)

호세아는 도움을 구하려고 누구에게 사람을 보냈나요?

(호세아는 사자를 이집트 왕 소에게 보냈습니다. 그리고 그가 호세아와 한 편이 되어서 살만에셀과 싸울 거라고 기대했습니다.)

호세아는 누구에게 도움을 구해야 했나요?

(그는 하나님에게 도움을 구해야 했습니다.)

🙏 기도하기

우리가 하나님에게 순종하게 해 달라고 도움을 구하세요. 그리고 어려움이 닥쳤을 때 하나님을 찾게 해 달라고 기도하세요.

DAY 2

♥ 기억하기

어제 이야기 중에서 무엇을 기억하고 있나요? 오늘은 어떤 이야기가 있을 것이라고 생각하나요?

✝ 성경읽기 | 열왕기하 17장 6~14절

💬 깊이 생각하기

경고는 우리를 도우려는 의도를 담고 있습니다. 공원 의자에 "조심, 페인트 주의"라고 쓴 표지판을 보고도 그 의자에 앉았다면, 바지에 온통 페인트가 묻더라도 누구에게도 화풀이나 원망을 할 수 없습니다.

하나님은 그분의 백성들에게 우상 숭배를 하지 말라고 경고하시려고 선지자들을 보내셨습니다. 그러나 결국 그들은 경고를 듣지 않았습니다. 그래서 하나님은 앗수르 왕을 사용하셔서 그들을 징계하셨습니다. 그 왕은 이스라엘의 도시들을 점령했고 백성들을 노예로 삼았습니다.

🗨 이야기하기

이스라엘 민족은 하나님에게 어떻게 불순종했나요?

(그들은 우상을 위한 산당을 짓고, 그것들을 숭배했습니다.)

하나님은 이스라엘 민족을 우상 숭배에서 돌이키시려고 누구를 보내셨나요?

(하나님은 선지자들을 보내서 경고하셨습니다.)

하나님은 선지자들을 보내서 이스라엘에게 경고하셨습니다. 오늘날 하나님은 우리에게 어떻게 경고하시나요?

(하나님은 그분의 말씀인 성경을 통해서 경고하십니다. 또한 하나님을 사랑하는 지혜로운 부모와 친구들을 주셨습니다. 이스라엘처럼 우리는 하나님을 따를지, 그분에게서 돌아설지 선택합니다.)

✍ 기도하기

하나님의 말씀에 순종하고 그 뜻을 따르게 도와달라고 기도하세요.

DAY 3

♥ 예수님께 연결하기

오늘의 이야기가 예수님에 대한 것이며, 예수님을 가리킨다는 사실을 어떻게 알 수 있나요?

📖 성경읽기 | 열왕기하 17장 15~17절

💬 깊이 생각하기

이스라엘의 역사를 살펴보면, 그들이 하나님에게서 돌아섰을 때 어떤 결과를 겪었는지 알 수 있습니다. 그들의 죄는 너무나 악했는데, 심지어 우상 신들에게 제물로 바치려고 자녀들을 죽이기까지 했습니다.

하나님은 그들의 죄악 때문에 모든 이스라엘 민족을 완전히 멸망시키실 수 있었습니다. 그러나 그 백성들을 구할 계획을 가지고 계셨기에 그렇게 하지 않으셨습니다. 언젠가 그분은 외아들이신 예수님을 보내셔서 그들의 죄에 대한 대가를 지고 죽게 하실 겁니다. 아무리 이스라엘 민족의 죄가 악할지라도, 하나님은 그들을 사랑하기 때문에 절대 포기하지 않으셨습니다. 비록 그들이 전쟁에서 패하고 포로로 잡혀서 바벨론으로 옮겨졌지만, 그 포로 생활은 단지 70년만 지속될 뿐입니다.

🗣 이야기하기

이스라엘 민족은 하나님의 명령을 얼마나 많이 불순종했나요?
(그들은 하나님의 모든 명령을 어겼습니다.)

하나님은 왜 죄의 대가로 이스라엘을 멸망시키지 않으셨나요?
(하나님은 아브라함의 자녀들을 통해서 모든 열방이 복을 받게 하겠다는 언약을 세우셨습니다. 그 언약은 아브라함의 먼 후손인 예수님을 통해서 완성되었습니다.)

하나님은 왜 우리가 죄를 지었음에도 벌하거나 멸망시키지 않으시나요?
(하나님은 우리 모두가 아브라함과 맺으신 언약의 일부가 되는 기회를 주고 싶어 하십니다. 예수님을 믿으면, 우리의 모든 죄는 사라집니다. 우리를 징계하는 대신에, 하나님은 그분의 외아들 예수님에게 그 징계를 쏟으셨습니다.)

🙏 기도하기

죄를 지을 때마다 우리를 벌하지 않으시고 그분의 아들 예수님을 믿을 기회를 주시는 하나님에게 감사드리세요.

DAY 4

♥ 기억하기

이번 주 성경 이야기를 통해서 하나님은 우리에게 무엇을 가르치시나요?

📖 성경읽기 | 열왕기하 17장 18~20절

💬 깊이 생각하기

호세아와 북이스라엘의 다른 왕들은 모두 매우 악했습니다. 그래서 하나님은 앗수르가 그들을 공격해서 모두 패배하게 하셨습니다. 그러나 남쪽의 유다 지파만은 남겨 두셨는데, 그들의 많은 왕이 하나님을 섬기고 그분의 명령에 순종했기 때문입니다.(유다 지파의 왕들에 대해서는 다음 주에 배우게 될 겁니다.) 그러나 결국 유다 지파의 왕들조차 하나님에게 불순종했고, 그분이 보내신 선지자들의 경고를 듣지 않았습니다.

💬 이야기하기

자녀들은 부모님에게 하나님의 명령에 불순종해서 결국 나쁜 결과를 얻은 사람을 떠올릴 수 있는지 질문해 보세요. (부모님은 주변에서 어리석은 선택을 한 사람들이 있었는지 기억해 보세요. 떠오르는 대상이 없다면, 신문에서 나쁜 행동을 해서 감옥에 가거나 안 좋은 결과를 얻은 사람의 이야기를 찾아보세요.)

왜 하나님은 우리가 죄를 지었을 때 나쁜 결과가 생기게 하시나요?
(하나님은 나쁜 결과를 주셔서 우리에게 죄가 악한 것임을 가르치십니다.)

남유다 사람들에게 무슨 일이 생겼나요?
(비록 처음에는 하나님이 그들을 남겨두셨지만, 결국 북쪽의 나머지 열 지파처럼 멸망했습니다. 결과적으로 북이스라엘과 남유다 모두 하나님을 떠나 우상을 섬겼습니다.)

마지막 20절은 하나님이 그 백성들을 그분 앞에서 쫓아내셨다고 말합니다. 하나님은 그들을 구원하시려고 무엇을 하셨나요?
(하나님은 외아들 예수님을 보내서서 그들 대신에 죽게 하셨습니다. 비록 이스라엘과 유다의 죄가 지독했지만, 하나님은 항상 그분을 사랑하고 순종하며 따르는 몇몇 사람을 남겨 두셨습니다. 유다의 일부 사람은 우상 숭배를 거부하고, 하나님이 구원하실 거라는 사실을 믿었습니다. 하나님의 계획은 예수님을 보내서서 그들의 죄를 제거하는 것이었기 때문에 그 계획을 믿는 사람은 누구나 예수님을 믿었습니다. 그것이 예수님이 태어나시기 전에 살았던 신자들을 구원하시는 하나님의 방법이었습니다.)

🤲 기도하기

우리가 죄를 지을 때 삶 가운데 나쁜 결과를 주셔서 죄로부터 벗어나고 하나님을 따를 수 있게 해 주신 것을 감사하세요.

DAY 5

♥ 발견하기

오늘 우리는 시편이나 예언서를 통해서 예수님에 대해서 무엇을 배울 수 있는지를 살펴볼 거예요.

✝ 성경읽기 | 시편 78편 1~8절

💬 깊이 생각하기

이 시편의 처음 네 절에는 예수님을 나타내는 비밀스러운 메시지가 숨어 있습니다. 예수님이 그것을 지목하여 말씀하지 않았다면, 우리는 그것을 놓쳤을지도 모릅니다. 예수님은 아삽이 이 시편을 기록했을 때, 그가 예수님이 비유를 통해서 어떻게 가르치시는지를 언급한 것이라고 말씀하셨습니다.

이미 하나님은 예수님이 태어나시기 오래 전에 선지자들에게 예수님을 통해서 그 백성들이 어떻게 구원받을지에 대한 단서를 제공하셨다는 사실이 놀랍지 않나요? 비록 하나님의 백성들은 신실하지 못했지만, 그분은 그들에게 구원받을 날에 대해서 말씀하셨던 것입니다.

💬 이야기하기

하나님의 백성들의 고집스러우며 반역하는 태도는 무엇인가요?

(종종 하나님에게서 돌아서서 주변에 있던 사람들의 우상 숭배를 따랐습니다.)

2절에, 하나님은 그분의 입을 여셔서 비유로 말씀하신다고 기록되어 있습니다. 그 구절은 누구에 대해서 말하는 건가요? (예수님에 대해서 말합니다.)

예수님이 말씀하셨던 비유 가운데 기억나는 게 있나요?

(자녀들이 어떤 것도 생각해 내지 못한다면, 몇 가지 단서들을 말씀해 주세요. 누가복음서 15장에는 동전, 양 그리고 탕자의 비유가 있습니다.)

🤲 기도하기

우리가 죄를 지었을지라도 절대 포기하지 않으시는 하나님에게 감사드리세요.

week 68

Good King, Bad King
선한 왕, 악한 왕

유다의 왕들이 선한 왕에서 악한 왕으로, 악한 왕에서 선한 왕으로 어떻게 변했는지 보여주기 위해서, 숫자가 기록된 대로 소리 내어 읽으세요. 그리고 자녀들이 선한 왕과 악한 왕을 구별할 수 있는지 살펴보세요.

나쁜 왕	약간 좋은 왕	정말 좋은 왕
1. 르호보암		
2. 아비얌		3. 아사
		4. 여호사밧
5. 여호람		
6. 아하시야		
7. 아달랴	8. 요아스	
	9. 아마샤	
	10. 웃시야	
	11. 요담	
12. 아하스		13. 히스기야
14. 므낫세		
15. 아몬		16. 요시야
17. 여호아하스		
18. 여호야김		
19. 여호야긴		
20. 시드기야		

이 표를 살펴보면 얼마나 많은 유다의 왕들이 하나님 보시기에 옳은 것을 행하지 않았는지를 발견하는 데 도움이 될 겁니다.(왕국이 나뉘기 전까지 이스라엘에는 19명의 왕이 있었고 오직 한 명만이 선한 왕이었습니다.) 이번 주 우리는 유다의 선한 왕과 악한 왕에 대해서 배우기 시작할 겁니다.

DAY 1

♥ 상상하기

홍수가 나면 모든 것이 엉망진창이 됩니다. 강둑을 넘어서 흐르는 홍수 때문에 진흙과 많은 쓰레기가 땅바닥 여기저기에 흩어집니다. 그것들이 하류를 거쳐 집 안으로 흘러넘쳐서 들어오면, 진흙과 쓰레기가 섞인 온갖 지저분한 것들이 집 안 곳곳에 쌓입니다. 홍수가 끝나면 넘쳐나던 물은 마르거나 강으로 흘러 들어가지만, 집 안은 악취가 나는 진흙 더미들로 여기저기가 뒤덮인 채 남습니다. 홍수로 망가진 집 안에는 온갖 더러운 것들이 매우 두껍게 쌓여 있을 수 있고, 죽은 생선에서 나는 냄새를 풍길지도 모릅니다. 홍수의 잔해에서 집을 복구하는 유일한 방법은 집의 목재 골격을 모두 뜯어내는 것입니다. 진흙투성이 카펫과 벽면은 망가지고 쓸모없어져서 버려야만 하고, 완전히 벗겨진 나무 벽면은 다 말라 비틀어졌습니다. 이럴 때 할 수 있는 것은 건물을 다시 짓는 것뿐입니다.

오늘 이야기는 물이 흘러넘치는 홍수에 관한 것이 아니라 죄의 홍수에 관한 것입니다. 죄로 인해 우상처럼 수많은 악한 것이 이스라엘에 흘러넘쳤습니다. 그것들은 새 왕이 깨끗게 해야 하는 것이었습니다.

✝ 성경읽기 | 역대하 29장 1~30절

💬 깊이 생각하기

히스기야는 이스라엘 왕국이 앗수르에게 정복당하고 얼마 지나지 않아서 유다의 왕이 되었습니다.(지난 주 예배에서 이와 관련된 내용을 읽었습니다.) 히스기야가 왕좌에 오르기 전 160년 동안 유다의 왕들은 하나님에게 순종하지 않았습니다. 그 기나긴 시간 동안 성전은 등한시 여겨졌고, 그곳에 우상들이 넘쳐났습니다.

히스기야가 왕이 되자 성전을 정결하게 하고, 우상들을 모두 없애 버렸습니다. 성전에서 하나님에게 제사를 드리며 그분을 경배하는 것을 회복했습니다. 히스기야 이전의 왕들과 백성들의 죄는 엄청난 쓰레기를 남긴 홍수와 같았습니다. 그러나 히스기야는 우상을 몰아내고 백성들의 마음이 하나님에게로 향하게 하는 위대한 일을 해냈습니다.

◀◉ 이야기하기

왜 성전을 정화하고 복구할 필요가 있었나요? (사악한 왕들은 성전에 그들이 섬기는 우상들을 들여놨습니다. 그들은 성전을 전혀 관리하지 않았기에 곳곳이 망가졌습니다.)

히스기야가 성전을 정화한 후에는 무엇을 행했나요?
(이스라엘 민족의 죄에 대한 제사를 드리고 하나님을 경배했습니다.)

제사장들은 왜 제단 위와 성전이 정화된 후에 곳곳에 피를 뿌렸나요? (우리는 죄를 씻어낼 수 없습니다. 죄는 그저 덮어서 가릴 수 있을 뿐입니다. 동물의 피는 우리의 죄를 덮어서 가리는 예수님의 피를 상징합니다.)

9절에서 "우리의 조상들이 칼에 엎드러지며" 라고 말했을 때, 히스기야는 무엇에 대해서 말하는 것인가요?
(북쪽의 열 개 지파는 그들의 죄에 대한 하나님의 심판 때문에 포로로 잡혔습니다. 하지만 히스기야를 통해서 일하시는 하나님의 은혜 때문에, 유다 왕국은 남았습니다.)

🤲 기도하기

히스기야처럼 하나님에게 순종하게 해 달라고 간구하세요.

DAY 2

♥ 기억하기

어제 이야기 중에서 무엇을 기억하고 있나요? 오늘은 어떤 이야기가 있을 것이라고 생각하나요?

📖 성경읽기 | 역대하 32장 32절~33장 13절

💬 깊이 생각하기

므낫세는 아버지 히스기야처럼 하나님에게 순종하지 않고, 모든 것에 아버지와 반대되게 행동했습니다. 그리고 이스라엘의 하나님을 따르지 않고 이방 사람들의 신을 섬겼습니다. 그가 행한 죄의 목록은 점점 더 악해집니다.

우선, 그는 예루살렘 주변에 산당을 다시 세웠습니다. 그것만으로 충분하지 않으면 바알을 위한 우상을 세웠고, 심지어 그것들을 하나님이 계신 성전에 다시 들여놓았습니다. 이것이 특히 더 슬픈 이유는 그의 아버지 히스기야는 성전을 정결케 하고 모든 우상을 그곳에서 몰아냈기 때문입니다. 무엇보다 므낫세가 행한 악한 것 중에 최고는 그의 아들을 우상에게 바쳤다는 사실입니다. 그러나 하나님은 즉시 징벌하지 않으시고, 므낫세에게 친절을 베푸셔서 죽음을 당하지 않고 포로로 잡혀가게 하셨습니다. 하나님은 므낫세가 죄에서 돌이킬 기회를 주고 싶으셨습니다. 므낫세가 앗수르 왕에게 패배했을 때, 므낫세는 그가 섬기던 어떤 우상도 자신을 구할 수 없다는 사실을 깨달았습니다. 그러고 나자 자신의 아버지가 섬기던 하나님을 떠올리고 도움을 구했습니다. 하나님은 므낫세에게 친절과 자비를 베푸셨고, 그의 왕권을 회복시켜 주셨습니다.

🗨 이야기하기

므낫세는 자신의 아버지와 어떻게 달랐나요?
(아버지 히스기야와 완전히 반대로 행했습니다. 심지어 하나님을 배반하고 우상을 섬겼습니다.)

왜 부모의 신앙이 자녀에게 그대로 전수될 수 없고, 자녀들이 하나님을 따르도록 하기가 어려울까요?
(우리가 그리스도인 가정에서 태어난 것이 하나님을 따르는 데 어떠한 보장도 될 수 없습니다. 각 사람은 스스로 하나님을 따르기를 선택해야 합니다. 우리 부모의 신앙은 우리 자신을 구원할 수 없습니다. 하나님을 향한 우리 자신의 신앙을 가져야 합니다.)

그리스도인 부모처럼, 자녀들이 하나님을 따르는 것에 확신을 가지려면 무엇을 할 수 있을까요?
(하나님이 어떤 분이신지 알도록 성경을 읽어보게 할 수 있습니다. 또한 하나님에게 믿음을 달라고 기도와 간구를 할 수 있습니다. 그러다 보면 죄인임을 깨닫고 하나님이 구원을 베풀어 주시기를 간구하게 됩니다.)

🙏 기도하기

부모님은 자녀들이 하나님을 따르게 도와달라는 기도를 하도록 이끌어 주세요.

DAY 3

♥ 예수님께 연결하기

오늘의 이야기가 예수님에 대한 것이며, 예수님을 가리킨다는 사실을 어떻게 알 수 있나요?

✝ 역대하 30장 1~26절

💬 깊이 생각하기

오늘 이야기는 다시 므낫세의 아버지 히스기야 왕에게로 돌아갑니다. 히스기야가 그 나라에서 우상들을 다 몰아낸 후에 행한 일들에 대한 것입니다.

히스기야는 백성들에게 유월절을 기념해 하나님에게 순종할 것을 명령합니다. 그리고 나서 유월절 양을 희생 제물로 바친 후에 수천 마리의 수송아지와 양 들 또한 제물로 바칩니다. 이렇게 희생 제물로 바친 모든 동물은 예수님을 가리키는 것입니다. 훗날 히스기야의 아들 므낫세가 하나님 앞에서 죄를 범했을 때, 하나님은 그를 죽이지 않으셨습니다. 하나님이 므낫세를 용서해 주신 유일한 이유는 예수님이 그를 위해서 먼 훗날 행하신 희생 때문이었습니다.

이처럼 하나님은 우리 죄를 용서하실 이유가 있습니다. 그분은 아들이신 예수님을 포기하셔서 우리 대신 죽게 하셨습니다. 그것이 유월절을 기념해 나타내려는 것입니다.

《● 이야기하기

하나님은 그분의 백성들이 유월절을 기념함으로써 무엇을 기억하기를 원하셨요? (이집트에 마지막 재앙이 내려진 그 날과 각 이스라엘 백성 가정이 어떻게 첫째 아들 대신에 어린양을 죽이고 그 피를 문설주에 발랐는지를 기억하기를 원하셨습니다. 죽음의 천사가 지나갈 때, 문설주에 어린 양의 피를 바른 집은 넘어갔습니다.)

유월절 어린 양은 누구를 가리키나요? (예수님을 가리킵니다. 하나님은 그분의 아들을 우리 대신 죽게 하시려고 보내셨습니다. 예수님이 우리의 죄를 완전히 해결하셨기에, 죽음은 그분을 믿는 모든 사람을 넘어갈 것입니다.)

왜 우리는 더 이상 소나 염소 그리고 양을 잡아서 하나님에게 제사를 드리지 않나요? (예수님이 희생 제물이 되셔서 십자가에 달려 죽으셨을 때, 모든 사람의 죄는 영원히 해결되었습니다. 예수님은 단 한 번으로 그분을 믿는 모든 사람을 위한 영원한 유월절 어린 양이 되셨습니다.)

🫴 기도하기

유월절 어린 양이신 예수님을 믿게 해 달라고 하나님에게 간구하세요.

DAY 4

♥ 기억하기

이번 주 성경 이야기를 통해서 하나님은 우리에게 무엇을 가르치시나요?

✝ 성경읽기 | 역대하 33장 14~23절

💬 깊이 생각하기

만약 키우던 애완견이 강아지 때부터 집 안 모든 가구에 올라가게 허용했다면 그 강아지가 점점 커가면서 새 가구에는 올라가지 못하게 하는 훈련을 시키기는 정말 어려울 것입니다. 비록 애완견이 가구에 올라가지 못하게 하고 싶지만 오랜 시간 가구에 올라가는 것이 습성이 되어버린 애완견은 그 명령에 복종하기가 어렵겠지요. 그것이 이스라엘 민족에게 일어난 일입니다. 므낫세가 자신의 죄에서 돌이키긴 했지만, 그 백성들은 오랜 시간 산당에서 우상을 숭배하던 습성이 배어 있었습니다. 백성들이 왕과 함께 하나님에게 제사를 드렸으나, 그들은 성전이 아닌 우상을 위해 지은 산당에서 그렇게 했습니다. 그런 시기에 안타깝게도 므낫세는 죽었고, 그의 아들 아몬은 백성들에게 다시 우상을 섬기게 했습니다.

💬 이야기하기

자녀들은 부모님에게 개를 원하는 대로 행동하게 훈련시키면서 키워본 적이 있는지 질문해 보세요.
(개를 키운 적이 없다면, 주변에서 그렇게 개를 키우고 훈련시킨 친구나 지인이 있는지 생각해 보세요.)

왜 백성들은 성전에서 하나님에게 제사를 드리지 않았나요?
(그들은 산당에서 제사를 드리는 습관이 있었습니다. 그래서 므낫세가 죄에서 돌이킨 후에도 여전히 그곳에서 제사를 드렸습니다.)

왜 므낫세의 아들 아몬은 하나님에게서 돌아섰을까요?
(아몬은 아마도 아버지가 우상을 숭배하는 것을 보면서 자랐을 것입니다. 아버지가 돌아가신 후에 아몬은 어렸을 적에 보았던 대로 우상을 섬기기 시작했을 것입니다.)

🙏 기도하기

오직 하나님만 섬기게 해 달라고 기도하세요.

DAY 5

♥ 발견하기

오늘 우리는 시편이나 예언서를 통해서 예수님에 대해서 무엇을 배울 수 있는지를 살펴볼 거예요.

✝ 성경읽기 | 열왕기하 19장

💬 깊이 생각하기

오늘 이야기에서 앗수르 왕은 예루살렘 주변에 있는 하나님의 백성들을 공격했습니다. 그리고 히스기야 왕에게 항복을 요구했습니다. 그러나 앗수르 왕이 몰랐던 것은 하나님에게는 유다 지파를 향한 특별한 계획이 있다는 사실입니다. 히스기야는 도움을 구하러 하나님의 선지자 이사야를 불렀고, 그는 하나님은 유다 지파에게 특별한 계획을 가지고 계시니 염려하지 말라고 전했습니다. 단 한 개의 화살도 성 안으로 떨어지지 않을 것입니다. 하나님이 남은 자를 지키시기 때문입니다. 하나님은 유다 지파 가운데 일부를 언제나 살아남게 하겠다고 약속하셨습니다. 그 이유는 먼 훗날 아주 특별한 왕이 그 지파에서 태어나기 때문입니다. 그 왕은 당연히 예수님입니다.

🔊 이야기하기

남은 자는 무슨 의미인가요?
(남은 자는 남겨진 자들 중 한 명입니다. 비록 이스라엘 민족을 공격받게 하셔서 심판하셨지만, 하나님은 항상 살아남은 자들을 두셨습니다. 하나님은 그들을 이스라엘의 남아 있는 자들이라고 하셨습니다.)

하나님에게는 유다 지파를 항상 남겨 두는 것이 왜 중요한가요?
(하나님은 구원자를 유다 지파에서 나오게 하겠다는 약속을 하셨습니다. 하나님은 항상 그 말씀을 지키십니다. 하나님은 아브라함의 후손을 통해서 온 민족에게 복을 주겠다고 약속하시고, 그렇게 하셨습니다. 하나님은 언약을 성취하시려고 언약의 일부로 이스라엘 지파 가운데 남은 자를 두셨고, 그 남은 자들을 통해서 이 땅을 구원할 예수님을 보내셨습니다.)

앗수르 왕이 공격하려고 할 때, 히스기야는 무엇을 했나요? (하나님에게 기도드렸습니다(16~19절).)

🤲 기도하기

언제나 말씀하신 대로 행하시는 하나님에게 감사를 드리세요. 유다 지파를 보호하셔서 훗날 예수님이 그 지파에서 태어날 수 있게 하심에 감사드리세요.

Jonah and Nineveh
요나와 니느웨

자녀들을 모아서 요나의 삶의 장면들을 나타내는 제스처 게임을 해 보세요. 다음 몇 가지 장면을 몸짓만으로 설명해 보세요. 그러면 나머지 가족이 그것을 보고 누구 혹은 무엇을 나타내는지 맞혀보는 거예요.

- 요나는 니느웨에서 멀리 도망치려고 배를 탑니다. 그 배는 항해 중에 큰 풍랑을 만납니다.
- 요나는 물속으로 던져지고 큰 물고기가 삼킵니다.
- 요나는 하나님에게 기도합니다. 그리고 물고기가 요나를 마른 땅으로 내뱉습니다.
- 요나는 니느웨로 가서 하나님의 말씀을 선포합니다.

자녀들에게 말해 주세요. "이번 주 너희들은 요나의 이야기를 읽게 될 건데, 어떻게 요나가 하나님에게서 도망치려 했는지 배우게 될 거야."

DAY **1**

♥ 상상하기

방 안에 있는데 엄마가 숙제를 할 시간이라고 말씀하시는 것을 들었다고 생각해 보세요. 숙제하기가 싫어서 침대 밑이나 옷장 뒤에 숨을 수도 있겠지요. 그러나 몇 분간 아무 대답 없이 숨어 있다면, 엄마는 분명히 다시 한 번 말씀하실 것이고 머지않아 직접 방으로 오실 겁니다. 이와 같은 상황에서, 숙제를 피할 방법은 전혀 없습니다.

엄마가 무언가를 시키실 때에도 피할 방법이 없다는 것을 안다면, 하나님이 우리에게 무엇인가를 말씀하실 때 그것을 피할 길이 없다는 사실은 분명합니다. 그런데 오늘 이야기에서, 요나는 그렇게 하려고 애쓰고 있었습니다.

✚ 성경읽기 | 요나 1장 1~6절

💬 깊이 생각하기

오늘 이야기는 구약 성경에서 나오는 모험 가운데 가장 놀라운 것입니다. 이 이야기에서 우리는 하나님과 그분이 갖고 계신 우리에 대한 계획에서 도망칠 수 없다는 사실을 배웁니다. 그리고 우리가 무엇인가를 하기를 원하신다면, 전능하신 그분은 반드시 우리가 순종하도록 이끄신다는 사실을 알게 됩니다.

요나는 히스기야가 통치하기 전 약 65년 동안 이스라엘 왕국에서 활동한 선지자입니다. 하나님은 요나에게 니느웨로 가서 그 성읍 사람들에게 죄를 회개하라는 선포를 하도록 명령하셨습니다. 요나서 후반부에서, 요나가 니느웨 사람들이 회개하는 것을 원하지 않았기에 그 명령에 순종하지 않았다는 것을 알게 될 것입니다. 요나는 하나님이 니느웨 사람들을 용서하시는 것을 바라지 않았습니다. 그것이 요나가 도망친 이유입니다 ― 요나는 오히려 니느웨를 하나님의 진노로 쓸어버리기 원했습니다! 그러나 하나님은 굳이 요나를 찾으러 오실 필요가 없었습니다. 왜냐하면 하나님은 언제나 모든 것을 다 아시기 때문입니다. 하나님이 우리가 어디에 있는지, 무엇을 하는지 잠시라도 모르시는 순간은 없습니다.

💭 이야기하기

하나님의 시선을 피해서 우리가 숨을 수 있는 곳은 어디인가요?

(하나님에게서 도망칠 수 있는 곳은 어디에도 없습니다. 하나님은 모든 것을 아시고 우리가 어디에 있는지, 무엇을 하는지 다 아십니다.)

요나는 하나님에게서 도망치려고 어디로 갔나요? (니느웨와 정반대로 떠나는 배를 탔습니다.)

하나님은 요나가 도망치는 것을 막으시려고 어떤 일을 하셨나요?

(큰 풍랑을 일으켜서 요나가 타고 있던 배가 난파될 위기에 처하게 만드셨습니다.)

요나는 왜 하나님에게 불순종했나요?

(니느웨는 이스라엘의 적이었습니다. 요나는 하나님이 그들을 멸망시켜 주시길 원했습니다. 그는 자신의 경고 때문에 니느웨 사람들이 죄를 회개한다면, 하나님이 그들을 용서하실 것이기에 두려웠습니다.)

🤲 기도하기

하나님은 우리가 어디에 있는지 항상 아십니다. 그리고 그분에게서 숨을 수 없습니다. 하나님의 이름을 찬양하세요.

DAY 2

♥ 기억하기

어제 이야기 중에서 무엇을 기억하고 있나요? 오늘은 어떤 이야기가 있을 것이라고 생각하나요?

📖 성경읽기 | 요나 1장 7절~2장 10절

💬 깊이 생각하기

혹시라도 하나님에게서 도망친다면, 조심하십시오! 그것은 마치 우리를 잡으려는 수천 명의 아이들과 술래잡기를 하는 것과 같습니다. 도망치거나 숨을 가능성은 전혀 없습니다.

모든 식물, 동물, 그리고 모든 땅과 바다가 하나님의 통치 아래에 있기 때문에 이 모든 것을 사용하셔서 우리를 추적하실 수 있습니다. 하나님은 요나가 도망가도록 가만히 두지 않으셨습니다. 폭풍우, 선원들, 심지어 요나를 삼킬 거대한 물고기까지 사용하셨습니다. 한 번 상상해 보세요. 그 날이 어땠을지!

요나가 물고기 뱃속에 있을 때 기분이 어땠을지 궁금해 본 적 없나요? 완전히 캄캄한 어둠 속인 것 같을 수도 있고, 물고기가 물 위로 올라갔다가 다시 바닥으로 내려오기를 반복하면 롤러코스터를 타는 듯한 느낌일 수도 있을 겁니다.

◉ 이야기하기

만약 하나님이 물고기를 보내서 요나를 구하지 않으셨다면, 어떤 일이 벌어졌을까요?
(정확히 알 수는 없습니다. 그러나 물에 빠져 죽었을 수도 있습니다.)

하나님은 요나를 향한 자비하심을 어떻게 보이셨나요?
(비록 요나가 불순종했지만, 하나님은 인내하셨고 그를 살려 주셨습니다. 하나님은 요나를 당장 죽일 수도 있었습니다. 그러나 그렇게 하지 않고 폭풍을 만나게 하시고 거대한 물고기의 뱃속에 두셔서 중요한 가르침을 깨닫게 하셨습니다.)

요나가 행한 어떤 행동이 그가 죄에서 돌이켰다는 사실을 보여주나요?
(요나는 기도했고 그를 구해주신 하나님에게 감사드렸습니다.)

🙏 기도하기

불순종한 요나를 구하신 하나님에게 감사를 드리세요.

DAY 3

♥ 예수님께 연결하기

오늘의 이야기가 예수님에 대한 것이며, 예수님을 가리킨다는 사실을 어떻게 알 수 있나요?

✝ 성경읽기 | 마태복음 12장 39~41절

💬 깊이 생각하기

요나가 도망쳐서 하나님의 계획을 방해하고 실패했을 수도 있었을 겁니다. 어쨌든 하나님은 요나에게 니느웨로 가라고 말씀하셨고, 요나는 정반대로 도망쳤습니다. 그러나 우리의 죄는 결코 하나님의 계획을 방해할 수 없습니다.

하나님은 요나가 도망치려 하는 것을 이미 아셨습니다. 요나가 배를 탈 것도 아셨습니다. 하나님은 심지어 요나를 큰 물고기가 삼키도록 계획하고 계셨습니다. 또한 먼 훗날 예수님이 요나의 이야기를 그분을 믿지 않는 종교 지도자들에게 사용할 것을 알고 계셨습니다. 하나님이 어떻게 역사의 시작에서 끝까지 모든 부분을 계획하고 그렇게 이뤄지게 하시는지 놀랍지 않나요? 예수님은 요나가 물고기 뱃속에 있던 시간은 부활하시기 전 무덤에 계시던 때와 같다고 설명하셨습니다. 하나님은 요나를 물고기의 뱃속에서 구해 내셨습니다. 그리고 그분의 아들이신 예수님의 죽음과 부활로 우리를 구원하셨습니다. 이 세상에서 일어나는 모든 일은 하나님의 계획의 일부분입니다. 오늘 읽은 요나의 이야기도 복음의 한 부분입니다.

🗣 이야기하기

예수님이 요나의 이야기를 사실로 믿었다는 것을 어떻게 알 수 있나요?
(예수님은 역사적 사실로 요나와 물고기의 이야기를 말씀하셨습니다. 그리고 예시로 사용하셨습니다.)

예수님은 그분의 삶을 요나의 삶의 무엇과 빗대어 말씀하셨나요?
(예수님은 죽으신 후 무덤에 계시는 때를 말씀하시려고 요나가 물고기 뱃속에 있던 때를 비유로 말씀하셨습니다.)

하나님은 물고기가 요나를 삼키게 해서 구하시고 후에 바닷가에 내뱉도록 하셨습니다. 하나님은 우리를 어떻게 구원하셨나요?
(하나님은 그분의 외아들 예수님을 보내서서 우리 죄를 대신해서 짊어지고 십자가에서 죽게 하셨습니다.)

🤲 기도하기

하나님이 모든 역사 속에서 구원 계획을 이뤄 가시는 것을 감사하세요.

DAY 4

♥ 기억하기

이번 주 성경 이야기를 통해서 하나님은 우리에게 무엇을 가르치시나요?

📖 성경읽기 | 요나 3장 1절~4장 11절

💬 깊이 생각하기

하나님은 니느웨 사람들이 행한 모든 악행에 징계를 내리는 대신에, 그들의 기도를 들으시고 멸망시키지 않으셨습니다. 그것 때문에 요나는 화가 났습니다. 니느웨는 당연히 징계 받고 멸망당해야 한다고 생각했으니까요. 사실 요나는 하나님이 얼마나 자비로우시며 어떻게 용서를 베푸는 분이신지를 알고 있었어요. 그것이 요나가 즉시 니느웨로 가기를 원치 않았던 이유였습니다.

그러나 요나가 이해하지 못한 것이 있는데, 우리 자신 또한 모두 죄인이고 그에 따른 징계를 받아 멸망당해 마땅한 존재라는 사실입니다. 만약 하나님이 공평하게 모든 일을 처리하셨다면, 그래서 죄인인 우리 또한 징계를 받아 멸망당해야 했다면, 이스라엘 민족에게도 그렇게 하셔야만 했을 것입니다. 요나는 니느웨뿐만 아니라 모든 족속과 모든 나라를 구원하시려는 하나님의 계획을 분명히 깨닫지 못한 것입니다.

니느웨 사람들은 요나의 경고를 듣고, 자신들을 구하고 용서를 베푸실 하나님이 필요하다는 사실을 깨달았습니다. 하나님이 그들의 기도 소리를 들으셨을 때, 그분은 아들이신 예수님을 생각하셨고, 진노를 거두어들이셨습니다.

💬 이야기하기

자녀들은 부모님에게 누군가를 용서하려고 노력한 적이 있는지 질문해 보세요.
(부모님은 누군가에게 화를 내거나 징계를 내리는 대신에 용서했던 경험을 기억해 보세요. 요나가 느낀 마음의 갈등과 연관 지어 볼 수 있습니다.)

요나는 왜 화가 났나요?
(그는 하나님이 니느웨에 징계를 내리시길 원했습니다. 그래서 하나님이 그들을 용서하셨을 때 기쁘지 않았습니다.)

하나님은 왜 니느웨를 징계하지 않으셨나요?
(이 질문에는 몇 가지 답이 있을 수 있습니다. 자녀들에게 니느웨가 그들의 죄에서 돌이켰다고 말해 줄 수 있습니다. 또한 하나님이 얼마나 자비로우시며 니느웨를 사랑하셨는지를 말해 줄 수 있습니다.)

우리는 니느웨 사람들과 어떤 면에서 비슷한가요?
(우리는 모두 하나님을 대적하는 죄인들이며 징계 받아 마땅한 존재입니다. 그러나 자비와 사랑이 넘치시는 하나님은 외아들 예수님을 보내셔서 우리를 대신해서 십자가에 죽게 하셨고 그로 인해서 우리 모두는 용서 받았습니다.)

🙏 기도하기

우리의 죄에서 돌이키게 도와달라고 하나님에게 간구하세요.

DAY 5

♥ 발견하기

오늘 우리는 시편이나 예언서를 통해서 예수님에 대해서 무엇을 배울 수 있는지를 살펴볼 거예요.

📖 성경읽기 | 이사야 2장 1~4절

💬 깊이 생각하기

선지자 이사야는 모든 사람이 하나님에게 경배를 올려 드리는 날을 말하고 있습니다. 각 나라에서 모여든 사람들은 싸움을 멈출 것이고 그들의 무기를 농사 기구로 바꿀 것입니다. 싸움과 전쟁이 없는 세상을 상상할 수 있나요? 죄인들을 변화시킬 무슨 일이 반드시 벌어져야만 할 것입니다. 사람들이 영원히 싸움과 전쟁을 멈출 방법은 오직 하나입니다. 사람들이 죄를 해결할 방법 또한 오직 하나입니다. 바로 예수님을 믿는 것입니다.
언젠가 하나님은 예수님을 믿지 않는 사람들을 믿는 자들에게서 분리하실 것입니다. 그리고 나서 믿는 자들을 변화시킬 것입니다. 그리고 죄를 지을 수 없는 새로운 육체를 주실 것입니다. 그 날에는 더 이상 싸움도, 전쟁도 없을 것입니다. 그때까지 하나님은 모든 신자를 사랑으로 품으시며 부르실 것입니다. 예수님은 우리에게 원수까지도 사랑하라고 말씀하셨습니다. 사람들이 주님을 따름으로 우리의 삶이 어떻게 변하는지를 볼 때, 그들은 예수님에 대해서 더욱 알고 싶어 할 것입니다.

🗣 이야기하기

더 이상 칼과 창이 필요 없는 곳은 어디일까요?
(천국에서는 더 이상 필요하지 않을 것입니다. 왜냐하면 천국에는 싸움이나 전쟁이 없기 때문입니다.)

예수님은 우리가 원수들에게 어떻게 해야 한다고 말씀하셨나요?
(예수님은 원수들을 사랑해야 한다고 말씀하셨습니다[마 5:44].)

예수님은 그분의 원수들에게 무엇을 행하셨나요?
(예수님은 우리가 그분의 원수였을 때에 우리를 위해서 십자가에서 죽으셨습니다[롬 5:8~10]. 그래서 우리가 예수님을 믿으면 용서받을 수 있습니다.)

🤲 기도하기

우리 죄로 인해서 원수였을 때에 예수님이 우리를 위해서 죽으셨습니다. 따라서 우리도 우리의 원수나 적이 된 이들을 예수님이 우리에게 하신 것처럼 사랑하고 용서할 수 있게 해 달라고 하나님에게 간구할 수 있고, 해야 합니다. (부모님은 자녀들이 형제나 자매들에 대해서 불편해하고 화를 내며 적대하는 행동을 할 때를 생각하도록 도와주세요.)

Josiah, the Eight-Year-Old King
여덟 살짜리 왕, 요시야

종이로 간단하게 왕관을 만든 후 원하는 대로 꾸며 보세요. 그런 다음에 자녀들을 한자리로 불러 모으고 그중한 명을 왕(또는 여왕)으로 세우겠다고 얘기해 주세요. 그 왕관을 왕이나 여왕으로 세운 아이의 머리에 씌우고왕으로서 가족에게 내리는 지혜로운 판결이나 명령을 한 가지 생각해 보라고 말해 주세요. 그다음 돌아가면서자녀 모두에게 동일한 상황을 만들어 주세요. 그리고 어떤 행동들을 하는지 관찰해 보세요. 말도 안 되는, 이기적인 명령을 내리지 않게 잘 살피면서 지혜로운 명령을 내리도록 도와주세요.
말해 주세요. "이번 주 너희들은 요시야에 대해서 배울 텐데, 그는 고작 여덟 살에 왕이 된 소년이었단다."

DAY **1**

♥ 상상하기

우리가 하룻밤 사이에 왕이 되었고, 갑자기 온 나라를 다스릴 책임이 생겼다고 가정해 봅시다. 왕으로서 원하는 것은 뭐든지 할 수 있습니다. 예를 들어, 왕이 된 첫 번째 날을 기념해서 그날을 아이스크림 데이라는 국경일로 지정하고 모든 백성이 어디서나 아이스크림을 무료로 먹을 수 있게 하겠다고 선포할 수 있습니다. 왕으로서자신을 위한 웅장한 궁전을 건축할 수 있고, 모든 보물과 금을 가져오게 해서 얼마든지 그것들을 보면서 만족을 누릴 수도 있습니다. 또한 백성들에게 더 많은 금과 보물을 바치게 할 수도 있습니다.
왕은 무엇이든 원하는 대로 할 수 있기 때문에, 원하는 사람이면 누구든지 불러서 옆에 두고 그 사람의 지식, 기술 등 많은 것을 배울 수도 있습니다. 오늘 이야기는 요시야가 왕이 된 후에 한 일들에 대한 것입니다. 이제 그가 어떤 사람이었는지 살펴봅시다.

📖 성경읽기 | 역대하 34장 1~7절

💬 깊이 생각하기

요시야의 할아버지 므낫세는 악한 왕이었는데, 이스라엘과 주변 지역 곳곳에 우상을 세우는데 삶의 대부분을 보냈습니다. 심지어 하나님의 성전에도 우상을 세웠습니다. 하나님이 그를 응징하셨을 때, 므낫세는 즉시 하나님에게로 돌이켰고 성전에서 우상을 제거했습니다. 그러나 그 땅에는 여전히 많은 우상이 존재했습니다.

므낫세가 죽었을 때, 아들 아몬이 왕이 되었고, 곧바로 다시 우상 숭배를 시작했습니다. 아몬의 아들 요시야가 왕이 될 무렵, 우상들은 다시 곳곳에 세워져 있었고, 심지어 하나님의 성전에도 또다시 들어와 있었습니다.

💭 이야기하기

요시야가 왕이 되었을 때에 몇 살이었나요?

(여덟 살이었습니다. 부모님은 여덟 살인 자녀나 주변의 다른 친구들을 비교해 줄 수 있습니다. 여덟 살에 왕이 된다는 것이 얼마나 놀라운 일인지 이해하는 데 도움이 됩니다.)

요시야 왕은 아직 어린 나이였음에도 무엇을 하기 시작했나요?

(아버지가 세운 우상들을 제거했습니다.)

요시야는 왜 우상들을 부수고 가루로 만들어서 그것들을 제사하던 자들의 무덤에 뿌렸나요?

(요시야는 그 누구도 다시는 우상들을 세우지 못하게 하려고 그렇게 했습니다.)

🙏 기도하기

우리의 삶에 있는 그 어떤 것보다 —게임, 장난감, 잠, 휴식, 심지어 친구들보다도— 하나님을 사랑하게 해 달라고 기도하세요.

DAY 2

♥ 기억하기

어제 이야기 중에서 무엇을 기억하고 있나요? 오늘은 어떤 이야기가 있을 것이라고 생각하나요?

📖 성경읽기 | 역대하 34장 8~31절

💬 깊이 생각하기

요시야가 26살 때에 하나님의 성전을 정결하게 하고 수리하도록 명령을 내렸습니다. 신하들이 성전에서 작업을 하던 중에 율법책을 발견했는데 그것은 성경의 일부분이었습니다. 아마도 레위기와 신명기, 그리고 몇 권의 책이었을 것입니다. 그 율법책은 요시야의 아버지와 할아버지가 우상을 섬기던 때에 버려진 것입니다.

비록 요시야가 그때까지 우상을 제거하고 성전을 정결케 하는 등의 선한 일을 많이 했지만, 율법책에 기록된 내용을 듣고는 옷을 찢고 통곡했습니다. 요시야는 자신과 모든 백성이 하나님 앞에서 죄를 범했다는 것을 깨달았습니다. 요시야의 유일한 희망은 하나님에게 부르짖는 것이었습니다.

하나님의 말씀을 대언하던 여선지자 훌다는 하나님이 요시야가 옷을 찢고 통곡하는 것을 보시고 징계를 거두셨다는 말을 전했습니다. 요시야는 감사와 함께 그의 평생에 하나님 말씀에 순종하겠다고 맹세했습니다.

🗣 이야기하기

어떻게 율법책을 잃어버렸을까요? (요시야의 아버지와 할아버지는 우상을 섬겼습니다. 그리고 하나님의 율법을 지키지 않았습니다. 그들이 살아 있는 동안에, 그 책은 버려졌고 기억에서 사라졌습니다.)

요시야는 왜 율법책을 읽은 후에 심하게 격앙되었나요? (하나님의 백성들이 살던 그 땅에 여전히 우상이 존재했습니다. 그리고 하나님의 말씀이 너무나 명확했습니다; "오직 하나님만이 유일한 분이시고 우상을 숭배하는 것은 잘못된 것이다." 또한 유월절을 기념할 것에 대해서 기록되어 있었는데 그 책이 사라진 기간 동안 그것도 잊혀졌습니다.)

요시야는 자신이 죄인이며 구원이 필요하다는 것을 깨달았을 때 누구에게 도움을 요청했나요?
(요시야는 훌다를 통해서 하나님을 찾았습니다.)

하나님은 요시야에게 무엇을 약속하셨나요?
(요시야가 하나님에게 간구하였고 그의 백성들의 죄를 돌이키고 회개하였으므로, 징계를 내리시지 않겠다고 말씀하셨습니다. 또한 평안을 약속하셨습니다. 부모님은 만약 필요하다면, 27~28절을 다시 읽어 주세요. 그래서 자녀들이 답을 찾을 수 있게 도와주세요.)

🙏 기도하기

하나님이 베푸신 자비와 용서에 대해서 감사를 드리세요.

DAY 3

♥ 예수님께 연결하기

오늘의 이야기가 예수님에 대한 것이며, 예수님을 가리킨다는 사실을 어떻게 알 수 있나요?

📖 성경읽기 | 역대하 34장 32절~35장 19절

💬 깊이 생각하기

요시야는 그 율법책을 예루살렘의 모든 백성이 읽어야 한다고 명령했습니다. 또한 모든 우상을 제거하고 유월절을 기념하도록 준비시켰습니다. 그 기념일에 바칠 제물로 4만 마리 이상의 동물이 죽임을 당했습니다 ─ 이것은 야구장의 각 관중석에 동물을 하나씩 놓아도 남을 만큼 충분한 양입니다.

유월절은 하나님이 그들의 머나먼 조상들을 이집트의 노예생활에서 어떻게 구원해 내셨는지를 기억나게 해 주었습니다. 죽음의 천사가 문설주에 어린 양의 피를 발라 놓은 집들을 지나쳤다는 사실을 기억할 것입니다. 유월절 어린 양은 살아있는 것들의 첫 번째 생명 대신 바쳐진 희생 제물인데 그것은 예수님을 가리킵니다. 하나님의 외아들이신 예수님은 먼 훗날 우리의 유월절 어린 양으로서 십자가에 달려 죽으시고, 우리의 모든 죄를 대신 감당하십니다.

💬 이야기하기

유월절은 왜 매우 중요한가요?
(유월절은 하나님이 아들이신 예수님을 통해서 그분의 백성들을 구원해 내시는 방법을 나타냅니다.)

그들은 왜 그렇게 많은 동물이 필요했나요? (각 집안마다 유월절을 기념하기 위해 동물들이 필요했습니다.)

유월절 어린 양은 누구를 가리키나요? (예수님을 가리킵니다. 예수님은 우리 대신에 십자가에 달린 희생 제물이십니다. 그래서 하나님의 심판이 우리에게 임하지 않고 지나갔습니다.)

수천 마리의 동물을 희생 제물로 바치면 하나님의 백성들의 죄가 해결되나요? (아니요. 희생 제물은 결코 죄를 해결할 수 없습니다. 단지 하나님에게 또 다른 희생 제물이신 예수님을 기억나게 할 뿐입니다. 예수님만이 죄의 대가를 대신 지불하심으로 하나님이 백성들의 죄를 용서하실 수 있는 길을 만드신 분입니다.)

🙏 기도하기

율법책이 사라지지 않게 하신 하나님에게 감사드리세요.

DAY 4

♥ 기억하기

이번 주 성경 이야기를 통해서 하나님은 우리에게 무엇을 가르치시나요?

📖 성경읽기 | 역대하 35장 20~27절

💬 깊이 생각하기

우리는 여선지자 훌다를 통해서 하나님이 말씀하시고 요시야에게 그의 평생에 평안을 주시겠다고 약속하신 것을 기억할 수 있습니다. 그러나 요시야는 몇 가지 이유 때문에 남은 인생을 살아가면서 하나님의 그 말씀을 기억하지 못했습니다. 이집트 군대가 예루살렘 근처까지 공격해 왔다는 소식을 들었을 때, 요시야는 밖으로 나가서 그들과 싸우기로 결심했습니다. 어쩌면 요시야는 자신이 이집트 왕을 공격함으로써 선한 일을 한다고 생각했을 수도 있습니다. 왜냐하면 이집트를 이스라엘의 적으로 여겼기 때문입니다. 그러나 하나님이 이집트 왕 느고를 이끌고 계시다는 이집트 사신의 얘기를 듣고선 매우 놀랐습니다. 요시야는 하나님이 그들과 함께하신다는 느고의 말을 믿지 않았습니다. 그리고 결국 큰 실수를 저질렀습니다. 그는 하나님에게 묻거나 도움을 구하지 않았고, 결국 전쟁에서 죽임을 당했습니다.

🗣 이야기하기

자녀들은 부모님에게 누군가의 허락이나 도움 없이 혼자 힘으로 무엇인가를 했던 때가 있었는지 질문해 보세요.
(부모님은 아마도 지시사항대로 하지 않고 무엇인가를 해 보려던 때가 있었을 것입니다. 아니면, 어린 시절에 부모님의 허락 없이 했다가 결국 안 좋은 경험을 한 기억이 있을 겁니다.)

요시야는 왜 밖으로 나가서 이집트 왕을 공격하려고 했을까요? (이집트는 이스라엘의 적이었습니다. 요시야는 이집트가 이스라엘을 노예로 삼았고, 하나님이 열 가지 재앙으로 그들을 이집트에서 이끌어 내셨던 출애굽 이야기를 이미 듣고 배워서 알고 있었습니다. 요시야는 분명히 하나님이 그 전쟁에서 자신을 도우실 거라 생각했을 겁니다.)

이집트 왕을 공격하러 나서기 전에 요시야는 무엇을 했어야 했나요? (요시야는 하나님에게 도움을 구하는 기도를 하거나 선지자들에게 자신이 무엇을 해야 하는지 물어봐야 했습니다.)

만약 우리가 요시야이고 이집트 왕에게서 하나님이 자신들의 편이라는 메시지를 들었다면, 어떻게 생각했을까요?
(이집트 왕 느고가 보낸 메시지는 속임수 같았습니다. 요시야 입장에서는 하나님이 이집트 왕을 통해서 말씀하신다는 사실을 믿을 이유가 전혀 없었습니다. 그러나 요시야가 가장 먼저 하나님에게 물어보지 않았기 때문에, 그 메시지가 사실인지 아닌지를 판가름할 방법이 없었습니다.)

우리의 삶에서 하나님에게 도움을 구하고 질문해야 할 영역은 무엇인가요? (부모님은 자녀들이 직면하는 매일 문제들을 생각해 보도록 도와주세요.)

🙏 기도하기

마지막 질문에서 대답했던 삶의 영역에서 하나님에게 도움을 구하는 기도를 드리세요.

DAY 5

💙 발견하기

오늘 우리는 시편이나 예언서를 통해서 예수님에 대해서 무엇을 배울 수 있는지를 살펴볼 거예요.

✝ 성경읽기 | 다니엘 7장 9~14절

💭 깊이 생각하기

다니엘은 위대한 선지자인데 하나님은 그에게 세상의 종말에 대해서 말씀하셨습니다. 그때는 하나님이 세상을 향한 심판을 내리시는 때입니다. 오늘 읽은 성경에서, 다니엘은 옛적부터 계신 하나님 아버지께서 온 세상의 왕으로 세우신 "인자"에 대해서 기록하고 있습니다.

다니엘이 이스라엘 민족에게 이 기록을 남긴 이후로, 그들은 이 인자가 누구일지 궁금했습니다. 예수님이 그분의 사역을 시작하셨을 때 스스로를 인자라고 하셨습니다. 예수님이 자신을 "인자"라고 말씀하셨을 때 한 번은 중풍 병자가 지붕에서 예수님 앞으로 내려졌고 예수님은 그를 치료하셨습니다. 그때에 예수님은 다음과 같이 말씀하셨습니다. "그러나 인자가 땅에서 죄를 사하는 권세가 있는 줄을 너희로 알게 하리라." 예수님은 중풍 병자에게 "내가 네게 이르노니 일어나 네 침상을 가지고 집으로 가라." (눅 5:24)고 말씀하셨습니다. 당시의 종교 지도자들은 다니엘의 기록을 알고 있었고, 예수님의 권위를 봤기에 매우 놀랐습니다.

💬 이야기하기

다니엘이 말하는 인자는 누구인가요? (예수님입니다.)

왜 이 성경 말씀이 다른 사람에 대한 것이 될 수 없나요? (어떤 사람도 구름을 타고 올 수 없고 권세와 영광을 가질 수 없으며, 영원한 왕국을 다스릴 수 없습니다.)

다니엘은 인자가 영원한 권세를 가질 것이라고 말했습니다. 이것은 어떤 의미인가요? ("영원한" 이란 의미는 무엇인가가 계속 지속되는 것을 의미합니다. 어떤 사람이 권세를 가졌다면, 그는 무엇인가를 담당하고 그것에 책임을 가진 사람입니다. 그래서 예수님은 영원히 온 세상을 다스릴 책임을 가지고 계십니다. 달리 말하면, 예수님은 온 땅의 주인이십니다. 그분은 원하는 대로 하실 수 있는 권세가 있습니다. 성경에서는 예수님은 죄를 용서하실 권세가 있고, 절름발이를 치료하실 권세도 가지고 계시다는 사실을 발견합니다.)

🙏 기도하기

인자이신 예수님에게 우리의 죄를 용서하실 수 있는 권세를 주신 하나님에게 감사드리세요.

week 71

The Fall of Jerusalem
예루살렘의 멸망

나무 블록이나 도미노를 준비하세요 — 어떤 것이든 탑 모양으로 쌓을 수 있는 것이면 됩니다. 블록을 잘 쌓아서 그것이 무너지지 않고 설 수 있다는 것을 자녀들에게 보여주세요. 그러나 각 블록이 조금이라도 중심이 맞지 않으면, 곧 그 탑은 기울 것이고 결국엔 무너질 것입니다. 이 탑이 하나님의 백성들과 같다고 설명해 주세요. 블록 하나를 잘 맞춰서 맨 위에 쌓고선 말해 주세요. "하나님은 백성들에게 순종할 것을 명령하셨단다. 하나님에게 순종하는 것은 제일 마지막에 쌓아 놓은 블록 위에 잘 맞춰서 또 하나의 블록을 쌓는 것과 같단다. 그러나 하나님의 백성들은 그렇게 하지 않았고 비뚤어지게 블록을 쌓아서 그 모양은 마치 갈고리처럼 휘었지." 그리고 블록 하나를 일부러 비뚤어지게 쌓으세요. 그 탑이 기울기 시작할 때까지 자녀들과 대화를 나누세요. 그러다가 쓰러지기 직전에, 얘기해 주세요. "하나님은 선지자 예레미야를 보내서 유다 백성들이 잘못된 삶의 태도를 돌이키지 않으면 멸망당할 것이라고 경고하셨지. 그러나 유다의 왕들과 백성들은 그 경고를 듣지 않았어." 탑이 쓰러질 때까지 블록을 쌓으면서 경고 메시지가 이어졌음을 얘기해 주세요.

이렇게 말해 주세요. "이번 주 너희들은 어떻게 예루살렘이 무너졌는지를 배우게 될 거야. 그 이유가 그들이 하나님에게 순종하지 않았기 때문이란 것도 알게 될 거야."

DAY 1

♥ 상상하기

공동묘지에 가보면, 각각의 묘비에 적혀 있는 내용은 누가 그 자리에 묻혀 있는지, 언제 그 사람이 죽었는지를 알려 줍니다. 어떤 묘비에는 몇몇 단어들로 살아생전에 그 사람이 무엇을 했고, 어떤 사람이었는지를 기록해 놓기도 합니다. 예를 들어, 토마스 제퍼슨의 묘비명은 다음과 같습니다. "미국 독립 선언문의 기초자" 대부분의 사람들은 언젠가 그들이 이런 말로 기억되기를 원합니다. "사랑하는 남편이요 따뜻한 아버지" "그녀는 온 마음을 다해 하나님을 사랑했습니다." 어떤 사람도 "그는 여호와 보시기에 악을 행하였더라"라고 기억되기를 원하지 않습니다. 비록 묘비명이 기록되진 않았지만, 하나님은 예루살렘이 멸망하기 직전까지 세워졌던 네 명의 왕을 향해서 그들의 마지막에 그러한 말을 남겨 놓으셨습니다. 오늘 성경을 읽으면서 그들의 이름이 언급될 때마다 하나님이 어떻게 말씀하셨는지 찾아 볼 수 있을 겁니다.

📖 성경읽기 | 열왕기하 23장 31절~24장 20절

💬 깊이 생각하기

비록 므낫세 왕이 마지막에는 죄에서 돌이켰지만, 그의 악한 삶은 아들 아몬에게 상당히 부정적인 영향을 미쳤습니다. 아몬은 왕이 되자 유다 백성들을 우상숭배로 이끌었습니다.

하나님은 우상을 숭배하는 유다 백성들을 징계하겠다고 경고하셨습니다. 그러나 아몬은 자신의 아버지처럼 하나님의 말씀을 전혀 신경 쓰거나 두려워하지 않았습니다. 그런 그들을 하나님이 응징하지 않으신 이유는 요시야 왕이 통치할 때, 그가 하나님에게 순종했고 아버지 아몬과 할아버지 므낫세가 숭배하던 우상들을 제거했기 때문이었습니다. 그러나 요시야가 죽은 후에, 그의 아들 여호아하스가 다시 우상을 숭배하기 시작했습니다. 결국 하나님은 이집트 파라오를 사용하셔서 여호아하스를 공격하고 포로로 사로잡게 하셨습니다.

그 후 세 명의 왕들도 마찬가지로 악행을 일삼았습니다. 성경은 그 악한 왕들 각각을 동일한 말로 묘사합니다. "그는 여호와 보시기에 악을 행하였더라." 하나님은 그들 모두를 응징하셨습니다. 여호야김은 공격 받았고; 여호야긴은 느부갓네살에게 죄수로 잡혀갔으며; 내일 보게 될 시드기야는 사로잡혀서 바벨론으로 넘겨졌습니다.

💬 이야기하기

오늘 우리가 읽은 성경 말씀에서 하나님은 사악한 네 명의 왕을 설명하는 데 어떤 표현을 사용하셨나요?
("그는 여호와 보시기에 악을 행하였더라.")

만약에 우리가 죽은 후에 하나님이 우리에 대해서 무엇인가를 기록하신다면, 어떻게 기록되기를 원하나요?
(부모님은 자녀들이 다음의 몇 가지 예시 가운데 선택하도록 도와주세요. 이 아이는 엄마와 아빠에게 순종했고 하나님을 잘 섬겼다. 이 아이는 여호와를 사랑하는 종이었다. 이 아이는 자기가 원하는 대로 했고, 하나님에게서 멀리 도망쳤다.)

우리의 삶이 악이 아니라 선을 따라가려면 무엇을 할 수 있을까요?
(우리는 모두 죄인입니다. 하나님을 따르고 그분께 도움을 구하지 않는다면 우리 모두는 언제나 악을 행하며 살게 될 것입니다. 그런데 놀라운 것은 우리가 비록 죄인이지만, 예수님을 믿는다면, 하나님은 우리의 삶에 대해서 가장 중요한 한 가지를 기록으로 남기실 거라고 약속하셨습니다. 그것은 바로 '용서'입니다.)

🙏 기도하기

우리가 예수님을 믿고 그분을 위해서 살아가게 해 달라고 하나님에게 간구하세요.

DAY 2

♥ 기억하기

어제 이야기 중에서 무엇을 기억하고 있나요? 오늘은 어떤 이야기가 있을 것이라고 생각하나요?

📖 성경읽기 | 예레미야 25장 1~11절, 역대하 36장 1~21절
(역대하는 어제 읽었던 열왕기하와 같은 내용을 전하고 있습니다.)

💬 깊이 생각하기

누군가에게 불순종했는데 즉각적인 징계를 받는 대신 경고 메시지를 받아본 적이 있나요? 엄마의 어떤 요청이나 말씀을 듣지 않았는데 훈계 대신에 "만약 오지 않으면 후회할 거야." 라고 말씀하신 때를 기억할 수도 있습니다. 징계나 훈계 대신에 경고 메시지를 받았다면, 그것은 자비와 아주 특별한 친절을 베푸는 것입니다.

오늘 이야기에서 하나님은 이스라엘 민족의 죄를 밝히셨습니다. 그리고 예레미야를 보내서서 우상 숭배를 멈추도록 경고하셨습니다. 예레미야는 23년 동안 하나님의 경고를 반복해서 전했습니다. 그러나 결국 유다 백성들과 그들의 왕들은 우상 숭배를 멈추지 않았고, 하나님에게 돌아오지 않았습니다. 그러자 하나님은 바벨론 군대를 보내서서 그들을 포로로 잡고 바벨론에서 70년 동안 종으로 살게 하셨습니다.

《● 이야기하기

하나님은 유다 왕들에게 누구를 보내서서 경고 메시지를 전하셨나요? (하나님은 선지자 예레미야를 유다의 왕들에게 보내서서 경고하셨습니다.)

하나님은 이스라엘 민족이 경고 메시지를 듣고, 우상 숭배를 멈추고 하나님에게 돌아오면 무엇을 하겠다고 약속하셨나요? (하나님은 그들이 우상 숭배를 멈추고 하나님만을 섬긴다면 약속의 땅에서 살 수 있을 거라고 약속하셨습니다.)

어떤 일에 경고를 받았음에도 불구하고 계속 불순종해서 징계를 받은 경험이 있나요? (부모님은 자녀 스스로가 얼마나 불순종하고 훈계가 필요한 존재인지를 기억하도록 도와주세요. 그들이 유다의 왕들이나 백성들처럼 얼마나 끈질기게 듣지 않고 순종하지 않으려는 태도가 있는지 깨닫도록 도와주세요.)

✋ 기도하기

부모님에게 순종하고 훈계의 말씀을 잘 듣게 해 달라고 하나님에게 기도하세요.

DAY 3

♥ 예수님께 연결하기

오늘의 이야기가 예수님에 대한 것이며, 예수님을 가리킨다는 사실을 어떻게 알 수 있나요?

✝ 성경읽기 | 예레미야 23장 1~8절

💬 깊이 생각하기

우리는 어제 하나님이 선지자 예레미야를 유다의 왕들에게 보내 경고하셨다는 사실을 알았습니다. 그러나 여러 해가 지나도록 어느 왕도 예레미야의 경고를 듣지 않았습니다. 결국 성경은 이런 두려운 문장으로 하나님의 백성들에 대해서 기록합니다: "그의 백성이 하나님의 사신들을 비웃고 그의 말씀을 멸시하며 그의 선지자를 욕하여 여호와의 진노를 그의 백성에게 미치게 하여 회복할 수 없게 하였으므로"(대하 36:16).

그 백성들이 하나님에게 불순종했기 때문에 예루살렘은 쑥대밭이 되었고, 백성들은 포로로 잡혔습니다. 그러나 하나님의 무서운 심판 중에도 희망의 메시지가 있었습니다.

하나님은 예레미야를 통해서 말씀 하시기를 멈추지 않으셨습니다. 하나님은 그 백성들을 포로의 상태에서 다시 회복시키고, 다윗의 후손 중에서 새로운 왕을 세우겠다고 말씀하셨습니다. 이 왕은 선한 왕으로서 지혜로 통치하고 화평을 이루며 하나님의 백성들에게 의로움을 가져다주실 왕입니다. 예레미야가 말한 그 왕이 바로 예수님입니다.

💬 이야기하기

예레미야는 하나님이 그 백성들에게 어떤 징계를 내리신다고 말했나요? (포로로 잡히고, 바벨론 왕을 섬기게 될 것이라고 말했습니다.)

예레미야가 전한 소식이 모두 나쁜 것은 아니었습니다. 예레미야는 하나님이 이루실 선한 것은 무엇이라고 전했나요? (예레미야는 하나님이 그분의 백성을 구하시고 고향으로 돌아오게 하실 거라고 말했습니다.)

하나님은 어떤 새로운 왕을 그 백성들에게 주실 건가요?
(그 새로운 왕은 좋은 왕이 될 것인데 그는 화평을 이루고 의로움을 전해주며 그의 백성들을 구원하실 분입니다.)

하나님이 보내시기로 약속한 그 왕은 누구인가요? (그 왕은 예수님입니다.)

🙏 기도하기

비록 그 백성들이 불순종했지만, 그들을 구원하기로 약속하신 하나님에게 감사드리세요.

DAY 4

♥ 기억하기

이번 주 성경 이야기를 통해서 하나님은 우리에게 무엇을 가르치시나요?

📖 성경읽기 | 열왕기하 25장 1~15절, 예레미야 애가 1장 1~3절

💬 깊이 생각하기

예루살렘은 적들의 공격을 막기 위해서 높은 성벽에 둘러싸여 있었습니다. 바벨론 왕이 예루살렘을 치러 왔을 때, 그 성벽 때문에 쉽게 공격할 수 없었습니다. 그래서 무작정 공격하기보다, 예루살렘을 포위하고 그곳에 진을 쳤습니다. 그것 때문에 성 안으로는 먹을 것, 마실 것, 그 외 필요한 어떤 물자도 공급되지 못했습니다. 그것들을 공급받을 방법을 찾지 못한다면 예루살렘의 모든 백성은 굶주릴 것이고 마지막에는 성을 포기할 수밖에 없는 상황이었습니다. 모든 것을 차단한 상태에서, 적들은 성벽을 부수는 일을 계속 진행했습니다. 결국 그 성벽에 작은 틈이 생겼습니다.

그것이 예루살렘에 일어난 일입니다. 바벨론 군대가 드디어 성벽을 뚫었고, 유다 왕과 그 군대는 밤중에 동산 곁문 길로 도망쳤습니다. 그러나 곧 붙잡혔습니다. 그러고 나서 바벨론 군대는 예루살렘으로 입성했습니다. 성전을 불태우고, 모든 성벽을 허물었습니다. 그리고 백성들을 모두 바벨론으로 잡아갔습니다. 예레미야 애가서에는 예루살렘의 백성들에게 아주 큰 상징성을 지닌 그 성이 무너졌을 때 느낀 슬픔을 표현하는 다섯 개의 시로 구성되어 있습니다.

🗨 이야기하기

자녀들은 부모님에게 경험했거나 알고 있는 전쟁이 있는지 질문하고 그것에 대해서 얘기해 달라고 요청하세요.
(부모님은 전쟁을 직접 경험하지 못했을 수 있습니다. 그러나 가족 어른들 중에는 경험하신 분들이 있을 겁니다. 아니면 텔레비전이나 영화 등에서 본 전쟁에 대해서 간략하게 얘기해 줄 수 있습니다. 그것이 얼마나 끔찍한 것인지를 알도록 도와주세요.)

바벨론 군대는 하나님의 성전에서 무슨 일을 했나요? (성전의 모든 것을 다 약탈하고 불을 질렀습니다.)

바벨론 군대는 예루살렘 백성에게는 어떻게 했나요? (모든 백성을 포로 삼아 바벨론으로 잡아갔습니다.)

🤲 기도하기

하나님의 말씀에 순종하게 해 달라고 기도하세요.

DAY 5

♥ 발견하기

오늘 우리는 시편이나 예언서를 통해서 예수님에 대해서 무엇을 배울 수 있는지를 살펴볼 거예요.

✝ 성경읽기 | 예레미야 32장 37~41절

💬 깊이 생각하기

예루살렘이 느부갓네살에게 포위당했을 바로 그때에, 예레미야는 하나님의 위로와 격려의 말씀을 받았습니다. 하나님은 그분의 백성들을 예루살렘으로 다시 돌아오게 하실 계획뿐만 아니라, 새로운 마음을 주셔서 하나님의 말씀에 순종하고 영원히 그것을 따르도록 하시겠다는 약속도 주십니다. 하나님이 그 백성들과 맺으신 언약은 마지막 저녁 식사 때 예수님이 제자들에게 말씀하신 바로 그 언약이었습니다. 예수님은 떡을 떼시며 예수님의 몸을 나타낸다고 말씀하셨고, 제자들에게 나눠주셨습니다. 또한 잔을 드셨는데 그것은 제자들을 위해서 흘리신 예수님의 피를 상징했습니다. 결국, 하나님은 그 백성들의 죄의 대가로 그들에게 진노를 쏟지 않으시고, 그분의 아들 예수님에게 대신 진노를 부으셨습니다. 그래서 예수님을 믿기만 하면, 우리의 죄는 사라지고 완전히 해결됩니다. 그것이 새 언약의 전부입니다. 우리가 죄를 용서받으면, 하나님과 더불어 화목하며 영원히 살게 됩니다.

🗣 이야기하기

오늘 이 말씀이 바벨론으로 잡혀간 사람들에게 어떻게 격려와 위로가 되었을까요? (예레미야는 하나님이 그분의 백성들을 해방시키고 예루살렘으로 돌아오게 하실 거라는 약속을 했습니다. 그것은 하나님이 그 백성을 결코 잊지 않으셨다는 희망을 갖게 했을 겁니다.)

예레미야는 하나님의 새 언약은 영원토록 지속될 거라고 말했습니다. 무슨 의미인가요?
(영원하다는 것은 계속 이어진다는 것을 의미합니다.)

하나님이 하신다고 말씀하신 것들의 목록을 작성해 보세요.
(자녀들이 너무 어리다면 성경 말씀을 다시 한 번 읽어 주세요. 그리고 하나님이 백성들을 위해서 무엇인가를 하신다는 내용을 읽을 때마다 자녀들이 박수를 치게 하세요. 그렇게 하면서 자녀들은 하나님이 우리에게 요구하시는 것이 무엇인지 발견하기도 할 것입니다. 또한 하나님이 직접 우리들이 해야 하는 것들을 할 수 있도록 도우실 것입니다.)

🤲 기도하기

하나님이 놀라운 언약을 맺어주신 것에 감사드리세요. (오늘 성경 구절을 기도 중에 사용할 수 있습니다. "우리에게 새로운 마음을 주셔서 감사합니다.")

week 72

Nebuchadnezzar's Dream
느부갓네살의 꿈

낱장의 카드나 종이에 알파벳을 적으세요. 자녀들을 불러 모으고 간단한 놀이를 할 거라고 말해 주세요. 아무 카드나 한 장 고른 다음, 거기에 적힌 알파벳을 보여주고, 그 알파벳으로 시작하는 단어를 말해 보라고 자녀들에게 얘기해 주세요. 두세 번 반복해서 진행해 주세요.

그러고 나서 이렇게 하는 것은 너무 쉬운 거 같다고 말하시고, 게임 규칙을 조금 변경하겠다고 얘기해 주세요. 이번에는 알파벳 카드를 하나 뽑고, 그것을 보여주지 않은 채 자녀들이 알파벳을 추측해서 단어를 만들어 보게 하세요. 아마도 자녀들은 그건 할 수 없다면서 항의할 것입니다.

그 때에 다음과 같이 말해 주세요. "이번 주, 너희들은 느부갓네살 왕이 바벨론의 지혜자들에게 꿈을 해석하라고 어떻게 명령했는지를 알게 될 거야. 그러나 그들은 그 꿈이 무엇인지를 듣지 않고 먼저 말할 수 있어야만 했단다."

DAY 1

♥ 상상하기

아무리 열심히 준비했을지라도, 학교에서 시험을 치를 때는 긴장하게 됩니다. 게다가 선생님이 그 시험에는 오직 답이 한 개뿐이라고 말씀하신다면, 얼마나 더 긴장할지 생각해 보세요. 정답을 찾지 못한다면, 실패할 테니까요. 문제가 무척 어렵다고 느껴지면, 아마도 훨씬 더 긴장하겠지요. 그런데 그때에 선생님이 시험문제를 알려주기 전에 먼저 정답을 써야만 하고, 그 후에 채점을 할 거라고 말했다고 상상해 봅시다.

이런 상황은 오늘 이야기에서 느부갓네살 왕이 바벨론의 지혜자들을 확인해 보려는 일종의 시험이었습니다.

✝ 성경읽기 | 다니엘 2장 1~16절

💬 깊이 생각하기

오늘 이야기는 느부갓네살 왕이 통치하던 바벨론으로 하나님의 백성들이 잡혀 갔던 시기에 일어났습니다. 느부갓네살은 바벨론의 지혜자들이 매우 못마땅했습니다. 그들은 언제나 거짓말을 하는 것 같았고, 별로 도움이 되지 않는 조언들만 하는 것처럼 보였습니다. 그래서 왕은 그들이 정말로 지혜로운지를 확인해 보려고 자신의 꿈을 해석해 보라고 명령했습니다.

그 꿈이 무슨 내용인지는 오직 왕 자신만이 알고 있었기 때문에, 사실 그것은 실현 불가능한 명령이었습니다. 그 지혜자들은 아무것도 할 수 없었습니다. 왕은 그들이 진실을 말하는지 아닌지를 단번에 알 수 있었기 때문입니다. 그 마법사들과 술사들은 자신들이 신이 아니라 평범한 사람이라는 사실을 분명히 알고 있었습니다. 그들은 왕이 무슨 꿈을 꾸었는지 몰랐습니다. 꿈의 내용을 알아낼 방법도 전혀 없었습니다. 그들은 아무런 힘도, 능력도 없는 사기꾼에 불과했습니다. 그래서 그 왕은 바벨론의 모든 지혜자를 죽이라고 명령했습니다.

그러나 오직 한 사람, 다니엘만은 그 왕이 원하는 답을 어디서 구해야 할지를 알았습니다. 다니엘은 왕에게 답변할 시간을 달라는 말을 전했습니다. 다니엘은 자신의 힘으로는 답을 찾을 수 없는 평범한 사람이었지만, 어디에서 답을 구해야 할지를 분명히 알았습니다 — 모든 것을 아시는 하나님에게서였습니다.

💬 이야기하기

왜 왕은 지혜자들에게 자신의 꿈을 해석하라고 명령했나요? (왕은 그 나라의 모든 지혜자가 자신에게 거짓말을 한다고 생각했습니다. 그래서 진짜 지혜자인지 아니면 사기꾼인지를 확인하고 싶었습니다.)

거짓말을 해서 나쁜 결과를 얻은 적이 있나요? (부모님은 자녀들이 거짓말 때문에 훈계를 받았거나 갈등을 일으킨 적이 있었는지 생각하게 도와주세요.)

왕이 꾼 꿈을 말할 수 있는 기회를 달라고 요청한 지혜자는 누구인가요? (다니엘이 왕의 꿈을 말할 기회를 달라고 요청했습니다.)

유다 지파 출신으로 하나님의 백성 가운데 한 명인 다니엘은 어떻게 바벨론으로 오게 되었나요? (다니엘은 느부갓네살이 예루살렘을 정복했을 때 잡아온 지혜로운 자들 가운데 한 명입니다.)

🙏 기도하기

다니엘에게 왕에게 요청할 수 있는 용기를 주시고, 그 꿈을 해석할 수 있도록 알려 주신 하나님에게 감사드리세요.

DAY 2

♥ 기억하기

어제 이야기 중에서 무엇을 기억하고 있나요? 오늘은 어떤 이야기가 있을 것이라고 생각하나요?

🕮 성경읽기 | 다니엘 2장 17~30절

💬 깊이 생각하기

다니엘은 왕의 꿈을 몰랐지만 누가 그것을 아는지는 분명히 알았습니다. 그것이 다니엘이 모든 것을 아시는 참되신 하나님에게 기도하기 위해서 친구들을 부른 이유입니다. 얼마 후 하나님이 기도에 응답해 주시자, 다니엘은 왕을 만나러 갔습니다.

왕이 다니엘에게 어떤 꿈인지를 말할 수 있는지 물었을 때, 그는 하나님이 보여 주신 것을 자신의 명예나 자랑으로 삼지 않았습니다. 다니엘은 왕에게 그 누구도 다른 사람의 꿈을 알 수는 없으나, 하늘에 계신 하나님이 그것을 알게 해주셨다고 말했습니다. 다니엘은 결코 자기 자신의 입신양명을 고려하지 않았습니다. 대신 하나님에게 영광을 올렸고, 심지어 바벨론의 다른 지혜자들을 풀어달라고 요청했습니다.

🗣 이야기하기

다니엘은 왕의 나머지 지혜자들과는 다르게 무엇을 했나요?

(다니엘은 꿈을 해석하기 위해서 우주의 참 하나님에게 도움을 구했습니다. 결코 자신의 힘으로 꿈을 알아내려고 애쓰지 않았습니다. 다니엘은 오직 하나님만이 그 꿈의 내용과 해석을 주실 수 있다는 사실을 믿었습니다.)

다니엘의 어떤 행동이 하나님을 높였나요? (다니엘은 하나님이 보여주신 것을 자신의 명예를 높이는 데 사용하지 않았습니다. 다니엘은 그 계시의 근원으로 하나님에게만 집중했습니다.)

다니엘이 왕에게 말했던 것을 통해서 하나님이 어떤 분이신지를 배울 수 있나요?

(자녀들이 너무 어려서 성경을 읽을 수 없다면, 부모님이 다시 읽어주세요. 그리고 다니엘이 말하는 것으로 하나님에 대해서 배울 수 있는 내용이 나올 때 손을 들라고 하세요. 21~22절에 나오는 "그" 라는 표현을 "하나님" 으로 바꿔서 읽으면 자녀들이 이해하는 데 더 도움이 될 수 있습니다.)

🙏 기도하기

다니엘이 하나님을 찬양하고 그분께 감사를 표현했던 내용들을 사용해서 기도하세요.

DAY 3

♥ 예수님께 연결하기

오늘의 이야기가 예수님에 대한 것이며, 예수님을 가리킨다는 사실을 어떻게 알 수 있나요?

📖 성경읽기 | 다니엘 2장 31~45절

💬 깊이 생각하기

느부갓네살의 꿈 중에서 가장 중요한 부분은 하나님에게서 시작되어서 그들의 신상을 부수고, 그 후에 태산을 이루어 온 세계에 가득해진 거대한 돌에 대한 것이었습니다. 그 돌은 예수님을 상징하고 그 돌이 이룬 산은 하나님의 왕국을 나타내는 것입니다. 성경 전체에서 하나님은 자주 바위나 돌을 사용해서 이 땅 가운데서 일하시는 하나님을 드러냅니다. 또는 사막에 있는 돌에서 물이 흘러 나와서 이스라엘의 어린 아이들이 마음껏 마시는 경우입니다. 이후 신약 성경에서는 사막의 돌이 예수님을 상징한다는 사실을 듣게 될 것입니다(고전 10:4). 예수님은 하나님을 위해서 사는 인생을 견고하고 튼튼한 집의 예를 들어 비유하셨는데, 그 집이 하나님의 진리의 반석 위에 세워졌기 때문입니다(마 7:24). 사도 바울은 하나님의 진리의 반석은 예수님이라고 말했습니다(롬 9:23).

🗣 이야기하기

그 왕의 꿈에 나타난 신상은 무엇을 상징했나요?
(그 신상이 상징하는 것은 바벨론과 느부갓네살이 세운 왕국이었습니다. 오늘날 성경학자들은 순금 머리는 바벨론 왕 느부갓네살을, 은으로 만든 가슴과 두 팔은 메디아-페르시아 제국을, 놋으로 이루어진 배와 넓적다리는 그리스 제국을, 그리고 쇠로 만든 종아리는 로마 제국을 나타낸다고 생각합니다.)

그 돌은 누구를 상징했나요?(예수님과 이 땅에 임할 하나님의 나라를 나타냅니다.)

그 돌은 신상을 어떻게 했나요?(신상을 산산조각 냈습니다. 그래서 바람이 불자 아무것도 남지 않고 날아갔습니다.)

예수님은 이 땅의 왕국들을 이렇게 심판하시고 하나님의 나라가 성장하도록 어떻게 하셨나요?(예수님은 십자가에서 죽으셨고 우리의 모든 죄를 해결하셨습니다. 예수님을 믿는 모든 사람은 하나님 나라의 일부가 됩니다.)

🙏 기도하기

우리의 대적인 죄와 사망을 십자가에 달려 죽으심으로 물리치신 예수님에게 감사드리세요. 이제 우리는 예수님을 믿고 죄의 권세에서 자유로워졌으며 영원히 하나님과 함께 거하게 되었습니다.

DAY 4

♥ 기억하기

이번 주 성경 이야기를 통해서 하나님은 우리에게 무엇을 가르치시나요?

✝ 성경읽기 | 다니엘 2장 46~49절

💬 깊이 생각하기

다니엘은 그 꿈에 대한 이야기와 의미를 왕에게 말했습니다. 이야기를 마쳤을 때, 왕은 놀라서 그 앞에 엎드렸습니다. 그러나 왕은 하나님을 예배하고 높이는 대신에, 다니엘에게 존경의 표시로 예물과 향품을 바쳤습니다. 비록 느부갓네살이 다니엘의 하나님을 칭송했으나 그저 다니엘이 놀라운 일을 해 내는 데 돕는 역할 정도로만 이해했습니다.

하나님은 느부갓네살에게 다른 어떤 것이 아닌 하나님을 섬겨야만 한다는 것을 깨닫게 하시려고 그의 인생에 보다 많은 일을 하셔야 했습니다.

🔊 이야기하기

자녀들은 하나님이 살아계신 분임을 보이시려고 부모님 인생에서 어떤 일들을 하셨는지 질문해 보세요.

(우리 모두는 하나님은 살아계시며 전능하신 분이라는 사실을 믿게 된 구원 간증이 있습니다. 어떤 사람은 성경에서 그 이야기를 읽어서 믿었고, 또 다른 사람들은 죄에 빠져서 인생이 거의 망가졌을 때 하나님이 직접 부르셔서 믿게 되었습니다. 자녀들에게 하나님이 어떻게 다가오셨는지를 얘기해 주세요.)

왕은 다니엘의 지식과 꿈의 해석으로 어떤 영향을 받았나요? (그 왕은 다니엘의 하나님이 신 중의 신이요, 왕 중의 왕이라는 사실을 알았습니다. 느부갓네살은 다니엘의 하나님이 전능하시다는 걸 깨달았습니다.)

왕은 다니엘에게 무엇을 했나요? (왕은 다니엘을 드높이고, 그에게 부귀영화를 제공했습니다. 그리고 바벨론의 통치자로 세웠습니다.)

왕의 실수는 무엇인가요? (왕은 전능하신 하나님보다 다니엘을 더 칭송했습니다.)

🙏 기도하기

왕의 꿈을 풀이하는 과정 가운데 다니엘을 도우신 하나님을 찬양하세요.

DAY 5

♥ 발견하기

오늘 우리는 시편이나 예언서를 통해서 예수님에 대해서 무엇을 배울 수 있는지를 살펴볼 거예요.

📖 성경읽기 | 이사야 12장 1~2절

💬 깊이 생각하기

이사야는 우리의 죄에 대한 하나님의 진노가 사라진 날에 대해서 말하고 있습니다. 우리를 향한 하나님의 진노가 사라질 방법은 오직 하나뿐이라는 사실을 알았습니다. 하나님의 진노는 외아들이신 예수님에게 그것을 쏟아 부으시고 우리 죄에 대한 징벌을 대신 내리셨을 때 사라졌습니다.

예수님은 우리 자리에 대신 서 계시고 우리가 받아야 할 형벌을 다 받으셨습니다. 예수님이 십자가에서 죽으셨을 때, "다 이루었다."고 말씀하셨습니다. 이것은 하나님의 모든 진노가 그분께 다 부어졌다는 것과 이제는 더 이상 진노가 없다는 것을 의미합니다. 이사야가 하나님의 진노가 더 이상 없는 구원의 날을 말할 때, 우리 죄에 대한 하나님의 진노와 우리가 받아야 할 형벌을 예수님이 가져가셨다고 말하는 것입니다. 그것이 이사야가 하나님이 우리의 구원이 되신다고 말하는 이유입니다.

🗣 이야기하기

하나님이 사랑이시라면, 왜 우리에게 진노하셨나요?

(하나님은 죄에 대해서는 진노하십니다.)

하나님은 선하십니다. 그러나 그분 앞에서 악을 행하고 죄를 범하는 이들에게 어떻게 하시나요?

(하나님은 죄를 반드시 심판하십니다.)

하나님은 우리의 죄에 대한 진노를 어떻게 해결하셨나요?

(우리를 징벌하지 않으시고, 하나님은 외아들 예수님을 보내시고 우리 대신에 징벌 당하게 하셨습니다.)

🤲 기도하기

우리의 죄를 직접 감당하셔서 우리의 구원이 되어주신 예수님에게 감사드리세요.

Four Men in the Furnace
풀무불 속 네 친구들

오늘 활동에는 오십 원짜리 동전이 통과할 만한 주둥이가 있는, 속이 빈 플라스틱 병이 필요합니다. 셀로판 테이프를 접착면이 바깥쪽으로 가도록 작은 크기로 말아서 오십 원짜리 동전을 병뚜껑 안쪽에 살짝 붙이세요. 병을 흔들었을 때 동전이 떨어지지 않고 붙어 있을 정도는 되어야 합니다. 하지만 접착력이 너무 강해서 아무리 흔들어도 떨어지지 않도록 해서는 안 됩니다. 실제로 만들면서 테이프의 크기는 조절하면 됩니다.

자녀들에게 동전 세 개를 나눠 주세요. 자녀 중 한 명에게 병을 주고, 그것이 빈 병인지를 점검하라고 얘기해 주세요. 병이 비었다는 것을 확인하면, 자녀들에게 주었던 동전 세 개를 빈병에 넣고 모두에게 세 개가 들어 있다는 것을 확인시켜 주세요. 천천히 병뚜껑을 닫고, 병뚜껑에 숨겨 놓은 동전이 떨어지도록 적당한 힘으로 흔들어 주세요. 이제 자녀들에게 병을 들고 있게 한 후, 몇 개가 그 안에 있었는지 — 세 개 — 다시 질문해 주세요. 그러고 나서 뚜껑을 열고 그 안의 동전들을 책상이나 바닥에 펼쳐 보여 주고, 몇 개인지 세어 보게 하세요. 자녀들은 매우 놀랄 것입니다. 왜냐하면 분명히 동전 세 개를 넣고 확인까지 했는데, 지금은 동전 네 개가 있기 때문입니다. 절대로 자녀들에게는 비밀을 알려 주지 마세요.

말해 주세요. "이번 주 너희들은 느부갓네살이 분명히 너희들보다 훨씬 더 놀랐다는 것을 배우게 될 거야. 왜냐하면 그는 분명히 풀무불 속에 세 명의 친구를 집어넣었는데, 그 안에는 네 명이 걷고 있는 것을 봤기 때문이지."

DAY 1

♥ 상상하기

매년 많은 사람이 자유의 여신상을 보러 와서 그 아름다움을 칭송합니다. 그리고 그 여신상이 표현하는 자유에 대해서 생각합니다. 그런데 우리가 자유의 여신상을 관람하고 있는데 관리인이 와서 그 여신상에 절하고 경배하지 않는다면 체포될 거라고 말한다면, 어떻게 할 건가요? 그리스도인으로서, 우리는 큰 난관에 봉착한 것입니다. 왜냐하면 성경에서 하나님은 오직 하나님만 섬겨야 한다고 명령하셨기 때문입니다. 위대한 신상을 칭송하는 것은 괜찮습니다. 그러나 우리가 하나님의 말씀에 순종하려면, 하나님 외의 어떤 우상에게도 절하거나 경배해서는 절대 안 됩니다. 오늘 이야기에서는 느부갓네살이 모든 백성에게 자신의 금 신상에 절하도록 명령했을 때, 어떤 일이 벌어졌는지를 보게 될 것입니다.

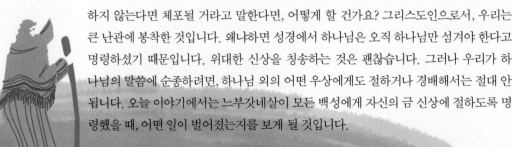

📖 성경읽기 | 다니엘 3장 1~12절

💬 깊이 생각하기

느부갓네살 왕은 27미터짜리 금 신상을 세웠습니다(대략 전신주 두 개를 합쳐 놓은 길이입니다). 그리고 나서 모든 사람은 신상에게 절하고 경배해야 한다고 명령했습니다. 바벨론 백성들은 그 명령을 따르는 것이 불편하거나 거부감이 들지 않았습니다. 왜냐하면 이미 많은 우상을 섬기고 있었기 때문입니다. 그러나 유다의 젊은이들, 사드락과 메삭과 아벳느고는 하나님이 우상 숭배하지 말라고 말씀하셨기에 금 신상에게 절하지 않았습니다.

🗣 이야기하기

십계명의 몇 번째 계명에서 우상 숭배하지 말라고 명령하나요?
(첫 번째 계명입니다. 그 계명은 우리에게 하나님 외에 다른 신을 섬겨서는 안 된다고 말합니다.)

왕은 금 신상에 절하지 않으면 어떤 벌을 받게 된다고 위협했나요?
(절을 하지 않는 사람은 누구라도 활활 타오르는 풀무불에 던지겠다고 말했습니다.)

오늘 우리에게는 어떤 우상이 있나요?
(우상은 우리가 하나님보다 더 사랑하는 모든 것입니다. 부모님은 자녀들과 각자의 삶에서 최우선으로 생각하는 것이 무엇인지 얘기 나눠 주세요. 내 소유의 물건들, 돈, 그리고 인기나 명예는 우리가 하나님보다 더 사랑하기에 아주 쉬운 대상들입니다. 자녀들에게는, 비디오 게임, 장난감, 휴대전화, 먹을 것 등이 하나님을 향한 관심과 사랑을 빼앗아 갈 만한 것들입니다.)

어떤 것이 우상인지 아닌지를 어떻게 알 수 있나요?
(어떤 것을 하나님보다 더 사랑한다면 그것은 우상입니다. 우리가 그것을 얼마나 사랑하는지를 알 수 있는 방법은 그것을 버려야만 하는 상황일 때 어떤 반응을 하는지 살펴보면 됩니다. 화를 내거나 고집을 부리면서 죄를 짓는다면, 그것이 마음을 강하게 붙잡고 있다는 증거입니다. 그 대상이 바로 우상입니다.)

🙏 기도하기

세상의 것들보다 하나님을 더 사랑하도록 도와달라고 간구하세요.

DAY 2

♥ 기억하기

어제 이야기 중에서 무엇을 기억하고 있나요? 오늘은 어떤 이야기가 있을 것이라고 생각하나요?

📖 성경읽기 | 다니엘 3장 13~18절

💬 깊이 생각하기

우리가 무엇인가를 믿는다고 말하기는 쉽습니다. 그러나 우리의 인생 전체를 실제로 무엇인가에 믿고 맡기는 것은 훨씬 더 힘들고 어렵습니다. 예를 들어, 낙하산이 우리를 안전하게 지켜준다고 말하는 것은 쉽지만 실제로 낙하산을 착용하고 비행기에서 뛰어 내려야 한다면, 정말로 그것이 생명을 지켜줄 것이라고 믿어야만 합니다. 그것은 결코 쉽지 않습니다.

그것이 사드락, 메삭, 아벳느고가 풀무불에서 선택한 것이었습니다. 그들은 하나님에게 생명을 걸고 그분을 믿었습니다. 하나님이 구하실 것을 신뢰했습니다. 설령 하나님이 그렇게 하지 않으실지라도, 그들은 금 신상에게 절하지 않았을 것입니다. 그들은 기꺼이 죽었을 것입니다. 그리고 천국에 들어갔을 것입니다. 그들은 진정으로 하나님을 믿었습니다!

📢 이야기하기

왕은 사드락, 메삭, 그리고 아벳느고에게 불길이 솟아오르는 풀무불에 던져지는 것을 피할 수 있는 유일한 방법은 무엇이라고 말했나요?

(그들은 절해야만 했고 왕이 만든 신상을 경배해야만 했습니다.)

우리는 사드락, 메삭, 그리고 아벳느고가 하나님을 믿었다는 사실을 어떻게 알 수 있나요?

(그들은 불 속으로 던져질 수 있다는 위협을 받았음에도 불구하고, 왕의 신상에 절하는 것을 거부했습니다.)

느부갓네살은 유다 백성들의 하나님에 대해서 무엇을 잊었나요?

(다니엘이 왕의 꿈을 해석한 후에, 느부갓네살 왕은 다니엘의 하나님은 "모든 신들의 신이시오 모든 왕의 주재시로다" [단 2:47]라고 말했습니다. 그러나 지금 느부갓네살은 다니엘의 하나님이 보이신 능력을 다 잊은 것 같습니다.)

🙏 기도하기

전능하신 하나님이 우리를 모든 해로움에서 구하실 수 있다는 것에 감사드리세요.

DAY 3

♥ 예수님께 연결하기

오늘의 이야기가 예수님에 대한 것이며, 예수님을 가리킨다는 사실을 어떻게 알 수 있나요?

✝ 성경읽기 | 다니엘 3장 19~27절

💬 깊이 생각하기

세 친구를 불속에 던져 넣으라고 명령했을 때, 아마도 느부갓네살 왕은 그 세 사람이 즉시 불살라질 거라고 생각했을 겁니다. 그러나 그렇게 되지 않고, 그들은 그 가운데서 걷고 있었던 것입니다! 거기다 그 불속에는 네 명의 사람이 보였습니다. 그 자리에 하나님이 내려오셔서 그들과 함께 하신 것입니다.

이것은 하나님이 그들을 어떻게 도우셨는지를 명확히 나타내는 놀라운 장면입니다. 우리는 모두 죄의 대가로 지옥 불에 떨어져야만 하는 죄인입니다. 그러나 하나님은 우리를 구원하시려 직접 이 땅에 내려 오셨습니다. 그 불속으로 들어가서서 사드락, 메삭, 아벳느고를 구하셨습니다. 그리고 우리가 비록 죄인이지만 하나님을 믿으면, 절대로 불속에서 죽지 않게 하신다는 사실을 보여주셨습니다.

우리는 느부갓네살의 분노를 직접 맞닥뜨리지는 않았지만 모든 사람은 살아가면서 지은 죄에 대한 하나님의 진노 앞에 서 있습니다. 그러나 예수님을 통해서 성취되는 하나님의 구원 계획을 믿는다면, 우리는 하나님의 진노에서 건져질 것이고 영원히 천국에서 그분과 함께 거할 것입니다.

《● 이야기하기

그 왕은 몇 사람을 불속에 던져 넣었나요?
(왕은 세 명을 불속에 던져 넣었습니다.)

그 왕은 몇 사람이 불속에서 걸어 다니는 것을 봤나요?
(왕은 네 명이 불속에서 걸어 다니는 것을 봤습니다.)

그렇다면 네 번째 사람은 누구인가요?
(하나님이 불속으로 들어오셔서 나머지 세 사람과 함께 하셨습니다.)

✊ 기도하기

사드락, 메삭, 아벳느고를 구하시고 또한 죄로부터 우리를 구원하신 하나님을 찬양하세요.

DAY 4

♥ 기억하기

이번 주 성경 이야기를 통해서 하나님은 우리에게 무엇을 가르치시나요?

📖 성경읽기 | 다니엘 3장 28~30절

💬 깊이 생각하기

느부갓네살 왕은 사나운 풀무불 속에서 그가 본 것 때문에 너무 놀랐습니다. 사드락, 메삭 그리고 아벳느고가 머리털 하나 상하지 않고 그 불구덩이 속에서 나왔을 때, 그 왕은 그들의 하나님이 보호하신다는 사실을 분명히 알았습니다.

몇 달 전만 해도, 느부갓네살은 자신의 왕국에 사는 모든 백성은 자신이 만든 신상에 절해야 한다는 명령을 내렸습니다. 그러나 구원하시는 하나님의 전능하심을 목격한 후로 유다의 하나님을 경배하는 법령을 선포했습니다. 사드락, 메삭 그리고 아벳느고의 믿음은 단지 죽음에서 그들을 구하는 수준의 믿음이 아니었습니다. 그것은 모든 유대인이 하나님을 자유롭게 경배할 수 있는 길을 여는 것이었습니다.

🗣 이야기하기

하나님은 그분의 모든 백성들에게 선한 일을 이루시려고 오늘 이야기에서 어떻게 일하셨나요?
(왕은 너무나 크게 감동해서 바벨론에 거하는 모든 하나님의 백성을 보호하는 칙령을 내렸습니다.)

세 친구가 불속에서 상처 하나 입지 않고 나왔을 때, 그 왕은 하나님에 대해서 무슨 생각을 했나요?
(그 왕은 어떤 다른 신도 사드락, 메삭, 아벳느고의 하나님이 행하신 일을 할 수 없다고 말했습니다.)

오늘 이야기는 우리의 믿음에 어떤 격려가 되나요?
(부모님은 자녀들이 하나님과 같은 다른 신은 그 어디에도 없다고 말한 느부갓네살 왕처럼 반응할 수 있다는 생각을 하도록 도와주세요.)

🙏 기도하기

사드락, 메삭, 아벳느고와 함께 하시려고 불속으로 내려오신 하나님을 찬양하세요.

DAY 5

♥ 발견하기

오늘 우리는 시편이나 예언서를 통해서 예수님에 대해서 무엇을 배울 수 있는지를 살펴볼 거예요.

✝ 성경읽기 | 이사야 12장 3~6절

💬 깊이 생각하기

지난주에 이사야서 12장의 첫 두 구절이 예수님을 설명하는 것이고, 어떻게 예수님이 하나님의 진노를 담당하셔서 우리가 구원받게 되었는지 배웠습니다. 오늘 읽은 부분은 하나님이 우리를 구원하신 후에 우리가 무엇을 하게 될 것인지를 알려줍니다.

우선, 감사를 드려야 합니다. 그리고 나서, 다른 사람들에게 예수님을 전해서 온 세상이 그분을 알도록 해야 합니다. 마지막으로, 이스라엘의 거룩하신 분을 기뻐하며 소리 높여 찬송해야 합니다. 그분의 다른 이름은 예수님입니다.

📢 이야기하기

이사야는 우리가 무엇을 해야 한다고 말했나요?
(자녀들이 너무 어리다면 오늘 본문을 다시 한 번 읽어 주시고, 우리가 해야 하는 것 – 감사드리기, 찬송하기, 소리 높여 부르기 – 이 무엇인지 듣게 되면 손을 들게 하세요.)

예수님은 우리가 감사와 노래와 소리 높여 부르게 하시려고 무엇을 하셨나요?
(예수님은 우리 죄를 해결하시려고 대신에 십자가에서 죽으셨습니다.)

하나님은 왜 우리가 온 세상에 예수님을 전하기를 원하시나요?
(우리가 모든 사람들에게 예수님을 전해서 그들도 예수님을 믿게 되기를 원하십니다.)

🙏 기도하기

십자가에서 우리 대신 죽으신 예수님에게 감사드리세요. 하나님을 찬송하고 그분의 이름을 소리 높여 부르며 기도를 드리세요 – 자녀들과 함께 "주님을 찬양합니다!" 하고 소리쳐 보세요.

The Glory Belongs to God Alone
모든 영광은 오직 하나님에게 속해 있다

집 근처 잔디밭에서 자녀들에게 나눠 줄 풀을 조금 뜯어 오세요. (소독약이 묻지 않은 풀을 사용하세요.) 그 풀들을 펼쳐 놓고, 자녀들에게 조금 맛을 보라고 하세요. 풀은 영양적으로 비타민을 포함하고 있지만, 사람은 풀의 성분인 셀룰로오스를 소화할 수 없습니다. 이러한 섬유소를 분해할 수 있는 박테리아는 동물들에게만 있습니다. 그래서 동물들은 풀을 소화할 수 있습니다. 하지만 사람도 풀을 삼키지는 않고, 시험 삼아 맛볼 수는 있습니다. 풀을 조금 씹어서 그 맛과 향을 느껴볼 수 있습니다.

"이번 주 너희들은 하나님이 느부갓네살 왕을 어떻게 겸손하게 하셨는지, 그리고 왜 들판의 소들처럼 풀을 먹게 하셨는지 배우게 될 거야." 라고 말해 주세요.

DAY 1

♥ 상상하기

옛날에 한 동물원 사육사가 뱀 우리에서 함께 지내며 뱀을 사육했습니다. 동물원에 있는 대부분의 뱀은 해롭지 않았어요. 그러나 대략 3미터 정도 되는 아주 큰 킹코브라는 매우 위험했습니다. 처음에 사육사는 그 거대한 뱀 주위에서 신중하고 조심스럽게 움직였습니다. 그러나 뱀의 우리는 너무 컸고, 통나무 아래에 숨어서 나오지 않는 뱀이 종종 있어서, 사육사는 시간이 흐르자 부주의해졌습니다.

어느 날, 킹코브라는 잠든 척 하고 있었습니다. 그러나 사육사가 우리 문을 열고 들어와서 식수통의 물을 바꿔주려고 할 때, 그 뱀은 사육사를 공격해서 손을 물었습니다. 운 좋게도 킹코브라의 독니는 사육사의 손목시계를 물었습니다. 매우 놀란 사육사는 킹코브라가 다시 공격할 수 없도록 순식간에 손을 뺐습니다.

사육사는 다음번에 식수통 물을 바꾸러 뱀 우리에 들어갈 때 어떻게 행동할까요? 오늘 우리가 읽을 이야기는 킹코브라가 아니라 한 왕에 대한 것입니다. 마지막으로 느부갓네살 왕은 그의 지혜자들을 한자리에 불러 모아서 자신의 꿈을 해석하도록 명령을 내렸습니다. 이제 그 지혜자들은 거의 죽음의 문턱에 다다른 것이었습니다. 자, 이제 그들이 왕의 꿈에 대해서 얼마나 조심스럽고 신중한 태도를 취하는지 살펴봅시다.

✝ 성경읽기 | 다니엘 4장 1~18절

💬 깊이 생각하기

느부갓네살 왕이 자신의 꿈을 해석하라고 지혜자들을 모았을 때, 그 누구도 감히 해몽하려는 시도조차 하지 않았습니다. 왕이 지혜자들에게 꿈의 내용과 해석 둘 다를 말하도록 명령을 내린 마지막 순간을 기억하나요? 그들이 답을 하지 못하자 그 왕은 그들 모두를 죽이는 법령을 내렸습니다. (다행히 다니엘의 요청으로 모두 풀려났습니다.) 그것 때문에 이번에 그들 중 누구도 감히 꿈을 해석하러 나서지 못했습니다: 그들 모두 두려웠던 것입니다!

다니엘이 도착했을 때, 왕은 그가 분명히 꿈을 해석할 것이라고 확신했습니다. 그러나 느부갓네살이 다니엘에게 하는 말을 조금만 자세히 살펴보면, 그 왕은 여전히 우상을 섬기고 있다는 사실을 발견할 수 있습니다. 느부갓네살은 다니엘의 하나님이 세 친구를 풀무불 속에서 지켜 주셨고, 어떻게 다니엘에게 꿈의 내용과 해석을 알 수 있게 하셨는지를 보았음에도 불구하고, 여전히 우상을 숭배했습니다. 심지어 벨드사살이라고 바꾼 다니엘의 이름은 왕이 가장 좋아하는 우상의 이름에서 따온 것이었습니다.

💬 이야기하기

왕의 지혜자들은 왜 꿈의 내용을 추측하지 못했나요?

(그들은 과거에 왕에게 거짓말을 했습니다. 왕에게 거짓 해석을 하기보다 차라리 해석할 수 없다고 말하는 게 낫다고 생각했습니다. 왕에게 거짓말을 하는 것이 어떤 결과를 가져오는지 깨달은 것 같습니다.)

느부갓네살은 다니엘을 '박수장' 이라고 불렀습니다. 다니엘이 왕의 꿈을 해석하기 위해서 어떤 마술을 부렸나요?

(다니엘은 어떤 마술도 부리지 않았습니다. 왕은 다니엘이 했던 말을 잊었습니다. "오직 은밀한 것을 나타내실 이는 하늘에 계신 하나님이시라" [단 2:28].)

느부갓네살이 18절에서 다니엘에게 한 말 중에서 무엇이 틀렸나요?

(자녀들이 18절을 스스로 읽을 수 없다면 부모님이 다시 한 번 읽어주시고, '신들' 이라는 단어를 강조해서 다니엘은 오직 하나님 한 분만 모시고 경배했다는 사실을 발견하도록 도와주세요. 느부갓네살은 다니엘의 하나님을 다른 우상들과 한 묶음으로 취급했습니다.)

🙏 기도하기

하나님만을 믿게 해 달라고 간구하세요. 그리고 느부갓네살처럼 믿기를 더디 하지 않게 해 달라고 기도하세요.

DAY 2

♥ 기억하기

어제 이야기 중에서 무엇을 기억하고 있나요? 오늘은 어떤 이야기가 있을 것이라고 생각하나요?

📖 성경읽기 | 다니엘 4장 19~26절

💬 깊이 생각하기

하나님이 다니엘에게 왕의 꿈에 대한 해석을 알려주셨을 때, 다니엘은 그 내용이 왕에게 좋지 않은 것이어서 고민을 했습니다. 꿈에 나온 나무는 왕 자신을 나타내는데 하나님은 그 나무를 자르려고 하셨습니다. 하나님은 그 왕을 사람에게서 쫓아내서 들짐승처럼 살게 하고 소처럼 풀을 먹으며 살게 하실 것이었습니다. 그 내용을 그대로 왕에게 전달하는 것은 쉬운 일이 아니었습니다. 왜냐하면 얼마 전 그 왕은 풀무불 속으로 사람들을 던져 넣었기 때문입니다.

🗨 이야기하기

우리가 다니엘이었다면, 그 꿈의 내용을 왕에게 해석하는 것을 왜 두려워했을까요?
(왕은 다니엘을 죽일 만한 힘이 있었습니다. 다니엘이 왕에게 그 진실을 다 말하는 데는 대단한 용기가 필요했습니다.)

하나님은 왜 그 왕을 징계하려고 하셨나요?
(우리가 아는 한 가지는 하나님이 그분의 능력을 보이기 위해서 행하신 모든 것에도 불구하고 그 왕은 여전히 우상을 숭배했다는 사실입니다.)

하나님은 느부갓네살에게 무엇을 가르치려고 하셨나요?
(자녀들이 스스로 이 질문의 답을 생각하지 못한다면, 25절을 다시 읽어 보세요. 하나님이 단순한 왕이 아니라 모든 것을 통치하는 분이라는 사실을 가르치고 싶으셨습니다.)

🙏 기도하기

모든 사람과 모든 것을 통치하시는 하나님을 찬양하세요.

DAY 3

♥ 예수님에게 연결하기

오늘의 이야기가 예수님에 대한 것이며, 예수님을 가리킨다는 사실을 어떻게 알 수 있나요?

✝ 성경읽기 | 다니엘 4장 27~33절

💬 깊이 생각하기

다니엘은 왕에게 죄 짓는 것을 멈추고 의를 행하라는 하나님의 명령에 순종해야 한다고 말했습니다. 그러나 설령 죄 짓기를 멈추고 싶었을지라도, 왕은 그렇게 할 수가 없었습니다. 그리고 비록 죄를 멈출지라도, 이미 저지른 죄악 때문에 여전히 유죄 판결을 받을 처지였습니다. 그리고 여전히 죄에 대한 징계는 남아 있었습니다. 그 왕에게 진정으로 필요한 것은 모든 것을 내려놓고 하나님에게 자비를 구하는 것이었습니다.

우리 모두는 죄인입니다. 아무리 죄를 짓지 않으려고 노력할지라도, 우리는 계속해서 죄를 짓습니다. 게다가 우리가 행하는 모든 선한 것들로도 이미 저지른 죄악을 가리거나 해결할 수 없습니다. 우리의 유일한 희망은 하나님에게 구원을 간구하는 것뿐입니다. 하나님은 그분의 아들 예수님을 이 땅에 보내서서 우리 대신에 십자가에서 죽게 하심으로써 우리가 용서받을 수 있는 길을 이미 열어 주셨습니다. 우리는 십자가에서 예수님이 성취하신 선한 일을 믿을 때에만 구원받을 수 있습니다.

◀ 이야기하기

우리의 죄를 해결하기 위해 무엇을 할 수 있나요?
(우리가 직접 할 수 있는 것은 아무것도 없습니다.)

하나님은 우리의 죄를 해결하시려고 무엇을 하셨나요?
(하나님은 외아들 예수님을 보내서서 십자가에서 죽게 하셨습니다. 그리고 우리 대신 징계를 당하시고 우리가 용서받을 수 있게 하셨습니다.)

하나님은 우리가 무엇을 하기를 원하시나요?
(예수님을 믿고 우리의 모든 소망과 신뢰를 그분께 두기를 원하십니다.)

🙏 기도하기

예수님을 믿게 해 달라고 하나님에게 간구하세요.

DAY 4

♥ 기억하기

이번 주 성경 이야기를 통해서 하나님은 우리에게 무엇을 가르치시나요?

📖 성경읽기 | 다니엘 4장 34~37절

💬 깊이 생각하기

느부갓네살에게 일어난 모든 일은 그의 꿈과 똑같았습니다. 느부갓네살은 들판에 있는 소들처럼 풀을 뜯게 되었습니다. 얼마의 시간이 흐른 뒤, 느부갓네살은 하나님이 자신보다 훨씬 위대하신 분이란 사실을 인정하지 않으면 결국 어떤 것도 바꿀 수 없다는 사실을 깨달았습니다.

마침내 느부갓네살은 자신이 아니라 하나님이 모든 것을 다스리신다는 사실을 인정했습니다. 느부갓네살이 죄에서 돌이키고 믿음으로 하나님에게 도움을 구하자, 하나님은 그의 왕국을 회복시켜 주셨습니다. 느부갓네살은 다니엘의 하나님에게 경배와 찬양을 올려드렸습니다. 그리고 하나님을 "하늘의 왕" 이라고 불렀습니다.

🔊 이야기하기

자녀들은 부모님에게 하나님이 겸손하게 만드신 때를 기억하는지 질문해 보세요. (하나님이 우리를 겸손하게 만드신 기억이 있을 겁니다. 어떤 일을 하는 데 우리가 가장 적합하다고 생각했고, 그것을 가장 잘할 사람이 자신이라고 생각했는데 결과적으로 다른 사람에게 그 일이 돌아간 적이 있을 수 있습니다. 또는 어떤 게임이나 운동 경기에서 다른 사람을 이기고 승리할 거라 장담했는데 그 사람에게 패배한 기억도 있을 겁니다. 우리의 실패를 이야기해 주고 그런 경험이 우리에게 어떻게 도움이 되었는지를 나누면 자녀들에게 매우 유용할 것입니다.)

야고보서 4:6을 읽으세요. 이번 주 우리가 보았던 이야기와 어떤 면에서 일치하는지 설명해 주세요. (느부갓네살이 자만했을 때 하나님은 모든 것을 빼앗으시고 낮추셨습니다. 그러나 그가 겸손한 태도를 취하고 하나님에게 도움을 구하자 은혜를 베푸시고 잃었던 모든 것을 돌려주셨습니다.)

느부갓네살의 기도를 통해서 하나님이 어떤 분이시라는 것을 배울 수 있나요? (부모님은 34~35절에 나오는 느부갓네살의 기도를 다시 읽어 주세요. 그 기도에서 배울 수 있는 것이 무엇인지 알면 자녀들이 손을 들게 해주세요.)

우리가 교만해지면, 하나님은 어떻게 하실까요? (베드로전서 5:5을 읽으면 하나님이 겸손한 삶을 살라고 요구하신다는 사실을 확인할 수 있습니다. 하나님은 우리가 원하는 대로가 아니라 하나님이 원하시는 대로 행동하기를 바라신다는 사실 또한 알 수 있습니다.)

🙏 기도하기

하나님에게 우리가 겸손한 삶을 살게 해 달라고 기도하세요.

DAY 5

♥ 발견하기

오늘 우리는 시편이나 예언서를 통해서 예수님에 대해서 무엇을 배울 수 있는지를 살펴볼 거예요.

📖 성경읽기 | 시편 118편 19~24절, 사도행전 4장 11~12절

💬 깊이 생각하기

석조 건물을 세우려면 우선 거대한 돌들을 모아야 합니다. 그러고 나서 그 돌들을 하나씩 점검해서 하나로 연결될 수 있는지 확인해야 합니다. 그러다 보면 깨졌거나 얼룩이 심하거나 너무 작아서 사용할 수 없는 돌들을 찾아내게 됩니다. 그런 돌은 버려집니다. 즉 거절당한 것입니다.

오늘 시편은 하나님이 가장 중요한 돌인 모퉁잇돌로 사용했으나 버려진 돌에 대해서 말하고 있습니다. 베드로는 유대인들에게 예수님을 그들이 버린 돌이라고 말했습니다. 그러나 하나님은 그분을 모퉁잇돌로 사용하셨습니다. 베드로는 계속해서 예수님만이 우리를 구원할 유일한 길이라고 말합니다. 느부갓네살의 꿈에 나온 돌처럼, 또 다시 예수님은 돌에 비유됩니다.

🗨 이야기하기

시편 118:22에서 언급된 돌은 누구인가요?

(그 돌은 예수님입니다.)

모퉁잇돌은 무엇인가요?

(모퉁잇돌은 건물을 세울 때 가장 먼저 놓는 돌입니다. 건물의 모든 기초는 모퉁잇돌을 따라서 세워야만 튼튼하고 단단하게 세울 수 있습니다.)

시편 118:19~24을 다시 살펴보세요. 예수님이 생각나는 다른 단어들은 무엇이 있나요?

(부모님은 어린 자녀들을 위해서 다시 한 번 읽어 주셔도 좋습니다. 자녀들이 '의' 와 '구원' 과 같은 단어들을 들으면 손을 들라고 얘기해 주세요.)

🤲 기도하기

시편 118:24이 우리에게 명령한 것은 "기뻐하라" 입니다. 우리의 모퉁잇돌이 되시고, 우리의 구원이 되신 예수님 때문에 그렇게 해야 합니다. 죽음에서 다시 살아나셔서 우리를 구원해 주신 예수님을 찬양하세요.

week 75

Daniel in the Lion's Den
사자 굴에 들어간 다니엘

가정 예배에 사자 그림을 가져 오세요. 자녀들에게 그림을 보여주면서 사자와 관련된 다음 몇 가지 사실을 얘기해 주세요.

- 아프리카 사자는 아프리카에서 가장 큰 육식 동물이다.
- 수사자의 몸길이는 꼬리를 제외하고 250cm나 된다. 그리고 일어서면 120cm다. (자녀들이 길이를 가늠할 수 있도록 비슷한 크기의 가구를 예로 들어주세요.)
- 다 자란 수사자의 몸무게는 220kg 이상이다.
- 수사자의 포효 소리는 8km 밖에서도 들린다. (이 거리가 얼마나 먼 것인지 자녀들이 이해할 수 있게 집을 기준으로 설명해 주세요.)
- 사자들의 날카로운 발톱은 3.8cm정도다.
- 사자들의 가장 긴 앞니는 2.5cm 이상이고 앞발은 매우 강하다.
- 사자들은 한 시간에 폭발적인 힘으로 48km 정도를 달릴 수 있다.
- 사자들은 앞발을 한 번 휘두르는 것으로 얼룩말을 쓰러뜨릴 수 있다.

그리고 자녀들에게 말해 주세요. "너희들은 배고픈 사자 우리 속에 던져지길 원하지 않을 거야! 이번 주에는 하나님이 사자 우리 속에 던져진 다니엘을 어떻게 보호하셨는지 배우게 될 거야."

DAY 1

♥ 상상하기

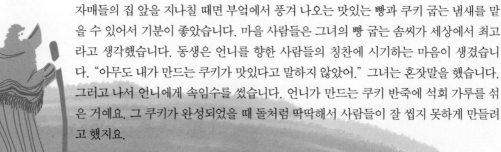

옛날에 두 자매가 마을 한가운데에 있는 작은 집에 살았습니다. 언니는 빵 굽는 것을 좋아했습니다. 사람들은 자매들의 집 앞을 지나칠 때면 부엌에서 풍겨 나오는 맛있는 빵과 쿠키 굽는 냄새를 맡을 수 있어서 기분이 좋았습니다. 마을 사람들은 그녀의 빵 굽는 솜씨가 세상에서 최고라고 생각했습니다. 동생은 언니를 향한 사람들의 칭찬에 시기하는 마음이 생겼습니다. "아무도 내가 만드는 쿠키가 맛있다고 말하지 않았어." 그녀는 혼잣말을 했습니다. 그리고 나서 언니에게 속임수를 썼습니다. 언니가 만드는 쿠키 반죽에 석회 가루를 섞은 거예요. 그 쿠키가 완성되었을 때 돌처럼 딱딱해서 사람들이 잘 씹지 못하게 만들려고 했지요.

468

그러나 동생이 몰랐던 것은 다음 월요일이 그녀 자신의 생일이라는 사실입니다. 동생은 언니가 자신의 생일을 축하하기 위해서 만든 쿠키의 반죽이 자신이 망쳐 놓은 반죽일 거라고는 생각도 못했습니다. 결국 자신의 생일에 언니가 항상 만들던 맛있는 쿠키는 없고, 너무 딱딱해서 한 번 씹으려면 치아를 다칠 수도 있는, 먹지 못할 쿠키만 남은 것입니다. 우리는 종종 시기심 때문에 매우 나쁜 행동을 합니다. 그러나 조심할 것은 때때로 시기심에서 시작한 나쁜 행동이 결국 우리 자신에게로 돌아온다는 것입니다. 오늘 이야기에서 시기심이 어떤 결과를 초래했는지 살펴봅시다.

📖 성경읽기 | 다니엘 6장 1~9절

💬 깊이 생각하기

느부갓네살 왕의 시대는 저물고, 그가 통치했던 위대한 왕국 바벨론은 페르시아에게 정복당했습니다. 다니엘은 여전히 중요한 위치였으나 새로운 왕 다리오를 섬기고 있었습니다.

다니엘이 선하고 지혜롭게 모든 일을 처리하자 나머지 페르시아의 총리들과 고관들은 다니엘을 시기했습니다. 그들은 다니엘을 없앨 방법을 궁리했고, 다리오 왕을 설득해서 다니엘을 곤경에 처하게 할 새로운 법을 제정했습니다. 다리오 왕이 그 법을 승인하도록 하려고, 페르시아의 총리들과 고관들은 모든 관원이 그 법이 필요하다는 사실에 동의했다는 거짓말을 했습니다. 그러나 그들은 결코 다니엘에게는 물어본 적이 없습니다!

🗣 이야기하기

왜 페르시아의 총리들과 고관들은 다니엘을 곤경에 빠뜨리고 싶어 했나요? (그들은 다니엘을 시기했습니다. 부모님은 자녀들에게 시기심이 무엇인지 설명해 주세요. 시기심은 우리가 나보다 무엇인가를 더 잘하는 사람에게 갖게 되는 화나는 감정입니다.)

다리오 왕은 어떻게 바벨론의 악한 고관들이 만든 법에 동의했나요? (모든 관원이 그 법에 동의했다는 거짓말을 믿었습니다. 그러나 다니엘에게는 이 법과 관련해서 어떤 이야기도 하지 않았습니다.)

우리보다 무엇인가를 더 잘하는 사람에게 시기심을 가져본 적이 있나요? (부모님은 자녀들이 운동이나 놀이, 학교생활에서 다른 사람을 시기했던 기억을 생각하도록 도와주세요.)

누군가를 시기하게 된다면, 우리는 무엇을 해야 할까요? (최선은 부모님에게 시기하는 마음을 솔직히 말하고 함께 기도해 달라고 부탁하는 것입니다. 그러고 나서, 시기했던 사람을 험담하거나 헐뜯지 말고 격려하고 박수를 보내려고 노력해야 합니다.)

🙏 기도하기

다른 사람들에게 시기심으로 나쁜 행동을 하지 않게 해 달라고 하나님에게 도움을 간구하세요.

DAY 2

♥ 기억하기

어제 이야기 중에서 무엇을 기억하고 있나요? 오늘은 어떤 이야기가 있을 것이라고 생각하나요?

✝ 성경읽기 | 다니엘 6장 10~18절

💬 깊이 생각하기

다니엘은 새로운 법이 기도를 방해한다는 사실을 알았음에도 불구하고 두려워하지 않았습니다. 그는 하나님이 보호하신다는 사실을 분명히 알았습니다. 하나님이 사드락, 메삭 그리고 아벳느고를 풀무불에서 보호하신 것을 분명히 기억했습니다. 그 이야기는 페르시아의 고관들은 알지 못하는 것이었습니다. 그래서 다니엘이 하나님의 도움을 구할 것이라고는 생각하지 못했습니다. 그러나 다니엘은 그렇게 했습니다. 비록 새로운 법에 위배되지만, 다니엘은 용기를 내어 예루살렘을 향한 창문을 열고 하나님에게 늘 하던 대로 기도했습니다.

페르시아의 악한 고관들은 그 순간을 놓치지 않고 왕에게 다니엘을 고발했습니다. 왕은 매우 당황했고, 다니엘을 도울 방법을 강구했지만 아무것도 할 수 없었습니다. 왕이 할 수 있는 것은 그저 다니엘의 하나님이 그를 보호해 주시기를 바라는 것뿐이었습니다.

《● 이야기하기

왕은 어떻게 다니엘의 하나님을 알았나요?

(왕은 다니엘이 언제나 하나님을 경배하고 섬기는 것을 봤습니다. 다니엘이 자신의 신앙을 숨기지 않았다는 의미입니다[16절].)

사드락, 메삭 그리고 아벳느고에게 일어난 일을 기억하는 것이 다니엘에게 어떤 격려가 되었나요?

(느부갓네살의 사나운 풀무불에서 그들을 구하신 하나님이 다니엘을 사자들에게서 보호하실 것입니다.)

왕은 다니엘을 사자 굴에 넣고 슬퍼하면서 금식했습니다. 페르시아의 고관들은 무엇을 했을까요?

(성경에는 그들이 무엇을 했는지 기록되어 있지 않습니다. 그러나 아마도 자신들의 사악한 계획이 성공했다고 서로 기뻐하며 축하했을 것입니다.)

🖐 기도하기

다니엘이 하나님을 믿은 것처럼 우리도 하나님을 믿게 해 달라고 기도하세요.

DAY 3

♥ 예수님께 연결하기

오늘의 이야기가 예수님에 대한 것이며, 예수님을 가리킨다는 사실을 어떻게 알 수 있나요?

✝ 성경읽기 | 다니엘 6장 19~23절

💬 깊이 생각하기

우리는 구원하시는 하나님을 믿을 때 구원받을 것입니다. 오늘 이야기가 우리에게 가르치고자 하는 것입니다. 다니엘은 자신의 능력을 믿지 않았습니다. 자신의 힘으로 사자들과 싸우려 하지도 않았습니다. 다니엘은 주 하나님이 구해 주실 거라고 믿었습니다.

그런 다니엘의 모습은 하나님이 우리에게도 원하시는 것입니다. 우리 모두는 하나님의 율법을 어겼고, 징계를 받기에 마땅합니다. 다니엘이 살던 시대의 법처럼, 하나님의 율법이 변했을 리가 없습니다. 사자 굴에 던져지는 대신에, 우리가 받을 징계는 끔찍한 장소인 지옥입니다. 우리가 그 징계를 피할 유일한 희망은 외아들 예수님을 보내서 우리 대신에 징계를 받게 하신 하나님을 믿는 것뿐입니다.

예수님은 십자가에서 우리의 모든 죄를 해결하셨습니다. 그래서 결코 변할 수 없는 하나님의 율법을 충족시킬 수 있었습니다. 그런데 한 가지 큰 차이점이 있습니다: 하나님은 다니엘이 사람이 만든 악한 법에 불순종하게 하셨습니다. 그러나 우리에게 선한 일을 이루시려고 기록해 놓으신 성경에 적힌 하나님의 율법에는 우리가 불순종하는 것을 원하지 않으십니다.

《● 이야기하기

왕은 다니엘의 하나님을 어떤 하나님으로 불렀나요?

("살아 계시는 하나님" 이라고 불렀습니다[20절]. 우리의 하나님은 죽었기에 말하지도, 듣지도, 어떤 것도 할 수 없는 우상과는 너무도 다른 분이십니다.)

사자들은 왜 다니엘을 잡아먹지 않았나요? (하나님이 천사들을 보내서서 사자들의 입을 닫으셨습니다.)

다니엘은 왜 구원 받았나요? (자녀들이 '다니엘이 하나님을 믿었기 때문이다' 라는 답을 말하지 못한다면, 23절을 다시 읽어 주세요.)

🤲 기도하기

다니엘을 보호하시고 또한 우리를 구원하신 하나님을 찬양하세요.

DAY 4

♥ 기억하기

이번 주 성경 이야기를 통해서 하나님은 우리에게 무엇을 가르치시나요?

📖 성경읽기 | 다니엘 6장 24~28절

💬 깊이 생각하기

악한 고관들은 왕에게 다니엘을 함정에 빠뜨리려고 사용했던 그 법에 대해서 처음 말할 때 거짓말을 했습니다. 그들은 모든 다른 관료가 그 법에 찬성했다고 말했습니다. 그러나 다니엘은 그 법을 만드는 데 조금도 관여하지 않았습니다. 왕은 그 법의 목적이 다니엘을 함정에 빠뜨리려는 것이라는 사실을 알게 되자, 그 법을 만든 악한 고관들을 모두 끌어다가 그들이 계획했던 징계를 그대로 받게 하였습니다. 즉 그들을 사자 굴에 던졌습니다. 그들의 거짓 신들은 굶주린 사자에게서 그들을 보호하지 못했습니다. 사자들은 그들이 굴에 떨어지자마자 덤벼들어 죽였습니다. 다리오 왕은 다니엘의 하나님을 찬양했습니다. 다리오 왕이 하나님을 진짜로 믿었는지는 잘 모릅니다. 그러나 그 왕이 하나님에 대해서 말한 내용만 본다면, 우리는 천국에서 다리오 왕을 볼 수 있을지 모릅니다.

🗨 이야기하기

자녀들은 부모님에게 시기심과 관련된 이야기를 기억하는 게 있는지, 그것 때문에 더 큰 죄를 경험한 적이 있는지 질문해 보세요. (부모님은 여러분들이 자라온 시간을 천천히 되돌아보세요. 시기심 때문에 종종 뒤에서 수군거리거나 심지어 누군가의 물건을 망가뜨리는 행동을 하기도 합니다. 시기심이 얼마나 위험하고 무서운 죄인지 자녀들이 알도록 도와주세요.)

왕의 조서를 통해서 하나님은 어떤 분이라는 것을 배우나요? (자녀들이 읽지 못한다면, 왕의 조서를 다시 읽는 시간을 가지세요. 자녀들에게 왕의 조서 내용 중 하나님에 대한 것이 나올 때 손을 들게 하세요.)

왕이 다니엘의 하나님을 "살아 계시는 하나님" 이라고 한 것은 무슨 의미인가요? (다니엘의 하나님은 무엇이나 하실 수 있고 말씀하실 수 있습니다. 그리고 나무나 돌로 만든 우상이나 거짓 신들은 아무것도 할 수 없습니다.)

🙏 기도하기

왕의 조서를 인용해서 하나님을 찬양하세요.

DAY 5

♥ 발견하기

오늘 우리는 시편이나 예언서를 통해서 예수님에 대해서 무엇을 배울 수 있는지를 살펴볼 거예요.

🔖 성경읽기 | 시편 118편 26~29절, 마태복음 21장 6~9절

💬 깊이 생각하기

우리는 지난주에 이 시편이 예수님을 말하고 있다는 사실을 배웠습니다. 오늘은 아마도 예수님과 관련된 더 많은 것을 발견할 것입니다. 예수님은 주님의 이름으로 이 땅에 오신 분이십니다. 예수님은 우리에게 빛을 비추시려고 하나님이 보내신 빛이십니다. 그리고 하나님이 우리에게 그분의 영원하고 영광스러운 사랑을 보이시는 것은 그분의 아들이신 예수님을 통해서입니다.

🗣 이야기하기

마태복음에 기록된 이야기는 시편 118편과 어떻게 연결되나요?
(예수님이 종려주일에 나귀를 타고 예루살렘으로 들어가실 때 종려나무 가지를 흔들던 사람들이 시편 118편의 구절을 소리쳤습니다. "주의 이름으로 오시는 이여 가장 높은 곳에서 호산나")

요한복음 8:12을 읽으세요. 이 구절은 오늘 우리가 읽은 구절과 어떤 부분에서 연관되나요?
(27절에는 하나님이 "그분의 빛을 우리에게 비추신다."고 기록되어 있습니다. 그리고 예수님은 사람들에게 자신을 "세상의 빛"이라고 말씀하셨습니다.)

하나님은 우리에게 그분의 영원무궁한 사랑을 어떻게 보이시나요?
(자녀들이 '예수님을 이 땅에 보내심으로'라는 답을 생각하지 못하면, 요한복음서 3:16을 읽어 주세요.)

🤲 기도하기

우리가 한가족으로서, 하나님에게 감사해야 할 이유를 찾아보세요. 그리고 가장 중요한 이유가 무엇인지 생각해 보세요. 그것은 우리가 구원받았다는 사실입니다.

week 76

The Exiles Return
포로 귀환

머핀을 한 번 구울 분량만 준비해서 오븐에 넣은 후 꺼낼 시간을 맞춰 주세요. 알람이 울리기 3~5분 전에 자녀들을 부엌으로 모으세요. 아빠 혹은 엄마는 머핀 만드는 사람이고 직접 머핀을 오븐에 넣었다고 설명해 주세요. 또한, 머핀을 오븐에 몇 분 동안 구울 것인지 스스로 결정했다는 사실도 알려 주세요. 머핀을 굽기에 가장 적절한 시간을 혼자서 생각하고 결정했다는 점도 얘기해 주세요.

얼마 후 알람이 울리면 머핀을 오븐에서 꺼내고, 자녀들에게 하나씩 나눠 주세요. 자녀들이 맛있게 먹으면서 즐거워하는 동안, 우리가 살아가면서 비록 제한적이지만 어떤 부분에서는 머핀을 굽는 것처럼 직접 제한시간 같은 것을 통제할 수 있다는 점을 설명해 주세요. 하나님은 우리처럼 제한적이지 않고 모든 것을 통제하고 다스리시는 분이라는 점도 분명히 알려 주세요.

말해 주세요. "이번 주 우리는 하나님이 이스라엘 민족의 포로 생활을 계획하시고, 그들의 바벨론 포로 생활이 얼마나 이어질지 정하셨으며, 바벨론 왕의 마음을 움직이셔서 그 민족을 고향으로 돌려보내게 하시고 예루살렘을 재건하게 하셨다는 사실을 배우게 될 거야."

DAY 1

♥ 상상하기

엄마나 아빠가 금요일 밤에 일을 끝마치고 집에 돌아오셔서 내일 새벽에 깜짝 여행을 떠나야 하니 일찍 자라고 말씀하셨다고 가정해 봅시다. "우리가 너희들에게 그렇게 말하면, 너희들은 우리 말을 믿을 수 있니?" 대부분의 아이들은 부모님의 말을 믿고 전혀 의심하지 않을 것입니다. 부모님이 휴가를 떠날 거라고 말하자마자, 신나서 날뛸 것입니다. 그리고 다음 날 아침에 일어나서는 흥분해서 어디로 여행을 갈지 여기 저기 추측해 볼 것입니다. 자녀들은 부모님이 거짓말을 했을 거라고 전혀 생각하지 않을 겁니다. 왜냐하면 언제나 정직하게 무엇이든지 말씀해 주셨고, 한 번 하신 약속은 반드시 지키셨기 때문입니다. 오늘 성경 이야기에서는 하나님은 언제나 약속을 성취하시는 분이라는 사실을 보게 됩니다. 우선, 하나님이 선지자 예레미야를 통해서 그분의 백성들과 맺으신 언약을 읽을 것입니다. 여러분은 하나님이 우리의 부모님보다 훨씬 더 신뢰할 만한 분이라는 사실을 알고 있나요? 그분은 단 한 번도 약속을 어기신 적이 없습니다. 그래서 성경에서 하나님이 하실 거라고 말씀하셨다면, 우리는 그분이 약속을 성취하실 거라는 사실을 신뢰할 수 있습니다.

474

📖 성경읽기 | 예레미야 29장 7~14절, 에스라 1장

💬 깊이 생각하기

하나님은 느부갓네살 왕을 사용하셔서 그분의 백성들을 가르치셨습니다. 하나님이 예레미야 선지자를 통해서 전하신 경고를 이스라엘 민족이 거절하자 그분은 느부갓네살을 사용하셔서 그들을 덮치시고, 예루살렘을 무너 뜨리시고, 그 백성들을 바벨론에 포로로 잡혀가게 하셨습니다. 그러나 하나님의 백성들이 포로로 잡혀 있던 그 모든 시간에도 하나님은 그들을 변함없이 보호하셨습니다.

오늘 읽은 첫 번째 성경 구절에서, 하나님이 그분의 백성들을 70년 후에 바벨론에서 구원해 내실 계획을 가지 고 계셨음을 알 수 있습니다. 하나님이 이스라엘 민족을 이집트의 노예생활에서 구원하셨을 때를 다시 생각해 보세요. 하나님은 어떻게 파라오의 마음을 강퍅하게 하고, 모세가 그들을 인도하게 하셨나요? 오늘 이야기에서 하나님은 페르시아 왕이 이집트 파라오와는 정반대의 마음을 갖게 하셨습니다. 즉 페르시아의 왕인 고레스는 마음에 감동을 받아 이스라엘 민족이 예루살렘으로 돌아가 하나님의 성전을 재건하도록 명령을 내립니다. 심 지어 이스라엘 민족에게 성전을 재건하는 데 필요한 모든 비용을 주었습니다. 그리고 예전에 느부갓네살이 예 루살렘을 공격할 때 성전에서 가져왔던 모든 것을 돌려주었습니다.

🗣 이야기하기

고레스 왕의 마음에 감동을 주어 성전을 재건하도록 하신 분은 누구인가요? (하나님이 고레스 왕의 마음에 감동을 주 셔서 성전을 재건하게 하셨습니다.)

고레스 왕은 바벨론 백성들에게 이스라엘 민족이 떠날 때 무엇을 주라고 했나요? (은과 금, 머나먼 여행길에 필요한 동물들, 그리고 성전을 재건하는 데 필요한 돈을 주라고 명령했습니다. 부모님은 자녀들이 하나님의 백성들이 이집 트를 떠날 때 은과 금을 선물로 받은 이야기를 기억하도록 도와주세요. 또한 바벨론 백성들이 이 모든 것을 기뻐하면 서 내어주었다는 사실을 확인시켜 주세요[6절].)

하나님에 대한 이 두 가지 성경 본문에서 무엇을 배울 수 있나요? (분명히 하나님이 왕들을 다스리신다는 사실을 알 수 있습니다. 하나님은 그 왕들이 다스리는 모든 백성까지도 통치하십니다. 또한, 우리의 죄악에도 불구하고 하나님 이 우리를 돌보신다는 사실을 확인할 수 있습니다. 무엇보다 하나님은 그분의 언약을 성취하시는 분이라는 점을 확 신합니다.)

🤲 기도하기

언제나 언약을 성취하시는 하나님을 찬양하세요.

DAY 2

♥ 기억하기

어제 이야기 중에서 무엇을 기억하고 있나요? 오늘은 어떤 이야기가 있을 것이라고 생각하나요?

✝ 성경읽기 | 에스라 3장 1~7절

💬 깊이 생각하기

이스라엘 민족은 고향으로 돌아온 후 예루살렘에 모여서 다시 제단을 세웠습니다. 그들이 바벨론으로 잡혀간 이유가 우상을 숭배했기 때문이라는 사실을 기억할 것입니다. 그러나 이제 자신들의 과오를 통해서 깊은 교훈을 배운 것 같습니다. 그들은 예루살렘 주위에 우상 숭배를 위한 산당을 세우지 않았을 뿐만 아니라 바알의 제단도 쌓지 않았습니다. 그들은 하나님이 모세를 통해서 명령하신 율법대로 여호와께 제사를 드리도록 정하신 곳에 제단을 세웠습니다.

🔊 이야기하기

이스라엘 민족이 바벨론으로 잡혀간 후 70년 동안의 포로 생활을 통해서 배운 교훈은 무엇이었나요?
(우상 숭배는 잘못된 것이며 그 우상들은 아무런 도움도 줄 수 없다는 사실을 배웠습니다. 그들이 예루살렘으로 돌아왔을 때 더 이상 우상들을 위한 산당을 짓지 않았습니다.)

하나님의 백성들은 무엇을 두려워했나요?
(그 땅에 살고 있는 다른 나라 사람들을 두려워했습니다. 적들은 여전히 이스라엘 민족을 싫어했고, 성전을 재건하는 것을 탐탁지 않게 여겼습니다.)

예루살렘은 왜 안전하지 않았나요?
(예루살렘의 성벽은 느부갓네살의 공격 때 전부 무너졌습니다. 만약 적들이 공격해 오면 전혀 보호받을 수 없는 상황이었습니다. 그러나 하나님은 그들을 보호하셨습니다.)

🙏 기도하기

하나님에게 위험이나 어려움에서 가족을 보호해 달라고 간구하세요.

DAY 3

♥ 예수님께 연결하기

오늘의 이야기가 예수님에 대한 것이며, 예수님을 가리킨다는 사실을 어떻게 알 수 있나요?

✝ 성경읽기 | 에스라 3장 8~13절

💬 깊이 생각하기

바벨론에서 예루살렘으로 돌아온 하나님의 백성 중 일부는 매우 늙었습니다. 바벨론에 포로로 잡혀갈 때 10살 이던 소년은 포로생활 70년이 지난 현재는 80세 노인일 것입니다. 그 노인들은 솔로몬이 지은 성전이 파괴되기 전에 얼마나 아름다웠는지를 기억했습니다. 그래서 그들은 예루살렘을 보고 슬픈 마음에 눈물을 흘리며 통곡 했습니다. 그러나 바벨론에서 태어나고 자란 그 자손들은 한 번도 솔로몬의 성전을 본 적이 없었기 때문에 그 성전의 기초가 완성되었을 때 매우 기뻐했습니다. 비록 새로 세운 성전은 크지도 아름답지도 않지만, 그곳에서 먼 훗날 아주 특별한 일이 일어날 것이었습니다. 예수님이 이 새 성전을 찾아오실 것입니다. 그분은 이스라엘 민족이 세운 이 새로운 성전을 거니실 것입니다. 그 백성의 노인들은 슬퍼할 이유가 충분했지만, 예수님이 이 곳에서 가르치시고 병든 자들을 치유하시며 복음을 전하실 것을 알았다면 슬퍼 우는 대신 기뻐했을 것입니다.

《● 이야기하기

이스라엘의 젊은이들은 왜 성전의 기초가 완성되었을 때 기뻐했나요? (성벽과 성전을 재건했기 때문에 기뻐했습니 다. 성전은 하나님이 이 땅에 임재하시는 곳이었습니다.)

이스라엘의 노인들은 왜 통곡했나요? (노인들은 옛날 솔로몬의 성전이 어떠했는지를 기억하고 있었습니다. 새 성전 이 예전의 성전과 비교했을 때 얼마나 작고 아름답지 않은지 알기 때문에 슬펐습니다.)

그 성전은 다른 성전들과 비교했을 때 무엇 때문에 좀 더 특별한가요? (성전에 거하시는 하나님의 임재 때문에 특별 합니다. 그곳은 단순한 건축물이 아니었습니다. 하나님이 이 땅에 내려 오셔서 그분의 백성들과 함께 하시는 공간이 었습니다.)

무엇이 있었다면 그 노인들이 기운을 내고 기뻐했을까요? (언젠가 하나님의 아들이신 예수님이 성전에 내려오셔서 거하시고 가르치신다는 것을 알았다면, 그 노인들이 매우 흥분되고 기뻤을 것입니다.)

🙏 기도하기

백성들을 바벨론에서 이끄시고 성전을 재건하도록 도와주신 하나님에게 감사드리세요.

DAY 4

♥ 기억하기

이번 주 성경 이야기를 통해서 하나님은 우리에게 무엇을 가르치시나요?

📖 성경읽기 | 에스라 4장1~5절, 17~24절

💬 깊이 생각하기

예루살렘은 느부갓네살이 공격하기 전에는 높은 성벽으로 둘러싸인 튼튼한 도시였습니다. 그러나 전쟁 후에 느부갓네살은 모든 성벽을 무너뜨렸고, 성전을 불태웠으며 그 도시의 모든 집을 파괴했습니다.

더 이상 높은 성벽도 없고 그 도시를 지킬 힘센 젊은이들도 잡혀 갔기에, 이스라엘의 적들은 만족스러웠습니다. 성벽이나 군대 없이 이스라엘 민족은 어떤 공격도 감행할 수 없기 때문이었습니다. 그러나 오늘 이야기에서 읽은 것처럼, 이제 수천 명의 하나님의 백성이 예루살렘으로 돌아왔습니다. 백성들은 성전을 재건하고 성벽도 다시 쌓았습니다. 이런 모습 때문에 이스라엘의 적들은 다시 두려워하기 시작했습니다.

이스라엘의 적들은 그 백성들의 건축에 동참하겠다고 제안했습니다. 그렇게 하면 이스라엘 민족에게 무슨 일이 벌어지는지 알 수 있기 때문입니다. 그러나 스룹바벨은 제안을 거절했습니다. 그러자 이스라엘의 적들은 왕에게 나아가서 항의했고 그 왕은 이스라엘 민족이 성전을 재건하는 일을 멈추도록 명령했습니다. 그 명령에 하나님의 백성들은 낙담했습니다. 그들은 왕의 명령을 따라 성전과 성벽 세우는 일을 멈추고, 대신에 그들이 살집을 먼저 짓기 시작했습니다.

💬 이야기하기

자녀들은 부모님이 무엇인가 하려는 것을 어떤 사람이 못하게 한 적이 있는지 질문해 보세요.
(부모님은 이웃과의 관계 아니면 회사 내에서, 또는 어린 시절 친구들이 방해해서 무엇인가를 하지 못했던 때를 기억해 보세요. 혹시 그런 경험이 생각나지 않거나 없더라도, 자녀들이 두려운 마음을 갖게 된 이스라엘 민족의 입장에서 이 상황을 이해하도록 도와줄 수 있을 겁니다.)

이스라엘의 적들은 왜 예루살렘을 재건하는 것을 원하지 않았나요?
(그 도시의 성벽이 세워지면 이스라엘이 다시 강력한 힘을 갖게 될 거라는 사실을 알았습니다. 성벽이 재건되지 않는 한 예루살렘의 백성들은 항상 위험에 노출되어 있고 쉽게 공격을 당하는 상황에 놓이는 것입니다.)

예루살렘의 백성들은 어떤 잘못을 했나요?
(두려워하며 모든 일을 중단했습니다. 그들은 하나님이 그들의 적들보다 더 강하신 분임을 믿고 신뢰해야 했습니다.)

🙏 기도하기

두려울 때 하나님을 믿을 수 있는 언약과 강한 능력을 보여주신 것을 감사드리세요.

DAY 5

♥ 발견하기

오늘 우리는 시편이나 예언서를 통해서 예수님에 대해서 무엇을 배울 수 있는지를 살펴볼 거예요.

✝ 성경읽기 | 학개 2장 6~9절, 에스라 2장 19~22절

💬 깊이 생각하기

오늘 성경 이야기에서는 하나님의 백성들이 솔로몬이 지었던 성전을 재건하는 모습이 나옵니다. 그 옛날의 성전 모습을 기억하는 노인들은 새 성전이 이전 것과 비교했을 때 화려하거나 충분히 좋아 보이지 않았기에 슬펐습니다. 그러나 하나님의 선지자 가운데 한 명인 학개는 그들에게 언젠가 지금 이 하나님의 성전의 영광이 솔로몬 시대의 그것보다 훨씬 더 클 것이라고 대언합니다. 그의 말은 이스라엘 민족이 언젠가 대단한 성전을 다시 세우게 될 것이라는 희망을 주었습니다.

그러나 그 백성들은 학개가 말하는 것은 더 화려하고 규모가 더 큰 건축물에 대한 것이 아니라는 사실을 몰랐습니다. 그는 예수님에 대해서 말한 것입니다. 예수님이 이 땅에 오셨을 때, 자신의 몸을 참된 하나님의 성전이라고 말씀하셨습니다. 우리가 그리스도인이 되었을 때, 하나님의 영이 우리 안에 거하시고 우리 또한 하나님의 성전의 일부가 되는 것입니다. 하나님의 영이 우리 마음에 거하시는 것은 그분이 성전에 거하시는 것보다 훨씬 더 좋은 일입니다. 알다시피, 학개의 말은 옳았습니다. 즉, 나중에 오는 하나님의 성전의 영광이 먼저 나타난 그 영광보다 훨씬 더 위대합니다.

💬 이야기하기

하나님의 성전의 영광이 솔로몬 시대의 것보다 훨씬 더 크다고 말할 때, 학개는 누구를 말하는 것이었나요?
(학개는 하나님이 그분의 아들을 이 땅에 예수님으로 보내시는 때를 말하는 것이었습니다.)

예수님은 왜 자신을 하나님의 성전이라고 말씀하셨나요? (예수님이 곧 하나님이시기 때문에, 예수님이 계시는 곳은 어디든지 하나님이 그분의 백성들과 함께 거하시는 곳이었습니다.)

오늘 하나님은 어디에 거하시나요?
(하나님은 신자들의 마음에 거하십니다. 또한 신자가 이루는 교회 안에서 그분의 백성들과 함께 하십니다.)

🙏 기도하기

우리 가족 모두가 하나님의 성전의 일부가 되게 해 달라고 기도하세요.

week 77

The Temple Is Completed
성전이 완성되다

자녀들의 어릴 적 사진을 몇 장 준비한 후 한자리에 불러 모으세요. 그리고 사진을 보여주세요. 아이들은 대개 아기 때의 자기 사진을 보면서 매우 즐거워합니다. 사진을 다 본 후에, 왜 이 사진들을 간직해 왔을지 생각해 보라고 질문해 주세요. 이 사진들은 아주 특별했던 시간들을 떠올리게 해 주는데, 덕분에 그때를 잊지 않고 기억할 수 있다고 설명해 주세요.

자녀들에게 하나님은 이스라엘 민족이 모세가 그들을 이끌고 이집트를 탈출했던 때를 기억하도록 하려고 어떻게 하셨는지 아냐고 질문해 보세요. 그 답은 하나님이 이스라엘 민족에게 매년 유월절을 기념할 것을 명령하셨다는 것입니다. 유월절에 관한 하나님의 명령은 모세 오경에 기록되어 있습니다(성경의 첫 다섯 권의 책).

말해 주세요. "이번 주 너희들은 이스라엘 민족이 바벨론 포로로 잡혀갔음에도 불구하고 유월절 전통을 어떻게 지켰는지를 배우게 될 거야."

DAY 1

♥ 상상하기

밥과 에릭 스미스라는 두 형제는 잡동사니를 이용해서 뒷마당에 있는 나무 위에 집을 짓기로 마음먹었습니다. 그러나 뒷집에 사는 샘 존스가 자기 아빠에게 그들이 무엇을 하려는지 다 말하겠다고 얘기했습니다. 샘은 밥과 에릭이 집을 지으려고 하는 나무가 자기 가족의 것이라고 말했습니다. 그러나 밥과 에릭은 집짓기를 멈추지 않았습니다. 오히려 그 나무가 자신들의 마당에 있는 것이라고 확신했습니다. 정원 사이에 담장이 없었기에 어디까지가 자기 마당인지 늘 분명하지 않았던 것입니다. 집에 돌아온 스미스 씨는 아들들에게 나무가 그들의 것이니 걱정 말고 계속 집을 지으라고 말했습니다. 스미스 씨가 존스 씨에게 전화를 걸어 그 문제를 말하려는 그때에 존스 씨는 아들이 문제를 일으킨 것은 나무라며, 다시는 밥과 에릭을 귀찮게 하지 말라고 말했습니다. 오히려 존스 씨는 샘에게 몇 가지 재료가 될 만한 것들을 챙겨서 밥과 에릭이 집을 짓는 데 도움이 되도록 가져다주라고 시켰습니다.

오늘 우리는 성전을 완성하는 이스라엘 민족을 방해하려고 그 땅의 다른 민족들이 어떻게 온갖 노력을 기울였는지를 배우게 될 겁니다. 그러나 이스라엘 민족은 그런 방해에 전혀 귀 기울이지 않았습니다. 그들은 하나님을 믿었고 건축을 지속했습니다.

📖 성경읽기 | 학개 1장 1~15, 에스라 5장 1~5절

💬 깊이 생각하기

아하수에로 왕이 예루살렘 백성들에게 성전과 도시 재건축을 금지하는 명령을 내렸을 때, 그 백성들은 두려워하며 하던 모든 일을 중단했습니다. 하나님의 성전을 세우는 대신 자신들이 살아가는 데 필요한 일들을 먼저 하기 시작했습니다. 그러나 하나님은 추수 때에 그들이 작물을 거둬들이지 못하게 하셔서, 백성들은 필요한 만큼의 수확을 거둘 수 없었습니다.

하나님은 학개 선지자를 보내서 메시지를 전하셨습니다. 학개는 하나님의 백성들에게 그들 자신을 위해 하던 일들을 즉시 멈추고 다시 하나님의 성전을 건축하는 일에 힘쓰라고 말했습니다. 백성들은 선지자를 통해서 전하신 하나님의 말씀에 순종했고, 성전을 건축하는 일을 다시 시작했습니다.

이스라엘 민족이 다시 성전을 건축하는 광경을 본 그 지역의 총독 닷드내는 그것을 막으려고 했습니다. 그러나 하나님의 백성들은 멈추지 않았습니다. 그들은 하나님을 믿었기에 계속해서 건축을 진행한 것입니다.

🗣 이야기하기

왜 하나님의 백성들은 성전 대신에 자신들을 위한 일을 먼저 시작했나요?

(적들이 자신들을 방해하자 두려워하며 성전 재건축을 멈췄습니다.)

하나님은 이스라엘 민족이 다시 성전을 건축하도록 무엇을 하셨나요?

(비를 내리지 않아서 작물들이 잘 자라지 못하도록 하셨습니다. 그러고 나서 학개 선지자를 보내서 그들이 성전 건축을 다시 시작하도록 말씀을 전하셨습니다.)

그 백성들이 하나님의 말씀에 순종해서 성전 건축을 다시 시작한 후에, 하나님은 학개 선지자를 통하여 또 다른 메시지를 전하셨습니다. 학개 선지자는 백성들에게 무슨 말을 했나요?

(만약 자녀들이 아직 읽지 못한다면, 학개서 1:12~13을 다시 읽어 주세요. 듣다가 답을 알면 손을 들어서 대답하게 해 주세요.)

🙏 기도하기

이스라엘 민족이 성전을 재건축하도록 끝까지 도우신 하나님에게 감사를 드리세요.

DAY 2

♥ 기억하기

어제 이야기 중에서 무엇을 기억하고 있나요? 오늘은 어떤 이야기가 있을 것이라고 생각하나요?

✝ 성경읽기 | 에스라 3장 1~7절

💬 깊이 생각하기

총독 닷드내는 다리오 왕에게 유대 사람들이 다시 성전 건축을 시작했다고 알렸습니다. 닷드내는 왕에게 이전 왕이었던 고레스 왕이 정말로 그들에게 성전 재건축을 허가했는지를 알아보기 위한 조사를 진행할 것을 요청했습니다. 닷드내는 유대 사람들이 거짓으로 말을 만든 것이라고 생각한 것 같습니다.

다리오 왕은 그의 신하들에게 그 말이 사실인지 조사하도록 명령을 내렸습니다. 그들은 이전 왕들의 기록을 조사했습니다. 아니나 다를까, 그들은 고레스 왕의 칙서를 발견했고 그것을 다리오 왕 앞에서 큰 소리로 낭독했습니다. 고레스 왕은 예루살렘에 성전을 재건하도록 명령을 내렸을 뿐만 아니라, 그 공사에 필요한 모든 경비는 왕실에서 부담하겠다는 기록까지 남아 있었습니다.

다리오 왕은 닷드내에게 공사를 계속 진행하게 하라고 명령을 내렸습니다. 닷드내가 더욱 놀란 것은 유대 사람들이 그 공사를 끝마칠 때까지 모든 것을 지원하라는 다리오 왕의 명령입니다. 닷드내는 분명히 충격을 받았을 것입니다. 왕은 유대 사람들의 건축을 멈추게 하는 대신, 오히려 그들을 도우라는 명령을 내린 것입니다.

💬 이야기하기

고레스 왕은 무엇 때문에 즉시 유대 사람들의 성전을 재건축하라고 명령했나요? (하나님이 고레스 왕에게 성전 재건축을 명령하신 것을 자녀들이 기억하는지 살펴보세요. 역대기하 36:22~23을 다시 읽으면 더욱 확실히 기억할 수 있습니다.)

새 왕인 다리오가 유대 사람들의 성전 재건축을 방해하는 사람들에게 내리겠다고 말한 징계는 무엇이었나요? (그 사람의 집에서 들보를 빼낼 것이고, 그를 그 위에 매달아 죽이고, 그들의 집을 거름 더미로 만들겠다고 했습니다 — 부모님은 자녀들에게 거름 더미가 무엇인지 설명해 주시면 좋습니다. 닷드내는 그런 일이 자신에게 일어나지 않기를 원했다고 말하는 것이 안전합니다.)

우리는 오늘 이야기에서 하나님에 대해 무엇을 배우나요? (그 누구도 하나님의 계획을 멈출 수 없다는 사실을 배웁니다. 심지어 왕의 마음도 하나님이 원하시는 대로 움직이도록 바꾸실 수 있습니다. 다리오 왕은 그의 칙령에 하나님께 드리는 기도를 담았는데 12절에서 확인할 수 있습니다.)

잠언서 21:1을 읽고 자녀들에게 오늘 이야기와 어떤 면에서 들어맞는지 질문해 보세요. (하나님은 고레스와 다리오 왕의 마음을 조종하셔서 그분의 백성들이 성전을 완성하도록 도우셨습니다.)

🖊 기도하기

하나님의 뜻대로 움직이도록 통치자의 마음까지도 바꾸실 수 있는 하나님을 찬양하세요.

DAY 3

♥ 예수님께 연결하기

오늘의 이야기가 예수님에 대한 것이며, 예수님을 가리킨다는 사실을 어떻게 알 수 있나요?

✝ 성경읽기 | 에스라 6장 13~22절

💬 깊이 생각하기

새 성전이 완성되자 700마리 이상의 동물을 하나님에게 올려 드리는 속죄의 제물로 바쳤습니다. 그들의 죄를 대신해서 동물들을 제물로 바침으로써, 자신들이 구원받아야만 하는 죄인이라는 사실을 고백하는 것이었습니다. 이 제물들은 하나님이 외아들 예수님을 보내셔서 십자가에 죽게 하실 그 날을 나타내는 것입니다. 하나님의 백성들은 또한 각 가정마다 어린 양을 죽여서 유월절을 기념했습니다. 그러나 그 당시에는 유월절 어린 양이 먼 훗날 이 땅에 오셔서 그들의 죄를 해결하실 예수님을 상징하는 것임을 몰랐습니다.

🗣 이야기하기

백성들은 왜 성전 재건축이 완성된 것을 매우 기뻐했나요?

(성전은 하나님이 그분의 백성들과 함께 계시는 곳이었습니다. 그들은 하나님이 함께 거하신다는 것 때문에 매우 기뻤습니다. 하나님은 그들을 보호하시고 그들에게 다윗의 시대처럼 은혜를 베푸시는 분입니다.)

하나님의 백성들은 왜 성전 재건축을 완성했을 때 하나님에게 제물을 바쳤나요?

(하나님이 백성들에게 가르치신 경배하는 방법이 제물을 바치는 것이었습니다. 또한 그 제물은 그들의 죄를 해결하기 위한 것이었습니다. 동물들을 제물로 바쳐서 자신의 죄를 하나님 앞에서 고백하고, 하나님에게 용서를 구하는 것이었습니다.)

유월절 어린 양은 누구를 가리키나요?

(유월절 어린 양은 예수님을 나타내는데, 그분은 우리의 죄를 해결하시려고 십자가에서 죽으셨습니다.)

🙏 기도하기

우리가 더 이상 죄 때문에 제물을 바칠 필요가 없게 해 주신 하나님에게 감사드리세요. 예수님은 단번에, 그리고 영원히 우리의 죄 문제를 해결해 주셨습니다.

DAY 4

🖤 기억하기

이번 주 성경 이야기를 통해서 하나님은 우리에게 무엇을 가르치시나요?

✝ 성경읽기 | 에스라 7장

💬 깊이 생각하기

우리는 다시 한 번 하나님이 그분의 백성들을 돕기 위해서 왕의 마음을 어떻게 움직이시는지를 발견합니다. 아닥사스다 왕은 에스라에게 그가 원하는 사람은 누구라도 데리고 예루살렘으로 돌아갈 수 있도록 허가를 내주었습니다. 게다가, 금은과 온갖 예물을 가져가서 성전을 꾸미는 데 사용하라고 명령을 내렸습니다. 에스라가 하나님의 백성들을 돕기 위해서 왕이 내린 모든 명령을 들었을 때, 하나님이 이 모든 일을 이루고 계시다는 것을 알았습니다.

《● 이야기하기

자녀들은 부모님에게 하나님이 그분의 백성들에게 복을 주시려고 외국의 어떤 대통령이나 통치자를 사용하시는 것을 보고 놀란 경험이 있는지 질문해 보세요.
(부모님은 다른 나라의 대통령이나 통치자 중에서 처음에는 하나님을 믿지 않았으나 나중에 회심한 모습을 보임으로써 놀라게 한 인물이 있는지 생각해 보세요. 그리고 자녀들에게 왜 놀랐는지 설명해 주세요.)

아닥사스다 왕이 에스라에게 내린 명령 중에서 무엇이 가장 놀라운가요?
(자녀들이 많이 어리다면, 왕의 조서와 관련된 부분을 다시 읽어 주시고 자녀들이 생각하기에 가장 놀라운 내용이 나오면 손을 들어서 말하게 해 주세요.)

왜 에스라가 하나님의 백성들을 가르치기에 가장 적합한 인물이었나요?
(에스라는 하나님의 율법을 알았습니다.)

🙏 기도하기

하나님의 계획을 성취하시려고 이방 민족의 왕을 사용하신 방법에 감사드리세요.

DAY 5

♥ 발견하기

오늘 우리는 시편이나 예언서를 통해서 예수님에 대해서 무엇을 배울 수 있는지를 살펴볼 거예요.

✝ 성경읽기 | 스가랴 3장 1~5절

💬 깊이 생각하기

오늘 본문의 예언에서 스가랴는 법정을 묘사하고 있습니다. 이 법정에는 세 사람이 있습니다: 사탄, 주님(하나님의 또 다른 이름)의 천사, 그리고 하나님의 백성을 대표하는 여호수아.

이 예언에서 여호수아는 더러운 옷을 입고 그 왕 앞에 서 있습니다. 여호수아가 입고 있는 더러운 옷은 자기 자신과 우리의 모든 죄를 의미합니다. 사탄은 더러운 옷을 보며 여호수아를 고소하고 정죄합니다.(사탄은 여호수아에게 악한 사람이라고 말합니다.) 그러나 하나님은 사탄의 고소를 멈추게 하시고 여호수아는 심판의 불에서 건져졌다고 말씀하십니다. 그리고 나서 여호수아에게 희고 빛나는 깨끗한 옷을 주십니다.

이 환상은 하나님이 예수님을 믿는 모든 사람을 위해서 이루신 일을 나타냅니다. 우리가 예수님을 믿을 때, 우리의 죄(우리의 더러운 옷)는 사라지고 하나님은 우리에게 깨끗한 새 옷(예수님의 의로움)을 입히십니다.

💬 이야기하기

왜 사탄은 여호수아를 고소했나요? (여호수아는 더러운 옷을 입고서 왕 앞에 서 있었습니다.)

더러운 옷은 무엇을 의미하나요? (더러운 옷은 죄를 의미합니다.)

깨끗한 새 옷은 무엇을 의미하나요? (깨끗한 새 옷은 예수님의 의로움을 의미합니다.)

오늘 이야기에서 여호수아는 누구를 의미하나요? (여호수아는 모든 믿는 신자들, 즉 예수님을 믿는 모든 사람을 의미합니다.)

🤲 기도하기

우리의 죄를 해결하시고 예수님을 인생의 주님으로 받아들이는 모든 이들에게 그분의 의로움을 주신 하나님에게 감사드리세요.

Nehemiah
느헤미야

자녀들을 현관문에 모이게 한 후 그 문이 얼마나 두껍고 단단한지, 그리고 잠금 장치가 어떻게 작동되는지 설명해 주세요. 그러고 나서 자녀들과 이야기를 나누기 위해서 다음 질문을 해 주세요.

- 왜 우리는 현관문을 돌이나 철로 만들까요? (많은 이유 중 하나는 외부의 침입을 막고 악천후를 견디기 위해서입니다.)
- 왜 우리는 문을 잠그나요? (우리가 원하지 않는 사람들이 집 안으로 들어오는 것을 막기 위해서입니다.)
- 왜 사람들은 정원 주변으로 담을 세우나요? (사생활 보호를 위해서인데 가끔은 원하지 않는 동물이나 사람들이 들어오는 것을 막기 위해서입니다.)
- 왜 예루살렘은 성벽을 세웠나요? (우리가 현관문을 세우고 담벼락을 쌓고 문을 잠그는 것과 동일한 이유 때문입니다. 그 성벽은 적들의 침입과 공격에서 예루살렘 성을 보호했습니다.)

자, 말해 주세요. "이번 주 너희들은 하나님이 예루살렘의 성벽을 세우기 위해서 느헤미야를 어떻게 옮기셨는지를 배우게 될 거야."

DAY 1

♥ 상상하기

만약 할아버지 할머니의 집이 화재로 완전히 불타버려서 두 분이 집을 다시 짓기까지 천막에서 생활하고 계시다는 소식을 들었다면 얼마나 슬플지 상상해 보세요. 그런 소식을 듣는다면 모든 가족은 기도하고, 당장이라도 달려가서 그분들을 도우려는 마음이 들지 않을까요?

오늘 이야기에서 느헤미야는 예루살렘 성벽이 무너지고, 성문은 화재로 불타버렸다는 소식을 들었습니다. 그는 그 소식을 듣고 매우 슬펐고, 하나님에게 도움을 구하는 기도를 드렸습니다.

📖 성경읽기 | 느헤미야 1장

💬 깊이 생각하기

느헤미야는 아닥사스다의 술 관원이었습니다. 아닥사스다는 에스라를 예루살렘에 있는 백성들에게 돌아가도록 허락하고, 모든 금은과 성전을 재건하는 데 필요한 다른 많은 것을 지원해준 왕입니다. 느헤미야는 예루살렘 성벽이 무너졌다는 소식을 듣고 매우 슬펐습니다. 그것은 하나님의 백성들과 그분의 성전이 외부의 공격에 노출되었다는 것을 의미했기 때문입니다. 그러나 그는 두려워하지 않고 하나님에게 도움을 구했습니다.

💬 이야기하기

느헤미야는 왜 슬펐나요?

(예루살렘 성벽이 무너지고, 그 성문은 불탔기 때문입니다.)

왜 예루살렘의 성벽이 그렇게 중요한가요?

(성벽은 성안의 백성들을 강도들과 외부의 공격에서 보호합니다. 부모님은 자녀들이 집 현관문이 잠겨 있는 것이 어떻게 우리 가족을 보호하는지를 생각하게 해주세요.)

예루살렘 성벽 안에 있는 것들 중에서 가장 특별한 것은 무엇인가요?

(하나님의 재건된 성전이 성벽 안에 있었습니다.)

🙏 기도하기

느헤미야의 기도 중에서 5절을 읽으세요. 그 기도문으로 느헤미야처럼 하나님을 찬양하세요.

DAY 2

♥ 기억하기

어제 이야기 중에서 무엇을 기억하고 있나요? 오늘은 어떤 이야기가 있을 것이라고 생각하나요?

✝ 성경읽기 | 느헤미야 2장

💬 깊이 생각하기

느헤미야는 용기 있는 사람이었습니다. 그는 왕에게 예루살렘 성벽을 보수하는 데 자신을 보내달라고 요청하는 것을 두려워하지 않았습니다. 그는 예루살렘 백성들에게 그 일을 시작하자고 나서서 독려하는 것을 두려워하지 않았습니다. 그리고 자신을 왕을 배반하는 반역자로 고소하는 산발랏을 두려워하지 않았습니다. 느헤미야가 그렇게 두려움 없이 용기를 낼 수 있었던 이유는 하나님을 믿었기 때문입니다.

🗨 이야기하기

누가 느헤미야에게 예루살렘의 성벽을 수리할 방법을 제안했나요?

(12절에서 느헤미야는 하나님이 그의 마음에 성벽을 수리할 방법을 알려 주셨다고 말했습니다. 자녀들이 그 답을 모른다면, 12절을 찾아서 읽어보게 해 주세요. 글을 아직 읽지 못한다면, 그 구절을 읽어 주시고 자녀들이 듣다가 정답을 알게 되면 손을 들고서 말하게 해 주세요.)

느헤미야는 밤에 무엇을 했나요?

(그 도시의 성벽을 점검했습니다.)

느헤미야가 산발랏에게 대답했을 때, 누가 그들의 성벽 재건을 도울 거라고 말했나요?

(느헤미야는 하나님이 그들의 성벽 재건을 도울 것이라고 말했습니다.)

🤲 기도하기

느헤미야처럼 하나님을 위해서 살아갈 용기를 달라고 간구하세요.

DAY 3

♥ 예수님께 연결하기

오늘의 이야기가 예수님에 대한 것이며, 예수님을 가리킨다는 사실을 어떻게 알 수 있나요?

✝ 성경읽기 | 느헤미야 3장

(오늘 본문은 성경에서 상당히 긴 부분을 차지합니다. 자녀가 많이 어리다면, 3:1~15까지만 읽어도 좋습니다. 보수 공사에 관련한 모든 사항을 다 읽으면 그 거대한 규모의 작업을 모든 지파들이 어떻게 함께 마쳤는지를 머릿속에 그려보는 데 도움이 됩니다.)

● 깊이 생각하기

하나님은 느헤미야에게 원대한 계획을 주셨습니다. 즉 예루살렘의 모든 지파가 다 함께 그 성벽을 재건하는 것입니다. 모든 백성이 서로 협력하면, 예루살렘의 거대한 성벽을 재건하는 일은 빠르게 끝마칠 수 있습니다. 느헤미야는 각 지파에게 그들의 지역과 가까운 곳의 성벽을 재건하도록 일을 분배했습니다. 각 지파 백성들은 자신들의 거주 지역 근처의 성벽을 재건하는 일을 기쁘게 해냈습니다. 왜냐하면 성벽이 재건되면 외부의 공격에서 자신들을 지킬 수 있었기 때문입니다. 예루살렘의 모든 지파는 그 일을 완벽하게 해냈습니다.

성벽을 재건하는 동안에, 그들이 전혀 모르던 특별한 것이 있었습니다. 거의 400년 정도가 지난 어느 날, 예수님이 그들이 재건한 그 성벽을 따라 걷고, 그들이 보수한 성문을 지나 걸으실 것입니다. 그들은 그 사실을 몰랐습니다. 그러나 예루살렘 성벽을 재건한 일은 하나님이 그분의 백성들을 죄에서 구원하시려는 계획의 일부였습니다. 먼 훗날 예수님은 그들이 재건한 성전에서 가르치시고, 그들이 세우던 성벽 안에서 체포되실 것입니다. 그리고 예수님에게 유죄 판결이 내려지면, 다시 한 번 성문 중 한 곳을 지나서 그 도시 밖으로 나가 십자가에 처형당하실 것입니다.

《● 이야기하기

예루살렘 성벽을 더 크게 재건하기 위한 느헤미야의 계획은 무엇인가요?
(느헤미야는 각 지파에게 그들이 거주하는 곳에서 가까운 성벽을 재건하도록 일을 분배했습니다.)

만약 우리가 예루살렘에 살았다면 왜 거주하는 곳에서 가까운 성벽을 재건하기를 원했을까요?
(성벽은 외부의 공격에서 이스라엘을 보호했습니다. 만약 우리가 거주하는 곳 근처의 성벽을 아직 재건하지 않았는데 적들이 공격해 온다면, 가장 먼저 어디를 공격할까요? 그렇습니다 — 우리가 살고 있는 그곳이 목표입니다.)

자신의 눈앞에서 예루살렘 성벽이 재건되는 것을 보는 산발랏은 무슨 생각을 했을까요?
(우리는 내일 산발랏에 대해서 배울 것입니다. 그가 매우 못마땅한 것은 분명합니다.)

✍ 기도하기

느헤미야에게 예루살렘 성벽을 재건하는 데 필요한 지혜를 주신 하나님에게 감사하세요.

DAY 4

♥ 기억하기

이번 주 성경 이야기를 통해서 하나님은 우리에게 무엇을 가르치시나요?

✝ 성경읽기 | 느헤미야 4장, 6장 15~16절

💬 깊이 생각하기

처음에 산발랏은 예루살렘의 거대한 성벽을 재건하는 그 백성들을 비웃었습니다. 그러나 성벽의 허물어진 곳들이 점차 보수되어 간다는 소식을 들었을 때, 더 이상 비웃지 않고 심각하게 고민하기 시작했습니다. 허물어진 성벽을 보수하고 재건하면, 예루살렘을 공격하기가 매우 어려워질 것을 알았습니다. 이스라엘은 다시 강력한 힘을 갖게 되는 것입니다. 그러면 그들이 산발랏을 공격할 수도 있습니다!

그래서 산발랏은 주변 다른 지역의 지도자들을 한데 모아서 군대를 이뤘습니다. 그들은 하나님의 백성들이 성벽 재건을 마무리하기 전에 공격해서 혼란스럽게 할 계획을 세웠습니다.

그러나 하나님은 그들의 계획이 느헤미야에게 완전히 발각되게 하셨습니다. 느헤미야는 그 계획을 알아챈 후 하나님의 백성을 한자리에 모아 기도하도록 하고, 또 성벽의 가장 낮은 곳에서 무장을 하고 지키라고 명령했습니다. 예루살렘의 백성들이 칼과 창으로 무장했다는 소식을 들은 산발랏은 자신들의 계획이 성공할 수 없으리라는 것을 알았습니다. 백성들은 매일 성벽을 재건하면서 무장을 하고 있었습니다. 만약 산발랏이 공격을 감행하면, 하나님의 백성들은 그 공격을 막아낼 준비를 철저히 했던 것입니다. 여러 날이 지나면서 무너졌던 성벽은 모두 보수되었고, 어떤 공격도 막아낼 수 있을 정도로 높고 튼튼하게 세워졌습니다. 그리고 마침내 성벽 재건이 완성되었습니다.

안타까운 것은 비록 예루살렘 성벽이 재건되고, 그 백성들이 죄를 자복하고 하나님을 따르겠다고 맹세했으나 (느 9장) 여전히 하나님 앞에서 죄를 지었다는 사실입니다. 예루살렘과 성전을 재건하는 것만으로는 충분하지 않았습니다. 하나님은 예수님을 보내셔야만 했습니다. 그분의 외아들이 십자가에서 죽으셔서 우리의 모든 죄를 해결하셨습니다.

◀● 이야기하기

자녀들은 부모님에게 어떤 큰일을 이루기 위해서 다른 사람들과 협동했던 경험이 있는지 질문해 보세요.
(부모님은 많은 사람과 협동해서 보다 쉽게 일을 완성했던 경험을 기억해 보세요. 여러 사람이 힘을 모아 누군가의 이사를 도왔거나 선교 여행을 가서 교회나 집을 건축하는 일을 해봤을 것입니다.)

느헤미야는 누가 산발랏의 공격 계획을 무산시켰다고 말했나요?

(자녀들이 답을 기억하지 못한다면, 4:15을 찾아보게 하거나 직접 읽어 주세요. 그리고 답을 발견하면 즉시 손을 들어 말하게 해주세요. 하나님이 산발랏의 계획을 무산시키셨습니다.)

예루살렘 성내에 있던 백성들은 일을 하는 동안에 아무도 공격하지 못하도록 무엇을 했나요?
(그들은 전쟁에 대비해서 검과 창, 그리고 활과 화살로 무장을 하고 있었습니다. 적군의 첩자가 염탐을 하러 왔다가 그 모습을 보면, 단순히 일만 하는 것이 아니라 언제든지 전쟁을 치를 준비를 하고 있음을 알게 되는 것입니다.)

그들은 하루에 얼마 동안 일했나요?
(그들은 온종일 일했습니다. 해가 뜰 때부터 질 때까지, 그리고 하늘에 별이 빛나는 밤이 올 때까지.)

🤲 기도하기

백성들이 예루살렘 성벽 재건을 끝마치도록 도우신 하나님에게 감사드리세요.

DAY 5

💙 발견하기

오늘 우리는 시편이나 예언서를 통해서 예수님에 대해서 무엇을 배울 수 있는지를 살펴볼 거예요.

✝ 성경읽기 | 스가랴 3장 8~10절

💬 깊이 생각하기

앞선 많은 부분에서 예언서에 나오는 "나뭇가지"라는 암호가 예수님을 언급하는 것이라는 사실을 보았습니다 (예를 들어, 사 4:2, 11:1~2, 그리고 렘 23:5, 33:15~16). 우리가 다루는 구약의 마지막 내용에서, 스가랴는 놀라운 것을 말했습니다. 그는 이 나뭇가지는 한순간에 하나님의 백성들의 죄를 사할 것이라고 말합니다.
그것이 예수님이 십자가에서 죽으시고, 우리가 받아야 할 징계를 대신 가져가심으로 이루신 것입니다. 예수님이 십자가에서 "다 이루었다"(요 19:30)라고 말씀하셨을 때, 하나님이 예수님에게 쏟아 부으셔야 했던 진노가 끝나고 다 지나갔음을 의미합니다. 단 한순간에, 그 나뭇가지는 온 세상의 죄를 다 해결한 것입니다.

《● 이야기하기

스가랴가 말하는 나뭇가지는 누구인가요?

(그 나뭇가지는 예수님입니다.)

스가랴는 그 나뭇가지가 단 하루 만에 완성한 일이 무엇이라고 말했나요?

(스가랴는 그분이 하나님의 백성들의 죄를 단 하루 만에 제거할 것이라고 말했습니다.)

하루 만에 우리의 죄를 해결하기 위해서 예수님은 무엇을 하셨나요?

(예수님은 십자가에서 죽으셨고 우리가 받아야 할 진노를 직접 대신 받으셨습니다.)

● 기도하기

십자가에서 죽으시고 그 죽음에서 다시 살아나심으로 우리의 모든 죄를 해결하신 예수님에게 감사드리세요.